青蓝文库

国家社科基金项目成果（12CFX033）

青蓝文库

犯罪成立罪量因素研究

王彦强 著

中国法制出版社
CHINA LEGAL PUBLISHING HOUSE

问渠那得清如许

经过两年多的策划和工作，《青蓝文库》终于面世了。这中间，凝聚了很多人的努力和期待。中国法制出版社邀我写一个总序，考虑到丛书包涉法学各个专业，自己所学狭薄，我一开始有些犹豫。但又想到司马迁所言："序者，绪也，所以助读者，使易得其端绪也。"参与和见证一段历史，无形中就承载了记录绍介的义务。读者可能希望了解到这套文库的来龙去脉，如果我的序能够有所帮助，那还是义不容辞的。

说来话长。这套文库的大致雏形，最早涌现于2016年3月某日，中国法制出版社的马颖女士与我在陈明楼办公室的一番叙谈。马颖在法律出版界是资深编辑，那时刚接任编辑六部主任一职，很想为法制社的学术出版再开局面，拓展出一些新气象。而我自己当时手头文债积压，并无新货，于是，我们就聊到其他出版项目，其中就包括，法制社打算资助出版一批优秀博士论文。

如所周知，博士论文凝聚了一个人以学术为业的最初心血，是他走上学术之路的叩门砖，意味着从汲取导向的学生，开始向创新导向的学者蜕变。而且，从学术史经验来看，博士论文中也不乏经受住了时间检验的经典之作。尽管意义与价值如此之大，但是，在当下的出版环境中，博士论文出版却非常之难。一来，是由于纯粹的学术著作的受众市场本身就非常狭小；二来，在逼仄的市场中，书的销量和效益又往往与作者的知名度挂钩。于是，一个名不见经传、初出茅庐的学者，捧着手中新鲜出炉的博士论文，既不容易得到学术市场的认可，也因此很难获得出版社的支持。名家大腕被争相约稿，而刚出道的新人，即使自掏腰包自费出版，恐也难逃被冷落敷衍的命运。所以，尽管每年中国的法学院校里有很多博士生毕业，但是，即使是其中最优秀的博士论文，想要立即出版也非易事，往往是“养在深闺人未识”，直到作者闯出腕儿来、有了学术名声的那一天，蒙尘的明珠才可能绽放光芒。

然而，此时出版，已有些错过，不再是学术新人最渴望自我肯定和向学界证明的迫切时机，也不是学者在最艰难的出道之初，最急需的支持和鼓励，因而，可能只是锦上添花。过往，中国人民公安大学出版社的《北大刑法博士文丛》，以及武汉大学出版社的《武汉大学刑法学博士文库》，为很多刚毕业的刑法博士提供了论文出版的平台，成就了他们人生中的第一本书，那是颇有高义的雪中送炭之举。不过，这两套文库作者限于特定高校和刑法专业，影响不免有限。如今，法制社有意精心打造一套文库，推出全国法学院各专业的优秀博士论文，这种对学术新人鼎力相助的力度，可谓前所未有，出版社的学术情怀和社会担当更是令人敬佩。因此，当听到马颖提出这个出版计划并征询我的具体建议时，我也感到很振奋，愿意尽自己绵薄之力，帮助她绘成这个蓝图。

我当时向马颖建议，可以通过民间渠道邀请一批中青年学者，而非官方机构来遴选优秀论文。这不仅是由于，机构评选论文的形式已成窠臼，更主要是考虑，如果评审人与被评审人年龄代际相近，那么无论是个人的学术潜质还是论文情况，都一定更为熟悉。而且，相对于年长的学界大家来说，中青年学者距离在毕业前后的艰难岁月中努力跋涉的经历，时间还未久远，因此，对学术新人出头的不易，以及博士论文出版的困难，大都有尚未淡化和忘却的切身体会，可能更愿意去投入精力帮助后来人。加之较少社会杂务，更多爱惜学术羽毛，评选上也会更加认真、负责和公允。

马颖是个很有决断力的人，她听了我的建议后，完全赞同这个新的民间方案，并请我推荐和联系编委会人选。我被马颖的热诚感染，受她之托，给一些学界朋友打了电话。大家在了解到这个出版计划后，几乎都是毫不犹豫地应允下来，愿意义务承担审查来稿和推荐优秀论文的工作。编委会的人员组成很快就确定下来。这也让我颇有感触，一个有情怀的出版项目，不需要多少鼓吹，自会焕发出它的光彩，吸引和召唤着有学术责任感的学者们汇集。

万事俱备，只欠开会。2016 年 4 月 18 日，第一次神仙会胜利召开。根据出版社的记录，第一次与会的学者名单如下：车浩、陈新宇、侯猛、劳东燕、雷磊、栗峥、王莹、许德峰、张翔、张龑、赵宏、朱腾、谢海定。舒丹、马颖、王雯汀三位法制社编辑策划主持了第一次聚会。聚会之日适逢当年的北京电影节，于是，由我提议，大家在小西天附近餐叙后，又集体遛弯到中国电影资料馆，看了一场银河映像系列之《暗花》。从电影院出来，仍然意犹未尽，找了一处胡同里的茶馆继续聊。

这次聚会颇有成果。商定的内容包括：(1) 在全国范围内面向各个高校和专业征求优秀论文。(2) 采用作者自荐和编委推荐两种方式确立稿源。(3) 编委会的工作制度和推荐评审的义务。(4) 兼顾图书质量和出版规模等基本理念和规则。其实，答应参与编务的学者，虽然是法学各个专业里出类拔萃的青年才俊，但毕竟有学校和专业的隔离，相互间并没有想象中那么熟悉，甚至是闻名已久但从未谋面的神交，是《青蓝文库》这个出版项目中包含的学术理想和情怀，调动了每个人的学术热忱，大家才聚到一起来。每个人都很珍重自己的责任。在集聚餐、喝茶、看电影于一体的聚会中，严肃活泼地讨论了问题，达成了共识，像这样的交游轶事，对我们每个参与者都是很奇妙的体验，也是一次弥足珍贵的回忆。

第一次聚会后不久，法制社就在征求各位编委意见的基础上，面向全国，推出了正式的征稿启事。“《青蓝文库》是由中央级法律专业出版社中国法制出版社创设的重大出版项目，专门出版中国法学专业优秀博士学位论文。文库旨在发现有潜质的学术新星，为法学博士论文的发表搭建优质平台。文库支持和推动高校不断推出创新性成果，与学界一起探索和确立中国法学博士论文的优秀标准。”这份启事，包括我本人在内，多位老师参与修改润色，应当说，完整地表达了出版社编辑和我们编委会成员的共同心声。

在这份启事中，中国法制出版社郑重承诺:《青蓝文库》的出版无需任何资助；出版社会精心打磨每一部作品，以精美的版式设计和装帧风格匹配作品的学术价值；对《青蓝文库》的出版成果，出版社会积极联系各学术刊物、报刊媒体、学校官方平台等进行大力宣传；每一年度出版社将邀请出版论文作者参加“青蓝出版沙龙”，享受一次打破学科专业界限相互交流的盛会。显而易见，这些承诺如能一一实现，那么，进入《青蓝文库》，对于博士毕业的学术新人在学界影响力的彰显和提升，将会有极大的助力。这可能是青年学者能在国内出版界得到的最好的亮相机会了。当然，这份启事中也写明了我们这些编委的承诺，即编委会成员将尊重学术研究视角和立场的多元化，本着充分的学术包容精神，对挑选出真正有价值的论文怀有使命感，力求评选结果客观公正。

出版社与编委会的第一次碰头议事，设在小西天，以独特的方式，取得了非常好的效果。在其乐融融的气氛中，沟通了感情，增进了对《青蓝文库》这项共同事业的认同度和使命感。可能是受此激励，三个月后的一个周末（2016年7月23、24日），马颖很快又趁热打铁组织了第二次编委会会议，地点设在京郊。报到当天下午，大家就开始了分组审稿的工作。第二天，在北京实创西山科技培训中心，召开了正式的评审会。针对符合征稿要求的21篇博士论文，按照“严格筛选、宁缺毋滥”的原则，以编委的个人初审为基础，经过分组审稿、分组讨论以及集中评审后，编委会成员进行匿名投票。再由出版社统计全体编委的推荐意见，当场公布获得三分之二（即 12 名以上）编委推荐的论文名单。针对入选的论文，编委会确定一至两名编委，综合全体编委的修改意见，会后与论文作者直接沟通，提出完善建议。至此，第一次评审会圆满完成，共评选出 4 篇优秀论文，作为《青蓝文库》第一批次推出的作品。

这是一次非常成功的论文评审会。这首先得益于，马颖、王雯汀、罗莎、侯鹏、吴宇辰等几位出版社的编辑及工作人员，为这次评审会付出了大量的心力来准备、策划和安排。其次，参加评审会的编委会成员，包括陈杭平、侯猛、劳东燕、雷磊、栗峥、王莹、许德峰、尤陈俊、张翔、张龑、朱腾、赵磊以及本人在内，都本着珍重这份责任的态度，对评审投入了很大精力。会前，出版社就已经通过邮件把论文发给了编委进行预审，等到开会当天，各学科组的编委对所推荐论文和存在争议的论文讨论得非常深入，争论得也十分激烈，可以说是充分且坦诚地交换了意见。

之后很长时间，我都常常想起这次令人难忘的评审会。马颖等各位编辑老师的策划安排，可谓煞费苦心。会议所在之地离龙泉寺很近，龙泉寺是全国有名的佛教古刹，出过很多高僧，常常以现代人喜闻乐见的方式传播佛法，寺内香火旺盛，游客如织，置身其中，感受到一种出世般的内心宁静，但也不会斩断与人间烟火的勾连。浸染在这种情绪中，特别适合投入接下去的评审工作。因为学术一途，本来也是素心人之事，要能脱心志于俗谛之桎梏，而付出精力去评审和推荐他人的论文，更是要有一种对学术共同体的使命感。所以，我觉得法制社的这次会议策划颇有禅机、值得回味。

半年之后，我们又在法制社的会议室召开了第三次编委会，也是第二次论文评审会。有了前两次成功的会议打下的基础，编委会磨合日趋顺畅，后面的评审会就进入了良性运转的正常轨道。值得一提的是，在几次会议中，大家逐渐达成一项共识，即《青蓝文库》支持的对象，不仅仅是优秀论文本身，而且是论文作者的学术之路。因此，虽然论文质量不错，但是作者博士毕业后就不再从事学术工作的，原则上不纳入出版计划之列。

受命作序，回想往事，点点滴滴都涌上来。这样不厌其详地叙述过往细节，正如开头所言，因为要向读者诸君讲述《青蓝文库》的来龙去脉，希望文库的每一位作者都能记住历史。法制出版社多次表示，他们有能力、有信心将《青蓝文库》的项目坚持下去，十年、二十年甚至更久。我也相信，未来将有更多的青年才俊，以这套文库为阶，走上学术舞台的中心。序中所记，是在这套文库诞生过程中，出版社编辑和编委会成员付出的热情和心血，当然，肯定还有很多我不了解的幕后工作无法呈现。我一直认为，缺乏学术传承和积累，是中国法学曾被人讥为“幼稚”的重要原因。而学术传统的形成，不是某一两个人甚至一两代人就能毕功的事业。我们每个人，都是在无尽的历史长河中来承担各自的使命。我们努力完成自己的作品，也不要淡忘先行者的努力和恩惠，同样，有能力时，更应尽力去帮助和支持学术之路上的后来人。由此，学术共同体才可能写下历史记忆，中国法学才可能形成绵延不断的积累。

问渠那得清如许？我想，年轻学者们锐意十足的作品、学界同仁间相互守望和提携的赤诚、出版界襄助学术的热忱，就是那永不枯竭的源头活水吧。愿中国法学的学术传统涓涓不息，清水长流！

是为序。

车浩

2018年4月9日于北大陈明楼

序

陈兴良
北京大学法学院教授，博士生导师

王彦强博士的大作《犯罪成立罪量因素研究》一书行将出版，邀我为之作序。我拜读了本书的电子版，深为其所吸引，觉得这是一本值得推荐的优秀作品。

罪量因素是我国刑法规定的一个犯罪成立条件，刑法总则的但书规定和刑法分则的入罪门槛（数量、情节和后果）的设置，使得我国刑法中的犯罪成立不仅具有性质的评价，而且具有数量的评价。我国刑法分则对具体犯罪的数量因素在绝大多数情况下，采取概然性的规定。因此，正如我国学者储槐植教授所描述的那样："立法定性，司法定量。"数量因素在我国刑法中具有定罪的功能，因此成为犯罪成立的条件之一。作者在本书中，对我国刑法中的罪量因素进行了全面、系统和深入的研究，可以说是我国刑法学界对于罪量因素研究的前沿性成果。

归纳起来，本书具有以下三个亮点：

（一）开阔的域外视野

罪量因素虽说是我国刑法关于犯罪成立条件规定的一个特色，但并非域外刑法没有类似问题需要处理，只不过采取了不同的途径而已。在本书中，作者采用比较刑法的研究方法，描述了域外在司法实践中对于微罪的处理方式，这就是犯罪成立罪量要求的域外经验。本书将域外经验总结为：

微罪出罪的程序法路径，这是完全正确的。确实，其他国家刑法中虽然没有为入罪设置门槛，但也并不意味着只要实施了构成要件的行为，就一概入罪。它们通常采取程序法出罪的途径，将那些没有处罚必要性的行为予以排除。对此，我国学者熊琦指出："德语国家刑法并非不关注'量'的问题。相反，无论是从理论还是实践的角度，无论是从实体法还是程序法的角度，德语国家都对刑法中的定量问题给予了高度的关注，并从自身的理论、实践等情况出发，为合理解决这样一个问题而付出了不少值得肯定的努力，也获得了不少值得外来法文化学习的成果。"[1] 此言诚哉。当然，这样一种制度设计是以具有较为发达的程序法，以及检察官和法官具有较大的裁量权为前提的，并且应当受到应有的制约。从实际状态来看，其他国家在微罪出罪方面的司法运作也是极为畅快的，并没有发生滞怠。值得说明的是，因为域外对于微罪出罪采取程序法路径，因此对于我国刑法没有直接的借鉴意义。但本书同时揭示了域外学者关于微罪出罪的实体法根据，包括社会相当性理论和可罚的违法性理论等，这些理论对于我国刑法中犯罪的罪量因素的解读具有重要的参考价值。

比较研究是刑法的基本研究方法，在各种专著中，一般都有比较这部分内容。然而，比较也有优劣之分。有些所谓比较只是简单地罗列刑法条文，在此基础上进行对比。而没有涉及法条背后的理论基础，因而使得这种比较流于肤浅。在本书中，作者并不满足于简单的法条对比，而是对域外通过程序法对微罪予以分流的制度，进行了较为深入的论述。例如，作者对德国刑事诉讼法中的法定起诉原则作了介绍，同时又指出，在德国司法实务中适用起诉便宜原则，对大量的轻微犯罪并不起诉，以此作为法定起诉原则的另外。究其原因，作者提出了节省司法资源的解释，指出："基于对轻微犯行人施加刑罚的意义与起诉、裁判此类案件所耗费的检控、司法资源之间的利益衡量的产物。在司法资源相对紧张的前提下，对于一个只有极少的罪责、犯行并无重要性的、对公共利益亦无影响的绝对轻微案

[1] 熊琦：《德国刑法问题研究》，台北元照出版公司 2010 年版，第 59 页。

件而言，进行一套繁琐的诉讼程序，实为不妥。”当然，这里还值得进一步深究的是，为什么在实体刑法中对入罪门槛不像我国刑法这样设置罪量因素，而且在刑事程序法规定了起诉法定原则的情况下，微罪出罪只是作为另外存在？这种在正式的法律制度与现实的司法实务之间的差异，是否可以说微罪出罪只是基于一种潜规则而存在的现实状态，还是历史传统使然？我认为，这些问题都还值得进一步探讨。尤其是，本书对于域外微罪出罪的现实还缺乏实证性的研究，因此还存在一定的空泛性。

（二）扎实的实践根基

本书对罪量因素研究的重点，当然还是中国的立法与司法。对此，作者浓墨重彩作了具有相当深度的研究，成为本书的华彩之章。我国刑法总则在犯罪概念中，以但书的形式规定了犯罪的数量因素；在刑法分则对具体犯罪的罪状规定中，又规定了入罪门槛，即犯罪成立的罪量因素。对于我国刑法中的罪量因素，作者进行了深刻的解读，指出：“受法文化传统和现代化后发国家现状的影响，我国实行‘刑事处罚＋行政处罚’二元制裁体系，并采交叉重合的立法模式，对相当数量的行为类型，根据行为程度的轻重分别作为行政违法行为与犯罪行为区别处置。在这种模式下，刑法典中形成了为数众多的、正面的、入罪意义上的罪量因素的规定。这种成文化的、正面入罪意义上作为犯罪成立必要条件的罪量因素，可谓中国刑法独具特色的立法现象。”我觉得，作者的这一解读是具有新意的。尤其是作者能够从我国的二元制裁体制出发，论证我国刑法中犯罪成立罪量因素，这是极为到位的分析。

二元制裁体制是我国的特色，这一特色所彰显的是行政权和司法权之间的关系。在传统的集权体制下，我国权力在配置上表现为：庞大的行政权和微弱的司法权。因此，行政处罚权成为制裁体制中数量庞杂的体系，而司法权只能管辖数量有限的犯罪行为。为此，同一种性质的行为，也被按照情节轻重分为两个部分：行政（治安）违法行为和犯罪行为。而犯罪成立的数量因素就成为罪与非罪，同时也是行政处罚与刑事处罚区分的界限。域外国家虽然也有微罪出罪的制度，但一旦出罪就不会受到其他任何处罚。而我国刑法中的微罪出罪，则虽然不受刑事处罚，却有可能受到行政处罚。就此而言，我国刑法的微罪出罪与域外国家的微罪出罪之间，还是存在根本区分的。对此，应当特别予以注意。

本书在对我国刑法中的罪量因素的立法规定的解释与司法实务的处理的描述上，都作了很大的努力，使得这一制度真实地呈现在我们面前。作者对刑法总则犯罪概念的但书规定和刑法分则的数额、后果和情节的论述中，都能够紧密联系我国的刑事司法实践，这对于正确地理解我国刑法的规定具有重要的参考价值。

（三）厚重的学术功底

本书作者并没有满足于对我国刑法中犯罪成立的罪量因素的简单描述，而是力图从刑法教义学理论上对此加以深入探讨，由此展示了作者深厚的学术功底，这是值得充分嘉许的。

在本书中，作者提出了一个重要的命题：罪量因素在犯罪论体系中的地位问题，这也是本书最需要处理的一个理论问题。对于这个问题，虽然域外刑法理论可以为我们提供某种解释方向，但因为罪量因素这一制度所具有的中国特色，因此必须从我国的立法与司法的现实出发加以解决。从目前我国刑法学界对于这个问题的议论情况来看，存在较大的争议，对此，作者也予以了描述。在我个人看来，这确实是一个较为疑难的问题。我曾经试图引入域外的客观处罚条件理论，作为解决我国刑法中的罪量因素在犯罪论体系中的地位问题的一种方案。当然，这种观点也受到我国学者的批评，本书作者对此也提出了不同的意见，这些都是值得肯定的。

在本书中，作者对这个问题提出了自己独到的见解，指出："构成要件要素还原说代表着客观的处罚条件概念的发展趋势。罪量因素中经常作为处罚条件事实讨论的丢失枪支不报罪、违法发放贷款罪、滥用职权罪等中的'严重后果''重大损失'等要素，因为是个罪区别于同质一般违法行为，表征行为达到需要刑罚处罚的可罚违法程度的犯罪成立条件，因此，它们不是不法中立的纯正的客观处罚条件，而应当将它们还原为不法构成要件要素；而且，因为它们的不法关联性，基于责任主义，必须为罪责所涵盖。但这些后果通常是基于第三人行为的独立介入而造成的，这种不同于实行行为与构成要件结果之间典型的刑法因果关系的客观关联上的特殊性，也决定了不能要求它们也像典型的危害结果要素那样，要求完整的故意认知和意志因素，而是应当如同行为主体、行为情状等要素一样，只要对它们有预见，即可认定故意的成立。因此，这些要素应当是与典型的危害结果要素并列的非典型的违法要素，称客观的超过要素抑或内在的、不真正的客观处罚条件皆不为过。”围绕这一结论，作者进行了较为系统的论证。我认为，这些论证意见都为正确地理解罪量因素在犯罪论体系中的地位问题，提供了一家之说，推进了罪量因素的研究。

我个人较早提出了罪体、罪责和罪量三位一体的犯罪论体系，试图将罪量作为独立于罪体和罪责这两个犯罪本体要件的犯罪数量要件。当然，如何深入地加以论述，还存在探讨的余地。本书对于我的进一步研究，具有启发意义。

本书是在作者博士论文的基础上改写而成的，并且作为国家社科基金项目又进行了更为深入的研究，反映了作者从事刑法理论研究以来的研究水平。我曾经作为答辩委员会主席，于2013年5月在南京师范大学法学院仙林校区参加了本书作者王彦强的博士论文答辩。现在，本书得以正式出版，我表示祝贺，并向读者郑重推荐。

是为序。

谨识于北京海淀锦秋知春寓所

2016年3月22日

目 录

导 言

法谚有云："法与琐事无关"（Deminimis non curat lex.）、"法官不理会琐碎之事"（Deminimis non curat praetor.）。对于极轻微的反社会行为，任何国家都不可能将其作为违法处置，尤其是在以实现所谓分配正义作为基本理念的刑法当中，值得动用"剥夺生命、自由、财产等"严酷手段回应的，必定不可能是些"鸡毛蒜皮"的轻微犯事。犯罪成立有罪量要求，乃法治国家的共识；任何国家都注重应对严重反社会行为与一般反社会行为的权力分工，对于盗窃一枝花、侵占一张纸、私拆一封普通书信这样的轻微违法行为，即便在形式上该当某个具体犯罪的构成要件，但一律作为犯罪给予刑罚处置，于情于理都难言合适。犯罪成立包含一定的罪量要求，不仅是刑法谦抑性和最后手段性的当然要求，而且也是有效地防治立法的"泛刑法化"趋势、节约有限的司法资源的重要手段。

域外的刑事实体立法多坚持仅对行为作"定性"规定的"行为类型"立法模式，实体法中基本不涉及罪量的内容。这样，对于一个该当犯罪构成之行为类型要件的轻微违法行为，如何将其排除在刑罚处置的范围之外，就是司法实践中亟待解决和解释的问题。大体上讲，西方国家乃是通过它的反面——微罪出罪——来呈现犯罪成立的罪量要求的。具体而言，在诉讼法领域（程序法上），通过运用警察处置、酌定不起诉制度、告诉与自诉等制度设计，将轻微行为在刑事审判程序之前分流；而法官在审判阶段也可以发挥自由裁量权，宣告对轻微行为的无罪判决；此可谓微罪出罪的诉讼法路径。而在刑事实体法领域，如何为微罪出罪的诉讼法路径提供实体法上的理论支撑，在刑事实体法没有单纯的罪量、行为程度构成要件要素规定的前提下，则只能委任于犯罪论体系建构的理论研究。在位阶性的犯罪论体系下，通过对构成要件的实质解释，通过实质违法性、可罚的违法性、社会相当性等理论的解释运用，对形式上符合构成要件的行为，进行实质违法程度的罪量判断（阻却构成要件该当或者阻却违法），从而为轻微行为的无罪化、去罪化提供实体法理由。如此形成“立法定性、司法定量”的基本模式。

在我国，程序法上同样提供了众多微罪出罪的制度设计，而与域外经验显著区别的是，在我国践行“行政处罚 + 刑罚”二元制裁体系，同一性质的某一社会危害行为可以仅仅根据危害程度的不同，而分别给予刑罚、劳动教养[1]或者治安处罚等不同的处置，这种“二元交叉的”制裁体系，表征在刑事立法上就形成“行为类型 + 行为程度”的立法模式，即成文化的、正面积极的、单纯表征行为程度的罪量因素在刑法分则犯罪的罪状描述中大量呈现，行为程度（罪量）甚至成为同一类型的行为是犯罪还是一般违法行为的唯一区别。为此，在域外犯罪论体系中，不成文的、价值性的违法性程度的罪量要求，在我国刑法体系下，提前为成文的、事实符合性判断，直接表现为个罪罪状中的罪量因素——数额、情节、后果等成文要素，即学者所谓“立法定性＋定量”模式[2]。立法模式的差异，使得“犯罪构成（成立）的罪量因素”成为中国特色的犯罪理论问题，缺乏成熟的域外经验可资借鉴；同时，这种独特的“立法背景”“立法模式”，也使得我们在援引大陆法系刑法理论时不可避免地“水土不服”。

---

[1] 2013 年 12 月 28 日，第十二届全国人大常委会第六次会议通过《关于废止有关劳动教养法律规定的决定》，标志着劳动教养制度的正式废止。

[2] 储槐植、汪永乐：《再论我国刑法中犯罪概念的定量因素》，载《法学研究》2000 年第 2 期。

一、研究现状和研究意义

学界对罪量因素（定量因素）的关注，肇始于20世纪80年代末期。1988年，储槐植先生在《法学研究》第2期上发表《我国刑法中犯罪概念的定量因素》一文，定量因素概念始进入我国刑法理论研究视野。关于罪量因素（定量因素）的研究主要涉及以下方面：

1. 关于罪量因素及其背后的社会治安二元交叉制裁体系的存在合理性探讨，对此，多数学者持积极、肯定的态度；但也有个别学者认为，罪量因素是法制不够发达的体现，是行政权对司法权的侵夺，不利于人权保障；也有不少学者基于对劳动教养制度的否定，而问责于刑法中犯罪罪量因素规定、问责于二元交叉制裁体系。

2. 在刑法教义学的框架内，将罪量因素纳入犯罪成立体系，实现对犯罪构成理论体系的改造。例如，陈兴良教授“罪体—罪责—罪量”三位一体的犯罪构成体系建构；王政勋教授“将定量因素与正当行为、期待可能性一并作为犯罪成立消极因素”的主张；刘艳红教授“区别质的构成要件和量的构成要件”的观点以及刘之雄教授“构成要件＋情节要求”的体系主张；等等。

3. 罪量因素的个别化研究。例如，关于《刑法》第13条犯罪概念的“但书”规定的专题研究；“数额较大”“情节严重”“严重后果”等罪量因素的规范解释学分析；情节犯、数额犯、后果犯等罪量犯类型的专题研究；以及对玩忽职守罪、丢失枪支不报罪等罪量规定有争议的个罪进行的研究；等等。

4. 案例分析型研究。例如，围绕“天价葡萄案”“天价豆角案”等典型案例展开的罪量因素与主观罪过之间关系的思考，等等。

研究罪量因素的合理性，对科学认识我国刑事立法、确定合理有效地遏止违法与犯罪行为的刑事政策、正确界定行政权和司法权的关系、完善“刑事制裁＋行政制裁”二元惩治模式、推动刑事法治发展，具有重要价值。

研究罪量因素在犯罪成立体系中的地位、价值，对完善犯罪构成理论，增强犯罪构成理论的解释力、适用性，具有重要意义。犯罪构成理论是刑法学研究的基石，通过罪量因素研究，为完善犯罪构成理论提供合理路径。

研究罪量因素之表征——数额、情节、后果等规定的具体含义，有利于构建科学且解释力强大的刑法理论，使我们对刑法的理解更准确，结论更符合正义要求。

研究罪量因素，对司法实务也有重大意义。无论定罪还是量刑，罪量因素都具有重大甚至决定性意义。研究罪量因素，为司法实践准确的定罪量刑提供必要的理论支撑。

规范刑法学研究以刑事立法为解释样本和立论前提，罪量因素作为立法明确规定的犯罪成立要素，对整个犯罪论体系建构有着“牵一发动全身”的影响。我国的刑法学研究，从师承苏联，到效仿德日、借鉴英美，具有典型的舶来品质，尽管我们倡导“没有国界的刑法学”，但舶来的刑法理论，仍需要根据罪量因素这一深受中国传统法律文化影响的本土元素，进行必要的改造或调适，如何在现行立法模式下，实现舶来理论与本土罪量规定的合理对接，正是本书重要的研究价值。

二、研究方法和主要内容

“刑法学的核心一直是刑法教义学或刑法理论。”[1]“解释学永远是刑法学的本体。”[2]本书立足于刑法教义学（刑法解释学）[3]的基本立场，以尊重现行刑法规定的有效性和合理性为前提，以刑法教义学理论为依托，主要

[1] ［德］埃里克·希尔根多夫:《德国刑法学：从传统到现代》，江溯等译，北京大学出版社2015年版，第45页。

[2] 张明楷:《刑法学》（第5版），法律出版社2016年版，第2页。

[3] 刑法教义学原本就是刑法解释学或者狭义的刑法学；不管是使用刑法教义学的概念还是使用刑法解释学的概念，解释学永远是刑法学的本体；不要以为刑法教义学有别于刑法解释学，不要试图在刑法解释学以外再建立一门刑法教义学；更不要以为，将刑法解释学更名为刑法教义学之后，我们的刑法就向前迈进了一大步（张明楷:《刑法学》，法律出版社2016年版，第1—2页）。

采逻辑思辨的方法，解释立法现象、解析司法实践，建构“包含罪量因素的犯罪构成体系”；运用比较研究方法，考察国内外思考犯罪定量的路径和观点，总结可资借鉴的先进经验；运用案例分析法，通过典型案例、假想案例，进行应用性研究。

刑法教义学视野下的犯罪成立罪量因素研究，主要涉及以下基本内容：

1. 犯罪成立罪量要求的域外经验和中国实践。简要介绍在域外刑事司法实践中，如何通过排除轻微违法行为的犯罪性，彰显犯罪成立的罪量要求，包括程序法上的排斥路径和实体法上的实质理由；同时指出，“罪量因素的成文化”这一独具中国特色的立法现象，是我国刑法区别于域外刑事立法的特殊性，也体现出我国治安处置模式（二元交叉制裁体系）中与众不同的轻微行为处置方式。而基于法文化传统和现代化后发国家等方面的考量，二元交叉制裁体系本身有其存在的合理性，并不存在所谓“反法治”的致命缺点。

2. 罪量因素的表征。作为一种独具特色的立法现象，犯罪成立的罪量因素在中国刑事立法中到底有哪些表征？首先，没有争议的是，刑法分则个罪罪状描述中，体现行为程度的数额、情节、后果等犯罪成立条件，是罪量因素的表征；但刑法总则中，作为犯罪一般概念组成部分的《刑法》第 13 条“但书”规定，虽然包含了犯罪成立的罪量要求，但未必仅仅是罪量因素的表征，遵循司法刑法学的逻辑要求，但书作为犯罪司法概念的《刑法》第 13 条的重要组成部分，应当是建立在《刑法》第 13 条前段之形式的、肯定的、类型化的事实符合性判断基础上的，阻却构成要件该当、阻却违法抑或阻却责任的个别化的实质判断，包括轻微违法、正当行为与期待可能性等阻却犯罪成立的全部实质理由。因此，《刑法》第 13 条但书不仅仅只是罪量规定。

3. 包含罪量因素的犯罪构成体系建构。即作为犯罪成立条件的罪量因素，在犯罪论体系中的地位问题。罪量因素是不是构成要件要素，是选择要件还是必备要件，是事实性要件还是价值性要件，与其他要件有何异同？本书认为，将罪量因素一并作为统一的构成要件是不合适的，对于作为决定犯罪成立与否的罪量因素，应当根据其具体内容，根据它们与违法性、有责性之间的关系，将不同内容的罪量因素分别视为真正的客观处罚条件、不真正的客观处罚条件（非典型的不法构成要素）以及构成要件要素。

除了极个别的罪量因素属于真正的客观处罚条件（如行为获利、悔罪表现等极个别的不法中立的罪量因素）、不真正的客观处罚条件（如丢失枪支不报罪、滥用职权等罪中的“严重后果”“重大损失”等因素）以外，绝大多数罪量因素都应该视为构成要件该当性要素，即罪量构成要素（罪量要素）。罪量构成要素，有着独特的事实面和价值面特征，这种特殊性使其在遭遇诸多犯罪论问题时，定会擦出别样的火花。

4. 罪量要素的事实面特征——构成要件的该当性判断。事实面特征，乃是罪量要素相较于同样发挥犯罪成立罪量要求之效能的可罚的违法性判断、社会相当性判断等域外经验而言的。中国刑法区别于域外刑法的特质之一乃罪量要求的成文化、类型化，即在构成要件该当性阶段积极地、正面地考虑罪量。既然罪量要求已成文化、类型化为构成要件该当性的具体要素，那么，罪量要素就不仅仅是可罚违法程度的价值判断，也应当并且首先是事实该当的符合性判断。

据此，主客观相统一也应当是包括罪量要素的主客观相统一，但凡以行为人为判断主体的犯罪论问题，都应当包括罪质与罪量两个方面的内容：主观罪过应当包括对罪量构成要素的认识或预见（若是故意犯罪，还可能要求对作为结构要素的罪量要素的容认）；对罪量要素的认识错误，同样会影响到对行为人的主观归责问题（尤其是在共同犯罪中，当各共犯人之间对罪量存在不同认识时）；而犯罪未遂同样应当是“考虑罪量的”“一定程度的”结果未得逞。

5. 罪量要素的价值面特征——推定违法性程度。价值面特征，则是罪量要素相较于同为“构成要件要素”的罪体要素而言的。构成要件符合性判断具有违法性推定机能，罪量要素与罪体要素皆为构成要件的具体内容，因而，二者的符合性（该当性）判断都具备违法性的推定机能，但二者价值蕴含或者说机能的发挥却不尽相同：罪体要素从横向类型、此罪彼罪的意义上表征某一具体犯罪的行为类型，体现的是公权力的界域（即将刑法没有类型化的行为类型排除在公权力的处置范围之外）；而罪量要素则是对同一类型（同质）的行为，从纵向程度、轻罪重罪（罪与违法）的意义上表征某一具体犯罪的行为程度，体现公权力的内容分工（即将纳入公权力处置范围的行为，根据其违法程度，分别给予刑罚抑或行政处理）。

二者的区分决定了罪体与罪量评价之间的位阶性，即罪量之行为程度决定的公权力处置方式的判断，应当并且只能在罪质之行为性质、行为类型的公权力处置范围的判断之后进行。如此，类似单位犯罪、共同犯罪、法条竞合等建立在域外刑法仅作定性（罪体）规定模式下的舶来理论，就无法直接用于罪量问题的解决；也即应当先应用这些舶来理论，进行行为类型、行为形态意义上的定性判断，之后再来单独考虑罪量要素，决定公权力的分工。

因此，对于自然人和单位罪量标准不统一的单位犯罪立法例中，当单位与自然人共同犯罪时，立法与司法解释所确立的各自（自然人与单位）的罪量，应当是在单位与自然人共同犯罪性质认定之后，用以确定对单位和自然人的处置轻重（轻罚抑或重罚）、处置方式（刑罚抑或行政罚）的标准。共同犯罪，应当是不考虑罪量要素的前提下行为性质意义上的“共犯一‘罪’”：“部分‘犯罪’共同”或“行为共同”。法条竞合，同样是在不考虑罪量要素的情况下，根据竞合法条之间的逻辑关系和法益同一性，判断具体行为是否符合特别关系法条竞合中特别条款的行为类型，如果符合，则再根据立法和司法解释所确定的罪量标准，决定轻罪抑或重罪、刑罚抑或行政罚。可见，无视舶来理论“大犯罪”（相当于我国的“犯罪＋一般违法”）的立法背景，将罪量要素与罪体要素不加区别，一起掺入单位犯罪、共同犯罪、犯罪竞合等犯罪形态的认定中去，难免会“水土不服”“南橘北枳”。

第一章

犯罪成立罪量要求的域外经验

法不理会琐碎之事，尤其是对于刑事法而言。刑法本来即以实现分配正义为基本理念，对于触犯法律之行为，唯有在确实值得处罚之时，方有动用刑罚制裁之必要。一则，这是刑法的最后手段性、刑法的补充性以及刑法的谦抑性等基本性质使然；二则，这是有效防止刑罚权的扩张，防治立法的“泛刑法化”趋势，合理控制刑法与刑罚之“恶”的当然态度；三则，这也是基于提高刑事司法效率、节约有限的司法资源等政策性、效率性的考虑；四则，也同样不违背社会民众普通的法感情。诚如日本学者指出，如果把全部轻微的违法行为都作为刑事法的对象，也即全部起诉、处罚这样大量的行为时，①对起诉机关和裁判所会造成过重的负担，产生司法经济及诉讼经济的问题，同时，②刑事处罚的滥用会导致刑法威信的降低，更甚至，③恐怕会过多、过剩地给人打上前科的烙印；另外，特别是与实体刑法理论相关联，④必罚主义的法运用与刑法的谦抑性原则相抵触，解释论上限定处罚范围的努力恐怕也归于徒劳。[1]

一般说来，在大陆法系国家或地区的刑事立法中，刑法所规定的犯罪成立要件并不存在明确表征行为程度、罪量要求的构成要素，刑事立法普遍采“单纯定性分析”的“行为类型”模式。[2]在这种模式下，盗采一枝花、侵占一张纸等行为，原则上也是该当盗窃罪、侵占罪构成要件的，可是对这种轻微的该当行为一律追究其刑事责任，未免严苛，于情于理都难言合适，如何排除该当之轻微行为的犯罪性（所谓“微罪出罪”），就成为刑事司法实践和刑事法理论研究的重要话题。如此看来，在域外的刑事司法实践中，犯罪成立的罪量要求，实际上是通过其反面，即“微罪如何出罪”问题实际展开的。在域外刑事立法中，刑事诉讼法为这种微罪出罪提供了程序上制度化的分流途径；而在刑事实体法领域，可罚的违法性、社会相当性等理论的提出、深化，则为这些分流路径提供了实体法上的理论支撑。

第一节　微罪出罪的程序法路径

“徒法不足以自行”，实体法的适用，需要程序法提供的规则和场域。“刑事实体法以罪刑法定原则保障包括犯罪嫌疑人、当事人在内的所有公民的人身权利，程序法则以关于侦查范围、证据排除等与人权保障联系更为直接的规则对公权力机关的犯罪查处行为作出限制。”[3]在域外刑事司法实

---

[1]［日］丹羽正夫：《オーストリアにおける軽微事犯論の展開》(1)，载《法政理论》第28卷（1995年）第2号。

[2] 笔者以盗窃罪为例，对60余个国家（或地区）的刑法典（中译本）进行了比较，发现在刑法典中明确规定盗窃罪的成立必须达到一定数量、程度要求的刑事立法例，除我国大陆刑法典以外，唯有西班牙刑法典［《西班牙刑法典》第234条规定，为获取利益，未经主人同意取得他人价值超过5万比塞塔财物，构成盗窃罪的，处6个月以上18个月以下徒刑（《西班牙刑法典》，潘灯译，中国政法大学出版社2004年版）］。不过，综观西班牙刑法典分则个罪之规定，可以发现这种立法例仅仅是极个别的例外。这一点，与我国刑法中广泛存在的犯罪成立罪量因素之规定的立法模式，截然不同。可以说，西班牙刑法典依然属于行为类型模式立法例。

[3] 刘涛：《通过程序法的犯罪化——以美国刑事司法中的若干发展趋势为例》，载陈兴良主编：《刑事法评论：不法评价的二元论》（第36卷），北京大学出版社2015年版，第257页。

践中，在实体法缺乏行为程度的明文规定的前提下，通过诉讼法上的分流程序，排除该当构成要件之轻微行为的犯罪性。其中，最主要的程序设计包括警察微罪处置和酌定不起诉制度（微罪不举）、告诉乃论、自诉制度以及审判法官（陪审团）裁量权的行使等。

一、微罪不举

微罪不举，即在刑事诉讼过程中，负责侦查、提起公诉的警察、检察官有权以所涉刑事案件十分轻微为由，决定微罪处理、转向处置、不提起公诉，撤销轻罪案件，从而使得微罪行为人不至于进入审判程序、不至于面临犯罪和刑罚的处置。在域外的刑事诉讼程序中，微罪不举，是一项较普遍的微罪分流方式。

（一）美国

在美国，起诉裁量权，即根据美国法，政府方面的起诉律师在选择是否提出刑事指控，以及提出什么样的指控方面，享有近乎绝对和不受审查的权力。[1]起诉裁量权，涉及两个方面，即提出指控的权力和决定不提出任何指控的权力。就后一种权力而言，检察官实际上享有“不受限制的处理案件的裁量权，只要她认为有适当的理由即可”[2]。“检察系统为（事实上）美国刑事司法系统中‘最有权’的机构。检察官在可以以几乎任何理由撤诉的同时，也可以自由选择想要对当事人提起的刑事控告。”[3]在多数情形下，不存在要求检察官必须提出指控的规则，而且，检察官的不起诉

[1] See Gerard E. Lynch, Prosecution: Prosecutorial Discretion, in 3 Encyclopedia of Crime & Justice, 1246 (Joshua Dressler ed., 2d ed., 2002).

[2] See Michael Edmund O'Neill, Understanding Federal Prosecutorial Declinations: An Empirical Analysis of Predictive Factors, *41 Am. Crim. L. Rev.* 1439 (2004).

[3] 刘涛：《通过程序法的犯罪化——以美国刑事司法中的若干发展趋势为例》，载陈兴良主编：《刑事法评论：不法评价的二元论》（第36卷），北京大学出版社2015年版，第280页。

决定通常是终局的，检察官办公室以外的任何人都不能撤销这个决定。[1]根据美国学者的研究，2000年在75个最大的城市因重罪指控而被逮捕的人中，检察官完全撤销案件的占26%，缓于起诉的占9%，接受轻罪答辩的占12%。2002年，联邦检察官仅在提交给他的62%的案件中提出指控，剩余的大多数被撤销，还有一些轻罪诉讼提交给了联邦治安法官。[2]

检察官在选择是否提出指控时考虑的因素，首先，因为立法倾向于制定广泛的刑法条款，同时又不会取消以前在关注和发展某些优先价值时制定的犯罪，所以结果便是，像警察不会对每一个技术上违反禁止横穿马路和超速行驶的法律的人都开罚单一样，检察官也不可能追诉每一个违反刑事法的行为。而且，资源有限的现实迫使多数司法区的检察官不去追诉一些交给他们的案件。[3]正是因为立法的“泛刑法化”、可得实施资源的有限性以及正义个别化的要求，检察官在不起诉决定方面享有广泛的裁量权。[4]

除了上述一般考虑外，起诉决定还受制于一些特定的案件因素，无论是从美国律师协会的检察官标准所提供的七个因素[5]，还是学者总结的诸多情况来看，“犯罪造成的危害大小”都是决定起诉与否的关键因素之一，“当犯罪所带来的‘危害’能够不经起诉而得到纠正时，最好的例子是通常决定不起诉轻微财产犯罪的人，如开空头支票，只要对被害人进行了全额

---

[1] ［美］约书亚·德雷斯勒、［美］艾伦·C. 迈克尔斯：《美国刑事诉讼法精解》（第二卷·刑事审判），魏晓娜译，北京大学出版社2009年版，第114—115页。

[2] See Gerard Rainville & Brian A. Reaves, U.S. Dep't of Justice, Felony Defendants in Large Urban Counties, 2000, at 24 tbl. 23 (2003); Bureau of Justice Statistics, U.S. Dep't of Justice, Compendium of Federal Justice Statistics, 2002, at 28 tbl. 2.2 (2004).

[3] ［美］约书亚·德雷斯勒、［美］艾伦·C. 迈克尔斯：《美国刑事诉讼法精解》（第二卷·刑事审判），魏晓娜译，北京大学出版社2009年版，第116页。

[4] 参见［美］伟恩·R. 拉费弗、［美］杰罗德·H. 伊斯雷尔、［美］南西·J. 金：《刑事诉讼法》（上册），卞建林、沙丽金等译，中国政法大学出版社2003年版，第744—745页。

[5] 七个因素分别是：（1）检察官对被告人实际上是否犯罪抱有合理怀疑；（2）犯罪造成的危害；（3）规定的刑罚与犯罪人以及他的实际行为是否成比例；（4）告发证人是否可能具有不当动机；（5）证人是否愿意作证；（6）犯罪人是否协助起诉其他人；（7）其他司法区对犯罪人的起诉情况［See American Bar Association, Standards for Criminal Justice, The Prosecution Function 3-3. 9(b) (3d ed. 1993).］。

补偿”时，即可考虑不起诉决定。[1]

另外，在作出起诉决定时，对于检察官来讲，选择并不仅仅限于起诉或不起诉。中间程序，通常指延缓起诉或审前分流，也是可行的。传统上，分流的效果就是在刑事起诉中“使时间停止”，被告人被提供律师帮助，职业发展、教育和援助性待遇等服务。如果他在特定的一段时间内按照要求参与和反应，指控将被取消，无审判发生。[2] 这种起诉犹豫主义的做法，也是审前分流的重要举措。

当然，检察官的起诉裁量权，是以案件到达检察官手中为前提的。在逮捕之后，可以说，是否提起刑事案件的决定几乎完全掌握在检察官手中。“只要检察官有合理根据相信被告人实施了成文法规定的犯罪，是否起诉以及提出什么样的指控，一般完全属于检察官的裁量范围。”[3] 实际上，许多案件，尤其是那些轻罪，如果警察决定不逮捕的话，案件是不会到达检察官手中的。警察可以在刑事程序更早、更不具可视性的阶段执行裁量权，即决定逮捕的权力，这个决定对起诉政策有深远的影响，原因很简单，因为大部分情况是由警察决定什么案件进入检察官的视野。警察的裁量权比检察官的裁量权限制更少。而警察在逮捕阶段实施裁量权的原因与以上检察官的起诉裁量的原因是一致的。[4] 因此，在轻微案件中，绝大部分是涉及轻微交通肇事，这个决定（决定是否起诉）通常是由警察独立作出的。但是在其他案件中，通常是检察官扮演着重要角色。

（二）英国

起诉阶段的分流，是指由刑事审判体系中的合法授权机关所作的，与

---

[1] 参见［美］伟恩·R. 拉费弗、［美］杰罗德·H. 伊斯雷尔、［美］南西·J. 金：《刑事诉讼法》（上册），卞建林、沙丽金等译，中国政法大学出版社 2003 年版，第 745 页。

[2] ［美］伟恩·R. 拉费弗、［美］杰罗德·H. 伊斯雷尔、［美］南西·J. 金：《刑事诉讼法》（上册），卞建林、沙丽金等译，中国政法大学出版社 2003 年版，第 743 页。

[3] Bordenkircher v. Hayes, 434 U.S. 357, 364 (1978).

[4] ［美］伟恩·R. 拉费弗、［美］杰罗德·H. 伊斯雷尔、［美］南西·J. 金：《刑事诉讼法》（上册），卞建林、沙丽金等译，中国政法大学出版社 2003 年版，第 746 页。

处罚刑事犯罪相关的决定，其目的都是避免法庭审判程序，但是不包括因为缺乏事实证据而作出的不起诉决定。按照英国法的观点，公诉机关具有简直令人难以置信的起诉转移权力，因为他（她）有权决定是不进行起诉，还是撤销案件，或者是起诉到法庭。[1]

在英国，除了所谓的“法定之罪”（regulatory offences）由特定机关（如健康与安全部、海关、税务局等）侦查起诉之外，施行“任何人都可以起诉”的自由主义立场。不过，最重要的起诉机关还是警察机关和王室检察院。无论是警察机关还是非警察机关，都平等地适用自由裁量原则，在侦查之后，案件主要有三种选择：无正式行动；以某种警告的形式正式替代起诉；起诉。

在英国，关于轻微犯罪的分流，主要体现在起诉的替代措施中。这些替代方式大多数只在案件提交检察官之前有效。警方负责的许多案件有时被称作“分流”案件——在刑事诉讼之外的支流——主要是轻微案件。针对轻微的罪行，警察可以根据罪行的性质考虑起诉的替代方式，包括警告（主要针对成年人）、训诫和警示（针对未成年人）和定罚通知（适用于超速、闯红灯等道路交通犯罪）。[2]

为了快捷简便地处理不太严重的犯罪者，将他们从非必要的法庭诉讼中分流出来，减少他们再犯的机会，政府规定了对轻微犯罪实施正式的警告或警察的告诫这种处罚方法，告诫是指由已经供认犯了可以起诉罪行的犯罪者的监督者或上级官员作出的正式警告。尽管对告诫所做的记录将至少保存五年，而且在将来的任何诉讼上都有可能被引用，如果他其后被定罪的话，可以作为罪犯品质的证据，但是告诫不能归于定罪之列，不会给犯罪者造成和有罪判决一样的犯罪记录。因此，能够避免犯罪者被烙上耻辱（犯罪标签）的痕迹。影响是否告诫的两个关键因素是犯罪的严重程度和犯罪者的前科。1994 年指导告诫的方针就明确对诸如企图谋杀和强奸这

[1] 江礼华、[加] 杨诚主编：《外国刑事诉讼制度探微》，法律出版社 2000 年版，第 110 页。

[2] 参见［英］约翰·斯普莱克：《英国刑事诉讼程序》，徐美君、杨立涛译，中国人民大学出版社 2006 年版，第 91 页以下。

样的最严重的“公诉罪”排除告诫适用的可能性。

在实践中，2000 年，除了机动车犯罪外，英格兰和威尔士所有的犯罪案件中，共有 23.9 万犯罪者被处以告诫，这个数目占据那年被告诫和被判有罪的犯罪者的 1/3。[1] 大多数引起告诫的犯罪都是轻微犯罪。而对于青少年，在“使最年轻的犯罪者免予适用刑事司法制度，因为卷入司法制度是一种需要付出巨大代价的方式，会给他们贴上犯罪者的标签，并证实他们的犯罪身份”这一种强烈的政策目标的指引下，《1998 年犯罪与妨害治安法》确定了针对青少年的训诫制度和最后警告制度。这一制度规范了对青少年的起诉替代措施，对针对青少年的起诉规定了更多的限制条件。[2]

此外，针对大多数轻微案件，有一种固定刑罚或者当场处罚制度。该制度目前适用于一系列机动车犯罪案件。警察或者其他执法者（如交通巡警）可以当场或在警察局签发处罚令。这个处罚令提供了一个机会——只要行为人支付一大笔钱就可以免除任何对其判罪的责任。[3]

而在非警察机构负责的案件中，非警方机构行使其起诉自由裁量权时，一般不起诉而非起诉。[4] 他们通常会非正式地对犯罪者进行警告。执行通知（正式的警告信）是很少的；禁止通告（停止行为，直至遵守法律）也较少，起诉只是最后手段。这些机构倾向于形成这样一种观念，即通过说明策略而不是强制措施使犯罪者在以后遵守法律。这种“温和方法”是警察制度中警告的细化形式。[5]

另外，为抑制警察的特权而设立的王室检察院，检察官独立于警方，

---

[1] 数据来源：Cautions, Court Proceedings and Sentencing: England and Wales, 2000, Home Office Statistical Bulletin 20/01. Nov. 2001.

[2] 详见麦高伟、[英] 杰弗里・威尔逊主编：《英国刑事司法程序》，姚永吉等译，法律出版社 2003 年版，第 161 页以下；[英] 约翰・斯普莱克：《英国刑事诉讼程序》，徐美君、杨立涛译，中国人民大学出版社 2006 年版，第 91 页以下。

[3] 麦高伟、[英] 杰弗里・威尔逊主编：《英国刑事司法程序》，姚永吉等译，法律出版社 2003 年版，第 157 页。

[4] 江礼华、[加] 杨诚主编：《外国刑事诉讼制度探微》，法律出版社 2000 年版，第 168 页。

[5] 麦高伟、[英] 杰弗里・威尔逊主编：《英国刑事司法程序》，姚永吉等译，法律出版社 2003 年版，第 148—149 页。

一旦警方指控或传唤后，被告人就交由王室检察院负责，由它决定接下来是否起诉。原则上讲，皇室检察院可以通过撤销的方法确保应当予以警告的案件不予起诉。王室检察院决定是否起诉，有两个明确的阶段，一是检验证据；二是检验公共利益。根据《皇室检察官准则》第6.5条之规定，如果有下列情形，则不太可能起诉（反对起诉的因素）：(1) 法院可能处以极轻或名义上的刑罚；(2) 被告人已经因这一罪行被定罪和量刑，而不可能加重其刑罚；(3) 犯罪是因为真正的错误或误解而实施的（这些因素必须同犯罪的严重程度均衡考虑）；(4) 损失或损害可以被认为是轻微的，并且是单个事件的结果，尤其是由于错误判断而造成的；(5) 犯罪发生和审判日期之间有很长的延误，除非：①是严重的犯罪，②延误部分是由被告人造成的，③犯罪最近刚被发现，或④犯罪的复杂程度意味着长时间的侦查；(6) 起诉可能对被害人的身体或精神健康有很坏的影响，总是记得犯罪的严重性；(7) 被告人年龄较长，或者正在，或者在犯罪时患有严重精神或身体疾病，除非罪行严重具有再犯的真实可能性（皇家检控署在必要时适用内务部关于如何处理精神失常罪犯的指南，而且皇家检察官必须在转化遭受严重身体或心理不健康的被告人的可行度与保护一般公众的需要间加以平衡）；(8) 被告人已对损失或损害作出赔偿（但被告人不能仅因为可以支付补偿金而逃避起诉）；或 (9) 细节被公之于众造成信息来源、国际关系或国家安全的损害。其中，轻微犯行不举，可谓诸多反对起诉的因素中首当其冲的一项，而且犯行轻重也是其他诸项适用时需要考虑的因素。

（三）法国

1. 追诉的适当性

法国刑事诉讼法典明确规定了追诉适当性制度（systeme de l'opportunité des poursuites），这一点不同于下文介绍之德国法的法定追诉（légalité des poursuites，追诉的法定性）规则，根据法国《刑事诉讼法典》第40-1条（2004年3月9日第2004-204号法律第68条）之规定，有地域管辖权的共和国检察官认为其依据第 40 条之规定知悉的行为已构成犯罪，并且是由已知身份与住所的人所实施，在没有任何法律规定妨碍对此犯罪行为提起公诉时，如其认为适当，得决定：或者提起公诉，或者实行追诉的替代程序，或者不予立案（classer sans suite la procedure, 将案卷归档，不予追究）。

这种追诉适当性制度，即起诉便宜主义，在 19 世纪的法院判例与理论中就已承认，检察院并不受强制对任何并无多少疑问的犯罪的行为人一律提起追诉。之所以如此，重要的理由之一，即如果犯罪行为给社会造成的损害特别轻微，如果犯罪（侵害的）标的（objet de l'infraction）微不足道，如果行为人是本着完全值得赞赏的动机（mobile）而采取行为，在这些情况下，对于公共秩序而言，提起追诉反而只能是弊大于利。毫无疑问，为了避免法院积案过多，共和国检察官可以很容易地将为数不少的犯罪案件“不予立案”，以利于司法迅速进展。[1] 在法国，共和国检察官完全有权仅仅以认为提起追诉不适当（追诉不具有适当性）为由，作出不立案的决定。

统计数字表明，有将近一半的被告到检察院的轻罪案件都是以不予立案决定而终结；对于违警罪而言，不予立案的比例更高。检察机关的不立案决定并不是一项司法裁判权性质的决定，而是一项行政性决定。对于这一行政性命令，并不存在任何司法裁判性质的上诉途径，而只能按照级别，向（上诉法院）检察长或掌玺官（司法部长）提出申诉。[2]

2. 追诉的替代程序

此外，在提起公诉与不予立案之外，检察官还有权决定实行追诉的替代程序。在非法使用毒品案件中，按照《公共卫生法典》第 3423-1 条的规定，共和国检察官可以命令非法使用毒品的人接受戒毒治疗，或者接受

[1] [法] 贝尔纳·布洛克:《法国刑事诉讼法》，罗结珍译，中国政法大学出版社 2009 年版，第 329 页。

[2] [法] 贝尔纳·布洛克:《法国刑事诉讼法》，罗结珍译，中国政法大学出版社 2009 年版，第 336 页。

医疗监视。对于遵守规定，接受治疗并且能坚持到底的人，不提起公诉。[1]这一在“使用毒品犯罪案件”中给予检察官的权力，在1999年6月23日法律将其普遍化。根据法国《刑事诉讼法典》第41-1条（1999年6月23日第99-515号法律）之规定，如共和国检察官认为采取以下措施能够确保赔偿受害人受到的损害并终止因犯罪造成的扰乱或者有助于犯罪行为人回归社会，在就公诉作出决定之前，（2004年3月9日第2004-204号法律第69条）得直接或者通过司法警察警官或共和国检察官委派的代表或调解人。这些措施包括：（1）向犯罪行为人重申法律规定的义务；（2）引导犯罪行为人前往卫生、社会或者专业机构；（2004年3月9日第2004-204号法律第69条）这些措施可以是指犯罪行为人自行负担费用到卫生、社会或专业服务部门或机构接受并完成实习或培训，特别是接受与完成公民资格的实习培训；（2003年6月12日第2003-495号法律第6条）如果是在驾驶陆路机动车辆时实行的犯罪，此项措施可以是指犯罪行为人自行负担费用参加并完成公路安全意识的实习培训；（3）要求犯罪行为人按照法律规定纠正其不符合规定的状况，补正手续，使其地位符合规定；（4）要求犯罪行为人赔偿因犯罪造成的损害；（5）经各方当事人同意，派人在犯罪行为人与受害人之间进行调解。

通过中立的第三人作为调解人，拉近双方当事人之间的分歧意见，促使犯罪行为人方面提出对其造成的损害给予赔偿。若双方达成协议并得到履行，共和国检察官将案卷归档、不予追究；这种追诉的替代程序，是法律将某些“附条件的不予立案”的做法合法化；追诉的替代程序涉及的都是一些对社会危害程度不太严重的轻微犯罪行为，如家事诉讼案件，并且犯罪行为人承认其犯罪属实，愿意赔偿给他人造成的损害。[2]

除此之外，法国《刑事诉讼法典》在追诉阶段还规定了另一项替代追

[1] ［法］卡斯东·斯特法尼等：《法国刑事诉讼法精义》（下），罗结珍译，中国政法大学出版社1998年版，第500—501页。

[2] ［法］贝尔纳·布洛克：《法国刑事诉讼法》，罗结珍译，中国政法大学出版社2009年版，第330—331页。

诉的措施，即刑事和解。所谓刑事和解，是指检察院（共和国检察官）在提起公诉之前与犯罪行为人就公诉进行（辩诉）交易的一种特别形式。根据该法典第41-2条（2004年3月9日第2004-204号法律第71-1条）之规定，只要尚未启动公诉，对已经承认自己犯有主刑当处罚金或刑期在5年或5年以下监禁刑的一项或数项轻罪的自然人，以及相应场合，承认自己犯有一项或数项违警罪的自然人，共和国检察官均可直接或者通过中间人实行刑事和解。

（四）德国

在德国，尽管《刑事诉讼法》第170条确定了法定起诉原则（Legalitätsprinzip），但事实上，确为轻微的乃至中等程度的犯罪案件设置了诸多适用起诉便宜原则的例外。刑事诉讼法至少增加了12条允许撤销案件的非证据上的理由（《刑事诉讼法》第153-154e条），因此，法定起诉原则可以比作瑞士奶酪——充满了漏洞。[1]1981—1998年，基于起诉便宜主义结束诉讼程序的案件数量增长了161.4%，尤其是，根据《刑事诉讼法》第153条和第153b条的规定结束诉讼程序的数量甚至增长了260.5%。[2]在1998年，大部分已知嫌疑人的案件，德国的检察官也未提出指控，这些案件中，27%因为缺乏充分证据而被撤销（《刑事诉讼法》第170条第2款），27%是因为其他原因被撤销。21%的案件通过其他途径得到处理（许多可能移送到其他检察院），只有27%的案件被真正提交给法院。[3]如此看来，法定起诉原则反倒是成了统计意义上的少数。对于轻微和中等程度的犯罪，

---

[1] ［德］托马斯·魏根特：《德国刑事诉讼程序》，岳礼玲、温小洁译，中国政法大学出版社2003年版，第44—45页。

[2] Erster Periodischer Sicherheitsbericht, Herausgegeben vom Bundesministerium des Innern und vom Bundesministerium der Justiz, 2001, S. 349. 转引自［德］埃里克·希尔根多夫：《德国刑法学：从传统到现代》，江溯等译，北京大学出版社2015年版，第29页。

[3] Statistisches Bundesamt (ed.), Rechtspflege. Gerichte und Staatsanwaltschaften 2000, 2002, p.138. 转引自［德］托马斯·魏根特：《德国刑事诉讼程序》，岳礼玲、温小洁译，中国政法大学出版社2003年版，第44页。

广泛通过终止诉讼程序的方式来在一定程度上纠正扩张的犯罪化趋势，起诉便宜主义原则在广泛的范围内排除了起诉法定原则。[1]

因在轻微的或甚至中等程度的犯罪案件中，实务上乃适用便宜原则，于是法定原则为此而有了诸多的例外；刑事诉讼法对可以不加起诉的犯罪嫌疑分为以下四类：(a) 当犯罪嫌疑轻微且无追诉必要者；(b) 当对犯罪追诉的必要性可经由其他方式达成时；(c) 当国家利益优于对犯罪追诉之必要者；(d) 当被害人可自行对犯罪追诉者（关于这一点，下文详述。——引者注）。[2] 就微罪不举而言，主要包括：

1. 绝对轻微不起诉

最早的“真正”便宜条款，系依《刑事诉讼法》第 153 条的不追诉轻罪。[3] 根据德国《刑事诉讼法》第 153 条之规定，如果行为人责任轻微，不存在追究责任的公众利益的，经负责开始审判程序的法院同意，检察院可以不予追究。对于尚未受到最低刑罚威胁（指法律没有规定如“判处 2 个月以上 5 年以下”中的“2 个月以上”这个最低限度刑罚），行为所造成后果显著轻微的罪决定不予追究时无须法院同意。此即德国刑事诉讼法关于绝对的轻微犯罪的起诉便宜原则。这一条款使得检察官甚至没有必要详细侦查案件；只要能够证明被告人的假定罪行（报案中声称的事完全真实）没有意义就足够了。[4]

此条规定显然是基于对轻微犯行人施加刑罚的意义与起诉、裁判此类案件所耗费的检控、司法资源之间的利益衡量的产物。在司法资源相对紧张的前提下，对于一个只有极少的罪责，犯行并无重要性的、对公共利益亦无影响的绝对轻微案件而言，进行一套繁琐的诉讼程序，实为不妥。

---

[1] [德] 埃里克·希尔根多夫：《德国刑法学：从传统到现代》，江溯等译，北京大学出版社 2015 年版，第 29 页。

[2] [德] 克劳思·罗科信：《刑事诉讼法》（第 24 版），吴丽琪译，法律出版社 2003 年版，第 103 页。

[3] [德] Hans-Jürgen Kerner：《德国刑事追诉与制裁》，许泽天、薛智仁译，台北元照出版公司 2008 年版，第 159 页。

[4] [德] 托马斯·魏根特：《德国刑事诉讼程序》，岳礼玲、温小洁译，中国政法大学出版社 2003 年版，第 45 页。

而根据《刑事诉讼法》第153b条第1项之规定，符合法院得免除刑罚的要件时，经主审程序的管辖法院同意，检察官亦得不提起诉讼。

此外，依《麻醉药品法》第31a条，检察机关对违反《麻醉药品法》第29条第1项、第2项及第4项之规定时，如果行为人之罪责轻微，且该项诉追无涉公共利益，而该麻醉药品亦只是供自己使用时，则无须追诉侦查。在一起所谓的“大麻烟判例”中（NJW 94，1577），联邦宪法法院在对《麻醉药品法》第31a条解释时，提到逾越禁止（Übermabverbot），主张未来全德国均将统一对少量麻醉烟毒药品（Cannabisprodukte）之拥有或购买均应以不起诉处分之。[1]

在被告为依赖毒品者（drogenabhängige Beschuldigten）的案件，《麻醉药品法》第37条特别让检察官有弹性处理的可能性。其前提是：（1）被告涉嫌因为依赖毒品或甚至因为毒瘾，而犯一个罪或数个罪；（2）若起诉并经审判期日，自由刑的刑期预计至多2年；（3）被告证明其已接受毒瘾治疗，且有利于其再社会化。符合上述要件时，经开启主审程序的管辖法院同意，检察官得不提起公诉。[2]

2. 相对轻微不起诉

如果说德国《刑事诉讼法》第153条涉及的是绝对的轻微犯罪，那么该法第154条所涉及的就是被告人所犯的一个罪行与其被指控的罪行相比是轻微的情形，可称其为“相对轻微不起诉”。根据德国《刑事诉讼法》第154条之规定，有下列情形之一时，检察院可以对行为不予追诉：（1）追诉时可能的刑罚、矫正及保安措施，作为因为其他行为已经对被指控人发生法律效力地判处或者可能的刑罚、矫正及保安处分之附加刑，并非十分重要；（2）除此之外，如果在适当的期间内不可能对该行为作出判决，以及如果对被指控人已经发生法律效力地判处的或者因为其他行为可能判处的刑罚、矫正及保安处分足以对行为人产生影响，足以维护法制秩序的。

[1] ［德］克劳思·罗科信：《刑事诉讼法》（第24版），吴丽琪译，法律出版社2003年版，第105页。

[2] ［德］Hans-Jürgen Kerner：《德国刑事追诉与制裁》，许泽天、薛智仁译，台北元照出版公司2008年版，第8页。

依据本条规定，在存在数个独立的犯罪行为的前提要件下，对于其中较轻微的案件，如果其受到的刑罚或处分对行为人而言，其因已受其他犯行之判决确定的刑罚或者处分，故已无关轻重时，则无须加以追诉。[1] 例如，被指控犯有谋杀罪的被告人无须再被指控盗窃用来杀害被害人的刀。在这里，除了在轻微犯行案件中对检控和司法资源的节约的考虑外，举证困难和时间耗费也是原因：如果在“适当的期间”内不可能对争议行为作出判决，而检察官期盼对被告人以另一罪名定罪，并且刑罚足以对行为人产生影响，维护法制秩序的，可以不起诉。[2]

3. 暂缓起诉（暂时停止程序、附负担的舍弃追诉[3]）

德国《刑事诉讼法》第 153a 条中规定，经负责开始审理程序的法院和被指控人同意，检察院可以对轻罪暂时不予提起公诉，同时要求被告人：（1）作出一定给付，弥补行为造成的损害，（2）向某公益设施或者国库交付一笔款额，（3）作出其他公益给付，或者（4）承担一定数额的赡养义务。以这些要求、责令适合消除追究责任的公共利益，并且责任程度与此相称为限。

根据此条规定，即便是在有充分证据定罪的情况下，只要被告人完成了法律所指定的诸如向被害人进行经济补偿或寻求和解、向国库或者慈善组织交付一笔款额、向特定人支付赡养费或者履行社区服务等积极行为，排除公共利益的情况下，检察官也可以撤销案件，而对被告人施加的这些要求、责令，并非刑事制裁，也不记入官方档案。这种征得被告人自

[1] ［德］克劳思·罗科信：《刑事诉讼法》（第 24 版），吴丽琪译，法律出版社 2003 年版，第 103—104 页。

[2] ［德］托马斯·魏根特：《德国刑事诉讼程序》，岳礼玲、温小洁译，中国政法大学出版社 2003 年版，第 45 页。

[3] Kerner 教授认为，将德国《刑事诉讼法》第 153 条之一（第 153a 条）称为“暂不起诉（vorläufiges Absehen von der Klage）”“暂时停止程序（vorläufige Einstellung des Verfahrens）”，这种称呼在法律上虽非错误，但却无法正确反映条文的实际内容；对法条意义较清楚的说法，毋宁是“附负担的舍弃追诉（Verfolgungsverzicht unter Auflagen）”（参见［德］Hans-Jürgen Kerner：《德国刑事追诉与制裁》，许泽天、薛智仁译，台北元照出版公司 2008 年版，第 173 页）。

愿同意而施行的，带有某种交易性质的不起诉、撤销案件的方式，即参考缓刑制度加以变化而来之暂缓起诉制度。[1] 该制度在德国的司法实践中受到追捧。在 1998 年，大约有 25 万起案件根据《刑事诉讼法》第 153a 条被撤销。[2]

第 153a 条最初被设计为对在轻微刑事案件中犯有“不严重罪行”的罪犯的准制裁。在实际的适用过程中，该条款在保留此功能的同时，演变成撤销案件的工具，被撤销的案件或者因为举证困难或者因为被告人的社会地位给检察院带来一些问题。[3]

此法条在制定前曾因其具“刑事司法商业化”的观点而受到强烈的批评。但其在实务上仍被贯彻实施了，并且还被证明是一个解决轻微案件的有效工具。尽管因为被告人自愿原则难履行、有违法条明确和权力分工原则、被告社会地位对决定的影响等问题受到怀疑，只可惜减免司法负担法（Rechtspflegeentlastungsgesetz）又把可为不起诉之范围更加扩大了，其不仅不再要求“轻微的罪责”甚至“罪的轻重亦已不重要了”。[4]

以上即德国《刑事诉讼法》关于轻微犯罪的起诉便宜原则（微罪不举）之规定，检察官以中止诉讼程序（不起诉处分）作为侦查程序的结束。不过，需要注意的是，这种起诉便宜原则，一方面，仅适用于轻微的犯罪案件（至多可能是中等程度的犯罪），就重罪来说，法定起诉原则仍占主导地位；另一方面，这些起诉便宜原则的例外，是仅就检察机关而言的，警察人员并无权自行结束侦查或者撤销案件，是以法定原则对其有完全之适用。

---

[1] Meyer-Gro β ner, StPO, 46. Aufl., 2003, § 153a, Rn.2.

[2] Statistisches Bundesamt (ed.), Rechtspflege. Gerichte und Staatsanwaltschaften 2000, 2002, p. 138. 转引自［德］托马斯·魏根特：《德国刑事诉讼程序》，岳礼玲、温小洁译，中国政法大学出版社 2003 年版，第 46 页。

[3] Vgl Hertwig Die Einstellung des Strafverfahrens wegen Geringfuegigkeit, 1982, pp. 186 etseq. 转引自［德］托马斯·魏根特：《德国刑事诉讼程序》，岳礼玲、温小洁译，中国政法大学出版社 2003 年版，第 46 页。

[4] ［德］克劳思·罗科信：《刑事诉讼法》（第 24 版），吴丽琪译，法律出版社 2003 年版，第 105—106 页。

（五）日本

在日本，微罪不举通过警察的微罪处分（不移送处分）和检察机关的不起诉（起诉犹豫）制度得以实现。

1. 警察的微罪处分

根据日本《刑事诉讼法》第246条之规定，“司法警察人员于犯罪侦查终结后，除法律有特别规定外，原则上应速将案件连同文书及证物送交检察官。但经由检察官指定之案件，不在此限”。该条但书规定，即解为该国检察官委由司法警察人员，处分轻微犯罪案件之权限和依据。但书之规定，经由日本《犯罪侦查规范》具体化：

第195条：司法警察侦查之案件，犯罪事实极为轻微，且为检察官事先指定无须移送之案件者，不必送交。

第196条：依前条规定不必送交之案件，应以微罪案件处分报告书，记明处理之年、月、日、嫌疑人姓名、年龄、职业及住所、罪名及犯罪事实之要旨，每月汇整一次向检察官报告。

第197条：以第195条之规定（得为微罪处分者）不必送交案件时，得为下列各款之处置。（1）对嫌疑人为严厉之训诫，戒其将来不得再犯。（2）请嫌疑人之亲权人、雇主、其他监督权人或代行监督权之人到场，促其将来应为如何的严格监督，并要求其出具保证书。（3）晓谕嫌疑人应对被害人为损害赔偿、道歉或其他适当之表示。

移送或送交案件时，应在长官指定样式之犯罪案件处理簿上记明其经过。

日本的警察微罪处分，乃是对于犯罪事实极为轻微，没有处罚必要，因法律上的特别规定，由检察官委由司法警察，基于刑事政策上考虑，所实施的一种犹豫制度。在司法审理之前即加以终结处理，可称为“司法前处理”或称之为“非司法化”，可谓为转向处分（diversion）形式之一。至于日本警察微罪处分的法律性格，乃是以检察官起诉裁量权为前提的一种起诉犹豫处分，且由检察官所控制监督之下所为之一种“微罪处分”。[1]

对微罪事件的指定，由各地方检察机关的首脑即检察长对管辖区域内的司法警察职员实施，事件的指定，因地而异。[2] 一般而言，以轻微窃盗、诈欺、侵占、赃物、赌博、暴行犯等为主，主要包括：(1) 损害微小犯行轻微，标的物已返回或已赔偿损失，被害人谅解。同时又系偶犯而无再犯可能的窃盗、诈欺或侵占罪案件，或与此相同情形相同标的物之案件。(2) 损失财物微小犯行轻微，所有共犯无再犯可能的赌博罪之初犯。(3) 非素行不良之偶犯，被害亦很轻微的暴行、轻伤害罪等。(4) 前三项之外，检察长特别指定的“特定罪种案件”以及轻微少年事件之简易送交。[3] 并且有下列情况，应排除在外，不得为微罪处分：(1) 逮捕嫌疑人的案件；(2) 属于告诉、告发及自首的案件；(3) 法令上特别规定非厉行公诉不可的案件；(4) 检察官特别命令应移送的案件；(5) 采取“全件送致主义”[4] 的少年事件。[5]

尽管对于警察的微罪处理，面临着微罪认定标准不一、缺乏明确标准判断素行不良者、有碍于嫌疑人接受法定程序的保障、忽略一般预防功能以及其他相关机关之配合程度等种种批评，[6] 但在日本却呈现增加适用的现象，20 世纪 80 年代后半已超过全部刑法犯检举人员的一成以上；扣除交通关系业务过失罪，其中成人的检举人数中，微罪处理所占比例，在 1985 年已超过四成；从罪种观察，在 1985 年成人微罪处分率来看，则以侵占遗失

---

[1] 许福生：《日本警察微罪处分制度暨我国可借镜之处》，载《刑事法杂志》(第 48 卷) 2004 年第 5 期。

[2] [日] 大谷实：《刑事政策学》，黎宏译，法律出版社 2000 年版，第 169 页。

[3] 参见 [日] 吉冈一男：《刑事学》，青林书院 1980 年版，第 220 页；郑善印：《日本刑事诉讼法上警察对轻微犯罪的处理》，载《律师杂志》第 234 期 (1999 年 3 月号)。

[4] 全件送致主义，即依照日本少年法的规定，司法警察对于少年案件之处理，不管案件多么轻微，均须送至家庭裁判所处理。不能适用日本《刑事诉讼法》第 246 条但书之规定。

[5] [日] 土本武司：《日本刑事诉讼法要义》，董璠舆、宋英辉译，台湾五南图书出版公司 1997 年版，第 172—174 页；[日] 石原明等：《刑事政策》，青林书院 1993 年版，第 179 页。

[6] 详见许福生：《日本警察微罪处分制度暨我国可借镜之处》，载《刑事法杂志》(第 48 卷) 2004 年第 5 期。

物最高，达该罪成人检举人数的85.2%，盗窃则是59.6%。[1]1996年，从成人微罪处分率的统计来看，48.6%的普通刑法犯给予微罪处分，盗窃罪是59.1%，侵占脱离占有物罪则是89.3%。[2]2007年的统计数字，三项比例分别是：普通刑法案件38.2%；盗窃罪41.4%；侵占脱离占有物罪68.5%。[3]

2.不起诉（起诉犹豫）

所谓不起诉（起诉犹豫），是指决定起诉或不起诉时，在检察机关具有足以提起公诉的嫌疑及证据，并且也具备诉讼条件的场合，允许检察机关根据其裁量，不提起公诉的制度。[4]根据现行日本《刑事诉讼法》第248条之规定，根据犯人的性格、年龄、境遇、犯罪的轻重、情节及犯罪后的态度，认为不必要追诉时，可以不提起公诉。这里的不起诉（起诉犹豫）属于广义的不起诉范畴。广义的不起诉，分为狭义的不起诉和这里所说的起诉犹豫两种处分，狭义的不起诉是在案件的处理阶段判明该案件不构成犯罪、没有犯罪的证明（《刑事诉讼法》第336条）或缺少诉讼条件（《刑事诉讼法》第337—339条）时作出的处分。而起诉犹豫是日本刑事诉讼法起诉裁量主义（起诉便宜主义）的表现。

根据日本《刑事诉讼法》第248条之规定，决定起诉犹豫的重要因素之一，即有关犯罪的事实，包括：①“罪行轻重”，包括法定刑的轻重、受害程度；②“犯罪的情况”，包括犯罪动机、方法、与被害人的关系、犯罪的社会影响等。[5]在日本，提供公诉的条件包括积极要件与消极要件，消极要件即在存在确实的犯罪嫌疑的前提下，阻却起诉的各种事由。其中，

---

[1] 具体数字统计可参见郑善印：《日本刑事诉讼法上警察对轻微犯罪的处理》，载《律师杂志》第234期（1999年3月号）；许福生：《日本警察微罪处分制度暨我国可借镜之处》，载《刑事法杂志》（第48卷）2004年第5期。

[2] ［日］田口守一：《刑事诉讼法》（第3版），弘文堂2001年版，第124页。

[3] 参见［日］田口守一：《刑事诉讼法》（第5版），张凌、于秀峰译，中国政法大学出版社2010年版，第119页。

[4] ［日］大谷实：《刑事政策学》，黎宏译，法律出版社2000年版，第170页。

[5] ［日］田口守一：《刑事诉讼法》（第5版），张凌、于秀峰译，中国政法大学出版社2010年版，第125页。

"微罪"即"与嫌疑事实性质相关的消极要件"之一：当犯罪极其轻微时，往往会对提起公诉产生疑问。大审院时代的"一厘事件"判决理由中说，对于"零碎的违法行为"进行处罚违背"法律精神"。这种说法在现在的刑事司法中也是恰当的。这里所说的"微罪"是指，通过罪质对比，嫌疑事实极其轻微，被认为没有提起诉讼的必要的场合。[1]

在日本，检察机关的不起诉裁量适用比例相当高。从1996年处理案件的统计数据来看，全国检察厅处理的犯罪嫌疑人总数为2 514 212名，其中被起诉的为1 122 399名（44.6%），不起诉的为677 479名（26.9%），移送家庭法院的为276 852名（11.0%），移送及中止的为437 482名（17.4%）。单提取起诉人员与不起诉人员计算的起诉率为62.4%。不过，如果这个数字除去违反道路交通法（以及汽车保管场所确保法）而起诉的903 463人（起诉率为93.9%）而重新计算的话，起诉人员为218 936名，不起诉为618 735名，起诉率仅为26.1%。仅就由于业务上过失致伤或致死罪来看，起诉的有92 007名，而不起诉的有545 481名，起诉率仅为14.4%。[2] 而根据2007年的统计，终局处分中的不起诉（广义）约为1 043 000件，其中狭义的不起诉约85 000件，起诉犹豫约957 000件；起诉的约684 000件。起诉率为39.6%，起诉犹豫率为58.3%。[3]

在日本刑事诉讼实践中，警察的微罪处分、检察官的不起诉裁量（还包括提起公诉后在一审判决之前的撤回公诉）等举措，使得大量的轻微案件在侦查、起诉、审判阶段分流，从而避免了众多犯罪嫌疑人的犯罪标签，使其不致承受公诉的负担，可以早日复归社会，而且同样考虑了被害人和其他市民的意愿，也有利于诉讼经济、司法成本的节约。在这种转处、分

[1] [日] 松尾浩也：《日本刑事诉讼法》（上卷），丁相顺、张凌译，中国人民大学出版社2005年版，第165—166页。

[2] [日] 松尾浩也：《日本刑事诉讼法》（上卷），丁相顺、张凌译，中国人民大学出版社2005年版，第180页。

[3] [日] 田口守一：《刑事诉讼法》（第5版），张凌、于秀峰译，中国政法大学出版社2010年版，第128页。

流的背景下，也导致在日本起诉案件的有罪率极高（高达 99% 以上），从而也获得了“精密司法”的美誉。

（六）我国台湾地区

根据我国台湾地区“刑事诉讼法”的规定，司法警察和检察官同样享有一定的微罪处理和微罪不起诉的裁量权。

1. 司法警察的微罪处理

根据台湾地区“刑事诉讼法”第 92 条第 2 项之规定，司法警察官或司法警察逮捕或接受现行犯者，应即解送检察官。但所犯最重本刑为一年以下有期徒刑、拘役或专科罚金之罪、告诉或请求乃论之罪，其告诉或请求已经撤回或已逾告诉期间者，得经检察官之许可，不予解送。据此，司法警察（官）得经检察官许可，享有但书之微罪的处理权。不过，相较日本司法警察的微罪处置权，台湾地区司法警察的处理权需经检察官的许可，如此，不仅在双方彼此交流中费时耗力，也因此延长了现行犯的留置时间；而且也可能会导致检察官之案件负荷过重，无法快速有效地处理轻微案件。由此可见，这种警察的微罪处理权是极有限的。[1]

2. 检察官的微罪不起诉

在台湾地区，对微罪的分流处置权，主要掌握在检察机关手中，不仅表现在上揭司法警察的“不予解送”需经检察官的许可，更重要的是对台湾地区“刑事诉讼法”起诉原则（起诉法定原则抑或起诉便宜主义）的确定上。

台湾地区“刑事诉讼法”采折中制，即对于轻微犯罪采起诉便宜主义，其他犯罪则采起诉法定主义，依据起诉便宜主义，即便是根据侦查结果，

---

[1] 为此，2000 年台湾地区原“刑事诉讼法”研修委员会曾建议修改上述规定，改作“经由司法警察机关主管长官之许可，即得不予解送”。同时还主张增订司法警察官的“微罪处理权”。但修正案提出后，2001 年台湾地区行政管理机构鉴于警察风纪问题遭受质疑，而以“警察侦查素质仍有待提升”为由，决定反对这项法案，台湾地区司法机构亦从善如流决定将之搁置（详见许福生：《刑事政策学》，中国民主法制出版社 2005 年版，第 291—296 页）。

认为有足够犯罪嫌疑且具备诉讼条件之案件，检察官如对于犯罪判断以不起诉为适当者（原因可能是基于刑事政策之考虑或者诉讼经济之要求等），得为不起诉处分或缓起诉，且对于已起诉的犯罪，也可撤回。

根据台湾地区“刑事诉讼法”之规定，便宜原则的适用、相对不起诉的原因包括：

（1）轻微案件：“刑事诉讼法”第253条规定：第376条规定之案件，检察官参酌“刑法”第57条所列事项，认为以不起诉为适当者，得为不起诉之处分。此可谓检察官微罪不举制度之规定。“第376条规定之案件”，包括：①最重本刑为3年以下有期徒刑、拘役或专科罚金之罪；②“刑法”第320条、第321条之窃盗罪；③“刑法”第335条、第336条第2项之侵占罪；④“刑法”第339条、第341条之诈欺罪；⑤“刑法”第342条之背信罪；⑥“刑法”第346条之恐吓罪；⑦“刑法”第349条第2项之赃物罪。对于属于“第376条规定之案件”，检察官得参酌“刑法”第57条所列事项（法官量刑审酌的事由），进行便宜裁量，决定是否采行微罪不举。另外，依“少年事件处理法”第67条之规定，检察官依调查结果，对少年犯最重本刑5年以下有期徒刑之罪，参酌“刑法”第57条有关规定，认为以不起诉处分为适当者，得作不起诉处分，移送少年法院依少年保护事件审理。

（2）于应执行刑并无重大关系之案件：根据“刑事诉讼法”第254条之规定，被告犯数罪时，其一罪已受重刑之确定判决，检察官认为他罪虽行起诉，于应执行之刑无重大关系者，得为不起诉之处分。此类似于前文所述德国法中的“相对轻微型”。例如，被告甲分别犯杀人罪与盗窃罪，杀人罪经法院判处无期徒刑确定者，检察官就侦查中之窃盗案件，纵使起诉并经判处最重之法定本刑（5年有期徒刑），亦仅执行无期徒刑而已，此即所称“于应执行之刑无重大关系者”，检察官得为相对之不起诉处分。甚至重罪裁判确定后再犯他罪者，仍得适用本条。[1]

---

[1] 林钰雄：《刑事诉讼法》（下册各论编），中国人民大学出版社2005年版，第58页。此外，台湾地区“证人保护法”第14条还规定了一种“污点证人之不起诉”的情况（参见林钰雄书，第58—59页）。

3. 缓起诉

另外，台湾地区“刑事诉讼法”第 253 条之 1—3 条也规定了一种“缓起诉”的附条件的便宜不起诉处分。

依据“刑事诉讼法”第 253-1—3 条之规定，对于“被告所犯为死刑、无期徒刑或最轻本刑 3 年以上有期徒刑以外之罪”，检察官可参酌“刑法”第 57 条所列事项及公共利益之维护，倘若被告罪责轻微、继续追诉并不存在特别的公共利益（尤须审酌放弃追诉是否造成一般预防及正义观感的负面影响），认为以缓起诉为适当者，得定“1 年以上 3 年以下之缓起诉期间”，在缓起诉期间，检察官得命被告在一定期间内（不超过缓起诉的犹豫期间）遵守或履行特定之负担，这些负担的具体内容包括：(1) 向被害人道歉；(2) 立悔过书；(3) 向被害人支付相当数额之财产或非财产上之损害赔偿；(4) 向公库或指定之公益团体、地方自治团体支付一定之金额；(5) 向指定之公益团体、地方自治团体或社区提供 40 小时以上 240 小时以下之义务劳动；(6) 完成戒瘾治疗、精神治疗、心理辅导或其他适当之处遇措施；(7) 保护被害人安全之必要命令；(8) 预防再犯所为之必要命令。如若被告在缓起诉犹豫期间，并无违背上揭各项应遵守或履行的事项，并且亦无“于期间内故意更犯有期徒刑以上刑之罪，经检察官提起公诉者”或“缓起诉前，因故意犯他罪，而在缓起诉期间内受有期徒刑以上刑之宣告者”，则犹豫期间届满，被告可获得缓起诉之利益，即可终局获得不受起诉之利益。反之，检察官得依职权或依告诉人之声请撤销原处分，继续侦查或起诉；并且被告已履行的部分，亦不得请求返还或赔偿。[1]

（七）小结

以上简要介绍了作为英美法系和大陆法系两大法系典型代表的六个国家或地区的刑事诉讼立法和司法实践中关于微罪的转处或者分流制度，通

[1] 关于缓起诉制度的详细评议，可参见王皇玉：《刑罚与社会规训：台湾刑事制裁新旧思维的冲突与转变》，台北元照出版公司 2008 年版，第 35 页以下。

过介绍可以发现，任何国家都面临着如何高效、合理、公正地处置轻微犯罪案件的现实问题。而所有的国家或地区，几乎都选择了赋予侦查机关（警察、检察官）一定的自由裁量权，通过警察的微罪处置、检察官的不起诉裁量等方式，将大部分的微罪案件排斥在审判程序之外。尽管这些处罚方式存在具体操作层面上的不同，也存在着警察权、公诉权滥用的危险或质疑，但是，总体而言，这种处置方式以其高效、经济、节约，以及防止犯罪标签、有利于嫌疑人复归社会，并且符合基本的民众法情感等诸多优势，而倍受青睐，成为微罪出罪的最重要的分流程序。

二、告诉与自诉

（一）告诉

告诉，是指犯罪之被害人或其他告诉权人，向侦查机关申告犯罪事实，并为请求追诉之意思表示。通常情况下，刑事追诉是依职权进行的，而无须考虑被害人的意愿，此所谓官方原则（Offizialprinzip）。不过这一原则亦有例外，在某一犯罪中，要求被害人提出正式的告诉（Strafantrag），作为刑事程序的先决条件。此等告诉，不仅是发动侦查之原因，而且是诉讼程序开启之必需要件，如若欠缺就无法追诉和处罚。此种犯罪，即“告诉乃论之罪”“亲告罪”。此处所讨论的“告诉”指的正是“告诉乃论之罪”中的“告诉”。

在德国，对于告诉乃论之罪，提出告诉，是检察官提起公诉的前提条件。在许多告诉乃论的犯罪情况下，对于被害人而言还存在以私诉途径对犯罪进行追诉的可能性（德国《刑事诉讼法》第 374 条）。德国法中属于告诉乃论的犯罪有：简单的故意伤害和过失伤害（第 232 条）；不同形式的侮辱（第 194 条）；非法侵入他人住宅（第 123 条第 2 款）；损坏财物和破坏计算机（第 303 条 c）；盗窃、侵占和大多数财产犯罪，但以针对亲属或在同住者实施（第 247 条）或盗窃或侵占的物品价值甚微的（第 248 条 a）；泄密（第 205 条）；诱拐犯罪（第 238 条第 1 款）和应受处罚的侵害著作权犯罪（《著作权法》第 109 条）。授予被害人告诉权来打破官方原则，主要是基于三个理由：(1) 轻微思想（犯罪的较小的意义，如第 123 条）；(2) 和解思想（易庭外解决的行为人与被害人之间的密切个人关系，如第 247 条）；(3) 隐私思想（被害人隐私权免受刑事诉讼的侵害，如第 205 条、第 238 条第 1 款）。[1]

在日本，刑事诉讼法并不承认被害人的追诉权，即采国家追诉主义（《刑事诉讼法》第 247 条），因而，刑法中所规定的亲告罪，是指提起公诉时，需要以提出告诉为前提的犯罪。日本刑法中，作为亲告罪的主要有：信书开拆罪、秘密泄露罪（第 135 条）；强制猥亵罪、强奸罪、准强奸罪以及其未遂罪（第 180 条）；过失伤害罪（第 209 条 2 款）；未成年人略取、诱拐罪、以营利、猥亵、结婚等为目的的略取、诱拐罪（第 229 条）；名誉损害罪、侮辱罪（第 232 条）；与直系血亲、配偶以及同居亲属以外的亲属有关的盗窃罪、诈骗罪、背信罪、恐吓罪、贪污罪等（第 244 条、第 251 条、第 255 条）；毁弃私用文书罪、损害器物罪、隐匿书信罪（第 264 条）；等等。一般分为两种情况：告诉作为诉讼条件的绝对亲告罪（如强奸罪）和以一定身份关系为前提提出告诉的相对亲告罪（如亲属相盗）。[2] 这是从亲告权人范围的角度所作的划分；而如果从承认亲告罪的理由的角度上看，之所以上述各罪有亲告之规定，有的是因为在犯罪的危害较轻微的场合，考虑被害人的追诉要求是合理的，如《日本刑法典》第 135 条、第 232 条之规定；而有的可能犯罪本身并不轻微，但从犯罪性质上看有必要尊重被害人的名誉，如第 180 条之规定。[3]

在我国台湾地区，告诉乃论之罪（亲告罪），即追诉条件以有告诉权人

---

[1] 参见［德］汉斯·海因里希·耶塞克、［德］托马斯·魏根特：《德国刑法教科书》，徐久生译，中国法制出版社 2001 年版，第 1082—1083 页。

[2] ［日］田口守一：《刑事诉讼法》（第 5 版），张凌、于秀峰译，中国政法大学出版社 2010 年版，第 52 页。

[3] 参见［日］野村稔：《刑法总论》，全理其、何力译，法律出版社 2000 年版，第 82 页；［日］大塚仁：《刑法概说（总论）》（第 3 版），冯军译，中国人民大学出版社 2003 年版，第 93 页。

之告诉为必要之犯罪，若无告诉权人提起告诉，国家对于该犯罪不能加以追诉。例如，台湾地区“刑法”第 277 条第 1 项之普通伤害罪、第 284 条之过失致伤罪、第 309 条之公然侮辱罪、第 310 条之诽谤罪、第 315 条之妨害文书秘密罪、第 316 条之泄露业务秘密罪、第 352 条之毁损文书罪、第 354 条之器物毁损罪等。此等犯罪之所以为告诉乃论罪，理由在于处理此等犯罪，在性质上需尊重并顾及被害人名誉维护，或由于被害轻微而将追诉委之被害人意识等意旨。[1]

告诉乃论之罪，其告诉不仅是发动侦查的原因，且为诉讼要件，若有欠缺即无法追诉。在告诉乃论的犯罪中，被害人等告诉权人有完全主导刑事程序开启的权利，并且在程序开启后，借由告诉的撤回使刑事追诉机关无法进行实体的裁判。因此，对于告诉乃论之罪，如果在规定期限内未经告诉，不得启动侦查或审判程序（若是已经开始的程序，如果能够得以及时补正告诉，程序可得继续[2]），在侦查阶段撤回告诉者，检察官不应提起公诉，而应为不起诉处分；在审判阶段撤回告诉者，法院应谕知不受理之判决，不得为实体之裁决。

从上揭有关告诉乃论之罪的介绍可以看出，立法者可能会基于行为危害轻微性的考虑，将某种犯罪或犯罪的某种特殊情形，规定为告诉乃论之罪，将该罪追诉程序的启动权交由被害人等告诉权人。如此诉讼便宜之设计，使得国家在对某些轻微犯罪行为的追诉问题上保持克制；而事实上对于这些轻微之罪，常常因为被害人与行为人之间的特别关系、行为人对被害人的悔罪、赔偿，被害人对行为人的谅解、宽容等原因，潜在的告诉权并不会付诸现实，消灭的告诉之诉讼条件，使轻微案件得以被排斥在刑事诉讼程序处置之外。此不失为诉讼法所设计的微罪分流程序之一。

---

[1] 陈子平：《刑法总论》（2008 年增修版），中国人民大学出版社 2009 年版，第 72 页。

[2] 参见林钰雄：《刑事诉讼法》（下册各论编），中国人民大学出版社 2005 年版，第 39—40 页。

（二）自诉

与告诉乃论具有异曲同工之妙的，还有德国法中的自诉制度。[1] 根据德国《刑事诉讼法》第 374 条第 1 项之规定，属自诉案件的罪名主要有：(1) 侵入住居；(2) 侮辱与诽谤；(3) 普通故意伤害；(4) 过失伤害；(5) 损毁；(6) 以犯重罪恐吓他人；(7) 侵犯书信秘密；(8) 业务上贿赂；(9) 不正当竞争中的个别可罚形态。

从制度设计上看，自诉案件罪名与前述告诉乃论之罪的范围相当，赋予被害人直接向法院提起诉讼的权利，似乎可以弥补（救济）向警方、检察官提起告诉，检察官因为案件轻微而懈怠、不予起诉的情况，但在实际的运作过程中却并非如此。

最早的“不真正”便宜条款，就系与自诉程序有关。[2] 一方面，根据德国《刑事诉讼法》第 376 条、第 377 条之规定，检察官在涉及属于《刑事诉讼法》第 374 条的自诉罪名案件，如无人提起自诉时，其只能在“公共利益存在”的前提下提起公诉；而当有自诉提起时，法院将告知检察官此一情形，使检察官考虑是否任由自诉进行，检察官从国家和社会观点考虑，认为存在可支持依职权对被告人采取行动的重要理由，其将提出存在“公共利益”，随时承受已经开始的自诉程序。但在实践中，检察官很少会作出自诉案件存在公共利益的决定，除非该案件具有特殊的特征，如属于在公共街道

[1] 尽管大陆法系国家多奉行国家追诉主义的立场，但在此基础之上，是否承认私诉（自诉），却有着不同的态度：(1) 有的奉行彻底的国家追诉主义（公诉）体系，完全否定私人追诉（自诉）。此可谓“公诉单一制”，如日本；(2) 有的在坚持公诉的同时，对于任何种类的犯罪，只要是个人因犯罪而直接被害者，均得提起自诉，此即“公诉与自诉混合制”，如我国台湾地区；(3) 有的则是在坚持公诉体系的前提下，仅限列举之特定轻罪，始得提起自诉（并且绝大多数得为提起自诉之案件，皆系告诉乃论之罪），此可谓“自诉补充制”“折中制”，如德国。显然，我国法与德国法较为相近。

[2] ［德］Hans-Jürgen Kerner：《德国刑事追诉与制裁》，许泽天、薛智仁译，台北元照出版公司 2008 年版，第 160 页。

上对陌生人进行攻击。[1] 这表明，通过检察官以“公共利益”为由，将自诉案件转作公诉案件，寻求检察官公权力的支持，可能性微乎其微。

而另一方面，许多被害人并不知悉其是否能提起自诉；而另外一些被害人则虽知悉，但却担心自行向刑事法院起诉，因为他们可能不愿意或无能力在被告人宣判无罪时支付诉讼费用（《刑事诉讼法》第 471 条第 2 项），而且他们还将面对案件随时可能被撤销的困难（即使案件因为罪行轻微而被撤销，法庭的费用和被告人的律师费仍要由自诉人负担，《刑事诉讼法》第 471 条第 3 款）、面临反诉的风险等。因此，被害人往往更愿意选择向警方报案，或者在必要时提出告诉（通常向警方提出，而由警方随后将案件交给检察官）。检察官面对所送交的犯罪行为，因为皆系非严重的罪名，检察官遂不愿起诉，如果是非自诉案件罪名，其可直接援引《刑事诉讼法》第 153 条第 1 项轻微性的观点而停止程序；如果系自诉案件罪名，则不能如此直接处理，因为被害人 / 告发人应受如下告知，即是否按照目前的法律评价，所诉犯行根本不该当刑罚构成要件；或即使刑罚构成要件可能该当，但因犯罪所带来的影响并未超脱“相关者的私人范围”而不涉及公共利益。检察官将此不涉公益的案例中，向被害人写明“检察官否认公共利益的存在，但从法律的观点，被害人所诉犯行符合自诉案件罪名”；故而存在检察官交由被害人自行考虑对犯罪人采取行动，并向法院提出自诉的可能性。此一检察官措施被称为“指示提起自诉途径”（Verweis auf den Privatklageweg）。每年有超过 1 万件的案件是按此方法处理的。[2]

如此一来，对于属于自诉罪名的轻微案件，检察官均以相似的种类和方式否定《刑事诉讼法》第 153 条与第 376 条中的“公共利益”，既不“主

---

[1] 检察官的内部指导准则认为，如果犯罪行为特别残忍或者危险，或者被害人在公共生活中居于显要位置时，对自诉犯罪提起公诉才符合公共利益；Richtlinienfuer das Strafverfahren und das Bussgeldverfahren, No. 86 Ⅱ .——原文注。参见［德］托马斯·魏根特：《德国刑事诉讼程序》，岳礼玲、温小洁译，中国政法大学出版社 2003 年版，第 204 页。

[2] ［德］Hans-Jürgen Kerner：《德国刑事追诉与制裁》，许泽天、薛智仁译，台北元照出版公司 2008 年版，第 160 —161 页。

动”接管案件，又对于被害人报案、提起告诉之案件“指示提起自诉”；而被害人提起自诉又存在种种风险和困难，加之许多法官一般不愿意处理自诉案件，因此，自诉人很少会看到被告人被定罪以及自诉案件数量的下降，就不足为奇了。自诉的失效，需要一种更有效的纠纷解决机制取代自诉的选择。根据《刑事诉讼法》第 155a 条和第 155b 条的规定，被害人与侵害人以公开的和私下的方式进行和解和调解都受到法院和检察官的支持，这些解决私人纠纷的现代方法在未来可能会取代陈旧的刑事自诉手段。[1]如此，规定为自诉罪名的轻微案件，得以排斥在刑事程序之外，免去了刑罚和犯罪的标签。

（三）告诉与自诉的关系

尽管按照德国法的规定，告诉乃论之罪与自诉罪名的范围基本相当，但并不意味着两个系同一概念、相同程序。这一点从“仅规定极个别犯罪属于告诉乃论之罪，而原则上对各种性质的犯罪皆可提起自诉”的台湾地区立法例，以及“规定个别告诉乃论之罪，完全否认自诉制度”的日本立法例，也可一目了然。

在自诉的罪名与告诉乃论之罪相当甚至范围更广的前提下，提起自诉，也不失为一种申告犯罪事实，请求追诉犯罪的意义表示（告诉），只不过是以诉讼之形式径行向法院请求，而非促使发动侦查而已。这一点不同于告诉乃论之告诉作为诉讼要件的同时，一般也是发动侦查的原因。因此，告诉乃论之罪，如告诉权人在告诉期间提起自诉，即以充实告诉之诉讼要件，无须另行告诉。而如若该自诉案件因欠缺其他诉讼要件而经法院谕知不受理或管辖错误判决，检察官接受判决书后，认为应提起公诉者，应即开始或续行侦查，该案件既无须另行告诉，亦不生告诉期间的问题。[2]

我国刑法理论一般认为，告诉才处理（告诉乃论）之“告诉”，是指被

---

[1] ［德］托马斯·魏根特：《德国刑事诉讼程序》，岳礼玲、温小洁译，中国政法大学出版社 2003 年版，第 206 页。

[2] 林钰雄：《刑事诉讼法》（下册各论编），中国人民大学出版社 2005 年版，第 38 页。

害人直接向人民法院起诉；刑事诉讼法将告诉才处理的案件归入自诉案件。实际上，我国刑法和刑事诉讼法关于告诉才处理的犯罪与自诉罪名，如同德国法，其基本范围也是大部分重合；但这并不足以表明告诉与自诉是相同概念，将二者等同。比较德国、日本和我国台湾地区立法例，其实应当将二者区分，对“告诉才处理”作另一种解释：只有被害人向公安、司法机关告发的，公安、司法机关才能立案侦查、起诉和审判。告诉才处理的案件与自诉案件的性质不同，不能混为一谈。[1]

（四）小结

告诉与自诉，事实上都是在国家追诉主义占主导地位的现代刑事诉讼模式之下，起诉便宜主义的表现，通过将轻微行为规定为告诉乃论之罪或者自诉罪名，将刑事诉讼的启动权予以被害人等相关私人，这实际上增加了这些轻微案件进入刑事诉讼程序的难度，而事实上，因为被害人的谅解、行为人的悔悟、赔偿（被害人与行为人之间私下或在他人主持之下的和解、调解）以及繁琐的诉讼成分等原因，被害人多不愿选择告诉、自诉，为此，这些轻微案件很难进入诉讼程序，对行为人给予刑罚处置和犯罪标签自然也是极少的例外。通过承认对轻微犯罪的私诉权，也成为微罪分流的程序路径。

三、法官的裁量权

即便轻微案件经由公诉、自诉进入审判阶段，审判法官也可以在审判程序中停止程序、终结案件，或者通过裁判权的行使，对轻微行为宣告无罪。

例如，在德国，在几乎所有检察官得停止程序的情形，无论是不附后果或有替代制裁手段，立法者均在公诉送达后为法官创造了下述的可能性：

[1] 参见张明楷：《对“告诉才处理”的另类解释》，载樊崇义教授70华诞庆贺文集编辑组编：《刑事诉讼法学前沿问题与司法改革研究》，中国人民公安大学出版社2010年版，第233页以下。

法官得不经主审程序或至少不进入审判期日，而自行依职权寻找替代的解决方案，有时则与被告（或其辩护人）合意为之。

同样依据德国《刑事诉讼法》第 153 条之一（第 153a 条）第 2 项，法院可以在检察官公诉送达后，裁定开启主审程序前的中间程序（《刑事诉讼法》第 199 条至第 211 条），与检察官取得一致意见后，使程序不拘形式地终结。法院也可以在开启主审程序后，但在审判期日开始前，以同样的方式使本案终结。

甚至，在附负担的停止程序（《刑事诉讼法》第 153a 条第 2 项）时，法律也允许直至第一审审判期日结束前，有时至上诉事实审的审判期日结束前，将正式程序“转换”成非正式的终结程序。这在目前实务上被广为运用。

在后来可能免除刑罚的案件，尤其是依据《刑事诉讼法》第 153b 条第 2 项，在毒品案件则依据《麻醉药品法》第 37 条第 2 项，法院也可能停止程序。[1]

在美国，在刑事案件中，陪审团有无限裁量权无罪开释有罪的人。陪审团这么做，是因为：(1) 作为一个人，他们同情被告人；(2) 正当防卫何时应被确认，他们持个人态度；(3) 他们考虑被害人的共同过错；(4) 他们相信…… ；(5) 他们考虑到被违反的法律是一部过时的法律这样的事实；(6) 他们认为被告人已经受到了应有的惩罚；(7) 他们认为被告人受到了警察或检察官不适当的对待；(8) 他们拒绝对非故意行为适用严格责任规定；(9) 对于精神障碍或醉酒何时可以作为辩护理由，他们采用自己的标准；(10) 他们相信在被告人和被害人的亚文化群中，这种犯罪是可接受的行为。法官在没有陪审团的情况下审理案件，他们确实基于相同的理由，像陪审团那样无罪开释有罪的被告人。[2]

---

[1] 参见［德］Hans-Jürgen Kerner：《德国刑事追诉与制裁》，许泽天、薛智仁译，台北元照出版公司 2008 年版，第 8—9 页。

[2] ［美］伟恩·R. 拉费弗、［美］杰罗德·H. 伊斯雷尔、［美］南西·J. 金：《刑事诉讼法》（上册），卞建林、沙丽金等译，中国政法大学出版社 2003 年版，第 746 页。

事实上，在各国的刑事诉讼程序中，一旦提起诉讼（公诉、私诉），案件便归于法院处理。只要不存在管辖权错误、驳回起诉（谕知不受理）或因免诉等原因而终止程序的情况，法院就必须对案件的实体进行审判，作出有罪或无罪的判决。只要被指控的案件不构成犯罪或者不能证明有罪时，即应当宣告无罪判决：案件不构成犯罪，即在法律上否定犯罪的成立，行为并非法律规定之犯罪行为类型，或者行为不符合犯罪之构成要件、行为不具有可罚的违法性或行为人无责任；而不能证明犯罪，则是没有犯罪的证据（或存在有决定意义的反证）或者证据不充分的情况。法官（包括陪审团）在裁判案件有罪抑或无罪的过程中，不论是要形成关于案件事实的“内心确证”，还是要对相关证据达到“排除一切合理怀疑”的确信程度，都离不开法官的自由裁量，而且这种自由裁量还免不了受到刑事政策、公众情感、个人信仰等诸多案外因素的影响。对于涉审的轻微案件，通过证据的存疑，抑或通过对犯罪构成要件要素的规范、实质解释，通过对犯罪之违法程度、罪责大小的考虑，将其排斥在犯罪圈外，给予无罪之判决，都应当算是法官自由裁量权行使的合理范围。

第二节　微罪出罪的实体法理由

以上简要介绍了域外部分国家或地区刑事诉讼程序中关于微罪处置、微罪出罪的程序设计，无论是警察的微罪处理、检察官的不起诉、告诉与自诉制度，还是法官的自由裁量权，实际上都是一种为了对犯罪人去标签化而设计的非正式、不典型的处遇措施。尽管这些制度可能在对犯罪被害人的利益保护方面（被害人仍居于附随地位）存在缺点，但这种便宜主义的制度设计一方面可以降低自由刑的运用、避免犯罪人标签，另一方面则可以节省司法资源，达到诉讼经济的效果。[1] 更何况，将“对被害人利益

[1] 参见王皇玉：《刑罚与社会规训：台湾刑事制裁新旧思维的冲突与转变》，台北元照出版公司2008年版，第56页。

的忽略”这一现代刑事诉讼程序的通病归责于这些便宜主义的处遇措施，多少有些冤枉。[1]

这些处遇措施，为微罪出罪提供了可资选择的程序路径，但究竟是依据何种实质理由，得以使形式上该当构成要件行为类型的轻微行为得以分流，免去刑罚和犯罪标签的严厉后果呢？显然，我们不可以简单地归因于刑事政策、效率成本等宏大叙事，而是应当寻找实体法领域的理论支撑。此即“微罪出罪的实质理由”。

刑事诉讼程序（法）是刑事实体法的试验场，刑事诉讼程序为实体法的施行规定了游戏规则；而刑事实体法则为刑事诉讼程序的运行提供了“犯罪与刑罚”的实体内容。“权衡某一行为是否构成犯罪，这并不是一个纯诉讼法上的问题，尤其不是一个司法经济、节省人员、事务开支之类的问题，而是一个严肃的涉及司法确定性、司法公正性等法治基本原则的问题，这样的问题交给实体法去解决，更符合法治国的要求。”[2]如此说来，微罪出罪程序路径设置的实质理由，自然应当从刑事实体法及相关理论中探求。在大陆法系刑法行为类型立法模式下，刑事立法本身一般并未明示这种实质理由，微罪出罪的实质理由，最终是由刑法理论来承担的。其中社会相当性理论与可罚的违法性理论，可谓处理“微罪出罪”问题最重要、最具代表性的刑法理论。兹分别介绍如下：

一、社会相当性理论

社会相当性理论（Lehre von der sozialen Adaequanz），最早由德国刑法学家汉斯·韦尔策尔（Hans Welzel）提出。1939 年，在德国《整体刑法学杂志》第 58 卷上，韦尔策尔发表了题为《刑法体系研究》的长篇论文，

---

[1] 反倒是，从上文介绍中可以发现，这些便宜主义处遇措施，往往会着重考虑被害人的意见、被害人的谅解、行为人对被害人的悔悟、赔偿等因素，这更像是重视被害人在刑事诉讼程序的地位和保护的体现。

[2] 熊琦：《德国刑法问题研究》，台北元照出版公司 2010 年版，第 38—39 页。

首次提出并全面阐述了社会相当性理论。[1]

韦尔策尔通过对法益侵害说弊端的揭示，从行为无价值的立场，提出社会相当性理论。他认为，传统的法益侵害说的致命缺陷就在于"不是在现实的社会生活空间中，而是在一个没有活力的、毫无功能的世界中去审视法益"。他指出："一切社会生活都存在于对'法益'的投入与消耗之中，正如所有的生命归根结底也同样是对生命的消耗一样。""如果法对所有的法益侵害均认其为客观的违法而加以禁止，则全部社会生活均不得不静止不前，仅留下如同只许观察的博物馆般的世界。"因此，刑法的目的并非不加筛选和区分地保障法益免受一切损害。相反，"法益保护只存在于特定形式的法益侵害之中"。仅靠法益侵害根本无法揭示出刑法中违法性的本质，刑法关注的重点应该从法益侵害的结果转移到引起法益侵害的特定行为方式上来。"故不应对一切法益侵害均加以禁止，应将在功能上处于历史形成的国民共同生活的秩序之内的行为，排除于不法的概念之外。"此种"在功能上处于历史形成的国民共同生活的秩序之内的行为"即称作"社会相当行为"。[2]

（一）社会相当性的概念

韦尔策尔在其第 1 版刑法教科书（1947 年）中，明确将社会相当性定义为："在历史形成的共同体生活中社会道德秩序范围内实施的所有行为，都是社会相当的行为。"其 1969 年最后一版（第 11 版）刑法教科书中认为，社会相当行为"就是完全在'正常的'、历史形成的社会生活秩序范

[1] Vgl. Hans Welzel, Studien zum System des Strafrechts, Zeitschrift für die gesamte Strafrechtswissenschaft, 58 Band,1939. 陈璇：《刑法中社会相当性理论研究》（法律出版社 2010 年版）第 7 页以下；[日] 前田雅英：《可罰的違法性論の研究》（东京大学出版会 1982 年版）第 219 页以下均有详细介绍。

[2] Vgl. Hans Welzel, Studien zum System des Strafrechts, ZStW Bd. 58, 1939, S. 515-517；转引自陈璇：《刑法中社会相当性理论研究》，法律出版社 2010 年版，第 7—10 页；[日] 前田雅英：《可罰的違法性論の研究》，东京大学出版会 1982 年版，第 219—220 页。

围之内实施的行为"[1]。耶塞克教授指出，社会相当性理论表明，以符合义务的注意而为之行为，且该行为属于历史形成的社会共同生活秩序范围内的行为，不属于犯罪构成要件的范畴，即使它与侵害刑法所保护的法益的危险有联系。[2] 我国学者将社会相当性的概念界定为："当某一行为在其所属的具体社会范围内具有通常性和必要性，并且从整体法秩序的角度来看，也具有规范价值上的适当性时，它就属于社会相当的行为。"[3]

尽管概念表述上存在差异，但也可以洞察其中的共通之处：首先，这一概念将法社会学的概念引入规范刑法学，不论是强调"共同生活中社会道德秩序范围""社会共同生活秩序的正常性"，还是"社会范围内的通常性和必要性"，实际上都使得社会相当性概念将实体法以外的社会习惯和社会观念直接引入犯罪论体系当中，用以对不法的范围进行实质上的限制。"社会相当性就成了规范法学与法社会学之间的衔接点，它揭示了法秩序的社会学背景，并且表明了法律和其他社会调整方式之间的相互关系。"[4]

其次，对行为无价值的重视。行为的社会相当性，是排除实质不法的理由，只有当引起法益侵害结果的方式和样态严重脱离社会道德秩序、社会共同生活秩序时，才能肯定行为符合不法构成。因此，社会相当性及其背后的理论基础——行为无价值，是为了弥补法益侵害、结果无价值之缺陷的产物。

再次，自韦尔策尔始起，人们就一直强调，社会相当性的本质内容包括行为的通常性（事实要素）和行为的适当性（规范价值要素）两个部分。因此，行为的通常性和适当性，就是判断是否符合"共同形成的社会道德秩

[1] Hans Welzel, Das Deutsche Strafrecht, Walter de Gruyter & Co., 1947,S. 35; Hans Welzel, Das Deutsche Strafrecht, 11. Aufl., Walter de Gruyter & Co., 1969,S. 55-56；转引自陈璇：《刑法中社会相当性理论研究》，法律出版社 2010 年版，第 54 页。

[2] [德] 汉斯·海因里希·耶塞克、[德] 托马斯·魏根特：《德国刑法教科书》，徐久生译，中国法制出版社 2001 年版，第 310—311 页。

[3] 陈璇：《刑法中社会相当性理论研究》，法律出版社 2010 年版，第 60 页。

[4] Maurach/Zipf, Strafrecht Allgemeiner Teil Ⅰ,8. Aufl., C.F.Müller, 1992, S.220；转引自陈璇：《刑法中社会相当性理论研究》，法律出版社 2010 年版，第 46 页。

序”“正常的社会共同生活秩序”的具体标准。

最后，社会相当性判断之于犯罪构成体系，是阻却构成要件该当、抑或阻却违法、阻却责任的出罪意义上的消极判断。

（二）社会相当性的功能定位

毫无疑问，社会相当性只能用来对刑罚进行限制，但是这种限制究竟是通过构成要件的排除，还是违法性的阻却，又抑或是责任的阻却来完成呢？对此，德国刑法理论界存在阻却违法说、构成要件符合性排除说和责任阻却说的争议，其中以构成要件符合性排除说为德国法理论通说，该说认为，社会相当性所解决的是构成要件的问题，具体而言，它是构成要件的一种解释原理，社会相当性的行为从一开始就不具有构成要件符合性。[1]

在社会相当性理论的定位问题上，作为该理论奠基者的韦尔策尔却经历了两次变迁，颇为反复。[2] 在该概念提出伊始，即 1939 年的《刑法体系研究》一文以及其第 1 版刑法教科书中，社会相当性的功能均被认为是对行为构成要件符合性的否定；而在其第 3 版（1954 年）教科书中，对社会相当性的定位，韦氏产生了犹豫（过渡期的现象）；第 4 版（1954 年）到第 8 版（1963 年）刑法教科书中，韦尔策尔改变了最初的观点，认为社会相当性为符合构成要件之行为的习惯法上的正当化事由，即将其视为违法阻却事由（第一次转变）；但自其刑法教科书第 9 版（1965 年）至 1969 年最后一版（第 11 版），韦尔策尔又恢复了当初的主张，即社会相当性为构成要件该当性的阻却事由（第二次转变）。第一次转变，最主要的原因乃是韦尔策尔对构成要件的理解发生了变化：在早先的刑法教科书中，韦氏认同构成要件乃可罚不法的类型化，认为即便是记述的构成要件亦应有实

---

[1] 参见陈璇：《刑法中社会相当性理论研究》，法律出版社 2010 年版，第 22 页以下。

[2] 参见［日］安达光治：《社会的相当性の意義に関する小考》，载《立命馆法学》2009 年第 5・6 号（327・328 号）。

质违法性判断，故构成要件应是“社会关系的、意义的概念”[1]。因此，只有逾越了社会相当性的行为才具备构成要件符合性。但在第 4 版教科书中（之后的诸版教科书亦同），韦尔策尔根本放弃了构成要件为违法类型之见解，强调罪刑法定主义之要求而支持李斯特、贝林之构成要件理论而谓“构成要件为纯粹概念之形象”[2]。换言之，韦尔策尔由原先认为构成要件就是违法性的存在根据，变为主张构成要件只是违法性的认识根据。这样社会相当性这一从实质上限制不法成立的原理就只能被视为习惯法的违法阻却事由。[3] 而至第 9 版教科书（1965 年）开始的第二次转变，虽然其构成要件理论本身并没有再次发生变化，但此时的社会相当性“不是通则意义上的构成要件的阻碍理由，而是发挥各则的解释原理的机能”，在社会相当性场合所涉及的是正常行为的自由问题，这区别于正当化事由的场合需要特别许可的情状，故而，更加可以明确：无法将社会相当性确认为正当化的一般原理。[4] 社会相当性再度被认为属于构成要件之问题。也是因为对于社会相当性性质的认识变化，使得韦氏大幅度地限缩了该理论适用的范围，认为其过去理论事例之一部分应以正当化事由加以说明。

在日本，社会相当行为的体系地位，则存在如下主要立场：(1) 阻却违法的一般原理说。即在法益衡量说、目的说之外，另立社会相当性说，

[1] Hans Welzel, Studien zum System des Strafrechts, ZStW Bd.58, 1939, S. 508；转引自［日］前田雅英：《可罰的違法性論の研究》，东京大学出版会 1982 年版，第 281 页。

[2] Hans Welzel, Das Deutsche Strafrecht, 11. Aufl., S. 53f；转引自［日］前田雅英：《可罰的違法性論の研究》，东京大学出版会 1982 年版，第 290 页。

[3] 第一次转变的其他动因还包括：原先观点无法恰当地解决认识错误问题；原先观点解释《德国刑法典》第 240 条强制罪的困难以及社会相当性概念的不明确性等原因。参见陈璇：《刑法中社会相当性理论研究》，法律出版社 2010 年版，第 23—24 页；［日］安达光治：《社会的相当性の意義に関する小考》，载《立命馆法学》2009 年第 5・6 号（327・328 号）。

[4] ［日］安达光治：《社会的相当性の意義に関する小考》，载《立命馆法学》2009 年第 5・6 号（327・328 号）。

作为正当行为之一般原理。[1]（2）构成要件要素解释原理说。即认为社会相当性对各个构成要件之解释具有限定解释或缩小解释的机能。例如，福田平教授即认为社会相当性具有将“由构成要件之形式用语所引发的广泛可能性中完全不属于构成要件的生活现象”加以排除的机能，如不作为犯的作为义务、过失犯的注意义务、贿赂罪中的“贿赂”、赌博罪之“供暂时娱乐之物”、诈欺罪之“欺罔”等均属之。[2]西原春夫教授也认为，“仅仅从构成要件的解释就可以否定该行为（社会相当行为——引者注）的符合性”[3]。（3）一般的构成要件该当性阻却原理。例如，藤木英雄博士预先设定了社会相当性行为定型，符合定型的行为被推定为合法性，自始不发生构成要件符合性的问题。[4]（4）违法阻却整理原理与构成要件解释原理综合说。此说实际上综合了（1）和（2）两说，以福田平教授为代表，一方面，认为社会相当性可以作为实质违法性的内容，虽不能作为一般性的违法阻却事由使用，但可以对类型化的违法阻却事由进行规整；另一方面，社会相当性并非与构成要件毫无关系，但社会相当性不是从一般的超法规的价值标准出发对构成要件进行一般的限定，因为以社会相当往往需依习惯法认定之，如果以社会相当性作为一切构成要件之超法规要素，势必丧失构成要件于实定法上的明确性，使行为人丧失预测可能性而有害于构成要件之保障机能。因此，应当将社会相当性作为从整体上解释个体化的构成要件要素时的解释原理。[5]

我国学者关于社会相当性的功能定位，（1）有学者提倡“全方位功能

---

[1] 参见［日］团藤重光：《刑法纲要总论》，创文社 1990 年版，第 339 页；［日］前田雅英：《刑法总论讲义》，东京大学出版会 2006 年版，第 295 页；［日］大谷实：《刑法总论》，黎宏译，法律出版社 2003 年版，第 186—187 页。

[2] 参见［日］福田平：《社会的相当性》，载日本刑法学会编：《刑法讲座》（第 2 卷），有斐阁 1963 年版，第 121 页。

[3] ［日］西原春夫：《犯罪实行行为论》，戴波、江溯译，北京大学出版社 2006 年版，第 66 页。

[4] ［日］西原春夫：《犯罪实行行为论》，戴波、江溯译，北京大学出版社 2006 年版，第 64 页。

[5] 参见［日］福田平：《社会的相当性》，载日本刑法学会编：《刑法讲座》（第 2 卷），有斐阁 1963 年版，第 114 页以下；于改之：《社会相当性理论的体系地位及其在我国的适用》，载《比较法研究》2007 年第 5 期。

说”。认为社会相当性理论在立法论（过滤非犯罪行为）、解释论（构成要件、实行行为的解释和判断）、违法性评价、责任判断以及法定刑配置等各个方面均发挥重要作用。[1] 不过这种观点因为“没有揭示社会相当性在刑法学中的不可替代性；实际上只不过是社会危害性概念的简单置换；只不过是将法益侵害说与规范违反说相折中观点的同义反复”“混淆了社会相当性与刑法学中的社会观念判断”等原因，而受到质疑。[2]（2）“阻却违法原理和构成要件要素解释机能”双重功能说。受日本理论，尤其是福田平教授观点的影响，我国台湾地区学者也提出双重功能说的主张，如洪福增教授指出：“社会相当性不仅具有明示实质违法性内容的机能，及作为阻却违法事由之指导原理的机能，同时，更具有作为各个构成要件要素之解释原理的机能。”[3] 黄丁全博士也指出：“吾人认为，在社会相当性理论的把握上，应将之作为阻却违法的原理，至于构成要件阶段，则以之为各个构成要件要素如贿赂罪之‘贿赂’、赌博罪之‘供人暂时娱乐之物’等之缩小解释原理即可，并无将之扩大为阻却一般构成要件该当性的原理之必要。”[4] 我国学者陈璇博士也赞同本说，并且区分侵犯“社会内”法益（如人的尊严、言论自由、活动自由等）的犯罪和侵犯“超社会”法益（如生命和身体）的犯罪，具体决定社会相当性理论以何种方式（否定构成要件要素还是阻却违法事由）发挥作用。[5]（3）也有学者将社会相当性作为“正当化事由原理暨一般性的超法规正当化事由”。只要承认构成要件并非纯粹的事实要素，也有价值判断的成分，就没有必要将社会相当性作为构成要件该当性的阻却事由或构成要件的解释原理判断。[6]

---

[1] 参见于改之：《社会相当性理论的机能》，载《武汉大学学报》（哲学社会科学版）2007 年第 5 期。

[2] 参见陈璇：《刑法中社会相当性理论研究》，法律出版社 2010 年版，第 112 页以下。

[3] 洪福增：《刑法理论之基础》，台湾刑事法杂志社 1977 年版，第 344 页。

[4] 黄丁全：《社会相当性理论研究》，载陈兴良主编：《刑事法评论》（第 5 卷），中国政法大学出版社 2000 年版，第 327 页。

[5] 参见陈璇：《刑法中社会相当性理论研究》，法律出版社 2010 年版，第 163—187 页。

[6] 参见方鹏：《出罪事由的体系和理论》，中国人民公安大学出版社 2011 年版，第 188 页以下。

（三）社会相当性的判断标准

自社会相当性理论提出伊始，韦尔策尔就提出，社会相当性不仅是一个功能性的秩序概念（funktionaler Ordnungsbegriff），而且还是一个价值性的秩序概念（werthafter Ordnungsbegriff）。[1] 在韦尔策尔看来，社会相当性是一个事实层面和价值层面相统一的概念，判断行为是否具有社会相当性，首先就是要看它在社会生活中是否具有事实上的必要性和通常性，然后还有必须在规范和价值层面判断其是否同时也符合历史形成的道德秩序而具有社会的适当性。之后的德国刑法学一直认为，只有当作为经验事实的行为通常性，与作为规范价值的行为适当性两者同时具备时，才能成立社会相当性。[2] 我国学者也以此为背景，主张以经验事实（社会学标准）与规范价值（法学标准）两个步骤作为社会相当性判断标准的基本框架：第一步是社会事实判断，即考察具有法益侵害性的行为是否具有通常性；第二步是规范价值判断，即从以宪法为指导的整体法秩序的价值取向来考察法益侵害行为是否具有规范上的适当性。[3]

我国学者还有认为社会相当性的判断基准包括两个方面：一是法益侵害（包括法益性质的重大性、法益侵害的严重性、法益侵害的紧迫性与盖然性、法益衡量的均衡性）；二是行为样态（目的的正当性、手段的相当性、行为态样的微异性）。[4] 我国台湾地区学者甘添贵教授也认为，包括社会相当性在内的超法规违法阻却事由需要有四个一般要件：目的之正当性、手段之相当性、法益之均衡性、行为之补充性。[5] 黄丁全博士也认为，社会相当性的判断基准有以下数点：一是法益侵害的轻微性；二是目的的正

---

[1] Hans Welzel, Studien zum System des Strafrechts, ZStW Bd. 58, 1939, S. 517.

[2] 参见陈璇：《刑法中社会相当性理论研究》，法律出版社 2010 年版，第 196 页。

[3] 参见陈璇：《刑法中社会相当性理论研究》，法律出版社 2010 年版，第 202—218 页。

[4] 参见于改之：《我国当前刑事立法中的犯罪化与非犯罪化——严重脱逸社会相当性理论之提倡》，载《法学家》2007 年第 4 期。

[5] 参见甘添贵：《超法规的违法阻却事由之理论》，载《军法专刊》（第 27 卷）1981 年第 3 期。

当性；三是手段的相当性；四是法益的均衡性。[1] 这种观点将法益内容也作为社会相当性的判断基准，显然与德国刑法理论中通常作为法益侵害性补充的社会相当性概念相冲突。之所以有如此主张，实际上是受日本刑法理论的影响。在日本刑法理论中，并无纯粹的行为无价值主张，社会相当性理论引入日本，受到二元论学者的青睐，并且在引入之后，将其视为违法阻却原理的观点成为学界通说，尤其是有的二元论学者，甚至将社会相当性作为统一的说明所有违法性阻却事由的标准（一般原理），取代（而不是补充）目的说、优越利益说（法益衡量说）。例如，大塚仁教授指出，行为最终被历史地形成的国家一社会的伦理规范所允许，乃是统一地把握所有违法性阻却事由的原理。实质上，这一立场是对目的说和优越利益说的综合。所谓行为的社会相当性观念也应该在这个意义上来理解。[2] 如果依据这种社会相当性观念，在社会相当性的判断标准上考量法益因素，也就不足为奇了。

（四）社会相当性的适用范围

就社会相当性适用之实例，韦尔策尔最初整理出 9 种具体事例加以说明：(1) 被容许的危险行为，主要是指符合规则地经营诸如铁路、矿井、采石场等带有一定危险的企业活动；(2) 大量的现代交通运输管理活动、交通工具对人身自由的限制；(3) 侄子希望有钱的叔父因火车事故死亡而劝诱其乘车旅行，结果其叔父因事故身亡；(4) 战场上士兵杀敌行为（战场相当行为）；(5) 为杀人而于森林中种植颠茄（果实有毒）的行为；(6) 夫以杀妻为目的与罹患肺结核的妻子为正常性交行为，妻果因此死亡；(7) 胁迫罪中可罚的胁迫的界限；(8) 运动竞技行为；(9) 过失犯中“社会

[1] 参见黄丁全：《社会相当性理论研究》，载陈兴良主编：《刑事法评论》（第 5 卷），中国政法大学出版社 2000 年版，第 329—330 页。

[2] ［日］大塚仁：《刑法概说（总论）》（第 3 版），冯军译，中国人民大学出版社 2003 年版，第 320 页。

生活上必要的注意”的内容。[1] 在第 1 版教科书中还提及：(1) 正确实施治疗中所伴随的对身体的侵害；(2) 正常秩序内的商品交易行为伴随的风险与背信罪；(3) 亲密的家庭关系中传播私密消息有损他人名誉与侮辱罪等事例。[2]

而在韦氏第 2 期（违法阻却说）的社会相当性理论，其具体事例之变化，则除仍以过失犯（可容许的危险）为中心，就故意犯则认为：(1) 商品交易时一定程度之诈称行为；(2) 对邮差赠年礼之行为；(3) 大量交通工具对自由加之限制；(4) 对女性之轻度猥亵行为；(5) 债权人向债务人催收利息而为解约之告知，均为社会相当行为而缺乏违法性。不过，在其第 6 版（1985 年）教科书中，韦氏又转而认为其中（2）和（4）的行为不构成犯罪的理由，乃是因为社会相当性不充足于“礼品”“猥亵”等具体构成要件要素，如此又将社会相当性部分理解为构成要件要素的解释基准，使其具有了跨越构成要件与违法性两大阶层的双重功能。[3]

在韦氏社会相当性理论的第 3 期，社会相当性再次回到构成要件阶段，作为构成要件要素之解释基准，此期的具体事例主要包括：(1) 强奸、近亲相奸等逸脱性秩序的行为以外的性行为（生殖行为）；(2) 近现代之交通的参与；(3) 遵从秩序的交易行为；(4) 轻微的身体伤害和自由限制；(5) 小额财物之赌博行为；(6) 微薄的新年赠礼；乃至（7）遵从交易业务秩序的行为或侵害，因为对象微小而不具当罚性的行为；更从行为自由来看，例如，(8) 不顾妻子可能自杀仍解除婚姻关系离家出走的丈夫（BGHSt 7, 268）；(9) 向饮酒过量而无法回家的顾客提供酒类的饭店店主

---

[1] 参见郭光兴：《刑法上社会相当性理论之研究》，台湾辅仁大学法律研究所 1988 年硕士学位论文，第 12 页；张明楷：《外国刑法纲要》，清华大学出版社 2007 年版，第 152 页。

[2] Hans Welzel, Das Deutsche Strafrecht, Walter de Gruyter & Co., 1947,S. 36；亦参见陈璇：《刑法中社会相当性理论研究》，法律出版社 2010 年版，第 13 页；[日] 安达光治：《社会的相当性の意義に関する小考》，载《立命馆法学》2009 年第 5・6 号（327・328 号）。

[3] Vgl. Hans Welzel, Das Deutsche Strafrecht, 6 Aufl., Walter de Gruyter & Co., 1958,S. 74；亦参见郭光兴：《刑法上社会相当性理论之研究》，台湾辅仁大学法律研究所 1988 年硕士学位论文，第 16—17 页；陈璇：《刑法中社会相当性理论研究》，法律出版社 2010 年版，第 24—25 页；

（BGHSt 19, 152）；此种情状，在与之后引起的妻子自杀和顾客交通事故引起的伤害之间的关系中，认为存在社会的相当性。[1]

罗克辛教授将历来作为社会相当性理论问题而予以讨论的案件划分为两类：一类是，在法律上不重要或者是可以允许的风险的案件。例如，乘坐有轨交通工具、街道交通工具或者航空交通工具，经营工业设施，参加体育比赛等。侄子劝说叔叔乘坐飞机旅行（或雷雨天雨中散步），结果致使叔叔遭遇空难（或被雷电击中）死亡；饭店老板向3位已经喝过酒的司机出售威士忌等即为典型案例。另一类乃是，轻微的、社会一般容忍的法益侵害行为。属于此类情况的事例主要有：公务员收受小额礼品；以极少量的金钱为赌资进行赌博；在狭小的家庭环境中秘密说贬低他人的话；有风险但在符合规定的经营管理范围内进行的大笔商业交易；等等。[2]

耶塞克教授则列举了如下与社会相当性思想相关的情况，如开动原子反应堆；进行足球运动；参与道路交通；制造武器和爆炸物；经营铁路、航空事业或航海事业；经营登山铁道和运送滑雪者的上山吊椅。社会相当性思想还包括故意造成结果的情况，如离弃其家庭的丈夫，即使知晓其行为可能导致妻子自杀，其行为仍属社会相当性行为之列（BGHSt 7, 268）；给机动车驾驶员斟酒的餐馆老板，只需要阻止其继续驾驶，如果该客人的醉酒情形达到了不能负责任地行为的程度［BGHSt 19, 152（155）］；根据《德国刑法典》第86条第3款的规定，一个被禁止政党可为“科学或艺术目的”而散发违宪的宣传材料［BGHSt 23, 226（228）］；罢工和封锁工作场所是劳动争议的社会相当手段（联邦劳动法院判决1，300）；为逃亡的犯罪行为人提供住所、医疗帮助和出售生活用品，尚不构成使刑罚无效之犯罪（《德国刑法典》第258条）；生产照明煤气或其他有毒化学制品的结果；在拦河坝、高层建筑和隧道等大型工程中，在危险的工业企业如矿山

[1] 参见［日］安达光治：《社会的相当性の意義に関する小考》，载《立命馆法学》2009年第5・6号（327・328号）。

[2] 参见［德］克劳斯・罗克辛：《德国刑法学总论》（第1卷），王世洲译，法律出版社2005年版，第193—194页。

或采石场，在道路交通、铁路交通、船舶交通和航空交通中，根据经验均可能发生致人死亡和身体伤害的不幸事件；以及某些体育运动如拳击、橄榄球、滑冰或足球等中发生的伤害事件；商业活动中通常的小的欺骗行为等。另外，一些经常在社会相当性理论中讨论的，但耶塞克教授认为没有必要使用社会相当性思想来限制构成要件，仅需运用习惯的解释规则即可正确界定的情况。例如，在现代交通中，限制自由因不受《德国刑法典》第 239 条调整；大斋期的前夜的讥讽谈笑并不是认真的蔑视的表示；在新年到来时向邮差赠送普通礼物不构成受贿；通过在狭小的家庭范围内的言语侮辱第三人，并不对当事人的受尊重的要求产生不利影响；赌注很小的赌博不属于第 284 条应受处罚的赌博；在戏剧表演或游行中着制服，并不触及第 132a 条第 1 款第 4 项的规定；等等。[1]

（五）小结

以上有关社会相当性理论的介绍，可以发现，社会相当性作为排除犯罪成立、避免刑罚的出罪理论，在法益侵害的基础上，通过“道德秩序”“社会共同生活体秩序”“行为的通常性和适当性”等社会学意义浓厚的实质标准，对行为本身进行价值判断，从而意图缩小客观上存在法益侵害事实、形式上该当犯罪构成要件之具体行为的犯罪成立范围。而且，不论社会相当性理论的适用范围、具体事例如何变更，对轻微违法行为的适用都属其重要内容，尤其是当发挥作为构成要件要素解释原理的机能时，轻微的法益侵害行为可谓社会相当性理论适用的核心领域：对于轻微的法益侵害行为，通过社会相当性的考虑，对犯罪构成要件要素的合目的性限缩解释，从而排除轻微法益侵害行为的犯罪性，的确为轻微行为的出罪提供了合适的理论工具。

的确，在诸如邮递员收受正常的新年礼品、极少量金钱为赌资进行赌

---

[1] 参见［德］汉斯·海因里希·耶塞克、［德］托马斯·魏根特：《德国刑法教科书》，徐久生译，中国法制出版社 2001 年版，第 311—313 页。

博、狭小家庭范围内的污蔑性言语等轻微行为的出罪处置上，社会相当性理论发挥着不容替代的重要功能，一方面，社会相当性的特殊意义正是在于，它可以在限缩解释方法力所不及的地方成功地对语义过宽的构成要件进行限制。在没有明文的罪量要素规定的立法视野下，收受礼品、讲污蔑性言语的行为，仍然是符合受贿罪中的“礼物”和侮辱罪中的“告知”等构成要素的，而刑法解释必须严格从构成要件的语义出发，如此，试图通过目的性限缩从语言的角度出发对构成要件要素进行任意限制的做法，已经不再属于本来意义上的刑法解释了。[1] 另一方面，对于上揭事例，目的性限缩解释论（作为社会相当性理论的替代方案）主张出罪的理由是，公务行为的不可收买性以及公众对公务人员廉洁性的信赖这一法益并未受到不利影响；未发生对良好风俗的特别危险、不会导致通过激起赌博的狂热而造成对公众的剥削；行为并未伤害到对方在社会上所享有的尊重。[2] 不过，这些法益没有受到侵害，难道不正是因为这些行为是通常的、是建立在长期形成的交往习惯之上并为社会所接受的吗？可见，其目的解释背后隐藏的实际标准，与社会相当性是相似的。实际上，对于公务行为的不可收买性以及公众对此的信赖、善良风俗、人的尊严这样“社会内的”法益，法益侵害的确定本身就不能离开对行为方式的社会价值评价。就此，对于寻找社会相当性理论替代方案的立场而言，与其说是否定社会相当性的概念，倒不如说是将相同的实质内容，使用其他概念加以说明而已。

不过，需要注意的是，社会相当性理论在微罪出罪处置方法上并不完整。根据德国学者埃泽尔（Eser）的观点，根据与社会生活状况、社会价值观念联系之紧密程度的不同，可将刑法所保护的法益分成两类：一类是

[1] Vgl. Friedrich Schaffstein, Soziale Adäquanz und Tatbestandslehre, Zeitschrift für die gesamte Strafrechtswissenschaft, 72 Band, 1960, S. 375-376；转引自陈璇：《刑法中社会相当性理论研究》，法律出版社 2010 年版，第 21—22 页。

[2] 参见［德］克劳斯·罗克辛：《德国刑法学总论》（第 1 卷），王世洲译，法律出版社 2005 年版，第 194 页；［德］汉斯·海因里希·耶塞克、［德］托马斯·魏根特：《德国刑法教科书》，徐久生译，中国法制出版社 2001 年版，第 313 页。

“超社会的”（transsozial）法益，如生命和身体，这种法益的范围和对它的保护极少受到社会因素的影响；另一类是“社会内的”（intrasozial）法益，如人的尊严、言论自由和活动自由等，这类法益深深植根于人与人之间的关系以及社会生活当中，与各种社会因素紧密缠绕在一起。[1] 对于“超社会的”法益的犯罪而言，运用社会相当性理论以排除轻微行为的犯罪性，就捉襟见肘了。以盗窃价值极为低廉的财物为例，就盗窃而言，不管涉及的财产价值如何少量，都是无法成为社会上必要和正常的行为的，因此，对于小额的盗窃行为就无法以社会相当性为由，排除其犯罪性。诚如罗克辛教授所言：“还有，一种严格涉及法益的、根据各种不法类型来安排的解释，应当仅仅明确，为什么微不足道的事情，有一部分是没有行为构成的和经常是要被法律原文文本所排除的，而有一部分，就像小额盗窃一样，也能够毫不令人怀疑地就满足了行为构成：在盗窃轻微物品时，财产权和保管权也已经受到了侵犯。”[2]

二、可罚的违法性理论

如果说，社会相当性理论只是其效能射程涵盖轻微法益侵犯行为的处置问题，那么，可罚的违法性理论在初始的、典型的意义上，即基于“法律不理会琐碎之事”的考虑，将虽然具有违法性，但尚未达到可罚的违法程度的微罪行为排除在刑法不法范围之外的，微罪处置可谓可罚违法性理论的核心领域。

---

[1] Albin Eser, “Sozialadäquanz”: eine überflüssige oder unverzichtbare Rechtsfigur?, Festschrift für Claus Roxin zum 70. Geburtstag, Walter de Gruyter, 2001, S. 211—212；转引自陈璇：《刑法中社会相当性理论研究》，法律出版社 2010 年版，第 183 页。

[2] ［德］克劳斯·罗克辛：《德国刑法学总论》（第 1 卷），王世洲译，法律出版社 2005 年版，第 194—195 页；类似意旨也见熊琦：《德国刑法问题研究》，台北元照出版公司 2010 年版，第 39—40 页。不过，如前所述，社会相当性理论传入日本，部分学者将其看成一个综合法益侵害和行为无价值的综合性实质违法性概念，依据这种概念，轻微盗窃这种绝对轻微型行为，也可能依社会相当性原理排除其犯罪性。

可罚的违法性论，乃系日本刑法理论的创新之作，是以探求刑法中违法性实质的实质违法性论（规范违反说、法益侵害说）和主张违法性具有程度之分的见解为基础，以刑法中的谦抑主义思想为背景，以防止国家滥用刑罚权为目的，就各个具体事件，意图获得具体的妥当性的理论。[1] 自“二战”前宫本英脩博士以“一厘事件”为始加以论述后，经由其高徒佐伯千仞博士的阐扬，再至“二战”后针对当时日本社会的混乱状况（群众示威运动、劳资纠纷之劳工运动蜂起），分别由佐伯博士与藤木英雄博士先后完成其可罚的违法性理论，因为此一理论甚为符合当时社会的一般规范感情和当时社会所需的缘故，该理论很快为日本司法实务所普遍采用，其中尤其藤木博士之理论，在构成要件该当性判断阶段即得否定犯罪之成立，更为实务家所乐于采行。[2] 因此，可罚的违法性理论可以说是“实务提出问题，之后借由学说加以发展”的典型例子，并非标本式象牙塔中的理论，而为日本司法实务所曾热烈推行的理论。

所谓可罚违法性，依据佐伯教授的说法，乃是“构成要件该当之后，违法性层次本身质与量的要件之充足问题”[3]。藤木教授则称可罚的违法性是“具有形式及外观上符合刑罚法规的构成要件之行为，因欠缺该构成要件所预想的可罚程度的实质违法性，而得否定其构成要件该当性”[4]。虽在“阻却违法”抑或“阻却构成要件该当”的体系定位（层次）上存在差异，但皆有“欠缺可罚违法性，则不成立犯罪”的共同基调。故可笼统定义可罚的违法性概念，即“关于违法行为，实质地考察其违法性之后，以未达

[1] ［日］曾根威彦：《刑法学基础》，黎宏译，法律出版社2005年版，第215页。

[2] 根据前田雅英《可罰的違法性論の研究》一书（1982年）所统计，截至昭和55年（1980年），日本司法实务上采用可罚的违法性理论而宣告无罪的判决共计132件；肯定其具有可罚的违法性而宣告有罪的判决共计168件。在132件无罪判决中，以构成要件不该当为由而谕知无罪者即占92件，约占2/3强，且其中明确使用藤木博士所揭“结果之轻微性与逸脱之轻微性”此种判断基准者亦有69件，其余判决之用语与判断基准亦多与藤木说出于同一派络。足可见藤木博士理论影响日本司法实务层面之深之广。

[3] ［日］佐伯千仞：《刑法讲义总论》（3订版），有斐阁1977年版，第177页。

[4] ［日］藤木英雄：《可罰的違法性の理論》，有信堂1967年版，第3页；［日］前田雅英：《可罰的違法性論の研究》，东京大学出版会1982年版，第182页。

到值得处罚程度为理由，借此否定犯罪之成立”[1]；“可罚的违法性理论，是认为要构成刑法上的违法，在违法性的质以及量方面值得科处刑罚必须达到一定强度之见解”[2]。

（一）可罚的违法性理论的基本内容

可罚的违法性理论，最早由宫本英脩教授提出，尤经由佐伯千仞与藤木英雄两位教授承继完善，形成以佐伯博士为代表的采法益侵害说一结果无价值论立场的可罚的违法性理论谱系，和以藤木博士为代表的采二元的行为无价值立场的可罚的违法性理论谱系两大类型。前者称违法性阻却型可罚的违法性论；后者称构成要件该当性阻却型可罚的违法性论。[3]

1. 违法性阻却型可罚的违法性论（佐伯学说）

作为宫本英脩教授的高徒，佐伯千仞博士在“二战”前就继承发展了可罚的违法性理论，始于昭和 13 年（1938 年）《刑法犯与警察犯》一文提出，后经昭和 37 年（1962 年）《可罚的违法性》与《可罚的违法序说》等论文，完成其可罚的违法性理论。[4] 佐伯学说的特色有如下几点：

（1）客观违法论一法益侵害论

相较于其师宫本的主观违法论，佐伯主张客观违法论。[5] 依据客观违法理论，法规范具有评价规范与决定规范两种面向，但评价规范在论理上先于意思决定规范，违法论乃就此种法的评价规范而成立的。评价规范是客观上当为的评价标准，法律先评价某种行为当为或不当为；之后方为行为人得否主观决定自己的行为，此属于责任非难的层次。故而，客观违法性理论乃是客观地去评价事实有无违背法的秩序，并不区分行为人是否具有责任能力、主观要件如何。简言之，先看侵害行为有无抵触法秩序，之

[1] ［日］前田雅英：《可罰的違法性論の研究》，东京大学出版会 1982 年版，第 8 页。

[2] ［日］日高义博：《违法性的基础理论》，张光云译，法律出版社 2015 年版，第 3 页。

[3] ［日］伊东研佑：《刑法讲义总论》，日本评论社 2010 年版，第 230 页。

[4] ［日］垣口克彦：《可罰的違法性論の展開過程》，载《阪南论集》（第 11 卷）1975 年第 2 号。

[5] 参见［日］佐伯千仞：《刑法における違法性の理論》，有斐阁 1974 年版，第 32—33 页。

后才是行为人可否归责的问题。

基于客观违法论的立场，佐伯教授极为重视结果无价值，主张实质违法性的基准在于法益的侵害或危险，佐伯教授反对将违法性的实质求诸义务违反的立场，认为所谓的行为无价值实际上并非独立存在于法益侵害之外，而可以回归到法益本身考量。例如，盗窃、强盗、诈欺、侵占等行为样态之所谓行为无价值，仍均可还原为占有、自由或信赖关系等的法益侵害。进言之，结果无价值为法益之侵害，即实害；相反，行为无价值则是指对法益之威胁，亦即危险。此时所谓行为无价值正系因有惹起结果无价值之危险而被当作无价值，实则仍可归于结果无价值（或有发生结果的危险的行为）。[1]

客观违法论和法益侵害论，可谓佐伯可罚违法性论的理论基础，尤其与其可罚的违法性理论之违法的“量”的问题密切关联。

（2）可罚的违法性之“质”与“量”

佐伯教授所谓可罚的违法性，乃系行为之违法性具有加以刑罚此种强力对策之必要，且亦具有适合刑罚之违法性的“质”与“量”者。

所谓违法性的“量”，乃是佐伯教授“二战”前可罚违法性论的核心，在《刑法犯与警察犯》一文[2]中，佐伯教授对照了当时日本旧警察犯处罚令与刑法之条文，认为二者处罚轻重程度有别乃是因违法性程度不同所致，违法本身应有阶段、轻重之分。举例而言，旧《警察犯处罚令》第2条第29项规定于他人田野或果园采摘花卉、果蔬者，处拘留或罚锾，从行为形式上看，此等行为似已符合刑法上盗窃罪之构成要件，得处有期徒刑。对此可否成立盗窃罪之疑问，佐伯教授采否定的看法，认为该采摘花卉、果蔬罪如同森林盗窃罪，在占有支配上远不比一般盗窃那样强而有力，因此破坏此种微弱的占有支配，其行为的违法性远低于一般盗窃，甚

[1] 参见［日］佐伯千仞：《刑法讲义总论》（3订版），有斐阁1977年版，第174—175页；［日］佐伯千仞：《刑法における違法性の理論》，有斐阁1974年版，第14页。

[2] 原载于《祝贺牧野教授还历刑事论集》（昭和13年）一书中，收录于［日］佐伯千仞：《刑法における違法性の理論》，有斐阁1974年版。

至认为是否该当“财物”之要件亦有问题，故主张此种侵害法益非常细微的情况下，即便形式上该当盗窃罪，也因违法性过低而不成立该罪。

佐伯教授更进一步主张，这种违法性的程度不仅影响到处罚效果的轻重，更重要的是也影响是否予以处罚的区别，违法性轻微时即欠缺可罚性。易言之，每个犯罪类型都是一可罚违法类型，有其预设的违法程度，若不具备该程度的违法性，则当然不成立犯罪。此种因为法益侵害的量过于轻微，而认为不具备可罚的违法性，不是犯罪的立场，可谓佐伯教授早期的想法。违法性的量的立场，在当时主要用于处理诸如采摘花卉果蔬、烟草耕作者将应当向政府缴纳的烟叶（价格约一厘）私自吞没消费的“一厘事件”等绝对轻微型事例；而“二战”后，针对日本当时突出的公安、劳动案件，佐伯教授拓展了“违法性的量”的适用面，认为“三友炭坑事件”的日本最高裁判决也属于违法性的量轻微的类型，这实际上是将“违法性的量”的适用范围扩展至法益冲突之相当轻微型事例。[1]

而所谓违法性的“质”轻微，乃是佐伯教授战后提出的新观念，在《可罚的违法序说》一文[2]中，佐伯教授认为，一个行为即便违反了其他法律，仍可能因为违法性的“质”而不具有可罚性。对此，佐伯教授举例加以佐证：①通奸、近亲奸不罚；②无照行医（密医）之手术行为并非伤害；③行政犯与刑事犯（行政违反与刑法犯罪）；④公安劳动事件与刑事罚。

当然，佐伯教授提出“质”的观念，最主要是为了解决当时日本禁止公务员、公共企业体职员的劳动争议行为（简称“官公劳动争议案件”“禁止的争议行为”）而产生的相关问题。相较于一般劳动者的劳动争议活动既未被禁止，且法律规定得依法令的行为阻却违法性，国家和地方公务员法（国公法、地公法）、公共企业体等劳动关系法（公劳法）等法令明文禁止

---

[1] 参见［日］佐伯千仞:《刑法における違法性の理論》，有斐阁 1974 年版，第 18—19 页；［日］松宫孝明:《刑法总论讲义》（第 4 版），成文堂 2009 年版，第 104 页。

[2] 原载于《权利の滥用（上)》（昭和 37 年），收录于［日］佐伯千仞:《刑法における違法性の理論》，有斐阁 1974 年版。

公务员等为争议行为，并规定有民事上解雇与行政上惩戒的处罚，因此产生“如果该争议行为符合刑法或其他特别刑法上的犯罪的构成要件时，能否就此加以刑事处罚？”这一问题，对此，佐伯教授认为，即便行为在形式上该当犯罪类型，也应当比照一般劳动争议，只要该行为若由一般劳动者施行时未脱逸争议行为的框架、属于正当争议行为的范围内时，虽可谓解雇等的理由，但应当以欠缺可罚的违法性为由不受刑罚制裁。因此，就“东京中邮事件”“都教组事件”判决，佐伯教授给予了高度评价。

（3）缓和的违法一元论

关于违法性的“质”的观念，给我们一种印象，似乎佐伯教授乃违法相对性、多元论者。但其实不然，佐伯教授承继了宫本教授的违法一元论主张，提倡一种缓和的（柔软的）违法一元论。[1]佐伯教授认为，违法乃全体法秩序所共通统一的，不可能出现在民法上适法、刑法上却是违法的状况，换言之，一个行为只要违反法律，在各法领域间自然也获得违法的评价，刑法也不例外。只不过因为刑罚的严苛性，基于刑法谦抑的考量，应当尽量抑制刑罚的适用，因此即便是违法，仍必须具备可罚性时，该行为才可能成立犯罪、处以刑罚。再加上教授所持违法阶段论思想，认为违法的态样有轻重大小之分，不仅刑法领域内各罪之间有违法的轻重大小，在各法域之间也不例外，如在民法与刑法之间。因此，民法上违法之行为，在刑法上虽亦为违法，但若不具有可罚违法性，仍不成立犯罪。此种缓和的违法一元论为日本多数学者所赞同。[2]

（4）正当化事由与可罚的违法阻却事由的区分

基于缓和的违法一元论的主张，佐伯教授对阻却违法事由也有不同理解：认为阻却违法事由可区分为正当化事由与违法减轻事由、可罚的违法阻却事由，前者是将该当行为完全正当化之事由，即从全体法秩序的观点来看，该行为的违法性完全被阻却，而成为一彻底适法的行为，包括正当

[1] 佐伯千仞所著《刑法における違法性の理論》一书中收录的多篇论文均有体现。

[2] 参见［日］曾根威彦：《刑法学基础》，黎宏译，法律出版社2005年版，第213页以下；［日］松宫孝明：《刑法总论讲义》（第4版），成文堂2009年版，第107页。

防卫、紧急避险、业务上的正当行为等；而后者则是该当行为虽未完全阻却其违法性，但因违法性的“量”与“质”而未达预定程度，故欠缺可罚违法性的情形（因违法的量轻微而阻却刑罚的，称违法减轻事由；因违法的质相异而阻却可罚违法性的，称可罚的违法阻却事由）。[1] 此种分类，前者乃完全适法的行为，后者仍属违法行为，故面对得否正当防卫时，会产生完全不同的结论。[2]

（5）可罚的违法性论在犯罪论体系中的定位

关于可罚违法性理论在犯罪论体系中的位置问题，佐伯教授一直着墨不多，不过面对藤木英雄教授坚持构成要件该当性阻却说的坚定立场，至昭和 43 年（1968 年）后，教授开始陆续表明其立场，指出当一行为无可罚的违法性时，可能是属于构成要件不该当的解释问题，如花卉并非盗窃罪之“财物”，也可能是属于违法性阻却的问题，也就是许多无法利用构成要件解释予以概括的状况，就只能在违法性中判断是否欠缺可罚的违法性。[3] 不过，综览佐伯学说的内容，其大部分着重于第二种类型上，相较于藤木学说，学者一般仍将佐伯教授视为违法性阻却说的代表。[4]

综上，立足于客观违法—法益侵害的立场，坚持缓和的违法一元论的理论基础，佐伯教授的可罚的违法性论，在日本得到了学界的广泛赞同。当然，也不乏少数说立足于“严格的违法一元论”（木村龟二）抑或“违法相对性论”（前田雅英）的立场，对佐伯的可罚的违法性及其缓和一元论的根基提出质疑。更重要的是，在佐伯教授的理论中，对可罚的违法性的判

[1] 参见［日］佐伯千仞：《刑法讲义总论》（昭和 43 年），第 182—184 页；转引自林尚音：《可罚的违法性理论之研究》，中国文化大学法律学研究所 1993 年硕士论文。

[2] 参见［日］内藤谦：《刑法讲义总论（中）》，有斐阁 1986 年版，第 671 页。

[3] 参见［日］佐伯千仞：《刑法讲义总论》（昭和 43 年），第 179 页；转引自林尚音：《可罚的违法性理论之研究》，中国文化大学法律学研究所 1993 年硕士论文。

[4] 当然，学界也不乏绝对的、纯粹的违法性阻却说的主张。这种观点认为，即便是像“窃取一朵玫瑰花”这样的被害轻微的情形，对于被害是否轻微的判断，既然具体的情由有必要予以考虑，那么此一类型也应该放在违法性层面上予以解决才恰当。因此，不论是被害法益轻微的情形，还是利益冲突的情形，可罚的违法性问题都应放在违法性层面加以解决（参见［日］日高义博：《违法性的基础理论》，张光云译，法律出版社 2015 年版，第 14 页）。

断标准问题，不论是量的方面还是质的方面都未提及，这一点也成为学者批判佐伯理论暧昧性的表现之一，[1] 并且，“判断标准的不明确”这一难题不断成为反对者攻击可罚违法性理论的利器，并成为日后影响该理论发展的关键性因素。

2. 构成要件该当性阻却型可罚的违法性论（藤木学说）

与佐伯学说并驾齐驱的可罚的违法性论，当属藤木英雄教授的学说。藤木教授的可罚的违法性理论系于“二战”后逐渐形成，自昭和 32 年(1957 年)《社会的相当行为杂考》一文 [2] 始起，由社会相当性理论为出发点逐渐架构其理论，之后陆续发表若干论文讨论可罚的违法性理论，并最终形成《可罚的违法性的理论》（有信堂 1967 年版）和《可罚的违法性》（学阳书房 1975 年版）等著作。

关于可罚的违法性的定义，藤木教授明确指出：“可罚的违法性理论为何，因各人的理解不同而有所不同。我主张之可罚的违法性理论系指，某行为虽看上去在外观上具备构成要件该当之形式，但当其行为并不具备该犯罪类型内所预设的值得处罚程度的实质违法性时，即欠缺定型性，认定构成要件不该当的理论。”[3] 藤木学说的特色表现如下：

（1）违法观——社会相当性理论

藤木教授的可罚的违法性理论发端于其关于社会相当性理论的思考(《社会的相当行为杂考》一文)。受到德国学者韦尔策尔的影响，藤木教授承继发展了社会相当性理论。教授认为，将违法性的实质认为系对法益的侵害或危险并不合适，因为并非所有的法益侵害或危险都对社会有害，只有逸脱社会相当性之法益侵害，才是违法。

所谓社会相当行为，就是行为本身属于某种社会类型，该类型之行为在通常的社会生活中被认为是正当的行为，如医疗行为、运动竞技、同盟

[1] 参见［日］前田雅英：《可罚的違法性論の研究》，东京大学出版会 1982 年版，第 176—177 页。

[2] 原载于《警察研究》第 28 卷第 1 号，收录于［日］藤木英雄：《可罚的違法性の理論》，有信堂 1967 年版。

[3] ［日］藤木英雄：《可罚的違法性》，学阳书房 1975 年版，“序章”第 9 页。

罢工等行为。将社会相当行为与紧急行为区分开来，而将其当成构成要件该当性的问题，此即藤木学说的雏形。藤木教授赞同构成要件是违法类型的主张，由于构成要件被视为违法的定型化，社会相当行为被类型化成为社会上具有相当性的行为，所以原则上不该当构成要件。[1] 并且教授主张，就社会的相当行为，首先应具体判断其相当性，如果判断认为其为违法行为，再依序探讨其构成要件该当性、违法性及有责性，即形成“行为的实质违法性（通常情事下该行为的反社会性）——构成要件该当性——违法性（指正当防卫、紧急避险等阻却违法事由）——有责任”的序列。[2]

此种社会相当性理论的特色在于：认为社会相当行为完全是“定型化”“类型化”的行为，并且认为合乎此种类型、定型的行为需于构成要件该当性之前先判断其实质违法性。[3]

之后，为了在劳动刑法中适用社会相当性理论，将劳动争议行为亦视为社会相当行为的一种，从而维护其“争议行为不该当构成要件而阻却犯罪成立”的结论，藤木教授扩张了其社会相当性概念，即将此概念从早期的已确定其正当性之类型化行为，扩张至“加入行为进行之际对各种情事的考虑，而判断该行为于同种行为反复实施的通常的社会生活中，认为其行为属于社会常规者，亦属社会相当行为”[4]。如此，在构成要件的解释之际，还得以进行社会的相当性之有无此种实质性的违法判断。扩展后的社会相当性内容，后均改由可罚的违法性理论加以论述，但实质内容并未变动，社会相当性理论成为藤木教授可罚的违法性理论的重要组成部分（另一部分为违法的相对性理论）。正如藤木教授自己所言：“社会的相当性理论与可罚的违法性理论，其基础共通且立于表里一致之

[1] ［日］前田雅英:《可罰的違法性論の研究》，东京大学出版会 1982 年版，第 186 页。

[2] 参见［日］藤木英雄:《可罰的違法性の理論》，有信堂 1967 年版，第 51 页以下。

[3] 参见林尚音:《可罚的违法性理论之研究》，中国文化大学法律学研究所 1993 年硕士论文。

[4] ［日］藤木英雄:《可罰的違法性の理論》，有信堂 1967 年版，第 103 页。

关系。”[1]

不仅如此，社会相当性理论及其背后的行为无价值观念，对于藤木教授的可罚的违法性理论的判断标准问题亦产生了重大影响。

（2）超法规违法阻却事由与可罚的违法性

藤木教授的可罚违法性理论的提出，与其对超法规违法阻却事由的消极态度之间关系密切，可以说正是在对超法规的违法阻却事由的严厉批评之下，藤木教授才主张可罚的违法性理论的有用性。

针对战后在公安事件中适用超法规违法阻却事由的情况，教授表现出消极的态度。超法规违法阻却事由的实体法根据，是《日本刑法典》第35条的“正当行为”，对此，教授深入分析后认为，这里的“正当行为”（违法阻却事由）包括两类，一类是上文所揭社会相当行为（一般正当行为），另一类则是紧急行为，即类似正当防卫、紧急避险，具有权利冲突并带有紧急特征的行为。而超法规违法阻却事由即属于后者。因此，对超法规违法阻却事由之要件，应以正当防卫、紧急避险为准，“应课以较正当防卫、紧急避险更严格，至少亦应与紧急避险成立要件相同程度的严格要件”，故除法益权衡原则外，更强调其不得已之唯一手段此种补充性原则，否则，过度重视实质违法性判断会有坠入“感情法学”的危险。正因如此，教授对推翻原审之以超法规违法阻却事由而为无罪判决的舞鹤事件的上诉审判决给予高度评价。

在此背景下，藤木教授认为，即使是不符合违法阻却事由之情形，亦可以以实质的违法性之微弱性为由，认为不符合构成要件的该当性而否定其刑事责任。此种违法性薄弱的情况下，即可谓“无可罚的违法性”，教授之可罚的违法性论于是在否定超法规违法阻却事由的背景下登场。[2]

藤木教授还明确了可罚的违法性理论与超法规违法阻却事由两者的区

[1]［日］藤木英雄：《可罰的違法性の理論》，有信堂1967年版，第28页。

[2] 参见［日］藤木英雄：《超法規的違法阻卻事由について》，《警察学论集》第16卷（1963年）第6号；转引自谢静恒：《可罚的违法性理论之研究》，中国文化大学法律学研究所1992年硕士论文。

别：[1]首先，超法规违法阻却事由属于紧急行为，因此经常对法益造成重大的损害，而可罚的违法性理论则是处理违法性实质轻微的情况；其次，超法规违法阻却事由是完全阻却违法的正当行为，用颜色作比喻的话，可以说是纯白，而欠缺可罚的违法性只是因违法性轻微，不能借此正当化其行为，故可谓介于白与黑之间的灰色地带。

(3) 违法的相对性

受其师团藤重光教授的影响，藤木教授明确的主张违法相对性论。[2]他认为，必须从各法域的目的来衡量违法性，即使由全体法秩序的观点可谓违法时，也不能直接与法效果连结，刑法上的违法性必须从刑法的角度观察，故在其他法域认为违法者，并不能直接推论出刑法上亦属违法，至多只能当作刑法上是否违法的一个参考。例如，紧急避险在民法上并不否定其损害赔偿请求权而仍为违法，但在刑法上则阻却违法。不仅不同法域之间有违法的相对性，即便是各个刑罚法条之间（尤其是刑事犯与行政犯之间）也有相对性问题，即每个罚则都有其守备范围和射程距离，外形上该当某一罚则的构成要件，但若查明该行为造成之恶害与罚则所要禁止之恶害性质不相同时，则应当认为行为系在该罚则守备范围之外，而否定其构成要件该当性。此即违法的相对性问题。例如，无照行医，依照医师法当处 2 年以下惩役[3]或科 2 万元以下罚金，而该非法行医所为之外科手术等处置行为则不应该当刑法之伤害罪。[4]

社会相当性理论与违法相对性理论相结合，即完成藤木教授之可罚的违法性理论，两个理论相结合，透过违法相对性去考量社会相当性之有无，

---

[1] 参见［日］藤木英雄：《可罰的違法性》，学阳书房 1975 年版，第 132—133 页。

[2] 参见［日］藤木英雄：《可罰的違法性》，学阳书房 1975 年版，第 107 页以下。

[3] 惩役，乃日本刑法中自由刑的一种，相当于我国的徒刑。根据《日本刑法典》第 12 条，惩役分无期和有期两种。有期惩役为 1 个月以上 20 年以下。惩役是拘禁在刑事设施内服一定劳役（张明楷译：《日本刑法典》，法律出版社 2006 年版，第 11 页）。

[4] 此相对性论主张，亦得到前田雅英、山口厚等人的赞同，参见［日］前田雅英：《刑法总论讲义》（第 4 版），东京大学出版会 2006 年版，第 91 页以下；［日］山口厚：《刑法总论》（第 2 版），付立庆译，中国人民大学出版社 2011 年版，第 177 页。

就不必依照行为与全法秩序的关系而为判断，而仅需参照可能适用之具体刑罚法规所欲保护法益的目的，考量该行为的侵害性是否具有该法条所预设的实质违法性，其逸脱社会常规的程度是否达到该法条预设的不利益程度，仅考察这些即已足够。[1] 因此，藤木教授的可罚的违法性理论，更进一步扩大了刑事免责的适用范围。

(4) 可罚违法性论在犯罪论体系中的定位

藤木学说的最大特色，即将可罚的违法性论定位在构成要件层次。在构成要件与违法性的关系问题上，藤木教授赞同梅兹格（Mezger）所主张的违法类型说，认为社会相当性虽为违法的问题，而构成要件又为违法的定型化，因此在理论上可以认为，一行为既然具备社会相当性，则当然欠缺违法性行为的定型，而阻却该行为犯罪构成要件的该当性。[2] 以医疗行为为例，医疗行为虽然在形式上该当伤害罪之构成要件，但只要是限于治疗目的，施以符合医学上妥当之手段，即属于社会观念上正当之行为，并不超出社会相当性的范围，故从一开始就当然不应受刑法归责，亦即，该医疗行为并不该当“伤害”的概念。

如前所述，社会相当性理论乃是藤木教授可罚的违法性理论的基石。因此，关于社会相当性论属于构成要件该当性问题的体系定位，也自然而然为藤木在可罚的违法性理论中承继。因此，即便行为在外观上符合构成要件之描述，但因违法轻微而欠缺可罚性时，该行为仍属不该当犯罪构成要件。藤木教授认为，此种处理方式的实益在于：一则，可弥补构成要件解释的一定局限（如受语义的限制）；二则，仅能针对个案适用，较适用宽广的超法规违法阻却事由而言，比较不容易被滥用。[3]

犯罪论体系定位上佐伯学说与藤木学说的对立，恰恰反映了二位学者在违法性基础理论基本立场上的差异。“此处的对立，不仅是由于对构成要

[1] ［日］藤木英雄:《可罰的違法性の理論》，有信堂 1967 年版，第 30 页。

[2] 参见［日］藤木英雄:《可罰的違法性の理論》，有信堂 1967 年版，第 21—22 页。

[3] 参见［日］藤木英雄:《可罰的違法性の理論》，有信堂 1967 年版，第 49 页。

件与违法性之间的关系理解方式不同所造成的，还基于在违法论中是把重心放在行为反价值还是放在结果反价值这个问题上立场相异所造成的。”[1]

（5）可罚的违法性的判断标准

与佐伯学说不同，藤木教授明确提出了可罚的违法性具体的判断标准：[2] 一为被害的轻微性，二为行为的相当性（或称行为逸脱之轻微性），也即综合法益侵害与行为形态。可以看到，藤木学说强调结果无价值与行为无价值的综合立场。

首先，被害的轻微性。即所谓结果无价值或结果不法的问题，此乃承继宫本、佐伯二位教授的看法。

其次，行为逸脱的轻微性。藤木教授认为此所谓行为无价值或行为不法的问题，包括目的的正当性和手段的相当性两个层次。目的的正当性不仅是指在法秩序上得到容许；也包括出于保护其他法益的行为意图。至于手段相当，教授认为惹起实害的样态也会影响处罚的必要性，如果手段方法残虐、粗暴、恶辣或者使常人在情绪上或正直情感上感到显著的刺激等，该手段即不具备相当性。

最后，二者关系。藤木教授认为，被害的轻微性与行为逸脱的轻微性，两者不能偏废，应首先重视结果无价值性，然后再加上行为无价值性，二者综合判断。倘若被害轻微性极低接近于零时，即使其逸脱性上并非程度甚低，仍得判断为无违法性；如果逸脱性方面的无价值判断极为微弱，即使其法益侵害性方面的违法性稍强，就全体判断仍得认为无可罚的违法性。

综上，藤木教授立足于结果无价值—行为无价值的二元立场，以社会相当性理论为基础，提出自己的可罚的违法性理论。藤木学说，因为其“一开始就阻却构成要件该当性”这种适用上的便利性和提出了具有指导意义的判断标准，而在司法实务中备受追捧。不过，学界批评的声浪也不

[1] ［日］日高义博：《违法性的基础理论》，张光云译，法律出版社 2015 年版，第 12 页。

[2] 参见［日］藤木英雄：《可罰的違法性》，学阳书房 1975 年版，第 94 页以下。

绝于耳：一则，将可罚的违法性放在构成要件层次，被认为将实质判断过度导入构成要件之中，将使得刑法丧失人权保障的机能；[1]亦如植田博士所言，将可罚的违法阻却原因同违法阻却原因一起共同视为“保护法益的不存在”，这样从开始就缺乏类型性的见解恐怕是不妥当的。[2]二则，在社会相当性理论与可罚的违法性理论的关系上纠缠不清。三则，可罚的违法性理论处理的对象，是仅限于社会相当性类型，还是紧急行为类型，教授自身似乎也摇摆不定。[3]

（二）可罚的违法性理论的适用范围

可罚的违法性的适用范围，实际上就是对该理论适用的案件类型加以分类。在日本司法实务中，包涵可罚违法性思想的判决肇始于“二战”前大审院时代的“一厘事件”判决，战后被实务界在处理公安事件[4]、劳动争议事件[5]以及禁

[1] ［日］平野龙一：《刑法总论Ⅱ》，有斐阁1975年版，第220页。

[2] ［日］三枝有：“可罰的違法性に関する一考察”，载《中京大学大学院生法学研究论集》1983年第3号。

[3] 参见林尚音：《可罚的违法性理论之研究》，中国文化大学法律学研究所1993年硕士论文；刘育琳：《可罚违法性之理论与运用》，台湾大学法律学院法律研究所2007年硕士论文。

[4] 自昭和23年（1948年）大阪市《关于行进及集团示威运动条例》开始，各地效仿纷纷制定地方公安条例，主要内容为集会等的事前许可制，对未申请许可以及未按许可条件进行群众活动之主办者、指导者、煽动者科以重刑；此规定涉及与《宪法》第21条规定之“集会、结社、言论、出版及其他一切表达自由”的宪法性权利之间的关系如何协调，该公安条例是否违宪，违反公安条例的行为是否一律处置等问题。此统称“公安事件”。

[5] 战后日本新《宪法》第28条规定：“劳动者之团结权利、团体交涉及其他团体行动之权利应受保障。”昭和24年（1949年）《劳动组合法》（劳组法）第1条第2项规定：《刑法》第35条之规定，于劳动组合之团体交涉或其他行为系为达成前项之目的（促进劳动者与雇佣人之间交涉对等立场，提高劳动者地位，拥护劳动者交涉劳动条件，助成缔结规制雇主与劳动者间关系的劳动协约等）而为时，系为正当并有该条规定的适用。但不论如何情形，暴力的行使都不能解释为劳动组合之正当行为。由此产生：“正当”如何界定，劳动争议所可能涉及的妨害自由与刑法威力业务妨害罪等关联时，何时适用《刑法》第35条之规定？若伴有轻微暴力时，还是否属于正当行为？此即所谓“劳动争议事件”。

止争议事件（官公劳动争议事件）[1] 中广泛适用。对此，学者之间对适用之判例的分类存在分歧：有的区分为绝对轻微型与相对轻微型；[2]有的区分为宪法论的限定解释型、目的论的限定解释型、违法相对型、紧急行为型、单纯微罪事件处理型等；[3]有的区分为绝对轻微型、相对轻微型、违法的相对型、合宪限制解释型；[4] 不过更多的学者则参照佐伯教授违法性的“量”与“质”的观点，区分为违法的轻微型（复分为绝对轻微型和相对轻微型）和违法的相对型（或称违法性的一元性与多元性）两类或者绝对轻微型、相对轻微型与违法的相对型三类。[5]

1. 绝对轻微型

绝对轻微型，即由于所引起的结果是轻微的从而否定构成要件该当性的场合。对法益侵害绝对轻微的类型，以不该当构成要件为由，否定其可罚的违法性，阻却犯罪成立。对此，违法性阻却型可罚的违法性论与构成要件该当性阻却型可罚的违法性论，已达成共识。[6]

可罚违法性观念的萌芽正是源于绝对轻微型事例，即著名的“一厘事

[1] 战后昭和 23 年（1948 年）、27 年（1952 年）公布的《公共企业体等劳动关系法》（公劳法）、《地方公营企业劳动关系法》禁止公用事业、国营事业和地方公营企业职员及劳动组合为同盟罢工、怠工及其他有害业务正常运营之行为，亦不得对此等禁止行为有共谋、唆使或煽动的行为；违反之职员得予解雇；而昭和 22 年（1947 年）、25 年（1950 年）公布的《国家公务员法》《地方公务员法》（简称国公法、地公法），均规定公务员不得为同盟罢工、怠工或其他争议行为，任何人均不得策划此等违法行为或对此等行为有共谋、唆使、煽动之行为；违反前述规定而为争议行为时，其策划者或共谋、唆使或煽动之人，均应处 3 年以下惩役或 10 万元以下罚金。可是，宪法第 28 条明确保障劳动者的争议权，如此，违反上述规定为争议行为时或为共谋、煽动等行为时，是否还有劳组法第 1 条第 2 项亦即《刑法》第 35 条之适用？此即所谓“禁止争议事件”“官公劳动争议事件”。

[2] 参见［日］曾根威彦：《可罰的違法性》，载西原春夫等编：《判例刑法研究》（第 2 卷），有斐阁 1981 年版，第 235 页以下。

[3] 参见［日］米田泰邦：《犯罪と可罰的評價》，成文堂 1983 年版，第 296—297 页。

[4] 参见［日］内藤谦：《刑法讲义总论（中）》，有斐阁 1986 年版，第 654—658 页。

[5] 参见［日］井田良、［日］丸山雅夫：《ケーススタディ刑法》（第 3 版），日本评论社 2011 年版，第 170—172 页；［日］高桥则夫：《刑法总论》，成文堂 2010 年版，第 237—241 页；［日］山口厚：《刑法总论》（第 2 版），付立庆译，中国人民大学出版社 2011 年版，第 174—181 页。

[6] 参见［日］伊东研佑：《刑法讲义总论》，日本评论社 2010 年版，第 231 页。

件”。这一事件乃一烟草耕作者，将应当向政府缴纳的烟叶（价格约一厘）私自吞没消费，此被控违反当时的日本《烟草专卖法》第48条第1项。第一审、第二审均认定被告人有罪，而上诉至大审院，认为原判决失当，予以撤销改判无罪。判决要旨指出：“刑罚法规乃是用来规制共同生活条件的法规，以维持国家秩序为唯一目的。故而在解释刑罚法规时，应当以该国所拥有的共同生活的观念为判断基准，而不得仅依物理学上的观念。因此，就零细轻微之违法行为，除非犯人被认为具有危险性的特殊情况外，从共同生活的理念出发来考虑，就没有予以刑罚制裁的必要，并且刑罚法的立法宗旨也不能包含对此种轻微违法行为给予刑罚制裁的内容。”[1]

此判例在“一罚百戒主义”为宗旨的明治时代官僚主义的法解释的背景下，可谓难能可贵。宫本英脩博士以此判决所提示之法理，予以高度评价，作为构成其所谓“被害法益极轻微的情形”之阻却可罚的类型事由的理论。指出：“此种情形，法虽无明文，但在解释上亦可解释为具有阻却可罚的类型原因之情形。例如，某人于散步之际，顺手摘取路旁或庭院中所栽种的鲜花一枝，或以立即返还的意识而为所谓‘使用盗窃’等，此种情形，虽皆系侵害他人之所有权，而在一般规范上系属违法；然因被害法益极为轻微，在刑法上以不构成盗窃罪。”[2]宫本此阻却可罚类型原因之理论，即可罚违法性论的先驱，尽管宫本理论处在其主观主义刑法之下，但出于刑法谦抑性和人权拥护背景的可罚违法性论，得到广泛的肯定。

“二战”后，关于“采摘他人田园果菜花卉与盗窃罪的区别”的判例（最判昭和26年3月15日刑集5卷4号512页）、“旅馆购置香烟转卖旅客案”（最判昭和32年3月28日刑集11卷3号1275页）、“不法持有香烟五枝案”（最判昭和30年11月11日刑集9卷12号2420页）等判决，也以

[1] 日本大审院刑事判决录第16辑第1620页；转引自洪福增：《刑法理论之基础》，台湾刑事法杂志社1977年版，第280—281页。

[2] ［日］宫本英脩：《刑法大纲》，第126页；转引自洪福增：《刑法理论之基础》，台湾刑事法杂志社1977年版，第275页。

“未达到应当作‘财物’而予以保护的程度”“未违反烟草专卖法制定之旨趣及目的，而系在社会共同生活上可容许，不能解释为‘贩卖’‘贩卖之准备’”等旨趣为由，否定了犯罪的成立。

2. 相对轻微型

相对轻微型，即实施了该当构成要件的行为，由于该行为能够认为是为保护其他的法益而必要的，由于结果无价值的大幅度中性化，而只能认可其只有轻微的违法性，即可能肯定其属于违法性阻却事由（藤木说解释为构成要件该当性阻却）。

相对轻微型事例，最著名的当属“三友炭坑事件”：本案乃三友炭坑工会，因改善福利要求未果宣布罢工。然部分矿工与矿主关系较深，组织“生产同志会”而退出罢工。罢工派会员对此深感愤慨，某日得知生产同志会员正驾驶煤车出煤，便集结多名罢工工友前往阻止，多名女性会员于煤车路线前或站或坐或横卧，被告乃罢工前刚被选任之工会妇女部部长，得知此事后赶赴现场并立于路中高喊“若要从此通过，先碾死我们再说”，终使煤车不敢前进。对此，检方以违反《日本刑法典》第234条“使用威力妨害业务罪”对被告提起公诉。

一审法院以被告之行为，并未脱逸正当的劳资争议行为的范围为由，而宣告无罪；检方上诉至二审，二审法院则以“被告之行为虽构成威力妨害业务罪，且不能阻却其违法性，但以并无其他的适法行为的期待可能性”为由，同样宣告无罪。检方上诉至三审，最高裁仍支持原审无罪之结论，驳回上诉，判决理由是：纵观本案前后经过，被告系在对数会员已阻止煤车行进之后，奔赴现场参加，且仅高声怒吼以阻止其行驶而已，被告基于此等情况下所为之行为，尚不足以认定为《刑法》第234条之威力妨害业务罪，因此原判决就被告所为认定并无罪责而为无罪之宣告，系属正当（最判昭和31年12月11日刑集10卷12号1605页）。

之后的札幌市电事件判决（最决昭和45年6月23日刑集24卷6号311页）、大阪学艺大学事件判决（最决昭和48年3月20日判例时报701号25页）等，均以类似意旨，维持了无罪判决。

3. 违法相对型［违法的一元性与多元性（相对性）］

违法的相对性问题，即一个在刑法以外的其他法领域中评价为违法的行为，当它在形式上该当某一刑罚法规之构成要件时，是否还有阻却违法、否定犯罪成立的余地。对此，在公安事件、禁止争议事件中比较常见。

违法的统一性与相对性问题，在刑法上在以下两个方面表现出来：（1）符合构成要件的行为，在民法或行政法中被允许的话，在刑法中是不是也要认定为正当呢？相反，（2）在民法或者行政法中被禁止的行为，符合刑法上的构成要件时，该行为在刑法上是不是也具有违法性而可罚？[1] 严格的违法一元论的观点，主张在整个法领域中对违法性作一元的理解，在某个法领域中属于违法的行为在刑法上也是违法的；即对（1）（2）命题均予以肯定。此种严格的违法一元论主张在"国劳桧山丸事件"判决（著名的"三一五判决"）（最判昭和 38 年 3 月 15 日刑集 17 卷 2 号 23 页）中表现无疑。被告人系（旧）国铁职员，在实施被禁止的争议行为之际侵入青森一函馆联运船内。判决认为，公劳法第 17 条禁止争议行为之规定并不违反《宪法》第 28 条，业已经本裁判所著为判例（三鹰事件判例）。既然公共企业体职员的争议行为已被禁止，争议权本身被否定，自然根本没有讨论争议行为正当性界限如何的余地，因此认为劳组法第 1 条第 2 项不能适用。

不过，此判决一出，不仅遭到学者的批判，也多为当时下级审所抵抗而有所谓"造反判决"出现，至三年后最高裁全递东京中邮事件[2] 判决，则彻底改变其见解。

最高裁东京中邮事件判决（最大判昭和 41 年 10 月 26 日刑集 20 卷 8 号 901 页）推翻了二审依据"桧山丸事件判决"作出的有罪判决，首先，

---

[1] ［日］曾根威彦：《刑法学基础》，黎宏译，法律出版社 2005 年版，第 214—215 页。

[2] 案情概要：昭和 33 年（1958 年）1 月日本全国邮递工会向邮政当局要求加薪未果，预定于 3 月 20 日召开职工大会，被告等 8 人遂分别游说东京中央邮局职员（均为工会会员）参加大会，大多数职员自当日凌晨 2 点纷纷脱离岗位准备会议直至会议结束，数小时内约 20 万件邮件未予处理。检方以《日本邮政法》第 79 条第 1 项"从事邮政业务者特意不处理邮件或使邮件迟延者，处 1 年以下惩役或 2 万元以下罚金"的规定起诉，并起诉其中 7 人教唆之罪。

判决从宪法层次肯定公务员、公共企业体职员的基本劳动权亦受《宪法》第28条的保障，但鉴于其职务行为的公共性，其基本劳动权应受其职务公共性相应的内在制约，即俗称劳动基本权限制四条件：①劳动基本权的限制，必须在保障该权利与国民全体生活之利益维持之间比较衡量，考虑到劳动基本权是劳动者生存权的具体化，故该限制需在合理认可的必要最小限度内；②该限制，必须限于职务或业务的高度公共性，是为避免对国民生活招致重大损害的必要，而不得已作出的限制；③对违反规定者，科处的不利益不得超过必要的限度，尤其是科以刑罚更应当限制在必要不得已的情形；④如不得已而限制基本劳动权时，必须设置有相应之替代补偿措施。其次，判决承认违法的相对性，认为，即便是违反公劳法的争议行为，若其属于为了达到《劳动组合法》第1条第1项的目的而为之行为，只要其没有伴有不当性的情形（①出于政治目的②伴有暴力③依社会通念不当且长期地对国民生活造成重大障害等情形），则不为刑事制裁的对象。此判决的重要意义在于，肯定了即便是在刑法之外的其他法域中被认定为违法的行为，在刑法中也有阻却违法性的余地。尤其在本判决松田裁判官的补充意见中，更明确指出：即便是公劳法上的违法行为，但只要该争议行为仍在正当范围之内，就应该认为其违法性并未达到一般刑罚法规之违法性程度，也就是欠缺所谓的可罚的违法性。

这种对处罚争议行为的谦抑态度，在随后的都教组事件[1]判决和全司法仙台事件[2]判决中，具体化为“二重限定论”的合宪性解释。都教组事件判决（最大判昭和44年4月2日刑集第23卷第5号第305页）认为，

[1] 案情概要：日本书部省计划对公立学校教职工实施勤务评定，引起日本教职员工会不满，东京都教职员工会（都教组）乃决定于昭和33年（1958年）3月23日举行集体休假以表抗议。当日工会所属24000余人均依工会指令办理带薪休假，使各校校务陷入停顿。检方将执行委员长谷川等7名发送指令的被告依违反地公法第61条起诉。

[2] 案情概要：为反对日本政府当局召开国民会议改订安保条约，开展全国统一行动，来自全国税工会、全农林工会、全司法工会的4被告，共同在仙台高等裁判所内召开职工大会一个多小时，并布置纠察人员号召协力及参加会议，接到退去要求亦不退去，4人被检方依国公法第110条第1项第17款的煽动争议罪及侵入住宅罪起诉。

关于“煽动”等行为，必须是，首先，作为煽动对象之争议行为本身具有强烈的违法性；其次，煽动行为本身也必须超过争议行为通常所伴随限度的具有高度违法性的煽动行为，二者同时考虑方需受到处罚。同日而为的全司法仙台事件判决（最大判昭和 44 年 4 月 2 日刑集第 23 卷第 5 号第 685 页）也运用相同的双重限制标准，不过不同于都教组事件的无罪判决结果，全司法仙台事件判决认为，本案系为政治目的而为争议行为，对国民生活造成重大障害，争议行为本身违法性强，且煽动行为有非裁判所职员的其他三被告参与，四人共谋，故其煽动行为亦不能认为属于争议行为通常伴随的煽动，故亦有强违法性，被告仍属有罪。

4. 现状

以上即可罚的违法性理论适用的主要类型以及各类型的典型案例。[1]但值得注意的是，至昭和 48 年（1973 年）以后，最高裁改变态度，推翻其就可罚的违法性论所著的判例（尤其是无罪判决）。

（1）率先开启逆转的正是违法相对型类型，其中最早也是最著名的即全农林警职事件[2]的最高裁判决（最大判昭和 48 年 4 月 25 日刑集第 27 卷第 4 号第 547 页）。判决首先认为，公务员禁止争议行为的规定皆属合宪，根本理由是公务员的雇主乃是全体国民，对之负有提供劳务的义务，从国民全体共同利益的角度来看，必须对公务员劳动基本权加以不得已的限制。这种直接将国民全体的共同利益作为独立的外部制约原理，抽象化、形式化地去限制公务员的劳动基本权，与东京中邮事件、

[1] 关于与可罚的违法性理论关联的更多案例的介绍，可参见［日］前田雅英：《可罰的違法性論の研究》（东京大学出版会 1982 年版）一书；中文文献可参见林尚音：《可罚的违法性理论之研究》（中国文化大学法律学研究所 1993 年硕士论文）；洪福增：《可罚的违法性之理论》（收录于洪福增：《刑法理论之基础》（台湾刑事法杂志社 1977 年版）等文。

[2] 案情概要：全农林工会参加了各界为反对昭和 33 年（1958 年）发布的警察官职务执行法的修正草案的联合行动，被告等人作为劳动组合的干部，乃号召组成员参加职场大会，故在勤务时间的上午 10 点至 11 点 40 分之间，2000 余名职员遵照其指示离开职务岗位参加集会。检方以违反国公法第 110 条第 1 项第 17 款之公务员争议行为的煽动起诉。第一审法院采都教组事件之双重限定解释，判处全体无罪；二审则以争议行为系政治性罢工，认定有罪，经被告上诉至最高裁。

都教组事件确立的内在制约四条件，形成鲜明反差，被认为与昭和初期“公共福祉论”“全体奉仕者论”等已无实质差异。其次，最重要的是，本判决否定了都教组事件确立的“双重限制理论”，而对“煽动”等行为采传统的“原动力论”，即认为，煽动者乃赋予违法争议行为原动力的人，相较于单纯参与争议行为者而言，应负有更重的社会责任，因此法律给予处罚规定，具有相当的合理性。既然如此，就不应当因为争议行为违法性的强弱、煽动行为本身违法性的强弱、煽动行为是否伴随性等因素而区分可罚与否，简言之，既然是原动力性质，那么煽动行为本身就含有较高的违法性，当一律予以处罚。而且判决还认为，区分违法性强弱的想法本身就十分暧昧，使条文丧失明确性；即便是认为关于一律禁止争议行为与处罚煽动者的规定确有不当，那也是属于与裁判者无关的立法事项。判决明确推翻了全司法仙台事件的判决。

全农林警职事件的最高裁判决表现出对可罚的违法性理论的否定，至少是限制、严格化的立场。这一立场，在之后的名古屋中邮事件判决、岩手教组事件判决中得以承继，名古屋中邮事件判决（最大判昭和 52 年 5 月 4 日刑集 31 卷 3 号 182 页）变更了东京中邮事件判决；而岩手教组事件判决（最大判昭和 51 年 5 月 21 日刑集 30 卷 5 号 1178 页）则是对都教组事件判决的直接替代。

（2）如果说全农林警职事件判决的影响，主要是就“禁止争议事件”这种违法相对型事例，对可罚的违法性理论的适用改采严格限制态度的话，那么，与全农林警职事件判决同一天作出的久留米车站事件[1]判决所确立的“久留米车站事件判决方式（久留米方式）”[2]，则影响到公安事件和一般

[1] 案情概要：为要求年度津贴，日本国铁工会决定于昭和 37 年（1962 年）3 月 31 日到 4 月 1 日实行 2 个小时罢工，该工会门司地方本部即下令以久留米车站为据点实行罢工，当局为确保运转，乃策划反纠察，欲采取禁止出入措施，工会得知后，20 余名会员事先闯入行车控制中心进行罢工纠察，当局派局内公安职员 60 余人拟以实力排除，被告等为抵抗之，以水桶盛水浇于公安职员身上。检方以侵入建筑物罪及妨害公务罪起诉。一审认定建筑物侵入罪成立，妨害公务部分无罪；二审将侵入建筑物部分亦改判无罪。

[2] 参见［日］前田雅英：《可罰的違法性論の研究》，东京大学出版会 1982 年版，第 401 页。

劳动事件。这种严格限制的态度，也扩展到相对轻微型事例。

久留米车站事件判决（最大判昭和 48 年 4 月 25 日刑集 27 卷 3 号 418 页）指出：于劳动者以组织化的集团行动而为争议，就其间所为该当犯罪构成要件之行为，判断其是否有刑法上的违法性阻却事由时，包括该行为系于争议行为之际所为在内，该行为的具体状况等诸般情事均应予以考虑，而判定其就法秩序全体的立场是否得予容许。尽管从文字上看不出限制可罚违法性论的态度，但之后，最高裁判决接二连三地借由此种考量“诸般情事”的方式，撤销了原审法院所作出的无罪判决，如属于一般劳动案件的日本铁工所事件（最判昭和 50 年 8 月 27 日刑集 29 卷 7 号 442 页）、光文社事件（最判昭和 50 年 11 月 25 日刑集 29 卷 10 号 928 页）、每日放送事件（最高裁昭和 51 年 5 月 6 日第一小法庭判决，判例时报 813 号 12 页）；属于公安事件的东北大学事件（最高裁昭和 50 年 12 月 25 日第一小法庭判决，判例时报 801 号 15 页）。[1]

（3）最后，严格限制的态度甚至也殃及“绝对轻微型”事例。在魔术电话事件[2]中，第一审法院认定甲的行为虽该当各构成要件，但“科以刑罚并不相当，……缺乏可罚的违法性，违法性本身阻却”，因而宣告无罪。二审法院则以假计业务妨害罪与有线电气通信妨害罪乃抽象危险犯为由，改判有罪；最高裁也以“纵使被告人只有 1 次通话尝试即取下该机器的情况，那也不能否定行为的违法性”为由，肯定犯罪成立（最决昭和 61 年 6 月 24 日刑集 40 卷 4 号 292 页）。该事件的最高裁决定，被学者认为是判例

[1] 案件详情及判决情况，可参见林尚音：《可罚的违法性理论之研究》，中国文化大学法律学研究所 1993 年硕士论文。

[2] 案情概要：甲从朋友处得知可免费通话的叫“魔术电话”的电气产品上市，便以约 15 万日元购入 2 台。为试其性能而安装在电话线路上通话 1 回（10 日元通话费不能征收）。而甲倍感不安，立刻取下放进橱柜未再使用。甲以假计业务妨害罪（第 233 条）以及有线电气通信妨害罪（当时的《有线电气通信法》第 21 条）被起诉。

对绝对轻微型事例的态度变化的实例。[1]不过，亦有人认为，魔术电话事件的最高裁决定，即使在被害轻微的场合，“只要犯人有危险性就是可罚的”这一论理，可以说是对“一厘事件”之在被害轻微的场合，“犯人没有特别的危险性即是不可罚的”的论理的逆转。在这一点上，也被认为是最高裁对相对轻微性事案的消极态度。[2]

可以发现，至昭和50年代（1975年至1985年）始，实务界对可罚的违法性理论的适用显现出极为严格的态势。在现在的判例状况下，板仓宏教授甚至认为可罚的违法性理论已是“行尸走肉”了。[3]这种来自实务的关于可罚违法性理论的消极、保守态度，最直接的原因就是最高裁的保守势力、法官人事上的变动，学者甚至认为其背后有政治因素的影响，因为在东京中邮事件判决与都教组事件判决出现之后，日本政府与执政党内部曾认为此二者乃属于“偏差判决”，主张其内容极为不当，当时自民党甚至还为此特地设置“关于裁判制度之调查特别委员会”加以调查；相反，在全农林警职事件判决之后，当日总理府则对此发表谈话，不但给予该判决高度肯定的评价，认为借由此判决作为契机，替公务员争议行为的争论画上休止符，并期待日后秩序化的劳动运动的展开，言外之意也是借此警告即将展开的春斗罢工。相较两种态度，加上最高裁法官的产生乃是经由内阁任命，因此关于人事变更时可能受到政治干扰的联想也就不言而喻了。[4]

---

[1] 参见［日］山口厚：《刑法总论》（第2版），付立庆译，中国人民大学出版社2011年版，第179—180页；［日］高桥则夫：《刑法总论》，成文堂2010年版，第238页。高桥教科书还列举：东京高判平成10年（1998年）4月8日判时1640号166页判示，夫妇间的暴力事件，从暴行形态、程度本身来看不能说是欠缺可罚的违法性的情况；神户地判平成18年（2006年）3月14日判示，从寺院捐钱箱中窃取现金2日元的事案，无论是从基本的支付手段还是作为经济价值的金钱数量本身，都是社会通念上值得保护的而承认盗窃罪的成立（高桥则夫书，第238页注14）。

[2] 参见［日］井田良、［日］丸山雅夫：《ケーススタディ刑法》（第3版），日本评论社2011年版，第174页；另有学者以此事件为例，探讨包含“违法性程度”和“有责性程度”的“处罚相当性”概念的可能性（参见［日］青木孝之：《“处罰相当性”概念の可能性》，载《琉大法学》2006年第76号）。

[3] 参见［日］板仓宏：《当罰性（実質的可罰性）と要罰性》，载《平野竜一先生古稀祝賀論文集》（上卷），有斐阁1990年版，第110页。

[4] 刘育琳：《可罚违法性之理论与运用》，台湾大学法律学院法律研究所2007年硕士论文。

不过，这种反对仅限于实务界，学界对于可罚的违法性的观念大多还是持肯定态度的，即便是面对实务界如此的反对，也从未认为这是对可罚的违法性理论的否定，而是认为这仅仅是在可罚的违法性的判断标准和适用条件上更加严格了而已。正如学者所言：可罚的违法性论如今正迎来严峻的考验期，正因如此，透过对现状的冷静分析，客观地把握问题状况，为使对将来的展开成为可能，此时正是武装理论的大好时机。[1]

不得不承认，可罚的违法性理论遭受如此境遇，也有其自身的原因，其中最重要的莫过于可罚的违法性理论判断标准的不明确性，有导致过分扩大或滥用的危险。对此，前田雅英教授的研究是值得注意的，在《可罚的违法性论的研究》（东京大学出版会 1982 年版）一书中，前田教授对于可罚的违法性理论的再构成，最大的课题就是如何去限定处罚范围，亦即如何使得该理论判断基准明确化问题。对此，前田教授通过对昭和 20 年代至 50 年代因可罚的违法性而判处无罪的 131 件判决，按照犯罪类型逐一总结谈论，由此得出较为具体化的适用标准，前田教授区分绝对轻微型和相对轻微型两大类型，对于绝对轻微型，即教授主张通过实质构成要件解释的部分，绝大多数主要是考量结果的轻微，并着重就伤害罪，暴行罪，妨害公务执行罪，逮捕、监禁罪，毁损建筑物罪等个罪讨论它们各自的绝对轻微的标准；而对于相对轻微型，即作为实质的违法阻却事由的情形，教授认为传统的法益侵害说、社会相当性说、目的说等并无择一的必要，因为它们在理论上并非完全对立，在实务中也彼此混用，在此基础上，结合判例的分析，教授分析归纳出五个标准，包括轻微性、目的的正当性、手段的相当性、法益衡量以及必要性与紧急性。

（三）借鉴与评议

日本刑法中的可罚的违法性理论，可谓为（形式上）该当构成要件之轻微行为量身定制的，乃是轻微行为出罪之典型的实体法理论。通过可罚

---

[1]［日］中山研一：《最近の可罰的違法性論批判》，载《同志社法学》（第 30 卷）1978 年第 2—3 号。

的违法性判断限制对轻微行为的刑罚处置，亦被看作刑法谦抑、人权拥护、违法相对性、实质违法观的表征。正因如此，尽管这一理论在近些年日本司法实践中遭遇“寒流”，尽管对于“可罚的”违法性的表述（或者说这一概念提出的科学性和必要性）理论界还存在异议[1]，但包含“法不理会琐碎之事”“微罪出罪”之可罚的违法性的核心观念，在犯罪论体系中都占据着重要位置。

毫无疑问，可罚的违法性理论（观念）与我国刑法中表征犯罪成立罪量（程度）要求的第13条但书规定和个罪中规定的“数额较大”“情节严重”等罪量因素，具有相当的契合性。正因如此，国内学者就该理论的借鉴意义主要集中在：立法论上，作为刑法中的罪量因素（尤其是13条但书）规定及其背后以行为量区分犯罪与一般违法的“刑罚＋行政罚”二元社会治安制裁模式的正当合法性证成；解释论上，借鉴此理论及其判断基准，将但书理解为可罚性阻却事由，提倡在司法阶段予以具体的个案判断。[2] 但值得注意的是：

1. 将可罚的违法性这一纯粹的刑法解释学原理，用于立法论层面立法规定、立法模式的科学性证成，本身即存在适用场域的“严重错位”。

2. 作为可罚的违法性理论基础的违法相对性（抑或缓和的违法一元论）

---

[1] 例如，前田雅英教授认为，站在违法相对性论（多元论）的立场，可能不使用形式的可罚的违法性概念，因为多元论认为刑法上的违法性本来就是值得处罚意义上的违法性，使用可罚的违法性概念反而可能引起误解。可罚的违法性概念完全可以化解在刑法的违法性（实质的违法性阻却事由）概念当中。参见［日］前田雅英：《可罰的違法性論の研究》，东京大学出版会1982年版，第383、520页以下；［日］前田雅英：《刑法总论讲义》（第5版），东京大学出版会2011年版，第328—330页。关于对可罚的违法性理论批判的介绍，可参见于改之：《可罚的违法性理论及其在中国的适用》，载赵秉志主编：《刑法论丛》（第12卷），法律出版社2007年版，第36页以下。

[2] 参见刘为波：《可罚的违法性论——兼论我国犯罪概念中的但书规定》，载陈兴良主编：《刑事法评论》（第10卷），中国政法大学出版社2002年版，第94页以下；彭泽君：《日本刑法中的可罚的违法性理论及其对我国的借鉴》，载《法学评论》2005年第6期；于改之：《可罚的违法性理论及其在中国的适用》，载赵秉志主编：《刑法论丛》（第12卷），法律出版社2007年版，第43页以下；包雯、郝志超：《可罚的违法性理论及其对我国刑法“但书”的启示》，载《学习论坛》2009年第7期；孙战国：《论日本刑法理论中“可罚的违法性”——兼评我国刑法第十三条“但书”规定》，郑州大学2004年硕士学位论文；等等。

概念，是建立在大陆法系国家刑法仅作定性规定、由刑法（刑罚）统辖的社会治安一元制裁模式背景之下的，这不同于我国以行为量区分犯罪与一般违法的二元社会治安制裁模式。倘若认为二元模式及作为其表征的刑法罪量规定明确体现了违法相对性观念，显然已经不是在本来意义上使用的违法相对性概念了；换言之，作为可罚违法性理论基础的违法相对论概念，不能直接（无修正的）用于二元制裁模式及其表征——我国刑法中的罪量规定之存在合理性的证明。

3. 借鉴可罚的违法性理论，将但书理解为可罚性阻却事由用于具体的个案判断，尽管正确把握了可罚的违法性理论解释学原理的基本定位，但，将作为犯罪概念的但书规定直接作为排除行为犯罪性的依据，势必突破“犯罪构成是认定犯罪成立与否的唯一且全部标准”的基本命题。“犯罪概念不是认定犯罪的具体标准，同样，《刑法》第 13 条的但书也不是宣告无罪的具体标准。”[1]

4. 毫无疑问，可罚的违法性理论建立在三阶层的犯罪论体系平台之上，对于当下仍处在通说地位的耦合式四要件犯罪构成体系而言，兼容性就成为引入这一理论所必须重视的首要问题。对此，有学者表示：“由于日本的犯罪论体系采用构成要件该当性——违法性——有责性的三维框架，于是，关于可罚的违法性理论的评判，也就存在与传统犯罪论体系不协调的批评。如果说这种批判还能在日本成为可罚违法性理论适用的一个问题，那么在中国，由于犯罪论体系采用全构成要件式的体系框架，从而上述批判也就不可能成为问题。”[2] 不过，这一论断未免太过乐观。众所周知，对于可罚的违法性论（尤其是以藤木为代表的构成要件该当性阻却型可罚的违法性）

---

[1] 张明楷：《刑法学》，法律出版社 2016 年第 5 版，第 91 页。

[2] 于改之：《可罚的违法性理论及其在中国的适用》，载赵秉志主编：《刑法论丛》（第 12 卷），法律出版社 2007 年版，第 49 页。

最重要的批判是认为该观念有招致刑法适用的主观化、恣意化之虞。[1]“的确，将可罚的违法性作为构成要件符合性的问题来对待，以对法益侵害的轻微性等为理由论及不存在构成要件符合性时，刑法的适用就容易被论者的感觉所左右，这种弊端是不能否定的。”[2]可见，可罚的违法性论（藤木说）可能导致构成要件的过度实质化，与构成要件的类型性特征背道而驰，使其招致适用的主观化、恣意化的责难，难以想象在一个“没有构成要件的犯罪构成”[3]体系下嫁接可罚的违法性论，这种主观化、恣意化将发展到何等极致？刑法的安定性将受到何等冲击？

5. 如前所述，日本刑法中的可罚的违法性论及其理论基础——违法的相对性（多元论）抑或缓和的违法一元论，其存在环境是刑法仅定性的刑罚一元制裁模式。在一元模式下，犯罪与一般违法的区别是质的不同——“只要某类行为被规定为犯罪，即使极其轻微，可以不认为是犯罪，但不能因其轻微而出于刑法而入与其他法，被科以行政罚；反之，规定科以行政罚的行为，也绝不会因为行为严重而构成犯罪”[4]。而在我国二元模式下，以单纯的行为程度区分犯罪与一般违法的立法例比比皆是；该当犯罪行为类型之行为，因情节轻微出刑法而入行政法的现象也相当普遍。在这种立法模式背景下，引入作为解释学原理的可罚的违法性，必然存在适用的广度宽度、判断标准的宽严程度等方面的适应性问题，因此，这一表面上看似契合度颇高的域外理论，实际情况恐怕未必如此。

---

[1] ［日］臼井滋夫：《对“可罚的违法性论”的批判性研讨》，载《刑事法今日的诸问题》（昭58）第134页以下；转引自［日］大塚仁：《刑法概说（总论）》（第3版），冯军译，中国人民大学出版社2003年版，第318页。

[2] ［日］大塚仁：《刑法概说（总论）》（第3版），冯军译，中国人民大学出版社2003年版，第318页。

[3] “没有构成要件的犯罪构成”乃是陈兴良教授归纳的四要件犯罪构成体系的特征之一，参见陈兴良：《四要件：没有构成要件的犯罪构成》，载《法学家》2010年第1期。

[4] 李洁：《中日涉罪之轻微行为处理模式比较研究》，载《法律科学》（西北政法学院学报）2002年第4期。

6. 可罚的违法性理论的确突出体现了犯罪成立的罪量要求，不过，可罚的违法性之价值判断、阻却犯罪（出罪属性）和超法规性等特质，与我国刑法分则中“情节严重”“数额较大”等体现犯罪罪量要求的规定所具有的事实符合、成立犯罪（入罪属性）和成文性质，形成鲜明对比，而后者才是我国刑法真正不同于其他大陆法系刑事立法、独树一帜的“特色”内容。因此，中国刑法中的罪量问题，首当其冲的恐怕是“情节严重”“数额较大”等罪量规定的规范解读及其犯罪论体系建构问题。此问题明显具有原发性，非可罚的违法性等域外理论所能提供成功经验借鉴的。

综上，尽管可罚的违法性论，其罪量要求的基本观念与我国刑法中的罪量规定存在明显的契合，但立法模式、犯罪构成体系等方面的显著差异，必将引发移植借鉴之兼容性问题；同时，作为考虑罪量的、超法规的违法性（或构成要件符合性）阻却事由，可罚的违法性理论在我国刑法已经成文规定犯罪成立罪量因素的前提下，究竟还有多大的适用空间？即便适用，其判断标准又当进行怎样的针对性调试？这些问题都将是需要仔细揣摩的棘手难题。从这点意义上讲，作为规范解释学原理的可罚的违法性理论，对我国刑事立法而言，其借鉴意义恐怕是有限的。

反倒是，纵观可罚的违法性论的体系结构和发展历程，其中的价值观念和方法论意义上的启示是值得我们注意的：首先，作为可罚的违法性理论基础的刑法谦抑、人权关怀、违法相对、实质违法等观念和立场，是我们刑法理论研究和实务工作所必须坚持的基本理念；其次，可罚的违法性理论的产生和发展，体现了理论研究与司法实务之间的良性互动和相对独立性，这一点值得目前仍然基本维持理论研究和实务操作“两张皮”状况的我们反思，以案例指导制度建设为契机，探索我国刑法理论研究和实务工作的良性互动和交流，应当成为理论界和实务界共同努力的方向；最后，可罚的违法性理论从理论基础到具体内容，无不充溢着鲜明的立场博弈和学派学说对抗。学术繁荣需要学术之争、立场之争、学派之争。这不仅仅是口号，应当付诸行动。

第三节 小 结

大陆法系国家的刑事实体立法多坚持“行为类型”的基本模式，行为程度的罪量要求并未在刑事立法中正面、直接体现。犯罪成立的罪量要求实际上是通过该问题的反面——轻微行为的出罪、除罪处理（微罪出罪）问题表征并展开的。因此，对于一个形式上该当犯罪构成之行为类型要件的轻微违法行为，如何将其排除在刑罚处置的范围之外，就成为司法实践中亟待解决和解释的问题。在诉讼法领域，通过运用微罪的警察处置、微罪的酌定不起诉、微罪的告诉与自诉制度，以及法官的自由裁量权的行使，实现轻微行为的出罪和除罪；此可谓微罪出罪的诉讼法路径。而在刑事实体法领域，如何为微罪出罪的诉讼法路径提供实体法上的理论支撑，在刑事实体法没有单纯的罪量、行为程度构成要件要素规定的前提下，就只能委任于犯罪论体系建构的理论研究。在位阶性的犯罪论体系下，通过社会相当性理论、可罚的违法性理论等的解释和运用，对形式上符合构成要件的行为，进行实质违法程度的罪量判断（阻却构成要件该当性或者阻却违法性），从而为轻微行为的出罪、除罪提供实体法上的理论支撑。如此形成大陆法系“立法定性、司法定量”的基本模式。

第二章

犯罪成立罪量要求的中国实践

在我国，犯罪成立也同样离不开一定程度和量的要求。我国刑事司法实践同样面临着对于符合犯罪构成要件之行为类型的轻微行为，是否值得刑罚处置？如果没有动用刑罚的必要，如何实现对轻微行为的出罪化、除罪化？解决这些与犯罪成立罪量要求密切相关的现实问题，一方面，同样需要程序法提供必要的路径选择；另一方面，也当然离不开实体法领域提供路径适用的实体标准或实体理论支撑。而现行的中国法，一方面，从师承苏联，到效仿德日、借鉴英美，先进的域外法治经验在我国刑事法理论研究和司法实践中得到引鉴和践行；另一方面，法治文化、法治传统的历史承继性，又使得现行的中国法治（制），也保留着中华法系的某些历史传统和法律文化沉淀。因此，犯罪成立罪量要求的中国实践，既有借鉴域外先进法治经验的舶来品，也保留着某些具有中国特色、中国传统的原生物。

第一节 程序法规定

2012年3月14日第十一届全国人民代表大会第五次会议通过《关于修改〈中华人民共和国刑事诉讼法〉的决定》，对我国《刑事诉讼法》进行了第二次全面的修正，与原《刑事诉讼法》相比较，新修正的《刑事诉讼法》不仅维持了原法有关微罪处置的原则性规定，而且更全面、更细致地规定了具体的分流程序。

一、原则性规定

新修正的《刑事诉讼法》第15条维持了原《刑事诉讼法》关于“依照法定情形不予追究刑事责任”的原则性规定。新《刑事诉讼法》第15条规定：“有下列情形之一的，不追究刑事责任，已经追究的，应当撤销案件，或者不起诉，或者终止审理，或者宣告无罪：(一) 情节显著轻微、危害不大，不认为是犯罪的；(二) 犯罪已过追诉时效期限的；(三) 经特赦令免除刑罚的；(四) 依照刑法告诉才处理的犯罪，没有告诉或者撤回告诉的；(五) 犯罪嫌疑人、被告人死亡的；(六) 其他法律规定免予追究刑事责任的。”

其中的第1项、第4项即属于包含微罪出罪的原则性规定：第1项“情节显著轻微、危害不大，不认为是犯罪的”。根据刑法规定，任何行为只有社会危害性达到一定严重程度时，方构成犯罪。对于情节显著轻微，危害不大的，刑法不规定为犯罪，不应追究刑事责任，而可以移送有关主管部门进行处理，如移送公安机关依据《治安管理处罚法》进行处理。第4项“依照刑法告诉才处理的犯罪，没有告诉或者撤回告诉的”。我国刑法将侮辱罪、诽谤罪、暴力干涉婚姻自由罪、虐待罪和侵占罪等轻罪（或各罪的非严重情形），规定为告诉才处理的犯罪，将这些犯罪的追诉权交给被害人本人及其他告诉权人行使，被害人等有权根据情况决定是否起诉，公安司法机关应尊重被害人等的选择，如若被害人等选择不起诉，或起诉后撤回的，公安司法机关也就无权追究行为人的刑事责任。缺少告诉或撤回告诉的告诉才处理的轻微犯罪，难以启动或中途停止刑事追诉程序。

对于上揭情状，若发生在立案审查阶段，应当作不立案的决定；在侦查阶段，应当作撤销案件之决定；在起诉阶段，应当作不起诉的决定；在审判阶段，第1项情形应宣判无罪，其余则应当裁定终止审理。公安司法机关一经宣布不予追究刑事责任，刑事诉讼即告结束。在自诉案件中，法院视情形分别作出不立案的决定或准予撤诉、驳回起诉、终止审理的裁定，或作出判决宣告无罪。

二、具体性规定

与原《刑事诉讼法》相比，新修正的《刑事诉讼法》关于微罪分流的程序设定，在维持原有相关规定的同时，也适时增设了某些分流程序。

（一）微罪不立案

根据《刑事诉讼法》第110条之规定，人民法院、人民检察院或者公安机关对于报案、控告、举报和自首的材料，应当按照管辖范围，迅速进行审查，认为有犯罪事实需要追究刑事责任的时候，应当立案；认为没有犯罪事实，或者犯罪事实显著轻微，不需要追究刑事责任的时候，不予立案，并且将不立案的原因通知控告人。控告人如果不服，可以申请复议。

根据2013年1月1日施行的最高人民检察院《人民检察院刑事诉讼规则（试行)》第176条之规定，“侦查部门对举报线索初查后，……对具有下列情形之一的，提请批准不予立案：(一）具有刑事诉讼法第十五条规定的情形之一的；(二）认为没有犯罪事实的；(三）事实或者证据尚不符合立案条件的。”

（二）撤销案件

根据《刑事诉讼法》第 161 条之规定，在侦查过程中，发现不应对犯罪嫌疑人追究刑事责任的，应当撤销案件；犯罪嫌疑人已被逮捕的，应当立即释放，发给释放证明，并且通知原批准逮捕的人民检察院。第 162 条也规定，人民检察院对直接受理的案件的侦查适用本章规定。此条规定实为《刑事诉讼法》第 15 条规定的具体化，其中“发现不应对犯罪嫌疑人追究刑事责任的”即指第 15 条列举的诸情形。

根据最高人民检察院《人民检察院刑事诉讼规则（试行）》第 286 条第 2 款之规定，（人民检察院经过侦查）对于犯罪情节轻微，按照刑法规定不需要判处刑罚或者免除刑罚的案件，应当写出侦查终结报告，并且制作不起诉意见书。第 290 条还规定：“人民检察院在侦查过程中或者侦查终结后，发现具有下列情形之一的，侦查部门应当制作拟撤销案件意见书，报请检察长或者检察委员会决定：（一）具有刑事诉讼法第十五条规定情形之一的；……”

（三）微罪不起诉

《刑事诉讼法》第 173 条规定，犯罪嫌疑人没有犯罪事实，或者有本法第 15 条规定的情形之一的，人民检察院应当作出不起诉决定。对于犯罪情节轻微，依照刑法规定不需要判处刑罚或者免除刑罚的，人民检察院可以作出不起诉决定。人民检察院决定不起诉的案件，应当同时对侦查中查封、扣押、冻结的财物解除查封、扣押、冻结。对被不起诉人需要给予行政处罚、行政处分或者需要没收其违法所得的，人民检察院应当提出检察意见，移送有关主管机关处理。有关主管机关应当将处理结果及时通知人民检察院。

根据最高人民检察院《人民检察院刑事诉讼规则（试行）》第 401 条、第 402 条之规定，人民检察院对于公安机关移送审查起诉的案件，发现犯罪嫌疑人没有犯罪事实，或者符合刑事诉讼法第 15 条规定的情形之一的，经检察长或者检察委员会决定，应当作出不起诉决定。公诉部门对于本院侦查部门移送审查起诉的案件，发现具有上述情形的，应当退回本院侦查部门，建议作出撤销案件的处理。第 406 条还明确规定，人民检察院对于犯罪情节轻微，依照刑法规定不需要判处刑罚或者免除刑罚的，经检察长或者检察委员会决定，可以作出不起诉决定。

（四）自诉案件

《刑事诉讼法》第 204 条规定："自诉案件包括下列案件：（一）告诉才处理的案件；（二）被害人有证据证明的轻微刑事案件；（三）被害人有证据证明对被告人侵犯自己人身、财产权利的行为应当依法追究刑事责任，而公安机关或者人民检察院不予追究被告人刑事责任的案件。"第 206 条规定，人民法院对自诉案件，可以进行调解；自诉人在宣告判决前，可以同被告人自行和解或者撤回自诉。本法第 204 条第 3 项规定的案件不适用调解。

根据 2013 年 1 月 1 日施行的《最高人民法院关于适用〈中华人民共和国刑事诉讼法〉的解释》第 1 条之规定，人民法院直接受理的自诉案件包括：（一）告诉才处理的案件：1. 侮辱、诽谤案；2. 暴力干涉婚姻自由案；3. 虐待案；4. 侵占案。（二）人民检察院没有提起公诉，被害人有证据证明的轻微刑事案件：1. 故意伤害案；2. 非法侵入住宅案；3. 侵犯通信自由案；4. 重婚案；5. 遗弃案；6. 生产、销售伪劣商品案；7. 侵犯知识产权案；8. 刑法分则第四章、第五章规定的，对被告人可能判处 3 年有期徒刑以下刑罚的案件。（三）被害人有证据证明对被告人侵犯自己人身、财产权利的行为应当依法追究刑事责任，且有证据证明曾经提出控告，而公安机关或者人民检察院不予追究被告人刑事责任的案件。

该解释第 271 条、第 272 条、第 333 条还规定了自诉案件的调解和和解制度。第 271 条规定，人民法院审理自诉案件，可以在查明案件事实、分清是非的基础上，根据自愿、合法的原则进行调解。调解达成协议后，应当制作刑事调解书，由审判人员和书记员署名，并加盖人民法院印章。调解书经双方当事人签收后，即具有法律效力。调解没有达成协议，或者调解书签收前反悔的，应当及时作出判决。第272条规定，判决宣告前，自诉案件的当事人可以自行和解，自诉人可以撤回起诉。人民法院经审查，认为和解、撤回自诉确属自愿的，应当裁定准许。第333条规定，对第二审自诉案件，必要时可以调解，当事人也可以自行和解。调解结案的，应当制作调解书，第一审判决、裁定视为自动撤销；当事人自行和解的，应当裁定准许撤销自诉，并撤销第一审判决、裁定。

（五）对未成年人的附条件不起诉决定

新增的“未成年人刑事案件诉讼程序”系新修正的《刑事诉讼法》一大亮点。其中也包括针对未成年人的微罪处置措施——附条件不起诉决定。根据《刑事诉讼法》第271—273条的规定，对于未成年人涉嫌刑法分则第四章、第五章、第六章规定的犯罪，可能判处1年有期徒刑以下刑罚，符合起诉条件，但有悔罪表现的，人民检察院可以作出附条件不起诉的决定。人民检察院在作出附条件不起诉的决定以前，应当听取公安机关、被害人的意见。作出附条件不起诉决定的，应当宣布6个月以上1年以下考验期，考验期从人民检察院作出附条件不起诉的决定之日起计算。在附条件不起诉的考验期内，由人民检察院对被附条件不起诉的未成年犯罪嫌疑人进行监督考察。未成年犯罪嫌疑人的监护人，应当对未成年犯罪嫌疑人加强管教，配合人民检察院做好监督考察工作。被附条件不起诉的未成年犯罪嫌疑人，应当遵守下列规定：“（一）遵守法律法规，服从监督；（二）按照考察机关的规定报告自己的活动情况；（三）离开所居住的市、县或者迁居，应当报经考察机关批准；（四）按照考察机关的要求接受矫治和教育。”被附条件不起诉的未成年犯罪嫌疑人，在考验期内有“（一）实施新的犯罪或者发现决定附条件不起诉以前还有其他犯罪需要追诉的；（二）违法治安管理规定或者考察机关有关附条件不起诉的监督管理规定，情节严重的”情节之一的，人民检察院应当撤销附条件不起诉的决定，提起公诉；被附条件不起诉的未成年犯罪嫌疑人，在考验期内没有上述情形，考验期满的，人民检察院应当作出不起诉的决定。

最高人民检察院《人民检察院刑事诉讼规则（试行）》第492—501条则对《刑事诉讼法》上述有关未成年犯罪嫌疑人的附条件不起诉制度予以具体展开。

（六）当事人和解

2012年修正的《刑事诉讼法》新增“当事人和解的公诉案件诉讼程序”，其中第277条第1款规定，“下列公诉案件，犯罪嫌疑人、被告人真诚悔罪，通过向被害人赔偿损失、赔礼道歉等方式获得被害人谅解，被害人自愿和解的，双方当事人可以和解：（一）因民间纠纷引起，涉嫌刑法分则第四章、第五章规定的犯罪案件，可能判处三年有期徒刑以下刑罚的；（二）除渎职犯罪以外的可能判处七年有期徒刑以下刑罚的过失犯罪案件。”第279条规定，对于达成和解协议的案件，公安机关可以向人民检察院提出从宽处理的建议。人民检察院可以向人民法院提出从宽处罚的建议；对于犯罪情节轻微，不需要判处刑罚的，可以作出不起诉的决定。人民法院可以依法对被告人从宽处罚。

根据最高人民检察院《人民检察院刑事诉讼规则（试行）》第520条之规定，人民检察院对于公安机关移送审查起诉的案件，双方当事人达成和解协议的，可以作为是否需要判处刑罚或者免除刑罚的因素予以考虑，符合法律规定的不起诉条件的，可以决定不起诉。对于依法应当提起公诉的，人民检察院可以向人民法院提出从宽处罚的量刑建议。

根据《最高人民法院关于适用〈中华人民共和国刑事诉讼法〉的解释》第505条之规定，对达成和解协议的案件，人民法院应当对被告人从轻处罚；符合非监禁刑适用条件的，应当适用非监禁刑；判处法定最低刑仍然过重的，可以减轻处罚；综合全案认为犯罪情节轻微不需要判处刑罚的，可以免除刑事处罚。

（七）刑事案件认罪认罚从宽制度

另外，2016年9月3日第十二届全国人民代表大会常务委员会第22

次会议通过《全国人大常委会关于授权最高人民法院、最高人民检察院在部分地区开展刑事案件认罪认罚从宽制度试点工作的决定》。为进一步落实宽严相济刑事政策，完善刑事诉讼程序，合理配置司法资源，提高办理刑事案件的质量与效率，确保无罪的人不受刑事追究，有罪的人受到公正惩罚，维护当事人的合法权益，促进司法公正，第十二届全国人民代表大会常务委员会第二十二次会议决定：授权最高人民法院、最高人民检察院在北京、天津、上海、重庆、沈阳、大连、南京、杭州、福州、厦门、济南、青岛、郑州、武汉、长沙、广州、深圳、西安开展刑事案件认罪认罚从宽制度试点工作。认罪认罚从宽制度，乃是在2014年全国人大常委会授权两高在上述地区开展刑事案件速裁程序试点工作（2年试点期限已到期）的基础上，针对轻微刑事案件的处理，在刑事诉讼程序上的一次重大改革试点。根据两高提交大会审议的《关于授权在部分地区开展刑事案件认罪认罚从宽制度试点工作的决定草案》以及2016年7月22日经由中央全面深化改革领导小组第26次会议审议通过的《关于认罪认罚从宽制度改革试点方案》，对于犯罪嫌疑人、刑事被告人自愿如实供述自己罪行，对指控的犯罪事实没有异议，同意人民检察院量刑建议并签署具结书的案件，可以依法从宽处罚。对于基层法院管辖的可能判处3年有期徒刑以下的案件，刑事被告人认罪认罚的，可以适用速裁程序，由审判员独任审判，不进行法庭调查、法庭辩论，当庭宣判，但在判决宣告前应当听取刑事被告人的最后陈述；对于基层法院管辖的可能判处3年有期徒刑以上的案件，刑事被告人认罪认罚的，可以适用简易程序审判。同时，与现行刑事诉讼程序相比，明确了撤销案件和不起诉程序，犯罪嫌疑人自愿如实供述涉嫌犯罪的事实，有重大立功或者案件涉及国家重大利益的，经公安部或者最高检批准，侦查机关可以撤销案件，检察院可做不起诉决定，也可以对涉嫌数罪的一项或者多项提起公诉。

第二节 实体法特色

与前一章微罪出罪的域外程序法经验相比，从制度类型上看，新修正的《刑事诉讼法》在微罪分流处置的制度设计上，未见显著的特别之处（当然，在具体的制度内容上还是体现了诸多中国特色），这一点主要缘于我国当下刑事诉讼程序和制度设计的舶来品质。

程序法领域如此，那实体法领域的情况又如何呢？一方面，当下的中国法治建设具有后发承继性的总体特征，在刑事法领域，从师承苏联，到效仿大陆法系、借鉴英美法系，承继性的特征自然也相当明显。例如，传统观点所认为的、作为罪量因素表征的《刑法》第 13 条但书规定，即是承继苏联刑法典的产物；与犯罪成立罪量要求相关的社会相当性理论、可罚的违法性理论等大陆法系刑法理论，也被引荐到国内，并应用于中国刑法具体个罪的解释和适用实践之中。而另一方面，与程序法相比，实体法的内容涉及国家、社会以及个人实实在在的权利和义务，这种实体的性质和内容决定了实体法的内容设置较之程序法，更容易受到政治、经济、文化、历史传统甚至地理环境等本土因素的影响，从而形成某些带有原发性的特色规定（内容）。在笔者看来，我国刑法中犯罪成立的罪量因素规定，正是这一现象的显著体现。

具体而言，与域外的社会治安制裁体系以及刑事立法的具体规定相比较，在我国，确立并践行①社会治安（反社会行为）制裁权由司法机关与行政机关分担的“行政处罚 + 刑事处罚”二元制裁体系；而且②在相当多的场合，犯罪与其他违法的区分不是行为类型的不同，而是行为程度的不同，即同质行为根据程度轻重分别交由行政机关与司法机关处置（可称为二元交叉制裁体系）；并且作为①和②的表征，形成③在《刑法》分则个罪的罪状描述中，作为犯罪成立要件的成文化的罪量因素规定（类似“数额较大”“情节严重”“造成严重后果”等内容）大量涌现。

一、二元制裁体系

区分对待严重反社会行为与轻微反社会行为，形成一定的权力分工或处置差异（处置主体、方式、程序和结果等方面的差异），此可谓现代刑事法治的通例。不过，具体的权力分工或处置方式确有不同，大体上可分为两种类型。[1]

一种是一元制裁体系，即轻微反社会行为与严重反社会行为一样，均由司法机关处理。这种体系下的刑事立法没有以“犯罪的危害程度”作为区分普通犯罪与轻微犯罪的标志，而是根据所处刑罚轻重的不同将犯罪分为普通犯罪与轻微犯罪，普通犯罪的法定刑一般为自由刑，轻微犯罪的法定刑一般是罚金刑、资格刑等较轻的刑罚。例如，在英美法系国家和地区，无论是普通犯罪还是轻微犯罪都由法院处理，只是处理程序上存在重大差异：普通犯罪适用普通的刑事诉讼程序，而轻微犯罪则适用刑事诉讼法中规定的简易程序，或者其他法律规定的简易程序。[2] 在法国，法国刑法典也根据刑罚的轻重将犯罪分为重罪、轻罪与违警罪，对于作为轻微反社会行为的违警罪由治安法院（违警罪法院、警察法庭）审判，也适用更为简单、快捷的审判程序。[3]

另一种是二元的制裁体系，即司法机关与行政机关分担对反社会行为的制裁权，犯罪由司法机关按照刑事诉讼程序处理，而轻微违法行为则由行政机关处理。这种体系下，轻微反社会行为与严重反社会行为，不仅有处罚轻重、制裁措施的不同（对犯罪的制裁措施主要是自由刑，对

---

[1] 参见王政勋：《定量因素在犯罪成立条件中的地位——兼论犯罪构成理论的完善》，载《政法论坛》2007 年第 4 期。

[2] 参见冯军：《行政处罚法新论》，中国检察出版社 2003 年版，第 40 页。

[3] 参见［法］卡斯东・斯特法尼等：《法国刑法总论精义》，罗结珍译，中国政法大学出版社 1998 年版，第 187—189 页。也有国内学者认为，“至少相对于行政犯而言，各国实际上均采用二元制的制裁体系，无论是被称为典型的一元制的英美还是法国。……就反社会的控制体系而言，实际上各国均采用二元制的制裁体系”（屈学武：《中国刑法上的罪量要素存废评析》，载《政治与法律》2013 年第 1 期）。

一般反社会行为则以罚金、资格刑等作为主要制裁措施），而且也包括处理机关、处理程序上的区别。以德国法为例，德国法严格区分犯罪与一般违法行为，1945 年以后创设的“秩序违反”（Ordnungswidrigkeit）行为作为与刑法的界分，以及 1968 年将原刑法典中的大部分重要的“违警罪”（Uebertretung）归入秩序违反中，从而完成了与刑法界分的立法改革过程。[1]1975 年德国新刑法典的颁布，新刑法规定的只有重罪与轻罪，其余的包括当时全部违章行为，以及那些过去使用 500 马克以下罚金或者 6 星期以下关押进行惩罚的行为，都被从刑法典中清除出去，转变为违反秩序行为中的重要组成部分。而仅仅使用罚款加以惩罚的违反秩序行为的数量，仍然一直处于稳定增长的状态中。[2] 德国的违反秩序法具有如下特点：第一，违反秩序法规定的是非刑事性的违反秩序行为，主要是行政抗命行为。该法第 1 条规定：“违反秩序，是指符合法律规定的构成要件，且为违法及可非难的，而应被处以罚款的行为。”第二，违反秩序法的法律效果是对行为人科处罚款。第三，对违反秩序行为的追究与处罚，由行政机关负责。第四，因违反秩序被追究责任的人，在诉讼中享有德国刑事诉讼法与其他法规定的各种诉讼权利。第五，违反秩序法是一部实体法与程序法合一的特殊法律。[3] 在俄罗斯，苏联解体后，俄罗斯继续颁布了《行政违法行为法典》，而俄罗斯学者也指出：“情节轻微的行为中往往存在一定的损害及某种反社会性，但是它们未达到犯罪的程度，而是属于民法的、行政的、纪律的违法行为或者不道德行为。”[4]

毫无疑问，在我国施行的是二元制裁体系。对此，有学者在对罪量因素的批判中，也表达了对这种二元制裁体系的否定态度，认为定量因素是法制不够发达的表现，只有在三权分立但又不完全分立，即行政机关既能

[1] 熊琦：《德国刑法问题研究》，台北元照出版公司 2010 年版，第 31 页。

[2] ［德］克劳斯·罗克辛：《德国刑法学总论》（第 1 卷），王世洲译，法律出版社 2005 年版，第 13 页。

[3] 张永红：《我国刑法第 13 条但书研究》，法律出版社 2004 年版，第 39 页。

[4] ［俄］Н.Ф. 库兹涅佐娃、［俄］И.М. 佳日科娃主编：《俄罗斯刑法教程》（总论），黄道秀译，中国法制出版社 2002 年版，第 152 页。

行使一部分立法权又能行使一部分司法权的法律制度下，它才会存在。它是专制集权向三权分立发展不充分的结果。[1] 定量因素的存在是将本来由司法机关管辖的事务转交给行政机关，本质上是缩小司法权，扩大行政权，从而与一系列宪法原则相冲突。[2] 但在笔者看来，不论是从传统的法律文化历史承继的立场，还是从我国作为现代化后发国家的现实发展上考虑，这种二元制裁体系在我国都有其现实存在的可能性和合理性。

（一）二元制裁体系将犯罪限制在严重反社会行为范围内，是我国“法不治众”法律文化观念的反映

法律文化，张文显教授将其理解为法律现象的精神部分，即由社会的经济基础和政治结构决定的、在历史进程中积累下来并不断创新的有关法和法律生活，特别是权利和义务的群体性认识、评价、心态和行为模式的总汇。[3] 法律文化总是以潜意识的方式沉淀于人们的内心深处，以无形然而却为人感知的巨大力量影响人们的行为。[4] 法律文化尽管受到社会现实发展的影响，但法律文化是历史进程积累的产物，其历史承继性的特质决定了历史的沉淀并非一夜之间即可改变的。任何国家法律体系的建立和运作，无不受到这种积淀的法律文化的影响，只有与一国特有的法律文化观念相协调，一种法律体系、法律规范才是合理的、适当的，才能正常而有效地运转。否则，即便是“公认的先进而科学的”法律体系、法律规范也难逃水土不服而夭折的噩运。

刑法体系、模式的选择也离不开法文化。中国延续几千年的传统法律文化积淀对我国大到法律体系的选择建构，小到法律条文、法律规范的制定都有着突出的影响。“刑法条文的创制固然与危害事实和危害行为有关，

---

[1] 参见李居全:《也论我国刑法中犯罪概念的定量因素》，载《法律科学》（西北政法学院学报）2001年第1期。

[2] 参见欧爱民:《我国犯罪概念的宪法学透视》，载《法商研究》2006年第4期。

[3] 张文显:《法哲学范畴研究》，中国政法大学出版社2001年版，第235页。

[4] 张永红:《我国刑法第13条但书研究》，法律出版社2004年版，第11页。

也与该国的立法传统、经验与习惯，乃至与该国的法制文化密切相关。”[1]就刑法中犯罪罪量规定而言，最突出的莫过于“法不治众”观念的制约，法文化历史缺乏像西方国家那样的自然法精神和权利意识。由于没有独立于政治国家之市民社会的形成，民法根本没有自己的地位，民事法律关系或者被视为“细故”“细事”，凭习惯法调整，或者干脆被视为刑事法律关系而纳入刑法体系。[2]可见，我国传统法文化中“法即刑”的观念影响深远；我国传统法律文化可谓一种刑事性的或者说以刑法化为其基本特色的公法文化。[3]而与此同时，古代的刑罚素以残酷著称，从墨、劓、剕、宫、大辟的奴隶制五刑到笞、杖、徒、流、死的封建制五刑，奠定了我国古代刑罚以生命刑和肉刑为主的重刑主义特征。重刑决定了刑法打击面不能太宽，否则会造成公众与政权的全面对抗，最终动摇统治基础，颠覆政权。即一方面是“法即刑”的基本观念，传统法律文化的刑事性；另一方面又规定了严刑峻法，奉行重刑主义。同时，至董仲舒明确提出“大德小法”“礼法结合”“德主刑辅”的治国之策，得到汉武帝的赏识予以官方认可，开始走向制度化，后经过几百年的努力，在隋唐特别是唐代法制中得以全面确立，此后这一模式一直被沿用至清末，成为传统中国追求无讼的基本（制度）模式。[4]传统中国的国家管理与社会生活尽量少的依赖法律，许多问题宁可用家族、祠堂、宗族来解决，在上述办法不能奏效时，才诉诸法律（主要是刑法)。“远罪避罚”“非讼”成为民众的普遍心态反应模式，“法不治众”“治乱世用重典”也成为统治者的统治策略。[5]这种“法即刑”“义务本位”的法律文化传统，与西方“法即权利”“权利本位”，国家和社会生活尽可能多的依靠法律，以及民众与法有一种亲和心态反应模

[1] 杨柳:《释法抑或造法：由刑法历次修正引发的思考》，载《中国法学》2015 年第 5 期。

[2] 张永红:《我国刑法第 13 条但书研究》，法律出版社 2004 年版，第 12—13 页。

[3] 参见张中秋:《中西法律文化比较研究》，法律出版社 2009 年第 4 版，第 78 页以下。

[4] 张中秋:《中西法律文化比较研究》，法律出版社 2009 年第 4 版，第 347—348 页。

[5] “法不治众”的统治策略，正是在法即刑观念的影响深远，而又推行重刑主义、刑罚膨胀的情况下，作为重刑弊端的补救而形成的（参见张勇:《犯罪数额研究》，中国方正出版社 2004 年版，第 64 页)。

式形成了鲜明的反差。与西方比较，“或许在最为一般的意义上，中国缺乏的法律乃是指一种具体方式约束国家的自由法律秩序：一种经常被称为‘法治’的构型”[1]。

“法不治众”的传统文化心理蕴含着“限制刑罚打击范围”的谦抑精神，这一精神不仅对民众的法文化意识影响深远，也深刻地影响着我国法律体系的建构和法律规范的制定。刑法中罪量因素，将没有达到一定“罪量界限”的危害行为排除在犯罪圈之外，正是体现这种缩小打击面精神的最为简捷的方式。因此可以说，我国刑法中犯罪的罪量要素，将刑法的适用限制在严重程度的反社会行为范围内，乃是我国传统文化的当然体现。

（二）二元制裁体系也符合我国作为现代化后发国家的现状

反对者认为，我国刑法中犯罪概念定量因素是行政参与司法的表现；犯罪是客观存在的事物，是不以人的主观意志为转移的，人为地用定量因素来缩小概念的外延，将本质是犯罪的东西排斥在犯罪概念之外有违辩证唯物主义认识论原理；同时处罚是一种司法活动，严格地讲不属于行政行为，将对一部分危害社会的行为的处罚权交由行政机关行使，等于将部分审判权交给了行政机关，一方面混淆了司法行为和行政行为，另一方面导致国家机关分工不清。[2] 这不仅是对罪量因素规定的发难，更体现了对作为罪量因素规定的基石的二元制裁体系的质疑。不过，这种观点值得商榷：

其一，法律上的“犯罪”既是一个以社会事实为基础的概念，也是一个以社会价值为支撑的问题，“法律只有在涉及价值的立场框架中才可能被理解”[3]。犯罪作为危害社会的行为，的确是客观存在的，但我们不能因此否定立法者在规定犯罪时的主观能动作用。将何种具有社会危害性的行为，

---

[1] ［美］络德睦（Teemu Ruskola）：《法律东方主义：中国、美国与现代法》，魏磊杰译，中国政法大学出版社 2016 年版，第 12 页。

[2] 参见李居全：《也论我国刑法中犯罪概念的定量因素》，载《法律科学》（西北政法学院学报）2001 年第 1 期。

[3] ［德］拉德布鲁赫：《法哲学》，王朴译，法律出版社 2013 年版，第 5 页。

作为犯罪给予刑罚处罚，也取决于立法者的价值判断评价。可见，犯罪是客观存在与主观评价的统一。犯罪中罪量因素的规定，正是立足于我国特有的法律文化背景和现存法律体系，在充分考量行为自身客观存在的社会危害性及其程度的基础，进行主观评价和选择的产物，这恰恰是“在认识客观基础上，发挥人的主观能动性”的唯物主义认识论原理的典型应用。

其二，如前文所述，在刑法仅作定性规定的前提下，西方国家多通过“立法定性，司法定量”来解决罪量的要求，形式上该当构成要件行为类型的轻微行为被排除在刑罚处置的范围之外，不仅在理论上充分有力，而且在实践中也广泛存在，而并非如论者所说：“无论外国刑事立法还是刑事司法，在犯罪概念问题上只存在定性因素，不存在定量因素，定量因素只具有量刑的意义，而不具有定罪意义。”[1]

其三，即便是在论者极力推崇的西方分权制衡法制原则之下，立法权、司法权和行政权之间绝对的泾渭分明也是根本不可能的。当代西方三权分立体制下行政权的不断膨胀趋势便是最好的佐证；同时，从西方兴起的非犯罪化潮流来看，把犯罪本身转为违反秩序，通过制定违反秩序法，把原属刑法典中违警罪及一些轻罪划入违反秩序法中以行政处罚代替原有的处罚，使原来的犯罪行为转化为行政违法行为。这是西方实现非犯罪化的重要方式之一，包括德国、俄罗斯以及意大利等国的实践都是如此。可见，行政处罚权在西方国家也普遍存在，以处罚权作为司法与行政之区分是不现实的。而且，西方国家通过采取“将原属犯罪范畴的轻微行为，作为非刑事性的违反秩序法的调整对象，交由行政机关处理”的方式，来实现本国的非犯罪化进程，弥补刑法仅作定性规定之不足，这与我国刑法直接作出罪量要求的规定亦可谓殊途同归。

诚如王政勋教授所言，这两种模式（即一元制裁体系与二元制裁体系——引者注）的存在，既说明在各国法律体系中确实存在着犯罪的定量因素问题，而不管刑法典在犯罪概念或刑法分则中是否对定量因素明文作

---

[1] 李居全：《也论我国刑法中犯罪概念的定量因素》，载《法律科学》（西北政法学院学报）2001 年第 1 期。

了规定，定量因素与三权分立原则其实并无关系；也说明无论是以司法方式抑或以行政方式处理轻微反社会行为，都有其存在的合理性和现成的样板，那种认为只有我国刑法才规定了定量因素，该规定会导致行政权侵犯司法权的说法，那种认为刑法中规定定量因素是法治落后的反映的断言，不能成立。[1]

如此看来，纯粹站在一元制裁体系立场指责二元制裁体系，并由此对刑法中罪量因素的规定发难，难以让人信服。真正的问题在于，一元制裁体系与二元制裁体系，哪个对我国实践而言更为妥当。前文从“法文化传统”的视角，笔者为二元制裁体系投了一票，而从“我国作为现代化后发国家的现实”的角度，又可以为二元制裁体系投上第二票。

对此，王政勋教授有过详尽的论证。[2]他指出，只要看一下采用这两种制裁体系的国家，就可以发现，采用一元制裁体系的国家都是现代化先发国家，而采用二元制裁体系的都是封建传统比较强大的现代化后发国家。后发国家都倾向于建立二元的制裁体系并非一种巧合。这些现代化后发国家既对本国落后状况痛心疾首，又热切渴望现代化在本国实现，同时还面临着先发现代化国家的巨大压力，所以无不试图通过国家的强力推动实现现代化，封建集权的传统也使其使用国家强力时得心应手。这些后发国家的改革都是依靠强大的国家权力的推动而完成的“急就章”，目标是实现富国强兵的现代化任务，他们企图在极其短暂的时间内走完先发国家在相当长的时间里走过的道路。所以在现代化过程中他们无不优先考虑效率的价值，公正的价值被放在副贰辅弼的位置。既然将效率放在优先考虑的地位，既然行政权力不断扩张，在对反社会行为的应对模式上，对行政权当然不能不多有倚重，当然倾向于采用司法和行政相结合的二元制裁体系。

中国也无法拒绝该种选择。近代中国社会的主旋律一直是“救亡图

[1] 王政勋：《定量因素在犯罪成立条件中的地位——兼论犯罪构成理论的完善》，载《政法论坛》2007年第4期。

[2] 参见王政勋：《定量因素在犯罪成立条件中的地位——兼论犯罪构成理论的完善》，载《政法论坛》2007年第4期。

存”“变法图强”，为了实现现代化，为了追求效率，当然需要有强大的国家权力特别是行政权力，国家权力特别是行政权力在推动现代化的过程中不断扩张。在这种背景下，清末在实现中国法制的近代转型时，就选择由司法机关与行政机关分享对反社会行为的制裁权。1907 年清政府颁布违警律，规定违警罚的形式为 15 天以下拘留、15 元以下罚款、充公停业和勒令歇业。该法律标志着司法权和行政权的分立，也奠定了中国日后建立二元制裁体系、行政机关独揽行政处罚权的传统。民国时期先后几次颁布的违警罚法继续沿用了该模式。新中国成立后，旧法统虽被废除，但由于新旧中国承担着建立现代国家、实现现代化的相同使命，而深深影响了新中国法制走向的苏联也采用了二元制裁模式，所以新中国依旧维持了自清末以来建立的司法制裁重大犯罪、行政处罚轻微违法的二元制裁体系。

以上论证表明，对于现代化后进国家，在现代化建设的强大压力下，“效率优先、兼顾公平”的理念和发展模式，成为不二的选择，这样，对于轻微反社会行为，交给更具效率的行政机关处置，符合这种效率优先的价值取向，这应当是现代化后进国家，尤其是在现代化建设初期的理想模式。

当然，这并不是说二元制裁模式就完美无缺。现代化包括法治现代化，必然要有强大的国家权力，包括行政权力，但现代法治的基本内涵则是限制国家权力，特别是限制行政权。以我国当下的二元制裁模式为例，行政处罚权的扩张，尤其是劳动教养制度运作中的种种违反法治原则的现象，都证明现行的二元制裁模式存在不完全符合法治要求的地方。

但这不足以成为我们改立一元制裁体系的原因。一元制裁体系在西方国家也并非尽善尽美。“大多数西方国家深感刑事司法资源短缺，重要原因之一在于社会治安的刑法一统制裁体系，刑事审判活动讲求合法程序，不像行政行为那样迅速，对此许多学者提出了不少处方，其一是‘非犯罪化’，把原来法律规定为犯罪但实际社会危害程度不大的行为通过立法程序宣布不是犯罪，其二是另搞一套所谓‘行政刑法’，把一些发案较多但危害程度较小的犯罪从刑事司法系统分离出去，由某种行政机构来处理。这些处方的出发点其实就是对现行西方国家犯罪与反社会行为不加严格区分的法律制度的批评。”[1] 并且，如前一章所介绍的，在法国，送到检察院的轻罪案件将近一半都是以不立案决定而终结，违警罪案件的不立案比例更高；共和国检察官作出的不立案决定是一项行政决定，不具有司法裁判权性质，因此不存在任何司法裁判意义上的救济途径，而只能按照级别向检察长或司法部长提出申诉。[2] 在日本，警察享有广泛微罪处置的权力。在大陆法系国家中，法国可谓典型的一元制裁体系的国家，日本也在“二战”之后改采一元制裁体系。以上事实表明，一元制裁体系实际上也包含着二元体系行政权处置的内容，并且为缓解案件积压导致的司法资源的短缺现象，一元制裁体系自身也在进行二元化性质的改良。同样的，二元制裁体系，为了防止行政权的扩张所导致的人权侵害的危险，也在进行着对行政处罚权的严格限制、行政处罚程序法治化和司法化的改革，即二元制裁体系对某些一元化观念的借鉴。简言之，一元制裁体系和二元制裁体系在彼此的借鉴调和中，最大限度地衡平效率与公平间的微妙关系。

因此，对于当代中国而言，最优的选择不是推倒重来，而是对适合自己的二元制裁体系进行法治化的改革。“中国的制裁体系的缺陷不是刑法中规定了定量因素，不是行政机关也拥有对反社会行为作出反应的权力，而是划给行政机关的权力偏大。如果说行政权侵越了司法权，也是指行政处罚法中剥夺人身自由的处罚措施侵越了司法权，而不是犯罪的定量因素、行政处罚等基于二元的制裁模式而建立的制度侵越了司法权。”[3] 一方面，限制行政处罚权的范围，尤其是取消行政制裁中限制和剥夺人身自由的处罚；另一方面，完善行政处罚权行使的程序以及相关的对抗、救济和监督制度，这才是解决我国二元制裁体系现实之困的现实之道，以一元制裁体系取代二元制裁体系并非妥善之举。

---

[1] 梁根林、张立宇主编：《形式一体化的本体展开》，法律出版社 2003 年版，第 126 页。

[2] [法] 贝尔纳·布洛克：《法国刑事诉讼法》，罗结珍译，中国政法大学出版社 2009 年版，“译者导言”第Ⅶ页。

[3] 王政勋：《定量因素在犯罪成立条件中的地位——兼论犯罪构成理论的完善》，载《政法论坛》2007 年第 4 期。

二、二元交叉制裁体系

（一）区分犯罪与行政违法行为的一般原理

采行二元制裁体系，存在的一个重要问题就是如何区分犯罪与行政违法行为？对此，德国及我国台湾地区刑法理论主要存在三种学说：质的区别理论、量的区别理论和质量区别理论。[1]

质的区别理论认为，刑事犯（Justizdelikt）是指具有特定法益侵害性的行为，行政犯（Verwatungsdelikt，即行政违法行为）是指对“行政利益”的侵害行为，而不是对“法益的侵害”，所造成的社会危害既不是影响整体社会文化共同体的，又不是直接影响个人的，所以与法益侵害存在质的不同。另外，行政处罚的目的是“义务的警告”，与刑罚所具有的“伦理、社会的非难性”相差甚远。林山田教授更是将质的差异理论细分为六种见解：罗马法的观点、行政刑法理论、文化规范理论、社会伦理的价值判断、法律所保护的客体、法益破坏的种类与方式。

量的区别理论认为，刑事不法与行政不法的区别主要的乃在于量的差异，而不是质的差异，也即认为两者在行为的方式上，并不存在质的差异，而只是在行为的轻重程度上，具有量的差异。换言之，即认为行政不法只是一种比犯罪行为具有较轻的损害性与危险性的不法行为，或是在行为方式上欠缺如犯罪行为的高度可责性的不法行为，秩序违反行为在事实上即一种轻微的犯行。

质量的区别理论则认为，刑事不法与行政不法两者不但在行为的量上，而且在行为的质上均有所不同。刑事不法行为不仅在质上显然具有较深度的伦理非价内容与社会伦理的非难性，而且在量上具有较高的损害性与社会危险性；相对地，行政不法行为在质上具有较低的伦理可责性，或者不具有社会伦理的非价内容，而且它在量上并不具有重大的损害性与社会危

[1] 参见林山田：《论刑事不法与行政不法》，载林山田：《刑事法论丛》（二），台大法律系 1997 年版，第 34 页以下；何子伦：《台湾地区刑事犯与行政犯分界之研究》，中国政法大学 2005 年博士论文，第 39 页以下。

险性。

不过，不论是采一元制裁体系还是二元制裁体系，在西方法治国家，轻微行为与严重行为、行政不法行为与刑事不法行为在行为类型、行为性质上都是存在显著区别的，某类行为不会因为行为程度的不同而分别归于行政罚或刑罚。例如，在日本《有限公司法》的罚则中，有犯罪和只科以罚款的行政罚，而其适用范围的划分，不是依据行为程度而是依据行为类型，只要某类行为被规定为犯罪，即使极其轻微，可以不认为是犯罪，但不能因其轻微而出于刑法而入于其他法，被科以行政罚；反之，规定科以行政罚的行为，也绝不会因为行为严重而构成犯罪。[1] 在德国法中，关于行政违法行为（行政不法）最典型的立法例即《违反秩序法》，从内容上看，不少行为实际上都是由原刑法典中的违警罪转换而来的，从行为类型、行为方式上看，其内容与刑法中的犯罪行为并不同一。因此，所谓量的区别理论，实际上是指，秩序违法行为所造成的法益侵害，或者秩序违法行为的可责性程度要低于犯罪行为（尤其在秩序违反行为与犯罪行为都指向同一种法益时）；也即，以秩序违反行为方式所造成的法益侵害程度（或可责性程度）在量上低于以犯罪行为方式所造成的同种法益的侵害程度（或可责程度）。量的差异，实际是建立在行为类型、行为方式不同基础上的法益侵害评价上的量差。

（二）我国以行为程度区分犯罪与行政违法行为的特殊性

但在我国，情况却完全不同。在我国刑事不法与行政不法的二元体系中，有相当一部分内容是属于对同一性质、同一定型的行为，仅根据行为程度的不同，分别将该行为的轻微部分作为行政不法处置，严重部分作为犯罪处理；即行政不法行为与刑事不法行为在行为类型上存在一定的交叉重合，这种现象笔者称其为“二元交叉制裁体系”。例如，根据盗窃数额的大小（司法解释确定的盗窃罪数额较大的标准为“1000—3000 元”），将未达到数额较大标准的盗窃行为，作为一般行政违法行为，给予治安处罚；

[1] 李洁：《论罪刑法定的实现》，清华大学出版社 2006 年版，第 225 页。

而达到数额较大标准的盗窃行为，则构成盗窃罪，给予刑事处罚。这种现象在我国具有相当的普遍性，只要比较《刑法》与《治安管理处罚法》的具体规定就能一目了然（见附表）。[1]

附表　违反治安管理行为与刑事犯罪行为方式对照表

治安管理处罚法中的违反治安管理行为		刑法中的刑事犯罪	
条文	行为方式	条文	具体罪名
第23条	（一）扰乱机关、团体、企业、事业单位秩序，致使工作、生产、营业、医疗、教学、科研不能正常进行，尚未造成严重损失的；（二）扰乱车站、港口、码头、机场、商场、公园、展览馆或者其他公共场所秩序的；（三）扰乱公共汽车、电车、火车、船舶、航空器或者其他公共交通工具上的秩序的；……（五）破坏依法进行的选举秩序的。	第290条 第291条 第256条	聚众扰乱社会秩序罪 聚众扰乱公共场所秩序、交通秩序罪 破坏选举罪
第24条	扰乱文化、体育等大型群众性活动秩序的。	第290条	聚众扰乱社会秩序罪
第25条	……（二）投放虚假的爆炸性、毒害性、放射性、腐蚀性物质或者传染病病原体等危险物质扰乱公共秩序的。	第291条之一	投放虚假危险物质罪
第26条	（一）结伙斗殴的；（二）追逐、拦截他人的；（三）强拿硬要或者任意损毁、占用公私财物的；（四）其他寻衅滋事行为。	第292条 第293条	聚众斗殴罪 寻衅滋事罪

[1]《治安管理处罚法》第2条也明确指出："扰乱公共秩序，妨害公共安全，侵犯人身权利、财产权利，妨害社会管理，具有社会危害性，依照《中华人民共和国刑法》的规定构成犯罪的，依法追究刑事责任；尚不够刑事处罚的，由公安机关依照本法给予治安管理处罚。"

续表

治安管理处罚法中的违反治安管理行为		刑法中的刑事犯罪	
条文	行为方式	条文	具体罪名
第 27 条	(一)组织、教唆、胁迫、诱骗、煽动他人从事邪教、会道门活动或者利用邪教、会道门、迷信活动,扰乱社会秩序、损害他人身体健康的;……	第 300 条	组织、利用会道门、邪教组织、利用迷信破坏法律实施罪 组织、利用会道门、邪教组织、利用迷信致人重伤、死亡罪
第 28 条	违反国家规定,故意扰乱无线电业务正常进行的,或者对正常运行的无线电台(站)产生有害干扰,经有关主管部门指出后,拒不采取有效措施消除的。	第 288 条	扰乱无线电通信管理秩序罪
第 29 条	(一)违反国家规定,侵入计算机信息系统,造成危害的;(二)违反国家规定,对计算机信息系统功能进行删除、修改、增加、干扰,造成计算机信息系统不能正常运行的;(三)违反国家规定,对计算机信息系统中存储、处理、传输的数据和应用程序进行删除、修改、增加的;(四)故意制作、传播计算机病毒等破坏性程序,影响计算机信息系统正常运行的。	第 285 条 第 286 条	非法侵入计算机信息系统罪 破坏计算机信息系统罪
第 30 条	违反国家规定,制造、买卖、储存、运输、邮寄、携带、使用、提供、处置爆炸性、毒害性、腐蚀性物质或者传染病病原体等危险物质的。	第 125 条 第 136 条	非法制造、买卖、运输、储存危险物质罪 危险物品肇事罪
第 32 条	非法携带枪支、弹药或者弩、匕首等国家规定的管制器具进入公共场所或者公共交通工具的。	第 130 条	非法携带枪支、弹药、管制刀具、危险物品危及公共安全罪

续表

治安管理处罚法中的违反治安管理行为		刑法中的刑事犯罪	
条文	**行为方式**	**条文**	**具体罪名**
第 33 条	（一）盗窃、损毁油气管道设施、电力电信设施、广播电视设施、水利防汛工程设施或者水文监测、测量、气象测报、环境监测、地质监测、地震监测等公共设施的；（二）移动、损毁国家边境的界碑、界桩以及其他边境标志、边境设施或者领土、领海标志设施的；……	第 118 条 第 124 条 第 323 条	破坏电力设备罪，破坏易燃易爆设备罪 破坏广播电视设施、公用电信设施罪 破坏界碑界桩罪，破坏永久性测量标志罪
第 34 条 第 35 条	盗窃、损毁、擅自移动使用中的航空设施…… （一）盗窃、损毁或者擅自移动铁路设施、设备、机车车辆配件或者安全标志的；（二）在铁路线路上放置障碍物，或者故意向列车投掷物品的；（三）在铁路线路、桥梁、涵洞处挖掘坑穴、采石取沙的；（四）在铁路线路上私设道口或者平交过道的。	第 116 条和第 119 条 第 117 条和第 119 条	破坏交通工具罪 破坏交通设施罪
第 39 条	旅馆、饭店、影剧院、娱乐场、运动场、展览馆或者其他供社会公众活动的场所得经营管理人员，违反安全规定，致使该场所有发生安全事故危险，经公安机关责令改正，拒不改正的。	第 135 条	重大劳动安全事故罪
第 40 条	……（二）以暴力、威胁或者其他手段强迫他人劳动的；（三）非法限制他人人身自由、非法侵入他人住宅或者非法搜查他人身体的。	第 244 条 第 238 条 第 245 条	强迫劳动罪 非法拘禁罪 非法搜查罪，非法侵入住宅罪

续表

治安管理处罚法中的违反治安管理行为		刑法中的刑事犯罪	
条文	行为方式	条文	具体罪名
第 42 条	……（二）公然侮辱他人或者捏造事实诽谤他人的；（三）捏造事实诬告陷害他人，企图使他人受到刑事追究或者受到治安管理处罚的；（四）对证人及其近亲属进行威胁、侮辱、殴打或者打击报复的；……	第 246 条 第 243 条 第 307 条 第 308 条	侮辱罪，诽谤罪 诬告陷害罪 妨害作证罪 打击报复证人罪
第 43 条	殴打他人的，或者故意伤害他人身体的。	第 234 条	故意伤害罪
第 44 条	猥亵他人的，或者在公共场所故意裸露身体，情节恶劣的；猥亵智力残疾人、精神病人、不满十四周岁的人或者有其他严重情节的。	第 237 条	强制猥亵侮辱罪 猥亵儿童罪
第 45 条	（一）虐待家庭成员，被虐待人要求处理的；（二）遗弃没有独立生活能力的被扶养人的。	第 260 条 第 261 条	虐待罪 遗弃罪
第 46 条	强买强卖商品，强迫他人提供服务或强迫他人接受服务的。	第 226 条	强迫交易罪
第 47 条	煽动民族仇恨、民族歧视，或者在出版物、计算机信息网络中刊载民族歧视、侮辱内容的。	第 249 条 第 250 条	煽动民族仇恨、民族歧视罪，出版歧视、侮辱少数民族作品罪
第 48 条	冒领、隐匿、毁弃、私自开拆或者非法检查他人邮件的。	第 252 条 第 253 条	侵犯通信自由罪 私自开拆、隐匿、毁弃邮件、电报罪
第 49 条	盗窃、诈骗、哄抢、抢夺、敲诈勒索或者故意损毁公私财物的。	第 263—268 条 第 274 条 第 275 条	抢劫罪，盗窃罪，诈骗罪，抢夺罪，聚众哄抢罪 敲诈勒索罪 故意毁坏财物罪

续表

治安管理处罚法中的违反治安管理行为		刑法中的刑事犯罪	
条文	行为方式	条文	具体罪名
第50条	……（二）阻碍国家机关工作人员依法执行职务的；（三）阻碍执行紧急任务的消防车、救护车、工程抢险车、警车等车辆通行的；（四）强行冲闯公安机关设置的警戒带、警戒区的。	第277条	妨害公务罪
第51条	冒充国家机关工作人员或者以其他虚假身份招摇撞骗的；冒充军警人员招摇撞骗的。	第279条 第372条	招摇撞骗罪 冒充军人招摇撞骗罪
第52页	（一）伪造、变造或者买卖国家机关、人民团体、企业、事业单位或者其他组织的公文、证件、证明文件、印章的；（二）买卖或者使用伪造、变造的国家机关、人民团体、企业、事业单位或者其他组织的公文、证件、证明文件的；（三）伪造、变造、倒卖车票、船票、航空客票、文艺演出票、体育比赛入场券或者其他有价票证、凭证的；（四）伪造、变造船舶户牌，买卖或者使用伪造、变造的船舶户牌，或者涂改船舶发动机号码的。	第280条 第227条	伪造、变造、买卖国家机关公文、证件、印章罪，伪造公司、企业、事业单位、人民团体印章罪 伪造、倒卖伪造的有价票证罪，倒卖车票、船票罪
第54条	……（三）未经许可，擅自经营按照国家规定需要由公安机关许可的行业的。	第225条	非法经营罪
第59条	……（三）收购公安机关通报寻查的赃物或者有赃物嫌疑的物品的；……	第312条	掩饰、隐瞒犯罪所得、犯罪所得收益罪
第60条	（一）隐藏、转移、变卖或者损毁行政执法机关依法扣押、查封、冻结的财物的；…… （三）明知是赃物而窝藏、转移或者代为销售的；……	第314条 第312条	非法处置查封、扣押、冻结的财产罪 掩饰、隐瞒犯罪所得、犯罪所得收益罪

续表

治安管理处罚法中的违反治安管理行为		刑法中的刑事犯罪	
条文	行为方式	条文	具体罪名
第 61 条	协助组织或者运送他人偷越国（边）境的。	第 321 条	运送他人偷越国（边）境罪
第 62 条	偷越国（边）境的。	第 322 条	偷越国（边）境罪
第 63 条	（一）刻划、涂污或者以其他方式故意损坏国家保护的文物、名胜古迹的；……	第 324 条	故意损毁文物罪 故意损毁名胜古迹罪
第 67 条	引诱、容留、介绍他人卖淫的。	第 359 条	引诱、容留、介绍卖淫罪
第 68 条	制作、运输、复制、出售、出租淫秽的书刊、图片、影片、音像制品等淫秽物品或者利用计算机信息网络、电话以及其他通讯工具传播淫秽信息的。	第 363 条 第 364 条	制作、复制、出版、贩卖、传播淫秽物品牟利罪 传播淫秽物品罪
第 69 条	（一）组织播放淫秽音像的； （二）组织或者进行淫秽表演的； （三）参与聚众淫乱活动的。	第 364 条 第 365 条 第 301 条	组织播放淫秽音像制品罪 组织淫秽表演罪 聚众淫乱罪
第 70 条	以营利为目的，为赌博提供条件的，或参与赌博赌资较大的。	第 303 条	赌博罪、开设赌场罪
第 71 条	（一）非法种植罂粟不满五百株或者其他少量毒品原植物的；（二）非法买卖、运输、携带、持有少量未经灭活的罂粟等毒品原植物种子或者幼苗的；……	第 351 条 第 352 条	非法种植毒品原植物罪 非法买卖、运输、携带、持有毒品原植物种子、幼苗罪
第 72 条	（一）非法持有鸦片不满二百克、海洛因或者甲基苯丙胺不满十克或者其他少量毒品的；（二）向他人提供毒品的；……	第 348 条 第 355 条	非法持有毒品罪 非法提供麻醉药品、精神药品罪，贩卖毒品罪

续表

治安管理处罚法中的违反治安管理行为		刑法中的刑事犯罪	
条文	行为方式	条文	具体罪名
第 73 条	教唆、引诱、欺骗他人吸食、注射毒品的。	第 353 条	引诱、教唆、欺骗他人吸毒罪
第 74 条	旅馆业、饮食服务业、文化娱乐业、出租汽车业等单位的人员，在公安机关查处吸毒、赌博、卖淫、嫖娼活动时，为违法犯罪行为人通风报信的。	第 362 条	窝藏、包庇罪

显然，对于我国二元交叉制裁体系中，这种单纯以行为程度作为行政不法与刑事不法区分标准的立法例，只能理解为是量的区分，并且这种量差，较之上文量的区分理论而言，更彻底、更“纯粹”（不是“异质行为侵害相同法益的量差”，而是“同质行为侵害相同法益的量差”）。同时也表明，从“二元制裁体系”本身并无法直接推导出我国刑法犯罪成立罪量因素规定的合理性，换言之，二元制裁体系的确是犯罪成立罪量因素规定存在的前提条件或制度背景，但是否可以仅以罪量（行为程度）作为犯罪与行政不法行为区分的界限，与二元制裁体系之间并无必然联系。[1]

那么，这种根据危害程度将同一行为区分为犯罪与一般违法行为的二元交叉制裁体系，是否具有合理性？对此，有学者对这种以社会危害性程度作为犯罪与民事违法等一般违法行为的主要差别的观点表示反对，认为这种观点没有看到问题的实质，指出犯罪与一般违法行为的区别在于社会危害性的有无，而非社会危害性程度之别。“有些行为虽然危害了个人、单位或团体，但由于它对社会即现行统治关系不构成威胁，因此不具有社会危害性，不具有犯罪的本质，而有些行为在危害个人、单位或团体的同时，也威胁到社会，因此也就具有社会危害性，具有犯罪的本质，这是区分罪与非罪的关键所在。”简言之，犯罪具有社会危害性，而一般违法行

[1] 相同意旨也见路军:《中国刑法犯罪量化要件研究》，法律出版社 2010 年版，第 199—200 页。

为不具有社会危害性，只具有个体侵害性。[1] 这种观点值得商榷。

其一，社会和个人并非孤立的存在，社会作为一个整体，是由个人组成的，个人是组成社会的元素。人是社会的人，社会性是人的本质属性。因此，行为对个体的侵害，是对作为社会有机组成部分的个人的侵害，当然也是对社会的侵害。正如学者指出："犯罪对社会的侵害并不是抽象的，它在很多情况下是通过对个体的侵害表现出来的，因此脱离对个体价值侵害的判断而进行所谓的社会价值侵害的判断是令人难以想象的。"[2] 质疑的观点显然割裂了个人与社会的联系，无视社会性——这一人的本质属性。

其二，认为犯罪的本质是社会危害性，是反对统治关系的行为。其选取的分析方法是阶级斗争分析方法，在强调经济全球化、政治民主化、法律共同性和重视法律作为社会一般控制手段的背景下，这种方法选取本身的妥当性即成问题。即便是肯定犯罪的本质是反对统治关系的斗争，也不能否定犯罪行为的社会属性，认为"犯罪是孤立的个人反对统治关系的斗争"，但同时也必须强调"蔑视社会秩序最明显、最极端的行为才是犯罪"；而且离开社会属性的所谓阶级本质即使存在也难以为人所把握。[3]

其三，论者区别民事违法行为与犯罪，认为前者虽包含价值判断，但只是个体价值判断，而后者不仅包含着价值判断，而且包含着社会价值判断。[4] 这种区分同样是割裂了个体与社会的联系，无视个人作为社会成员、社会有机组成部分的社会属性；并且，将民事侵权行为的价值判断定位为一种个人价值判断，不包括社会价值判断的内容的结论也过于武断：判断一个人行为是否是侵权行为，绝不是以哪个个人的价值判断为标准的，这

---

[1] 参见李居全：《也论我国刑法中犯罪概念的定量因素》，载《法律科学》（西北政法学院学报）2001年第1期。

[2] 张永红：《我国刑法第13条但书研究》，法律出版社2004年版，第113页。

[3] 参见路军：《中国刑法犯罪量化要件研究》，法律出版社2010年版，第202页。

[4] 参见李居全：《也论我国刑法中犯罪概念的定量因素》，载《法律科学》（西北政法学院学报）2001年第1期。

一点也不难理解。就判断标准、判断主体、判断过程来看，侵权行为的判断都难以跟社会价值判断撇清关系。[1]

此外，论者还从质量互变规律的角度论证自己观点，指出：量是在一定质基础上的量的积累，也就是说量是在一定质的范围内的量，即社会危害性程度是在社会危害性这一质的基础上的量，只能说明犯罪的严重程度，不能说明罪与非罪的问题。如果在社会危害性这一质的范围内，以社会危害性的一定的量作为质变的关节点即度，实际上是在量积累的过程中，人为地切断量的积累过程，在不具备质变条件下强行飞跃，是违反质变量变规律的。储槐值教授用 H_2O 的三种不同形态即冰、水、水蒸气，来比喻犯罪、需要劳教的罪错和违反治安管理的行为的例证，并不能证明犯罪社会危害程度上的量变引起质变规律，而恰恰从反面证明了犯罪、需要劳教的罪错和违反治安管理的行为三者之间并无本质区别，只有量的差异。[2] 对此，有学者反驳认为，论者对质量互变规律理解过于简单，不能否定在实现完全质变之前的过程中，因为量的积累而导致部分质变，部分质变应通过量的差别来体现，犯罪、需要劳教的罪错、违反治安管理的行为间并不是完全质变，而是部分质变。作为同质性，它们都具有社会危害性，作为差异性，它们社会危害性程度不同；同时论者也对储槐值教授的例证有所误解，储槐植教授并非立足于冰、水、水蒸气之化学性质上论证三种行为间质的差别，而是强调冰、水和水蒸气三者存在物理性质上的差异，这正是部分质变的体现。[3] 另有学者从犯罪应是客观存在和立法者主观评价的统一以及层次的相对性决定量质规定的相对性两个角度对上述观点进行了反驳。[4]

以上分析表明，以社会危害程度（量）的立场，区分犯罪与一般违法

---

[1] 路军：《中国刑法犯罪量化要件研究》，法律出版社 2010 年版，第 203—204 页。

[2] 参见李居全：《也论我国刑法中犯罪概念的定量因素》，载《法律科学》（西北政法学院学报）2001 年第 1 期。

[3] 参见张永红：《我国刑法第 13 条但书研究》，法律出版社 2004 年版，第 115—116 页。

[4] 参见张勇：《犯罪数额研究》，中国方正出版社 2004 年版，第 64 页。

行为并非不能接受的错误观点。问题的关键在于，以行为程度为标准的区分立场以及以行为类型为标准的区分立场，二者相较的利害得失以及哪种立场更符合中国实际。

（三）分立式立法模式与交叉重合式立法模式的比较

两种模式的优劣得失，李洁教授有过专门的研究。[1] 李洁教授将刑事违法行为的行为类型与一般违法的行为类型不存在交叉重合关系的立法，称为分立式立法；将刑事违法行为的行为类型与一般违法之行为类型存在交叉重合关系的立法，称为交叉重合式立法。

对于分立式立法，刑事违法行为与一般违法在行为类型上完全不同，若某类型行为被规定为刑事违法，无论多么轻微，也不会因其程度而转变为一般违法，反之也是同样。这种方式的优点是：其一，刑事违法与一般违法的区分标准明确，在立法上只规定行为类型即可，用不着在设定行为程度上花费精力，这种规定方式，可以保证立法语言明确，不存在或很少存在模糊的立法用语，因此，至少在形式上符合罪刑法定原则的明确性要求。其二，从评价行为性质的角度来看，在立法上将不同的行为类型设定为不同的违法，最起码从设定规则的角度来看，对行为性质的评价是明确的。这种方法，对国民法意识的形成和确定应该说是有益处的。其三，正是因为有立法语言的明确性，行为性质评价的明确性，也就必然带来司法认定的方便性，而且作为事件之管辖，何类事件由哪个部门受理也十分清楚，不会形成管辖矛盾。

从立法规定的方便与行为评价明确的角度来看，分立式的优点明显，但若从行为与处罚相对应的角度来看，分立式也存在问题：其一，行为的恶劣与否与行为程度之间没有关系吗？如果相同后果的不同类型行为在评价其严重程度时依行为性质的恶劣程度是有理由的，那么在后果不同时，

[1] 参见李洁:《中日刑事违法行为类型与其他违法行为类型关系之比较研究》，载《环球法律评论》2003 年秋季号；李洁:《论罪刑法定的实现》，清华大学出版社 2006 年版，第 160 页以下。

对行为的评价就不得不结合行为性质与后果来进行，因此也就很难说行为程度对行为的恶劣程度完全没有影响。其二，如果刑法规定为犯罪的某类行为经常是被科处极少量的罚金刑，是否会导致国民对该类型行为之犯罪性格的忽视呢？例如，日本道路交通法中规定了大量的交通犯罪，这样的犯罪一般只判处数额相当微小的罚金，而且特别规定了简易裁判所以即决程序处理，这样少的罚金，对日本国民来说，真的是认为行为很恶劣吗？也不得不让人提出这样的处罚是否还具有刑罚性质的问题。其三，大量轻微案件的存在，只好多由简易裁判所以略式程序处理，而不是适用正常程序，这种情况下，该类事件的处理是否可以达到设定刑事程序的初衷？简易程序只作书面审理，不开庭，无辩护，这样的处理方法，就真的比行政处理更加公平合理吗？

而对于交叉重合式立法，在刑事违法与一般违法之间，依行为程度划分不同违法类型。这种规定在与行为后果的对应关系上，其优点是明显的：其一，保证犯罪性质的严厉性，不会出现犯罪与非罪在实质界限上的模糊，一直以是否值得用刑罚惩罚作为行为是否构成犯罪的标准。其二，确认行为的恶劣与否不仅与行为的性质有关，而且与行为程度有关。相同自然性质的行为，由于其程度不同，情节不同，作为对其可能作出的评价也就会不同，这是一种从实质上考虑问题的观点，也是一种与事实的量的变化会引起质的变化的辩证唯物主义的观点相一致的。其三，保证将犯罪以正常的程序审理。行为性质与量的要求，导致能够成立犯罪的都是性质严重的行为，不会出现大量的轻微事件必须由刑事程序处理的情况。这样，就有利于公平、合理地审理刑事案件，有利于被告人之辩护权的行驶，为避免出现失误提供了制度性的条件。

至于交叉重合式的缺点也是显而易见的：其一，立法规定困难。不仅将数百个罪名完全量化工程浩大，而且将复杂的实质上的量化用语言在立法中表现出来更是相当困难的，亦即罪量立法的明确性问题。其二，对行为性质评价的不甚明确。在我国，某行为类型是刑事违法还是一般违法，一般情况下不能依据行为类型本身直接判断，大多数罪名的行为均存在根据行为的程度区分刑事违法与一般违法的问题。因此，行为性质的评价要依赖于程度。而程度的确定是困难的，无法在立法中明确，只好委之于司法判断，也就会产生另一个问题（即管辖冲突的问题）。其三，刑事违法与其他违法之管辖发生冲突的可能性。因为同一个行为，刑事案件管辖机关与一般违法管辖机关都可能享有管辖权，在立法无法设定明确标准时，其管辖冲突也就不可避免。

以上论述表明，分立式立法与交叉重合式立法可谓各有利弊得失，分立式之利恰是交叉重合式之弊，反之亦然。难以认定哪种模式具有更显著的优势，难以认定哪种模式与罪刑法定原则更为切合。选择哪种立法模式，取决于与本国的法体系状态与法传统的切合程度。

从法传统来说，无论是传统中国“法不治众”“法即刑，社会生活和社会关系的调整尽量少的依赖法律”的传统观念，还是新中国承继苏联的法律制度设计和理论体系，犯罪行为有度的限制都是重要的理念和内容。诚如许发民教授所言：“‘立法定性，司法定量’本是西方法文化影响下的西方刑事法制的特点，将其完全移植到我国刑事法制当中，由于缺乏深层法文化的观念支持，也未见得能行得通和行之有效。”[1]“这种经验（西方法制‘严而不厉’的统治经验——引者注）现在我国立法部门一些领导同志也感到有道理但却不大可能进行根本扭转，就是因为这种扭转涉及比犯罪概念更深层次的问题，即文化问题，由文化所衍生的问题，必须由文化嬗变、创进来予以解决，由中国的文化品格所预设的我国刑法中的定性、定量因素相结合的犯罪概念是一种创新，有自己独有的特点，值得认真考察、分析，以便扬长避短，发挥良好的社会功效。”[2]

而从中国法体系来看，我国法律体系可分为三层：最高层为起统帅作用的宪法、第二层为各部门法、最后一层为刑法。在我国，第二层次的法律负责各自部分的社会关系的调整，也通过行政的、经济的、民事的制

[1] 许发民：《刑法的社会学分析》，法律出版社 2003 年版，第 137 页；赵秉志主编：《刑法基础理论探索》，法律出版社 2003 年版，第 311 页。

[2] 同上注。

裁，处理各自领域的轻微违法部分，而当行为违法严重，这些制裁措施难以奏效时，则可能出其他法而入刑法，规定为犯罪，给予刑罚的严厉制裁。第三层次的刑法，正是基于其保障法、补充法性质，而非调整对象的特殊性，来体现其部门法性质。这样一种法体系，决定了刑法中行为的大部分，都是属于违反其他法的严重情况，刑法中规定行为情节在中国法体系下应该说是情理之中的事。如此说来，交叉重合式立法，与我国的法体系特征与立法习惯、法传统观念是相符合的。“一国的刑事立法模式的选择不能与国家治理结构及方式相背离。法体系设定的背后因素关系到国家机构职能及权力的分界，如果不从法体系设定之制度背景着手，即使定量式立法弊端重重，你也无法用所谓先进的定型式立法取而代之。所以说在我国目前的社会治安管理体制不作大的调整的前提下，定量式立法具有不可替代性。”[1][2]

[1] 路军:《中国刑法犯罪量化要件研究》，法律出版社2010年版，第218页。

[2] 需要特别提醒的是李洁教授的观点，在《论罪刑法定的实现》（清华大学出版社2006年版）一书中，李教授比较了分立式与交叉重合式立法的利弊，认为基于“法的性质（行为规制）要求”“立法的明确性要求”“行为之危害程度与行为之危害性质何者应该作为犯罪标准”“管辖冲突的解决”“轻微行为的处理”等五点理由，表明以行为性质确定犯罪与一般违法的立法方式（分立式）是理性的选择（李洁书，第169—173页）；但是，在评价轻微行为的规定模式时，对于我国刑法的立法定量处理模式，李教授却极力为这种模式下可能存在的“明确性”“司法机关的裁量权”“规则的效力”等问题进行辩护，认为无论是立法定量模式还是司法定量模式，不明确性都是不可避免的；而限制司法擅断的可能也不是选择哪种模式的问题；规则的被遵守与法律明确规定轻微行为是否犯罪也没有直接关系；由此得出结论，两种模式各有其存在的依据，因此都是符合罪刑法定原则的，不存在一种模式与另一种模式比较明显使罪刑法定原则难以实现的问题。选择哪种模式更好？对此，法体系的状态和传统具有重要意义。在中国现有的法体系之下，现有的刑法关于轻微行为的立法规定方式，是必然的选择，否则就与整个法体系不相协调（李洁书，第228—237页）。前后看似矛盾的观点，在笔者看来，可以理解为应然与实然、远期与近期目标的关系。制度的更迭不是朝夕之事，或许分立式模式的确更为优质，但在现代化建设初期、在传承的法体系、法文化背景下，交叉重合式并不是无地自容，依然具有现实的合理性和与现实情状的切合性。

三、罪量因素：二元交叉制裁体系的表征

二元制裁体系与交叉重合的立法方式，二者相结合即造就了刑法中规模庞大的、成文化的、正面表征行为程度的犯罪成立罪量因素之规定。

（一）域外刑法典中的罪量规定

实际上，在域外刑事实体立法中，也有明确表征犯罪成立罪量要求的具体规定，只是数量不多、规模很小。

例如，前一章提到的《西班牙刑法典》第234条盗窃罪之规定："为获取利益，未经主人同意取得他人价值5000比塞塔财物，构成盗窃罪的，处6个月以上18个月以下徒刑。"此外，该法典第246条、第252—256条、第263条等也有类似的规定。

《俄罗斯联邦刑法典》中，总则第14条规定："一、本法典以刑罚相威胁所禁止的有罪过地实施的危害社会的行为，被认为是犯罪。二、行为（不作为）虽然形式上含有本法的规定的某一行为要件，但由于情节轻微而不具有社会危害性，即未对个人、社会或国家造成损害威胁的，不是犯罪。"[1]分则中，第169条第1项规定："故意毁灭或损坏他人的财产，并造成严重损失的，处……"；第171条非法经营之规定中也以"造成巨大损失"或"获得巨额收入"作为成立条件；类似规定也见于法典分则第172条、第173条、第180条、第182条、第185条、第188条、第194—200条等条文中。

《奥地利刑法典》第42条规定："如果一个依职权（von Amts wegen）应予以追诉的行为仅需以罚金刑、3年以下有期自由刑或以这样的罚金刑

---

[1] 此条俄罗斯联邦刑法典之犯罪概念的规定，与我国《刑法》第13条犯罪概念之规定，可谓共同承继苏联刑法典的立法例，其中"情节轻微"的行为，不具有社会危害性（这里的社会危害性，应当是指专属刑法意义上的社会危害性概念，而不是社会一般意义上使用的概念），不是犯罪，体现了罪量的要求。不过，也有学者并不认为本条但书规定是罪量因素的表征（参见储槐植、汪永乐：《再论我国刑法中犯罪概念的定量因素》，载《法学研究》2000年第2期）。

与自由刑的总和相威吓，则其在满足以下条件时，不可处罚：1. 行为人的罪责（Schuld）微小；2. 行为未造成后果或造成的后果不显著，或者行为人至少严肃认真地试图从根本上排除（beseitigt）、矫正（gutgemacht）或补救（ausgeglichen）行为后果，以及 3. 以判处刑罚为手段力图实现让行为人远离可罚的行为之目的，或力图实现与由他人所犯之可罚行为作斗争的目的是不适当的。”将轻微刑事案件交给实体法解决（而不是交由程序法处理），奥地利刑法典的这条规定在大陆法系刑法例中可谓特殊，显然，该条款具备实体法性质，且是一个明确的定量条款，从根本上规定满足一定先决条件的行为不受刑事处罚，从而避免了将判断行为是否构成犯罪这样一个大是大非的问题完全交给检察机关。[1]

《德国刑法典》中也存在罪量性质的规定。例如，该法典第 326 条未经许可处理危险垃圾罪（Unerlaubter Umgang mit gefaehrlichen Abfaellen）。该条在明确规定了未经许可处理垃圾的行为构成犯罪之后，在第 5 款指出：“由于垃圾的数额很少，明显地排除了对环境，尤其是对人、水、空气、土地、可食动物或者可食植物的有害影响时，行为不予刑法处罚。”[2]

（二）我国刑法中罪量规定的形式特征

与域外刑法典零星的、极个别的罪量规定相比，我国刑法典中的罪量规定可谓相当普遍的立法现象。从形式上看，可归纳出如下特点：

1. 总则规定与分则规定相结合。我国刑法中犯罪成立的罪量规定，在总则中，包含于《刑法》第 13 条犯罪概念的但书规定中；[3] 分则中，更是

---

[1] 关于《奥地利刑法典》第 42 条，详细的探讨可参见熊琦：《德国刑法问题研究》，台北元照出版公司 2010 年版，第 37 页以下；[日] 丹羽正夫：《オーストリアにおける軽微事犯論の展開》(1)(2)(3)，载《法政理论》第 28 卷（1995 年）第 2 号；第 29 卷（1996 年）第 1 号；第 29 卷（1997 年）第 4 号。

[2] 参见王世洲：《中德划分罪与非罪方法的比较研究》，载《南京大学法律评论》1999 年秋季号。

[3] 我国刑法理论一般认为，《刑法》第 13 条但书规定是刑法总则中的罪量因素规定，但本书认为，但书规定不应当仅仅视为罪量因素的表征，而应当在阻却犯罪成立的全部实质理由的意义上理解（详见本书第三章第一节）。

以“数额较大”“情节严重”“造成严重后果”等类似规定广泛呈现于具体个罪的罪状描述中。

2. 反面出罪型和正面入罪型相结合。我国刑法中犯罪成立的罪量规定，不仅包括从反面、否定轻微行为成立犯罪的、出罪性质的罪量规定，如《刑法》总则第 13 条但书中所包含的罪量内容；而且包括从正面、犯罪行为成立所必需的、入罪性质的罪量规定，分则中作为犯罪成立条件的罪量因素——“数额较大”“情节严重”“造成严重后果”等即属此类。

3. 规模空前。与域外刑法典零星的罪量内容形成鲜明对比，我国刑法中的罪量规定可谓规模空前。据粗略统计，我国刑法分则个罪罪状描述中，“数额”一词出现了 130 次，“数量”一词出现了 32 次，其中，“数额较大”共出现了 46 次，“数量较大”出现了 13 次，“数额巨大”出现了 51 次，“数量巨大”出现了 8 次，“数额特别巨大”出现了 26 次，“数量特别巨大”出现了 2 次；“情节”一词多达 358 个，其中，“情节严重”出现了 175 次，“情节特别严重”出现了 59 次，“情节恶劣”出现了 12 次，“情节特别恶劣”出现了 6 次；“严重后果（危害）”出现了 75 次，“后果严重”出现了 9 次，“特别严重后果”出现了 11 次，“后果特别严重”出现了 15 次。“数量型犯罪构成在我国刑法中所占比例非常之高，在当今世界各国刑法立法史上是极为罕见的。”[1]“我国刑法分则规定有十类犯罪，除了危害国家安全罪以外，其他九类犯罪中都有定量要件的规定；刑法规定的具体犯罪有 400 多个，其中将定量条件作为成立条件加以规定的具体罪就有 200 多个。”[2]如此大规模的罪量规定，足以将其视为一种典型的、类型性的立法模式，进行体系性的思考。

4. 以概括型规定为主，确定型规定为辅。我国刑法中仅有极少部分犯罪的罪量规定是确定的，如《刑法》第 140 条生产、销售伪劣产品罪中的“销售金额 5 万元以上”；绝大多数罪量规定都是概括性的，即采用“较

---

[1] 储槐植、宗建文等：《刑法机制》，法律出版社 2004 年版，第 124 页。

[2] 路军：《中国刑法犯罪量化要件研究》，法律出版社 2010 年版，第 102—103 页。

大”“严重”“恶劣”等模糊性用语；尤其像走私普通货物物品罪、贪污罪、受贿罪等罪名，都经由刑法修正案，从确定型规定改作概括性规定，多少可以管窥立法的倾向性。概括型模式，实际上表明立法中的罪量，至多只是一种罪量宣誓，真正的罪量确定实际上还是交给司法机关（主要通过司法解释的方式）来确定的。

5. 侧重于客观行为或结果的量。我国刑法中的罪量因素，尤其是分则中的罪量规定，主要以数额、情节和后果为载体，其中，“数额较大”主要指的是行为规模、结果程度的量；“情节严重”也多具体化为行为方式、危害结果等客观内容；“严重后果”也是指造成的人员伤亡、财产损失的量化程度。如此说来，罪量因素的内容主要是以客观的、可量化的行为或结果要件作为载体。

综上，数量众多的、成文化的、正面的、入罪功能的罪量规定，可谓我国刑法独树一格、独具特色的刑事立法模式和立法现象。

（三）关于我国刑法的罪量规定的合理性之辩

那么，罪量规定之于我国刑法是否具有合理性？作为交叉重合立法方式的产物，罪量因素之规定同样受到立法的明确性、行为规制要求以及管辖冲突等方面的质疑或责难。

1. 罪量规定的明确性

有学者指出，对刑法明确性原则的破坏是犯罪定义作定量要求的立法模式存在的最大问题。[1] 我国台湾地区学者林山田教授也认为，刑事司法以此等量差规定（即情节显著轻微危害不大——引者注），作为区别罪与非罪之准据，亦因欠缺客观之认定标准，而容易形成主观擅断之用法，致严重破坏罪刑法定原则，特别是在分则之规定尚有为数不少之构成要件，系以程度上之量差作为构成要件要素者，更使刑法丧失其确实安定性，了无保障功能可言，即使在总则设有犯罪定义之规定，亦无法弥补此等违背构成

[1] 高长见：《轻罪制度研究》，中国政法大学出版社 2012 年版，第 100、140 页。

要件明确原则所形成之弊。[1] 的确，相较于行为性质，行为程度的立法化与明确化更加不易，因为这种动态因素对社会发展变迁更为敏感，过于确定的程度规定，可能造成立法朝令夕改、有损立法的稳定性；而概括性的规定，则又失之立法的明确性，如此两难境地的确可谓罪量规定之殇。我国刑法典显然更倾向于后者，立法中的罪量规定，以“较大”“严重”“恶劣”等概括性、模糊性的表述为主，仅有生产、销售伪劣产品罪等极个别罪名规定了确定型罪量因素。如此，明确性问题自然成为罪量规定的硬伤。

可问题是，这种不明确性是否可以避免，也即采“仅定性”的分立式立法模式是否可以避免这种不明确性。诚然，从立法语言、形式上看，仅作行为类型规定的分立式立法的确可以避免罪量方面的模式性表述，但问题在于，刑法乃司法法，立法是否明确当然需要经由司法适用的检验。行为类型立法模式没有罪量的限制，极其轻微行为都是该当构成要件的行为，应当处罚（微罪亦罪）；但是诚如前一章的介绍，任何国家都不可能处罚一切极轻微的行为，而总是通过诉讼法、实体法的途径实现微罪出罪。如此看来，承认微罪出罪，而刑法上又未规定微罪非罪，此等立法岂不是也欠缺明确性。实际上，任何国家刑法中所规定的犯罪行为模式都有一定的量的界限，只不过在域外刑法中，这种界限立法一般不作任何说明，而是委之于司法判断，而在我国，立法作出提示性规定，并且在我国，立法一般也仅作概括性、提示性的规定，具体标准依然是委之于司法判断的。[2]

---

[1] 林山田:《评可罚的违法性理论》，载林山田:《刑事法论丛》（二），台大法律系 1997 年版，第 22 页。

[2] 以中德比较为例，数额在中德刑法中都起着划分许多罪与非罪的天然界限，在我国，行为未达到一定的数量标准一般不构成犯罪；在德国刑法中，数额仅仅是决定是否适用特定诉讼程序——酌定起诉的标准。我国刑法规定的犯罪数额标准是由法律或者司法解释明确规定的，并在一定幅度内是全国统一的；在德国，这个数额基本上是由检察机关在与有关部门协商之后由各地自己确定的。中国的做法对在幅员辽阔、人口众多、情况复杂、经济和法律制度尚不发达的大国里保持全国法制的统一是有利的；德国的做法有利于促使地方执法人员承担起保一方平安的责任，在德国竞争式的政治制度框架和新闻舆论的强大监督下，地方执法官员也不敢大幅度提高起刑点以牺牲社会福利来减轻自己的保安责任。所以，中德两国的做法都有各自的国情根据（参见王世洲:《中德划分罪与非罪方法的比较研究》，载《南京大学法律评论》1999 年秋季号）。

诚如陈兴良教授所言，罪量要素虽然是概括性的规定，但它是把本来应当由司法机关行使的裁量权由立法机关作出框架性的规定，因此，罪量要素也不违反明确性的要求。[1] 而李洁教授在比较中日立法模式后，也指出："(日本分立式立法的) 不明确不是从立法语言的形式表现出来的，而是从事实的判断上表现出来的。于是就形成中日两国两种不明确的模式：日本的以明确的语言形式掩盖其实质的不明确，中国的以不明确的语言形式直接表现出来的不明确。两种模式，一种实质，即不明确性。现存的中日两种不明确的方式，可以说，这种不明确是不得已的，而且也无实质上的优劣之分（单从立法技巧而言），因此单纯指责中国的不明确方式，并不公允。至于两种不明确方式中哪种稍好一些，笔者认为两种不分高下，采用何种方式，还由不同国家的法体系、司法系统和传统等方面决定。" [2]

2. 罪量规定与行为规制机能的发挥

如上所述，分立式立法模式优点之一，即"最起码从设定规则的角度来看，对行为性质的评价是明确的。如果将盗窃设定为刑事违法，就不会因为其数额微小、情有可原而变成一般违法。这种方法，对国民法意识的形成和确定应该说是有益处的，因为刑法中规定的行为类型就与犯罪联系在一起，引导民众的法意识和行为评价之标准" [3]。那么，犯罪定义作定量要求的立法模式，是否如学者判断："这种立法模式，重视刑法规范的裁判机能，而忽视其行为规制机能。" [4] "不利于公民法的规范意识的形成。" "以盗窃罪为例，与德日刑法对盗窃罪的规定模式相比较，我国刑法对盗窃罪构成要件的界定明显不够明确，也给犯罪嫌疑人传递令人困惑的刑法对盗窃行为的立场：盗窃行为本身不是犯罪，只有盗窃财物价值大才是犯罪。

[1] 陈兴良：《刑法的明确性问题：以〈刑法〉第 225 条第 4 项为例的分析》，载《中国法学》2011 年第 4 期。

[2] 李洁：《论罪刑法定的实现》，清华大学出版社 2006 年版，第 231—232 页。

[3] 李洁：《论罪刑法定的实现》，清华大学出版社 2006 年版，第 161 页。

[4] 姜涛：《破窗理论与犯罪规制模式的重构》，载《国家检察官学院学报》2016 年第 1 期。

这肯定不利于公民刑法规范意识的养成。”[1]

本书认为，这种判断值得商榷：一方面，这种判断实际上是孤立地对待刑法（无视二元制裁体系的另一元）的产物。如果将行为分为可罚与不可罚两个部分，在没有其他措施予以配合时，的确会导致对规则的漠然，诱发违规行为的发生。但在我国二元制裁体系下，刑法中的罪量规定不是可罚与不可罚的界限，而是刑事处罚与行政处罚的界限。因此，行为规制机能的发挥，实际上是由刑法与行政处罚法共同完成的；并且，从行为类型的角度上看，像盗窃这样与伦理道德关系密切的自然犯，其反社会性并非由于有了盗窃罪的规定才被认可，没有哪个国家或国民因不知法律而认为盗窃合法，其实施与否并不取决于对法律是否禁止、如何禁止的了解。而对于法定犯，行为人首先面对的是行政法律、经济法律等的调整和规制，这些法律规范乃是行为人经济行为、社会行为正常开展的前提，而在这些第一性的调整性的法律规范中明确规定：“违反本法……的行为，应当……（行政处罚）；构成犯罪的，依然追究其刑事责任。”“违反行为罚则”与“‘构成犯罪，追究刑责’的宣言”相结合、第一性的调整性规范（行政法）与第二性的保障性规范（刑法）相结合，共同完成行为的规制机能。至于过失犯罪、激情犯罪，是否犯罪、何种程度的行为要处罚等，就行为规制而言更是没有太大的实质意义。

另一方面，上述判断也是孤立地看待刑事立法（无视刑事司法实践、社会生活经验）的产物。“国民对行为的评价和选择不仅是依据作为条文的法律，更重要的是依据社会生活经验，若某类行为的相应程度的部分一直不被判处刑罚，则对该类行为是犯罪的观念就会淡化，也可能会消失。”[2] 即便是在不定量的分立式模式中，要保持公众对轻微行为是犯罪的自觉认识也绝非易事：一则，微罪行为在实践中多通过警察处置、不起诉等程序措施分流，其犯罪性质大打折扣；二则，犯罪的观念实际上是由刑罚的强强制性和严酷

---

[1] 高长见：《轻罪制度研究》，中国政法大学出版社 2012 年版，引言第 3 页、第 99 页。

[2] 李洁：《论罪刑法定的实现》，清华大学出版社 2006 年版，第 235 页。

性维系的，而分立式模式下，对轻微行为经常是科处极少量的罚金刑，如此会导致国民对该类型行为的犯罪性格的忽视，这绝不是无稽之谈。

因此，可以说，“只要刑法规定某种行为是犯罪，尽管法律同时规定将较轻的部分排除在犯罪之外，对于守法者，就不会选其较轻的部分去实施(并未宣布其合法)，若对于违法者，也照样根据实际的处理状态行事而不会顾及抽象的条文而去守法。……从规则是否可以被遵守并形成习惯的角度来说明问题，也并非充分。没有轻微部分非罪的立法和有这种规定并不足以导致法律能否被遵守或违反问题，也并非因此失去规则自身的确定性。即规则的被遵守与法律明确规定轻微行为是否犯罪无直接关系”[1]。

3. 罪量规定与案件管辖

有学者认为，对犯罪与行政违法行为的区分的定性加定量模式，造成我国刑法与行政处罚法律界限不清晰、不明确的问题。在刑法与治安管理处罚法对某一危害行为都有规定（即竞合的行为）的情况下，是优先适用刑法还是优先适用治安管理处罚法？应当说，任何选择都是存在问题的：优先适用刑法有悖于刑法的立法精神及刑法谦抑的精神，优先适用治安管理处罚法则有行政代替司法的嫌疑。在实践中，这种竞合的行为一般是由公安机关裁量处理的，根据情况决定是否纳入刑事程序或者作为行政案件处罚，无疑，这为执法的腐败提供了充足的制度条件。对于罪量规定的具体内容，立法上并没有明确说明（由于立法语言简明的要求，也不可能明确说明)，只能诉诸司法机关的自由裁量。目前这一关键问题交给司法解释进行限定，但司法解释也无法穷尽式地列举性规定。这样，罪与非罪的区别之间不可避免地存在遗漏和缺失之处，留给法官的自由裁量权的范围不可避免地超出了合理的限度，也超出了法治社会能够允许的范围。[2]这种观点值得商榷。

首先，在二元交叉制裁模式下，部分行为根据程度轻重区分为犯罪与一般违法，而区分标准一般是由司法解释提供的。例如，司法解释将盗窃

---

[1] 李洁：《论罪刑法定的实现》，清华大学出版社 2006 年版，第 235 页。

[2] 高长见：《轻罪制度研究》，中国政法大学出版社 2012 年版，第 135、138、140—141 页。

罪成立的罪量标准规定为“1000—3000 元”，达到这一数额即涉嫌犯罪，适用刑法；未达到这一标准的，系一般违法，适用治安管理处罚法。如此，只要严格执行法律及司法解释之规定，又何来优先适用何者的两难呢?

其次，任何反社会行为的处理，一般而言最先接触的都是警察机关，警察机关依据法律法规、司法解释，裁量决定是否将案件纳入刑事程序是理所当然的事情，又怎么能说二元体系为执法腐败提供了充足的制度条件呢？即便是论者推崇的一元制裁体系，警察机关同样是反社会行为处置的第一道门槛，在没有罪量规定的立法背景下，警察机关对于形式上该当构成要件的轻微行为，同样可以裁量决定是否逮捕、是移交起诉还是以替代措施处置，英美法系国家和日本、法国等采一元制裁体系的大陆法系国家司法实践更是明确表明，警察机关行使裁量权，实现微罪出罪，在刑事实践中的比例相当高，这一点在前一章已有充分介绍。如此看来，在一元制裁体系下，警察机关同样享有决定某一构成要件该当行为是否进入刑事程序的裁量权，这是否意味着也为执法的腐败提供了充足的制度条件呢？此其一；其二，只要是权力，就有贪婪、扩张的本性，正因如此，法治社会才强调权力分立、权力制衡。“在一元的制裁体系中司法机关即法院拥有较大的自由裁量权，容易导致司法者侵犯人权，二元的制裁体制中行政机关拥有较大的自由裁量权，容易出现行政机关对人权的侵犯。”[1] 显然不能说，二元制裁体系就滋生执法腐败，一元体系即可杜绝之。

最后，关于司法裁量权。由司法补充立法，这是立法不明确导致的不可避免的结果。如前所述，无论是分立式还是交叉重合式立法，无论是“定性模式”还是“定性 + 定量模式”，立法的不明确都不可避免，司法的自由裁量权也不可避免。问题只是司法自由裁量权如何限制以防止司法擅断，对此，李洁教授精辟地指出：“如何限制司法擅断可能，笔者认为不是选择哪种模式的问题，而是通过其他的制度设计来完成的问题。……中国

[1] 王政勋：《论定量因素在犯罪成立条件中的地位——兼论犯罪构成理论的完善》，载《政法论坛》2007 年第 4 期。

模式不至于导致特别的司法擅断。”[1] 在仅定性的分立式立法模式下，形式上该当构成要件之轻微行为的除罪化完全依赖司法者的自由裁量权；而在我国，为维护法律适用的统一性，犯罪罪量裁量的任务首先是交由最高司法机关以司法解释的方式解决的，司法者个人的裁量权仅保留在司法解释后的剩余部分，如此看来，就限制司法者（法官）个人的裁量权而言，我国的制度设计反倒是多了一道过滤，如此，又何言“法官的自由裁量权的范围不可避免地超出了合理的限度，也超出了法治社会能够允许的范围”呢?

可见，将“滋生腐败”“司法权滥用”等归责于二元制裁体系，归责于犯罪成立的罪量规定，确有栽赃之嫌。

4. 不仅如此，罪量规定的积极意义也在于收缩犯罪圈，体现刑法谦抑的精神

刑法谦抑思想的提出，是建立在对犯罪原因的多元化、刑罚——作为刑法特有的制裁手段——在抵制、防御犯罪作用上的有限性以及刑罚的功能缺陷等问题厘清的基础上的，其所蕴含的限制机能，顺应时代要求，使其成为现代刑法追求的重要价值目标。

关于刑法谦抑性的内涵，日本学者平野龙一教授认为包含三方面的含义：其一是刑法的补充性。即使是有关市民安全的事项，只有在采取其他手段如习惯的、道德的制裁即地域社会的非正式的控制或民事的控制不充分时，才能动用刑法；其二是刑法的不完整性；其三是刑法的宽容性或称自由尊重性，即使市民的安全受到侵犯，其他控制手段没有充分发挥效果，刑法也没有必要无遗漏地处罚。张明楷教授认为，刑法的谦抑性是指刑法应根据一定的规则控制处罚范围与处罚程度，即凡是适用其他法律足以抑止某种违法行为、足以保护合法权益时，就不要将其规定为犯罪；凡是适用较轻的制裁方法足以抑止某种犯罪行为，足以保护合法权益时，就不要规定较重的制裁方法。陈兴良教授则认为，刑法的谦抑性是指立法者应当

[1] 李洁：《论罪刑法定的实现》，清华大学出版社 2006 年版，第 235 页。

力求以最小的支出——少用甚至不用刑罚（而用其他刑罚替代措施），获取最大的社会效益——有效地预防和控制犯罪。尽管表述上存在差异，但共同点是主要的，即应严格限制刑法之恶、刑罚之恶的扩张，并使其保持在一个恰当的维度之内。[1] 因此，危害社会的行为，如果采取其他社会控制手段足以有效调整时，就不应作为犯罪，科以刑罚处罚。

我国刑法中的罪量规定，在犯罪定性的基础上提出罪量的限制，以社会危害性是否达到严重程度来区分犯罪与一般违法，将社会危害性不大的行为排斥在犯罪圈之外，凸现刑法谦抑的精神。正如学者评价的那样："刑事立法中在犯罪定性基础上所附加的定量限制将我国犯罪圈划定在一个较小范围内，从根本意义上凸现刑法谦抑精神，在实践中产生了很好的社会效果：一方面，它使相当数量的公民免留污名劣迹；另一方面，将社会危害不大的行为作为治安违法行为由行政机关处理，则可以保证快速有效，大大地节约司法资源，从而使国家司法机关可以将其资源重点用来打击严重犯罪，以实现社会秩序的正常化。"[2]

一般说来，域外刑法中的犯罪概念并无定量限制，而仍基本停留在"犯罪即恶行"这样的定性分析基础上。因此，严格地讲，诸如盗窃一朵花、一分钱这样的轻微行为也是符合构成要件，构成犯罪的。但不论是理论上还是司法实践中，都主张排除轻微行为构成犯罪、动用刑罚的可能性：理论界提出可罚的违法性理论、社会相当性理论、实质违法性理论等观点来解决犯罪成立的量的要求，将轻微行为排斥在犯罪圈外；司法实务中，也有"一厘事件"这样的典型案例。该案之日本大审院认为："被告人没有上交给政府的烟草只不过仅仅七分的微小数量，不惜费用和精力对他进行惩罚反而违反税法的精神，不如付之不问更好，而且从原判决书上明显看出，被告人的行为除没有上交微乎其微的烟草之外，不存在什么应该视为

[1] 参见储槐植、薛美琴：《刑法谦抑——由一则建议稿引发的思考》，载《云南大学学报》（法学版）2005 年第 3 期。

[2] 参见张永红：《我国刑法第 13 条但书研究》，法律出版社 2004 年版，第 31—32 页。

危险的状况，所以被告人的所为不构成犯罪。”[1]

同时，兴起于20世纪60年代的西方非犯罪化、非刑罚化潮流也正是西方刑法中犯罪概念仅作定性规定，大量案件交由司法机关，造成司法机关负担过重，难以应付而作的一项改革。可以说，西方国家在保持“立法定性、司法定量”的犯罪化模式下，首先通过将大量轻微行为（如传统的道德犯罪、无被害人的犯罪、危害不大的行政犯罪等）进行非犯罪化处理的方式，体现了刑法谦抑原则，而我国则主要是通过“立法定性＋定量”的犯罪化模式来严格控制犯罪圈的，尽管两种模式利弊不一，但在体现刑法谦抑原则上可谓殊途同归。[2]

综上，评价罪量因素规定及其密切关联的社会治安二元制裁体系的合理性，不能脱离其生存的社会现实，尤其是法体系现状和法文化观念的影响；同时，也必须审视所谓的二元体系和罪量规定之弊，是否为这种模式所独有，是否采其他模式就可以避免这些弊端。总体而言，二元制裁体系及犯罪的罪量规定具有其存在合理性。当然，这并不意味着该模式具体的制度设计和实践应用就尽善尽美，劳动教养制度存在的诸多问题就是最典型的体现；同样，制度设计和实践应用中的缺陷也并不足以作为从根本上否定二元制裁体系的理由，并不必然证成罪量因素的不合理性。[3] 因此，解决制度和实践层面的现实问题，关键是“二元”之司法权与行政权的合理划分，当务之急是对行政权权限进行合理限制（特别是取消行政机关限制和剥夺公民自由的权力）；另外是行政权行使的制度化、阳光化（行政权行使的规范与监督、行政权滥用的救济等制度完善）。

（四）罪量规定与刑法结构的完善

罪量规定引发的另一个问题，即刑法结构问题。不可否认，我国刑法

---

[1] ［日］大塚仁：《犯罪论的基本问题》，冯军译，中国政法大学出版社1993年版，第121页。

[2] 参见梁根林：《非刑罚化——当代刑法改革的主题》，载《现代法学》2000年第6期。

[3] 相同意旨也见屈学武：《中国刑法上的罪量要素存废评析》，载《政治与法律》2013年第1期。

的结构性缺损[1]和罪量因素规定之间存在内在联系——罪量因素将社会危害轻微的行为排除在犯罪圈外，只处罚严重危害社会的行为，使我国犯罪圈呈现“不严”的状态；相应的，作为犯罪后果的刑罚也只能是趋重的，使我国的刑罚表现出“苟厉”的性态。“厉而不严”的刑法结构，一方面，因为法网稀松而不利于刑法社会保护功能的实现；另一方面，由于刑罚苛厉而有碍于刑法人权保障功能的达成。[2]那么，这是否意味着必须采取取消罪量因素的方式来实现刑法结构优化呢？笔者认为，罪量因素不仅不能删除，而且取消立法定量之规定也无法真正实现刑法结构优化。原因在于，要想通过全面取消立法定量规定的方式来实现刑法结构优化，前提基础是实行以刑法为核心的社会治安一元制裁体系，而要真正实现这种转变，其难度堪比甚至胜过一场社会革命，因为这不仅触及当代中国整个法体系，而且需要法文化观念的彻底转变。与其劳师动众地去发动一场几乎不能完成的“革命”，不如在保持现有的、与社会现实基本适应的，也被证明具有合理性的制裁体系、立法模式的基础上，改良完善之。

现行刑法“厉而不严”结构所造成的功能性障碍，的确需要结构优化，“严而不厉”是我们的目标。“不厉”可以通过调整刑罚体系的方法完成，这在学界已基本达成共识。问题的关键在于选择怎样的模式实现刑事法网的严密。对此，张永红博士有过颇有见地的论证：法网不严，其原因有两个，一是行为样态设计较少，二是附加条件追加较多。前者是通过增加定性因素扩大刑法调整广度的问题，后者是一个通过取消定量因素加大刑法调整深度的问题。我国刑法作为隶属于社会治安这个大系统的子系统的特点决定了在我国是由刑法、治安管理处罚和劳动教养三者结合来实现对危害社会治安行为的完整调控，不能仅从我国刑法只制裁对社会危害程度较大的行为而对社会危害较轻微的行为不予过问这一点上就说我国刑法存在

[1] 储槐植教授将我国刑法结构归纳为“厉而不严”，这种刑法结构具有与生俱来的弊端，主要表现在法网不严和刑罚苛厉两个方面（参见储槐植：《刑事一体化》，法律出版社 2004 年版，第 197—213 页）。

[2] 张永红：《我国刑法第 13 条但书研究》，法律出版社 2004 年版，第 155 页。

结构性缺损；同时取消定量因素之规定，不仅民众观念上难以接受，而且也会导致刑事司法堪忧。所以，优化刑法结构绝不能通过取消定量因素的方式进行，而应在保留定量规定的基础上进一步增加行为样态。[1]

第三节 小 结

犯罪成立罪量要求的中国实践，同样包含程序法与实体法两个维度。在程序法层面，新修正的《刑事诉讼法》在保留了与轻微行为处置有关的原则性规定（《刑事诉讼法》第 15 条）的同时，更确立了“微罪不立案”“撤销案件”“微罪不起诉”“自诉”“对未成年人的附条件不起诉决定”“当事人和解”“认罪认罚从宽制度”等微罪出罪的具体程序设计。这些设计为轻微行为的出罪提供了程序法上的路径。与域外的程序法处置经验相比，尽管在具体制度设计和操作方面存在着诸多中国特色，但宏观的体系框架架构还是体现了对西方法治先进经验的承继性。

而在实体法领域，受政治、经济、文化、历史传统等本国（本土）因素的影响，在犯罪成立罪量要求的实体法领域，则呈现出“中国特色”的制度模式和立法规定。受法文化传统和现代化后发国家现状的影响，我国实行“刑事处罚 + 行政处罚”二元制裁体系，并采交叉重合的立法模式，对相当数量的行为类型，根据行为程度的轻重分别作为行政违法行为与犯罪行为区别处置。在这种模式下，刑法典中形成了为数众多的、正面的、入罪意义上的罪量因素的规定。这种成文化的、正面入罪意义上作为犯罪成立必要条件的罪量因素，可谓中国刑法独具特色的立法现象。

这一独具特色的立法现象，与植根于“行为类型”“仅定性”刑事立法

---

[1] 具体论述参见张永红：《我国刑法第 13 条但书研究》，法律出版社 2004 年版，第 157—163 页。中西方刑事法律规范的比较研究，应当关注到这种因制裁体系不同而导致的刑法调控深度的区分。如果单就刑法典而言，与西方国家的刑法典规定相比，我国刑法典必将呈现“厉而不严”的特点，但以西方国家刑法典中那种程度的“严而不厉”作为我们优化刑法结构的目标或标准，是不现实也是不科学的。

模式下的刑法理论（尤其是犯罪论理论）之间如何兼容？二者相遇究竟会擦出怎样的火花？行为类型模式下的舶来理论在处理因罪量因素引发的刑法问题时，当如何调适适用？这些问题，在刑法解释学视野下，都是值得深思的难题。本书接下来的若干章节，将具体关注罪量因素的立法表现问题、罪量因素在犯罪构成中的体系定位问题，并且结合作为犯罪构成要件要素的罪量因素在事实层面和价值层面的特殊属性，探讨罪量因素与主观罪过、认识错误、犯罪未遂、单位犯罪、共同犯罪、法条竞合等犯罪论诸多基本理论的关系问题。通过这些问题的研究，以期合理呈现罪量因素的全貌，并实现罪量因素与舶来的犯罪理论之间的兼容和融合。

青蓝文库

第三章

罪量因素在我国刑法中的表征

罪量因素的表征，是指犯罪成立的罪量因素在刑事实体法中的体现(表现形式)。如前所述，作为多元化社会治安制裁模式的产物，罪量因素的立法化、成文化乃是我国刑法独具特色的立法现象，那么，现行刑法中的罪量因素规定具体有哪些？这一问题自当成为犯罪成立罪量因素研究的首要课题。传统刑法理论认为，《刑法》总则第 13 条犯罪概念的但书规定，以及刑法分则中具体个罪罪状描述中表征行为程度的“数额较大”“情节严重”以及“后果严重”等因素，乃是我国刑法中犯罪成立罪量因素的体现。这一论断是否合理？尤其是作为犯罪一般概念（同时也是犯罪司法概念）的《刑法》第 13 条犯罪概念中的但书规定，是否（仅仅）是罪量因素的表征？刑法分则中公认的数额、情节以及后果等罪量规定又有哪些特点？本章将逐一探讨。

第一节　刑法总则中的罪量因素：但书

储槐植先生于1988年、2000年在《法学研究》杂志上发表的《我国刑法中犯罪概念的定量因素》《再论我国刑法中犯罪概念的定量因素》两篇论文，可谓罪量因素（定量因素）研究的开篇之作。至此，“犯罪概念定量因素是我国刑法的创新”。“犯罪概念的定量因素具体表现在刑法总则规定的犯罪一般概念和刑法分则规定的诸多具体犯罪的概念之中。‘情节显著轻微危害不大的，不认为是犯罪’的‘但书’规定是对刑法分则诸多具体犯罪构成数量要件的概括；‘但书’把定量因素明确引进犯罪一般概念之中”[1]等表述，几近成为学界共识。即便是旗帜鲜明的反对者也同样立足于“我国刑法中犯罪概念的所谓定量因素，在总则中表现为新《刑法》第13条但书规定，在分则中表现为作为各具体犯罪构成必要要件的一定的实际损害量，或一定的情节严重程度”。“立法定性＋定量模式”等基本论断的基础上展开驳斥意见的。[2]如果说分则中为数众多的数额、情节、后果等规定，体现了立法者对犯罪构成量的要求，称罪量因素（定量因素）基本妥当，那么，但书规定之于犯罪的一般概念，是否具有（或仅仅具有）定量因素的效能，似有深入论证的必要。

一、司法刑法学的视域和刑法解释学的立场

本书严格遵循刑法解释学与司法刑法学的基本立场。刑法解释学以现行刑法规定为本位，旨在阐释条文内容。因此，“法律不是嘲笑的对象”，刑法解释学研究，目的不在于探寻立法的现实依据或法理根基，不在于评

[1] 参见储槐植：《我国刑法中犯罪概念的定量因素》，载《法学研究》1988年第2期；储槐植、汪永乐：《再论我国刑法中犯罪概念的定量因素》，载《法学研究》2000年第2期。

[2] 参见李居全：《也论我国刑法中犯罪概念的定量因素》，载《法律科学》（西北政法学院学报）2001年第1期。

析规范的利害得失，更不容许立法谏言式的研究，而是在信仰现行法律的基础上，以合理的逻辑、科学的论证，求得解释结论合乎规范的自圆其说。例如，在解释《刑法》第3条“法律明文规定为犯罪行为的，依照法律定罪处刑；法律没有明文规定为犯罪行为的，不得定罪处刑”的规定时，常有这样一种观点：认为本条规定是刑法对罪刑法定原则的宣示，进而指出我国刑法规定的罪刑法定原则包括积极的罪刑法定与消极的罪刑法定两个方面，这与域外刑法仅作“法无明文规定不为罪、不处罚”的消极的罪刑法定表述形成鲜明的对比，进而对本条规定提出质疑，认为其积极面使罪刑法定原则承担了不能承受的社会保护之重。不过，如果站在刑法解释学的立场，上述分析是难以成立的：既然罪刑法定原则是“犯罪人的自由大宪章”，旨在保障人权，尤其是犯罪人的人权，那么，罪刑法定原则就不应当包含所谓积极面的社会保护机能。由此，结论应当是，《刑法》第3条只有后半段是罪刑法定的内容，而前半段，或者是中文语法讲究对称美的需要，只有修辞意义；或者是法制原则“违法必究”的重申；或者是“前段是在后段罪刑法定经典表述基础上的意思延伸，表明即使‘法律明文规定为犯罪行为的’案件事实，也只能‘依照法律定罪处刑’，即在此罪彼罪和处刑轻重意义上限制入罪”[1]。同理，立足于刑法解释学的立场，关于《刑法》第13条犯罪概念的解读，诸如删除但书的建议、但书与前段自相矛盾的观点，都是刑法解释学不能容认的结论。

司法刑法学，是与立法刑法学相对的概念，是面向刑事司法而提供刑法知识与技术的刑法科学，立法刑法学总论以“立罪论”与“设刑论”为理论框架，司法刑法学总论则应以“定罪论”与“量刑论”为理论框架。[2]司法刑法学视域下的犯罪论问题，应当遵循司法逻辑的基本建构，体现“定罪”的司法逻辑进路，即先客观后主观、先形式后实质、先类型后个别、先事实后价值的基本规则。[3]如后所言，传统理论中犯罪概念三特征

[1] 夏勇：《定罪与犯罪构成》，中国人民公安大学出版社2009年版，第377页。

[2] 刘远：《司法刑法学的视域与范式》，载《现代法学》2010年第4期。

[3] 参见陈兴良：《定罪的四个基本规则》，载《检察日报》2009年11月5日，第3版。

的纠缠不清，正是因为缺乏司法刑法学与立法刑法学之间视域的界限，如无头苍蝇一般穿梭在不同层域，以致迷失自我的结果。

刑法解释学与司法刑法学并非完全相异的概念。事实上，刑法解释学既然建立在无条件地遵从现行立法的基础上，那么其目的就是要增强现行法律的生命力和适用性；而作为司法法的刑事法，规范解释的首要目的便是发挥裁判规范的功效，之后才是行为的规制准则，至于对将来立法的指导意义，恐怕只能算是无心插柳的意外收获罢了。可见，规范解释以服务司法刑法为宗旨，司法刑法为规范解释提供运作程序，二者侧重点不同，前者强调刑法方法论，后者侧重刑法理论观。

本节旨在司法刑法学的视域下，以刑法解释学立场和方法思考犯罪一般概念中的但书规定，是“面向司法者的刑法学”[1]的思考。

二、犯罪一般概念中的罪量（定量）因素并无创新

任何国家都应当存在着对付严重反社会行为和一般反社会行为的权力分工，犯罪的成立应当具有定量因素，这应当是现代刑法的通例。[2]不同的只是微罪的处理模式，表现在刑事立法中，即是否在行为类型的基础上增加行为程度作为刑事违法与一般违法的区分。以中日比较为例，在中国，同一行为类型依据情节，将较轻部分作为一般违法（行政违法），而较重部分作为刑事违法的情况颇为常见。而在行为类型上，日本刑事违法与一般违法则是相互分立的。[3]前者称“行为类型 + 行为程度”模式，后者称“行为类型”模式。[4]

---

[1] 于志刚：《刑法学总论》，中国法制出版社 2010 年版，代前言。

[2] 王政勋：《定量因素在犯罪成立条件中的地位——兼论犯罪构成理论的完善》，载《政法论坛》2007 年第 4 期。

[3] 参见李洁：《罪与刑立法规定模式》，北京大学出版社 2008 年版，第 15 页以下。

[4] 即储槐植教授、汪永乐博士归纳之“单纯的定性分析”和“定性 + 定量分析”模式（参见储槐植、汪永乐：《再论我国刑法中犯罪概念的定量因素》，载《法学研究》2000 年第 2 期）。

可见，刑法分则个罪罪状描述中，诸多“数额较大”“情节严重”“造成严重后果”等明文的罪量（行为程度）规定，是中外犯罪行为立法模式的显著区别。这种具体个罪的犯罪概念中大量存在的罪量因素，可谓中国刑法的“创新”。

但是，作为犯罪一般概念的《刑法》第13条却不相同。犯罪的一般概念，与上揭具体的犯罪概念有着不同的地位和功能。具体的犯罪概念，注重具体个罪特殊的、类型化的罪状描述，旨在强调犯罪行为的个别化功能，若将其置于“构成要件该当性、违法性、有责性”的三阶层犯罪论体系中，其意义相当于构成要件该当性层面；而犯罪的一般概念是犯罪论的逻辑起点，犯罪论的理论体系、关系范畴都是由犯罪概念演绎而来的，是在具体犯罪基础上抽象出来的、对犯罪共性的描述。[1] 犯罪的一般概念是犯罪构成的基础，犯罪构成则是犯罪概念的具体化。因此，以三阶层的犯罪构成体系来界定犯罪的一般概念，即“构成要件该当的、违法的、有责的行为”[2]。如此看来，犯罪的一般概念中，不仅有构成要件的符合性判断，也包含了实质的违法性和有责性的判断，其中，实质的违法性判断自然包含违法性程度的实质判断，可见，“不处罚不当罚行为”的量的要求可谓犯罪的一般概念的共同要求；但书作为我国刑法成文的犯罪一般概念的组成部分，其中所包含的罪量要求，自然也是任何国家犯罪的一般概念中所必须包含的实质内容。简言之，任何国家的犯罪一般概念都一定包含罪量要求。如此，认为犯罪一般概念中的罪量要求也是中国刑法的“创新”就未必合适了。[3]

---

[1] 于志刚：《刑法学总论》，中国法制出版社 2010 年版，第 52 页。

[2] 从犯罪构成体系抽象出犯罪的一般概念，这是德日学者常见的犯罪一般概念的界定形式。参见［德］汉斯·海因里希·耶塞克、［德］托马斯·魏根特：《德国刑法教科书》，徐久生译，中国法制出版社 2001 年版，第 246 页；［日］大谷实：《刑法总论》，黎宏译，法律出版社 2003 年版，第 67 页。

[3] 如前所述，《奥地利刑法典》第 42 条、《俄罗斯联邦刑法典》第 14 条都是关于犯罪定量的总则条款。

三、但书是阻却犯罪成立的实质判断

《刑法》第 13 条规定："一切危害国家主权、领土完整和安全，分裂国家、颠覆人民民主专政的政权和推翻社会主义制度，破坏社会秩序和经济秩序，侵犯国有财产或者劳动群众集体所有的财产，侵犯公民私人所有的财产，侵犯公民的人身权利、民主权利和其他权利，以及其他危害社会的行为，依照法律应当受到刑罚处罚的，都是犯罪，但是情节显著轻微危害不大的，不认为是犯罪。""一切……危害社会"即"社会危害性"，"依照法律"即"刑事违法性"，"应当受到刑罚处罚的"即"应受刑罚处罚性"，但书则表明社会危害性必须达到"严重程度"，至此，传统的犯罪概念三特征得以产生：严重的社会危害性、刑事违法性和应受刑罚处罚性。不过，这种对文字的简单归纳，因为缺乏明确的立法与司法的视域界限，社会危害性被奉为本质特征；刑事违法性作为社会危害性的法律表征，处于被决定地位；应受刑罚处罚性更是沦为可有可无的法律后果的鸡肋。三大特征这样的位阶关系，自然会引发学者关于犯罪概念与罪刑法定之间冲突的合理质疑。[1]"无视刑事立法和刑事司法不同研究角度的区别，不仅将犯罪的本质特征作为刑事立法设罪的根据，也将犯罪的本质特征作为刑事司法定罪的标准。"[2]这正是犯罪概念中的社会危害性与刑事违法性、与罪刑法定原则的关系纠缠不清的方法论根源。

（一）《刑法》第 13 条是司法刑法学中的犯罪概念（犯罪的司法概念）

英国思想家边沁指出："根据讨论的题目不同，这个词（即犯罪概念）的意义也有所区别。如果这个概念指的是已经建立的法律制度，那么，不论基于何种理由，犯罪都是被立法者所禁止的行为。如果这个概念指的是为创建一部尽可能好的法典而进行的理论研究，根据功利主义的原则，犯

[1] 参见樊文：《罪刑法定与社会危害性的冲突》，载《法律科学》（西北政法学院学报）1998 年第 1 期。

[2] 夏勇：《犯罪本质体征新论》，载《法学研究》2001 年第 6 期。

罪是指一切基于可以产生或者可能产生某种罪恶的理由而人们认为应当禁止的行为。”[1] 其中，前一种情况即犯罪的司法概念，从规范的角度说明“犯罪是什么”，而后一种情况则是犯罪的立法概念，从实质角度探寻“犯罪应当是什么”。立法概念为“创建一部尽可能好的法典”服务，而司法概念则是创建之成果，实然之存在。

刑法是司法法，刑法规范首先是裁判规范和行为规范，刑法规范的受众主要是司法者和包括立法者、司法者在内的民众，指导或者规范立法活动不是刑法规范的应当任务，作为刑法规范实然内容的《刑法》第13条犯罪概念也不例外。因此，《刑法》第13条所规定的犯罪概念是犯罪的司法概念。明确这一定位是问题展开的前提条件，如有学者认为：“我国《刑法》第13条混合的犯罪概念，不但具有形式犯罪概念之限制司法权功能，而且具有实质犯罪概念之限制立法权功能，满足了现代罪刑法定原则形式侧面与实质侧面的要求。”[2] 这一论断就是否定了《刑法》第13条犯罪概念的犯罪司法概念定位，以规范概念无须承担的立法功能，来解读作为犯罪司法概念的《刑法》第13条，难言合理。诚如陈兴良教授所言：“罪刑法定原则的实质侧面是限制立法权，内容是法律规定的明确性与正当性，它怎么可能对旨在限制司法权、防止司法擅断的所谓罪刑法定原则的形式侧面加以纠正呢？”[3]“只有犯罪的司法概念才是刑法典之中的概念，而犯罪的立法概念只是刑法典之前的概念。”[4]

（二）犯罪的司法概念与犯罪的形式概念

陈兴良教授认为，只有犯罪的司法概念才是刑法典之中的概念；但又

[1] ［英］边沁：《立法理论——刑法学原理》，孙力等译，中国人民公安大学出版社1993年版，第1页。

[2] 苏彩霞、刘志伟：《混合的犯罪概念之提倡》，载《法学》2006年第3期。

[3] 陈兴良：《形式解释论的再宣示》，载《中国法学》2010年第4期。

[4] 陈兴良、刘树德：《犯罪概念的形式化与实质化辨正》，载《法律科学》（西北政法学院学报）1999年第6期。

同时指出，形式特征与实质特征相统一的犯罪概念未能正确区分立法上的犯罪概念与司法上的犯罪概念、理论刑法学上的犯罪概念与注释（概念）刑法学上的犯罪概念、刑法学上的犯罪概念与犯罪学上的犯罪概念；刑法典中应当确立犯罪的形式概念，主张删除但书规定。[1] 这值得商榷。

其一，上述观点在刑法解释学范畴内难以成立。既然只有犯罪司法概念是刑法典中的概念，而形式与实质相统一的犯罪概念正是现行刑法典中的犯罪概念，那么，形式与实质相统一的犯罪概念就是刑法典中规定的犯罪司法概念，又怎么能说这一概念（即形式与实质相统一的犯罪概念）未能正确区分立法上的犯罪概念与司法上的犯罪概念呢？而且，删除但书规定的主张，也并非刑法解释学能认可的结论。

其二，犯罪的司法概念与犯罪的形式概念能等同吗？陈教授的答案似乎是肯定的。可是，犯罪的司法概念是指符合刑法规定的构成要件，应当适用刑罚予以处罚的行为，[2] 是为司法机关根据我国刑事诉讼法规定的程序与刑法规定对具体行为进行认定提供标准。而形式概念，仅限于对犯罪法律特征的描述，从形式方面即以刑事违法性界定犯罪。[3] 可见，从实体法的角度，犯罪的司法概念正是犯罪成立体系的抽象概括，我们耳熟能详的“犯罪是符合构成要件的、违法的、有责的行为”，正是德日学者对犯罪的司法概念所下的经典定义，其中不仅包括构成要件符合性中的形式内容，也同时包含违法性这样的实质要求，而这一司法概念的存在，既不妨碍大陆法系国家刑法典对犯罪概念仅作形式界定（甚至不作任何规定），也不阻碍刑法教科书关于犯罪实质概念的争论。可见，形式概念只是犯罪司法概念的一部分，体现的是犯罪概念、犯罪论体系的罪刑法定要求，但罪刑法定、人权保障不是犯罪司法概念的全部内容，其与社会（法益）保护一起

[1] 参见陈兴良、刘树德：《犯罪概念的形式化与实质化辨正》，载《法律科学》（西北政法学院学报）1999 年第 6 期。

[2] 王世洲：《中国刑法理论中犯罪概念的双重结构和功能》，载《法学研究》1998 年第 5 期。

[3] 陈兴良、刘树德：《犯罪概念的形式化与实质化辨正》，载《法律科学》（西北政法学院学报）1999 年第 6 期。

共同构成了完整的犯罪司法概念。我国《刑法》第13条的形式与实质相结合的犯罪概念，反倒是完整地界定了犯罪的司法概念。[1]

（三）但书质疑者的论证与维护者的反驳

既然《刑法》第13条是犯罪的司法概念，就理应按照刑事司法的要求，依据从形式到实质、从一般到个别等基本的司法逻辑范式加以解读。

质疑但书规定的论者指出："这个定义（即《刑法》第13条犯罪概念——引者注）在逻辑上也存在矛盾。'一切危害国家主权……都是犯罪，但是情节显著轻微危害不大的不认为是犯罪。'……在'一切'这样的外延之下，但书是不应该存在的。要么，用'一切'就不用但书，要用但书就不应用'一切'。从另一方面来看，在以规范为界定标准的情况下，'依照法律应当受刑罚处罚的'这几个字所表达的内容完全可以把但书所讲的内容包含进去，如果再讲但书，就有重复之嫌。因为，如果'情节显著轻微危害不大'，当然就不具有'应当受刑罚处罚性'，立法机关肯定不会把这种行为规范进刑法典之中的。'情节显著轻微危害不大'的行为是不是犯罪，若刑法典认为是犯罪，就是犯罪；刑法典不认为是犯罪，那么这样的行为就不会写进法典，根据'法无明文规定不为罪，法无明文规定不处刑'的罪刑法定原则，但书所述行为肯定不为罪。故但书部分纯属画蛇添足之败笔。"[2]"刑法所规定的一切危害社会的行为，依照法律应当受刑罚惩罚的，都是犯罪。那么'情节显著轻微危害不大'的行为是不是依照法律

---

[1] 多数刑法典并无犯罪一般概念的规定。严格说来，在刑法典中形成完整的犯罪司法概念，一无必要，二很困难。"无必要"是因为既然犯罪司法概念是对犯罪构成体系的抽象概括，犯罪构成是犯罪（司法）概念的具体化，那么，将界定犯罪司法概念的任务交给理论界在构建犯罪论体系的同时去完成就可以了（不同的犯罪论体系就可能形成不同的犯罪司法概念）。即便是单纯的形式概念，虽说界定不难，但它与罪刑法定、犯罪分类的内容是重复的，亦无规定的必要；从这一意义上讲，刑法典中单纯的形式概念规定，与其说是犯罪司法概念，不如说是罪刑法定原则的再宣示或者犯罪的法定分类而已。而"很困难"是指实质概念。因为哲学根基的多元，导致学者对犯罪本质（实质的犯罪概念）认识的不同——权利侵害、法益侵害、义务违反、规范违反等，这就难以在立法上形成对犯罪司法概念实质内容的统一界定。

[2] 樊文：《罪刑法定与社会危害性的冲突》，载《法律科学》（西北政法学院学报）1998年第1期。

应当受刑罚处罚的行为？根据《刑法》第13条的规定，从条文上看显然是属于的，是指危害社会，依照法律应受刑罚处罚的行为中情节显著轻微的行为。如果不属于依照法律应当受刑罚处罚的行为，那就根本不是犯罪，也就谈不上不认为是犯罪，也不必对《刑法》第13条再行‘但书’。在这样的前提下就出现了一个矛盾，如果属于刑法规定的应受刑罚处罚的行为，那就应当是社会危害性达到一定严重程度，必须用刑罚予以制裁的行为，其中又何来‘情节显著轻微危害不大’的行为呢？……更深层次的矛盾是‘但书’的规定，在一定程度上以社会危害性的特征否定了犯罪概念中刑事违法性这一同样重要的特征。”[1]

对此，但书维护者反驳认为：“论者认为《刑法》第13条规定的但书使得犯罪概念存在逻辑上的矛盾，显然是以‘但书是前段的例外’这种但书使用情况为出发点的，即把‘情节显著轻微危害不大’作为‘一切危害……的行为’中的例外情况，由此得出前后两段之间存在矛盾的结论。而我们认为，《刑法》第13条中的但书属于‘但书是前段的补充’的情况，即‘情节显著轻微危害不大’是补充说明‘一切危害……的行为’的社会危害性程度的。也就是说，‘一切危害……的行为’必须达到严重危害社会的程度，依照法律应当受刑罚处罚的，才是犯罪。可见，《刑法》第13条前后两段并不存在逻辑上的矛盾，相反，是前后照应在一起，组成了对犯罪概念的完整表述。”[2]“上述观点的不当之处就在于没有把但书纳入我国刑法中犯罪的立法定义之中，把《刑法》第13条的前段当成了立法定义的全部，认为它已经划定了犯罪圈。而实际情况是，我国刑法中犯罪圈的划定是由《刑法》第13条的前段和但书两段相结合共同完成的。根据前段，一切具有社会危害性、刑事违法性和应受刑罚惩罚性的行为都是犯罪，这就大致框架了我国刑法的犯罪圈，但框入圈

[1] 王尚新：《关于刑法情节显著轻微规定的思考》，载《法学研究》2001年第5期。

[2] 王志祥、姚兵：《论刑法第13条但书的功能》，载赵秉志主编：《刑法论丛》（第18卷），法律出版社2009年版，第131页；张永红：《我国刑法第13条但书研究》，法律出版社2004年版，第68页。

内的行为有些并非犯罪；根据但书，那些已被框入圈内但情节显著轻微危害不大的行为，不认为是犯罪，就将一部分行为排除出去，这才是最终划定的犯罪圈。……因此，对我国刑法关于犯罪的立法定义完整的理解是：除了情节显著轻微危害不大的行为外，一切危害国家主权……的行为都是犯罪。”[1]

但是，这些维护者的反驳意见，因为论证的前提是坚持“犯罪概念的前半部分已经明确了具有社会危害性、刑事违法性和应受刑罚处罚性的行为是犯罪的基础上，以但书说明社会危害未达到一定程度，从反面说明社会危害性的量的规定性”[2]这一基本论断，从而总给人隔靴搔痒、不足以信服之感。原因在于，如果认为犯罪概念的前段已经明确了犯罪概念“社会危害性、刑事违法性和应受刑罚处罚性”三个特征，那么，犯罪构成之量的要求其实就已经通过前段所包含的“应受刑罚处罚性”体现出来了，因为立法者只有认为某种危害社会的行为需要以刑罚予以禁止时，才会将其规定为犯罪，从这些意义上说，应受刑罚处罚性是限制社会危害性程度的概念；[3]或者说，应受刑罚惩罚性是量的因素在犯罪概念中的体现。[4]既然犯罪概念的前段已经明确了应受刑罚处罚性，而应受刑罚处罚性又是社会危害性量的体现，那么，论者主张的作为社会危害性量的要求的但书规定与应受刑罚处罚性的内容就是重复的，但书恐怕至多只有强调的意义而已。如此看来，质疑者“画蛇添足”的判断未必是空穴来风。

因此，要维护但书规定，就需要重新梳理犯罪概念中刑事违法性与社会危害性之间的关系，以犯罪司法概念的要求，按照司法刑法学的逻辑进路，重新解读《刑法》第 13 条之规定。

---

[1] 张永红：《我国刑法第 13 条但书研究》，法律出版社 2004 年版，第 107—108 页。

[2] 王志祥、姚兵：《论刑法第 13 条但书的功能》，载赵秉志主编：《刑法论丛》（第 18 卷），法律出版社 2009 年版，第 131 页以下；张永红：《我国刑法第 13 条但书研究》，法律出版社 2004 年版，第 68、108 页。

[3] 张明楷：《刑法学》，法律出版社 2003 年第 2 版，第 93 页。

[4] 于志刚：《刑法学总论》，中国法制出版社 2010 年版，第 62 页。

（四）司法刑法学视域下的但书解读

立法刑法学“立罪论”与司法刑法学“定罪论”的逻辑建构是不同的：立罪论以社会危害性为起点，同时考虑危害程度、犯罪总体形势、稀缺的刑罚与刑事司法资源的有效配置等因素，遴选需要并应当给予刑罚处罚的危害行为类型化、抽象化为具体的犯罪类型（刑事违法性）；而定罪论则从体现形式理性的刑事违法性（犯罪类型，相当于三阶层犯罪论体系中的构成要件的符合性判断）出发，一般情况下，只要进行完刑事违法性的符合性判断，认定犯罪就八九不离十了，因为大多数案件事实都停留在犯罪类型的核心范畴，形式判断的同时即意味着实质判断的完成，这就是三阶层中构成要件符合性所具备的违法性推定机能，但“刑事违法性是立法者对行为社会危害性的评价，并且与任何评价一样也可能由于各种原因（包括刑事政策的变化）而是不准确的和错误的”[1]。立法关于犯罪类型的抽象化过程也抽去了诸多的事实具象，总有极少数案件位列犯罪类型核心范畴之外，需要进一步的实质判断来检验先前的形式判断。“立法中的犯罪概念体现为一个从犯罪的本质特征（或社会属性）到犯罪的形式特征（或法律属性）的过程，而司法中的犯罪概念体现为一个从犯罪的形式特征（或法律属性）到犯罪的本质特征（或社会属性）的过程。”[2]可见，解读《刑法》第 13 条犯罪的司法概念应当遵循司法从类型到个别、从形式到实质理性的逻辑位阶。

其一，“……是犯罪，……不认为是犯罪”结构，体现了犯罪认定的位阶递进。“徒法不足以自行”，法律规定需要司法主体来执行。因此，无论是“是犯罪”还是“不认为是犯罪”的判断，判断主体都是司法者。既然如此，为什么司法者在得出“是犯罪”的结论后，又否定自己的结论——不认为是犯罪呢？原因只有一个，即两个“犯罪”不是在同一层次上使用

---

[1] ［俄］Н.Ф.库兹涅佐娃、［俄］И.М.佳日科娃主编：《俄罗斯刑法教程》（总论），黄道秀译，中国法制出版社 2002 年版，第 152 页。

[2] 夏勇：《犯罪本质体征新论》，载《法学研究》2001 年第 6 期。

的概念——“不认为是犯罪”中的“犯罪”当然是终极（犯罪最终成立）意义上的概念，而“是犯罪”中的“犯罪”就只能是前阶段性的犯罪概念了。这一前阶段性的犯罪概念，就是司法逻辑中类型化、形式理性判断的犯罪概念，即刑事违法性意义上的犯罪概念，相当于三阶层体系下形式上符合构成要件的行为。[1]

其二，既然如此，“一切……危害社会的行为，依照法律应当受刑罚处罚的，都是犯罪”的犯罪概念前段的逻辑重心就是刑事违法性。[2]“一切……危害社会的”并非独立意义的属性概念，至多是立法对同类客体的总结宣示，或者只是语言表述完整的意义；而“应当受刑罚处罚”则是刑事违法性的表征，“除禁止性规定外，另一个刑事违法性成分是以刑罚相威胁。这种威胁在刑法典相应条款的制裁中予以规定”，[3]因为单行刑法、附属刑法的存在，违法行为与犯罪只能依据罚则类型来划分，规定刑罚处罚的是刑事违法，以其他处罚方法处罚的，属一般违法。

其三，“一切……都是犯罪”表明判断的一般性、类型化和积极成立面；“但是……，不认为是犯罪”表明判断的具体性、个别化和消极阻却面。但书从实质判断，排除具有刑事违法性行为的犯罪性，是在刑事违法性判断基础上的实质违法性、社会危害性的阻却犯罪判断。如果行为具有刑事违法性而无社会危害性，则依据但书规定，该行为属于“情节显著轻微危害不大”而不认为是犯罪。

社会危害性是个颇受争议的概念。陈兴良教授力主将此概念逐出注释刑法学领域，取而代之以另一个实质意义的概念——法益及法益侵害；[4]刘

---

[1] 不是相当于“构成要件该当 + 违法”（不法）意义上的犯罪概念。因为“不认为是犯罪”的依据是“情节显著轻微危害不大”，“情节”“危害”显然不是单纯的主观有责性判断，明显包含客观违法性的实质判断。

[2] 相同主张亦见刘远：《规范 vs 法益：基于〈刑法〉第 13 条的司法逻辑分析》，载《甘肃政法学院学报》2011 年第 3 期。

[3] [俄] Н.Ф. 库兹涅佐娃、[俄] И.М. 佳日科娃主编：《俄罗斯刑法教程》（总论），黄道秀译，中国法制出版社 2002 年版，第 150 页。

[4] 参见陈兴良：《社会危害性理论——一个反思性检讨》，载《法学研究》2000 年第 1 期。

远教授也指出："只要采取司法范式，就不难明白，社会危害性其实是一种不具有独立意义的属性概念。因为，我国《刑法》第13条'但书'说的是'情节显著轻微危害不大的'行为'不认为是犯罪'，这并没有否认'不认为是犯罪'的行为具有社会危害性，所以，社会危害性概念不能提供罪与非罪的司法界限，在司法刑法学上可以被删除。"进而，刘教授主张由"应受刑罚处罚性"概念担当"刑事违法性之后实质理性的司法判断"的重任。[1]可是，"不是社会危害性缺乏规范内容，而是我们未能对其规范内容有深入的分析和准确的把握"[2]。关键问题在于如何从表述和内容上对社会危害性概念加以界定。因此，笔者依然倾向于使用"社会危害性"概念来表述刑事违法性判断后的实质理性的司法判断。除了因为我国刑法理论已经习惯"刑事违法性"与"社会危害性"这对概念表述之外，还主要基于以下因素的考虑：

首先，这里的社会危害性是主客观的统一，包括危害行为对法益的客观侵犯性与行为人主观罪过性。因为，既然犯罪是不法和有责的统一，那么阻却犯罪的实质性判断，应当包括阻却不法和阻却责任两方面的内容，这不同于"立足客观违法性立场，以法益侵害为内容的社会危害性概念"[3]。[4]

其次，这里的社会危害性是质和量的统一，专指犯罪的社会危害性。区分违法与犯罪的二元立法体制下，传统理论认为，犯罪与一般违法都是

---

[1] 参见刘远：《司法刑法学的视域与范式》，载《现代法学》2010年第4期；刘远：《规范vs法益：基于〈刑法〉第13条的司法逻辑分析》，载《甘肃政法学院学报》2011年第3期。

[2] 王政勋：《定量因素在犯罪成立条件中的地位——兼论犯罪构成理论的完善》，载《政法论坛》2007年第4期。

[3] 张明楷：《刑法学》（第3版），法律出版社2007年版，第81页。正因如此，笔者并不赞同以"法益侵害"代替"社会危害性"。

[4] 正因如此，笔者不赞同以"法益侵害"代替"社会危害性"作为"但书"的实质判断标准的观点（参见王华伟：《刑法知识转型与"但书"的理论重构》，载《法学评论》2016年第1期），因为"法益侵害"概念无法涵盖"责任阻却"的内容。当然，因为"社会危害性概念"在我国传统刑法理论中已形成根深蒂固的观念，借用这一概念，的确存在着如论者所言的"被异化的风险"，而产生植入三阶层犯罪论体系"语境的错位"。

具有社会危害的行为，区分仅在于程度（量）的差异。刘远教授的观点也是在这一基础上展开的——“危害不大”就是有危害，就是具有社会危害性，如此，社会危害性在区分罪与包括一般违法在内的非罪的作用确实微不足道。但是，事物性质本身就是质和量的统一，“犯罪概念中的社会危害性的特定限制因素，实际上就是以社会危害性为‘质料’的裁剪形式，即它把其他意义上的社会危害性裁剪掉，保留下来的只是犯罪的社会危害性，在此，‘质料’与形式本为一体，‘质料’是特定形式的‘质料’，特定形式就在‘质料’之中，犯罪的本质不可能是离开‘质料’的形式，也不可能是离开形式的‘质料’，因此，取一种‘质料’与形式相结合的表述，能够更好地反映犯罪的本质特征”[1]。可见，犯罪的社会危害性，本就应该是与其特定的限制因素联系在一起的。这样，笔者的社会危害性概念，与刘远教授的“应受刑罚处罚性”概念恐怕就没有太大差异了，并且使用“社会危害性”概念还避免了使用“应受刑罚处罚性”概念所造成的与作为刑事违法性表征的“应当受刑罚处罚”用语上的重叠。

最后，这里的社会危害性不是规范前的事实概念，而是规范内的属性概念，是在罪刑法定视野下，刑事违法性判断之后排除犯罪性的“出罪”判断；而非我国传统理论作为犯罪概念本质特征的社会危害性概念。易言之，这里的社会危害性概念可以演绎出犯罪构成体系中发挥出罪功能的实质要件。

（五）但书解读的补强——从溯源的角度

将但书解读为刑事违法性判断基础上的阻却犯罪成立意义上的实质理性判断。这样，将如何解释但书——“情节显著轻微，危害不大”之中明显的程度（量）的表述呢？解答恐怕要从但书规定的演进说起。

刑法典中犯罪概念的规定，中俄两国刑法典同样的形式和实质相结合的犯罪概念，颇为相似。事实上，苏俄刑法典犯罪概念的附则正是我国刑

[1] 夏勇：《犯罪本质体征新论》，载《法学研究》2001 年第 6 期。

法但书的法律渊源。[1]

在俄罗斯刑事立法史中，从1845年《刑事和矫正处罚敕令》最早在立法中规定犯罪概念，到1996年刑法典，有过三种犯罪概念立法模式：形式概念、实质概念和混合概念。1845年《刑事和矫正处罚敕令》和1903年《刑事敕令》提供了犯罪的形式概念——法律在刑罚恐吓下所禁止的行为；十月革命后，1919年《苏俄刑法指导原则》以及1922年、1926年《苏俄刑法典》均提供了犯罪的实质概念。例如，1922年《苏俄刑法典》界定犯罪为："一切威胁苏维埃制度的基础和工农政权向共产主义制度过渡时期所确立的法律秩序的危害社会的作为或不作为。"1926年《苏俄刑法典》同样提出犯罪的社会阶级概念，保留类推规定；但为发展犯罪实体要件，该法典第6条作了一个重要附注："对于形式上虽然符合本法典分则任何条文所规定的要件，但因为显著轻微，并且缺乏损害后果，而失去危害社会的性质的行为，不认为是犯罪行为。"[2]1958年《苏联和各加盟共和国刑事立法纲要》、1960年《苏联刑法典》确立了犯罪混合概念模式，如1960年《苏联刑法典》第7条规定："凡本法典分则所规定的侵害苏维埃的社会制度，侵害社会主义经济体系和侵犯社会主义所有制，侵害公民的人身权利、政治权利、劳动权利、财产权利以及其他权利的危害社会的行为（作为或不作为）以及本法典规定的其他各种侵害社会主义法律秩序的危害社会的行为，都认为是犯罪。形式上虽然符合刑事法律所规定的某种行为的要件，但是由于显著轻微而对社会没有危害性的作为或者不作为，不认为是犯罪。""从犯罪的实质概念到混合概念的演变是以类推制度的存废为背景的，这是一个逐渐向罪刑法定原则接近的过程。当然，苏俄学者还是习惯性地推崇犯罪概念的实质特征，或多或少地贬低犯罪概念中的形式特征。"[3]苏联解体后，1996年《俄罗斯联邦刑法典》仍然坚持混合概念模式，规定：

[1] 参见张永红：《我国刑法第13条但书研究》，法律出版社2004年版，第9页。

[2] ［俄］Н.Ф.库兹涅佐娃、［俄］И.М.佳日科娃主编：《俄罗斯刑法教程》（总论），黄道秀译，中国法制出版社2002年版，第40页。

[3] 陈兴良：《但书规定的法理考察》，载《法学家》2014年第4期。

“1. 本法典以刑罚相威胁所禁止的有罪过地实施的危害社会行为，被认为是犯罪。2. 行为（不作为）虽然形式上含有本法典对某一行为的要件，但由于情节显著轻微而不构成社会危害性的，不是犯罪。”（原条文在“不构成社会危害性的”之后有“即没有对个人、社会或国家造成损害或构成损害威胁的”内容，1998 年 6 月 25 日生效的《俄罗斯联邦第 92 号法律》将此删除。）[1]

在我国刑法立法文本中，首次出现类似但书规定是 1954 年《中华人民共和国刑法指导原则草案（初稿）》第 1 条犯罪概念的一般规定，草案照搬苏俄刑法立法样式，规定：“情节显然轻微并且缺乏危害后果，因而不能认为对社会有危险性的行为，不认为犯罪。”在 1956 年《刑法草案》（第 13 次稿）第 8 条犯罪概念中规定：“行为在形式上虽然符合本法分则条文的规定，但是情节显著轻微并且缺乏社会危害性的，不认为是犯罪。”1957 年《刑法草案》（第 21 次稿）第 10 条中的犯罪概念规定有了重要变化：“一切危害工人阶级领导的人民民主政权制度、破坏社会秩序、对于社会有危害的、依照法律应当受刑罚处罚的行为，都是犯罪；但是情节显著轻微危害不大的，不以犯罪论处。”1978 年《刑法草案修订稿》（第 34 次稿）似乎重回苏俄模式，规定：“行为在形式上虽然符合本法分则条文的规定，但是情节显著轻微且缺乏社会危害性的，不认为是犯罪。”但 1979 年《刑法典草案修订二稿》（第 35 次稿）又重新回到草案第 21 次稿的思路，规定：“行为虽然符合本法分则条文的规定，但是情节显著轻微对社会危害不大的，不认为是犯罪。”之后正式颁布的 1979 年刑法、1997 年刑法的但书内容基本未变。[2]

溯源可见，现行中俄两国刑法典中犯罪一般概念之规定，同源于 1960 年《苏俄刑法典》，除去意识形态、阶级评价的因素，现行《俄罗斯联邦刑

[1] 参见蒋慧玲：《俄罗斯当代刑事立法关于犯罪概念的变革》，载《现代法学》2003 年第 5 期；《俄罗斯联邦刑法典》，黄道秀译，北京大学出版社 2008 年版，第 5 页。

[2] 参见高铭暄、赵秉志编：《新中国刑法立法文献资料总览》（上），中国人民公安大学出版社 1998 年版，第 136 页以下。

法典》与1960年《苏俄刑法典》的规定如出一辙；而我国刑法典则略有改动：一是将两段论的规定模式合二为一，删除“行为在形式上虽然符合本法分则条文的规定”的表述，将但书内容直接置于第一段犯罪概念的正面表述之后；二是将“情节显著轻微不具有社会危害性”改为“情节显著轻微危害不大”。

第一项修改，在笔者看来多是立法技术使然。《俄罗斯联邦刑法典》第14条犯罪概念仍采用分款（分段）表述模式，将前段和但书置于不同款中，依据但书转折句的语法结构，应当在第二款但书句的开篇概括前段内容，这便是“行为（不作为）虽然形式上含有本法典对某一行为的要件”；而我国《刑法》第13条，但书与前段置于同一长句中，类似的概括自不需要。不过，《俄罗斯联邦刑法典》“形式上符合”的概括，倒是清晰地体现了立法者将前段的逻辑重心放在“刑事违法性判断”的立法意图，这样，但书的逻辑重心自然放在“社会危害性”的实质判断上。这一结论也当然适用于因为立法技术而没有对前段进行概括归纳（但内容完全相同）的中国刑法。诚如学者所言，根据我国刑法与苏联刑事立法的渊源关系，但书适用也应该暗含这样的意思（即行为形式上符合分则条文规定——引者注）。[1]

当然，用“形式”来概括第一款（前段）可能不够确切，俄罗斯学者指出：“早就应该放弃‘形式的’这个对犯罪最重要的法律属性——刑事违法性——反映得非常不准确的术语了。”[2] 的确，说刑事违法性判断是纯形式判断，并不准确，就像三阶层体系中构成要件的符合性判断也包含着实质判断一样，但在相对于社会危害性判断的意义上，我们依然可以说

[1] 张永红：《我国刑法第13条但书研究》，法律出版社2004年版，第67页。

[2] ［俄］Н.Ф.库兹涅佐娃、［俄］И.М.佳日科娃主编：《俄罗斯刑法教程》（总论），黄道秀译，中国法制出版社2002年版，第147页。我国学者指出，我国刑法典犯罪概念的规定，省去“形式上虽然符合”的关键性表述，没有显现形式符合要件而实质不构成犯罪的逻辑，而是用“情节显著轻微”的形式规定来体现“危害不大”的实质界限，这为克服苏俄刑法典中形式与实质脱节的矛盾提供了基础。参见夏勇：《定罪与犯罪构成》，中国人民公安大学出版社2009年版，第109页。

刑事违法性判断是形式的，就像我们说构成要件该当性是形式判断，而违法性是实质判断一样。称构成要件符合性是形式判断，违法性是实质判断，是因为违法性阶层的判断是更为实质的判断。[1]

第二项修改就没那么简单了。储槐植先生指出："‘(苏俄刑法典犯罪概念）附则’规定‘缺乏损害结果而失去危害社会的性质’（对社会没有危害性）；但书规定的是‘危害不大’。根据一些苏联学者的解释，‘附则’主要是指犯罪预备行为。而且苏俄刑法典分则具体犯罪构成没有一个规定‘数量’要件，包含‘情节严重’或‘造成严重后果’这类内含定量因素要件的具体罪状也为数不多。所以，苏俄刑法典总则关于犯罪概念的‘附则’基本不具有定量含义。”这一判断也适用于俄罗斯刑法。[2] 笔者愚见，这一论断恐怕误解了社会危害性在中俄刑法理论中的不同含义。

在苏俄刑法理论中，社会危害性是犯罪最重要的社会（实体）特征，具有划清罪与非罪（包括情节显著轻微行为）界限的特殊性质。情节轻微行为不是犯罪，是因为它不具备犯罪的社会危害性属性，一般说来，之所以不具有社会危害性，是因为行为所造成的损失是轻微的，因此行为在整体上不构成犯罪。情节轻微的行为中往往存在一定的损害及某种反社会性，但是它们未达到犯罪程度，而是属于民法的、行政的、纪律的违法行为或不道德行为。[3] 情节显著轻微的行为本身没有达到构成犯罪本质的社会危害程度，但这种行为可以引起除刑事法律以外的法律责任或道德责任；在一些情况下，犯罪与其他违法行为（如行政违法行为）可能对同一种社会关系造成危害，所以区分刑事责任和其他法律责任的关键就在于看其社会危害程度大小。[4] 可见，苏俄刑法犯罪概念中的社会危害性是专属犯罪的

---

[1] 张明楷：《实质解释论的再提倡》，载《中国法学》2010 年第 4 期。

[2] 储槐植：《我国刑法中犯罪概念的定量因素》，载《法学研究》1988 年第 2 期；储槐植、汪永乐：《再论我国刑法中犯罪概念的定量因素》，载《法学研究》2000 年第 2 期。

[3] ［俄］Н.Ф. 库兹涅佐娃、［俄］И.М. 佳日科娃主编：《俄罗斯刑法教程》（总论），黄道秀译，中国法制出版社 2002 年版，第 130、140、152 页。

[4] ［俄］Л.В. 伊诺加莫娃 - 海格主编：《俄罗斯联邦刑法》（总论），黄芳等译，中国人民大学出版社 2010 年版，第 30—31 页。

概念，情节（显著）轻微行为不是没有任何危害，而是没有犯罪的社会危害而已。而我国刑法理论一般认为，一般违法行为也有社会危害性，与犯罪只是程度不同而已，亦即在我国传统刑法理论中，社会危害性并非犯罪的专属概念。

如此，储槐植先生的论断就有将苏俄刑法理论中作为犯罪专属特征的社会危害性概念和我国传统理论在一切违法领域甚至社会一般意义上使用的社会危害性概念等同视之的嫌疑。如果依照本书在犯罪专属意义上使用社会危害性概念的主张，“情节显著轻微危害不大”就是没有社会危害性，与苏俄刑法并无不同。可见，说“情节显著轻微危害不大”也有危害性，只是一般违法意义上的危害性或者只是客观上有造成合法权益损害的现象而已，本质上还是没有犯罪的社会危害性的行为。

四、但书与犯罪构成

既然犯罪构成是犯罪概念的具体化，犯罪概念对建构犯罪论体系发挥作用。[1]那么，作为犯罪概念内容的但书又将如何在犯罪构成体系中具体化？但书又是对哪些犯罪构成要件的抽象概括呢？

首先，那种“在坚持传统四要件犯罪构成体系的同时，又直接运用但书否定犯罪成立”的做法，应当抛弃。因为既然符合犯罪构成是行为成立犯罪的唯一标准，那么，就没有理由在犯罪构成体系之外另立标准，决定犯罪的成立。“犯罪概念对犯罪构成具有指导意义，但这种指导意义应当体现在犯罪构成内容及体系的确定上，并不是除犯罪构成外，还要以犯罪概念为定罪标准。”[2]“但书只不过是从属于评价犯罪的构成要件标准说的提示性、注意性规定，不是法律拟制，不是在认定行为是否构成犯罪的犯罪成

---

[1] 张明楷：《刑法学》，法律出版社 2007 年第 3 版，第 80 页。

[2] 刘之雄：《论犯罪构成的情节要求》，载《法学评论》2003 年第 1 期。

立条件理论之外另外提出了出罪标准。”[1]

为此，有学者提出，在不伤筋动骨的前提下，对现有犯罪构成理论进行适当改造，在传统犯罪构成（作为犯罪成立积极条件[2]）的基础上，增加但书、正当行为、期待可能性作为犯罪成立的消极条件。[3]也有学者提出犯罪构成的情节要求，要求在“犯罪要件符合性、具体要件事实有无评价”的基础上进行第二层次的、综合性、单纯“大与小”的程度评价；认为这是《刑法》总则第13条但书规定的普适性要求，不仅适用于只定性无定量规定的个罪，而且对于刑法将某些定量因素要件化或者某些要件定量化的个罪，也并不表明具备这些要件的行为就一定达到应当追究刑责的程度，是否构成犯罪，仍然受犯罪构成情节要求的限制。[4]对于上述观点，笔者认为：

其一，上述观点是建立在通说“但书是罪量因素的总则规定”的基础上的。但如前所述，笔者认为但书是在《刑法》第13条前段刑事违法性判断基础上，阻却犯罪成立的社会危害性判断。换言之，犯罪概念中的但书应当包括所有基于实质理性考虑的犯罪阻却事由，而不仅仅是因轻微违法而阻却犯罪，即相当于三阶层犯罪构成体系中阻却构成要件该当、阻却违法和阻却责任的全部内容。因此，但书不是与正当行为、期待可能性并列的概念，而是概括轻微违法（即论者在定量因素意义上使用的但书概念，下同）、正当行为和期待可能性三者的属概念。

在笔者看来，用“情节显著轻微危害不大”来概括正当行为、期待可能性等阻却违法或阻却责任事由也并无不妥。但书的功能是将无须刑罚处

---

[1] 陈兴良主编：《刑法总论精释》，人民法院出版社2010年版，第6页。陈兴良教授把这种“将但书直接作为出罪理由”的运用称作“善意地滥用”（陈兴良：《但书规定的法理》，载《法学家》2014年第4期）。

[2] 积极要件也要求质和量统一，即对那些刑法明文规定和犯罪构成要件有关的定量因素，仍应结合具体要件的内容分别考察，看其是否达到刑法对该要件要求的程度，如数额是否较大、法定后果是否出现等（参见王政勋：《定量因素在犯罪成立条件中的地位——兼论犯罪构成理论的完善》，载《政法论坛》2007年第4期）。

[3] 参见王政勋：《犯罪论比较研究》，法律出版社2009年版，第550页以下；类似观点也见张永红：《我国刑法第13条但书研究》，法律出版社2004年版，第164页以下。

[4] 刘之雄：《论犯罪构成的情节要求》，载《法学评论》2003年第1期。

罚、没有达到犯罪所需的社会危害性的行为逐出犯罪圈。可见，但书——“情节显著轻微危害不大”中的“危害”应该是指一般违法或者一般用语意义上的社会危害性（泛指一切有客观损害、危害的行为，而非犯罪的专属意义）。而无论轻微违法行为，还是正当行为、无期待可能的行为，客观上都可能给某种合法权益造成了一定损害。诚如王政勋教授所言：“大部分正当行为都具有一定的社会危害性，但其社会危害性并未达到犯罪的程度，未达到应受刑罚处罚的程度，正当行为并不必然是有益于社会的行为。”[1]俄罗斯学者也说，排除行为犯罪性质的情节从形式上看是违反刑法的行为，因为它在一定程度上造成了受法律保护的利益的损害。[2]而正当行为、无期待可能的行为这些在客观上也可能造成一定权益损害的行为，基于法益衡量、被允许的危险、社会相当性或者非难可能性等实质的考虑，被认为不具备犯罪的社会危害性（阻却违法或责任）；易言之，“可能造成一定损害”的正当行为、无期待可能的行为也属于“情节显著轻微危害不大”的行为，而不认为是犯罪。因此，但书中的“情节显著轻微危害不大”可以概括轻微违法、正当行为和期待可能性的全部内容。正因如此，将《刑法》第 13 条前段规定作为“其他正当行为”出罪的法律依据的观点[3]，恐怕难以成立；更何况“其他正当行为”也被称作“超法规违法阻却事由”，“超法规”是指刑法没有具体的规则规定，而作为犯罪属性抽象概括的犯罪概念（《刑法》第 13 条），显然不是法律规则意义上的法律依据。

其二，轻微违法、正当行为和期待可能性的但书判断，是积极判断还是消极判断？应当说，与正当行为、期待可能性一样，轻微违法的实质判断也是消极判断。这不仅符合但书本身否定式、个别化判断的表述，而且也是构成要件（刑事违法性）的违法推定（或违法有责推定）机能所决定的。尽管情节要求被学者认为是犯罪构成的普适性要求，但因为定量因素

---

[1] 王政勋：《正当行为论》，法律出版社 2000 年版，第 15 页。

[2] ［俄］Л.В.伊诺加莫娃－海格主编：《俄罗斯联邦刑法》（总论），黄芳等译，中国人民大学出版社 2010 年版，第 159 页。

[3] 参见王政勋：《犯罪论比较研究》，法律出版社 2009 年版，第 557 页。

的要件化或者构成要件的定量化，使得行为只要符合个罪具体罪状在原则上就已达到可罚程度的情节要求，需要特别的程度判断只是极少数。“定量因素要件化或者要件定量化，缩小综合性情节要求的适用范围，限制司法实践中的自由裁量权。”[1] 因此，轻微违法的实质判断是个别的、消极的。

其三，正当行为阻却违法、期待可能性阻却责任，那么，轻微违法阻却什么？学者总是将轻微违法情形类比日本刑法中的可罚违法性理论，而我们知道，可罚的违法性理论存在阻却构成要件符合性和阻却违法性的地位之争。如果认为轻微违法也是阻却违法，那么，至少在理论建构的科学性上不够严密，因为将阻却违法的轻微违法和阻却违法的正当行为、阻却责任的期待可能性三者并列，显然在类型划分标准上重叠或者不统一。换言之，只有认为轻微违法阻却的是构成要件的符合性，才能将其与阻却违法的正当行为、阻却责任的期待可能性置于同一层次，组成犯罪成立的消极条件。事实上，在笔者看来，王政勋教授正是在阻却构成要件符合性的意义上定位轻微违法的，因为在关于可罚的违法性理论的介绍中，王政勋教授明确指出：“可罚的违法性理论的功能在于从量上限制构成要件该当性，认为应当以被害轻微和行为背离社会相当性的程度轻微这两点作为可罚违法性的判断基准，当行为未达到可罚的违法性程度时，就否定了构成要件该当性。”[2] 为此，与可罚的违法性类比的定量因素（轻微违法）也应该在相同意义上使用，这样不仅可以维系体系的科学性，也与王政勋教授认同的实质解释观[3] 相一致，因为将可罚的违法性理解为构成要件符合性阻却事由，这正是实质犯罪论的一种观点。[4]

问题是，如果将轻微违法理解为构成要件符合性阻却事由，那么，轻微违法的构成要件符合性阻却判断，又应该是构成要件之内的判断，还是

[1] 刘之雄：《论犯罪构成的情节要求》，载《法学评论》2003 年第 1 期。

[2] 王政勋：《犯罪论比较研究》，法律出版社 2009 年版，第 235 页。

[3] 参见王政勋：《从图式理论看刑法解释立场》，载《中外法学》2009 年第 3 期；王政勋：《刑法解释的语言论研究》，商务印书馆 2016 年版，第 147 页以下。

[4] 参见张明楷：《外国刑法纲要》，清华大学出版社 2007 年第 2 版，第 149 页。

构成要件之外独立的阶段判断呢？单看王政勋教授的犯罪成立体系，似乎给人独立的阶段判断的印象。在笔者看来其实不然：（1）正当行为、期待可能性是在肯定构成要件符合性之后，作出的否定违法或责任的例外判断，而轻微违法否定的是构成要件符合性本身，也即犯罪成立积极条件证成构成要件符合性，而轻微违法证否构成要件符合性，二者可谓构成要件符合性的一体两面。（2）实质刑法观倡导对构成要件的实质解释，认为刑法总是将值得科处刑罚的犯罪行为类型化为构成要件，构成要件不可能是价值中立的概念，在构成要件符合性阶段，不可能只是形式判断，而是必须有实质判断。[1] 因此，基于实质解释观的立场，没有达致值得科处刑罚的社会危害程度的轻微违法是不符合构成要件本身的行为。（3）王政勋教授指出："把犯罪的定量因素纳入犯罪成立条件体系，使其和正当行为、期待可能性理论相辅相成，对形式上具备犯罪构成的行为进一步进行价值判断、实质判断，从而彻底改变传统犯罪构成理论的缺陷，使平面化转变为立体化、层次化，使缺乏出罪机制、有有罪推定嫌疑的缺点得到根本克服，使定量因素、正当行为、期待可能性等理论在犯罪成立条件体系中得到安身立命之地因而使该理论获得强大的解释力，实现刑法保障人权的机能。"[2] 由此可见，王教授的体系建构意义有三：（1）在形式判断基础上引入实质判断，克服传统体系形式的僵化；（2）将定量因素、正当行为、期待可能性引入犯罪成立体系，解决三者的体系定位；（3）将三者作为消极条件、出罪机制，实现抗辩意义上的司法刑法学体系。这样的功能权重，决定了教授建构的体系实在难以显性地体现消极条件三项内容与积极条件之间的亲疏远近关联，甚至使人产生表象上的判断误差，也就不足为奇了。

如果上段论证为真，既然轻微违法应当是构成要件之内的构成要件符合性的阻却判断，那么，定量因素与王政勋教授主张的犯罪成立积极条件（传统犯罪构成）就可谓一体两面。这样恐怕又产生新的问题，即作为构成

---

[1] 参见张明楷：《实质解释论的再提倡》，载《中国法学》2010年第4期。

[2] 王政勋：《犯罪论比较研究》，法律出版社2009年版，第560页。

要件符合性阻却事由的轻微违法的实质判断与传统犯罪构成中的犯罪客体是什么关系？传统四要件犯罪构成体系认为，犯罪客体是刑法保护的，为犯罪行为所侵犯的社会关系。这一概念实际上近似于德日刑法理论中的法益概念，而法益概念正是德日刑法理论中实质违法性理论的核心。理论上认为，实质的违法性意义有三：(1) 有利于对不法进行定量分析。实质违法性的质和量是决定责任轻重的关键并在很大程度上决定刑罚适用。(2) 对构成要件的解释具有一定意义，尤其是刑法对构成要件的表述比较概括时，如给邮递员小礼物、亲友间小额赌博，若仅从形式违法性考虑，这些行为都具有构成要件该当性，但对这些行为都不能以犯罪论，这就是从实质违法性上考察的结论。(3) 对于违法阻却事由理论的形成、发展和成熟，有决定作用。[1] 这样，和法益同义的、质和量相统一的犯罪客体[2]，其意义和功能完全涵盖了定量因素的实质判断机能，犯罪客体与定量因素并存就会造成体系上的重叠。如果坚持将没有要素、单纯评价的犯罪客体逐出构成要件的立场[3]，恐怕构成要件中也同样没有了定量因素的立足之地。就像同样持实质犯罪论的部分学者对可罚违法性理论的否定一样。[4]

另外，在提出与王政勋教授相似的犯罪成立体系的张永红博士那里，由于张博士仅将但书与正当行为（没有期待可能性）并列为消极要件，因此很难从并列要件的类型标准的视角来判断在张博士的体系中，轻微违法是阻却构成要件符合性还是阻却违法性。但从张博士但书（作为罪量因素，下同）适用的具体事例中，倒可略见端倪。在张博士著作中，但书主要适用于两种情况：一是安乐死行为的无罪处理；二是类似邮政工作人员私拆一封无重要内容的信件等轻微违法行为的无罪处理。[5]

---

[1] 参见李海东：《刑法原理入门》，法律出版社 1998 年版，第 73—74 页；类似观点也见［德］克劳斯·罗克辛：《德国刑法学总论》（第 1 卷），王世洲译，法律出版社 2005 年版，第 390 页。

[2] 王政勋：《犯罪论比较研究》，法律出版社 2009 年版，第 550 页。

[3] 参见张明楷：《犯罪构成体系与构成要件要素》，北京大学出版社 2010 年版，第 82 页以下；张明楷：《法益初论》，中国政法大学出版社 2003 年版，第 249 页以下。

[4] 参见张明楷：《外国刑法纲要》（第 2 版），清华大学出版社 2007 年版，第 150 页。

[5] 参见张永红：《我国刑法第 13 条但书研究》，法律出版社 2004 年版，第 167 页以下。

对于安乐死这种符合犯罪构成，原本成立犯罪的行为，直接根据但书宣告无罪，恐怕草率，哪怕张博士以英国著名的安乐死案例（黛安娜·普雷蒂案[1]）为旁证。[2]正如学者所言："该案（黛安娜·普雷蒂案——引者注）看似司法超越立法出罪，其实这种超越与西方法律体制和判例法传统有关，具有违宪或人权问题审查权的最高法院或终审法院才能超越，形成的判例实际具有立法功能，故本质上不是司法超越。即便如此，超越也十分慎重，连英国最高法院地位的上议院也没有轻举妄动。西方国家争取安乐死合法化运动本身已表明法官不能通过出罪的办法绕开现有刑法犯罪圈。西方法官们对于情有可原的安乐死，至多减轻杀人的罪责而未敢认定无罪。"[3]安乐死合法化的国家相当有限，且即便是安乐死合法化的国家其合法条件也相当苛刻。刑法理论对安乐死合法化争议强烈，并且基于对自由裁量权滥用的担心，刑法理论和实务对超法规违法阻却事由均采谨慎、严格控制的姿态。另外，既然安乐死在刑法理论中一般被当作超法规的违法阻却事由，与正当防卫、紧急避险等同属排除犯罪性的行为，那么，为

[1] 案件简介：英国人黛安娜·普雷蒂，1999年因为一根脊椎血管破裂导致颈下全部瘫痪，要靠呼吸机维持生命，但其神志清醒，还能讲话。医生诊断其恢复健康的概率不到1%。全身上下插满管子的生活，使其痛苦不堪，她不想继续成为家人的拖累，也不愿继续忍受痛苦而无望的治疗，她宁愿有尊严地死去。然而，由于颈部运动神经元被破坏，她根本无力自绝。无奈之下，黛安娜向医生求助，但得到的答复是：这样做有违医德；她想求助于自己的丈夫，但又担心这样做可能给其丈夫带来长达14年的牢狱之灾，于是她向地方法院提出请求。2001年8月，地方法庭判决黛安娜败诉，她又上诉到高等法院，同年10月18日，三名高等法院法官作出判决：无论情况如何特殊，至少在当今英国，谁也没有权力预谋死亡。黛安娜和其法律顾问以及支持她的人权组织决定将案子直接递交英国议会上院，但2001年11月，议会上院驳回了她的"安乐死"要求。2002年3月，黛安娜将最后的诉讼书递交到欧洲人权法庭，3月22日，欧洲人权法庭家事法庭庭长伊丽莎白·布尔特·斯洛斯夫人作出裁决：黛安娜有权决定何时有尊严地终结自己的生命。判决书还写道："我们必须给予类似遭遇的患者特殊权利，要知道，他们目前的状况可能比死亡还要糟糕。"法庭还宣判医院强迫黛安娜使用制氧设备维持生命是非法的，并以"非法侵入罪"判处医院赔偿100英镑象征性的损失费（参见蒋建平：《她赢得了选择生死的权利——英国首例安乐死判决始末》，载《检察日报》2002年3月25日，第5版；赵永飞：《全瘫黛安娜赢得安乐死》，载《信报》2002年3月25日，第15版）。

[2] 参见张永红：《我国刑法第13条但书研究》，法律出版社2004年版，第49页以下。

[3] 夏勇：《定罪与犯罪构成》，中国人民公安大学出版社2009年版，第371—372页。

什么在张博士的体系中，安乐死不是放在正当行为之中，而是作为但书的实例进行考察呢？这令人不解；退一步说，依照张博士的观点，既然但书能为安乐死合法化提供理论依据，那么，但书也应当同样能够为同质的正当防卫等其他正当行为提供容身之处才对，而没有理由将但书与正当行为并列作为犯罪成立的消极要件。

而“认为邮政工作人员私拆一封无重要内容信件的行为，已符合《刑法》第253条犯罪构成，进而应用但书宣告无罪”也不合适。该说认为行为已符合传统的犯罪构成，对此，一则，通说观点不能赞成，因为通说从来都不承认自己只是形式判断，一向主张犯罪构成是形式和实质的统一；二则，实质解释论者难以赞同，因为在实质解释观看来，只能将值得科处刑罚的法益侵害行为解释为符合构成要件的行为；三则，即便形式解释论者也未必赞成，如形式解释论的主倡者陈兴良教授就认为，形式解释论并不反对实质判断，更不反对通过处罚必要性的实质判断，在形式解释的基础上进行实质解释，将那些虽然符合法律文本的形式特征但并不具有处罚必要性的行为排除在构成要件之外，即使符合构成要件也还可以通过违法阻却事由和责任阻却事由而排除在犯罪之外，这并不违反罪刑法定原则，也是形式解释论的应有之义。[1] 可见，人为割裂构成要件符合性判断中形式与实质的关系，刻意为但书寻找适用场域，值得商榷。但书的出罪功能，不是表现在直接依据但书而认为某行为不构成犯罪，而是表现在其指导法官实质地理解与适用犯罪构成之解释机能上。[2]

其四，如果说正当行为等有较明确的判断对象，那么轻微违法是依据何种事实进行判断呢？有学者指出：“应当对案件全部情节——包括属于构成要件的情节和不属于构成要件的情节、刑法明文规定的情节和未明文规定的情节等——予以综合考虑。”[3]“在构成要件之外，判断行为的社会危害

---

[1] 陈兴良：《形式解释论的再宣示》，载《中国法学》2010年第4期。

[2] 苏彩霞、刘志伟：《混合的犯罪概念之提倡》，载《法学》2006年第3期。

[3] 王政勋：《犯罪论比较研究》，法律出版社2009年版，第562—563页。

性也是可能的。”[1]可是，如果认为轻微违法是阻却构成要件的符合性，那就是构成要件要素不具备，那么，又怎么可能以构成要件以外的情节来否定构成要件要素本身呢？或者说，那些决定可罚程度的情节本身就应该是犯罪构成要件的内容才对，而不是“不属于构成要件的情节”；如果认为轻微违法是阻却违法性，那就是在构成要件符合性判断后的判断，以构成要件外的事实进行判断似乎合理。可是，诚如张明楷教授所言：“在构成要件要素之外，并没有判断有无可罚的违法性的要素，怎么可能对行为是否可罚进行判断呢？”[2]坚持“构成要件形式解释基础上进行可罚的违法性判断”的大谷实教授同样不赞成在构成要件事实外寻找可罚违法性的根据，其认为：“违法性的判断对象是相当于违法性要素的事实，违法性的判断标准是可罚的违法性。”[3]更何况，将轻微违法判断寄托在构成要件要素之外的事实，必然会导致判断的恣意性。“在构成要件之外寻找违法性的根据，然而，构成要件之外是没有法律规定的，完全由司法人员主观认定，这便不利于保障行为人的自由，必然损害构成要件的保障机能。”[4]只要看看同样依靠构成要件之外的因素进行判断的正当行为和期待可能性的处境[5]便一目了然，真的需要借鉴的域外经验应当是如何防止司法过程中的主观性、恣意性，以维护法的严肃性和稳定性。

五、小结

犯罪成立考虑罪量要求是各国的通例，作为犯罪本质特征抽象概括的

[1] 张永红：《我国刑法第13条但书研究》，法律出版社2004年版，第100页。

[2] 张明楷：《实质解释论的再提倡》，载《中国法学》2010年第4期。

[3] ［日］大谷实：《刑法总论》，黎宏译，法律出版社2003年版，第185页。

[4] 参见张明楷：《犯罪构成体系与构成要件要素》，北京大学出版社2010年版，第138页。

[5] 正当行为中的超法规违法阻却事由在理论和实践中受到严格把控；期待可能性因为模糊、主观性和伦理化等特性，不仅在发源地德国沦为免责条文的解释原理，就是墙外香的日本也鲜有适用（参见刘艳红：《调节性刑罚恕免事由：期待可能性理论的功能定位》，载《中国法学》2009年第4期）。

犯罪一般概念自然都应当包涵犯罪成立的罪量要求，不同的只是犯罪一般概念中所蕴含的罪量要求，如何在具体个罪的犯罪构成中转换为可操作的、具体的犯罪成立要件。如此，作为犯罪一般概念的我国《刑法》第13条中所包含的罪量因素自然谈不上是我国刑法的创新。

《刑法》第13条作为刑法明文规定的犯罪司法概念，应该遵循司法从形式到实质、从客观到主观、从类型到个别的逻辑进路加以解读："一切……都是犯罪"表明判断的一般性、类型化和积极成立面；"但是……，不认为是犯罪"则表明判断的具体性、个别化和消极阻却面。前段的逻辑重心是刑事违法性的形式判断，但书则是在前段刑事违法性的形式判断的基础上，进行的阻却犯罪成立的社会危害性的实质判断。"从出罪的视角理解但书之规定"的立场[1]是合理的。在三阶层构成体系视野下，第13条前段可具体化为构成要件符合性的形式判断，而后段的但书规定则应当包括阻却构成要件该当、阻却违法（正当行为）和阻却责任（期待可能性）等否定犯罪成立的全部实质事由。因此，第13条但书不是罪量因素。[2]但书的如上解读，也从侧面证明在我国现行刑法视野下，引入大陆法系阶层递进式的犯罪构成体系，完全可以得到刑法之犯罪概念一般规定的支撑。

第二节　刑法分则中的罪量因素：数额、后果、情节

如上所述，《刑法》第13条犯罪概念中的但书规定，其真实内涵应当

[1] 参见方鹏：《出罪事由的体系和理论》，中国人民公安大学出版社2011年版，第286页以下；王华伟：《刑法知识转型与"但书"的理论重构》，载《法学评论》2016年第1期。不过，与方鹏博士"不可罚出罪事由的法条提示"（方鹏书，第300页）以及王华伟博士"在阶层犯罪论体系中，作为不法和罪责程度性判断的规范指引"的但书定位不同，本书主张但书可以涵盖阻却犯罪成立的全部实质理由。

[2] 或许表述为"但书不仅仅是罪量因素"更为准确。但既然但书不仅仅是罪量因素，还包括正当行为、期待可能性等内容，那么，但书已经是一个属概念、类型概念，罪量因素和但书已是种属关系。打个比方：如果说传统观点认为但书是苹果，则本书主张但书不仅包括苹果，还包括香蕉和梨，我们可以说但书不仅仅是苹果，也当然可以直接说但书不是苹果（但书是水果）。因此，"但书不是罪量因素"的表述亦无不妥。

是阻却犯罪成立的所有实质判断事由，内容不仅仅局限于表征轻微违法的罪量因素。因而，不能将但书视为我国刑法中独具特色的罪量因素规定的表征。真正体现“刑罚 + 行政处罚”二元制裁体系和“行为性质 + 行为程度”刑事立法模式的罪量因素规定，只能在具体个罪的罪状描述中寻找。比较中外刑事立法个罪罪状之规定，不难发现，我国刑法分则个罪罪状描述最显著的不同之处，就是在行为类型、行为方式描述的基础上，增加“数额（数量）较大（巨大）”“情节严重（恶劣）”“造成严重后果”等明确表明某种行为构成犯罪所必须具备的程度、大小意义上的犯罪成立条件。数额、后果、情节等行为程度型因素正是我国刑法独具特色的罪量因素的表征。

一、数额

即数额犯之数额。所谓数额犯，特指刑法分则所规定的以一定数额（数量）作为犯罪构成必备要件的犯罪，常以“数额较大”“数量较大”“数额巨大”等类似规定作为表征。数额，主要是针对危害结果、行为规模、行为收益等客观因素；“较大”“巨大”等则体现了对这些客观要素量的要求。此类犯罪的显著特点在于：刑法以明确的或概括的数额规定来限定行为构成犯罪的范围，只有达到特定数额要求的行为才构成犯罪，否则至多只能作为一般违法行为予以行政处罚。例如，《刑法》第 266 条规定诈骗公私财物，数额较大的，构成诈骗罪；而《治安管理处罚法》同时将诈骗公私财物（未达数额较大）的行为，作为治安违反行为予以处理。

我国刑法中关于数额犯数额的规定，从形式上看，可分为两种情况：第一种是明确型数额。明确型规定又有绝对明确型和相对明确型之分：前者如《刑法》第 140 条生产、销售伪劣产品罪的“销售金额五万元以上”，第 203 条逃避追缴欠税罪的“数额在一万元以上”，第 351 条非法种植毒品原植物罪的“种植罂粟五百株以上”，等等；后者如《刑法》第 201 条逃税罪的“逃避缴纳税款数额较大并且占应纳税额百分之十以上”，其中应纳税额的 10%，就是一种相对确定的数额规定。我国刑法中明确型的数额规定数量不多。第二种是概括型数额，即仅作“数额较大”“数额巨大”或“数量巨大”之类的笼统性规定，具体认定标准交由刑事司法机关掌握。我国刑法分则中数额犯的数额规定绝大多数皆属此类。

绝对明确型规定体现了法律的明确性要求，有利于司法的统一性和防止法官裁量权的滥用，但又失之于过于死板，难以适应社会的发展变迁；而概括型数额则正好相反。[1] 相比而言，相对确定型模式结合绝对确定型与概括型两者之长，较为合理（前提是基数的确定必须科学合理）。例如，《俄罗斯联邦刑法典》在侵犯所有权的犯罪一章的附注中解释：“本章各条中所说的数额巨大，是指财产价值超过俄罗斯联邦立法在实施犯罪时所规定的最低劳动报酬的 500 倍。”[2] 这种以“最低劳动报酬”为基数确定犯罪数额的方式，在保证刑事立法稳定性的同时，以一定时期内相对确定的、能够反映社会发展水平的变量作为数额认定的基准，也在一定程度上弥补了刑法规定的相对滞后性，避免刑事立法与司法实践之间过分脱节，值得借鉴。[3]

从立法分布上看，我国刑法中数额犯的规定主要见于破坏社会市场经济秩序罪、侵犯财产罪、贪污贿赂罪以及部分妨害社会管理秩序罪中。在这些经济型、财产型或贪利型犯罪中，数额是衡量行为社会危害程度的主要指标。因此，立法中特别强调数额在认定这几类犯罪时的突出作用，司法中也应将数额作为判定此类犯罪罪与非罪的主要依据（但并非唯一依据）。另外，在有关情节犯情节的司法解释中，数额往往是司法解释首先考虑的情节事实。

---

[1] 为解决概括性规定所带来的立法缺乏明确性、难以有效指导司法实践的弊端，最高法院颁布了大量司法解释，将这部分数额绝对或相对确定化。但一方面，司法解释本身的效力有限；另一方面，这样的方式也导致最高司法机关司法解释权的膨胀和地方司法机关自由裁量权的萎缩，甚至有司法权侵犯立法权之嫌（参见张永红：《我国刑法第 13 条但书研究》，法律出版社 2004 年版，第 90 页；储槐植、汪永乐：《再论我国刑法中犯罪概念的定量因素》，载《法学研究》2000 年第 2 期）。

[2] 《俄罗斯联邦刑法典释义》（下册），黄道秀译，中国政法大学出版社 2000 年版，第 398 页。

[3] 我国学者也注意到这一点，在借鉴《美国量刑指南》的基础上，提出自己的一套解决方案（详见张勇：《犯罪数额研究》，中国方正出版社 2004 年版，第 174 页以下）。

二、后果

即所谓后果犯的后果。这里所称后果犯，是指刑法分则中明文规定的，以一定严重后果的发生作为犯罪成立必备要件的犯罪，这种情况主要见于一些轻微犯罪和过失犯罪中。[1]如《刑法》第 129 条丢失枪支不报罪规定，依法配备公务用枪的人员，丢失枪支不及时报告，造成严重后果的，才成立本罪；第 397 条滥用职权罪、玩忽职守罪规定，国家机关工作人员滥用职权或者玩忽职守，致使公共财产、国家和人民利益遭受重大损失的，才构成犯罪。此类犯罪中的“后果”，一般乃是犯罪实行行为所造成的危害结果（也不乏所谓“客观超过要素”的非典型的违法性后果要素），“严重”则是典型的对结果程度、罪量的要求。

刑法分则中，后果犯的规定主要见于危害公共安全罪、破坏社会主义市场经济秩序罪、妨害社会管理秩序罪、渎职罪和军人违反职责罪等章中。与数额犯相比，后果犯的规定较为复杂。有的以较为概括的“造成严重后果”“后果严重”“造成重大（较大）损失”等形式规定之，如《刑法》第 129 条丢失枪支不报罪，第 146 条生产、销售不符合安全标准的产品罪，第 286 条破坏计算机信息系统罪，第 186 条违法发放贷款罪，等等；有的条文则相对具体：如第 134 条重大责任事故罪，第 135 条重大劳动安全事故罪以“发生重大伤亡事故或者造成其他严重后果”为罪量要求；第 304 条故意延误投递邮件罪、第 397 条滥用职权罪、玩忽职守罪以“致使公共财产、国家人民利益遭受重大损失”为要件；第 142 条生产、销售劣药罪，第 145 条生产、销售不符合标准的医用器材罪以“对人体健康造成严重危害”为要件；等等。

从外延上看，后果犯与数额犯存在交叉，不仅表现在有的后果犯之后果直接规定为公私财产或公共财产的重大损失，而且即便是并未直接以财

---

[1] 后果犯实际上是结果犯的一种，这里之所以采用后果犯的称谓，意在将此类犯罪与刑法中诸如故意杀人罪、故意伤害罪等并未明文规定，而是在构成要件中暗含结果要件的结果犯区分开来。

产损失作为后果的后果犯中，认定“后果严重”的核心标准也多是用数额计算的财产价值的大小。应当说这种依据不同标准划分的概念之间存在交叉也是不可避免的。

三、情节

即所谓情节犯之情节。所谓情节犯，乃指刑法分则中明确规定的，以情节严重或情节恶劣等类似规定作为犯罪成立条件，即以一定法定情节作为犯罪成立必备要件的犯罪。其中的情节，乃是刑法中明文规定的，表明行为的法益侵害程度（社会危害程度）而为犯罪成立所必需的一系列主观和客观的情状。例如，我国《刑法》第 248 条虐待被监管人罪规定，监狱、拘留所、看守所等监管机构的监管人员对被监管人员进行殴打或者体罚虐待，情节严重的，才构成犯罪。

与数额犯之数额、后果犯之后果侧重于体现行为的客观危害大小不同，情节犯之情节的显著特征在于其综合性和概括性。情节严重，包括“情节”严重与情节“严重”两层意义：情节严重之“情节”是罪量评价的前提性事实，可能是客观的违法性事实，也可能是主观的违法性事实，甚至可能是带有客观处罚条件性质的事实。情节严重之“严重”，即当行为符合了构成要件中的基本要素后，并不意味着行为的违法性一定达到了值得科处刑罚的程度，在此基础上，还需要对其进行整体评价，因此，情节严重、情节恶劣也被学者称为“整体的评价要素”。[1] 对于情节严重，最高司法机关多通过司法解释以“列举 + 概括”的方式将情节严重之“情节”具体化。

我国刑法分则中，情节犯的分布广泛，主要在破坏社会主义市场经济秩序罪、侵犯公民人身权利民主权利罪、妨害社会管理秩序罪、危害国防利益罪、渎职罪和军人违反职责罪等章中。从立法用语上看，绝大多数情节犯以“情节严重”作为该罪成立的条件；也有诸如《刑法》第 255 条打

[1] 参见张明楷：《犯罪构成体系与犯罪构成要件要素》，北京大学出版社 2010 年版，第 238 页以下。

击报复会计、统计人员罪，第260条虐待罪，第261条遗弃罪，第444条遗弃伤病军人罪和第448条虐待俘虏罪等少数情节犯规定“情节恶劣”的，才构成犯罪。“情节严重”和“情节恶劣”含义上大体相同，只是情节恶劣更强调伦理道德上的否定评价。[1]

陈兴良教授将上揭后果犯作为特定情节，与这里的情节犯的情节（作为概括性、盖然性情节）并列，共同作为情节犯的两大类型（前者称不纯正的情节犯，后者称纯正的情节犯）。[2]将“造成严重后果”等类似规定视为一种特定情节也未尝不可，因为情节与“严重后果”二者之间本身就是一种包含和被包含的关系；不过，如前文所言，情节严重（恶劣）具有综合性的特点，凡是能够体现行为法益侵害程度的因素均可纳入情节的范畴，作为情节的具体事项既可能是行为客观危害大小的反映，也可能包括某些主观的违法要素、甚至客观处罚条件；而“造成严重后果”等后果规定，则多为客观违法性、法益侵害的表征，从这个意义上看，后果犯之后果与数额犯之数额具有相似的性质。因此，在区分数额犯与情节犯的前提下，却将后果犯——这种在犯罪罪量要求上与数额犯性质相同的犯罪——作为特定情节，作为情节犯的下位概念，这种分类有失妥当。

四、混合性规定

在刑法分则中，还有一些规定罪量因素的犯罪，并非以单纯的数额、情节或者后果等单一的形式呈现，而是采取一种混合式的规定，即采取数额、情节、后果择一或者同时具备的形式来体现此类犯罪成立的罪量要求。具体而言，可划分为两大类：

第一类，数额、情节、后果择一型：（1）数额、情节择一型。如《刑

[1] 陈兴良：《作为犯罪构成要件的罪量要素：立足于中国刑法的探讨》，载《环球法律评论》2002年秋季号。

[2] 参见陈兴良：《作为犯罪构成要件的罪量要素：立足于中国刑法的探讨》，载《环球法律评论》2002年秋季号。

法》第 217 条侵犯著作权罪，第 268 条聚众哄抢罪，第 275 条故意毁坏财物罪等；(2) 情节、后果择一型。如《刑法》第 221 条损害商业信誉、商品声誉罪；(3) 数额、情节、后果择一型。如《刑法》第 158 条虚报注册资本罪，第 159 条虚假出资、抽逃出资罪，第 160 条欺诈发行股票、债券罪，第 179 条擅自发行股票、公司、企业债券罪。

第二类，数额、情节、后果并重型：(1) 数额、后果并重型。如《刑法》第 342 条非法占用农用地罪；(2) 情节、后果并重型。如《刑法》第 250 条出版歧视、侮辱少数民族作品罪，第 273 条挪用特定款物罪，第 290 条第 1 款聚众扰乱社会秩序罪，第 407 条违法发放林木采伐许可证罪，第 436 条武器装备肇事罪，第 443 条虐待部属罪等。

此外，刑法分则中，还有部分犯罪是将某些危害行为之前的情节（因素）作为犯罪成立之必备要件。例如，盗窃罪中的“多次盗窃”；逃税罪中“因偷税被税务机关给予 2 次行政处罚又偷税的”；等等。如何理解这些犯罪成立必要条件的性质和定位，乃是本书接下来亟待解决的重大课题。

第四章

罪量因素的犯罪构成体系定位

罪量因素的构成体系定位，旨在探讨罪量因素与犯罪构成体系之间的关系，也即作为犯罪成立条件的罪量因素如何合理地融入犯罪构成体系。如前所述，以行为程度（量）区分“一般违法与犯罪”的社会治安分权治理模式，造就了我国刑事立法独具特色、成文的罪量因素规定，即分则个罪中为数众多的“数额（数量）较大”“情节严重（恶劣）”“造成严重后果”等犯罪成立的罪量要求。这些罪量因素在犯罪构成体系中充当着怎样的角色？如何建构包含罪量因素的犯罪构成体系？这是当下我国犯罪构成理论研究不容回避的课题。

尽管早有学者注意到罪量因素在犯罪构成体系中的重要作用，提出“犯罪构成的情节要求”[1]“区分质的构成要件与量的构成要件”[2]等命题，但

[1] 参见刘之雄：《论犯罪构成的情节要求》，载《法学评论》2003年第1期。

[2] 参见刘艳红：《情节犯新论》，载《现代法学》2002年第5期。

因缺乏具体而系统的阐释，其宣誓意义远大于建构意义。而围绕《刑法》第 13 条但书规定（作为罪量因素）的犯罪构成体系建构[1]，则不仅在立论前提——但书是罪量因素的表征——这一传统观点上值得商榷，[2] 而且也没有正面关注到罪量因素——作为分则规定的、具体的事实要素——在犯罪构成体系中的地位。本章关注的罪量因素，正是刑法分则个罪罪状中明确规定的，表明行为危害程度（罪量），并为犯罪成立所必需的事实要素；包含罪量因素的犯罪构成体系建构，实际上就是关于数额、情节、后果等罪量因素在犯罪论体系中的地位问题。

第一节　学说之争

关于罪量因素在犯罪论体系中的地位，我国刑法学界存在争议，大体上可归纳为三类：处罚条件说、构成要件要素说和区别对待说。

一、处罚条件说

这种观点主张罪量因素是一种客观处罚条件。早在 1988 年，便有学者主张此说，认为数额是量刑条件，并不是构成盗窃罪必不可少的条件，其作用在于说明：盗窃数额较大财物的，适用《刑法》（指 1979 年刑法——引者注）第 151 条处罚；盗窃数额巨大财物的，适用《刑法》第 152 条处罚。[3] 赵秉志、肖中华二位教授也认为，“数额较大”是犯罪的客观处罚条件，它本身不是犯罪的构成要件，只是刑罚发动事由，缺乏“数额较大”这一条件，犯罪仍然成立，只是不能追究行为人的刑事责任

---

[1] 参见王政勋：《犯罪论比较研究》，法律出版社 2009 年版，第 550 页以下；张永红：《我国刑法第 13 条但书研究》，法律出版社 2004 年版，第 164 页以下。

[2] 详见本书第三章第一节。

[3] 高铭暄、王作富主编：《新中国刑法的理论与实践》，河北人民出版社 1988 年版，第 593 页。

而已。[1]

此说较系统的论证当属陈兴良教授和熊琦博士。陈兴良教授在《规范刑法学》一书中，创建了“罪体—罪责—罪量”三位一体犯罪构成体系，罪量是在具备犯罪构成本体要件（罪体与罪责）的前提下，表明行为对法益侵害程度的数量要件，罪量要素之所以不能归入罪体，除了在罪量要素中不单纯是客观性要素而且还包括主观性要素以外，还有一个重要理由：罪体要素是行为人认识的对象，因而对于判断犯罪故意或者过失具有重要意义。如果将罪量要素当作罪体要素，在行为人对此没有认识的情况下，就不能成立犯罪故意而属于犯罪过失，因此会使罪责形式的判断产生混乱。[2]尽管在《规范刑法学》（第2版）一书中，陈兴良教授明确反对罪量性质的处罚条件说，但罪量因素独立于犯罪的客观要件，不属于罪体，不需要行为人主观上对其具有认识，对确定行为人故意或过失没有关系等特征表述[3]，足以表明罪量已经具备了“客观处罚条件”的基本特质，以致在《规范刑法学》（第3版）和新近的论文中，陈兴良教授都明确表示：“对于犯罪的数量要素的性质，我主张客观处罚条件说。”[4]“现在笔者认为，罪量在性质上类似于客观处罚条件。因此，在采用三阶层的犯罪论体系，将情节和数额等罪量要素作为客观处罚条件来看待是妥当的。”[5]

如果说陈兴良教授依然是立足于罪量因素与主观认识、罪责原则之间关系这一客观处罚条件存否之争的传统场域的话，那么，熊琦博士的立论，

---

[1] 赵秉志、肖中华：《数额较大在盗窃罪认定中的作用》，载《人民法院报》2003年5月19日，第3版。

[2] 陈兴良：《规范刑法学》（第2版），中国人民大学出版社2008年版，第191—194页；陈兴良：《规范刑法学》（第3版），中国人民大学出版社2012年版，第198页。

[3] 参见陈兴良：《规范刑法学》（第2版），中国人民大学出版社2008年版，第193页。

[4] 陈兴良：《规范刑法学》（第3版），中国人民大学出版社2012年版，第197页。

[5] 陈兴良：《刑法的明确性问题：以〈刑法〉第225条第4项为例的分析》，载《中国法学》2011年第4期。事实上，罪体—罪责—罪量体系中，各要件的具体内容和体系安排以及陈兴良教授着重强调的各要件之间的位阶性，已经与大陆法系不法——责任的阶层性犯罪论体系十分接近了，只是增添了中国特色的罪量要件而已（参见陈兴良：《刑法的知识转型（方法论）》，中国人民大学出版社2012年版，第441页）。

则是围绕我国刑法特有的一个体系性困境展开。熊博士指出：刑法理论一般认为，结果犯之犯罪结果未实现，否认该罪“既遂”，而非该罪“成立”；而在带“罪量因素”的结果犯（如破坏社会主义市场经济秩序罪）中，罪量结果的缺失或未达法定标准，却通常被当作对犯罪成立的否定；或者还有人主张类似破坏社会主义市场经济秩序罪这样的结果犯“没有未遂形态”，而盗窃罪等部分结果犯却又有未遂形态。针对上述论断的自相矛盾，熊琦博士在否定个罪设置之犯罪成立模式说的基础上，指出应当借鉴德国刑法中的客观处罚条件概念，将罪量因素视作“无须考虑行为人故意或过失、决定犯罪成立与否的可罚性要件”。这样，罪量因素就被排除在构成要件之外，它的缺失自然与构成要件的不齐备并非同一概念，而后者才是犯罪未遂所需考虑的内容。如此，未遂犯与结果犯理论得以兼容，“在其他构成要件均齐备的情况下缺少作为构成要件的犯罪结果将会导致犯罪未遂”这一命题得以贯穿始终。罪量因素地位等同于“排除犯罪性事由”，可改称作“独立的犯罪否定条件”。[1]

二、构成要件要素说

此说的代表人物当属黎宏教授。黎宏教授立足于结果无价值和构成要件要素还原说的立场，一方面，明确否定客观处罚条件在我国刑法犯罪构成体系中存在的可能；另一方面，也反对将类似《刑法》第 129 条丢失枪支不报罪中的“造成严重后果”等部分罪量因素作为“客观的超过要素”加以区别对待的观点。黎教授指出：所谓“超过的客观要素”，作为和行为人的实行行为具有某种关系的结果，是表明该行为达到了应受处罚程度的

[1] 参见熊琦：《德国刑法问题研究》，台北元照出版公司 2010 年版，第 63 页以下；熊琦：《论我国刑法的一个体系性困境》，载《武汉大学学报》（哲学社会科学版）2008 年第 4 期。严格地讲，说熊琦博士将所有的罪量因素均视作客观处罚条件，有失偏颇，因为熊文（书）是针对“结果犯中的罪量因素”而言的。不过考虑到结果乃是我国罪量因素最主要的栖息地，熊琦博士的观点意味着，绝大多数罪量因素都将被视作客观处罚条件，这一点与后文“区别对待说”仅例外地承认极个别罪量因素属于（类似）客观处罚条件的观点截然不同。故将熊琦博士的观点归入此类。

具体体现，作为说明该行为达到了应当受到刑罚处罚程度社会危害性的标志，应当在行为人的认识范围之内，而不可能超出其外。[1] 另有论者提倡“狭义客观处罚条件”概念，认为我国刑法典中根本没有属于客观处罚条件的规定。[2]

三、区别对待说

多数肯定或者主张借鉴客观处罚条件概念的论者，均认为我国刑法分则中存在类似客观处罚条件的规定，如《刑法》第 128 条第 3 款非法出租、出借枪支罪，第 129 条丢失枪支不报罪中的“造成严重后果”；第 186 条违法发放贷款罪，第 187 条吸收客户资金不入账罪，第 189 条对违法票据承兑、付款、保证罪中的“造成重大损失”；第 397 条滥用职权罪中的“致使公共财产、国家和人民利益遭受重大损失”；等等。[3] 个别罪量因素被视为客观处罚条件，而剩下的绝大多数罪量因素仍然属于构成要件中的具体内容（构成要件要素），正如有学者将刑法分则规定的犯罪行为基本犯罪构成以外的，与行为或行为人密切相关的，影响行为是否构成犯罪的狭义的定罪情节，区分为“行为人认识以外的能决定行为是否构成犯罪的因素”和“通过对行为进行量的界定以决定行为是否构成犯罪的因素”两个方面的内容，前者如丢失枪支不报罪、玩忽职守罪中的严重后果等，后者

[1] 参见黎宏：《刑法总则问题思考》，中国人民大学出版社 2007 年版，第 180 页以下；黎宏：《论“客观处罚条件”的若干问题》，载《河南省政法管理干部学院学报》2010 年第 1 期。类似立场，也见吴情树：《客观处罚条件研究：构成要件抑或处罚条件》，社会科学文献出版社 2015 年版，第 218—220 页；涂龙科：《犯罪论中的数额的地位》，载《法律科学》（西北政法大学学报）2012 年第 4 期；余双彪：《论犯罪构成要件要素的“情节严重”》，载《中国刑事法杂志》2013 年第 8 期；等等。

[2] 参见张振山：《狭义客观处罚条件论》，载陈兴良主编：《刑事法评论》（第 29 卷），北京大学出版社 2011 年版，第 64 页以下。

[3] 参见陆诗忠：《刍议“客观的处罚条件”之借鉴》，载《郑州大学学报》（哲学社会科学版）2004 年第 5 期；刘士心：《犯罪客观处罚条件刍议》，载《南开学报》（哲学社会科学版）2004 年第 1 期；王钰：《客观处罚条件之提倡》，载赵秉志主编：《刑法论丛》（第 22 卷），法律出版社 2010 年版，第 284 页。

如数额犯中的数额等。[1] 区别对待说中，尤以王莹博士的“类构成要件复合体”、张明楷教授的“客观的超过要素”以及周光权教授的“内在的客观处罚条件”概念论证系统、影响深远。

（一）类构成要件复合体 [2]

王莹博士通过剖析构成要件的不法类型本质与诠释学特征以及我国学界关于构成要件质与量关系的见解，认为被司法解释补充与修改的我国犯罪构成，不仅是德日刑法理论意义上的为行为不法与结果不法划定预设空间的不法类型，也是一个包含了基本构成要件、加重结果、客观处罚条件以及其他刑事政策因素的“类构成要件复合体”。我国立法和司法解释规定的情节犯“情节严重”的情形不外乎两类四种。

一类是构成要件基本不法量域之内的情节。数额与大多数描述行为不法与结果不法的情节皆属此类，它们属于构成要件要素，其定位是“整体性规范评价要素”，属于基本构成要件行为不法和结果不法的情节，应该在行为人主观方面的射程范围之内。

另一类是溢出构成要件基本不法量域的情节。可复分为三种：(1) 属于结果加重犯的情形。如 2006 年《最高人民检察院关于渎职侵权犯罪案件立案标准的规定》规定的刑讯逼供的情节严重情形——刑讯逼供造成犯罪嫌疑人、被告人轻伤、重伤、死亡的；1998 年《最高人民法院关于审理拒不执行判决、裁定案件具体应用法律若干问题的解释》（已失效）第 3 条规定的拒不执行判决、裁定的情节严重情形——毁损、抢夺执行案件材料、执行公务车辆和其他执行器械、执行人员服装以及执行公务证件，造成严重后果的；2008 年《最高人民法院关于审理非法行医刑事案件具体应用法律若干问题的解释》第 2 条规定的情节严重情形——“造成就诊人轻度残疾、器官组织损失导致一般功能障碍的”与“造成甲类传染病传播、流

[1] 参见王充:《定罪情节若干问题研究》，载《法学评论》2000 年第 6 期。

[2] 参见王莹:《情节犯之情节的犯罪论体系性定位》，载《法学研究》2012 年第 3 期。

行或者有传播、流行危险的”；等等。(2) 属于客观处罚条件的情形。如前述最高检司法解释将“导致犯罪嫌疑人、被告人自杀、自残造成重伤、死亡，或者精神失常的”“造成错案的”作为刑讯逼供情节严重的情形。(3) 多次实施构成要件行为的情形以及其他刑事政策因素。如类似“刑讯逼供3人次以上”“多次抗税”的规定，以及司法解释将犯罪后表现、被害人的因素等视为情节的影响因素，还有类似“未达到上述数额标准，但两年内利用广告作虚假宣传，受过行政处罚二次以上，又利用广告作虚假宣传”的规定[1]，属于从行为人刑事政策角度出发所提出的情节要求。

对于溢出基本构成要件行为不法和结果不法基域的情节，应按其具体情节再次进行教义学的定位，按照结果加重犯、客观处罚条件或者其他刑事政策方面的因素确定其与行为人主观方面的关系。加重结果、客观处罚条件等基本构成之外影响犯罪成立的因素隐藏在“情节严重”的规定之中，在外观上具有构成要件解释的假象，实际上具有独立的影响犯罪成立的犯罪论地位。

（二）客观的超过要素[2]

针对我国刑法理论关于丢失枪支不报罪、违法发放贷款罪、滥用职权罪等罪过形式的争论，受主观的超过要素和客观处罚条件概念的启示，张明楷教授创造性地提出“客观的超过要素”概念，认为我国刑法个罪中，存在着这样一些客观要素：它们属于构成要件要素，但却不需要行为人对之具有认识与放任或希望的态度（因此，这一概念就故意犯罪才具有意义）。客观的超过要素主要是指部分危害结果，以危害结果为内容的客观的超过要素，只应存在于有双重危害结果的犯罪中；只能就法定刑较轻的故意犯罪承认以危害结果为内容的客观的超过要素，对法定

---

[1] 2010年5月7日《关于公安机关管辖的刑事案件立案追诉标准的规定（二）》第75条。

[2] 此概念是张明楷教授在《“客观的超过要素”概念之提倡》一文（原载《法学研究》1999年第3期）中率先提出的；新近的阐释及补充请参见张明楷：《刑法分则的解释原理》（第2版），中国人民大学出版社2011年版，第473页以下。

刑较重的故意犯罪，不能将危害结果作为客观的超过要素。尽管客观的超过要素不是故意的认识与意志内容，但当客观的超过要素的内容是法益侵害结果以及影响行为违法性的其他客观因素时，行为人至少应对之具有预见可能性。除部分危害结果外，还存在其他内容的客观超过要素（如关于行为程度、次数的要素等），如就“多次盗窃”而言，只要行为人对每次盗窃有故意即可，不要求认识到“多次”。

另外，张明楷教授还提出“整体的评价要素”概念，用以指代作为罪量因素重要表征的“情节严重（恶劣）”等规定，即当行为符合了客观构成要件中的基本要素后，并不意味着行为的违法性达到了值得科处刑罚的程度，在此基础上，还需要对其进行整体评价，情节严重、情节恶劣就是这种整体的评价要素。[1]情节严重的确具有“整体评价”的特殊性，不过，作为犯罪构成要件的情节严重，首先必须还原为具体的表征法益侵害的前提事实（行为情状、数额、后果等），对于这些前提事实，我们需要再作判断，是需要行为人认识与放任或希望态度的较传统的构成要件要素，还是与故意无关的客观超过要素、客观处罚条件。可见，“客观的超过要素”和“整体的评价要素”不是在同一层次、分类意义上使用的概念。

（三）内在的客观处罚条件[2]

周光权教授根据某种条件与违法性关系的密切程度，将客观处罚条件分为内在的客观处罚条件和外在的客观处罚条件。内在的客观处罚条件大多也表现为一种结果，但不是实行行为自然地、直接地导致的后果，而往往是处于实行行为的“延长线上”，由介入的第三人的行为、行为人的后接行为等原因造成的后果。它是将行为所产生的法益侵害（危险）提升到刑法所预设的可罚性程度的中介事实。但与典型的、传统意义上的违法要素

---

[1] 参见张明楷：《犯罪构成体系与犯罪构成要件要素》，北京大学出版社2010年版，第238页以下。

[2] 参见周光权：《论内在的客观处罚条件》，载《法学研究》2010年第6期。

存在差别，属于非典型的违法要素。内在的客观处罚条件不是独立于构成要件符合性、违法性和责任之外的犯罪成立要件。

周光权教授认为，“客观的超过要素”的实质就是“内在的客观处罚条件”，在张明楷教授那里作为客观的超过要素看待的问题，实际上都可以按照内在的客观处罚条件加以分析，因此，没有必要“再造”概念。但与张明楷教授“客观的超过要素”略有不同的是（仅就有关罪量因素而言）：(1) 张明楷教授主张，对作为客观的超过要素的危害结果，行为人至少对之具有预见可能性；而周光权教授则认为，对于内在的客观处罚条件，要求行为人认识，但只需要对结果有“极有可能发生”的高度模糊性认识、预见，只是对法益侵害（危险）的“未必”的预见——客观处罚条件的发生多多少少是有可能的，但即便发生这样的结果，行为人也无所谓、可以接受、可以容忍。(2) 关于“多次盗窃”。张明楷教授将其作为客观的超过要素，无须行为人认识到“多次”；而周光权教授则认为，多次盗窃是典型的构成要件要素和违法要素，既不是客观的超过要素，也不是内在的客观处罚条件。对于多次盗窃这一违法要素就一定要求行为人认识。

另外，周光权教授指出，在我国的财产犯罪和经济犯罪中，数额是客观的构成要件要素；聚众斗殴罪中的严重后果是客观的构成要件要素，行为人对这些结果的发生需要认识，这种数额、数量、后果等就不再属于内在的客观处罚条件。

第二节 作为真正客观处罚条件的罪量因素

一、性质定位：引鉴客观处罚条件概念的前提

如前所述，构成要件要素说明确反对客观处罚条件概念，而处罚条件说、区别对待说都对这一概念持肯定态度。否定也好，肯定也罢，前提条件都是对这一舶来概念的合理解释。大陆法系刑法理论所谓客观处罚条件（Objektive Bedingungen der Strafbarkeit），乃指虽然与行为具有直接关系，

但既不属于不法，亦不属于罪责的行为情状，而当作处于不法构成要件以外的一种犯罪要素，系属可罚性的实体要件。[1]不过，作为限制刑罚适用的、实体的可罚性要件，围绕客观处罚条件的性质地位之争却从未停歇。

处罚阻却事由说（刑罚权发动说）主张，客观处罚条件不是犯罪的成立要件，只具有阻却刑罚处罚的性质，处罚条件不具备，犯罪依法成立，只是不处罚而已。因此，客观处罚条件虽然属于实体刑法上的刑罚要件，但并不隶属于“犯罪”概念，应在刑罚论中展开。[2]

而犯罪成立条件说，则又分为两派：一派主张，客观处罚条件可以还原为违法或责任要素（主要是违法性要素）（还原说）；另一派则主张，客观处罚条件是独立于构成要件该当性、违法性和有责性以外的第四个犯罪成立要件（独立要件说）；两派虽在体系上存在分歧，但二者均认为所谓客观处罚条件的事例都是决定犯罪成立的要素，而非单纯的刑罚条件。客观处罚条件是犯罪论的内容。[3]

实际上，不满足客观处罚条件就不会成为刑罚对象，即便起诉也是“无罪”，处罚阻却事由说将此行为评价为“犯罪”，无疑有违“所谓犯罪，是指能被科处刑罚的行为”这一定义，且切断犯罪与刑罚要件、效果之间

---

[1] 林山田：《刑法通论》（上册），北京大学出版社 2012 年版，第 265 页；[德] 汉斯·海因里希·耶塞克、[德] 托马斯·魏根特：《德国刑法教科书》，徐久生译，中国法制出版社 2001 年版，第 667 页。

[2] 参见 [日] 福田平：《刑法总论》，有斐阁 2001 年版，第 331 页；[日] 大塚仁：《刑法概说（总论）》（第 3 版），冯军译，中国人民大学出版社 2003 年版，第 439 页；[日] 大谷实：《刑法总论》，黎宏译，法律出版社 2003 年版，第 373 页；蔡墩铭：《刑法总论》（增订 8 版），三民书局 2009 年版，第 91 页；等等。这种观点可谓日本学界通说，故被学者称为“日本模式的客观处罚条件”（参见熊琦：《德国刑法问题研究》，台北元照出版公司 2010 年版，第 96 页）。

[3] 参见 [德] Jakobs, AT2,10/1ff; [德] 汉斯·海因里希·耶塞克、[德] 托马斯·魏根特：《德国刑法教科书》，徐久生译，中国法制出版社 2001 年版，第 667 页以下；[德] 克劳斯·罗克辛：《德国刑法学总论》（第 1 卷），王世洲译，法律出版社 2005 年版，第 689 页以下；[德] 乌尔斯·金德霍伊泽尔：《刑法总论教科书》（第 6 版），蔡桂生译，北京大学出版社 2015 年版，第 52—53 页；林山田：《刑法通论》（上册），北京大学出版社 2012 年版，第 265 页以下；柯耀程：《刑法概论》，台北元照出版公司 2007 年版，第 232 页以下；等等。犯罪成立条件说，亦被学者称作“德国模式的客观处罚条件”（参见熊琦：《德国刑法问题研究》，台北元照出版公司 2010 年版，第 97 页）。

的联系；[1] 也与我国刑法理论“犯罪概念的应受刑罚处罚性”“犯罪构成是犯罪成立、追究刑事责任的唯一且全部标准”等基本认知难以相容。可见，只要坚持这些基本认知，引鉴刑罚阻却意义的客观处罚条件概念，就是难以成立的；前揭构成要件要素说所反对的、“客观的超过要素”概念的提倡者张明楷教授所弃用的，以及陈兴良教授在《规范刑法学》（第 2 版）一书所不赞同的客观处罚条件概念，指的都是这种客观处罚条件概念。[2]

性质定位是引鉴客观处罚条件概念的前提。[3] 事实上，多数国内学者所主张引鉴的客观处罚条件概念也正是作为犯罪成立条件的客观处罚条件

[1] ［日］松原芳博：《客观的处罚条件》，王昭武译，载《河南省政法管理干部学院学报》2010 年第 1 期。

[2] 参见黎宏：《论‘客观处罚条件’的若干问题》，载《河南省政法管理干部学院学报》2010 年第 1 期；张明楷：《刑法分则的解释原理》（第 2 版），中国人民大学出版社 2011 年版，第 477 页以下；陈兴良：《规范刑法学》（第 2 版），中国人民大学出版社 2008 年版，第 193 页。在《规范刑法学》（第 3 版）中，陈兴良教授明确指出：“关于犯罪的数量要素的性质，我主张客观处罚条件说。客观处罚条件是构成要件该当性、违法性和有责性以外，决定犯罪成立的要件。”［陈兴良：《规范刑法学》（第 3 版），中国人民大学出版社 2012 年版，第 197 页。］可见，陈兴良教授在《规范刑法学》（第 3 版）中所持的“客观处罚条件”概念，同样不是上揭“刑罚阻却意义上”的客观处罚条件概念。

[3] 例如，国内有论者主张交通肇事罪中的“发生重大事故”与“致人重伤、死亡或者使公私财物遭受重大损失”系同位语，都应归入客观处罚条件，交通肇事罪实为故意的具体危险犯，以此来解决交通肇事罪三个罪刑单位之间的复杂关系（参见王俊：《客观处罚条件视域中的交通肇事罪研究》，载《北大法律评论》2012 年第 13 卷第 1 辑）。可不清楚的是，论者所谓客观处罚条件概念到底是在何种意义上使用？如果是主张处罚阻却事由说，显然与我国刑法的一般理论及司法实践难以兼容；如果是主张犯罪成立条件说，但论者又主张，肇事逃逸是交通肇事基本犯的情节加重犯，肇事逃逸致死是肇事逃逸情节加重犯的结果加重犯，问题是，论者也承认加重犯（不论情节加重犯还是结果犯罪犯）是以基本犯的成立为前提的，依照犯罪成立条件说，如果没有作为犯罪成立条件的客观处罚条件，基本犯是不能成立的，那又怎能成立肇事逃逸之情节加重犯呢？如果认为在包含客观处罚条件（作为犯罪成立条件）的犯罪中，只需具备传统的不法与责任要件，无须符合客观处罚条件，就可以认为作为加重犯基础的基本犯已经成立，继而在此“基本犯”的基础上成立加重犯，那么，这种已变异的加重犯理论恐怕需要更多的篇幅论证才是；更何况这里的“致人伤亡”，也不是与不法毫无关联的，而是包含了一定的规范目的和法益内容的，这也是论者所赞同的，既然如此，将其作为客观处罚条件还合适吗？可见，性质定位是引鉴客观处罚条件概念的前提，论者上述观点虽足够新颖，但要自圆其说，客观处罚条件概念和性质界定乃是不容回避的基本前提，遗憾的是在文中却未见只言片语。

概念。[1] 正是在这个意义上，陈兴良教授才明确表示:“罪量要素作为客观处罚条件来看待是妥当的。”张明楷教授也指出:“如果将客观处罚条件作为犯罪成立条件之一，客观的超过要素则属于客观处罚条件。”[2] 至此，关于罪量因素地位问题，实际上就演变为，罪量因素能否被视作传统三阶层犯罪构成要件以外的第四个犯罪成立要件? 如果能，应当在多大范围内承认它? 确定其范围的标准何在?

二、未遂论: 引入客观处罚条件概念的中国场域?

如前所述，熊琦博士为解决“未达结果犯之结果罪量标准的不应认定为犯罪”与“犯罪结果未实现，否认的是该罪既遂，而非该罪成立”两个命题之间的体系性矛盾，在拒绝“个罪设置之犯罪成立模式”[3] 这一解决方案的前提下，主张引鉴德国模式的客观处罚条件（即犯罪成立条件说），将结果犯的罪量结果作为客观处罚条件。从未遂论视野论证引鉴客观处罚条件的合理性，的确是不同以往的全新视角，但笔者认为，这种观点“捡了芝麻，丢了西瓜”，得不偿失。

首先，熊琦博士表示，客观处罚条件不属于不法构成要件，“客观处罚条件最大的特征在于它独立于构成要件之外，因此不是故意的认知内容，也不一定非要以过失而引起”。“犯罪本质——法益侵害，即使不通过犯罪的客观处罚条件也已得到体现，这个条件产生与否，并不是犯罪本质之所在。”[4] 可是，在以罪量程度区分一般违法与犯罪的二元制裁体系下，罪量条件往往是区分行为违法与犯罪的唯一标准，只有达到法定的罪量标准，

---

[1] 参见冯军:《德日刑法中的可罚性理论》，载《法学论坛》2000 年第 1 期；刘士心:《犯罪客观处罚条件刍议》，载《南开学报》（哲学社会科学版）2004 年第 1 期；王钰:《客观处罚条件之提倡》，载赵秉志主编:《刑法论丛》（第 22 卷），法律出版社 2010 年版，第 284 页；等等。

[2] 张明楷:《刑法学》（第 5 版），法律出版社 2016 年版，第 262 页注 40。

[3] 关于“犯罪成立模式说”，可参见张明楷、黎宏、周光权:《刑法新问题探究》，清华大学出版社 2003 年版，第 175 页以下。

[4] 熊琦:《德国刑法问题研究》，台北元照出版公司 2010 年版，第 86—87 页。

方能表征行为的法益侵害达到了可罚的违法程度。可见，类似盗窃罪的“数额较大”、生产、销售伪劣产品罪的“销售金额5万元以上”等罪量因素，都是法益侵害、违法性的表征。既然是表征法益侵害的不法要素，那就理应成为行为人主观罪过的认识内容，否则，有违罪责原则，有结果责任和意外责任之嫌。可见，熊琦博士所列举的盗窃罪和生产、销售伪劣产品罪中的罪量因素，不能作为与违法和罪责无涉的客观处罚条件。

其次，罪量是一定罪体的积量，离开罪体，罪量犹如无源之水、无本之木，只是些空洞的数字符号。例如，盗窃罪之“数额较大”是指所窃财物（结果）价值数额较大；生产、销售伪劣产品罪之“销售金额5万元”也是指销售所得（结果）金额5万元，离开结果，数额无所依托。这表明若将“数额较大”“销售金额5万元”作为客观处罚条件，就必须将结果一并带入，如此，盗窃罪与生产、销售伪劣产品罪岂不成了没有结果的行为犯？显然这与论者“结果犯中的定量因素”（上述二罪正是论者重要的例证）[1]这一基本命题相冲突。

再次，将罪量因素作为犯罪成立的客观处罚条件，意味着所涉罪名只要未达到作为处罚条件的罪量标准，犯罪就不成立。这一结论，难以解释司法解释中对未达罪量标准，但具备特定情节的盗窃、诈骗和生产、销售伪劣产品等行为以相关犯罪的未遂犯定罪处刑的规定；难以解释司法实践中处理罪量结果犯未遂的实例。[2]倘若以此主张修改司法解释，恐怕又不

[1] 当然，上述两罪的数额规定是否是对结果的定量还有异议。有学者主张盗窃罪是行为数额犯（参见刘之雄：《数额犯若干问题新探》，载《法商研究》2005年第6期）；也有学者认为《刑法》140条规定的销售金额5万元以上，不是对结果的要求，而是对本罪行为程度的要求（张明楷、黎宏、周光权：《刑法新问题探究》，清华大学出版社2003年版，第173页）。

[2] 2002年2月，上海市某区法院审理一起销售侵权复制品案。被告人蔡某某为非法牟利，在1997年至2001年3月，从广州等地购入大量盗版CD光盘，并在其音像公司销售。2001年3月，警方与文化稽查人员一起在其租借创库内查获存放的盗版光盘292,500片。法院认为，被告人以营利为目的，销售明知是侵权的复制品，数额巨大，行为已构成销售侵权复制品罪，由于销售品种、数量难以查考，仅以在仓库查获的盗版光盘数量定罪量刑，同时鉴于被告人认罪态度较好，盗版光盘尚未销售属犯罪未遂，比照既遂犯从轻处罚，最终以销售侵权复制品罪判处拘役5个月，罚金人民币5000元，赃物没收（参见《音像市场的刑法保护》，http://www.shdf.gov.cn/cms/html/308/3452/200403/753069.html，最后访问时间：2013年3月8日）。

是规范论应有的立场。

最后，将罪量因素作为客观处罚条件，同样没有说明为什么其他结果犯之结果是构成要件要素，影响犯罪既未遂形态；而罪量结果犯之结果却是客观处罚条件，决定犯罪成立。这不正是论者所说的体系性困境吗？

可见，论者看似解决了矛盾，实则造成更致命、更具体系性的冲突。在笔者看来，即便是坚持“个罪设置的犯罪既遂模式”[1]，已有的理论工具完全可以解释论者提到的困境，无须因此引鉴客观处罚条件概念：

故意犯罪总是一定的形态（既遂或未遂）呈现。对结果犯而言，行为人主观上追求的，客观行为所能实现的，作为构成要件、反映犯罪法益侵害性的结果没有发生，就是未遂，罪量结果犯也不例外。盗窃分文未得或得之甚少，伪劣产品未销售或销售金额较小，就是危害结果未发生、就是未遂。可是，诚如我国台湾学者所言，“构成要件规定”区别于“构成要件该当行为的可罚性规定”，只要刑法分则上存在某个“既遂构成要件”，就可以依第 25 条第 1 项（即台湾地区刑法总则中未遂之规定）将之修正为“未遂构成要件”，但行为人即使具有该“未遂构成要件”的构成要件该当性，也未必是“可罚的”，因为“未遂构成要件”未必是“可罚的”构成要件。[2] 这一判断同样适用于大陆刑法，只不过“大陆法系国家不处罚犯罪未遂是‘法律不可能’，而我国刑法不处罚犯罪未遂是‘事实不可能’”[3]。在日本及我国台湾地区刑法中，从“未遂”向“可罚的未遂”构成要件过渡的必要条件是显性的，即分则中类似“前款之未遂犯，罚之”这样的明文规定；而在我国刑法中，这一过渡条件并未显性规定，而是隐含在刑法规定和违法 + 犯罪的二元制裁模式中：我国刑法并未规定未遂处罚“以法律明确规定为限”，但这并不意味着分则所有故意犯罪的未遂都要处罚，这

[1] 犯罪成立模式与犯罪既遂模式之争，可参见王志祥：《犯罪既遂新论》，北京师范大学出版社 2010 年版，第 34 页以下。

[2] 郑逸哲：《修正构成要件》，载《月旦法学教室》2006 年第 49 期。

[3] 于志刚：《关于数额犯未遂问题的反思》，载赵秉志主编：《刑法论丛》（第 21 卷），法律出版社 2010 年版，第 67 页。

既不合理也不现实。犯罪是严重侵害（威胁）法益的行为，犯罪未遂也不例外；即并非任何没有发生结果的危害行为都构成犯罪未遂，只有其中社会危害性仍然达到应受刑罚处罚程度的行为，才可能是犯罪未遂。[1]我国刑法中包含罪量因素的犯罪（简称罪量犯），法定刑配置大多为3年以下有期徒刑或拘役，几乎所有罪量犯配置的法定刑都有拘役，[2]这表明在我国，罪量因素均为轻罪所配备。在以犯行程度区分违法与犯罪的二元治理模式下，坚持个罪设置之犯罪既遂模式，就表明达到罪量程度的行为既遂才刚刚达到成立犯罪、科处刑罚所需的可罚违法程度，那么，违法程度明显更低的行为未遂，自然不可能达致成立犯罪所需的可罚违法程度，这才有了“盗窃分文未得或得之甚少、销售金额不满5万元的，一般不认为是犯罪，仅以行政处罚”的结论。

可见，合理的推理过程是：结果未发生或未达罪量标准→行为未遂→未达可罚程度，不是犯罪未遂→不成立犯罪。因此，有必要区分行为未遂与犯罪未遂两个概念，“未遂行为是否属于犯罪未遂，还取决于对其能否排除符合《刑法》第13条但书规定的可能性，只有具有刑事可罚性的行为未遂才是犯罪未遂”[3]。这样，方可以说，“（1）罪质严重的未遂应当以犯罪未遂论处，如故意杀人未遂、抢劫未遂、强奸未遂等；（2）罪质一般的未遂，只有情节严重时，才能以犯罪未遂论处，如盗窃未遂、诈骗未遂等；（3）罪质轻微的未遂不以犯罪论处，如非法侵入住宅未遂、侵犯通信自由未遂等”[4]。“以最高法定刑为3年有期徒刑区分重罪与轻罪，重罪可以考虑处罚其未遂形态，轻罪则没有必要处罚其未遂形态。”[5]

如此解读，不仅可以合理解释关于处罚盗窃未遂、诈骗未遂以及生产、

---

[1] 张明楷、黎宏、周光权：《刑法新问题探究》，清华大学出版社2003年版，第171—172页。

[2] 仅《刑法》第448条的“三年以下有期徒刑”；第152条第2款、第428条、第429条、第444条的“五年以下有期徒刑”未配置拘役刑。

[3] 王志祥：《犯罪既遂新论》，北京师范大学出版社2010年版，第253页；相同意旨也见屈学武：《“基本犯罪构成”与“犯罪成立”关系疏议》，载《人民检察》（上）2005年第6期。

[4] 张明楷：《刑法学》（第5版），法律出版社2016年版，第332页。

[5] 黎宏：《刑法总论问题思考》，中国人民大学出版社2007年版，第427页。

销售伪劣产品未遂的司法解释规定，而且能够妥善解决这些犯罪未遂“从轻、减轻处罚”所比照的既遂犯的法定刑基准问题。(1) 如上所述，一般而言，罪量犯之行为未遂，因尚未达到可罚的违法程度，因而不能以犯罪处理，但并不排除该行为未遂具备某些特殊情状，而有严重的危害性，应以犯罪未遂追究刑事责任。唯有如此，相关司法解释才有存在的可能性。(2) 在罪量犯既遂中，罪量无疑是行为法益侵害程度、违法性的重要表征，如盗窃、诈骗财物的数额、销售产品的金额等；但在罪量犯行为未遂中，客观的罪量因素并未发生。因此，只能寻找其他可能表征行为危害程度的因素，作为判断该行为未遂是否已经达到需要刑罚处罚的犯罪未遂的危害程度标准，“盗窃或诈骗的目标”“未销售产品的货值”等客观情状就被选中，成为重要的衡量标准。(3) 既然犯罪未遂的认定离不开犯罪人的主观意图，而在上述罪量犯未遂中，“盗窃或诈骗目标”“产品货值”虽能在一定程度上体现行为的危害程度，但却并不一定能够表征行为人的主观意图，换言之，客观行为对象是“数额巨大的财物”并不能排除合理怀疑地证明行为人主观上一定是“为了达到数额巨大的财物”的主观意图。因此，客观上以“数额巨大的财物”为对象成立的犯罪未遂，原则上也只能适用数额较大的基本犯既遂的法定刑档作为从轻、减轻处罚的基准，这也是存疑有利于被告原则的当然结论。[1]

可见，司法实践中，未达罪量标准的行为，不以犯罪论处，不是因为“罪量因素决定犯罪成立，而与犯罪未遂无关；或者说罪量犯没有未遂”这样的说辞。罪量犯也有未遂，只是因为罪量犯作为轻罪，其行为未遂一般难以达到可罚的违法程度，难以作为犯罪未遂以犯罪论处。因为省略了中

---

[1] 详见本书第五章第三节第一部分。也可以从区分加重构成与量刑规则的视角解读罪量犯未遂问题（详见本书第五章第三节第二部分）。当然，生产、销售伪劣产品罪（未遂）比较特殊。考虑到该罪的法益是“正常的市场交易秩序和消费者的合法权益”，单纯的生产或尚未销售的行为，恐怕还很难说对该法益的侵害达到了紧迫危险的程度，而难以认为已经着手实行；换言之，单纯的生产或备货行为更像是预备，而非着手未遂。因此，处罚这种行为或者以未遂处罚这种行为，就有待商榷（就此详解，可参见张明楷、黎宏、周光权：《刑法新问题探究》，清华大学出版社 2003 年版，第 171 页以下）。

间推理环节，而造成误解，实在遗憾。在厘清之后也就意味着，我国刑法视野下的罪量犯未遂所遭遇的问题，并非主张处罚条件说可靠的论据。

另外，还有必要提及于志刚教授的观点。针对数额犯未遂问题，于志刚教授同样反对客观处罚条件说，也否定分则规定犯罪成立模式说的解决方案，他认为：犯罪完成形态与未完成形态的区别在于犯罪构成要件要素的结构不同；而数额犯中的“数额”是构成犯罪的定量要件，是犯罪构成的量化因素；与构成要件要素限定构成要件不同，犯罪构成的量化因素是犯罪构成整体的一个组成部分，限定的是犯罪构成整体。“数额”的价值和作用是确定罪与非罪的界限，一旦完成罪与非罪的判断，数额在犯罪构成中的作用和价值即已穷尽。[1] 但这一主张似乎值得商榷：

其一，将“数额”视为犯罪构成量化因素，作为犯罪构成整体的一个组成部分，表明论者将“数额”作为一个独立的犯罪构成要件。可是，构成要件应该以具体的构成要件要素作为内容，没有具体要素的构成要件难以担当犯罪成立法定标准的重任（传统四要件体系中的客体要件饱受质疑便在于此）。那么，作为构成要件的“数额”的具体内容是什么？毫无疑问只能是数额，数额要件的具体内容是数额要素，显然是没有实意的同语反复。而且，在论者的具体论述中，作为犯罪构成量化因素的数额实际上是作为行为形态的数额，是“行为实现事先指向的确定数额”“行为人事先意图的预期数额”，[2] 这显然与分则中所规定的，依附于一定的行为或结果，表征行为或结果的客观法益侵害、违法性程度的数额，已经不属于同一概念了。[3]

其二，论者立论的基础是：“犯罪构成是犯罪既遂、未遂的前提，只

---

[1] 参见于志刚：《关于数额犯未遂问题的反思》，载赵秉志主编：《刑法论丛》（第 21 卷），法律出版社 2010 年版，第 65—67 页。

[2] 参见于志刚：《关于数额犯未遂问题的反思》，载赵秉志主编：《刑法论丛》（第 21 卷），法律出版社 2010 年版，第 70 页以下。

[3] 依据论者主张，后一数额是在前一数额决定犯罪成立的基础上，进一步判断犯罪既未遂的标准［于志刚：《关于数额犯未遂问题的反思》，载赵秉志主编：《刑法论丛》（第 21 卷），法律出版社 2010 年版，第 70 页］。

有行为构成犯罪，才能谈犯罪的既遂、未遂形态，犯罪的既遂、未遂形态是犯罪成立后犯罪行为的具体表现形态。犯罪未遂和犯罪既遂是犯罪成立之后的次一级判断。”[1]尽管这一论断在我国刑法理论中具有相当的代表性，但在笔者看来，这一论断更像是遵循作为事实学的行为科学的行为发生顺序，而并非作为规范学的刑法学的逆序求证顺序——在行为的发展过程中，似乎可以人为地确定一个点，当行为达到或超过这个点时，该行为就成立犯罪，在此基础上，倘若行为继续发展直至终点，犯罪完成，即犯罪既遂；倘若行为中途因意志以外的原因停止下来，则犯罪未完成，即犯罪未遂；这显然是从行为发生的视角展开的。可站在作为规范学的刑法学的立场，我们首先面对的是一个已然状态（呈终局、停止状态的行为），这个已然状态或者以完成形态，或者以未完成形态呈现；然后我们才会前溯性地去判断，这一已然状态是否超过了那个人为确定的作为犯罪成立最低标准的点。可见，犯罪总是以一定形态呈现，离开具体形态去谈论犯罪成立并不现实，“犯罪成立并非一种孤立存在的现象，总是要通过一定的具体犯罪形态表现出来”[2]。理论上我们可以区分犯罪成立与犯罪形态，可以去探讨犯罪成立的最低标准，但如果就此得出犯罪构成与犯罪形态分离，犯罪形态是犯罪成立之后的次一级判断，恐怕并不适合，也不符合现实情况。

其三，论者文末对司法解释的批评和修改立场，也是本书所坚持的刑法解释学立场所不推崇的结论。

---

[1] 于志刚：《关于数额犯未遂问题的反思》，载赵秉志主编：《刑法论丛》（第21卷），法律出版社2010年版，第65页。

[2] 王志祥：《犯罪既遂新论》，北京师范大学出版社2010年版，第15页。

三、违法论：真正的客观处罚条件之辨

（一）客观处罚条件的简要回顾

客观处罚条件概念最早由Binding系统提出。[1]Binding创立了规范理论，主张犯罪本质乃规范之违反，刑罚法规乃是将规范之侵害行为（Delikt）与刑罚效果相连结。但在实定法的刑罚法规中，却可发现与Delikt全然无关之构成部分，即不单仅有Delikt，此外还含有刑罚效果之条件。Delikt即称为规范违反性要件或违法要件，故意和过失原则上只需要概括到违法要件，不需要覆盖到与规范无关的组成部分。客观处罚要件无须被罪责包含。[2]在规范理论下，处罚条件因为与行为之规范违反无关，而被认为是不法（违法）之外的客观可罚性要素。在之后的历史演进中，尽管规范理论本身并未得到广泛认同，但客观处罚条件作为不法以外的可罚性要素的观念却得到贯彻。既然是不法以外的客观要素，一方面，罪责原则无须覆盖到这些要素；另一方面，也表明不法已经由处罚条件之外的其他要素表征，将一个已经具备不法与罪责的构成要件该当行为的可罚性，寄托在附加的、不法与责任之外的条件之上。因而，客观处罚条件被解读为一种刑罚限制事由（Strafeinschränkungsgrund）。[3]可见，从原初与基本的意义上，立法者是基于需刑罚性（Strafbedürfnis）或者刑罚经济性（Bestrafungsökomonie）的考虑，特别为某些可罚行为设定刑罚限制事由，以便限缩刑法干涉的范围。[4]这种纯粹的刑罚限制条件被耶塞克教授

---

[1] 根据日本学者的考证，最早提出客观处罚条件概念的当属Francke，但他只是指出了这种现象，并无系统的探讨，而Binding同年（1872年）较晚提出，但却有相对全面系统的论述（参见［日］松原芳博：《犯罪概念と可罰性——客観的処罰条件と一身的処罰阻却事由について》，成文堂1996年版，第28页）。

[2] 参见［日］北野通世：《客観的处罚条件论（一）》，载《山形大学纪要》（社会科学）第24卷（1993年）第1号；许恺哲：《客观处罚条件之研究》，台湾成功大学法律学研究所2002年硕士论文，第18页以下；王钰：《对客观处罚条件性质的历史性考察》，载《清华法学》2012年第1期。

[3] 参见林山田：《刑法通论》（上册），北京大学出版社2012年版，第265页以下。

[4] 参见林钰雄：《新刑法总则》，中国人民大学出版社2009年版，第247页；［德］克劳斯·罗克辛：《德国刑法学总论》（第1卷），王世洲译，法律出版社2005年版，第691页。

称为“真正的（纯正的）处罚条件”[1]；意大利学者帕多瓦尼教授和我国学者周光权教授则将这种不法中立性条件称作“外在的（外部的）客观处罚条件”[2]。因此，某个要素是真正的客观处罚条件抑或不法构成要件要素，判断的关键乃是该要素与该罪的不法内涵有无关联；某个要件是否属于真正的客观处罚条件，审查的方法就是将该要件自条文中抽掉，再看看剩下来的要件是否足以建构犯罪的不法内涵以及反映法益的侵害。倘若抽掉该要件，剩余者仍然足以呈现行为的不法评价以及法益的侵害，则该要件应该就是一个真正的客观处罚条件。[3]

许玉秀教授并不认同将客观处罚条件理解为刑罚限制事由。她指出：“将客观处罚条件解释为限制刑罚事由或扩张刑罚事由，看起来只是两种不同的观察角度。前者说，如果不具备客观处罚条件，则不构成犯罪，不予处罚，因此有限制刑罚范围的作用；后者说，对客观处罚条件行为人无

[1] ［德］汉斯·海因里希·耶塞克、［德］托马斯·魏根特：《德国刑法教科书》，徐久生译，中国法制出版社 2001 年版，第 667 页。

[2] 参见［意］杜里奥·帕多瓦尼：《意大利刑法学原理》，陈忠林译，法律出版社 1998 年版，第 387 页；周光权：《论内在的客观处罚条件》，载《法学研究》2010 年第 6 期。

[3] 参见卢映洁：《客观处罚条件之“真伪”审查》，载《台湾法学杂志》2011 年第 169 期；柯耀程：《刑法概论》，台北元照出版公司 2007 年版，第 234 页；吴耀宗：《肇事逃逸罪：第二讲——各个要素的解析》，载《月旦法学教室》2010 年第 98 期。正因如此，对个罪法益的认识差异，也可能导致关于某一要件是客观处罚条件抑或构成要件要素的判断不同：以台湾地区“刑法”第 185 条之 4 的肇事逃逸罪中的“致人死伤”为例，“致人死伤”是处罚条件还是构成要件要素？有人认为，肇事逃逸罪保护之法益乃“事故中个人生命身体安全”，若将“致人死伤”这一要件抽离，条文将丝毫无法反映该法益之保护，故“致人死伤”一定是构成要件要素（同上，卢映洁文）。也有人认为，本罪保护法益并非“个人生命身体安全”而是“协助确认事故与责任归属”，只要行为人肇事逃逸即影响执法人员对肇事原因之确认与责任归属之厘清，已具备本罪之不法，条文另外设立“致人死伤”要素，只能说是立法者应该是基于某种刑事政策的理由将本罪处罚范围限缩在“致人死伤”之情形。“致人死伤”在性质上应理解为客观处罚条件（同上，吴耀宗文）；还有人认为，肇事逃逸罪之立法旨趣在于维护公众往来交通之安全，而致人死伤之结果，刑法本来即有违背义务遗弃罪、过失致死或过失轻伤重伤罪之规范，亦即行为人肇事若致人无自救能力而不予救护，可成立违背义务遗弃罪，若系肇事致人死伤，可依过失致死或过失轻伤重伤罪加上肇事逃逸罪论处，因此，肇事逃逸罪并非系以“致人死伤”为构成要件要素，将其定为客观处罚条件，始符合本罪立法意旨（余振华：《肇事逃逸罪之规范评价》，载《月旦法学杂志》2011 年第 193 期）。

故意或过失，犯罪依然成立，排除了有责原则的适用，扩张了处罚的范围。硬要把这种客观处罚条件解释成限制刑罚事由，是一种诡辩。”在她看来，所有的客观处罚条件其实都是刑罚扩张事由。[1] 梁根林教授也持相同看法。[2]

在笔者看来，这一主张实际上是以论者根本否定客观处罚条件的存在，或者至少是不承认不法中立性的真正的客观处罚条件的存在为前提的，正如梁根林教授所言：“在规定客观处罚条件的犯罪构成中，行为人虽然有责地实施了该当构成要件的行为，但其行为本身的违法性和责任尚不足以支撑刑罚上的可罚性，它充其量只能算是一个因具有‘类型化危险可能性’而具有潜在可罚性的行为。其潜在可罚性的现实化，取决于客观处罚条件是否成就。是客观处罚条件将构成要件行为的潜在可罚性现实化，否则，构成要件行为至少在刑法上就可能是不具现实可罚性的可以暂时容忍的行为。因此，客观处罚条件必须被解释为构成刑罚或者加重刑罚的事由，通称刑罚扩张事由。”[3]“将潜在可罚性现实化”表明论者否定存在与不法无关的真正的客观处罚条件。倘若承认不法中立的真正的客观处罚条件的存在，显然是不能将其视为刑罚扩张事由的，因为“扩张”是针对其排除有责原则的适用而言的，但真正的客观处罚条件，因为根本与不法无涉，原本就不应当为罪责所覆盖，又何来“扩张”一说呢；反倒是将原本不法和有责的行为的可罚性附加了另一条件，可谓刑罚“限制”事由。由此，问题演变为：在我国刑法，尤其是罪量因素的规定中，是否存在不法中立的真正的客观处罚条件？

（二）作为真正的客观处罚条件的罪量因素

罗克辛教授将上揭所谓真正的客观处罚条件作为“超然于不法和罪责

---

[1] 参见许玉秀：《当代刑法思潮》，中国民主法制出版社 2005 年版，第 105—106 页。

[2] 参见梁根林：《责任主义原则及其例外》，载《清华法学》2009 年第 2 期。

[3] 梁根林：《责任主义原则及其例外》，载《清华法学》2009 年第 2 期。

之外的第四个犯罪范畴”[1]。从体系上看，陈兴良教授将作为客观处罚条件的罪量要件视为独立于罪体与罪责要件之外的第三个犯罪构成要件，与罗克辛教授的观点可谓异曲同工。但是，第四个犯罪范畴与罪量要件，在内容上却有天壤之别，而恰恰是内容上的差别，可以反思“罪体一罪责一罪量”体系建构的合理性：

其一，如前所述，将罪量要素排除在罪责原则涵盖的范围之外，正是罪量要件作为独立的第三个构成要件的重要理由。从结论上看，罪量要件与第四个犯罪范畴都强调“与罪责无涉”；但从原因上看，作为第四个犯罪范畴的真正的客观处罚条件之所以不为罪责原则所覆盖，是因为其不法中立的性质；显然，罪量因素并非都具备这一性质。事实上，绝大多数罪量因素，都直接附着于行为或结果，直接表征法益侵害的程度，与不法内涵密切关联，将不法要素排除在罪责原则之外，是结果责任和偶然责任的表现，结论难以接受。

其二，与罪责原则之间的冲突，一直是客观处罚条件概念备受诟病的原因。正因如此，即便承认这一概念，学者也都持谨慎态度，严格限制其范围——“客观处罚条件作为责任主义原则的例外，只能作为个别、特殊和偶然的刑法现象，绝不能随意或者扩大解读我国刑法中类似客观处罚条件的范围”[2]。若将我国刑法中颇具普遍性的罪量因素，都作为客观处罚条件，显然与对该概念应当保有的克制品质不相吻合，例外变成普遍现象，对责任主义的冲击可能是毁灭性的。

其三，复合性，即其内容既有主观要素又有客观要素，是主、客观的统一，此为罪量的特征之一。[3]既然包括主观要素，将其一并当作“客观”的处罚条件，并不妥当。

综上，将罪量因素（尤其是绝大多数作为不法表征的罪量因素）作为

---

[1] ［德］克劳斯·罗克辛:《德国刑法学总论》（第1卷），王世洲译，法律出版社2005年版，第695页。

[2] 梁根林:《责任主义原则及其例外》，载《清华法学》2009年第2期。

[3] 参见陈兴良:《规范刑法学》（第3版），中国人民大学出版社2012年版，第194页。

独立于罪体和罪责之外的第三个构成要件，割裂了罪量因素与不法、罪责之间的关联，是对责任主义的大面积背反。在本书看来，我国刑法罪量因素之规定，仅有极个别的内容可能被视为不法中立的真正的客观处罚条件：

1. 作为犯罪行为报酬的违法所得数额，可视为真正的客观处罚条件。[1] 如《刑法》第 217 条、第 218 条中的“违法所得数额较大（巨大）”。[2] 作为行为报酬的违法所得，指犯罪人获利，而非犯罪本质——法益侵害的表征，“我们可以说违法所得数额多社会危害性更大，但绝不能说违法所得数额少社会危害性便小”[3]。可见，行为人获利多少，与行为的不法程度并无逻辑上的关联性，或者说作为行为报酬的违法所得，不是不法关联的构成要件要素，不是“典型构成要件不法（行为不法与结果不法）的含量要求”[4]。立法将获利作为犯罪成立的罪量标准，虽说可能是受到对犯罪本质理解错位的影响，但也不排除立法者出于减少诉讼上证明困难的考虑。因此，可以将违法所得数额视为真正的客观处罚条件，进而也不作为行为人主观认知的对象。[5]

2. 以犯罪后的悔罪表现、被害人谅解作为犯罪成立情节要求的，可视为真正的客观处罚条件。例如，2006 年 1 月 23 日《最高人民法院关于审理未成年人刑事案件具体应用法律若干问题的解释》第 9 条第 1 款就将“案发后能如实供述全部盗窃事实并积极退赃”与其他因素一起，作为认定未成年人盗窃行为“情节显著轻微危害不大，不认为是犯罪”的情形；第 3 款还规定，（未成年人）盗窃其他亲属财物但其他亲属要求不予追究

---

[1] 相同结论也见柏浪涛：《构成要件符合性与客观处罚条件的判断》，载《法学研究》2012 年第 6 期。

[2] 司法解释中将“获利数额”作为犯罪成立“情节严重”罪量要素之“情节”内容的情况也较为常见。

[3] 张明楷、黎宏、周光权：《刑法新问题探究》，清华大学出版社 2003 年版，第 182 页。

[4] 参见王莹：《情节犯之情节的犯罪论体系性定位》，载《法学研究》2012 年第 3 期。

[5] 当然，不是所有“违法所得数额”都可视为客观处罚条件，有些“违法所得数额”的内容实际上具有双重属性。例如，财产取得型犯罪的违法所得数额，实际上与被害人财产损失是同一的，实际上是对行为对象的表征；再如，伪造货币所得之假币数额，实际上是伪造行为规模的表征。这种“违法所得数额”与行为的法益侵害程度成正比，有逻辑关联性。

的，可不按犯罪处理。“不认为是犯罪”“不按犯罪处理”即否定犯罪成立，而影响犯罪成立的因素却是犯罪后的悔罪表现、被害人谅解这样与已然犯罪的不法无关的事后情形。因此，可以将这种基于刑事政策原因而提出的“阻却犯罪成立的事由”的反面视为真正的客观处罚条件。

2000 年 11 月 15 日《最高人民法院关于审理交通肇事刑事案件具体应用法律若干问题的解释》还指出:“交通肇事致一人以上重伤，负事故全部或者主要责任，为逃避法律追究逃离事故现场的，以交通肇事罪定罪处罚。”显然，这是将法益损害发生后的“为逃避法律追究逃离事故现场”这一情状，作为交通肇事罪的成立条件。从措辞上看，“为逃避法律追究”的表述，表明行为人事后对待法律的态度，这种将法益损害发生之后的对待法律的态度，作为交通肇事罪成立的条件之一，可以将该条件理解为真正的客观处罚条件。但是，有疑问的是，“行为人事后对待法规范的态度具有的是影响量刑的功能，甚至可能具有消极的出罪功能，但是，不应该具有积极的入罪功能，否则，就违反了行为刑法的要求”[1]。正因如此，学理上有观点主张在“不履行救助义务，以致给被害人造成重伤、死亡危险”的意义上理解“逃离事故现场”，如果这一理解成立，“逃离事故现场”就是影响不法的因素，而非客观处罚条件了。当然，这样理解也面临着如何合理解释司法解释中“逃离事故现场”的前缀“为逃避法律追究”的明文限定这一难题，值得研究。

此外，还有几种疑似属于真正的客观处罚条件的罪量因素规定的情形需要谈论。

1. 情节严重。关于它的定位，有学者主张，应当区别“情节”与“严重”，“情节”本身为行为违法提供实质根据，是违法不可或缺的构造材料，属于不法构成要件要素；而“严重”作为对行为违法程度的评价标准，不是不法构成要件要素，但又能决定刑罚的启动，因而是一种客观处罚条

[1] 冯军:《刑法中的责任原则》，载《中外法学》2012 年第 1 期。

件。[1]这种观点，混淆了价值评价和事实存在之间的逻辑范畴，值得商榷。客观处罚条件，不论是作为犯罪成立的条件，还是作为单纯的刑罚启动要件，都应当是一种实在的事实概念，而不是对现实事实的价值评价，如在德日刑法中，被视为客观处罚条件的破产犯罪中破产程序的开始、事前受贿罪中的事后就任等，都是一种客观事实。在这一点上，客观处罚条件与不法构成要件要素是属于同一范畴的；而情节严重的“严重”是一种整体的违法性价值评价，既然如此，又如何可以将其视为属于事实范畴的客观处罚条件概念呢？道理如同“我们不可能将构成要件该当的事实（要素）本身与对该当事实的实质违法性的价值评价二者相提并论”一样。

2. 以“致使（当事人或近亲属）自杀、自残”作为犯罪成立“情节严重”之“情节”的。例如，2006 年 7 月 26 日《最高人民检察院关于渎职侵权犯罪案件立案标准的规定》第 1（6）条规定：“民事、行政枉法裁判案……涉嫌下列情形之一的，应予立案：1. 枉法裁判，致使当事人或者其近亲属自杀、自残造成重伤、死亡，或者精神失常的。”[2]从司法解释的表述上看，似乎表明只要行为人行为导致被害人自杀、自残，即属于情节严重，构成犯罪。若此为真，“致使自杀、自残”似乎只能解释为真正的客观处罚条件。理由是：首先，被害人或近亲属选择自杀、自残，与行为人实行行为的危害程度之间并无逻辑上的关联性；其次，既然自杀、自残等情状不属于作为强奸罪、抢劫罪加重结果的“致人重伤、死亡”的该当事实，似乎也没有理由将自杀、自残等情状作为使枉法裁判之一般违法行为的违法（法益侵害）程度上升到枉法裁判罪的可罚违法程度的加重事由。犯罪成立取决于与不法没有逻辑关联性的事由，该事由似乎可以视为真正的客观处罚条件。[3]不过，本着严格限制客观处罚条件的立场，犯罪成立完全取决于与行为人行为没有逻辑关联的、可能完全是在行为人意料之外的、

[1] 参见柏浪涛：《构成要件符合性与客观处罚条件的判断》，载《法学研究》2012 年第 6 期。

[2] 同一《规定》第 1（34）条关于招收公务员、学生徇私舞弊案的立案标准也有类似规定。

[3] 类似主张参见王莹：《情节犯之情节的犯罪论体系性定位》，载《法学研究》2012 年第 3 期；柏浪涛：《构成要件符合性与客观处罚条件的判断》，载《法学研究》2012 年第 6 期。

偶然的事件，总让人感觉不合适。从立法论的立场，这样的立法或司法解释应当避免；而从解释论的立场，笔者认为，可以考虑限制解释，即只有在行为较为严重、恶劣的前提下致使他人自杀、自残的情况才可能作为情节严重，换言之，不是因为引起他人自杀、自残就认定行为严重恶劣、情节严重，构成犯罪，而是将导致他人自杀、自残看成是一个间接证据或线索，当发生自杀、自残时，再前溯性地去考察之前的实行行为是否属于手段恶劣、残忍等情况，如果属于，才因为其实行行为本身的严重、恶劣，而认为情节严重，构成犯罪。如果将"致使自杀、自残"解释为一个间接证据或线索，那么，它就不是真正的客观处罚条件了。[1] 同理，"刑讯逼供，造成错案"的情节严重之情形，也应以相同的理解为妥。

3.《刑法修正案（八）》新增的第 276 条之一拒不支付劳动报酬罪中的"经政府有关部门责令支付仍不支付的"，似有客观处罚条件之形，却无真正的客观处罚条件之实。刑法理论一般认为，欠债不还只是民事纠纷，不能论以侵占罪；刑法规定拒不支付劳动报酬罪，实际上将部分欠债行为犯罪化，虽说所欠为"薪"，即对象具有特殊性，但严格控制刑法介入的范围和程度也是必要的。"拒不支付"与"拖欠工资"之间往往没有清晰的界限，转移财产或逃匿等方法与不支付劳动报酬之间并没有必然的关联，"即使行为人转移财产或者逃匿，但只要支付了劳动报酬，就不可能构成本罪。反之，只要不支付劳动报酬，即使行为人既不转移财产又不逃匿，也可能构成本罪"[2]。这表明，仅通过转移财产或逃匿等常见的方法行为来确证行为人拒不支付的主观意图是不现实、不可靠的。因此，"经政府有关部门责令支付仍不支付"不仅是刑法介入之最后手段性要求的体现，也是进一步证实行为人主观意图的确凿证据。可见，"责令支付仍不支付"正是行为

[1] 而且，比较同一《规定》第 2（3）—（6）条关于刑讯逼供案、暴力取证案、虐待被监管人案、报复陷害案立案标准的表述——"× × 行为，情节严重，导致被害人自杀、自残造成重伤、死亡，或者精神失常的"，也可佐证本书限制解释是合理的。因为，第 2（3）—（6）条表述的逻辑顺序表明，只有情节严重导致的被害人自杀、自残等，才属于该罪情节严重之情节要求。

[2] 张明楷:《刑法学》（第 5 版），法律出版社 2016 年版，第 1028 页。

之违法程度达到可罚程度的重要表征，毋宁说，拒不支付劳动报酬罪就是“责令支付仍不支付”的不作为犯。[1]

4. 倘若主张“事实的处罚阻却事由”与客观处罚条件是一体两面，[2] 那么，《刑法》第 201 条逃税罪第 4 款“经税务机关依法下达追缴通知后，补缴应纳税款，缴纳滞纳金，已受行政处罚的”和（《刑法修正案（九）》施行之前的《刑法》）第 241 条收买被拐卖的妇女、儿童罪，第 6 款“按照被买妇女的意愿，不阻碍其返回原居住地的，对被买儿童没有虐待行为，不阻碍对其进行解救的”这两个“不予追究刑事责任”的处罚阻却事由 [3] 的反面，似乎也可视为真正的客观处罚条件。因为正是基于税收政策、便于解救被拐妇女、儿童的刑事政策以及行为人非难可能性、特别预防等方面的考虑，才对之前不法且有责的逃税或收买行为不予追究刑事责任，这表明这里的阻却事由与犯罪的不法特征没有关联。

但笔者认为，将上揭处罚阻却事由作为反面的真正的客观处罚条件并不妥当。我国刑法严格区分“不负刑事责任”“免除处罚”和“(可以）不予追究刑事责任”:“不负刑事责任”仅见于精神病人刑事责任、正当防卫和紧急避险的规定中，表明行为根本不是犯罪，不可能追究刑事责任；而“免除处罚”和“不予追究刑事责任”则只是阻却处罚的情形，即只是阻却刑罚权的发动，而不影响犯罪成立本身。“免除处罚”旨在阻却刑罚处罚，即依然可能启动刑事诉讼程序，但不得科处刑罚；而“不予追究刑事责任”则是阻却刑事责任的追究，即不得启动刑事诉讼程序（不得立案、

[1] 也有学者认为“经政府有关部门责令支付仍不支付”这种规定实际上采用了一种二元化犯罪模式（参见姜涛:《恶意欠薪罪若干问题探究》，载《法学论坛》2012 年第 1 期）。

[2] [德] 克劳斯·罗克辛:《德国刑法学总论》(第 1 卷)，王世洲译，法律出版社 2005 年版，第 691 页；周光权:《论内在的客观处罚条件》，载《法学研究》2010 年第 6 期。

[3] 2015 年 8 月 29 日的《刑法修正案（九)》对《刑法》第 241 条第 6 款进行了重大修正，即删除了原条文“可以不追究刑事责任”，改作“收买被拐卖的妇女、儿童，对被买儿童没有虐待行为，不阻碍对其进行解救的，可以从轻处罚；按照被买妇女的意愿，不阻碍其返回原居住地的，可以从轻或者减轻处罚。”免责事由已降格为量刑情节，自然已经不具备判断其是否属于客观处罚条件的可能。当然，修订前的《刑法》第 241 条第 6 款作为一个典型的刑责免责事由，讨论其性质属性，还是具有相当的理论价值的。

起诉和审判）。[1] 显然，“不予追究刑事责任”照应《刑事诉讼法》第15条“其他法律规定免予追究刑事责任”之规定，假如案件已进入审判阶段，应当裁定终止审理，宣告不予追究刑事责任，而非宣告无罪。这表明在我国刑法中，处罚阻却事由之“不予追究刑事责任”的法律后果，与缺乏作为犯罪成立要件的真正客观处罚条件“不构成犯罪”的法律后果是根本不同的。因此，笔者不赞同将上揭处罚阻却事由视为反面的真正的客观处罚条件之规定。

（三）真正的客观处罚条件与不真正的客观处罚条件

周光权教授认为，上揭两例处罚阻却事由并不属于外在的、真正的客观处罚条件，而是将它们视为反面的内在的、不真正的客观处罚条件。[2] 这里有必要讨论周光权教授所谓真正的（外在的）客观处罚条件与不真正的（内在的）处罚条件的区分问题。

周光权教授认为，真正的（外在的）客观处罚条件只是刑罚适用的排除，是刑罚论的讨论范畴。[3] 这与德国学者“区分真正与不真正的客观处罚条件概念”中的真正的客观处罚条件的定位并不相同。只要比较耶塞克和罗克辛二位教授的论述，就不难发现，耶塞克教授所称真正的客观处罚条件的内容，正是罗克辛教授作为犯罪成立的“第四个犯罪范畴”的刑事可罚性的客观条件（客观处罚条件）；而不真正的客观处罚条件的内容，在罗克辛教授看来完全能够被列入行为构成、违法性或责任之中。[4] 而如前文所言，引鉴德国模式的、作为犯罪成立条件的客观处罚条件概念，更加切合我国实际。如果承认“违法所得数额”“悔罪表现、被害人谅解”等

---

[1] 张明楷：《逃税罪的处罚阻却事由》，载《法律适用》2011年第8期。

[2] 参见周光权：《论内在的客观处罚条件》，载《法学研究》2010年第6期。

[3] 周光权：《论内在的客观处罚条件》，载《法学研究》2010年第6期。

[4] 参见［德］汉斯·海因里希·耶塞克、［德］托马斯·魏根特：《德国刑法教科书》，徐久生译，中国法制出版社2001年版，第671—672页；［德］克劳斯·罗克辛：《德国刑法学总论》（第1卷），王世洲译，法律出版社2005年版，第692页以下。

客观事实，虽然与不法没有逻辑关联，但又是决定犯罪成立的要件（要素），那么，就应当承认，与决定犯罪成立的不真正的（内在的）客观处罚条件相对应的，应当是同样作为犯罪成立条件的真正的（外在的）客观处罚条件，而非仅仅是在阻却刑罚、属于刑罚论范畴的意义上使用真正的、外在的客观处罚条件概念。[1] 鉴于此，倒不如区分客观处罚条件与阻却刑罚事由两个概念，前者属于犯罪成立条件的范围，在犯罪成立的视野下复区分为真正的（外在的）和不真正（内在）的客观处罚条件（以违法关联性为标准）；而后者则属于刑罚论范畴，与犯罪成立无关，但却阻却刑罚（免除刑罚）或阻却刑事责任（不予追究刑事责任）。唯有如此，各类情状方可各归其位、各得其所。[2]

并且，具体就周光权教授“将上揭两例处罚阻却事由视为反面的内在的、不真正的客观处罚条件”的观点而言，也值得商榷：一方面，在周光权教授看来，内在的、不真正的客观处罚条件是非典型的违法要素，决定犯罪的成立。而上述阻却事由“不予追究刑事责任”的法律后果是不影响犯罪成立的，仅阻却刑事责任的追究，二者法律后果明显不同；另一方面，从违法性升降的角度理解上述阻却事由，也比较牵强：(1)（依据《刑法修正案（九）》施行前的《刑法》）将“违背被买妇女意愿，阻碍其返回原居住地，或者对被买儿童实施虐待行为，阻碍对其进行解救的”作为客观处罚条件，认为只有在该条件具备时，才能说收买行为潜在的违法性升高到

---

[1] 正因如此，周光权教授所主张的“处罚阻却事由与客观处罚条件是一个问题的正反两面而已”中的“客观处罚条件”指的是内在的（不真正的）客观处罚条件；这与周教授引用的罗克辛教授“事实的处罚阻却事由与客观处罚条件是一体两面，区别纯粹是形式上的”观点中的“客观处罚条件”，已并非如周教授所言“相类似”了。罗克辛教授观点中的“客观处罚条件”是与违法性无关的、作为“第四个犯罪范畴”而决定犯罪成立的真正的客观处罚条件；而对与违法性相关联的、类似“作为非典型的违法性要素之内在的客观处罚条件”的内容，已被罗克辛教授逐出了客观处罚条件概念。

[2] 这里区别于国内学者在“纯粹的刑罚权发动的条件”意义上使用的“纯正的客观处罚条件（诉讼条件）”概念，和在“犯罪成立的特殊要件（一种特殊的客观构成要件要素）”意义上使用的“不纯正的客观处罚条件”概念（参见吴情树：《客观处罚条件研究：构成要件抑或处罚条件》，社会科学文献出版社 2015 年版，第 97 页以下）。

了可罚的程度。这实际上是在收买行为的基础上增加了阻碍返回、虐待、阻碍解救等行为作为犯罪成立条件。问题是，为何收买人没有阻碍、虐待行为的法律后果是“可以不予追究刑事责任”，而非“不认为是犯罪”“不负刑事责任”呢？而且，“可以”也表明刑法保留追究刑事责任的可能性，而这一可能性的前提只能是收买行为本身已经构成犯罪，此其一；其二，倘若行为人收买多人或多次收买，每人每次均无阻碍、虐待等行为，依照周光权教授的观点，行为人依然不构成犯罪，结论恐难接受。(2) 逃税罪立法旨趣在于保障国家的税款征收，逃税行为已使国家税款征收受到侵害，不论事后补缴与否，侵害结果都已经发生，我们可以说行为人若能及时补缴税款和滞纳金，接受行政处罚，其补缴行为可以事后弥补逃税行为之损害；但是如果要说行为人不补缴等行为会使得之前的逃税行为对国家税款征收的侵害程度提高了，未免太过牵强。或许正因如此，周光权教授也承认，上揭两例都可以从刑事政策角度解读，而将二者作为反面的不真正的客观处罚条件的解读方案还“值得进一步研究”。[1] 因此，将我国刑法中阻却刑事责任追究的处罚阻却事由视为反面的客观处罚条件的观点，有欠妥当；也同样表明将“处罚阻却事由”还原为实行行为的观点[2] 也是站不住脚的。[3]

综上，在我国刑法分则的罪量因素规定中，也存在一种独立于违法与责任之外的，决定犯罪成立的真正的客观处罚条件，即“作为犯罪行为报酬的违法所得数额”“犯罪后的悔罪表现、被害人谅解”等。而在我国刑法视域下，作为犯罪成立罪量要求的“情节严重”之“严重”以及作为“情节”具体内容的“致使（当事人或近亲属）自杀、自残”、《刑法》第 276 条之一拒不支付劳动报酬罪中的“经政府有关部门责令支付仍不支付的”等，不宜作为真正的客观处罚条件；而《刑法》第 201 条第 4 款、（原《刑

[1] 参见周光权：《论内在的客观处罚条件》，载《法学研究》2010 年第 6 期。

[2] 参见张振山：《狭义客观处罚条件论》，载陈兴良主编：《刑事法评论》（第 29 卷），北京大学出版社 2011 年版，第 109 页。

[3] 对“将逃税罪处罚阻却事由还原为实行行为”的批判，可参见张明楷：《逃税罪的处罚阻却事由》，载《法律适用》2011 年第 8 期。

法》）第 241 条第 6 款规定的“不予追究刑事责任”的情形，则应当作为阻却刑事责任追究的处罚阻却事由，属于刑罚论范畴，也难以被视为决定犯罪成立的、反面的真正或不真正的客观处罚条件。

第三节　作为不真正客观处罚条件的罪量因素

一、客观处罚条件概念的蜕变和还原说的展开

如前所述，在原初或基本意义上，客观处罚条件是刑罚限制事由。真正的客观处罚条件具有限缩处罚范围的作用，与罪责原则并无背反。可是，这一概念却在演进发展中发生变异。一方面，因为可以概括罪责原则之例外，这一概念备受青睐。但在界定该概念的内涵、确定客观处罚条件与构成要件要素的区分标准问题上，自 V.Liszt 开始相当长的时间内占据主流的观点都是从结果出发的；即客观处罚条件是那些无须罪责包含的要素，罪责是否覆盖就是区分客观处罚条件与构成要件要素的标准。[1] 这一循环论证逻辑 [2] 为客观处罚条件概念的扩张大开方便之门。而另一方面，运用客观处罚条件这种概念，特别有助于解决故意难以证明的难题，在“二战”后对抗经济犯罪的刑事政策驱使下，德国立法者对客观处罚条件极感兴趣，在经济犯罪和违反社会秩序法中，将某些危害法益的事实规定成客观处罚条件，免去对该等事实证明行为人有故意的困难，使得犯罪易于成立。[3] 如此一来，既有刑事政策的迫切需求，又有理论上循环论证逻辑的大行便利，本来作为刑罚限制事由的客观处罚条件，在功能上出现了根本转向，

---

[1] 除 V.Liszt 外，Alber、Finger、Beling、V.Bar、Mayer 等人都持类似立场，Blume 从因果关系、Hegler 从社会危害性的视角区分二者的努力，都被认为是失败的（参见王钰：《对客观处罚条件性质的历史性考察》，载《清华法学》2012 年第 1 期）。

[2] 无论是坚持价值中立的构成要件概念还是不法构成要件概念，只要在构成要件之外承认客观的处罚条件概念，都无法摆脱这种“循环论法”。参见［日］松原芳博：《構成要件と客観的処罰条件》，载《現代刑事法》第 6 卷（2004 年）第 10 号。

[3] 许玉秀：《当代刑法思潮》，中国民主法制出版社 2005 年版，第 85 页。

即由刑罚限制事由蜕变为刑罚扩张事由。

客观处罚条件概念的蜕变，使得某些并非不法中立的要素也被认为属于客观处罚条件，耶塞克教授称其为不真正（不纯正）的客观处罚条件，包括伪装的刑罚加重事由（Verkappte Strafschaerfungsgruende）和被隐藏的构成处罚的行为情况（Verschleierte Strafbegruendende Tatumstande），前者就其本质而言应属于加重刑罚的不法构成要件，但形式上被规定为应受处罚的条件；而后者实际上是被隐藏的创设刑罚的不法构成要件。[1] 正是这些与不法相关的要素也被当作客观处罚条件，使得客观处罚条件是否违背罪责原则的争论成立主题。对此，耶塞克教授的答复是："根据责任原则对不纯正的处罚条件提出的疑虑，基于以下思考而部分被消除，即行为人敢冒任何人均能够很容易地认识的危险，且客观的应受处罚条件能够产生。"[2] 罗克辛教授则主张将它们还原至行为构成、违法性或者责任中去，[3] 这种还原说主张在 Sauer、Land、Bemmann、曾根威彦、松原芳博等学者那里发挥到了极致，他们彻底否定客观处罚条件的存在，将客观处罚条件还原为法益侵害或危险的违法要素或构成要件要素。[4] 但是，还原却未必意味着将

[1] 参见［德］汉斯·海因里希·耶塞克、［德］托马斯·魏根特：《德国刑法教科书》，徐久生译，中国法制出版社 2001 年版，第 669—670 页。

[2] ［德］汉斯·海因里希·耶塞克、［德］托马斯·魏根特：《德国刑法教科书》，徐久生译，中国法制出版社 2001 年版，第 670 页。

[3] 参见［德］克劳斯·罗克辛：《德国刑法学总论》（第 1 卷），王世洲译，法律出版社 2005 年版，第 692 页以下。

[4] 这种彻底还原说的立论前提是不承认不法中立的真正的客观处罚条件的存在，换言之，该说认为所属国的刑法中常被视作客观处罚条件的各情状实际上都与行为不法密切相关。

另外，还有一种将客观处罚条件还原为责任要素的观点，该观点主张从预防目的这一刑事政策的视角重组责任概念，将客观处罚条件纳入这种包含刑事政策视点的责任要件中［参见［日］堀内捷三：《責任主義と客観的処罰条件》，载《団藤重光博士古稀祝賀論文集》（第 2 卷），有斐阁 1984 年版，第 158 页以下］。但是，这种观点，将立法上面向所有人的、整齐划一的刑罚权发动的客观处罚条件，作为具体判断个别行为人责任的条件，可能带来责任论的混乱；处罚条件事实作为外部的客观事态，其所承担的"政策性考虑"未必与行为人"责任"具有亲和性。因此属于极少数说（参见［日］松原芳博：《客观的处罚条件》，王昭武译，载《河南省政法管理干部学院学报》2010 年第 1 期；周光权：《论内在的客观处罚条件》，载《法学研究》2010 年第 6 期）。

这些被还原的要素与典型的违法要素等同视之。

例如，Sauer 的还原说将处罚条件解消于违法类型（Tatbestand）要素，但他同时认为，Tatbestand 是着重在其与违法性关联上之类型化，而非着重于显示出责任论上故意之预见内容。外在的客观处罚条件乃是对公共福祉之特别有害性的类型化，或者更正确地说，乃是行为为了达到一定程度之可罚性，而将责任所无法涵摄之其他 Tatbestand 要素的残留部分予以类型化。[1]Sauer 将处罚条件还原为违法要素，但这一违法要素却是责任无法涵摄的，这显然区别于典型的违法要素。[2]

在日本刑法中，作为客观处罚条件讨论的典型事例是事前受贿罪之"就任公务员"、诈欺破产罪之"破产宣告确定"。[3] 日本通说和判例认为："(实行) 行为与现实的破产原因、与破产宣告的确定之间没有存在具体的原因结果关系的必要，只要行为与破产宣告的确定之间存在事实上的牵连关系就足够了。"[4] 主张还原说，将"成为公务员"视作违法结果的中介事实的松原芳博教授亦认为，不是要求行为者的行为与"成为公务员"等客观处罚条件之间存在因果关系，而是要求行为者的行为与"针对公务的公正或对公务公正的信赖的达到可罚程度的危险"之间存在因果关系，"成为公务员"只是介入该因果过程的外部条件。[5] 同样主张还原说的曾根威彦

---

[1] 参见 Sauer, Grundlagen des Strafrechts (1921) S.307ff. S.339ff. 转引自［日］北野通世：《客観的处罚条件论（二)》，载《山形大学纪要》(社会科学) 第 25 卷（1994 年）第 1 号。

[2] Otto、Jakobs、Arthur Kaufmann 等学者亦主张客观处罚条件实为"故意不须及之""与主观无关""责任不及于"的不法构成要件要素（参见 Otto, Strafwürdigkeit und Strafbedürfigkeit als eigerständige Deliktskategorien? S.64; Jakobs, AT,S336,10/1ff; Arthur Kaufmann, Das Schuldprinzip, S.248. 转引自许恺哲：《客观处罚条件之研究》，台湾成功大学法律学研究所 2002 年硕士论文，第 39 页以下）。

[3] 此为修正前的日本《破产法》第 374 条之规定，平成 16 年（2004 年）公布的新《破产法》第 265 条，将其修正为："破产程序开始决定的确定"。

[4] 参见［日］丸山雅夫：《破産法第 374 条 1 号に規定する行為は破産宣告確定前になされることを要するか：いわゆる客観的処罰条件の意義》，载《上智法学论集》第 22 卷（1978 年）第 1 号。

[5]［日］松原芳博：《客观的处罚条件》，王昭武译，载《河南省政法管理干部学院学报》2010 年第 1 期。

教授也承认:“处罚条件，是附加于犯罪行为的条件，虽然是行为的外部事实，但和行为之间没有因果关系。”[1]

这种客观关联上的特殊性，直接影响到它们在罪责阶层（主要是故意犯）的处遇。基于构成要件的故意规制机能，客观违法的构成要件要素限定了故意的认识范围，依照还原说，所谓客观处罚条件实际上都是违法构成要件要素，自然也应当属于故意的认识范围，倘若是结果要素，还要有意欲—容认的意志要求。可是，在不少还原说的表述中却不那么干脆了:例如，罗克辛教授将《德国刑法典》第323a条迷醉行为之“在醉酒状态下实施犯罪行为”和第231条参与斗殴之“致他人死亡或重伤”还原为影响不法的行为构成要素，认为罪责必须包括这些因素，但就具体的罪责要求，他认为“行为人必须至少能够预见到”“能够预见到这种严重结果，这对于刑罚必要性就完全足够了”。[2]这实际上是说对这两个结果只要有过失即可。

在日本的构成要件还原说中，则存在过失要求说与故意要求说的争论。[3]过失说主张，处罚条件事实的发生是使行为违法性提高到可罚程度的违法性要素，对所谓的处罚条件事实至少也应该要求过失。[4]故意说，如松原芳博、曾根威彦教授均主张对于相当于处罚条件的事实，要求行为人对它具有认识/预见，即可认定故意责任。[5]不过，对作为“中间结果或者结果的一部分”的处罚条件事实，故意说并没有因为它是结果，而将它们与典型的危害结果要素一样，同样要求意欲—容认，而是认为，如同

---

[1] ［日］曾根威彦:《刑法学基础》，黎宏译，法律出版社2005年版，第111页。

[2] ［德］克劳斯·罗克辛:《德国刑法学总论》（第1卷），王世洲译，法律出版社2005年版，第692—693页。

[3] 参见［日］浅田和茂:《客観的処罰条件》，载西田典之、山口厚、佐伯仁志编:《刑法の争点》，有斐阁2007年版，第31页。

[4] 参见［日］平野龙一:《刑法总论Ⅰ》，有斐阁1972年版，第163页;［日］内藤谦:《刑法讲义总论》（上），有斐阁1983年版，第215页;［日］山口厚:《刑法总论》（第2版），有斐阁2007年版，第189页;［日］林干人:《刑法总论》（第2版），东京大学出版会2008年版，第239页;等等。

[5] 参见［日］松原芳博:《構成要件と客観的処罰条件》，载《現代刑事法》第6卷（2004年）第10号;［日］曾根威彦:《処罰条件》，载阿部纯二、板仓宏等编:《刑法基本讲座》（第2卷），法学书院1994年版，第330页。

行为主体、客体、状况等客观要素一样，对处罚条件之“结果”事实也只要有认识／预见，即可认定故意责任。

综上，依据还原说，在故意犯中，那些被还原为不法要素的处罚条件事实，有的认为只需有过失即可；有的虽要求故意，但也认为只要有认知，无须像典型的危害结果要素那样考虑意志因素；有的甚至认为故意无须及于这些被还原的要素。可见，不论哪种还原论都是不彻底的。

二、作为不真正客观处罚条件的“严重后果”“重大损失”

在我国刑法中，与上述议题密切相关的，就是对丢失枪支不报罪、违法发放贷款罪、滥用职权罪等罪中规定的“严重后果”“重大损失”的性质的争论。首先，这些规定是区分行为犯罪抑或一般违法，表征行为达到可罚的违法程度的要素，与不法密切关联，因此不能将其视为真正的客观处罚条件。对此，有学者指出：该“严重后果”不是本罪构成要件行为制造的类型性危险的相当性实现，不是不法构成要件要素，不属于本罪构成要件的结果，但又能决定刑罚的启动，因而是一种客观处罚条件。[1] 这一论断，大体上是合适的，诚如论者所言，典型的不法构成要件要素，必须具备两项条件：一是为违法性提供实质根据，二是符合构成要件类型性要求。只有表征实质违法性、又是实行行为类型性危险的相当性实现的结果，才是典型的不法构成要件结果。从这个意义上看，上述“严重后果”的确不是典型的不法构成要件要素。但是，也不得不承认，该后果的确是可罚的违法程度的表征，虽然不是实行行为制造的类型性危险的相当性实现，但却是立法者类型化规定的、决定犯罪成立与否的犯罪成立条件。这一特点，与本书前揭同样作为犯罪成立条件的、不法中立的真正的客观处罚条件之间存在明显差异。这种差异直接导致责任论上的差别待遇：不法中立的真正的客观处罚条件，无须要求行为人主观罪过，并不违背责任原则；但表

---

[1] 柏浪涛：《构成要件符合性与客观处罚条件的判断》，载《法学研究》2012 年第 6 期。

征违法的“严重后果”等要素，如果也无罪责要求，恐怕会招致责任主义的谴责［当然，这种要求与对典型的不法构成要件要素（结果）的要求是否必须一致，是另一回事］。由此可见，确有必要在区分典型的不法构成要件要素与客观处罚条件的基础上，在客观处罚条件内部，区分真正的客观处罚条件和不真正的客观处罚条件。

周光权教授、张明楷教授就将这种特殊的后果要素视为非典型的违法要素，用“内在的（不真正的）客观处罚条件”“客观的超过要素”等概念概括之；但黎宏教授则否定“客观的超过要素”等概念，似乎将它们与典型的危害结果要素等同视之；[1]“狭义客观处罚条件”论者也认为完全可以将这些要素实质解释为适格的行为主体、实行行为的组成部分、实质上的危害结果等“风险升高的违法要素”，“内在的客观处罚条件”等概念没有必要。[2]笔者倾向认为，这些后果要素客观因果关联上的特殊性以及这种特殊性对犯罪故意认定的影响表明，它与典型的违法要件要素之间确有区别之必要。

（一）“严重后果”“重大损失”与行为之间客观关联的特殊性

在笔者看来，客观的因果关联性正是上述后果要素与危害结果这一典型的违法要素最大的区别。典型的危害结果是实行行为的逻辑后果，即实行行为与危害结果之间具有刑法上的因果关系；从客观归责的立场，典型的危害结果（构成要件结果），应当是构成要件行为制造的类型性危险的相当性实现；[3]而上揭“严重后果”“重大损失”虽说与实行行为有一定关联，但却是由行为人以外的第三人行为或后续的另一行为引起的结果，如果依据因果关系、客观归责理论考察，引起结果的第三人行为或后续行为

[1] 参见黎宏：《论“客观处罚条件”的若干问题》，载《河南省政法管理干部学院学报》2010年第1期。

[2] 参见张振山：《狭义客观处罚条件论》，载陈兴良主编：《刑事法评论》（第29卷），北京大学出版社2011年版，第81页以下。

[3] 柏浪涛：《构成要件符合性与客观处罚条件的判断》，载《法学研究》2012年第6期。

更像是介入的足以阻断先前行为人实行行为与后果之间因果关系的异常因素，而阻却客观归责；但偏偏刑法将这种第三人或后续行为引起的后果作为行为人行为成立犯罪的罪量（违法程度）因素。周光权教授也认为，在规定客观处罚条件的犯罪中，第三人的介入比较异常，具有一定的偶然性，与实行行为的关系可能非常间接，甚至相隔很长时间。[1]“异常、偶然、间接”并不是像有学者理解的发生概率意义上使用的概念[2]，而是相对于典型的刑法因果关系而言的。这种客观关联上的特殊性，与上文日本刑法中事前受贿罪的“就任公务员”、诈欺破产罪之“破产宣告确定”等处罚条件事实非常相似。

处罚条件事实与行为之间——不同于行为与体现法益侵害之构成要件结果之间通常意义上的因果关系——客观关联的特殊性，以及由此产生的在罪责领域中的特殊处置。厘清这一点，在以“严重后果”“重大损失”这种结果型规定作为主要讨论对象、坚持以容认说作为故意本质学说[3]的中国立法例中尤为重要。

（二）“严重后果”“重大损失”不是故意中的“危害社会的结果”

依据容认说，明知自己的行为会发生危害社会的结果，并且希望或者放任这种结果的发生，即故意。(1) 作为故意认知和意欲内容的“危害社会的结果”只能理解为法益侵害结果（危险），否则无法适用于“以行为完成（无须结果发生）作为既遂标准”的行为犯；而且既是 × × 罪的故意，

[1] 周光权：《论内在的客观处罚条件》，载《法学研究》2010 年第 6 期。

[2] 参见张振山：《狭义客观处罚条件论》，载陈兴良主编：《刑事法评论》（第 29 卷），北京大学出版社 2011 年版，第 106 页。

[3] 我国《刑法》第 14 条第 1 款规定：“明知自己的行为会发生危害社会的结果，并且希望或者放任这种结果的发生，因而构成犯罪的，是故意犯罪。”据此，一般认为，我国刑法采容认说立场，故意是认识因素与意志因素的有机统一，对危害结果的容认态度是故意的本质特征［参见高铭暄、马克昌主编：《刑法学》（第 5 版），北京大学出版社、高等教育出版社 2011 年版，第 106 页；张明楷：《刑法学》（第 5 版），法律出版社 2016 年版，第 254 页；王世洲：《现代刑法学》（总论），北京大学出版社 2011 年版，第 129 页；周光权：《刑法总论》（第 3 版），中国人民大学出版社 2016 年版，第 153 页；等等］。

作为故意内容的“危害社会的结果”应当是××罪保护之具体法益的表征。(2) 作为行为人的主观罪过，必须站在行为人立场，以行为时为基准，即必须是行为人行为时认识／预见并希望／放任的危害结果。(3)“‘明知自己的行为会发生危害社会的结果’与‘认识到危害结果会发生’不是等同的含义，因为明知自己的行为会发生危害结果，意味着行为人认识到自己以何种行为对何种对象造成危害结果。”[1] 因此，尽管因果关系并非故意的独立认识内容，但所认识和容认的危害结果应当是行为人认识并实施的实行行为的性质本身所能导致的结果，即行为的逻辑结果（也就是前文所引的“构成要件行为制造的类型性危险的相当性实现”）。因此，刑法分则中规定的结果要素，只有作为具体法益内容表征的、实行行为的逻辑结果，才能作为认定故意的事实基础，这种意义上，危害结果属于典型的客观违法构成要件要素，发挥着犯罪故意的规制机能。

那么，丢失枪支不报罪、违法发放贷款罪、滥用职权罪等中的“严重后果”“重大损失”，是否可以当作故意认定基础的典型的危害结果呢？事实上，理论界对这些犯罪的罪过类型的诸多争议，包括故意说、间接故意说、间接故意与过失说、间接故意与过于自信的过失说等诸说，以及立法论上严格责任论、复合罪过论等主张，都是将“严重后果”“重大损失”与作为故意认定基础的典型的危害结果二者等同视之的产物。在笔者看来，某一结果只要不符合上述三特征，就不能作为故意认定的依据。

其一，“违反枪支管理规定危害之公共安全”“金融管理秩序”“公务的合法、公正、有效及国民对此的信赖”分别是丢失枪支不报罪、违法发放贷款罪和滥用职权罪保护的法益，而介入的第三人行为造成的“严重后果”“重大损失”与该法益性质之间并无直接关联，难以作为该法益的表征。三罪均有相应的一般违法行为，从侵害法益的性质上看，它们与相应的一般违法之间并无差异，“严重后果”“重大损失”只是在与相应的一般违法行为相区分的意义上表明行为已经达到了应受刑罚处罚的可罚违法性

[1] 张明楷:《刑法学》(第5版)，法律出版社2016年版，第257页。

程度；这种与法益性质无关的、程度上的差异不能作为决定行为人主观罪过性质（故意抑或过失）的依据。具体而言，丢失枪支不报、违法发放贷款和滥用职权之一般违法的主观心态与同质行为的犯罪的主观心态，不可能因为第三人引发的后果或造成的损失而有质的不同。换句话说，虽说有丢失枪支不报一般违法的故意与丢失枪支不报罪的故意的区别，但绝不可能认为二者的主观心态一个是故意，另一个是过失。[1]

其二，既然是行为人行为时认识／预见并希望一放任的危害结果，如果认为“严重后果”“重大损失”就是这里的“危害结果”，即便行为人行为时对“严重后果”“重大损失”有认识／预见，也没有理由表明行为人行为时对这种异常介入的第三人行为所导致的后果，一定是容认的态度，即不能排除行为人行为时对这种后果的发生完全可能持否定态度。因此，以对“严重后果”“重大损失”的主观心态，并不可能得出前列三个犯罪是故意犯罪的结论。提倡“狭义客观处罚条件”的论者也承认：“行为人对丢失枪支不报可能造成的他人持枪危害公共安全的严重后果具有认识，至少也有预见，但行为人却疏忽大意未能预见，或者已经预见而轻信能够避免，行为人甚至还有可能对丢失枪支不报可能造成的严重后果持希望或者放任心态。”[2]既然如此，如果将“严重后果”“重大损失”还原为典型的不法构成要素，并将其作为容认说判断故意的“危害结果”事实，恐怕只能得出“复合罪过”的结论才对，可国内的还原论者从未见有人持“复合罪过说”；而且站在刑法解释学的立场，“复合罪过说”显然与严格区分故意

---

[1] 我国刑法规定的后果（结果）型罪量因素，从与法益的关系上看，大抵可分两大类：一类如文中所举个例，常常由介入的第三人行为或后续另一行为引起的后果，它们与法益的性质并无直接关联，仅仅是在与相应的一般违法行为的区分意义上表明行为达到了应受刑罚处罚的可罚违法性程度；而另一类，如盗窃罪、诈骗罪之数额较大等大多数罪量后果，实际上直接体现了法益的具体内容和性质，是在表征法益之质的基础上的量的提高，因此这些罪量后果实际上具有典型的危害结果的特征。借用张明楷教授的观点就是，前一类犯罪实际上有两个结果，一个表明侵害法益之质（典型的违法性要素、故意的对象），一个表明区别于一般违法之量（非典型的违法要素）；而后一类只有一个结果，是侵害法益之质量一体化。

[2] 张振山：《狭义客观处罚条件论》，载陈兴良主编：《刑事法评论》（第 29 卷），北京大学出版社 2011 年版，第 104 页。

和过失的现行立法例相抵触。

其三，这种第三人介入的异常性、偶然性和间接性，表明严重后果、重大损失不可能是实行行为性质本身所能导致的“行为的逻辑结果”。

综上，可以说“严重后果、重大损失”与“危害社会的结果”是两个不同的法律概念，不能混淆。

（三）解决“严重后果”“重大损失”与罪过判断之间的紧张关系

那么，应当如何解决“严重后果”“重大损失”等类似规定与罪过判断之间的紧张关系呢？对此，有两个途径：一种途径是将“严重后果”“重大损失”视为特殊情况，阻断其与故意认定的关系。张明楷教授的“客观的超过要素”；周光权教授的“内在的客观处罚条件”及其从故意视角切入的“主要罪过说”[1]；以及陈兴良教授的“罪量要素”，都可谓这方面的努力；另一种途径则是对“故意论”动刀，即改变容认说的通说立场，使故意能够“容忍”将“严重后果”“重大损失”也当作“危害结果”来理解。在笔者看来，黎宏教授持彻底还原说，与其主张以认识因素作为判断故意的标准密不可分。黎宏教授认为，故意犯是行为人已经预见到自己的行为会发生危害社会的结果，却明知故犯；过失犯则是行为人应当并且也能够预见到自己的行为会发生危害社会的结果，但却没有预见到，以致危害结果发生，属于不意误犯。某种犯罪在主观上是故意还是过失，取决于行为人对行为以及可能发生的结果是否具有认识和预见。行为人只要对行为和结果有能唤起其违法性程度的认识和预见，而没有打消实施行为的念头，就足以表明行为具有故意。而行为人对可能发生的结果有没有预见，主要是看法条对行为人违反规范态度的描述以及对其违反规范态度的评价（主要标志是法定刑的轻重高低）。如就丢失枪支不报罪而言，法条对于行为人违反规范态度的描述是，在行为人明知枪支是一种危险物品，失控的话可能会造成严重危害社会的结果，仍然不及时报告，这显然体现了行为人明知故

---

[1] 参见周光权：《论主要罪过》，载《现代法学》2007年第2期。

犯、故意而为的态度，因此属于故意犯罪形态。[1] 可问题是：

其一，明知故犯论（动机说）[2] 是否还是遵循现行规定的解释论立场？诚如张明楷教授所言："上述反对意见从解释论上以《刑法》第 14 条为根据批判笔者观点，后来却从立法论上批判笔者观点，认为只要预见了结果就是故意，恐怕存在方法论上的问题。"[3]

其二，明知故犯论（动机说）的逻辑似乎可以完全照搬到交通肇事等过失犯中。在交通肇事罪中，违反交通管理法规的行为通常是有意为之的，对结果的发生，行为人也可能有预见，但为何该罪却是过失犯[4] 呢？因此，如何与交通肇事等过失犯相区别，这是明知故犯论必须解决的难题。[5]

其三，黎宏教授认为，"造成严重后果"必须在行为人的认识范围之内，这种认识不要求一定是确定的认识，也可以是一种可能的认识。如何判断行为人是否具有该种认识，则需要具体分析。就丢失枪支不报造成严重后果的情形而言，通常来说，行为人对所可能发生的后果是有预见的。因为，这里的行为人不是一般人，而是依法配备公务用枪的人。这些人对于枪支的性能、使用规则、管理规则等有充分的了解，因此，对于在丢失枪支之后不报告，可能会引起的严重后果，应当说是有充分认识的。[6] 这

[1] 参见黎宏：《刑法总则问题思考》，中国人民大学出版社 2007 年版，第 255、200 页；黎宏：《论"客观处罚条件"的若干问题》，载《河南省政法管理干部学院学报》2010 年第 1 期。

[2] 劳东燕博士将黎宏教授上述观点称作"明知故犯论"（参见劳东燕：《犯罪故意的要素分析模式》，载《比较法研究》2009 年第 1 期）；而黎宏教授在其刑法教科书中，将自己上述观点称作"动机说"（参见黎宏：《刑法学总论》（第 2 版），法律出版社 2016 年版，第 201—203 页）。

[3] 张明楷：《刑法分则的解释原理》（第 2 版），中国人民大学出版社 2011 年版，第 486 页。此外，张明楷教授还认为，这种观点似乎不能解决"多次盗窃"的认识内容；预见到枪支落入他人之手会造成严重危害社会的结果，并不意味着行为人主观心理符合《刑法》第 14 条的规定，行为人对"有权知道的有关机关不能及时知道枪支丢失，枪支继续处于失控状态"的结果持希望或放任态度，但难以认为，此时的行为人希望或者放任发生他人死亡的严重危害结果（张明楷书，第 487 页）。

[4] 交通肇事罪是典型的过失犯罪，这是黎宏教授赞同的（参见张明楷、黎宏、周光权：《刑法新问题探究》，清华大学出版社 2003 年版，第 150 页；黎宏：《刑法学各论》（第 2 版），法律出版社 2016 年版，第 59 页）。

[5] 劳东燕：《犯罪故意的要素分析模式》，载《比较法研究》2009 年第 1 期。

[6] 黎宏：《刑法总则问题思考》，中国人民大学出版社 2007 年版，第 202 页；黎宏：《论"客观处罚条件"的若干问题》，载《河南省政法管理干部学院学报》2010 年第 1 期。

实际上是以行为人所属的“这些人”为标准，判断或推定行为人也有认识（推定明知），依照这一标准，很难想象真的存在如黎宏教授所说的“行为人提出反证，令人信服地说明，其对不报告行为引起的后果，确实没有认识（预见）”[1]的实例；退一步讲，即便存在，恐怕也是属于根本没有预见可能的意外事件而已。可见，通过“明知”标准的客观化，故意的“明知”与过失的“应当知道”之间、故意的所谓“可能的认识”与过失的“认识可能”之间，已经几无差异；而后者（过失论）恰恰是论者反对的“客观超过要素论”的主张。相同结论，却付出了对故意论动大手术的沉重代价，似乎得不偿失。

相较而言，第一种解决途径更为妥当。如前所述，正是因为“严重后果”“重大损失”等要素在客观关联上的特殊性，可以使其在故意论中受到与典型的危害结果要素不同的处遇。而在故意中，对部分客观构成要素区别对待，即对个别要素不必也要求完整的故意认知和意欲，还不至于影响整罪的故意认定；例如，结果加重犯，对加重结果的过失，并不影响整罪的故意性质。由此看来，效仿结果加重犯，在故意中将“严重后果”“重大损失”等要素与典型的危害结果要素区别对待完全是可行的。对此，黎宏教授提出异议：在结果加重犯如故意伤害（致死）罪的场合，基本行为即故意伤害行为本身就是犯罪，行为人只要对该行为具有认识，就可以说其具有刑事违法性的意识，符合成立犯罪所需的主观要件；而所谓“客观超过要素”的犯罪中，基本危害行为如丢失枪支不报罪中“丢失枪支不报”本身并不是犯罪，不具有刑罚处罚程度的可罚性，这意味着行为人仅对基本行为有认识而对所发生的后果没有认识的场合，还不足以唤起其违反刑法规范的意识，不符合成立该罪的主观要件。[2]可是，就结果加重犯故意伤害（致死）罪而言，对伤害行为有认识，也只是故意伤害罪（而非故意伤害致死）所需的主观要件，“伤害故意＋加重结果过失”才是故意伤害

[1] 黎宏:《刑法总则问题思考》，中国人民大学出版社 2007 年版，第 202 页。

[2] 黎宏:《刑法总则问题思考》，中国人民大学出版社 2007 年版，第 198 页。

致死所需的完整的主观要件。而且，主张“客观超过要素”也并不意味着丢失枪支不报罪就没有了犯罪故意，诚如张明楷教授所言：“将丢失枪支不报罪中的严重危害结果作为客观的超过要素，对丢失枪支不报行为以及导致的有权知道的有关机关不能及时知道，枪支继续处于失控状态的结果的认识和希望或放任态度，就理所当然成为本罪的故意内容。”[1] 更何况，黎宏教授所主张的对“严重后果”的故意，也只是要求对其有认识，且“可能的认识”即可（如上所述，这种“可能的认识”与过失之“认识可能”实质上并无多大差异）。

可以说，故意认定中对“严重后果”“重大损失”等类似要素的区别对待，正是故意理论从整罪分析模式向要素分析模式的转变，而这一转变趋势是积极的，在基本维护现行刑法故意规定的前提下，不仅为公共政策考虑提供的解释空间，也有利于解决刑法理论诸多疑难问题。[2]

（四）对“严重后果”“重大损失”的罪责要求：故意说抑或过失说

区别对待，意味着对“严重后果”“重大损失”等类似规定无须具备故意所需的完整的认识因素和意志因素（即只需有认识因素），那么，对其是只需明知？还是只需认识可能（过失）呢？[3] 对此，如前所述，“客观的超过要素论”与“内在的客观处罚条件论”之间存在分歧：前者主张，对客观超过要素之结果，具有认识可能性即过失即可（过失说）；而后者则认为，对内在的客观处罚条件，要求行为人认识，但只需对结果有“极有可

[1] 张明楷：《刑法分则的解释原理》（第 2 版），中国人民大学出版社 2011 年版，第 488 页。“在这种场合，并不是将行政违反的‘故意’作为刑法上的故意。因为在《枪支管理法》上，并不要求‘明知不及时报告的行为会发生使枪支继续处于失控状态的结果，并且希望或者放任这种结果发生’的认识内容与意志内容。所以，上述故意内容已经超出了《枪支管理法》的要求，足以成为刑法上的归责根据与理由。”（张明楷：《行政违反加重犯初探》，载《中国法学》2007 年第 6 期。）

[2] 参见劳东燕：《犯罪故意的要素分析模式》，载《比较法研究》2009 年第 1 期。

[3] 还有一种可能是无须任何主观因素。但笔者并不赞同。因为既然严重后果、重大损失等承载着区分犯罪与同质的一般违法行为的重任，就应当承认它们是行为达到需要动用刑罚的可罚违法程度的表征，既然与不法关联，就理应为罪责所覆盖，否则有违责任主义。

能发生”的高度模糊性认识、预见，这种认识、预见远远低于对典型违法性要素的认识、预见，只是对法益侵害（危险）的“未必”的预见——客观处罚条件的发生多多少少是有可能的（故意说）。

持过失说的张明楷教授质疑“未必的预见”究竟是何种责任形式——“若在刑法规定的责任形式外提出一种责任形式，并不合适；若认为未必的预见就是间接故意，则内在的客观处罚条件与真正的违法要素就不应存在区别，若认为未必的预见就是有认识的过失，则没有理由将无认识的过失（应当预见）排除”[1]。不过，参照日本学者的故意要求说[2]，所谓“未必的预见”应该不是指何种责任形式，而是对故意认知因素的缓和要求，即“被稀释”的认知要素。

问题是，“未必的预见”这种被稀释的故意认知要素，与过失说的“认识／预见可能性”（还有前文提到的“可能的认识”）之间到底有多大差异？在笔者看来，过失要求和故意要求之间恐怕并不存在明显的鸿沟：因为在判断过失说之“预见可能性”时，行为人所属的一般人或像行为人这样的一般人能否预见都是重要的判断依据；[3]而故意说之所以附上“未必、可能”这样的前缀，首先，表明还原说的不彻底性，即还原说虽将所谓的客观处罚条件还原为构成要件要素——“中间结果或结果的一部分（曾根）”“结果的外部条件（松原）”，但却未将其与典型的危害结果等同视之；其次，更重要的是，“未必、可能”代表着一种犹豫或不确定性，这种“不

[1] 张明楷：《刑法分则的解释原理》（第2版），中国人民大学出版社2011年版，第488—489页。

[2] 例如，故意要求说的代表人物松原芳博教授也采用“未必的预见”的提法，认为：“行为人在收受财物的时点，至少应未必预见到自己将来会担任作为请托对象的公务员。”（[日] 松原芳博：《客观的处罚条件》，王昭武译，载《河南省政法管理干部学院学报》2010年第1期。）

[3] 参见张明楷：《刑法学》（第4版），法律出版社2011年版，第266页，在第4版教科书中，张明楷教授关于结果预见可能性的判断基准，采“以主观说为标准，以客观说为参考”的标准；而在新版（第5版）教科书中，张明楷教授则采用一种“分层次、综合说”的判断标准，即对于过失责任应当从知能水平到规范能力进行判断。从知能水平来说，只能采主观的标准（以具体的行为人的注意能力为标准）；在规范能力方面必须采取一般人的标准。倘若行为人具有一般人对法益的保护、尊重态度就能预见结果发生时，便应认定行为人具有过失责任（张明楷：《刑法学》（第5版），法律出版社2016年版，第289页）。

确定”正是缘于要证明行为人对客观处罚条件事实的预见心态的“证据法上的困难”，因为对于这种“实行行为后、由第三人行为引起、一种不符合典型的刑法因果关系原理（证明相当性、实现客观归责的牵强）”的结果，要通过行为人具体的实行行为（客观事实）提供确凿可信的证据，来证明行为人行为时对这种事后结果的预见心态，无疑是很难达到确信、充足的程度。为此，故意说都不约而同地降低“预见”的实体法标准，即提倡“未必的”“可能的”预见，并通过“行为人所属的这些人”“作为配备公务用枪的人员”等客观标准来证明之。而这实际上是通过行为人所属一般人的标准来推定行为人明知，推定明知意味着，原本是证明故意之“预见”的行为人主观个别标准，实际上已经转变成证明行为人能否预见的客观一般人标准。可见，过失说之“预见可能性”与故意说之所谓“未必的预见”“可能的预见”实际上并无多大差异，前者态度实诚，不避讳自己对传统故意论的突破；而后者用语委婉，却旨在捍卫故意理论的统一性。各有得失、孰优孰劣，恐难定论。

另外，在我国，类似处罚条件的“严重后果”“重大损失”等规定，并不像日本刑法中“就任公务员”“破产程序开始决定的确定”等处罚条件事实那样明确具体。可以发现，“严重后果”“重大损失”的概括性，也使得在我国的故意说和过失说之争中，作为预见（或预见可能）对象的“后果、损失”在理解上存在差异：故意说强调：“作为配备公务用枪的人员，对枪支作为武器的特殊性、枪支管理规定以及丢失枪支之后可能引起的后果，应当是了解的。”[1] 而过失说则认为：“预见到枪支落入他人之手会造成严重危害社会的结果，并不意味着行为人主观心理符合《刑法》第 14 条的规定。例如，发现丢失枪支后，动员亲朋好友到处寻找。但没有找到，拾得枪支的人利用枪支实施了杀人行为。这种情况下，虽然不能否认行为人对‘有权知道的有关机关不能及时知道，枪支继续处于失控状态’的结果持希望或放任态度，但难以认为，此时的行为人希望或放任发生他人死亡

[1] 周光权：《论内在的客观处罚条件》，载《法学研究》2010 年第 6 期。

的严重危害结果。”[1]不难看出，两种观点对“后果、损失”理解的抽象化（或具体化）程度是不同的。故意说，预见的对象（后果、损失）更抽象，预见就越模糊，要求行为人对这种更抽象的事实有认识／预见，自然不存在什么问题；相反，过失说，预见的对象更具体，准确而具体的预见就很难做到也不易证明，因而，只能降低认知要求，即要求有预见可能（过失）即可。可见，二说之争，与它们对“严重后果”“重大损失”的具体内容的理解差异有着不小的关系。

综上，所谓“故意说”与“过失说”的立场之争，就其实质内容而言，其实差异并不明显。不过，对于过失说，存在一个致命的诘问，即“如果处罚条件属于构成要件的违法要素事实，为什么对它不是要求故意，而是仅过失就足以，这需要充分的说明”[2]。过失说常以结果加重犯类比说明自己的主张。[3]不过，一方面，在我国刑法中的结果加重犯有三种情况：一是对加重结果只能是过失，如故意伤害致死；二是对加重结果既可以持过失也可以持故意，如抢劫致人重伤、死亡；三是对加重结果只能持故意，这主要是人身伤亡、公共危险之外的以财产为结果加重犯的财产犯罪与经济犯罪。对加重结果持过失的情况仅以人身伤亡为限；对以财产作为加重结果的情况，必须是故意，否则将导致对不可罚的过失造成财产损失情形的间接处罚，违反罪刑法定和责任主义。[4]既然如此，对于类比另一端的处罚条件（客观超过要素）也理应如此，处罚条件中不乏单纯的财产损失，如违法发放贷款罪、滥用职权罪中的“重大损失”，倘若对这些超过要素，仅要求过失，自然免不了被质疑是对不可罚的过失造成财产损失行为的间接处罚，而违反罪刑法定和责任主义。

---

[1] 张明楷:《刑法分则的解释原理》(第2版)，中国人民大学出版社2011年版，第487页。

[2] ［日］浅田和茂:《客観的処罰条件》，载西田典之、山口厚、佐伯仁志编:《刑法の争点》，有斐阁2007年版，第31页。

[3] 参见张明楷:《刑法分则的解释原理》(第2版)，中国人民大学出版社2011年版，第487—488页。

[4] 张明楷:《严格限制结果加重犯的范围与刑罚》，载《法学研究》2005年第1期。

另一方面，处罚过失犯罪，以法律特别规定为限；[1]不论结果加重犯还是处罚条件，过失导致的危害后果的可罚性，必须符合法律有规定之“文理”。[2]对于结果加重犯加重结果之过失，在德国，有《刑法》第18条明文的特别规定；在日韩等国，虽然没有类似德国刑法那样的明文规定，但因为结果加重犯在这些国家“数量较少、形式特征明显易识别、加重结果仅限于伤害与死亡等特征”[3]，并且与该国刑法有关故意杀人罪、伤害罪、过失致死罪、过失伤害罪等具体规定相比较，运用体系解释方法，可以肯定对结果加重犯之加重结果的过失要求是符合法律特别规定之“文理”的合理结论。在我国，只要坚持“严格限制结果加重犯范围”的基本立场，坚持“过失仅成立于致人伤亡作为加重结果的结果加重犯的场合”的解释结论，也可以作出与日韩等国相似的解读。但对于作为处罚条件的重大财产损失而言，过失说的主张，一无法律明文的特别规定；二无致人伤亡这样的内容限制，没有体系解释的参照物（反倒是，参照不可罚的过失致财产损害行为，过失说的结论是有违罪刑法定、责任主义的间接处罚），因此，无法得出符合（过失犯）法律有文理的规定的结论。

或许有人会说，根据故意的要素分析模式，对部分要素仅要求过失，并不会影响整罪的故意犯性质，既然已是故意犯，那就根本没有适用过失犯罪条款的可能性，又何来不符合“（过失犯）法律有规定”之规定呢？可是，整罪的故意性，并不代表对各要素罪过要求的“稀释”都是正确的，如将影响违法的罪量因素完全排除在罪责原则之外，虽然也不影响整罪故意犯性质的认定，但却违反责任主义，有结果责任和偶然责任之嫌；换言之，要素分析模式认为对部分要素罪过要求的“稀释”并不影响整罪的罪

[1] 如《德国刑法典》第15条、《日本刑法典》第38条、我国《刑法》第15条、《法国刑法典》第121-3条、《意大利刑法典》第42条、《奥地利刑法典》第7条、《瑞士刑法典》第18条、《俄罗斯联邦刑法典》第24条、《韩国刑法典》第13条，等等。

[2] 关于过失犯罪“法律有规定”之“文理规定说”，可参见张明楷：《罪过形式的确定》，载《法学研究》2006年第3期。

[3] 张明楷：《严格限制结果加重犯的范围与刑罚》，载《法学研究》2005年第1期。

过形态，前提是这种“稀释”本身必须是正确的，能够经得起罪刑法定、责任主义的检验。此其一；其二，行为人的主观心理态度——故意或过失，不同于以罪过形态为标准的犯罪形态划分——故意犯或过失犯。结合上文结果加重犯的分析可以看出，为了防止间接处罚，如果是对加重结果只需要有过失，就必须符合法律有规定之“文理”。故笔者认为，所谓“过失犯罪，法律有规定的才负刑事责任”，合理的解释应当是，对于行为人过失导致的危害后果，要以犯罪论处，追究刑事责任，必须法律有（文理的）规定。因此，在整体的故意犯内部，即便认为对其中某个要素仅要求过失并不影响整罪的故意性，也必须要求对该要素的过失符合“法律有文理的规定”，显然，这是作为处罚条件的“重大损失”所无法做到的；其三，过失说论者也主张：“分则中仅将造成财产损失作为构成要件结果的犯罪，不宜确定为过失犯罪。例如，《刑法》第 186 条规定的违法发放贷款罪、第 188 条非法出具金融票证罪、第 189 条对违法票据承兑、付款、保证罪等，由于刑法条文将‘造成重大损失’作为构成要件结果，其中的‘损失’是指财产损失，而对过失造成财产损失的行为不宜以过失犯罪论处，所以，不宜将上述犯罪确定为过失犯罪。”[1]“根据罪刑法定原则，过失造成财产损失的行为，属于法无明文规定不处罚的行为；不管是对过失造成财产损失的行为单独定罪处罚，还是在处罚其他犯罪时附带对过失造成财产损失的行为科处刑罚，都违反了罪刑法定原则。”[2]可依据对客观超过要素过失说的观点，上述三罪虽是故意犯罪，但其中的“造成重大损失”是属于客观超过要素的结果，对其有预见可能性（过失）即可。这显然是在整罪故意犯的掩护下，对过失造成财产损失的行为以犯罪论处，这属于违反罪刑法定、责任主义的间接处罚。

可见，正是通过与结果加重犯以及过失犯“法律有规定”要求的比较，表明对被还原的处罚条件的过失要求说是有疑问的。“‘（过失之）特别规

[1] 张明楷：《罪过形式的确定》，载《法学研究》2006 年第 3 期。

[2] 张明楷：《法定刑升格条件的认识》，载《政法论坛》2009 年第 5 期。

定’应当解释为明确地表示不要求故意的‘明文’。”[1] 故而，笔者赞同故意说。故意要求，不是要求对作为处罚条件的“严重后果”“重大损失”存在完整的故意认知和意欲，而是只要对该事实有认识／预见即可认定故意的成立。之所以不要求意志因素，是因为它们有着不同于典型法益侵害之危害结果的客观关联性，客观关联上的“间接性”“偶然性”，使它们不同于具有典型刑法上因果关系的“危害结果”，因而不能将它们与作为典型的违法性要素、要求完整的“预见—容认”故意内容的“危害结果”等同视之，尽管它们在事实上也多表现为客观的结果要素。同时，判断行为人对“严重后果”“重大损失”是否“预见”，站在行为人行为时的判断立场，对这种行为后、介入的第三人行为或后续行为引起的后果、损失的预见，一般而言只能是“可能的、未必的”预见，即预见到该后果可能发生。这种可能的预见，实际上就是一种推定的明知，即通过行为人所处的客观环境、行为人的主观认知以及参考行为人所属的一般人标准，推定行为人对该后果是有预见的。[2]

（五）小结

总之，构成要件要素还原说代表着客观的处罚条件概念的发展趋势。[3] 罪量因素中经常作为客观处罚条件事实讨论的丢失枪支不报罪、违法发放贷款罪、滥用职权罪等中的“严重后果”“重大损失”等要素，因为是个罪区别于同质一般违法行为，表征行为达到需要刑罚处罚的可罚违法程度的

[1] ［日］松原芳博：《構成要件と客観的処罰条件》，载《現代刑事法》第 6 卷（2004 年）第 10 号。

[2] 许玉秀教授认为，客观处罚条件的功能在于确定行为人的主观不法，是一种推定罪责的立法方式。而推定罪责原本是刑法上罪责原则所不许可的（许玉秀：《当代刑法思潮》，中国民主国法制出版社 2005 年版，第 106 页）。结合许教授所持故意之意欲说的观点（许玉秀书，第 215 页以下，尤其是第 266—273 页），以推定确定罪责，尤其是行为人的意欲因素，的确不妥，有扩张罪责、扩张刑罚之嫌，但本书所谓推定，是推定行为人的认识／预见，不是意欲，更不是整个罪责。对明知的推定，在刑事诉讼中是非常常见的。

[3] 参见［日］松原芳博：《客観的処罰条件論の行方》，载《刑法理論の現代的展開（宮澤浩一先生古稀祝賀論文集）》（第 2 卷），成文堂 2000 年版，第 99 页以下。

犯罪成立条件，因此，它们不是不法中立的纯正的客观处罚条件，而应当将它们还原为不法构成要件要素；而且，因为它们的不法关联性，基于责任主义，必须为罪责所涵盖。但这些后果通常是基于第三人行为或后续另一行为的独立介入而造成的，这种不同于实行行为与构成要件结果之间典型刑法因果关系的客观关联上的特殊性，也决定了不能要求它们也像典型的“危害结果”要素那样，要求完整的故意认知和意志因素，而是应当如同行为主体、行为情状等要素一样，只要对它们有预见，即可认定故意的成立。因此，这些要素应当是与典型的危害结果要素并列的非典型的违法要素，称“客观的超过要素”抑或“内在的、不真正的客观处罚条件”皆不为过。

需要补充的是，尽管“客观的超过要素”与“内在的客观处罚条件”概念所包含的罪量因素的内容大致相同，但对于像盗窃罪中的“多次”这一犯罪成立条件[1]，二者却有不同的认识：“客观超过要素”提倡者将其作为客观处罚条件，无须对其的主观认识；而“内在的客观处罚条件”论者则认为“多次”属于典型的违法要素，必须认识到“多次”。将“多次”行为作为一个犯罪处理，表明对多次行为的一体化评价。应当说，“多次”对于多次行为构成的一个盗窃罪而言，的确更像是典型的违法要素；但是，依照《最高人民法院、最高人民检察院关于办理盗窃刑事案件适用法律若干问题的解释》第3条第1款：“二年内盗窃三次以上的，应当认定为‘多次盗窃’。”如果要求行为人对此有认识，的确可能导致犯罪的成立与否取决于行为人记忆力强弱这样让人难以接受的结论。对此，笔者认为，就多次盗窃构成之盗窃罪而言，“多次”的确应当是典型的违法性要素（行为情状），需要行为人的主观认知；但是，应当区别对客观违法要素的认识与对客观违法要素的评价：就多次盗窃而言，只要对符合“多次”的盗窃行为事实本身有认识即可，而不需要行为人认识到法律将自己的行为评价为

[1] 司法解释也经常将“多次”“三次以上”“向多人”“向三人以上”等作为情节严重之“情节”的内容。

"多次"。诚如学者所言:"盗窃罪中的'多次'并不是具体盗窃犯罪的客观方面本身,它是立法者对行为人的客观行为在次数上的法律评价,立法者的法律评价并不需要行为人认识到。"[1] 因此,只要行为人对"多次"之前提事实——每一次盗窃行为有故意即可,无须行为人认识到自己的一次次行为已经被法律一次性评价为"多次"了。这与"情节严重"罪量因素相似,对于"情节严重",作为违法程度的表征,需要行为人的主观认识,但应当认识的是"情节严重"的前提性事实——情节;而对自己的行为是否属于"严重"有无认识,只是刑法上没有意义的认识(认识错误)而已。[2]

第四节 构成要件要素:绝大多数罪量因素的归属

不论对客观处罚条件概念持何种态度,被认为与处罚条件概念相关的刑法规定,绝对只是极少的例外。上文分析表明,刑法中极个别的罪量因素属于真正的客观处罚条件与不真正的客观处罚条件(客观超过要素、非典型的违法要素),而其他绝大多数罪量因素的内容都应当属于典型的构成要件要素。

一、作为不法构成要件要素的罪量因素的具体类型

根据罪量因素,尤其是情节严重之情节的具体内容,可以将罪量因素进一步细分:

(一)作为主观不法要素的罪量因素

是否承认主观的不法要素,是行为无价值论与结果无价值论的争点之一。行为无价值论承认主观的不法要素,而结果无价值论中,有人完全否

---

[1] 郭晓红:《规范构成要件要素视野下的"数额较大"——以盗窃罪数额的认识错误为视角》,载《政治与法律》2011 年第 9 期。

[2] 参见张明楷:《犯罪构成体系与犯罪构成要件要素》,北京大学出版社 2010 年版,第 252—254 页。

认主观的不法要素，但也不乏结果无价值论者就目的犯之目的、倾向犯之内心倾向、表现犯之内心表现、甚至未遂犯的故意等，例外地承认主观的不法要素。本书认为，一定范围内承认主观的不法要素，对于合理解释罪量因素的具体内容还是有益的。

张明楷教授指出，采取违法与责任为支柱的三阶层或两阶层体系，就会认为，作为整体的评价要素的"情节严重"中的情节，并不是指任何情节，只能是指客观方面的表明法益侵害程度的情节。不存在一种单纯的主观方面的情状严重，因而情节严重的情形。[1] 这与张明楷教授提倡客观的违法观，反对主观的不法要素的立场[2] 密切相关。

但不得不说，这或许只是一种应然判断，而非实然状况。一方面，正如张明楷教授所指出的那样，类似行为的违法报酬这样与法益侵害性没有直接关系的"情节"事实依然存在；另一方面，司法解释中还存在着一部分将主观目的、动机等作为"情节严重"之情节的实例。例如，2010 年 5 月 7 日《最高人民检察院、公安部关于公安机关管辖的刑事案件立案追诉标准的规定（二）》（以下简称《公安追诉标准（二）》）第 3 条规定，虚报注册资本案，涉嫌下列情形之一的，应予立案追诉："（四）虽未达到上述数额标准，但具有下列情形之一的：……；3. 为进行违法活动而注册的。"1999 年 9 月 16 日《最高人民检察院关于人民检察院直接受理立案侦查案件立案标准的规定（试行）》（以下简称《检察院立案标准（试行）》）第 1（7）条规定，介绍贿赂案，涉嫌下列情形之一的，应予立案："2. 介绍贿赂数额不满上述标准，但具有下列情形之一的：(1) 为使行贿人获取非法利益而介绍贿赂的。……"2006 年 7 月 26 日《最高人民检察院关于渎职侵权犯罪案件立案标准的规定》第 1（3）条规定，故意泄露国家秘密案，涉嫌下列情形之一的，检察机关应予立案："7. 以牟取私利为目的泄露

[1] 参见张明楷：《犯罪构成体系与犯罪构成要件要素》，北京大学出版社 2010 年版，第 241—243 页。

[2] 参见张明楷：《行为无价值与结果无价值论》，北京大学出版社 2012 年版，第 86 页以下。

国家秘密的……。”[1] 这些类似目的犯目的的情节要素，作为区分一般违法与犯罪的重要甚至唯一要素，在违法与责任阶层性犯罪论体系下，（例外地）理解为主观的违法要素，是合适的。

（二）作为身份要素的罪量因素

司法解释中不乏将“特殊主体（身份）”作为情节严重之情节的。例如，《公安追诉标准（二）》第39条规定，操纵证券、期货市场案，涉嫌下列情形之一的，应予立案追诉：“（六）上市公司及其董事、监事、高级管理人员、实际控制人、控股股东或者其他关联人单独或者合谋，利用信息优势，操纵该公司证券交易价格或者证券交易量的。”《最高人民检察院关于渎职侵权犯罪案件立案标准的规定》第1（12）条规定，徇私舞弊不移交刑事案件案，涉嫌下列情形之一的，应予立案：“5. 行政执法部门主管领导阻止移交的。……”

司法解释中，也不乏将“首要分子”作为情节严重之情节的情形，但“首要分子”不是身份。身份必须是在行为人开始实施行为时就已经具有或形成的特殊资格、地位或状态。“首要分子”是刑法对行为人实施的犯罪行为进行综合评价时所使用的一个规范概念。因此，“首要分子”不是身份，行为人也无须认识到自己是“首要分子”，只要对作为刑法评价依据的相应的客观前提事实有认识即可。

另外，立法和司法解释中，还存在众多类似“因为××被给予二次以上行政处罚又××的”“曾因××受过刑事处罚的”“曾因××受过党纪、行政处分的”等类似“前科”性质的情状作为情节严重之情节的事例。例如，《刑法》第153条走私普通货物、物品罪第1款第1项规定：“……或者一年内曾因走私被给予二次行政处罚后又走私的……”；第351条非法种植毒品原植物罪第1款第2项规定：“经公安机关处理后又种植的”。

---

[1] 该《规定》关于民事、行政枉法裁判案、徇私舞弊不移交刑事案件案的立案标准中，亦有“徇私情、私利”“为牟取本单位私利”等类似的情节规定。

这些立法或司法解释例，基于行为人主观恶性、人身危险性（再犯可能性）等因素的考虑是明显的，笔者也曾主张，这些决定犯罪成立的罪量因素是行为人人身危险性的表征，因而不是行为人主观认识的对象。[1] 现在看来，这一观点在耦合的四要件犯罪构成体系下，或许还可以自圆其说。因为在四要件体系背景下，人身危险性，要么被视为作为犯罪本质特征的社会危害性的有机组成部分，没有较大的人身危险性，就达不到严重的社会危害性程度，犯罪就不成立；[2] 要么认为，犯罪本质的人身危险性与社会危害性二元论，某些处于罪与非罪界限上的行为，认定其是否构成犯罪，就要参考行为人的人身危险性；某些犯罪的构成，以“情节恶劣”为前提，当某种违法行为处于恶劣与尚不恶劣的临界线上时，那么，反映行为人人身危险性的罪前或罪后因素就在此通过“情节恶劣”的构成要件对定罪发生作用。[3] 在此背景下，表征人身危险性的要素与其他要素“耦合”，共同决定犯罪的成立（即“如果客观危害性不足，就用人身危险性来凑”）。但是，在违法与责任阶层性犯罪构成体系下，上述观点恐怕就难以成立了，因为根据违法和责任的阶层和限制关系，一个在违法性上欠缺的行为，无论如何都不可能因为属于后不法阶段的要素（这里指人身危险性要素）的加入，而成立犯罪。

基于此，本书主张，将“曾被给予行政处罚”等类似规定理解为一种特殊身份。因为，“曾被处罚”可以说是行为人人身方面的一种状态，也是行为人开始实施行为时就已经形成的；与其实施的犯罪行为也有密切联系；正是这些已经受过处罚、接受过教育训诫的人，法律给予其更高的规范期

[1] 参见王强、胡娜：《论主观罪过中的定量因素认识》，载《中国刑事法杂志》2007 年第 4 期。

[2] 赵秉志主编：《犯罪总论问题探索》，法律出版社 2003 年版，第 278 页。

[3] 陈兴良：《刑法哲学》，中国政法大学出版社 2000 年版，第 189 页。

待。而对于这种特殊身份，要求行为人主观认知，也不成问题。[1]

（三）作为行为量定的罪量因素

作为行为量定的罪量因素，即通过对行为方式、行为对象、行为时间、地点等具体形状的限制，作为犯罪成立的罪量要求。这种罪量因素，在司法解释关于情节严重之情节的规定中，以多种方式呈现：

1. 有的将“特定的行为方式”解释为情节要求。如伪造货币罪之“制造货币版样或为他人伪造货币提供版样的”[2]；抗税罪之“聚众抗拒缴纳税款”[3]；拒不执行判决、裁定罪之“隐藏、转移、故意毁损财产或者转让已向人民法院担保的财产”“以暴力、威胁方法”“聚众哄闹、冲击执行现场”“侮辱、围攻、扣押、殴打”“毁损、抢夺执行案件材料、执行公务车辆和其他执行器械、执行人员服装以及执行公务证件”等[4]；盗窃罪之“破坏性手段”[5]；等等。

2. 有的突出“行为对象”的特殊性。如盗窃罪之“盗窃残疾人、孤寡老人或者丧失劳动能力人的财物的”[6]；伪造、变造、买卖武装部队证件、

[1] 严格地讲，将“曾被给予行政处罚”等类似规定视为“特殊身份”的观点，也有欠妥当（至多算是解释论立场的权宜之计）。因为在违法与责任阶层性犯罪构成体系下，作为构成要件要素的身份，也应当是违法性（法益侵害）的表征，“曾被给予行政处罚”显然不是法益侵害的表征（也不属于作为犯罪成立条件的有责性的内容），而是表明行为人特殊预防必要性较大的量刑责任要素，将其作为判断违法性是否达到值得科处刑罚程度的做法，明显是将违法与量刑责任混同，从立法论上讲，这种立法或司法解释（尤其是司法解释）并不可取（详细论述可参见张明楷：《简评近年来的刑事司法解释》，载《清华法学》2014 年第 1 期）。

[2]《公安追诉标准（二）》第 19 条，《最高人民法院关于审理伪造货币等案件具体应用法律若干问题的解释》（2000.9.14）第 1 条第 3 款。

[3]《公安追诉标准（二）》第 58 条。

[4] 参见 2002 年 8 月 29 日第九届全国人大常委会第 29 次会议通过的《关于〈中华人民共和国刑法〉第三百一十三条的解释》和《最高人民法院关于审理拒不执行判决、裁定刑事案件适用法律若干问题的解释》（2015.7.20）第 2 条。

[5]《最高人民法院、最高人民检察院关于办理盗窃刑事案件适用法律若干问题的解释》（2013.4.2）第 11 条。

[6]《最高人民法院、最高人民检察院关于办理盗窃刑事案件适用法律若干问题的解释》（2013.4.2）第 2 条。

印章或者盗窃、抢夺武装部队证件、印章罪，伪造、盗窃、买卖武装部队专用标志罪，非法提供、使用武装部队专用标志罪中的“武装部队军以上领导机关专用车辆号牌”等[1]；贪污罪之“贪污救灾、抢险、防汛、优抚、扶贫、移民、救济、防疫、社会捐助等特定款物的”[2]；等等。

3. 有的重视行为发生的特定场域、时间、地点等。如隐匿、故意销毁会计凭证、会计账簿、财务会计报告罪之“依法应当向司法机关、行政机关、有关主管部门等提供而隐匿、故意销毁或者拒不交出的”[3]；组织、利用邪教组织破坏法律实施罪之“利用通讯信息、网络宣扬邪教”“在重要公共场所、监管场所或者国家重大节日、重大活动期间”[4]；行贿、对单位行贿、单位行贿、介绍贿赂等罪中的“向党政领导、司法工作人员、行政执法人员行贿的”[5]；故意泄露国家秘密罪之“通过口头、书面或者网络等方式向公众散布、传播国家秘密的”[6]；等等。

4. 有的甚至将牵连或伴随的不法手段行为作为情节严重之情节要素。如欺诈发行股票、债券罪之“伪造、变造国家机关公文、有效证明文件或者相关凭证、单据的”[7]；违规出具金融票证罪之“接受贿赂违规出具”[8]；串通投标罪之“采取威胁、欺骗或者贿赂等非法手段”[9]；提供虚假证明文件罪之“在提供虚假证明文件过程中索取或者非法接受他人财物的”[10]；非

[1]《最高人民法院、最高人民检察院关于办理妨害武装部队制式服装、车辆号牌管理秩序等刑事案件具体应用法律若干问题的解释》（2011.7.20）第 3 条。

[2]《最高人民法院、最高人民检察院关于办理贪污贿赂刑事案件适用法律若干问题的解释》（2016.4.18）第 1 条。

[3]《公安追诉标准（二）》第 8 条。

[4]《最高人民法院、最高人民检察院关于办理组织、利用邪教组织破坏法律实施等刑事案件适用法律若干问题的解释》（2017.1.25）第 2 条、第 8 条。

[5]《最高人民检察院关于行贿罪立案标准的规定》（2000.12.22）；《检察院立案标准（试行）》第 1（7）条。

[6]《最高人民检察院关于渎职侵权犯罪案件立案标准的规定》（2006.7.26）第 1（3）条。

[7]《公安追诉标准（二）》第 5 条。

[8]《公安追诉标准（二）》第 44 条。

[9]《公安追诉标准（二）》第 76 条。

[10]《公安追诉标准（二）》第 81 条。

法行医罪之“使用假药、劣药或不符合国家规定标准的卫生材料、医疗器械”[1]；单位受贿罪之“故意刁难、要挟有关单位、个人，造成恶劣影响的”[2]；民事、行政枉法裁判罪之“伪造、变造有关材料、证据，制造假案枉法裁判的”[3]；等等。

不过，将关联或伴随出现的另一行为作为上述个罪（以下简称本罪）成立的“情节要求”时（尤其是当刑法已经将该关联或伴随的手段行为类型作为具体犯罪的构成要件行为加以规定时），这实际上是创设了一个具有“包容犯”性质的新的犯罪构成，但还以本罪命名，还适用本罪的法定刑。这不能不说已经有（司法解释）代位立法、有违罪刑法定之嫌了。既然如此，适用这些规定时，就必须坚持罪刑均衡原则，严格遵循充分评价与禁止重复评价的规则，将其弊端消解至最低：

一是倘若不考虑手段行为，其他情节已经足以认定本罪的成立，而手段行为本身也已构成其他犯罪的，则应当还原其实际上是“两个行为符合两个犯罪构成”的本质，再考虑两罪之间是否具有牵连关系，如果有，按牵连犯处理，反之属于实质数罪，数罪并罚。

二是倘若手段行为本身构成相应的犯罪，但如果不考虑该手段行为，其他情节又尚不足以认定本罪的成立。此时，加上手段行为，应当认为本罪的成立，因为如果“一般违法程度的手段行为 + 其他要素 = 本罪”的话，“犯罪程度的手段行为 + 其他要素”成立本罪更是绰绰有余。那么，是按手段行为之罪，还是按司法解释新创制的“包容犯本罪”论处呢？这就必须比较手段行为之罪与本罪的法定刑轻重，看本罪的法定刑是否还能承担这种“包容”——本罪的法定刑是否能够完整地评价司法解释所创制的以本罪命名的新“包容犯”所保护的法益全貌（包容犯本罪保护的法益 = 原始本罪保护的法益 + 手段行为之罪保护的法益）：（1）倘若本罪的法定刑不低于、甚至明显高于手段行为之罪的法定刑，勉强说明这种“包

---

[1]《最高人民法院关于审理非法行医刑事案件具体应用法律若干问题的解释》（2016.12.12）第 2 条。

[2]《检察院立案标准（试行）》第 1（4）条。

[3]《最高人民检察院关于渎职侵权犯罪案件立案标准的规定》（2006.7.26）第 1（6）条。

容”基本上是合理的，即此时以作为“包容犯”的本罪论处，便可以完整地评价包含手段行为之罪的法益在内的行为不法全貌（法条竞合）。以欺诈发行股票、债券罪之“伪造、变造国家机关公文、有效证明文件或者相关凭证、单据的”为例，欺诈发行股票、债券罪的法定刑为“5年以下有期徒刑或者拘役，并处或者单处罚金”，而伪造、变造国家机关公文、证件、印章罪的法定刑一般为“3年以下有期徒刑、拘役、管制或者剥夺政治权利”（情节严重的加重犯除外），前者高于后者，可以认为前者的法定刑能够完整地评价包括伪造手段行为之罪保护法益在内的全部法益内容，以“司法解释创制的包容犯”——欺诈发行股票、债券罪论处即可；(2) 倘若本罪的法定刑低于手段行为之罪的法定刑，基于充分评价原则，本罪的法定刑，显然难以完整评价新创制的“包容犯本罪”所保护的复杂法益中的“手段行为之罪保护的法益”；或者说，基于法定刑的轻重比较，只能认为新创制的“包容犯本罪”中保护的“手段行为之罪保护的法益”是不周延的，仅限于某一较轻微的程度范围内。此时，无论宣告哪一个罪名，都不足以完整评价行为的不法全貌。因此，应当同时宣告数罪从一重处罚（想象竞合）。例如，串通投标罪之“采取威胁、欺骗或者贿赂等非法手段”，串通投标罪的“3年以下有期徒刑或者拘役，并处或者单处罚金”，明显低于受贿罪最高死刑的法定刑配置。因此，当收受贿赂数额巨大时，显然不论仅依据司法解释，认定只成立串通招投标罪一罪（无论如何，串通投标罪的法定刑所不可能完全评价“采取巨额贿赂”之手段行为的法益侵害内容），此时，只能作为想象竞合——同时宣告两罪，从一重处断。[1]

三是倘若手段行为本身并不构成犯罪，而依照其他情节足以认定本罪之成立时，对其手段违法行为，原则上予以行政处罚，当然也不排除作为量刑情节的可能。

四是倘若手段行为本身尚不构成犯罪，而其他情节亦不足以认定本罪

[1] 关于法条竞合与想象竞合，详见本书第六章第三节。

之成立，则原则上可以一并考虑，依据司法解释认定本罪的成立，当然也不排除综合考虑仍未能达到犯罪可罚程度的例外。

五是倘若手段行为已经受过刑罚处罚或者行政处罚，原则上不能再作为认定本罪成立之情节要求；当然此时还需要结合刑罚与行政罚之竞合、衔接关系谨慎处理。[1]

另外，作为行为量定的罪量因素，也包括数额犯中将数额作为行为程度的量化表现的情形：有的数额犯是关于行为对象的数额规定，如盗窃罪、诈骗罪中的“数额较大”，逃税罪中的逃税数额等；还有的数额犯是关于行为内容的数额规定，如伪造型犯罪中的假币、公文证件、有价票证等的数额，制造毒品罪中的毒品数量，贿赂犯罪中的贿赂数额，等等。

（四）作为危害结果量定的罪量因素

对危害结果的量定，应当说是我国刑事立法和司法解释中最常见的罪量因素类型。后果型罪量因素，除了极个别属于不真正的处罚条件、非典型的违法构成要素以外，其余皆属此类；数额型罪量因素，也多是对行为结果的数额量化；情节型罪量因素，司法解释几乎都将严重结果作为内容。

需要注意的是，类型（三）的部分内容与类型（四）可能是重合的。以盗窃罪、诈骗罪等的“数额较大”为例，它既可以说是对盗窃、诈骗行为对象、行为程度的量化，也同样可以说是法益侵害结果的量定。归根结底，原因在于实行行为作用的行为对象（客体），常常是刑法所保护法益的主体或物质表现；而结果乃是行为对刑法所保护的行为客体所造成的危险或实际损害。行为作用于一定的对象，从而可能导致一定的结果。[2] 可见，是对行为对象的量化还是对结果的量化，可能只是考察视角的不同而已。

---

[1] 关于行政罚与刑罚的衔接与处理，可参见周佑勇、刘艳红：《论行政处罚与刑罚处罚的适用衔接》，载《法律科学》（西北政法学院学报）1997 年第 2 期。

[2] 周光权：《刑法总论》（第 3 版），中国人民大学出版社 2016 年版，第 120 页。

另外，在对危害结果的罪量规定中，也不乏将加重结果作为犯罪成立“情节严重”之情节的实例，例如，《最高人民检察院关于渎职罪案件立案标准的规定》中规定的“刑讯逼供造成犯罪嫌疑人、被告人轻伤、重伤、死亡的”这一刑讯逼供罪情节严重的情形。但必须指出的是，基于上文严格限制结果加重犯成立范围的立场，基于避免间接处罚的考虑，应当将作为情节严重之情形的加重结果，严格限制在以“人的伤亡”为内容的范围之内。因此，将拒不执行判决裁定罪的“毁损、抢夺执行案件材料、执行公务车辆和其他执行器械、执行人员服装以及执行公务证件，造成严重后果的”等非人身伤亡结果，也理解为将加重结果作为情节严重的情形[1]，有欠妥当。

二、罪量构成要素的特殊性

构成要件可谓罪量因素的主要栖息地，除极个别主观违法要素外，绝大多数作为构成要件要素的罪量因素（即罪量构成要素）均为客观违法性、法益侵害程度的表征，一方面，这些罪量因素作为构成要件要素，与罪体构成要素、罪责构成要素[2]，共同作为犯罪成立积极要件的组成内容；另一方面，它们又发挥着表征行为的法益侵害程度、排除轻微行为的可罚违法性的功能，与域外刑法中的可罚的违法性、社会相当性等理论有异曲同工之妙。而正是在与罪体构成要素、可罚的违法性等理论的比较中，可以发现罪量构成要素事实层面和价值层面的特殊性。

---

[1] 参见王莹:《情节犯之情节的犯罪论体系性定位》，载《法学研究》2012 年第 3 期。

[2] 根据陈兴良教授“罪体—罪责—罪量”犯罪构成体系，罪体包括主体、行为、结果及其因果关系等罪体构成要素和正当防卫、紧急避险等罪体排除事由；罪责包括故意、过失及动机、目的等罪责构成要素和期待可能性等罪责排除事由（参见陈兴良:《规范刑法学》（第 3 版），中国人民大学出版社 2012 年版，第 111—112 页）。这里借用“罪体构成要素”和“罪责构成要素”的称谓。当然，罪责要素是否构成要件的内容，理论上尚有争议。

（一）罪量构成要素的事实面特征

一方面，与大陆法系国家刑法理论中体现犯罪成立罪量要求的可罚的违法性、社会相当性等理论相比，在我国刑法中，犯罪成立的罪量要求，多被成文化、类型化为犯罪成立的构成要件要素，这种类型化的犯罪构成要件要素，依据阶层性犯罪论体系，自然也应当在构成要件该当性阶段进行事实符合性的积极判断，这与可罚的违法性、社会相当性等理论，作为阻却构成要件该当性抑或阻却违法性的消极阻却事由的体系位阶完全不同。此即罪量构成要素的事实面特征。

（二）罪量构成要素的价值面特征

另一方面，相较于同为“犯罪构成要件要素”的罪体构成要素而言，尽管罪量构成要素的该当性判断，也具有违法的推定机能，但却有着不同于罪体构成要素的具体内容和价值功能：罪体构成要素从横向、行为类型、此罪彼罪的意义上表征某一具体犯罪的类型特征，体现的是公权力界域（将刑法没有类型化的行为类型排除在公权力处置范围之外）；而罪量要素则是对同一类型（同质）的行为，从纵向、行为程度、轻罪重罪（罪与违法）的意义上表征某一具体犯罪的程度特征，体现的是公权力分工（将纳入公权力处置范围的某种行为，根据其违法程度的大小轻重，分别给予刑罚与行政处罚）。此即罪量构成要素的价值面特征。

第五节　小　结

犯罪成立的罪量因素，是我国刑法独具特色的立法现象。在违法与责任的位阶性的犯罪论体系下，合理配置罪量因素的内容，是建构我国犯罪论体系不容回避的课题。因为在立法和司法解释中，罪量因素的内容涉及面太广，意图将所有的罪量因素内容统一对待是不可能的。因此，应当根据罪量因素与不法、罪责之间的关系，将它们分别视为真正的客观处罚条件、不真正

（内在）的客观处罚条件（也称客观超过要素，非典型的违法要素）以及罪量构成要件要素，如此，方能较全面、客观地反映其实体内容全貌。由此形成包含罪量因素的阶层性犯罪论体系，兹图示如下：

- 构成要件该当性
  - 罪体构成要件要素
  - 罪量构成要件要素
  - 非典型的违法构成要件要素（客观超过要素、不真正的客观处罚条件）
- 违法性
- 有责性
- （真正的）客观处罚条件——例如，表示行为获利的违法所得

附图：包含罪量因素的阶层性犯罪论体系

当然，基于罪刑法定、责任主义的限制，作为真正的客观处罚条件、不真正的客观处罚条件的罪量因素只能限制在极个别的范围之内，在未来的立法和司法解释中，也应当尽量限制将客观处罚条件事实作为罪量因素的内容。而绝大多数罪量因素都应当还原为不同的构成要件要素。罪量构成要件要素，其事实面“类型化为构成要件该当内容”的特征，使其区别于价值功能相当的可罚的违法性、社会相当性等理论；而价值面“在行为类型定型的基础上决定行为程度、在确定公权力处置范围的基础上决定公权力的分工”的特征，又使其不同于同样作为构成要件要素的罪体要素。也正是因为这种事实（内容）与价值（功能）面的特殊性，使得罪量因素问题成为我国刑法研究的一大疑难。正如学者所言：“从规范功能的角度来说，情节脱离于构成要件四要件之外；从内容结构上看，它又附着于四要件之上，与其密不可分，可以说是处于一种自相矛盾的分裂状态，这就是我国进行这种情节规定的难堪所在。正因为这种矛盾与难堪，情节与构成要件之间的关系成为我国刑法理论中最令人困扰的难题之一。”[1]

---

[1] 王莹：《情节犯之情节的犯罪论体系性定位》，载《法学研究》2012年第3期。

当继受的刑法理论（主要是犯罪论）遭遇“行为性质＋行为程度”刑事立法的“陌生环境”，罪量构成要素的事实面和价值面的特征，将会对继受理论的运用产生怎样的影响，的确是值得关注的重要课题。本书余下章节，将具体展开罪量构成要素事实面与价值面的特征，着重分析罪量构成要素这两个方面的特殊性对犯罪论诸多具体理论运用的影响，着力消解罪量构成要素的“特殊体质”与“移植”的犯罪论理论之间存在的排异现象。

第五章

罪量构成要素的事实面特征

通过上一章的分析，可以发现，我国刑法中犯罪成立的罪量因素，除极个别属于真正的客观处罚条件、不真正的客观处罚条件以外，绝大多数罪量因素都属于表征行为违法（法益侵害）的典型的不法构成要件要素，即罪量构成要素（以下简称罪量要素[1]）。

罪量要素的事实面特征，正是罪量要素作为成文化的构成要件要素，相较于大陆法系刑法理论中的犯罪成立的罪量判断而言的特殊性。我国刑法区别于域外刑法的特质之一即违法性程度的成文化。在大陆法系刑法中，因为采“行为类型”“仅定性”的刑事立法模式，个罪的罪状描述中鲜有明

[1] 本书在不同场合使用“罪量因素”与“罪量要素”两个概念。罪量因素，是指刑法明文规定的，作为犯罪成立所必备的，表征罪量（程度）要求的犯罪成立条件，包括作为真正的客观处罚条件的罪量因素、作为不真正的客观处罚条件的罪量因素以及作为不法构成要件要素的罪量因素；其中，作为不法构成要件要素的罪量因素，即罪量构成要件要素，简称罪量构成要素、罪量要素。敬请读者注意区分。

示行为程度的罪量规定。因此，在类型化的构成要件该当性的判断阶段，基本上不会特别考虑罪量问题，罪量问题实际上是运用实质违法性、可罚的违法性、社会相当性等理论，或者通过实质的、规范的构成要件要素的解释，阻却轻微行为的构成要件该当性；或者在违法性阶段排除轻微行为的可罚违法性；简言之，犯罪成立的罪量要求实际上是阻却构成要件该当或者阻却违法的、实质的消极判断。而在我国，二元制裁体系造就了刑事立法“行为类型＋行为程度”“定性＋定量”的基本模式，大量立法与司法解释将罪量要求成文化为构成要件该当性的事实要素，成为犯罪与一般违法（罪与非罪）界分的类型化标准。既然罪量要求已经成文化、类型化为构成要件该当的具体事实要素，那么，罪量构成要素就不仅仅是阻却犯罪成立的、实质的消极判断，也应当首先是事实该当的构成要件符合性判断。此即罪量要素的事实面特征。

罪量要素的事实面特征，实际上，就是关于罪量要素的构成要件该当性阶段的事实符合性判断问题，这种符合性判断自然也应当遵循主客观相统一的基本原则。一方面，当行为（结果）在客观上已达到、甚至远远超过罪量要素的标准时，对该客观罪量是否还必须有行为人主观罪过方面的要求，方能认定犯罪的成立？——此即罪量要素的认识问题；如果行为人主观认识的罪量与客观发生的罪量结果有差异、不统一时，又将如何处理？——此即有关罪量要素的错误论问题；另一方面，倘若行为人主观上认识并意欲的罪量结果达到、甚至超过法定的罪量标准，但客观行为却没有实现或仅仅实现了一部分罪量结果，此时可否论以犯罪未遂，尤其是在立法根据罪量轻重确定了两个或者两个以上的法定刑档的情况下，是否论以犯罪未遂？若是，又将如何选择未遂从轻、减轻处罚所比照的既遂犯的法定刑档？——此即有关罪量犯的未遂犯成立与法定刑基准的确立问题。

可见，在犯罪论中，但凡以行为人为判断主体的内容，都应当考虑罪量要素事实的影响。罪量要素的认识论、罪量要素的错误论以及罪量要素的未遂论问题，就是对罪量要素的事实面特征的具体展开。

第一节 主观罪过中的罪量要素认识

主观罪过（包括故意和过失）是责任要件（四要件体系中的犯罪主观方面要件）的核心内容。罪过理论的核心在于行为人的认识内容，它不仅是认定犯罪故意的关键，也是认定犯罪过失的前提，还是解决行为人认识错误的罪过形式的基础。[1] 主观罪过中的罪量要素认识问题，即在刑法分则明确规定罪量要素的犯罪中，在认定犯罪成立、行为归责时，是否要求行为人对罪量要素事实有所认识和预见的问题。

此问题引起学界的广泛关注，肇始于“天价葡萄案”“天价豆角案”等案件的发生。2003 年 8 月 7 日凌晨，4 名男子在北京香山附近盗窃了 47 斤科研用葡萄。被害单位声称：它们是北京农林科学院林业果树研究所葡萄研究园投资 40 万元、历经 10 年培育研制的科研新品种，4 人之举令其中的 20 余株试验链中断，损失无法估量。案发后，北京市物价局价格认证中心对被偷的葡萄进行估价，被偷葡萄的直接经济损失为 11220 元。2003 年 9 月 12 日北京市海淀区警方以涉嫌盗窃罪对其中 3 人执行逮捕（另一人行为尚不构成犯罪，警方遂作出 15 日行政拘留的决定）。2004 年 1 月，争议已久的估价问题，经过检察院两次退回补充侦查后，“天价葡萄”最终估价按照葡萄的市场价格估算，价值仅为 376 元，远未达到目前北京地区盗窃财物价值 1000 元以上才追究刑事责任的标准。2004 年 2 月，3 人被保释出狱；2005 年 2 月 21 日，3 人先后收到北京市海淀区人民检察院的决定不起诉书。

尽管在案件侦办过程中，问题焦点集中在“天价”葡萄的估价问题。但案件背后涉及犯罪基础理论——对象价值认识（认识错误）问题，已受到理论

[1] 高铭暄主编：《刑法学原理》（第 2 卷），中国人民大学出版社 1993 年版，第 17 页。

界的广泛关注。[1] 之后，又有 2004 年黑龙江“天价虎骨案”[2]“天价豆角案”[3]、2007 年山东烟台“天价兰花案”[4]、2012 年河南郑州“天价手机案”[5]、广东佛山“天价玉石案”[6] 等类似案件发生。这些案件的共同点在于：行为对象具有特殊价值，而对此，行为人在行为时并无预见或认知，甚至连预见可能性都没有。从案件处理上看，2003 年北京的“天价葡萄案”，通过物价鉴定的“技术手段”，巧妙回避了“对象价值（罪量）认识（认识错误）”这一案件涉及的核心刑法理论问题；2004 年在黑龙江发生（或处理）的两起案件，法检部门也同样无视这一问题，而是采信了物价部门“天价”的价格评估，作出对行为人不利的处置——在“天价豆角案”中，检察机关以行为人盗窃财物价值 24700 元，涉嫌盗窃罪批准逮捕（遗憾的是，笔者未

[1] 代表性成果如：周光权:《偷窃“天价”科研试验品行为的定性》，载《法学》2004 年第 9 期；张明楷:《论盗窃故意的认识内容》，载《法学》2004 年第 11 期；莫晓宇、刘建:《对“天价”葡萄案的若干思考》，载《中国刑事法杂志》2004 年第 3 期；朱孝清:《盗窃科研葡萄、豆角案定性探究》，载《中国刑事法杂志》2005 年第 1 期；等等。

[2] 案情概要：2001 年 12 月 21 日正值林业法院系统撤并前夕，时任牡丹江中级人民法院林业分院院长赵某，伙同该院审判员李某、司机陈某，将在该院扣押封存的孟加拉国虎骨私分，经价格认证中心鉴定，从三人处收缴的虎骨价值人民币 144 万元。三人涉嫌贪污罪而案发。

[3] 案情概要：2004 年 7 月 6 日，哈尔滨市一个窃贼刘某从一个蔬菜大棚里偷摘了两袋看似一般的豆角，卖了 110 元钱。不曾想，他所盗的是哈尔滨市农科院蔬菜花卉分院投资数万元、经四年苦心研究培育出来的“太空豆角”。经哈尔滨市道里区价格认证中心价格评估，太空豆角最终定价 24700 元。

[4] 案情概要：2007 年 4 月某日，烟台某酒店服务员刘某、王某，在收拾房间时，将客人放在墙角的几棵小草拿走几株（实为“西光蜀道”的名贵兰花，按当时市场交易价格，刘某拿走的三棵价值 1.2 万元，王某拿得两株价值 8 千元），种于自家阳台花盆中，后因客人报警而案发。

[5] 案情概要：2011 年 10 月，张某经人介绍，到郑州给苏先生做保姆，12 月某日，因对雇主拖欠工资不满。张某做完早饭后顺手把鞋柜上的银灰色手机偷走。当时想：你不给我工资，我就不给你手机。后因苏先生报警而事发。不曾想，手机价值竟高达 6.8 万元。

[6] 案情概要：2012 年 6 月 17 日 10 时许，被告人黄某某和杨某某在佛山市顺德区大良街道搭乘客车，黄某某趁车上乘客休息时盗取被害人棕色背包。包内有身份证一张、钱包一个、现金人民币 1400 元、价值人民币 1030 元手机一部、价值人民币 914000 元玉石一批。案发几天后，被告人黄某某携带上述玉石从顺德出发，根据被害人身份证登记住址，通过被害人妻子将所盗钱包、身份证和全部玉石退还。案例详细情况及解析，请参见郑丁足:《基于价值认识错误盗窃的刑事责任承担》，载《人民司法》2013 年第 22 期。

查询到本案的最终处理结果）；在“天价虎骨案”中，法院采纳了价格认证中心 144 万元的估价，以贪污数额特别巨大为由，分别判处 3 人 12 年、10 年和 7 年不等的有期徒刑；而 2007 年的“天价兰花案”、2012 年的“天价手机案”“天价玉石案”，法检部门则将重心放在行为人对“天价”的主观认识问题上，并作出对行为人有利的处置——在“天价兰花案”中，检察机关经审查认为，王、刘二人仅有初中文化，作为普通的宾馆服务员不具备专业知识，无法断定所盗小草就是价格昂贵的兰花，且行为人主观上缺乏对财物数额的明确认识，不能实现刑法上的犯罪故意，王、刘二人的行为不构成犯罪而不予批捕。在“天价手机案”中，案件经郑州市中级人民法院发回重审后，原审法院改变了原审“有期徒刑 10 年，并处罚金 2 万元”的原判决，作出新判决：“张某对于所盗手机的价值存在重大认识错误，盗窃的物品累计属于数额较大，故以盗窃罪判处有期徒刑 2 年，并处罚金 3000 元。”在“天价玉石案”中，广东省佛山市顺德区人民法院经审理认为，被告人犯盗窃罪，罪名成立。但因被告人在实施盗窃行为时对盗窃对象产生了价值认识错误，其盗取贵重玉石的行为并非其真实意愿的表现，根据主客观相统一的犯罪构成原理及罪责刑相适应的量刑原则，本案所涉玉石的价值不应计入被告人盗窃的数额之内，并考虑其认罪态度较好，佛山市顺德区人民法院以被告人犯盗窃罪，判处有期徒刑 7 个月，缓刑 1 年，并处罚金人民币 1000 元。[1] 这种变化，虽然无法判断学理研究对司法实践有多大影响；但司法实务开始正面回应此类案例所涉及的核心理论问题——对象价值的认识（认识错误）问题，值得注意和肯定。

一、罪量要素认识不要说的商榷

关于对象特殊价值的认识问题，实际上就是有关罪量要素的认识问题。对此，陈兴良教授指出：我个人赞同将犯罪的数量因素看作一个独立的罪

[1] 郑丁足：《基于价值认识错误盗窃的刑事责任承担》，载《人民司法》2013 年第 22 期。

量要件，之所以不能归入客观要件，除了在罪量要素中不单纯是客观性要素而且还包括主观性要素以外，还有一个重要的理由：客观要件是行为人认识的对象，因而对于判断犯罪故意或者犯罪过失具有重要意义。如果将罪量要素当作客观要件，如果行为人对此没有认识就不能成立犯罪故意而属于犯罪过失，由此而使罪过形式的判断上造成混乱。例如，我国《刑法》第 397 条规定的滥用职权罪与玩忽职守罪在构成要件中都包含“致使公共财产、国家和人民利益遭受重大损失”这一构成要素。对于玩忽职守罪来说，这一构成要素当然属于其犯罪结果，因为玩忽职守罪是过失犯罪，过失犯罪都是结果犯，没有这一犯罪结果犯罪就不能成立。但在滥用职权罪的情况下，如果将这一构成要素看作犯罪结果，在行为人对这一犯罪结果有认识的情况下应当构成故意犯罪，而对这一犯罪结果没有认识，但如果是应当认识而没有认识的，就应当构成过失犯罪。因此，我国刑法理论上，往往认为滥用职权罪是复合罪过，既可以由故意构成，又可以由过失构成。笔者不赞同复合罪过的观点，一种犯罪要么是故意犯罪，要么是过失犯罪，而不可能既是故意犯罪又是过失犯罪。之所以主张滥用职权罪是复合罪过的观点，究其原委，就是将致使公共财产、国家和人民利益遭受重大损失这一构成要素简单地看作其犯罪结果。笔者认为，这一构成要素对于滥用职权罪来说，并非犯罪结果而是独立的罪量要素。没有出现这一构成要素，仍然属于滥用职权行为，但只是刑法不予以处罚而已。只有具备了这一构成要素，刑法才加以处罚。因此，这一构成要素是表明滥用职权行为的法益侵害程度的数量因素。由于这一构成要素不属于罪体，因而不属于行为人主观认识的内容，对于确定行为的故意或者过失没有关系，而应当根据对于行为的故意或者过失来确定其罪过形式。正因如此，滥用职权罪的责任形式是故意而非过失。[1]

陈兴良教授主张罪量要素不属于行为人主观认识的内容。罪状中的数

---

[1] 参见陈兴良:《作为犯罪构成要件的罪量要素：立足于中国刑法的探讨》，载《环球法律评论》2003 年秋季号。

额、情节属于罪量要件，成立故意不需要行为人对此存在认识。[1] 这种观点可称作“罪量要素认识不要说”，这一主张，是建立在陈兴良教授“罪体—罪责—罪量”三位一体的犯罪论体系基础之上的。在“罪体—罪责—罪量”体系中，所有的犯罪成立罪量因素，都被统一视为犯罪成立的客观处罚条件，客观处罚条件的性质，自然排除对罪量要素在主观罪责上的要求。但这一观点值得商榷。

首先，诚如上一章的分析，从具体内容上看，我国刑法和司法解释中所规定的犯罪成立罪量因素，有不法中立的真正客观处罚条件（如作为行为报酬的违法所得）；也有表征违法（法益侵害）程度，但又不具有典型不法构成要件要素特征的非典型的不真正客观处罚条件（如丢失枪支不报等罪中的“造成严重后果”）；有主观的不法构成要素（如以牟利为目的）；也有典型的、客观的不法构成要件要素。其中作为真正的客观处罚条件、主观不法要素的罪量因素，无须行为人主观认知和意欲，并无异议；但是，将作为违法性（法益侵害）表征的不真正的客观处罚条件和客观的不法构成要素，亦排除在主观罪责覆盖的内容之外，则显然有违责任主义的要求，是偶然责任和结果责任的表现。

举例说明：邓某，文盲，长期以拾破烂为生，一日邓某携带扁担等物，窜至三峡坝区左岸 130 平台，在葛洲坝集团机械化公司保养厂露天车间，盗走“威布克”汽车刹车蹄四块，事后将其与其他废旧钢铁一并变卖，获款 34 元。经价格鉴定，四块刹车蹄价值 5526 元。案发后，侦查人员从废旧品回收公司追回赃物。审理中，邓某对盗窃事实供认不讳，但辩称自己因贪图小利，才将刹车蹄误认为是废铁盗走。[2] 本案案情并不复杂，行为人的行为属盗窃行为，主观上亦有盗窃故意当无异议，唯一成问题的是行为人对自己盗得物的价值认识错误（即对盗得物的真实价值没有认识）。按照“不要说”的观点，传统盗窃罪的数额是典型的罪量要素，无须考虑行

---

[1] 参见陈兴良：《规范刑法学》（第 3 版），中国人民大学出版社 2012 年版，第 198 页。

[2] 案情转引自李文峰：《析传统盗窃罪的价值认识错误》，载《律师世界》2000 年第 7 期。

为人对此有无认识，只要行为人对盗窃行为是故意，数额又达到了数额较大的标准，就应当认定盗窃罪的成立。可是，犯罪成立完全取决于行为人主观罪过以外的偶然事实，结论恐怕难以令人信服。或许有坚持这一观点的人会辩解，这种情形下，我们完全可以引用总则第 13 条但书规定来排除其犯罪性。但我们不禁要问，这里引用但书的依据是什么？是什么事实使我们作出行为符合“情节显著轻微危害不大”的判断？答案恐怕只有一个，即因为行为人没有认识到所盗之物的真正价值，其主观恶性、人身危险性较小。而这不正是行为人主观上需要对罪量要素有认识的佐证吗？诚如学者所言，行为人的主观心理是否属于罪过也取决于行为危害的严重程度，如盗窃数额较小的财物的故意不是罪过，盗窃数额较大的财物的故意就是罪过。[1]

其次，就“滥用职权罪与玩忽职守罪”这一例证而言，我们不禁要问，在刑法同一条文规定的法定刑完全相同的两个犯罪中，为什么相同的“致使公共财产、国家和人民利益遭受重大损失”（以下简称“致重大损失”）的犯罪成立条件之规定，对玩忽职守罪而言是犯罪结果，需要行为人的主观认识；而对滥用职权罪而言则是罪责要素，无须行为人主观认识呢？犯罪结果与罪量要素区分标准何在？依照论者的说法似乎是，因为玩忽职守罪是过失犯罪，所以“致重大损失”是犯罪结果，而滥用职权罪是故意犯罪，故“致重大损失”是罪量要素。但根据刑法规定，犯罪故意和过失归根结底是行为人对危害社会结果的主观心理态度，判断某个犯罪是故意犯罪还是过失犯罪是依据行为人行为时对危害结果的主观心理态度而定的。质言之，“行为导致的危害结果”是评价犯罪故意和过失的前提和基础。不能为证明某个犯罪是故意犯罪或是过失犯罪，将“致重大损失”这样客观

[1] 高铭暄主编：《刑法学原理》（第 2 卷），中国人民大学出版社 1993 年版，第 8 页。

的、结果性质的规定人为地区分为“犯罪结果”和“罪量因素”,[1] 进而将后者排除在主观认识内容之外，这未免有本末倒置、颠倒因果之嫌。

因此，本书不赞成“罪量要素认识不要说”的观点，认为只要是刑法所规定的作为犯罪违法性表征的客观的犯罪构成要件要素，基于责任主义的要求，都应当为罪责所覆盖。即客观的违法性要件限定了罪责涵盖的范围。[2] 此可谓“罪量要素认识必要说”。

二、罪量要素认识必要说的展开

（一）一般规则

罪过是认识因素与意志因素的统一，而事实认识是认识因素的首要环节。一般认为，犯罪故意认识的事实内容，以行为的危害社会的结果为核心，其中包括对构成要件行为的心理状态。犯罪过失的过失心态主要针对危害社会的结果，是对危害社会结果的有认识或无认识。行为性质并不是犯罪过失认识所指向的内容，或者说犯罪过失的罪过心态不包括对于行为性质的认识。[3] 可见，犯罪故意之事实认识的内容，以犯罪构成客观事实为限（但未必是全部事实），犯罪过失认识的事实内容则更是严格限制在犯罪构成结果的范围内。

---

[1] 事实上，在我国犯罪成立存在罪量要求的前提下，“犯罪结果”与“罪量因素”严格区分是很困难的，因为此类犯罪中，“罪量因素”依附于“犯罪结果”而存在，是对“犯罪结果”的修饰；“犯罪结果”是经“罪量因素”量化了的“犯罪结果”，二者是质和量的统一。诚如学者所言，罪量与罪体、罪量与罪责既不是白与黑那样的相互排斥的矛盾关系，也非白与蓝那样的互不兼容的反对关系，而是类似于红和黄那样的包容关系。即罪量对罪体或罪责其实都有着不可分割的依存加表征作用（屈学武：《中国刑法上的罪量要素存废评析》，载《政治与法律》2013 年第 1 期）。

[2] 存在的例外是，立法者也可能将某种基于期待可能性等责任要素考虑的客观情状纳入构成要件，如《刑法》第 307 条第 2 款帮助毁灭、伪造证据罪罪状描述中的“当事人”。这一基于期待可能性考虑而形成的客观要素，是否属于故意的认识范围？笔者赞同如下观点：只要客观化为构成要件要素就应当纳入故意的认识范围（参见张明楷：《刑法学》（第 5 版），法律出版社 2016 年版，第 329 页；［日］山口厚：《刑法总论》（第 2 版），有斐阁 2007 年版，第 33 页）。

[3] 张小虎：《犯罪过失心理结构要素探究》，载《法学评论》2005 年第 2 期。

首先，应当区别对罪量要素的认识与对罪量要素的评价。前者是行为人主观认知与客观罪量事实的符合性判断，后者则是刑法、裁判者对罪量事实、行为程度的价值判断。例如，对于作为罪量要素的“情节严重”，对罪量要素的认识，是指对作为罪量事实的“情节”本身的认知；而“严重”则是建立在行为人对“情节”事实认知的基础上，应当由裁判者作出的整体性的价值评价；再如，多次盗窃的“多次”，“多次”与“数额较大”一样都是决定盗窃行为危害程度大小，进而决定罪与非罪的罪量要素，从性质上讲，此内容也应当属于不法的构成要件要素。正因如此，有学者主张，根据犯罪构成必须是主客观相一致的原理，当多次盗窃为盗窃罪客观方面不可缺少的要件时，行为人在主观方面也必须预见自己行为达到了“多次盗窃”。[1] 但若果真如此，就可能意味着犯罪的成立与否取决于行为人记忆力的强弱，记忆力强构成犯罪，记忆力弱则不成立犯罪。这样的结论的确荒唐。在笔者看来，其中的问题正是因为没有区分“对罪量要素的认识”和“对罪量要素的评价”。“多次”的事实基础就是行为人的每一次行为，只要行为人每次行为时对每一次行为有认识，即表明对“多次”的罪量事实有认识；至于将行为人三次以上的行为，评价为“多次”，成立一个盗窃罪，则是刑法规范评价的结果，是对符合“多次”之三次以上的行为事实的规范评价而已，自然不需要行为人认识到自己的行为已属于“多次”。

其次，作为不法构成要件要素的罪量要素，也有主观不法要素与客观不法要素之分。前者如《刑法》第 398 条规定的故意泄露国家秘密罪，根据 1999 年 9 月 16 日《检察院立案标准（试行）》的规定，以牟利为目的泄露国家秘密的，属于情节严重的情形，应予立案。可见，认定本罪“情节严重”的罪量要素，行为人主观目的是重要指标之一。“以牟利为目的”的主观要素当然无须要求行为人自己再认识，因为要求行为人认识到自己的主观认识，显然是没有意义的。因此，对于作为主观不法要素的罪量要素，

[1] 参见董玉庭：《盗窃罪主观构成要件微探》，载《哈尔滨工业大学学报》（社会科学版）2003 年第 1 期。

由于其内容本身的主观性特征，自不在主观认识的内容之列。

最后，关于作为客观的不法要素的罪量要素的主观罪责要求。主客观统一并不意味着故意犯罪的行为人必须认识到所有的客观要素。[1]定罪时的主客观统一，从司法认定犯罪的角度，就是要求司法机关认定犯罪必须在明确现实的、客观的危害行为、危害结果的基础上，考证行为人行为时对危害行为、危害结果所持有的主观心理态度，只有在行为人主观故意或过失意识支配下的危害行为、危害结果才能归责于行为人；而从行为人实施犯罪的角度，就是行为人行为时对危害社会的结果的主观心理态度以及在该心理态度支配下发生的客观危害行为、危害结果的统一。可见，定罪之主客观相统一原则中的“客观”是有明确界限的，它是以危害行为、危害结果以及与危害行为、危害结果相关联的、作为违法性（法益侵害）表征的客观要素为限。正因如此，作为不法中立的客观处罚条件的罪量因素就不在主观罪责覆盖的范围之内。

（二）具体展开

1. 数额犯之数额与主观认识

广义上讲，数额包括狭义的数额——以货币单位表示的财产性质的价值量和数量——犯罪所涉及的物品的数目、体积、重量等，如毒品犯罪中毒品的重量、盗伐林木罪中林木的体积等。作为罪量要素的主要载体之一，数额在刑法分则中，尤其是经济犯罪、财产犯罪中广泛存在：不仅分则中有为数众多的数额犯规定；而且情节犯中“情节严重”的重要指标亦包括数额大小，后果犯中“造成重大损失”等类似规定也主要是指经济损失数额较大。为避免不必要的重复，本部分探讨的数额，以数额犯之数额，即刑法中明文规定的一定的经济价值量或物理量作为犯罪构成定量标准的数额为限。

数额犯之数额是否需要行为人主观认识？对此，学者以“天价葡萄

[1] 参见张明楷：《论盗窃故意的认识内容》，载《法学》2004年第11期。

案”“天价豆角案”等典型案例为契机，就刑法中最具代表性的数额犯——盗窃罪之盗窃数额是否属于行为人主观认识的内容，展开讨论，形成肯定说与否定说两种观点。否定说认为，刑法理论对盗窃罪行为的主观要件具体要求为：行为人明知自己的行为事实是秘密窃取他人之物，行为性质是非法的，而出于非法占有的目的决意实施；但在认识因素上又并非要求行为人达到对窃取对象的价值要有所认识的程度。盗窃罪的“知”就是对行为性质的明知，至于行为人是否知道盗窃的价值并不影响盗窃行为的性质。[1] 如前所述，笔者赞同肯定说，具体就数额而言，认为刑法中数额犯之数额应当作为行为人主观认识的内容，若行为人对数额犯的数额（如盗窃罪中窃取财物的价值）缺乏认识（认识错误），则只能依据刑法中事实认识错误理论处理。

首先，刑法中的数额犯之数额，是对事物量的限定，“数额”一般用于说明行为规模或者结果价值的大小，总是与行为、结果等联系在一起。[2]“数额”依附于具体犯罪构成中的行为或结果等客观要素，具有非独立的特性，是本书主张肯定说的客观基础。

犯罪故意的认识内容包括对行为的内容及其危害性质，行为会发生的危害结果以及刑法明文规定的具体犯罪成立所必需的诸如特定时间、地点、方法、对象等特定事实的认识或明知；犯罪过失更是以危害结果为认识（预见）的内容。数额依附于被量化的行为或结果而存在的特性决定了，倘若缺乏对数额的认识或明知，就不可能正确认识自己行为的性质或危害结果。这样的主观心态至多可称为行为故意、行为过失（或一般违法故意、过失），而谈不上构成犯罪所必需的主观罪过（犯罪故意、犯罪过失）。

其次，主客观相统一原则是刑法意义上的主客观相统一，它必须以犯罪构成为根据，也就是只能统一在犯罪构成上。[3] 因此，体现行为客观危

---

[1] 参见莫晓宇、刘建：《对“天价”葡萄案的若干思考》，载《中国刑事法杂志》2004年第3期。

[2] 唐世月：《数额犯论》，法律出版社2005年版，第36页。

[3] 参见刘明祥：《错误论》，中国法律出版社、日本成文堂1996年版，第70—71页。

害的不法构成要素，原则上都应当纳入主客观相统一原则中的“客观”。犯罪是质和量的统一，定罪之主客观相统一，同样不仅仅是质上的主客观相统一，也应当是量上的主客观统一。对此，张明楷教授深刻地指出：小偷小摸的故意是违反治安管理的一般违法故意，不等于刑法上的盗窃罪的故意。如果不要求行为人主观上对数额较大有认识，就意味着主观上违反治安管理的小偷小摸的一般违法“故意”，与客观上盗取了数额较大财物的行为相统一，这是不妥当的。果真如此，则会使违反治安管理的行为与刑法上的犯罪丧失明显界限。因此，小偷小摸的“故意”与客观上盗窃数额较大财物的行为也不能在刑法意义上相统一。[1]

再次，责任主义要求行为人仅对自己在自由意志支配下实施的行为承担责任，超出主观责任范围的行为或结果，是不可归责的行为、结果。由于刑法将“数额较大”规定为盗窃罪等数额犯的客观要素，依附于体现个罪罪质特征的客观危害行为或结果，共同决定犯罪法益侵害的本质特征。因此，若要认定数额犯成立，将“数额较大”的客观危害事实归责于行为人，自然要求行为人对体现行为、结果之量的“数额较大”有所认识。正如学者所言，盗窃罪中，在财物具有特殊性的场合，行为人如果对财物的特殊性无法认识，对财物的价值就无法认识，也就欠缺对行为对象的认识，对行为的社会危害性自然也就无法认识，最终缺乏盗窃罪的犯罪故意。[2]否定说的观点，实质上是将行为人主观意志之外的重结果归责于行为人，显然是结果责任的表征，与现代刑法的价值取向背道而驰。

最后，坚持否定说的观点，势必导致现实中的不合理现象。假如甲乙二人分别盗窃一件旧棉衣，也都明知所盗棉衣价值微薄，甲因数额较小而不成立犯罪；乙却因棉衣中藏有其不能认识到的较大数额的金钱而成立盗窃罪。这种犯罪成立完全取决于行为人意料之外的偶然因素的现象，于情于理都难以接受。

---

[1] 参见张明楷：《论盗窃故意的认识内容》，载《法学》2004 年第 11 期。

[2] 参见周光权：《偷窃“天价”科研试验品行为的定性》，载《法学》2004 年第 9 期。

至于认为要求行为人对“数额较大”的认识，可能引起行为人以自己缺乏“数额较大”的认识作为抗辩，从而导致放纵犯罪的顾虑，则实属多虑。因为行为人是否具备对“数额较大”的认识，认定的标准绝非行为人口供，而是需要证据佐证，可以根据已查证属实的客观事实推定行为人的主观心态，客观事实才是检验行为人主观心态的基础。当然，对于数额较大的认识也不能作机械的理解，这种认识不要求是绝对肯定的认识，不必是相当精确的认识，只要行为人有“能偷多少是多少、偷到多少算多少”的概括心态或者有“可能的”“大概的”认识，即可认定行为人对客观的行为或结果数额有认识。

此外，持否定说的部分学者还主张，在行为人无法认识盗窃对象的特殊价值时，以违法性认识取代社会危害性认识可以更好地解释对行为予以刑法处罚的根据。[1] 对此，笔者不能赞同。行为人无法认识到盗窃对象的特殊价值，本质上讲是事实认识错误，与违法性错误层面的社会危害性认识和违法性认识的争议明显有别。事实认识是规范认识的前提，事实错误是对犯罪的客观事实产生了错误认识。法律错误则是在对犯罪的客观事实有明确认识的前提下，对行为在法律上的评价存在不正确观念。[2] 以法律认识层面的理论之争来解决事实认识层面上对特定客观事实是否需要认识以及认识错误的问题，势难得出令人信服的结论。

2. 后果犯之后果与主观认识

坚持责任主义的立场，后果犯之后果是客观违法程度的表征，自然应当作为行为人主观认识的内容，将行为人主观认识以外的结果归责于行为人，实为客观责任、结果责任的主张，为我们所不取。以丢失枪支不报罪为例，如果行为人对“严重后果”的发生没有罪过，如行为人枪支在江中落水，本以为无法寻找想侥幸过关而没有报失，以致被坏人捞起“造成严重后果”的，虽这种结果与丢失枪支不报行为具有一定关联，但行为人不

[1] 参见莫晓宇、刘建：《对“天价”葡萄案的若干思考》，载《中国刑事法杂志》2004 年第 3 期。

[2] 刘明祥：《刑法中错误论》，中国检察出版社 2004 年版，第 252 页。

能预见严重后果发生的可能性，所以不应该对此承担罪责。[1]

在我国刑法“后果型”罪量因素的规定中，存在两种不同的情况：一类后果，是本罪构成要件行为制造的类型性危险的相当性实现，即实行行为符合逻辑的危害结果；此类后果，不仅为违法性提供实质根据，也符合构成要件的类型性要求，因此属于典型的构成要件结果（危害结果）。另一类后果，虽然也可谓违法性的表征，但却不符合构成要件的类型性要求。此类后果，常常是由于实行行为之后的第三人行为或者后续的另一行为引起，与实行行为之间虽有一定关联，但用刑法上的相当因果关系或客观归责理论分析，就非常牵强。如丢失枪支不报罪、违法发放贷款罪、滥用职权罪等罪中的“严重后果”“重大损失”等后果规定。

对于前一类后果，当然是行为人主观认知的内容（与结果数额的情况相同），而且也是作为犯罪故意抑或过失（罪过）判断基准的“危害社会的结果”。例如，交通肇事罪、重大劳动安全事故罪等责任事故犯罪，此类犯罪的法益为公共安全，即造成重大责任事故危害公共安全，而“发生重大交通事故，致人重伤、死亡或者使公私财产遭受重大损失”“发生重大伤亡事故或者造成其他严重后果”等后果的规定，均是责任事故的具体表现（内容），直接表征公共安全法益。此类后果，自然也是作为罪过评价意义上的危害结果。

对于后一类后果，只要是表征违法性（法益侵害）的客观因素，基于责任主义的要求，就应当要求主观上的认识或认识可能，这是归责的主观基础。这里不能借鉴意大利刑法中所谓“超故意”概念来解释上述特殊个罪。根据意大利刑法典的规定，当危害的作为或不作为引起的损害或危险结果比行为人希望的更严重时，重罪为“超故意”。所谓“超故意”，按照意大利学者的理解，只能定义为故意和客观责任的混合。[2] 在我国刑法明确区分犯罪故意与过失，确立主客观相统一的定罪归责原则的基础上，引

[1] 参见王安异、毛卉：《我国刑法中复杂罪过研究》，载《法学评论》2005 年第 6 期。

[2] 参见［意］杜里奥·帕多瓦尼：《意大利刑法学原理》，陈忠林译，法律出版社 1998 年版，第 227—229 页。

入“超故意”这种客观责任的舶来理论，势必格格不入、水土不服。正如学者所言，客观责任是和主客观相统一的定罪原则相冲突的，其提出是基于意大利刑法典的规定，因而不能成为刑法理论上的一般结论。[1]

事实上，根据责任主义得出上述结论，并无太大争议。真正棘手的是后一类后果犯（有学者称之为“复杂罪过”的犯罪[2]）的罪过形式的认定问题。此类犯罪的罪过形式究竟是过失？是故意？还是既可能是过失，也可能是故意？学界争论激烈，代表性的主张包括：储槐植教授、杨书文博士提出的复合罪过形式理论；[3]张明楷教授“客观的超过要素”的提倡；[4]李文燕教授、邓子滨博士的严格责任理论，[5]以及王安异、毛卉博士“在复杂罪过情况下，考虑机能性选择，分别以行为无价值或结果无价值为标准来认定复杂罪过”的主张；[6]等等。

从理论刑法学研究、立法论的层面上看，各种主张不乏真知灼见；但站在刑法解释学立场，复合罪过、严格责任以及“分别以行为无价值或结果无价值为标准的主张”就大打折扣了。因为前两者将犯罪故意与过失的界限模糊化，这与现行刑法明确区分犯罪故意与过失的意旨相左；[7]而后者实际上是一种行为与结果二元标准说，这与刑法明文规定以“危害社会的结果”作为罪过判断基准的结果标准说相悖，就连论者自己也不得不承认，坚持这种二元论，必然得出《刑法》第 14 条的规定本身缺乏科学性的结论——“承认复杂罪过虽与第 14 条相矛盾，但这并不能否定理论上承认复

[1] 陈兴良：《定罪之研究》，载《河南省政法管理干部学院学报》2000 年第 1 期。

[2] 所谓复杂罪过是指行为人对“犯罪行为”和“犯罪结果”具有不同的犯罪心态时的罪过形式问题（赵忠伟：《复杂罪过研究——以滥用职权罪为范例》，载《广西政法管理干部学院学报》2006 年第 1 期）。典型的例子就是上文提到的丢失枪支不报罪、违法发放贷款罪以及滥用职权罪等罪。

[3] 参见储槐植、杨书文：《复合罪过形式探索——刑法理论对现行刑法内含的新法律现象之解读》，载《法学研究》1999 年第 1 期。

[4] 参见张明楷：《“客观的超过要素”概念之提倡》，载《法学研究》1999 年第 3 期。

[5] 参见李文燕、邓子滨：《论我国刑法中的严格责任》，载《中国法学》1999 年第 5 期。

[6] 参见王安异、毛卉：《我国刑法中复杂罪过研究》，载《法学评论》2005 年第 6 期。

[7] 关于严格责任、模糊罪过与复合罪过的评述，可参见陈兴良：《定罪之研究》，载《河南省政法管理干部学院学报》2000 年第 1 期。

杂罪过的合理性”[1]。果真如论者所言修正立法，这显然不是刑法解释学应有的立场。

根据现行刑法规定，站在解释论的立场，对所谓“复杂罪过”犯罪的罪过形式如何理解？笔者认为，问题的关键在于，如何理解我国刑法中的危害结果？作为罪过判断标准的“危害社会的结果”（即罪过评价意义上的危害结果）与所谓“复杂罪过”犯罪中类似“严重后果”“重大损失”的规定之间关系如何？是否同一？

我国刑法中的危害结果（犯罪结果）历来是一个争议颇多的问题，但有一点是达成共识的，即危害结果是犯罪行为引起的，对犯罪直接客体——刑法所保护的特定法益所造成的侵害。危害结果与犯罪客体（法益侵害）呈现现象与本质的关系，危害结果是犯罪客体（法益侵害）的载体。从这个意义上讲，笔者赞同对危害结果作广义理解，即所谓刑法中的危害结果，是指危害行为给刑法所保护的直接客体（保护法益）所造成的法定物质性和非物质性侵害事实或（和）威胁事实。[2]这种结果，一方面，是违法性的实质根据；另一方面，是实行行为引起的符合逻辑的结果，即实行行为制造的类型性危险的相当性实现。这种结果乃是典型的不法构成要件结果。在笔者看来，只有这种结果，才足以作为罪过评价意义上的危害结果。原因取决于犯罪概念、犯罪构成要件“客观存在与主观价值评价相统一”的特点以及主观罪过与犯罪客体（法益）之间的密切关联：

犯罪是一种客观存在，但将怎样的行为规定为犯罪，则凝聚了立法者的主观价值评价和选择，正是立法者基于保护某种利益等目的，将客观存在的某种行为规定为犯罪。在我国，犯罪构成是认定犯罪的唯一标准，犯罪概念与犯罪构成之间指导与被指导的关系，决定了犯罪构成各要件也应当体现立法者主观价值评价。其中，罪过是行为人行为时所具有的（客观存在），对法益侵害结果（价值评价）所持有的主观心态。可见，罪过与犯

[1] 参见王安异、毛卉：《我国刑法中复杂罪过研究》，载《法学评论》2005年第6期。

[2] 肖渭明：《论刑法中危害结果的概念》，载《比较法研究》1995年第4期。

罪客体（法益侵害）之间的密切联系。“罪过不过是主观化了的犯罪客体，而犯罪客体则是通过犯罪行为而外化或客体化了的主观罪过。”[1]而担当抽象的犯罪客体（法益侵害）与具体的罪过形式之间关联媒介和桥梁作用的重任，自然就落到罪过形式中“危害社会的结果”这一客观要素身上，亦即，我们只能通过行为人对“危害社会的结果”持有的主观心态，来体现罪过与犯罪客体（法益）之间的联系，反映行为人对犯罪客体（法益）的主观心态。如此一来，罪过认识中的“危害社会的结果”就应当界定为“危害行为对于该种犯罪的直接客体的侵犯结果或危险状态”。换言之，只有实行行为合乎逻辑地引起的，体现本罪违法性（法益侵害）性质的现实侵害结果或危险状态，才可以作为某个犯罪罪过形式判断基准的“危害社会的结果”。

显然，对于所谓“复杂罪过”犯罪中的“严重后果”“重大损失”等规定，并不符合上述特征，一方面，它们往往是由第三人行为或者后续另一行为引起的后果，并非实行行为制造的类型性危险的相当性实现；另一方面，尽管它们是区分本罪与同质一般违法行为的标准，是可罚违法程度的表征，但它们与侵害法益的性质之间却并无关联。以滥用职权罪为例，“国家机关公务的合法、公正、有效执行以及国民对此的信赖”乃本罪保护之法益，[2]而“致使公共财产、国家和人民利益遭受重大损失”所体现的“国家和人民利益损失”至多只能定位于一种法定化的随机客体（法益），属于一种“结果化的严重情节”。[3]作为罪过评价意义上的危害结果则应当是对国家机关公务公正、有效秩序的侵害结果，至于“重大损失”，更合理的解释是对滥用职权罪处罚范围进行限制的一个规定。[4]再如丢失枪支不报罪，在我国，枪支使用、制造等受到《枪支管理法》等法律法规的严格管制，违反国家规定，制造、使用、持有或使枪支流入社会等行为，都会影响社

[1] 倪培兴：《犯罪客体与主观罪过的性质——以渎职罪为范例的分析》（上），载《人民检察》2001年第7期。

[2] 张明楷：《刑法学》（第5版），法律出版社2016年版，第1238页。

[3] 赵忠伟：《复杂罪过研究——以滥用职权罪为范例》，载《广西政法管理干部学院学报》2006年第1期。

[4] 刘艳红：《也论新刑法第397条的罪名与罪过》，载《法学评论》1999年第6期。

会安宁，危及公共安全。丢失枪支不报罪就是违反枪支、弹药管理规定危害公共安全的犯罪，行为人丢失枪支不及时报告的行为，造成枪支流入社会处于失控状态，未能及时追回，危及公共安全的结果，乃本罪行为造成的直接的、无实体对象的结果，[1] 反映了对本罪保护法益——违反枪支、弹药管理规定危害之公共安全。因此，应当以此结果作为罪过判断的基准；至于“造成严重后果”，一般认为包括直接结果与间接结果，具体是指：①枪支落入第三人手中，第三人利用该枪支实施故意杀人、伤害、抢劫、强奸、绑架等严重犯罪；②第三人实施犯罪造成严重后果；③枪支被恐怖组织、黑社会组织或犯罪集团控制并利用；④不及时报告严重影响了所从事的工作或致使国家、社会及其他重大利益损失；⑤其他严重后果。[2] 除兜底条款⑤外，第④种情况属直接结果，直接体现本罪保护的法益性质；而更常见的前三种情况，与行为人丢失不报的实行行为之间并非类型化的实现，并不具有相当性，对于这种可能出现可能不出现的随机结果，行为人不可能有足够的控制力，难以将其作为罪过评价标准的危害结果。

我国刑法中，类似滥用职权罪、丢失枪支不报罪这样的犯罪还有不少，主要见于破坏社会主义市场经济秩序罪、妨害社会管理秩序罪、渎职罪等章中的法定犯。[3] 这些犯罪的共同特征是：都存在与其行为特征相同的一般行政违法行为；出于刑事政策的考虑和犯罪本质的要求，立法者在该种行为基础上都附加了“严重后果”“重大损失”的限定，作为科以刑事处罚的依据，“严重后果”“重大损失”的内容常常包括一些由第三人行为直接引起的，与行为人的实行行为仅有间接关联的损害后果。这种间接性，“主要是立法者从保护某种利益或价值的目的出发，而在行为所可能改变的所有直接、间接与行为相联系的事物中进行选择的结果”[4]。

---

[1] 参见张明楷:《刑法学》(第 5 版)，法律出版社 2016 年版，第 716 页。

[2] 韩哲:《关于丢失枪支不报罪主观罪过形式的探讨》，载《法学评论》2005 年第 5 期。

[3] 如《刑法》第 142 条、第 186 条、第 187 条、第 188 条、第 330 条、第 331 条、第 332 条、第 334 条、第 337 条、第 338 条、第 339 条、第 403 条、第 405 条、第 406 条等。

[4] 李洁:《犯罪对象研究》，中国政法大学出版社 1998 年版，第 127 页。

综上，刑法中后果犯之后果，包括两类：一类是实行行为直接引起的，体现对该种犯罪法益侵害性质的实害结果或危险状态，其与罪过评价意义上的危害结果同一，是判断主观罪过的基准；另一类则是仅与实行行为具有某些间接关联（通常基于第三人行为直接引起的），并非犯罪法益侵害性质表征的危害后果，不能作为罪过评价的对象，这种结果是立法者基于刑事政策、刑法谦抑等目的而设，更主要是一种处罚范围限制意义上的结果，多数实际上是行为所可能侵害的随机法益的法定化。对于这类后果犯，虽与罪过的判断无涉，但既然也是违法程度的表征，基于责任主义，也应当要求行为人的主观罪责，只不过，它们无法像典型的构成要件结果那样，要求完整的主观认识与意欲，而是如同行为主体、行为情状等要素一样，只要对它们有预见（认识）即可。[1]

3. 情节犯之情节与主观认识

情节犯，即刑法分则中明确规定，以情节严重（恶劣）等法定情节作为犯罪成立必备要件的犯罪。作为罪量要求的情节严重（情节恶劣），如前所述，首先应当区分“情节”本身与对情节的“严重”评价；在此基础上，对于具体化的情节事实，根据其不同属性，依据本节和第四章的相关论述，确定其在罪责方面的具体要求。

三、小结

作为不法构成要件要素的罪量要素，有主观不法要素与客观不法要素之分，前者自不在行为人主观认识的范围之内，因为要求行为人认识到自己的主观认识，显然是没有意义的；而对于后者，只要是刑法规定的、作为犯罪违法性表征的犯罪构成要件要素，不论是基于构成要件故意规制机能的原理，还是基于责任主义的要求，客观违法的罪量要素都应当为罪责所覆盖，“罪量要素认识不要说”的观点值得商榷。

[1] 详见本书第四章。

在“罪量要素认识必要说”的立场下，首先，应当区别对罪量要素的认识与对罪量要素的评价，如“情节严重”的罪量规定，就应当区别“情节”严重与情节“严重”：对罪量要素的认识，是指对作为罪量事实的“情节”本身的认知，而“严重”则是建立在行为人对“情节”事实有认知基础上的，由裁判者作出的整体性价值评价。其次，就具体的罪量要素——数额、后果、情节而言，作为行为规模或者结果程度量定的数额犯之数额、后果犯之后果，都是违法程度的表征，都应当在行为人主观认识的范围之内；但在个别后果犯（即丢失枪支不报罪、滥用职权罪等所谓“复杂罪过”犯罪）中，要求对这些后果的主观认识，并不等于需要依据行为人对这些后果的主观心态来确定这些犯罪的罪过形式，即在这些后果犯中，应当区分罪过评价意义上的危害结果和处罚范围限制意义上的结果，所谓“复杂罪过”犯罪中明文规定的“严重后果”“重大损失”即属于后者，原因在于这些后果多是由实行行为之后的第三人行为或后续的另一行为引起的，这种客观关联上的特殊性表明它们不可能作为判断犯罪罪过形式的典型的危害结果要素，而只能作为一种表征可罚违法程度、非典型的不真正的客观处罚条件（详见本书第四章）；至于情节犯之情节，自然应当根据其具体化后的不同内容和属性，逐一判断。

第二节　共同犯罪中的罪量要素认识错误

通过第四章以及本章前一节的讨论，可以发现，对于作为客观的、典型的不法构成要件要素的罪量要素，必须是犯罪故意认识的内容，如果是结果要素，还需有对该结果罪量的意志因素（容认）。当行为人主观认识的罪量与客观发生的罪量不一致时，即发生认识错误的问题。在单独犯的情况下，一方面，倘若行为人主观认识、容认的罪量（主要是结果罪量）高于实际发生的罪量时，可能“就低不就高”，在与客观罪量相一致的范围内，成立 ×× 罪（既遂）；也有可能“就高不就低”，以主观认知的罪量为标准，认定为 ×× 罪（未遂）。此乃有关罪量要素的犯罪未遂问题，本章下一节将予以详细讨论；而另一方面，倘若行为人主观认识、容认的罪量低于实际发生的罪量时，这实际上就是行为人对客观罪量没有认识，则只能在认识的范围内承担既遂之责。这一点在单独犯中比较明确，但在共同犯罪中，共同犯罪人之间可能对罪量要素产生不同的认识或认识错误，此时，问题就较为复杂了。因此，有必要就共同犯罪中的罪量要素认识（认识错误）问题，多着笔墨。

一、问题提出与理论工具

（一）问题提出

罪量要素的存在，使得本就“令人绝望”的共犯论，又增添了一道亮丽的中国色彩。我国刑法学界关于罪量要素与共同犯罪的研究，主要以数额（最典型的罪量要素）为例，围绕在数额犯共同犯罪中，应当依据什么数额来确定各共同犯罪人应承担的刑事责任的大小问题展开讨论，形成分赃数额说、参与数额说、犯罪总额说、分担数额说、综合数额说等诸说之争。[1] 这场争论缘于 20 世纪 80 年代关于走私、贪污贿赂、盗窃等罪的立法、司法解释对共犯人定罪处罚之数额标准规定的不统一。随着新刑法的颁布、司法解释的废改立以及共犯理论的日趋精细，这场争论已基本平息，“犯罪总额说”基本得到公认。[2]

---

[1] 参见陈兴良:《共同犯罪论》(第 2 版)，中国人民大学出版社 2006 年版，第 274 页以下；张勇:《经济犯罪定量化研究》，法律出版社 2008 年版，第 75 页以下；唐世月:《数额犯论》，法律出版社 2005 年版，第 126 页以下；赵威:《数额犯研究》，辽宁大学出版社 2010 年版，第 123 页以下；等等。

[2] 同上注，陈兴良书，第 283 页；张勇书，第 80 页；唐世月书，第 143 页；赵威书，第 133 页。但依然不乏反对观点，如有论者主张，金融犯罪集团的首要分子应对犯罪总额负刑事责任；犯罪集团中的主犯应对其参与犯罪的数额承担刑事责任；一般共同金融犯罪中的主犯应对犯罪总额承担刑事责任；共同金融犯罪中的从犯和胁从犯一般均应以分赃数额作为其承担刑事责任的标准，对于犯罪未遂或犯罪得逞后未及分赃的案件，当然只能根据其他情节来确定相应的刑事责任，在犯罪所得由各共同犯罪人共同挥霍的案件中，从犯和胁从犯只能对其挥霍的那一部分承担刑事责任（参见鲜铁可:《共同金融犯罪的数额与量刑》，载《人民检察》2007 年第 8 期）。

在本书看来，只要系共同犯罪，法益侵害的结果就应当归责于各参与人，共同犯罪的立法和理论本身就是为了解决在犯罪参与中未直接造成结果的参与人的客观归责问题。可见，共同犯罪的参与人应当对共同犯罪的全部法益侵害结果负责，即便只是分担了部分行为的参与人，即所谓“部分行为全部责任”。在此意义上，“犯罪总额说”是可取的。

但是，共同犯罪是一种违法形态，只解决二人以上行为的结果归属（客观归责）问题，并不解决各参与人的主观责任问题；“部分行为全部责任”中的“全部责任”既不是指主观责任，也不是指作为法律后果的刑事责任，而是指对结果的客观归属。[1] 通过客观违法层面“连带地”判断是否成立共同犯罪，将全部结果客观归责于各参与人；然后还应当从责任层面“个别地”判断各参与者有无责任、何种责任以及责任大小。从这个意义上讲，“犯罪总额说”并不算全对，因为对犯罪总额的客观归责，并不意味着对犯罪总额的主观归责。如此说来，分赃数额说等其他数额标准，是完全可能在判断行为人主观认识、决定行为人主观归责问题上发挥作用的，而并非如犯罪总额说所说的那样至多只能作为酌定量刑情节。

可见，数额犯共同犯罪中各共犯人刑事责任的数额标准，就客观归责而言，“犯罪总额说”应该不成问题；但就主观归责而言，却大有深入厘清的必要。[2]

既然共同犯罪是一种违法形态。所谓“违法是连带的，责任是个别的”“违法性系与行为有关，责任系与行为人相关”[3]，共犯系各个行为人相

[1] 张明楷：《刑法学》（第5版），法律出版社2016年版，第381、395页；张明楷：《行为无价值论与结果无价值论》，北京大学出版社2012年版，第226、231页。

[2] 这也表明，传统理论在此问题上的分赃数额说、参与数额说、犯罪总额说、分担数额说等诸说之争，不仅仅是将定罪、量刑二者与数额的关系混为一谈，更重要的是没有区分客观归责与主观归责。

[3] ［日］川端博：《刑法总论》，余振华译，台北元照出版公司2008年版，第361页。川端博教授对传统的“违法性系连带作用，责任系个别作用”命题表示疑义。理由是，若基于人的不法论立场来观察，则显现出违法性必须在人的层面（即个别性）来加以思考，故无法断言违法性经常具有连带性作用；并且若在共犯之情形中，中止犯之任意性必须就共犯之各个人作个别性之思考（同书，第360页）。

互合作来实现违法之结果，就数额犯而言，只要认定共同犯罪，作为共同犯罪全体法益侵害结果的犯罪总额就可以（客观）归责于“分工合作、联合力量、彼此互相利用集合力的”各参与人。但客观归责代替不了主观归责，即便认定了共同犯罪，也并不意味着各共犯人都应当对犯罪总额承担刑事责任；犯罪总额之部分甚至全部，完全可能因为部分参与人自身的责任阻却事由，而排除或部分排除其主观归责。因此，共犯与数额，真正问题不在客观归责，而是各参与人的主观归责问题。如果说责任能力、年龄、违法性认识、期待可能性等责任因素的判断，在共同犯罪和单独犯罪中并无显著差别的话，那么，事实（数额）认识错误对行为人主观归责的影响，[1] 因为共同犯罪的特殊性，确有必要特别关注。倘若共犯人对数额的认识不一致应如何处理？倘若部分共犯人隐瞒数额，对其他参与人是否有影响？正犯有关罪量（数额）的客体错误、打击错误、实行过限等，对共犯责任又有怎样的影响？这些问题都值得特别关注。

（二）理论工具

解决问题之前，有必要就论证所需的部分理论工具表明立场：

1. 关于罪量构成要件要素。数额（不包括作为行为报酬的违法所得数额）等罪量构成要素，作为表征行为客观违法、法益侵害的构成要件要素，基于故意的规制机能和责任主义的要求，应当是故意的认识内容，这是作为犯罪构成要件要素的罪量要素的事实面特征。同时，作为法定刑升格条件的加重财产损失（数额），也是违法（法益侵害）程度的表征，同样也是故意认识的内容。[2]

---

[1] 错误论是故意论的反面，将事实认识错误视为影响行为人主观归责的因素，实际上是将故意视为责任要素的结果，这是结果无价值论的主张。如果站在行为无价值论的立场，故意是主观的违法要素，事实错误自然也不是责任要素。不过，无论站在何种立场，先客观后主观，先客观归责后主观归责的位阶不会改变，事实认识错误无论如何都是在肯定客观因果关系、客观归责之后的阶段探讨的。

[2] 参见张明楷:《法定刑升格条件的认识》，载《政法论坛》2009 年第 5 期；袁博:《论盗窃数额认识中的预见可能性》，载《中国刑事法杂志》2012 年第 6 期。

2. 关于共犯论。本书立足于区分正犯与共犯的二元论立场和限制的正犯概念；坚持教唆犯、帮助犯等狭义共犯的限制从属性说；赞同共犯的处罚根据，在于通过介入正犯的行为引起法益侵害的因果共犯论（惹起说）的基本立场。

3. 关于事实认识错误。事实认识错误，根据错误是否发生在同一犯罪构成范围内，分为具体的事实认识错误和抽象的事实认识错误。关于抽象的事实认识错误，法定符合说的立场得到多数认可；而对于具体的事实认识错误，尤其是打击错误，则存在具体符合说（具体的法定符合说）、法定符合说（抽象的法定符合说）以及行为计划理论、个别化说等中间学说的争论。[1]

本书倾向于法定符合说，至少在作为数额犯的经济犯罪、财产犯罪领域，法定符合说的结论更为合理。众所周知，具体符合说的缺陷之一就在于以财物为对象的方法错误的处理问题上。例如，意图破坏甲的财物但错误地破坏了乙的财物，依照具体符合说，甲的财物是破坏财物罪未遂，对乙的财物则是过失破坏财物，但刑法不处罚破坏财物犯罪的未遂犯，也不处罚该过失犯，这样就出现出于损坏他人财物的故意实施行为，实际也损坏了他人财物，最终只能认定为无罪的结果。[2] 再如，根据具体符合说，A 原本要扒窃 X 的钱包，因方法错误事实上扒窃了 Y 的钱包，对 X 成立盗窃未遂，对 Y 成立过失盗窃，在我国，对盗窃未遂通常不处罚，过失盗窃

[1] 还有一种观点认为，打击错误原则上属于（准）想象竞合的范畴，而不是构成事实错误应有的独特类型（参见梁云宝：《反面的构成事实错误之辨伪》，载《中国法学》2014 年第 5 期）。不过，这种观点在处理结论上与具体符合说相同。

[2] 参见［日］能势弘之：《事实错误》，载中山研一等编：《现代刑法讲座》（第 2 卷），成文堂 1979 年版，第 324 页；［日］大谷实：《刑法总论》（新版第 2 版），黎宏译，中国人民大学出版社 2008 年版，第 167 页。

也不是犯罪，结局是A无罪，这似乎不合理。[1]正因如此，“基于具体符合说之立场而采取对财物否认阻却故意之见解有愈来愈强之趋势；亦即有学者主张‘杀人罪由于系保护生命之一身专属法益，所以必须针对每个客体考察故意之问题，但针对财产之情形，则与法定符合说作相同处理即为已足’之见解”（个别化说）[2]。可问题是，基于何种理由在错误论中将同属个人法益的人身法益和财产法益区分对待呢？而且这与具体符合说重视法益主体、重视故意的方向性与个别性的观念背道而驰，正如学者指出，具体

[1] 参见张明楷：《论具体的方法错误》，载《中外法学》2008年第2期。对此，有具体符合论者反驳认为，这种批判并不具有致命效果。因为既不处罚未遂形态也不处罚过失形态的犯罪，往往是相当轻的犯罪，有没有必要一定把它作为故意的既遂犯加以处罚，本身就值得考虑。所以，即便说上述结论不合理，它也是来源于立法本身，而不是来自具体符合说［参见黎宏：《刑法总论问题思考》，中国人民大学出版社2007年版，第310页；何洋：《论打击错误之处理原则——具体符合说之提倡》，载《河北法学》2012年第1期。需要提醒的是，黎宏教授的观点有所变化：在《刑法总论问题思考》一书中，黎教授并不主张具体符合说，只是觉得上揭缺陷对具体符合说而言并不致命而已；但在最新版《刑法学总论》教科书中，黎宏教授修正了自己的观点，改采具体符合说（参见黎宏：《刑法学总论》（第2版），法律出版社2016年版，第206—208页）］。但具体符合说“不具有致命效果”的反驳，值得商榷：其一，仅见政策上说辞，以此作为说理之方法，未必妥适；其二，问责于立法，并非规范论、解释论的合理立场；其三，针对中国刑法视野下的盗窃罪事例，也说罪轻不值得处罚，恐欠合适。

还有具体符合论者认为，在我国刑法普遍处罚未遂犯的立法例下，可将上述案例按故意毁坏财物罪（未遂）、盗窃罪（未遂）定罪处罚，并根据我国刑法关于未遂犯“可以比照既遂犯从轻、减轻处罚”的处罚原则，选择“不从轻、减轻处罚”，即对未遂犯处与既遂犯同样的刑罚。如此，既不会出现像德日等国那样绝对不可罚的情形，又避免出现对犯罪分子处刑过轻的不合理现象（参见刘明祥：《论具体的打击错误》，载《中外法学》2014年第2期）。可问题是，对于基本法定刑配置为“三年以下有期徒刑、拘役或管制”的盗窃罪、故意毁坏财物罪（轻罪）而言，其行为既遂才刚刚达到值得刑罚处置的程度，那么，这里又是依据什么来处罚违法性相对较轻的未遂行为呢？显然，依据只能是导致第三人财物毁坏或被盗的结果，可根据具体符合说，对于第三人财产毁坏或被盗，行为人仅仅是过失，那么，依据在刑法上不处罚的过失毁坏、过失盗窃行为，来认定犯罪（未遂）成立，是否涉嫌间接处罚不当罚的行为，而有违罪刑法定原则呢？而且，（过失导致）第三人财物毁坏、被盗的结果还是具体符合说主张这里的未遂犯处既遂犯同样刑罚的依据，也就难怪法定符合论者质疑，具体符合说的前述主张，先将上述行为评价为犯罪未遂，但处罚时按既遂犯对待，表面上采取具体符合说，实际上采取的仍然是法定符合说（同注，张明楷文）。

[2] 参见［日］川端博：《刑法总论》，余振华译，台北元照出版公司2008年版，第88页；［日］吉田敏雄：《刑法理论の基础》（第2版），成文堂2010年版，第126—127页。

符合说之论者系强调对于客体实现其意思之面向（亦即强调故意之方向性与个别性），然而现在之情形，意思的方向系从原本之客体偏离至其他客体。唯有在客体属于财物时，始突然丧失故意的方向性观念之意义，岂非相当怪异之事？[1]区分对待的结果是否作为具体符合说立论前提的事实面、实体的故意概念，正所谓“故意应以实现构成要件结果来思考，而依客体是否为一身专属，其认识内容并无差异”[2]。更何况，这种根据对象的性质而对故意的处理设置差别的做法，也太过实用主义了吧。[3]

错误论，乃是对现实中发生之结果，讨论主观归责之理论。罪责的实质是非难可能，只要对具体的犯罪构成要件之事实类型有认识，即面临“不得杀人”“不得盗窃”之类的规范，形成停止行为的反动动机，而行为人依然选择行为，就足以说明其主观上反规范之强烈意思，值得作为刑法上的故意犯加以处罚。诚如黄荣坚教授所言，“现在所牵涉的并不是此一错误对于行为人内部体系（心理感受）上重不重要的问题，而是此一错误对于行为人外部体系（刑法规范意义）重不重要的问题”[4]。从这个意义上讲，法定符合说的立场更为妥帖。

---

[1] [日] 川端博：《刑法总论》，余振华译，台北元照出版公司2008年版，第88页。

[2] [日] 川端博：《刑法总论》，余振华译，台北元照出版公司2008年版，第89页。

[3] [日] 大谷实：《刑法总论》（新版第2版），黎宏译，中国人民大学出版社2008年版，第169页。国内也有论者基于行为计划理论，主张类似的个别化观点（参见王俊：《犯罪论的核心问题》，北京大学出版社2012年版，第228—229页）。可是，即便论者赞同的行为计划理论的主倡者罗克辛教授，也对这种二分法持否定态度：“借助财产权法益和亲自法益这两个严格的二分法来处理，也太公式化了。……在财产权法益的情况下，构成行为对象的性质能够没有意义的仅仅是例外。另一方面，在这个问题上，行为的具体对象对于构成行为计划的实现也能够是决定意义的：想要打碎某甲贵重花瓶，但却打中了完全与此无关的某乙的雨伞，这个人就仅仅应当由于未遂的毁坏财产受到刑事惩罚。”[[德] 克劳斯·罗克辛：《德国刑法学总论》（第1卷），王世洲译，法律出版社2005年版，第341页。]

[4] 黄荣坚：《基础刑法学（上）》（第4版），台北元照出版公司2012年版，第435页。黄教授作了一个形象的比喻：当我们买了一张火车票要去高雄，结果我们却上错车而坐到花莲，我们当然会在乎自己是否坐错火车，但当开往花莲的火车列车长要求补票的时候，我们是否可以以自己上错火车为理由而拒绝补票？很显然，对铁路局而言，这不是一个理由。因为对于买票坐车的规范意义而言，重要的就只是，坐车到哪里就要买到哪里的火车票。至于上车的人心里想要什么，对于铁路局买票坐车的规则而言，毫无意义。

4. 数额认识错误的定位。数额作为构成要件之客观违法要素，数额认识错误自然属于事实认识错误。[1] 但我国刑法中的经济财产犯罪，常根据数额递增，确定两个甚至更多的法定刑幅度，即为数额较大、数额巨大、数额特别巨大分别配置不同的法定刑档。那么，倘若行为人主观认识的数额与客观实际数额之间的不一致跨越数额较大与数额（特别）巨大的不同范围，这一错误到底是抽象的事实认识错误还是具体的事实认识错误呢？

问题的回答取决于对作为法定刑升格条件之“数额（特别）巨大”性质的认定。倘若认为“数额（特别）巨大”乃（数额）加重犯，属加重构成；[2] 那么上揭错误就是抽象的事实认识错误，因为基本构成要件和加重、减轻构成要件的关系，正是法定符合说认定抽象的事实认识错误中两个构成要件重合的重要类型。[3] 倘若认为“数额巨大”仅是量刑规则，不是加重构成；[4] 那么，上揭错误自然只能算是同一构成要件内的具体事实认识错误。

不过，就本部分主题而言，“数额（特别）巨大”是加重构成抑或量刑规则，均不会有太大影响。一则因为就事实认识错误而言，无论是具体的事实认识错误还是抽象的事实认识错误，本书均采法定符合说的立场；二则即使认为量刑规则的通例不属于构成要件，对于就通例产生认识错误的情形，也可以而且应当按照构成要件的错误来处理。因为既然适用加重法定刑时需要行为人对量刑规则的通例具有认识，那么，当行为人发生认

[1] 我国学者常将数额较大视为“规范的构成要件中的社会的评价性要素”。参见郭晓红：《规范构成要件要素视野下的“数额较大”》，载《政治与法律》2011 年第 9 期；杨志国：《额认识错误初论》，载《时代法学》2007 年第 4 期。

[2] 参见王志祥：《犯罪既遂新论》，北京师范大学出版社 2010 年版，第 379 页以下；卢宇蓉：《加重构成犯罪研究》，中国人民公安大学出版社 2004 年版，第 34—35 页。

[3] 参见黎宏：《刑法总论问题思考》，中国人民大学出版社 2007 年版，第 316 页。在我国刑法中，基本构成与加重构成多共享一个罪名，这有别于牵涉两个不同罪名的抽象事实错误的典型形态，但抽象事实错误的法定符合说，本质上考察的是二个构成要件之间一致（重合）的范围。因此，不能因为罪名相同，就否定基本构成与加重构成两个构成要件之间一致（重合）的本质。

[4] 参见张明楷：《加重构成与量刑规则的区分》，载《清华法学》2011 年第 1 期；刘之雄：《犯罪既遂论》，中国人民公安大学出版社 2003 年版，第 153—154 页。

识错误时，就必须根据认识错误的理论进行处理。显然，在这种情况下，关于处理构成要件错误的原理，完全适用于有关量刑规则的通例的认识错误。[1]

二、问题的具体展开

（一）部分共犯人对财物的价值没有认识或者认识错误

例1：甲教唆乙盗窃农科院葡萄园的葡萄，甲之前曾在农科院工作，知道该葡萄价值不菲，而乙以为就是一些普通葡萄而盗取之。

例2：甲教唆乙盗窃某葡萄园的葡萄，乙翻墙而入发现这是农科院的葡萄园，凭借之前自己在农科院打工的经历，乙知道这里的葡萄价值不菲，但仍盗取之，而甲始终以为这不过是普通葡萄园的葡萄而已。

例3：甲乙共同潜入某葡萄园偷葡萄，甲知道这是农科院的葡萄种植园，也知道这些葡萄价值不菲，而乙对此一无所知，以为就是一般的葡萄种植地，二人共同盗窃葡萄若干。

如前所述，数额较大是数额型盗窃罪成立的、客观的罪量构成要件要素，是行为客观违法（法益侵害）的表征，因而应当是行为人主观认识的内容，倘若行为人对数额没有认识或者认识错误，自不能就实际发生的数额进行主观归责；共同犯罪只是违法形态，决定客观归责，而各共犯人的

---

[1] 张明楷：《法定刑升格条件的认识》，载《政法论坛》2009年第5期；[德] 克劳斯·罗克辛：《德国刑法学总论》（第1卷），王世洲译，法律出版社2005年版，第224页；[德] 汉斯·海因里希·耶塞克、[德] 托马斯·魏根特：《德国刑法教科书》，徐久生译，中国法制出版社2001年版，第368页。

不过，没有太大影响，主要是就消极的数额认识错误［即对加重数额没有认识——主观上认识数额较大，而实际结果数额（特别）巨大］而言的；对于积极的数额认识错误［即主观上认为数额（特别）巨大，实际结果数额较大］的处理，正是区分加重构成与量刑规则最重要的意义：加重构成存在未遂犯，而量刑规则不存在未遂犯。倘若A意图盗窃数额（特别）巨大的财物，而实际上仅盗得数额较大的财物，依量刑规则说，不承认加重数额之未遂犯，只能论以数额较大之盗窃罪既遂；而依加重构成说，则首先考虑盗窃数额（特别）巨大财物之未遂犯是否成立，只有不成立时才可能基于基本构成与加重构成的重合，认定为数额较大的盗窃罪既遂（详见本章第三节）。

主观责任，都需要个别的逐一判断。因此，不论实行犯还是教唆犯、帮助犯都应当仅在主客观相统一的范围内进行主观归责：例 1 中，甲是盗窃罪的教唆犯，就科研葡萄价值承担责任，乙是盗窃罪的实行犯，仅以普通葡萄的价值主观归责；例 2 正好相反；例 3 中，甲乙都是盗窃罪的实行犯，但甲以科研葡萄的价值主观归责，而乙仅在普通葡萄价值范围内承担责任。在此类事例中，如何证明行为人对财物特殊价值的认知，的确是证据法上的难题。对此，应当主要结合个人情况、作案动机、作案手段、作案场合、事后赃物处理、赃物特征等方面的因素综合考察。[1]

另外，在例 1 和例 3 中，倘若依普通葡萄的价值计算，盗窃财物的价值并未达到数额较大的罪量标准时，乙的行为并不成立盗窃罪，是否因此影响共同犯罪的成立？进而因为“共犯的从属性”而影响到教唆人甲等非实行犯的归责呢？答案是否定的。一方面，共同犯罪只是违法形态，不是责任形态；只决定客观归责，不决定主观归责。因而，客观上盗窃了数额较大、数额巨大的财物即可认定的共犯违法形态，不会因为主观上将其误认为是数额较小的财物而有任何影响（受影响的只是对各共犯人逐一的主观归责问题）；另一方面，罪量构成要素有着不同于罪体构成要素的价值特殊性，移植于大陆法系刑法“行为类型”立法模式下的共犯理论，只能适用于与罪体有关的行为类型判断，无法适用于行为类型判断之后由罪量决定的、作为公权力内部分工的行为程度判断；简言之，应当先根据共犯理论判断决定行为类型和行为属性，然后再根据罪量要素决定公权力的分工（轻刑抑或重刑、刑罚抑或行政罚）；如此说来，罪量要素所决定的公权力分工问题，乃是在有关罪体的共犯理论判断完成之后的阶段讨论的问题。[2] 因此，不论是主观上对罪量要素的错误认识还是客观上罪量要素的存在状况，都是在共同犯罪违法形态认定完成之后所要讨论的话题，自然不会影响共同犯罪的认定，也不会因所谓“共犯的从属性”而影响到教唆

[1] 参见华俭学、楼炯燕：《对所窃物品性质存在重大认识错误的处罚》，载《人民司法》2011 年第 4 期。

[2] 关于罪量要素的价值属性在共同犯罪中的运用，详见第六章第二节。

犯等非实行犯的归责问题。

（二）部分共犯人隐瞒犯罪数额

例 4：李某在张某掩护下盗得一提包，未打开便将提包交给张某。张某回家清点后发现包内有现金 11000 元，事后张某隐瞒赃款数目，向李某谎称只有 1000 元，并分给李某 500 元。

例 5：张三和李四均为国家机关工作人员，利用职务便利相互配合为王五谋取不正当利益，二人所起作用相当。王五获利后为表感谢，送给张三 40 万元并让其分一半给李四。张三找到李四谎称王五给二人好处费 8 万元并分给李四 4 万元，李四未加怀疑收下 4 万元。

以上两例，共同正犯人李某、李四是否应当对被隐瞒的部分承担刑事责任？应当说，构成要件故意是依据行为人在实施行为时的想法，换言之，故意的判断时刻是以实现构成要件时为准。[1] 可见，行为人主观归责的范围取决于行为人行为时主观认识的范围，事后分赃或者隐瞒的情状，自然不可能直接作为行为人承担故意责任的数额依据。例 4 中，李某和张某均未对提包内究竟有多大价值的财物存在确定性认识，其基本心理是不管价值多大均非法占有包内的财物，因此，两人都存在非法占有提包内财物的共同故意；分赃过程中，张某对李某隐瞒提包内的部分财物，不能说明李某就不存在盗窃的故意。[2] 盗窃故意与对被隐瞒数额的认知与否是两个不同的概念，故意是行为人行为时的认知与意欲，事后处置赃物时的隐瞒行为以及对被隐瞒数额的认知等情况至多只能作为证明行为人故意认知的间接证据而已；即只要有证据证明或推定行为人行为时对盗窃对象数额有确切的或概括的认知，就可以认定就该数额之盗窃故意，无论事后其他行为人是否隐瞒部分数额、被隐瞒者是否对此知情。在多数盗窃案中，行为人对要盗取财物的价值并没有确定的认知，即多数情况下是一种“能盗

[1] 黄惠婷：《打击错误》，载《台湾本土法学杂志》2002 年第 31 期。

[2] 唐世月：《数额犯论》，法律出版社 2005 年版，第 146 页。

多少是多少，盗到多少算多少”的不确定心态，在这种心态下，自然应当就实际盗取的数额承担刑事责任，部分行为人的事后隐瞒行为不足以影响到被隐瞒者的定罪处罚，至多是在量刑上予以考虑。

但故意有确定故意和不确定故意之分，也不排除共犯人为窃取确定数额的财物而形成共同盗窃故意。例如：

例6：甲、乙系集邮发烧友，得知丙有一枚珍贵邮品，共谋窃取之，二人商定甲负责在书房寻找，乙负责在卧室寻找，最终由甲在书房发现邮品，并同时发现价值不菲的钻戒在旁，甲将邮品和钻戒一并取之，但未告知乙窃取钻戒一事。

共同正犯之所以应对其他共同正犯所实施之行为负其全部责任者，以就其行为有犯意之联络为限，而非将所有他人之行为视为自己之行为，若他犯所实施之行为，超出原计划之范围，而为其所难预见者，则仅应就其所知之程度，令负责任，未可概以共同正犯论。[1]例6中，甲、乙形成共同窃取特定邮品之确定故意，对钻戒之窃取行为系甲单独所为，超越二人合谋、意思联络之范围，自应当由甲单独负责。倘若：

例7：甲、乙预谋盗窃丙的财物，乙特别提醒甲，丙有一枚邮品特别珍贵叫甲特别留意，甲发现邮品，并将放在一旁的钻戒一并窃取，但事后未告知乙窃得钻戒一事。

例7中，二人共同商议的首要目的系盗窃丙的财物，提及邮品不过是具体策划行为进程、方便行为顺利开展而已；换言之，二人共谋，意思联络形成的不过是窃取他人财物的未必的、概括的故意而已。故而，尽管甲隐瞒窃得钻戒一事，窃得的钻戒的数额也应当是共同正犯需要负责的范围。

比较例6和例7，进一步表明，共同正犯人承担刑事责任的范围，关键在于意思联络的范围、共同故意的认定，至于事后的隐瞒赃物的行为，不应影响主观归责的范围，只不过可能作为证明共犯人意思联络的补强证

[1] 参见曾淑瑜：《共犯与错误》，载《月旦法学杂志》2008年第163期；徐育安：《共同正犯与客体错误》，载《月旦法学教室》2011年第108期。

据而已。同时也表明，对于部分共犯人隐瞒部分赃物的情况，从共同故意内容是确定的还是不确定的视角区别处理，是个可行的方案。[1]

以上分析，当然也适用于例5的处理。诚如论者指出，在共同犯罪中，显著超出共犯共同故意认识范围之外的事实，不能成为他与其他共同犯罪人共同承担相应刑事责任的根据；例5的关键就在于被张三隐瞒的32万元，是否超出共同故意范围？[2]不过，该论者同时又指出：

在共同犯罪中，对于虽然超出共同犯罪故意，但是并未远离共同概括故意所覆盖的认识范围之内的事实，共同犯罪人仍然要对其他共犯的行为共同承担责任。就案例5而言，如果张三对李四谎称受贿总额为30万元并分给李四15万元，则李四仍然要对张三隐瞒的10万元承担责任。因为30万元虽然与40万元存在差距，但是李四基于对自己在共同犯罪行为中的地位、作用的认识，并结合考虑张三的分赃陈述，他在内心深处对受贿总额的认识应当有一个合理的浮动范围：受贿总额可能是30万元，也可能是超过30万元的一个数字。显然，40万元按常理而言并没有显著偏离这个认识范围。反过来，如果张三对李四谎称受贿总额为8万元，李四对受贿总额的认识就是8万元或者8万元以上的一个数字，显然，40万元是显著超过这个认识范围的。总之，李四在主观要件上缺乏对犯罪数额的预见可能性，这就阻却了其在显著偏离认识范围之外的犯罪数额上与张三构成共同犯罪的可能。[3]

这种“以预见可能性作为判断共同故意范围的标准，从而作为共犯人共同承担相应刑事责任的根据”的观点，并不妥当：

根据论者另文论述，就对象价值的消极的认识错误（即财物价值巨大，而行为人误以为价值较小）而言，对于没有预见到的财产份额部分，行为

[1] 参见于逸生、董玉庭：《论盗窃共犯刑事责任认定》，载《学术交流》2002年第6期。

[2] 袁博：《论预见可能性对共同故意成立范围的影响》，载《政治与法律》2011年第12期。

[3] 袁博：《论预见可能性对共同故意成立范围的影响》，载《政治与法律》2011年第12期。

人的主观认识可以分为概括的认识和无认识。[1]而无认识又可细分为“不能预见的无认识”和“应当预见的无认识”。所谓“应当预见的无认识”，是指行为人本来应该认识或者有合理理由预见到财物的实际价值，但是因为没有尽到某种注意义务而没有认识。对于“应当预见的无认识”，行为人在认识上对超出价值存在错误，但存在各种主客观证据表明其意志上是反对的，“应当预见的无认识”的行为人对于没有追求但客观出现的犯罪加重结果是存在过错的，因为这部分溢出认识范围的财物价值如果被施加以一般人的注意义务本来是可以得到认识的。因此，对于这种错误，刑法仍然需要谴责。[2]

“应当预见的无认识”就是论者所说的“预见可能性”，而根据论者关于“应当预见的无认识”的界定以及将它与“概括的认识”“无法预见的无认识”二者并列的体系安排，不难推断所谓“应当预见的无认识”“预见可能性”实际上就是过失（预见可能性可谓过失概念的核心内涵）。可见，所谓在共同犯罪中，以预见可能性判断共同故意的范围，予以刑法谴责，就是处罚针对这部分数额的过失盗窃、过失受贿等行为而已。在刑法本身不处罚过失盗窃、过失受贿等行为的前提下，这显然是有悖罪刑法定和责任主义的间接处罚。正如张明楷教授在分析财产型结果加重犯时指出的那样：过失造成的财产损失（危害公共安全等除外）并不具有可罚性，如果将过失造成财产重大损失的情形也认定为结果加重犯，实际上会导致间接处罚现象，违反罪刑法定与责任主义原则。……盗窃“数额特别巨大”，当行为人由于认识错误导致没有认识到所盗财物数额特别巨大时，即使其应当预见到数额特别巨大，也不能认定为故意盗窃数额特别巨大的财物，充其量

[1] 实际上，将“概括的认识”视为行为人“没有预见到”的情状之一，本身就有欠妥当：既然已有概括的认识，又怎能说是没有预见呢？在笔者看来，所谓概括的认识，不过是一种推定明知或者是一种不确定的认识而已，但推定明知也是明知，只是证据方法上存在特殊性而已；不确定的认识也是有认识，只是认识程度有别而已。因此，所谓概括的认识也应当属于行为人已经认识到的范畴才是。

[2] 参见袁博：《论盗窃数额认识中的预见可能性》，载《中国刑事法杂志》2012 年第 6 期。

认为行为人对加重结果有过失。但是由于刑法并不处罚过失盗窃行为，所以，不能令行为人对“数额特别巨大”承担刑事责任。[1]

在上揭关于例 5 的处理意见中，论者特别关注隐瞒数额与犯罪总额之间的差距（偏离）大小，以此来判断共犯人李四是否对受贿总额有认识。在笔者看来，论者的例证分析实际上是借助社会一般生活观念来推定行为人是否明知的方法而已；实为以推定的方式来证明共犯人是否符合犯罪故意之“明知可能发生”——概括的认识，[2] 而未必是论者所说的、与“概括的故意”并列的、实为过失的“预见可能性”。如此看来，论者实际上是在推定证明共犯人李四的概括的故意而已。这是一种对可能性的预见，但绝不能像论者一样，将其理解为与“概括的故意”并列的、作为过失的“预见可能性（应当预见的无认识）”。否则，就是混淆了故意和过失的界限，是对刑法本不处罚之过失行为的间接处罚，有违罪刑法定和责任主义。

不过，即便是认为论者的处理意见实为“对概括的、可能的认识（故意）的推定”，其论断也未必站得住脚。依论者的观点，40 万元相对于 30 万元而言是合理的浮动范围，没有显著偏离认识范围；而相对于 8 万元而言，40 万元是显著超过了这个认识范围。那么，究竟多大的数额是判定偏离是否显著的界限呢？如果张三谎称受贿总额是 20 万元，即隐瞒了 20 万元，究竟是显著偏离还是非显著偏离呢？此其一；其二，诚然，意图为刑法中的规范判断找到绝对的标准，的确是强人所难了。不可否认，数额偏离的大小，的确是推断被隐瞒者是否认识的线索，但其作用着实有限。比如说，即便是张三对李四谎称受贿总额为 8 万元的情形，倘若李四已不是第一次干这一勾当或者已不是第一次与行贿人王五“合作”，按照“行情”，“干一票”一般都是四五十万元的“价”。此时，我们当然可以推定李四对 40 万元的受贿总额有概括的故意，不论张三是否隐瞒、隐瞒多少，都不应当影响李四就全部受贿金额承担刑责。如此说来，论者的例证分析实在草率。这也再次表明在共

---

[1] 张明楷:《严格限制结果加重犯的范围与刑罚》，载《法学研究》2005 年第 1 期。

[2] 就对事实的“明知”程度而言，只要具有可能性的认识就够了［黎宏:《刑法学总论》（第 2 版），法律出版社 2016 年版，第 188 页］。

犯情状下，如何分配赃物、是否隐瞒赃物并不重要，重要的依旧是是否有充足的证据证明或推定共同故意的范围。

（三）正犯的客体错误和打击错误

这里讨论的是正犯的客体错误和打击错误，对狭义的共犯（以教唆犯为例）的影响。首先必须指出，在错误问题上，教唆犯等狭义共犯人之错误与共同正犯之错误不能等同对待：按教唆犯之错误不能援引共同正犯之错误理论以为适用，盖后者毕竟仍属正犯态样，有关客体错误、打击错误是否阻却故意之认定与正犯之错误情形相同；而前者虽有教唆正犯（被教唆人）犯罪之故意，有教唆正犯犯罪之行为，但其本人却无正犯之行为（犯罪构成要件行为之实行）。因此，教唆犯之错误问题重点在于：正犯之错误是否得视为教唆犯之错误？正犯所实现之构成要件并未以教唆犯原计划内容出现，则教唆犯是否亦须负责？或者是教唆犯对于被教唆人是否有刑事责任能力有所误认时，究竟是成立教唆犯还是以间接正犯论？[1]

例8：甲教唆乙盗窃丙的财物，乙误认丁的财物为丙的财物而窃取之，试问甲的刑责？

例9：甲教唆乙扒窃丙的财物，乙却将手误入与丙邻座的丁的口袋，窃得丁的财物，试问甲的刑责？

根据法定符合说的立场，不论客体错误还是打击错误，只要错误发生在同一构成要件范围之内，即不阻却既遂犯的责任。如此，例8、例9中的正犯人乙系盗窃既遂自不待言。同样，正犯行为之客体错误或者打击错误，对教唆犯而言，不论认为是属于客体错误还是打击错误，结论亦无差异。因此，例8、例9中，判断教唆者刑责的关键在于正犯之错误行为是否依然属于教唆行为所引起的正犯人实施的对法益的侵害（危险）行为。[2]

---

[1] 曾淑瑜：《共犯与错误》，载《月旦法学杂志》2008年第163期。

[2] 根据惹起说（引起说、促进说），在教唆犯/帮助犯那里，由其教唆行为/帮助行为引起正犯者实施对法益的侵害（危险），虽然是间接的，但是提供了重要的原因，这可以说是其受到处罚的根据（[日] 大塚仁：《刑法概说（总论）》（第3版），冯军译，中国人民大学出版社2003年版，第286页）。

显然，在正犯行为客体错误或打击错误的情形下，正犯人实施的行为依然是在教唆犯教唆意思的指导下实施的，只是在实施过程中，因为对行为对象的错误认识或者行为偏差，而发生了与教唆计划不同的结果。因此，正犯的客体错误或打击错误下的法益危害行为，依然是教唆人教唆下的行为，并不因为与当初的教唆计划不符，而阻却对教唆人的归责。总之，从惹起说和法定符合说的立场，既然正犯的错误行为依然是由教唆行为引起［即客观上确实存在由教唆人教唆行为引起的法益侵害（危险）行为］，这种客观情状与教唆人教唆故意形成的主客观偏差（错误），不论认为这种错误对教唆人而言是打击错误还是客体错误，只要发生在同一构成要件范围内，均成立既遂犯的教唆犯。[1]

同理，在正犯人误读教唆人的教唆意图，而实施危害行为，只要引起的客观行为与教唆人的教唆意图之间的偏离，但依然在同一构成要件范围内，根据法定符合说，教唆人同样成立相关既遂犯的教唆犯，比如：

例 10：甲教唆乙去偷丙家的财物，乙误听为去偷 B 家的财物，而窃取了 B 家财物。

例 10 中，尽管乙误听了甲的教唆计划，但不可否定乙客观上实施的符合构成要件的违法行为和实施该行为的意思（乙自认为是在执行甲的教

[1] 即便是站在具体符合说的立场，对于正犯客体错误的场合（如甲教唆乙杀丙，乙错将相貌酷似丙的丁当作丙而枪杀之），主张被教唆者的等价客体错误，对教唆者来说，也是不影响故意的客体错误；或者主张根据一般生活经验预见可能的界限作为标准，认为是“非重大性偏离”，教唆者也必须负起既遂责任；这样的观点也非常有力（参见 Wessels/Beulke, Strafrecht AT, 32. Aufl., 2002, Rn. 577；Sch/Sch-Heine, StGB, 28. Aufl., 2001, § 27 Rn. 23；王皇玉：《教唆与客体错误》，载《台湾本土法学杂志》2007 年第 92 期；陈志龙：《断肠市教唆杀人——客体、打击错误的转移？》，载《月旦法学杂志》2001 年第 69 期；等等）。反对的观点参见 Roxin, AT-II, 2003, § 26 Rn.120；［德］汉斯·海因里希·耶塞克、［德］托马斯·魏根特：《德国刑法教科书》，徐久生译，中国法制出版社 2001 年版，第 813 页；林山田：《刑法通论》（下），北京大学出版社 2012 年版，第 71 页；许泽天：《被教唆人的客体错误与打击错误》，载《台湾法学杂志》2011 年第 167 期；黄惠婷：《教唆既遂、教唆未遂或未遂教唆》，载《台湾法学杂志》2007 年第 96 期；等等。

唆计划）都是由教唆行为引起的。[1] 教唆犯从本质上看也是一种利用他人（作为媒介、工具）实施法益侵害的行为，因为工具（实行人）的误读所导致的结果偏差，对教唆人而言犹如一种行为偏差、打击错误，从法定符合说的立场，这种偏差、错误（与教唆意图比较）只要没有超出同一构成要件的范畴，仍成立既遂犯的教唆犯。诚如西田典之教授评说的那样，共犯是将犯罪交由他人实行，自己对因果经过并不具有支配力，因此可以说，共犯的认识与正犯的实现事实之间极有可能出现相互不一致的危险，而采法定符合说的学说大概正是因为考虑到了存在这种可能性之故。[2]

综上，依据惹起说和法定符合说的立场，例 8—10 中的教唆人甲均成立盗窃既遂之教唆犯。其承担刑责的数额标准以正犯人实际窃取的数额为准，当然，得出这一结论的另一个前提条件是教唆人教唆故意中对盗窃数额只是概括的、不确定的认知。

（四）正犯实行过限和实行减少

例 11：甲向乙称丙欠其 2000 元不还，遂教唆乙帮自己从丙那里偷回，并告知乙，自己亲眼看见丙下班时取了 2000 元现金放在钱包回家，乙当晚潜入丙家，找到丙的钱包盗走其中的现金 2000 元，并将钱包旁价值 10 万的钻戒一并顺走。

例 12：甲教唆乙盗窃丙价值数额巨大的财物，乙仅盗取数额较大的财物。

对于实行过限，原则上讲，只要过限行为人以外的其他共犯人所认识的事实与客观（过限了的）事实系同一构成要件范围或部分重合，即应当在重合的范围内承担既遂责任。如例 11，只要教唆人确系以确定数额为内

---

[1] 成立教唆犯，以被教唆犯实施符合构成要件的违法行为为前提（限制从属性说），但并不以被教唆者产生犯罪故意为前提。换言之，虽然要求教唆行为引起了被教唆者产生实施符合构成要件的违法行为的意思，但不意味着必须是被教唆者产生了犯罪的故意（张明楷：《刑法学》（第 5 版），法律出版社 2016 年版，第 416 页）。

[2] ［日］西田典之：《日本刑法总论》，刘明祥、王昭武译，中国人民大学出版社 2007 年版，第 183 页。尽管西田典之教授并不赞同法定符合说的观点。

容的教唆故意，对于实行人超越确定意图的过限数额，应当由实行人本人负责，教唆人仅就确定数额部分承担既遂之教唆责任。前文例 6 亦可从实行过限的视角得出类似结论。

至于实行减少，根据限制从属原则，共犯人的处罚以引起正犯人实施符合构成要件的客观违法行为为前提。因此，教唆人仅在实行的范围内承担教唆犯的责任。例 11 中的教唆人甲仅成立数额较大的盗窃既遂的教唆犯。[1]

（五）正犯另起犯意

例 13：甲教唆乙盗窃丙的财物，乙接受教唆后认为盗窃丁的财物更实惠、对甲更有利，遂盗取了丁的财物。

例 14：甲教唆乙盗窃丙的财物，乙到达丙家后发现丙家中人员众多、戒备森严，难以下手，不知所措之际，发现丙隔壁邻居丁家中无人、防盗措施松懈、方便下手，遂盗窃了丁的财物。

不论是主动的还是被动的，二例中的乙都改变了犯罪意图，将行为引向别处，与原先的共谋、教唆内容不符，都属于基于正犯独自意思而行为的场合。这种场合下不能追究甲的盗窃既遂的罪责。其理论根据在于，实行行为人所引起的结果（客观上）超出了共谋的射程。既然共同犯罪也是追究参与者个人的罪责，那么，就不能超出共谋阶段的故意的内容予以处罚。[2] 就有关为各个参与者个人的责任奠定基础的故意的射程而言，单独

[1] 这里，实行人可否成立盗窃数额巨大之未遂犯？教唆人可否成立盗窃数额巨大之未遂犯的教唆犯？也涉及《刑法》第 29 条第 2 款“如果被教唆人没有犯被教唆的罪，对于教唆犯，可以从轻或者减轻处罚”的理解问题，本书赞同基于从属性立场，教唆犯的处理应当始于正犯着手实行，也应当以此为原则来解释第 29 条第 2 款（具体内容详见张明楷：《刑法学》（第 5 版），法律出版社 2016 年版，第 412 页以下）。

[2] 参见［日］桥爪隆：《共谋的射程与共犯的错误》，王昭武译，载《苏州大学学报法学版》2014 年第 2 期；［日］十河太朗：《共謀の射程について》，载川端博等编：《理論刑法学の探究（3）》，成文堂 2010 年版，第 73—110 页；王昭武：《论共谋的射程》，载《中外法学》2013 年第 1 期。

正犯与共犯之间并无不同。[1] 除非在对教唆人甲而言，首要的目的在于获得财物，至于究竟盗窃了哪家并不重要，仅仅将丙作为候补之一而实施教唆的情况下，可以认为甲具有未必的概括的故意，构成盗窃既遂的教唆。

或许有人会说，上段结论是基于具体符合说的立场，[2] 如果立足于法定符合说，甲教唆乙盗窃他人财物，乙也的确盗窃了他人财物，甲应当成立盗窃既遂的教唆犯才对。但笔者看来，这一结论不仅与教唆犯的特质相背离，而且是对法定符合说的误读。

一方面，教唆犯成立必须符合“特定要求”的限定。依照特定要求(Bestimmtheitsanforderung)，造意人的教唆故意，要包含促成“特定行为人”对“特定被害人”实行“特定的犯罪构成要件”的知与欲（或至少已经“可得特定”之程度）。[3] 教唆行为也必须是唆使他人实施特定犯罪的行为。依据限制从属说，教唆犯的成立，以被教唆者实施符合构成要件的违法行为为前提，从教唆人的角度来看，是教唆行为引起被教唆人实施特定犯罪之行为的意思，进而实行该行为；而从实行人的角度来看，则是实行人基于教唆人的教唆，产生了将自己理解的、接收到的教唆的具体内容付诸实践的意思[4]，并予以落实。但在例 13、例 14 中，甲教唆特定行为人乙盗窃特定被害人丙的财物，对此乙也知晓，亦无误解。实际发生的乙盗窃丁的财物，不是教唆者教唆之特定犯罪，而是行为人自己临时起意、独立意思之行为，自然不能认为是教唆行为引起的实施特定行为的意思，故没

[1] ［日］松原芳博：《刑法总论重要问题》，王昭武译，中国政法大学出版社 2015 年版，第 345 页。

[2] 的确，上段分析与主张具体符合说的西田典之教授的观点如出一辙（参见［日］西田典之：《日本刑法总论》，刘明祥、王昭武译，中国人民大学出版社 2007 年版，第 184—185 页）。

[3] 林钰雄：《新刑法总则》，中国人民大学出版社 2009 年版，第 348—349 页。

[4] 被教唆人可能会误解、误听教唆者的真实教唆意图、计划，但只要被教唆人客观上实施了符合构成要件的违法行为，其实施该行为的意思是由教唆者的教唆行为引起的，就可以成立教唆犯的成立。比如，前文例 10 的处理；再如，甲教唆乙说：“丙是坏人，你将这个毒药递给他喝。”乙却听成“丙是病人，你将这个土药递给他喝”，于是将毒药递给丙，丙喝下后死亡。乙虽有误听，但客观上递毒药给丙之行为的意思是由教唆行为引起的，甲依然成立故意杀人罪的教唆犯（更详尽的论述参见张明楷：《刑法学》（第 5 版），法律出版社 2016 年版，第 416 页；张明楷：《行为无价值论与结果无价值论》，北京大学出版社 2012 年版，第 242 页以下）。

有理由要求教唆人承担既遂之责。

另一方面，传统观点认为，具体符合说重视个别化，即法益主体的区别；而法定符合说重视法益的性质，并不重视法益主体的区别——支持具体符合说的学者将此视为法定符合说的弊病；[1]而主张法定符合说的学者也同样认可这一区别，并将此视为优点。[2]在笔者看来，认为法定符合说只重视法益性质，不重视法益主体的区别，这是对法定符合说的误解，法定符合说也同样重视法益主体的区别。对此，只要分析法定符合说关于过剩结果与并发结果问题的处理，就一目了然了。

对于过剩结果（A本欲杀X，但因行为差误，同时导致X与Y死亡）与并发结果（A意欲杀X，但射出的一发子弹导致X受伤和Y死亡）的处理，一直是法定符合说备受诟病的难点。对此，法定符合说内部形成一故意说与数故意说两种主张：一故意说主张，在过剩结果情况下，成立对X故意杀人既遂和对Y的过失致人死亡罪；在并发结果情况下，或者主张成立对X的故意杀人未遂和对Y的过失致人死亡罪，或者主张成立对X的过失致人伤害罪与对Y的故意杀人既遂。数故意说则主张，对过剩结果，A对X与Y均成立故意杀人既遂；对并发结果，A对X成立故意杀人未遂，对Y成立故意杀人既遂。可见，不论是一故意说还是数故意说，都强调“对X成立××罪、对Y成立××罪”，试问：这难道不是重视不同法益主体的分别评价吗？而且，不论一故意说还是数故意说，都在分析“对X成立××罪、对Y成立××罪”的基础上，基于只有一个行为，主张以想象竞合处理。[3]想象竞合系“实质的数罪，处断的一罪”，实质的

[1] 参见［日］山口厚：《刑法总论》（第2版），付立庆译，中国人民大学出版社2011年版，第208—210页。

[2] 参见张明楷：《论具体的方法错误》，载《中外法学》2008年第2期。

[3] 也有主张：“对并发结果，只对Y构成杀人既遂罪，而对X的杀人未遂罪被前者所吸收”，但吸收的前提不也正是承认对X与Y两个主体分别定罪吗？不正是重视法益主体的区分吗？而且诚如大谷实教授所言，吸收论忽视了犯罪的成立上存在对人的身体进行伤害的一点，并不妥当（［日］大谷实：《刑法总论》（新版第2版），黎宏译，中国人民大学出版社2008年版，第169页）。可见，惟有想象竞合——“宣告数罪，从一重罪处断”，方能完整充分地涵盖上揭行为的不法全貌。

“数罪”不正是对 X 与 Y 分别评价定罪的结果吗？由此可见，法定符合说同样重视法益主体的区分。[1][2]

具体符合说与法定符合说，一个具体一个抽象，实际上是对故意概念的不同理解。[3] 正是基于不同的故意概念，而导致对过剩结果和并发结果案件中所涉及的两个法益主体的评价不同而已：具体符合说提倡事实的故意概念，因而只在特定法益主体上承认故意，此外的其他法益主体上至多只承认过失；而法定符合说提倡规范的故意概念，这样，事实层面上针对特定法益主体的故意，基于规范评价，就可以转移到其他法益主体上（一故意说），或者认为可以在特定主体和其他主体上并存共享（数故意说）。

根据上述论断，如果行为人 A 原本要扒窃 X 的钱包，但因方法错误事实上扒窃了 Y 的钱包，依据法定符合说，的确成立盗窃罪既遂，但理由绝不是简单的“行为人意图盗窃他人财物，也实施了盗窃行为，实际上也盗得了他人财物”；而是，依据数故意说，A 对 X 成立盗窃罪未遂，对 Y 成

[1] 对此，持具体符合说的学者认为，法定符合说所作出的这种区分，与其法定符合（将杀人罪中的“人”理解为抽象的人）的基本立场相冲突，也在一定程度上表明，（法定符合说）对刑法规定构成要件做极端抽象化的理解不具有合理性与可行性。参见刘明祥：《论具体的打击错误》，载《中外法学》2014 年第 2 期；类似意旨也见［日］山口厚：《刑法总论》（第 2 版），付立庆译，中国人民大学出版社 2011 年版，第 208 页；［日］松原芳博：《刑法总论重要问题》，王昭武译，中国政法大学出版社 2015 年版，第 180—181 页。

[2] 国内确有论者在不注重法益主体区分的意义上理解法定符合说，主张所谓同一故意说：针对“A 欲杀 X，因行为误差致 X 受伤，Y 死亡，A 对 Y 的死亡有过失”一例，论者认为，我们首先可以认识到的客观事实主要有：① A 对 X 具有杀人故意（罪过一）；② A 对 Y 的过失责任（罪过二）；③ X 受伤（结果一）；④ Y 死亡（结果二）；⑤罪过一与结果一具有对应关系；⑥罪过二与结果二具有对应关系。法定符合说的做法是，忽略事实⑤⑥，在事实①②中选取较严重的①，在事实③④中选取较严重的④，然后直接结合①④并赋予其抽象对应关系而得出综合评价，A 对其犯罪行为承担故意杀人的责任。因此，法定符合说的思路中根本不存在单独评价 A 对 X、Y 承担责任的问题，探讨“A 是否对 Y 承担故意杀人罪”“A 对 X 承担何种责任”是完全没有意义的（参见杨颖琛：《共犯错误时结果过剩的责任》，载张明楷编：《刑事疑案探究》，清华大学出版社 2012 年版，第 150—151 页）。这种观点与前注吸收论的主张相似，如此定罪处罚同样不可能完全揭示行为致一死一伤的不法全貌，有违充分评价原则。

[3] 川端博教授将这两种不同的故意概念称为“实体之故意”与“概念之故意”（参见［日］川端博：《刑法总论》，余振华译，台北元照出版公司 2008 年版，第 66 页）。

立盗窃罪既遂（或者依据一故意说，对 X 是过失盗窃，对 Y 成立盗窃罪既遂），本应依想象竞合处理，但因为一般盗窃罪未遂不罚（过失盗窃不是犯罪），故仅成立一个（针对 Y 的）盗窃罪既遂（对 X 的盗窃事实可能影响到量刑）。同理，例 13、例 14 自然也不能简单地以所谓的法定符合说——“甲教唆乙盗窃他人财物，乙事实上也盗得他人财物”——为由，得出甲成立盗窃既遂之教唆犯的结论。

综上，不论从教唆行为唆使他人实施特定行为的立场，还是从法定符合说实际上也重视法益主体的区分的事实，都不能认为例 13、例 14 中的甲成立盗窃既遂之教唆犯。[1] 对于乙另起犯意、独立意思之行为，自当由其本人承担责任。

那么，是否只要实行者的行为意思，与教唆者的教唆意图或者实行者理解的、接收到的教唆意图不相一致，就一定阻却教唆者既遂的责任呢？试看如下两例：

例 15：甲教唆乙盗窃丙家现金，乙却盗取了丙家珠宝。

例 16：甲教唆乙盗窃丙家毕加索的画，乙潜入丙家发现画作防盗措施严密，遂盗取了部分珠宝。

就例 15，有论者主张从行为计划说的角度来看，行为人并没有按照教唆人的意思行事，而是在其独立意思支配下实施了客观行为，这属于实行过限问题，即超过了共同犯罪的故意。甲只构成对盗窃现金的教唆未遂，不能追究实际被侵害客体的故意责任。[2] 这种观点实际上认为，行为者的行为意思与教唆人的教唆意图，即便指向的是同一法益主体的同种构成结果，只要结果不是具体同一，也属另起犯意，教唆人同样不能成立犯罪既遂的教唆犯。但这种观点过于严苛，值得商榷：

首先，上述观点与论者自己的主张不协调。在谈论正犯的打击错误（A 指使 B 盗窃甲的财物，但 B 事实上却盗窃了乙的钱财）时，论者指出：

---

[1] 至于甲是教唆未遂抑或无罪，取决于乙对丙实施的盗窃行为的进展，也取决于对《刑法》第 29 条第 2 款的理解。

[2] 王俊：《犯罪论的核心问题》，北京大学出版社 2012 年版，第 236 页。

即使对 B 而言，从规范角度来看，财产法益并不能导致客体个别化考虑，因此虽为打击错误，但是无论是谁的钱财，都可以认为是其计划之内，可以成立盗窃罪的既遂，而 A 无疑可以成立教唆盗窃的既遂。[1] 在这里，如果说不同的法益主体甲和乙的财产都能够抽象为统一的财产法益，认为此时对教唆者 A 而言不存在行为计划的偏离的话，那么，在例 15 中，对于属同一法益主体丙的财物，却无法抽象为统一的财产法益，这实在说不过去。“行为计划”毕竟是教唆人的行为计划，只要现实发生的结果与教唆人的教唆意图相一致，对教唆人而言就是实现了行为计划，即便被教唆人行为过程中掺入一些个人意思或者被教唆人的行为与教唆人计划存在偏差。而且，如果将“根据规范性标准来决定，行为人的主观想象构成的仅仅是客观评价的基础”[2] 作为“行为计划实现”判断标准的话，更应当肯定例 15 中教唆人甲的行为计划是实现的：甲教唆他人盗窃现金，不外乎指向他人（丙）的财产损失，而实际盗得丙的珠宝，表征的也是丙的财产损失。可见，甲的行为计划并未因行为偏离而受损。

其次，并非只要发生了共谋时未曾想到的事态，就直接否定共谋的射程及于该事态。[3] 共犯人将犯罪交由他人实行，自己对因果经过并不具有支配力，实行者实施被教唆之罪，与教唆者的教唆意图不完全一致，掺入个人的行为意思，是再正常不过的事情。正因如此，尽管教唆行为要求必须唆使他人实施特定构成要件的违法行为（即特定要求），但特定要求也并

---

[1] 王俊：《犯罪论的核心问题》，北京大学出版社 2012 年版，第 232—233 页。该书还指出，在侵犯财产法益时，虽然可能存在与具体的目标相背离的情况，但是财产法益可以抽象为同一法益，刑法统一予以保护，从规范的视角观察，不应认为是计划的偏离，因而不需要考虑客体的个别化判断的问题。对于“A 指使 B 扒窃甲的钱包，但 B 由于行为偏差，扒窃了乙的钱包”一案，论者认为，解决的出路只能是将甲和乙的钱包都抽象为统一的财产法益，从规范上看 A 并不存在行为计划的偏离，应认定为教唆盗窃既遂（王俊书，第 228—229 页）。

[2] ［德］克劳斯·罗克辛：《德国刑法学总论》（第 1 卷），王世洲译，法律出版社 2005 年版，第 338 页。

[3] ［日］十河太朗：《共謀の射程について》，载川端博等编：《理論刑法学の探究（3）》，成文堂 2010 年版，第 87 页以下。

不需要包含所有的犯罪实行细节。[1]那么，倘若实行人在实行过程中掺入了个人的行为意思，致使行为与教唆者的教唆意图不一致时，究竟应当以何种标准来判断这种不一致是依然属于共犯意图范围内还是属于已经超过共犯意图的另起犯意呢？笔者认为，这一标准只能是构成要件，即只要这种不一致尚在同一构成要件的范围内，或者尚属于有部分重合关系的两个构成要件的重合部分，就还属于共犯范围；反之，即是超越共犯范围，属自己独自意思的场合。这既是共犯本质之部分犯罪共同说或者以构成要件为基础的行为共同说的主张，也与法定符合说的立场不谋而合。

依据构成要件标准，在例 15 中，甲教唆乙盗窃丙家的现金，在构成要件的意义上理解，即甲教唆乙盗窃丙的财物；而乙盗取了丙家的珠宝，在构成要件意义上，乃乙盗窃了丙的财物既遂。如此，在构成要件意义上评价，即甲教唆乙盗窃丙的财物，乙实行对丙财物的盗窃行为，也实际盗得丙的财物。因此，甲理应承担盗窃既遂之教唆责任。[2]

同理，在例 16 中，甲教唆乙盗窃丙家毕加索的画，毕加索的画在刑法规范意义上无外乎价值数额（特别）巨大的财物，即甲的行为在构成要件意义上的评价依然是甲教唆乙盗窃丙的数额（特别）巨大的财物；而乙盗取丙家的珠宝，也只能评价为乙盗窃丙的财物既遂。因此，甲应当在乙实际盗得的财物数额范围内承担既遂之教唆责任。尽管乙的行为可能无法满足教唆人的教唆意图和目的（即未取得甲心仪已久的名画），但犯罪的本质是法益侵害，而非行为人主观目的或计划的实现。而且，甲有教唆乙盗窃丙家名画的教唆行为和教唆意图，自然清楚自己的行为是对丙的财产权益的侵害，在这种主观故意之下，自然应当对由自己行为引起的乙盗窃丙的

---

[1] 林钰雄：《新刑法总则》，中国人民大学出版社 2009 年版，第 349 页。

[2] 主张具体符合说的西田典之教授也主张，在正犯所造成的结果是针对同一法益主体的构成要件性同种法益侵害的场合，具体性符合说也认为，可以认定构成故意教唆犯的共犯；例 15 之甲仍应构成盗窃既遂的教唆犯（参见［日］西田典之：《日本刑法总论》，刘明祥、王昭武译，中国人民大学出版社 2007 年版，第 185 页）。在笔者看来，这多少表明西田典之教授在立场上向法定符合说倾斜。

财物既遂的行为承担教唆之责。

三、小结

传统理论在共同犯罪与罪量要素问题上，主要围绕数额犯共同犯罪中各共犯人承担刑事责任的数额范围，形成分赃数额说、参与数额说、犯罪总额说、分担数额说等学说争议，其中，犯罪总额说基本得到公认。但共同犯罪只是一种违法形态，犯罪总额说只能解决共犯的客观归责问题，而主观归责则必须结合各共犯人的主观认识和其他责任要素个别判断。

数额等罪量构成要素是客观违法的表征，应当成为故意的认识内容。在数额共犯中，若部分共犯人对数额等罪量要素没有认识或认识错误，只能在主客观一致的范围内承担责任。

若部分共犯人隐瞒数额罪量，隐瞒事实至多可能作为判断被隐瞒者对全案数额是否有故意认识的间接证据而已，只要有证据证明被隐瞒者在行为时对罪量的认知（明确的或概括的认知），无论其他共犯人是否隐瞒、隐瞒多少，被隐瞒者都应当就全案数额主观归责。

在经济、财产型犯罪中，正犯针对财产对象的客体错误或打击错误，依据法定符合说，该错误不影响共犯人的既遂之责；而正犯实行过限或实行减少，共犯人则只应当在构成要件重合的范围内承担既遂之责。

对于正犯另起犯意实施的财产犯罪，自当单独负责，不得归责于其他共犯人。不过，共犯人将犯罪交由他人实行，自己对因果经过并无支配力，实行者实施被教唆之罪，与教唆者的教唆意图不完全一致，是再正常不过的事情。因此，不能认为只要被教唆人的行为与教唆意图不一致就是另起犯意。判断正犯是否属于另起犯意，应当以构成要件为标准——只要这种不一致尚在同一构成要件范围内，或者尚属于有部分重合关系的两个构成要件的重合部分，就还属于共犯范围；相反则是超越共犯范围，属自己独自意思的场合。这既是共犯本质之部分犯罪共同说或者以构成要件为基础的行为共同说的主张，也与法定符合说的立场不谋而合。

第三节 罪量要素与犯罪未遂

以上讨论了作为构成要件要素的罪量要素在主观罪过中的认识要求，并围绕共同犯罪，分析了当行为人主观上对客观发生的罪量没有认识或者认识错误时的处置问题。而还有一种罪量要素的“认识错误”问题，与犯罪未遂的认定有关，即行为人主观上认识（和意欲）的罪量更高，而客观上实际发生的结果罪量相对较低的情况，此也谓“罪量要素的积极认识错误”。在这种情况下，究竟是“就低不就高”，以较低的、客观发生的罪量（数额）为准，认定 ×× 罪既遂；还是“就高不就低”，以较高的、主观意欲的罪量（数额）为准，认定 ×× 罪未遂呢？尤其是在刑法分则条文根据不同的罪量标准（如数额较大、数额巨大、数额特别巨大），确定两个或者两个以上的法定刑幅度时，两种方案将带来截然不同的刑罚裁量，究竟哪种方案才既符合犯罪论基本原理，又不违背罪刑均衡的基本原则呢？

上揭疑问，在实践中则表现为司法适用中的矛盾。以数额型盗窃罪为例，在刑罚裁量时，一方面，司法实践常以实际发生的数额为标准，选择适用对应的法定刑档；若客观上没有达到犯罪成立的最低数额基准的，一般不以犯罪论处；而另一方面，对于盗窃金融机构等数额（特别）巨大的财物而分文未得或者所得未达最低数额标准时，则又常常依照司法解释之规定，以盗窃罪（未遂）定罪，并选择“数额（特别）巨大”的法定刑档为基准，考虑从轻或减轻处罚。可是，如果同时贯彻上述惯常做法，就可能出现如下现象：同以数额（特别）巨大的财物为盗窃目标，甲得款 3000 元后逃逸；而乙当场被擒，分文未得。甲系盗窃罪既遂，以 3000 元的数额至多得处 3 年有期徒刑，而乙则是盗窃罪［数额（特别）巨大］未遂，在“3 年以上 10 年以下有期徒刑”甚至“10 年以上有期徒刑、无期徒刑”的法定刑基准上可以从轻或减轻处罚。量刑不公可见一斑。究其原委，既有规范本身粗糙的原因，也不乏司法实践的草率使然。

立足于规范解释学的立场，在遵循现行立法和司法解释规定的基础上，如何解决这种基于罪量要素的分层规定而引发的关于犯罪未遂法定刑基准的选择难题？本节尝试探讨可能的解决方案。

一、尝试传统“加重构成说”视野下的解决方案

我国刑法分则个罪罪状之规定，常依据罪量多寡确定两个或者两个以上的法定刑档。例如，《刑法》第172条持有、使用假币罪规定：“明知是伪造的货币而持有、使用，数额较大的，处三年以下有期徒刑或者拘役，并处或者单处一万元以上十万元以下罚金；数额巨大的，处三年以上十年以下有期徒刑，并处二万元以上二十万元以下罚金；数额特别巨大的，处十年以上有期徒刑，并处五万元以上五十万元以下罚金或者没收财产。”第295条传授犯罪方法罪规定：“传授犯罪方法的，处五年以下有期徒刑、拘役或者管制；情节严重的，处五年以上十年以下有期徒刑；情节特别严重的，处十年以上有期徒刑或者无期徒刑。”其中，作为法定刑升格条件的“数额巨大”“数额特别巨大”“情节严重”“情节特别严重”究竟是何种性质？

我国传统刑法理论区分普通的犯罪构成与派生的犯罪构成。普通犯罪构成，即刑法条文对具有通常法益侵害程度的行为所规定的犯罪构成；而派生犯罪构成，则是以普通犯罪构成为基础，因具有较重或较轻的法益侵害程度而从普通犯罪构成中衍生出来的犯罪构成，包括加重的犯罪构成和减轻的犯罪构成。[1]其中，加重构成是指在基本犯构成的基础之上具有了加重要件（加重因素）的一种相对独立的犯罪构成形态。加重构成形态可分为结果加重犯、情节加重犯和数额加重犯。刑法分则中所规定的加重构成之加重因素，主要包括身份、对象、手段、结果、数额和情节等。[2]这

[1] 陈兴良：《规范刑法学》（第2版），中国人民大学出版社2008年版，第109页。

[2] 参见周光权、卢宇蓉：《犯罪加重构成基本问题研究》，载《法律科学》（西北政法学院学报）2001年第5期；卢宇蓉：《加重构成犯罪研究》，中国人民公安大学出版社2004年版，第34—35页；王志祥：《犯罪既遂新论》，北京师范大学出版社2010年版，第303页以下。

种观点，将几乎所有[1]在基本犯基础上加重法定刑的加重因素（法定刑升格条件）均视为加重构成，广泛承认情节加重犯、结果加重犯、数额加重犯、对象加重犯、手段加重犯等概念，此可谓“加重构成说”。

刑法理论中，典型的加重构成，是在基本构成要件的基础上，增加行为、对象等构成要件要素的特殊性，从而使行为类型发生（非本质性的）变化，进而导致违法性增加，并加重法定刑的情况。对此，倘若行为类型、行为样态已经符合加重构成要件，只是行为人主观上追求的、客观行为可能达到的、体现法益侵害的危害结果未发生时，自然成立加重犯的未遂，以该加重犯既遂的法定刑作为未遂犯“从轻、减轻处罚”的基准。对此，当无异议。[2]而所谓数额加重犯，其法定刑加重之规定，本身并无行为性质或行为类型的变化，而仅有量的增加，与典型的加重构成、加重犯存在结构上的差异，本节开篇所提到的罪量犯未遂之法定刑基准的选择难题和量刑不公现象，实际上也主要是针对像盗窃罪这样的数额（加重）犯而言的。解决数额（加重）犯之未遂犯量刑的法定刑基准的选择难题，在笔者看来，即便是承认数额加重犯概念、坚持传统的加重构成说立场，只要区分行为未遂和犯罪未遂概念，合理解释有关数额犯未遂的司法解释之规定，亦能得出可行的解决方案。

（一）必要的概念界定和相关司法解释的内容

1. 概念界定

关于量刑基准，国内学者基本倾向于用“量刑基准”一词来概括犯罪在典型形态下对应的量刑幅度。如周光权教授把量刑基准定义为：对已确定适用一定幅度法定刑的抽象个罪，在不考虑任何量刑情节的情况下仅依

---

[1] 之所以是“几乎所有”，是因为“将首要分子视为身份加重犯”的观点，为部分持该说的论者所反对（参见王志祥:《犯罪既遂新论》，北京师范大学出版社2010年版，第324页注1）。

[2] 对于作为法定刑升格条件的“情节（特别）严重”，倘若其具体化后的情节事实，符合典型加重构成特征的，也应当适用上述论断。

其构成事实所应当判处的刑罚量。[1]日本学者区分广义和狭义的量刑基准概念：广义的量刑基准概念指代量刑原则、量刑情节——什么样的事项应作为考虑的对象，应根据何种原则来进行刑罚的量定都是有关或等同于量刑基准的问题；狭义上量刑基准也称“量刑的幅度变化值”，即假想既遂状态时某一抽象个罪在不考虑任何影响量刑轻重因素的情况下所应求得的刑罚量。[2]可见，国内学者的量刑基准概念大致相当于日本学者的狭义理解。

法定刑司法运用的基本逻辑是：建构案件事实以确认罪名（定性分析）——寻找抽象个罪的刑种及刑度（第1次定量分析）——估量抽象个罪的罪刑基准（第2次定量分析）——确定具体个罪的刑罚量（第3次定量分析）。[3]三次定量分析，实现从法定刑到处断刑再到宣告刑的量刑全过程。

法定刑刑种及刑度选择（即第1次定量分析）是量刑的初始，正确的法定刑档（法定刑基准）的选择，可谓第2次定量分析意义上的量刑基准的基准，毕竟量刑基准的意义首先在于“从重或从轻处罚的基准”。因此，即便是否认量刑基准概念的学者，也承认：“只有刑法为具体犯罪配置的法定刑才是真正的基础刑，在法定刑范围内另外设立基础刑的做法理论上难以成立。”[4]而从判断的难易程度上看，法定刑基准的确定也并非总是较为容易。以数额犯（未遂）为例，在坚持数额加重犯（加重构成）概念的前提下，未遂犯从轻、减轻处罚的量刑基准当然是同等情形（同等行为内容和规模）下的既遂犯的法定刑档，但立法依据数额多寡确立了多个法定刑档，而数额犯未遂又常表现为数额所依附的犯罪结果没有发生，此种情况下，当危害行为本身难以判断犯罪数额（犯罪指向数额也不明确）时，我们应当选择哪一档法定刑幅度作为第1次定量分析的结果呢？如此看来，

[1] 周光权：《量刑基准研究》，载《中国法学》1999年第5期。

[2] 参见［日］西原春夫主编：《日本刑事法的形成与特色》，李海东等译，中国法律出版社、日本成文堂1997年版，第141页以下。

[3] 周光权：《量刑基准研究》，载《中国法学》1999年第5期。

[4] 参见苏惠渔、［日］西原春夫主编：《中日刑事法的理论问题》，上海人民出版社1992年版，第40页。

我国刑法“立法定性＋定量”模式，加上“未遂原则上都可处罚”的总则规定，看似相对容易的第1次定量分析也变得颇具难度。本书旨在探讨第1次分析之基准问题。因此，这里使用“量刑的法定刑基准”概念，旨在区分在第2次定量分析意义上使用的量刑基准概念。

2. 数额犯（未遂）的司法解释

由于我国刑法犯罪未遂的规定采总则规范模式，故在刑法分则中，很难找到有关数额犯未遂的特别规定。关于数额犯（未遂）的规定主要见于具体个罪的司法解释中：一是2001年4月9日《最高人民法院、最高人民检察院关于办理生产、销售伪劣商品刑事案件具体应用法律若干问题的解释》以下简称《伪劣产品解释》第2条第2款规定：“伪劣产品尚未销售，货值金额达到刑法第一百四十条规定的销售金额三倍以上的，以生产、销售伪劣产品罪（未遂）定罪处罚。”二是2011年3月1日《最高人民法院、最高人民检察院关于办理诈骗刑事案件具体应用法律若干问题的解释》（以下简称《诈骗解释》）第5条第1款规定：“诈骗未遂，以数额巨大的财物为诈骗目标的，或者具有其他严重情节的，应当定罪处罚。”三是2013年4月2日，《最高人民法院、最高人民检察院关于办理盗窃刑事案件适用法律若干问题的解释》（以下简称《盗窃解释》）第12条第1款规定：“盗窃未遂，具有下列情形之一的，应当依法追究刑事责任：（一）以数额巨大的财物为盗窃目标的；（二）以珍贵文物为盗窃目标的；（三）其他情节严重的情形。”[1] 总结这些规定，可以发现：

其一，司法解释坚持分则具体个罪“犯罪既遂模式”的通说立场，并且区分“一般意义上使用的未遂概念（行为未遂）”与“犯罪意义上使用的

[1] 《盗窃解释》关于“盗窃未遂”之规定，除增加第3项“请他情节严重的情形”之兜底条款以外，其余两项具体内容之规定，与1998年3月10日《最高人民法院关于审理盗窃案件具体应用法律若干问题的解释》的规定基本相同（1998年解释第1条第2项规定：“盗窃未遂，情节严重，如以数额巨大的财物或者国家珍贵文物等为盗窃目标的，应当定罪处罚。”）。

另外，2002年9月17日《最高人民法院关于审理骗取出口退税刑事案件具体应用法律若干问题的解释》第7条也有规定：“实施骗取国家出口退税行为，没有实际取得出口退税的，可以比照既遂犯从轻或者减轻处罚。”不过，这一规定仅仅是总则未遂规定的简单重复而已，并无特别意义。

未遂犯概念（犯罪未遂）”。只有符合特定条件、达到特定标准的盗窃未遂、诈骗未遂（行为未遂）才是盗窃罪（未遂）、诈骗罪（未遂）；行为未遂仅表明行为着手实行而基于意志以外原因未得逞的事实；而犯罪未遂则是在行为未遂诸事实情形中仍能够被评价为构成犯罪的那部分内容。“未遂行为是否属于犯罪未遂，还取决于对其能否排除符合《刑法》第13条但书规定的可能性。”[1]“销售金额三倍以上”“以数额巨大的财物或者珍贵文物等为盗窃目标”“以数额巨大的财物为诈骗目标的，或者具有其他严重情节的”等规定正是将行为未遂评价为犯罪未遂所需的标准。

其二，司法解释通过提高未遂犯成立的标准，将基本犯未遂排除在犯罪处罚的范围之外。在刑法“定性＋定量”模式下，罪量要素承载了区分个罪与同质一般违法行为的任务，数额基本犯既遂中的数额要素便是成罪的最低指标，危害程度相对更低的基本犯未遂（轻罪未遂）当然应排除在犯罪圈之外。因此，数额犯未遂行为只在例外情况下（即严重的未遂行为）才应作为未遂犯处理。司法解释的做法是提高未遂犯的定罪标准，考虑到数额是数额犯危害程度判断的主导因素，司法解释不约而同地在“数额”上做文章——或者直接将数额提高到既遂标准的3倍（“销售金额”相应地变更为“货值金额”）；或者选择“数额巨大”的标的物作为惩处对象。不过，这样的处理结果似乎是确立了数额加重犯未遂的可罚性。

其三，提高定罪标准的做法的确有利于限制未遂的处罚范围，但问题是如何在有限制地处罚范围内落实“可以比照既遂犯从轻、减轻处罚”的未遂犯处罚原则；也即应当选择基本犯还是加重犯既遂的法定刑档作为未遂犯量刑的法定刑基准？对此，司法解释只字未提，也促成实践处理中的矛盾和理论研究中的争议。

三个司法解释中，《伪劣产品解释》以“销售金额三倍”的金额，确立了该罪未遂的处罚基准，而且根据“三倍”的倍数规定，可以确定该未遂所对应的“销售金额”（即货值金额 ÷3）的法定刑档，以该档法定刑为基

[1] 王志祥：《数额犯基本问题研究》，载《中国刑事法杂志》2007年第2期。

准，处罚未遂。应当说，该解释在未遂法定刑基准的确定问题上或许并不存在太大异议。《盗窃解释》中的“以珍贵文物为盗窃目标的”的“盗窃未遂”，实际上是对行为对象特别化而形成的典型的加重构成，在有证据证明其主观目的和客观行为都是指向特定文物的情况下，当然应该以加重犯之法定刑作为基准。[1]因此，可以说，真正存在“法定刑基准选择难题”和“可能的实务冲突”的主要是“以数额巨大的财物为盗窃目标的”“以数额巨大的财物为诈骗目标的”这两个所谓数额加重犯未遂的情形了。是故，下文将主要围绕数额盗窃罪未遂的规定，具体展开。

（二）“盗窃未遂”司法解释的内容剖析与问题处理

根据《盗窃解释》之规定，“盗窃未遂，具有下列情形之一的（即具有‘以数额巨大的财物为盗窃目标的’情形的），应当依法追究刑事责任”。其中，“盗窃未遂”与“情节”并列；“以数额巨大的财物为盗窃目标的”是对“情节”的列举；“应当依法追究刑事责任”应当是指以盗窃罪（未遂）定罪处罚。即：

盗窃未遂＋情节严重（如以数额巨大的财物为盗窃目标）＝盗窃罪（未遂）

这里明确可知两个“未遂”含义不同，只有具有特定情节（情节严重）的盗窃未遂（行为未遂）才能以盗窃罪（未遂）（犯罪未遂）处理。就数额犯而言，结论是：“以数额巨大的财物为盗窃目标的盗窃行为未得逞的，应以盗

---

[1] 不过，《盗窃解释》第9条第1款规定：“盗窃国有馆藏一般文物、三级文物、二级以上文物的，应当分别认定为刑法第二百六十四条规定的‘数额较大’、‘数额巨大’、‘数额特别巨大’。”这一规定实际上是将“文物等级”与“数额大小”简单等同挂钩，将盗窃文物行为简单等同于盗窃数额较大、数额巨大、数额特别巨大的财物的行为。如此规定，一则不符合对文物价值的社会评价，因为文物的价值或意义，显然不仅仅（甚至未必主要）表现为其经济、财产价值的高低。二则会导致将“以珍贵文物为盗窃目标”的情形视为“以数额（特别）巨大的财物为盗窃目标”之规定的具体情形之一而已，即认为两项规定是种属关系，而非并列关系。如此可能必将模糊其“行为对象特殊化”之典型的加重构成的属性特征，与非典型的数额加重犯纠缠不清。因此，《盗窃解释》第9条规定或许太过简单粗暴，有失妥当。将盗窃文物的行为，根据盗窃文物等级不同，认定为属于盗窃罪中的“严重情节”抑或“特别严重情节”的情形，或许更为妥当。

窃罪（未遂）定罪处罚。”包括两种情形：

情形一：以数额（特别）巨大的财物为盗窃目标的盗窃行为，由于意志以外的原因分文未得或者所得微薄，尚未达到数额较大标准的。

情形二：以数额巨大的财物为盗窃目标的盗窃行为，仅取得数额较大的财物（或者以数额特别巨大的财物为盗窃目标，仅取得数额较大或数额巨大的财物）。

对于情形一，存在两种可能的法定刑基准选择方案：方案一，以数额巨大（或特别巨大）的盗窃既遂的法定刑幅度为基准，并考虑未遂情节从轻、减轻处罚。理由是刑法总则对未遂的处罚规定是比照既遂从轻或者减轻处罚，既然是“比照”，当然只能是和同一量刑幅度的既遂犯相比照。同时，如果是选择数额较大的盗窃既遂的法定刑幅度，再适用从轻或减轻处罚的量刑规定，对盗窃未遂无疑是一种过于宽大的处罚，与罪刑相适应原则明显不符。[1] 方案二，以数额较大的盗窃既遂的法定刑幅度为基准，再考虑未遂情节。理由是：根据解释规定，盗窃目标数额巨大，才是盗窃未遂犯的起刑点；同时如此处置也可以避免方案一“将定罪情节同时作为量刑情节”所造成的双重评价错误。[2]

对于情形二，司法实践中较常见的做法是，以实际发生结果的既遂犯决定刑罚适用，即客观结果达到数额较大就适用数额较大的刑罚。原因可能是基于经济、财产型犯罪未遂的认定困难而采行的便利之举；也有学者主张就此情形量刑时，应当适用“数额巨大”这一档次的法定刑，再结合总则关于犯罪未遂的规定进行处罚，理由是：经济犯罪的定量因素也应作主客观相统一的理解。如果主观上具有造成相应“量”危害结果的故意，客观上所实施针对特定“量”的行为，即便行为人实际上未造成这一“量”

[1] 参见薛进展：《论财产犯罪未遂的定罪处罚》，载《法学》2003 年第 9 期。

[2] 参见杨子良：《盗窃罪若干新型问题研究》，载《法学杂志》2005 年第 1 期；黎宏：《刑法学各论》（第 2 版），法律出版社 2016 年版，第 325 页。

所要求的结果，也可按照未遂犯处罚原则对刑罚进行修正。[1]

1. 关于情形一的思考

情形一是典型的盗窃罪未遂形态。若以数额巨大的法定刑档作为量刑基准，会给人刑罚过剩之感。因为司法解释区分行为未遂与犯罪未遂，认为只有当目标数额巨大时，盗窃未遂才达到了定罪所需要的最低危害程度，这与基本数额型（数额较大）盗窃罪既遂在犯罪成立上应当具有同样意义，自然在刑罚裁量时也应当“相同程度同等对待”；再者，如果结合实践中对待情形二“以数额较大的盗窃既遂处罚（至多处3年有期徒刑）”的常见做法，情形一要是选择数额巨大的法定刑基准（在3—10年有期徒刑的基础上可以从轻、减轻处罚），势必导致情形一与情形二之间刑罚处罚的显著失衡。

若以数额较大的法定刑档作为量刑基准，同样有疑问。司法解释仅仅解决了盗窃未遂何种情况当罚的问题（即定罪问题），而如何量刑并无特别规定，自然只能是适用总则第23条——“可以比照既遂犯从轻或者减轻处罚”之规定。比照的对象必须明确单一，以避免规则适用的随意性，能够满足这一要求的当然只能是相应的既遂犯，因为犯罪未遂与犯罪既遂区别的基本标志是“未得逞”；“既遂犯的不法和未遂犯的不法完全一样，在于着手。”“既遂和未遂之间是从客观面来观察不法的程度上区别。既遂与未遂之间的关系，就好像是故意和过失之间的关系一样，是一种吸收关系。”[2]

在笔者看来，造成如此两难境地，原因之一就是，上述分析都混淆了作为未遂犯犯罪性质认定基础的主观罪过因素之一——行为人主观追求的目标数额与作为盗窃罪（未遂）成立要求的情节要件——“以数额巨大的财物为盗窃目标”，即将分属“盗窃未遂”与“情节严重”的内容混为一谈：

第一，主观罪过对犯罪性质的认定也起决定作用。有学者指出：“认定犯罪必须从客观到主观，而不能相反；违法性（法益侵犯性）不是由故意、

[1] 参见徐光华：《经济犯罪之犯罪既遂与未遂——以我国刑法分则立法模式为视角》，载《政治与法律》2009年第2期。

[2] 黄荣坚：《基础刑法学（下）》（第4版），台北元照出版公司2012年版，第574、532—533页。

过失决定的，而是由结果、行为等客观要素决定；主观要素是为了解决主观归责的问题，即在客观地决定了行为性质及其结果后，判断能否将行为及结果归咎于行为人，这便是故意、过失等主观要素所要解决的问题。所谓‘主客观相统一’是要以客观要素为基础考察主观要素，必须先讨论问题的客观违法性，后考察行为人的主观有责性。”[1] 问题是，这里所谓“认定犯罪”具体为何意？如果是指“司法机关认定犯罪的顺序和途径”，那么，从客观到主观当然没有问题；但如果是指“犯罪性质的认定”，上揭论证恐怕值得推敲：一方面，故意、过失是否仅仅是责任要素，而非主观的违法要素，其作用是否仅限于主观归责，对此尚无统一的立场；即便是站在结果无价值论的立场，也有主张将未遂犯的故意作为主观违法要素的观点；[2] 另一方面，客观要素有时根本无法完成认定犯罪性质的重担。我们很难仅就客观行为和结果，去解释为什么同样是使用匕首致他人重伤的案件，有的定性为故意伤害罪，有的定性为故意杀人罪（未遂），还有的定性为过失致人重伤罪。因为客观行为和结果只能告诉我们发生了什么，有时只有主观罪过才能告诉我们事实如何发生、为何发生，而后者可能才真正揭示了行为性质所在。因此，有效的判断是从主观到客观，只有先确定行为人的主观罪过，才能确定行为性质，才能进一步决定选择哪一个客观构成要件去判断行为的既、未遂形态。[3]

未遂的主观构成要件与既遂相同。因此，实施犯罪的决意包括所有的主观方面的构成要件：实现客观构成要件的故意，以及法律要求的其他特殊的主观要素。[4] 作为犯罪构成罪量要素的数额犯之数额，也当然应当作为未遂的主观要件指向的内容。因此，就盗窃罪而言，行为人主观追求的

---

[1] 张明楷：《刑法学》（第3版），法律出版社2007年版，第99页。

[2] 参见［日］平野龙一：《刑法总论Ⅰ》，有斐阁1975年版，第124页；［日］山口厚：《刑法总论》（第2版），有斐阁2007年版，第95页。

[3] 许玉秀：《当代刑法思潮》，中国民主法制出版社2005年版，第466页。

[4] ［德］冈特·施特拉腾韦特、［德］洛塔尔·库伦：《刑法总论Ⅰ——犯罪论》，杨萌译，法律出版社2006年版，第256页。

目标数额，将直接影响到盗窃罪（未遂）性质（主要是重罪轻罪）的认定。

第二，作为“情节严重”的“以数额巨大的财物为盗窃目标”，首先应当是对客观行为的量定。数额犯的数额在既遂和未遂形态中是不同的：既遂情况下是实际产生的数额（如实际销售金额、盗得财物数额）；而在未遂形态下则表现为行为人行为时主观所追求的目标数额。但与生产、销售伪劣产品罪（未遂）尚能找到客观的、基本能够推定目标数额（销售金额）的“货值金额”作为可操作的处罚标准不同，盗窃罪（未遂）等财产犯罪中，纯粹主观上的目标数额难以查明，甚至行为人本人常常也不确定自己的目标数额。正因如此，司法解释选择了情节要素作为盗窃罪（未遂）的处罚依据。既然是为了弥补认定未遂时主观目标数额的不明确所作出的选择，那么，情节要素的内容就必须具备弥补其不足所需的客观、易操作的基本特征。“以数额巨大的财物为盗窃目标”作为“情节严重”的明确列举，自然也不例外。因此，这里“以数额巨大的财物为盗窃目标”首先只能理解为客观上盗窃行为是针对数额巨大的财物，否则其客观性、易操作性无法落实。如有论者指出：从解释的用语“以……为盗窃目标的”来看，应是对数额不明确未遂的解释，即是指不能犯未遂或者行为未实行终了、无法确认盗窃数额的情况。如行为人潜入银行，正在撬保险柜时被抓获，其虽盗窃数额无法确定，但是以巨大财物为目标，仍应定罪处罚。[1]

第三，上述分析，并非是要刻意强调甚至意图斩断“主观追求的目标”与“客观行为以数额巨大的财物为目标”二者之间的关联（毕竟以数额巨大的财物为盗窃目标是盗窃未遂的定语，行为人主观追求的目标数额需要客观可证的事实来确认，而最能充当此角色的非“以数额巨大的财物为目标”莫属），区分二者的目的在于强调二者可能存在不一致的例外。

如此可见，情形一必须另外考虑行为人主观意图方能解决：

（1）行为人主观意图仅欲取得“数额较大”财物时

例 1：甲心仪同事一支钢笔（价值 3000 元）多日，某日，下班时甲见

---

[1] 赵玉敏、孟祥志：《盗窃罪基本犯未遂的定罪研究》，载《辽宁警专学报》2000 年第 3 期。

该同事将钢笔和公司25万元现金一并放在公司保险柜中，当晚，甲潜入公司打开保险箱，取得钢笔，现金分文未取，正欲离开时被保安抓获。

本案仅仅属于不当罚的普通盗窃罪的未遂。因为本案中数额明确为3000元，不论行为人主观意图还是客观行为表现，都足以排除“以数额巨大财物为盗窃目标”。

(2) 行为人主观意图明确指向“数额（特别）巨大”财物时

例2：乙目睹朋友将20万元现金放入保险箱，晚上乘朋友出差之际，潜入朋友家中欲撬箱取钱，被巡逻的保安发现并抓获。

既然已经证实行为人主观上有盗窃数额巨大财物的意图，客观上也以数额巨大的财物为盗窃对象，则应当适用相应的“数额特别巨大”的法定刑档，并结合总则犯罪未遂的规定酌情从轻、减轻处罚。

(3) 行为人以概括的主观意图或者主观意图无法确定时

实践中，行为人主观上对于盗窃数额没有确定的故意，“能偷多少是多少，偷到多少算多少”的心态可谓常态。一般而言，这种不确定却又伸缩自如的主观意图，只有在客观数额实际发生时方能确定。因此，应当以行为人客观实际盗得的财物，视为既遂，选择相应的法定刑；如果分文未取或所取数额微薄，一般也不以犯罪论处。

但是，如果客观行为是以数额（特别）巨大的财物为盗窃对象时，问题就不那么简单了。因为在未实行终了未遂时，不仅没有客观数额发生，主观目标数额也根本无法明确，如果因此不予处罚，又显然与司法解释处理情节严重之盗窃未遂的意旨不符。司法实践（如杭州刘某某盗窃ATM机案）的做法是：盗窃金融机构数额巨大、特别巨大，是应判处无期徒刑甚至死刑的，鉴于未遂可以从轻、减轻处罚，判处有期徒刑11年并处罚金5万元。[1]但是，行为人盗窃金融机构是否可以肯定地推断出行为人主观上一定有盗窃数额特别巨大的财物的意图呢？根据《刑法》（指《刑法修正案（八）》施行之前的《刑法》）第264条“盗窃金融机构，数额特别巨大的”

[1] 案情详见：http://space.tv.cctv.com/act/article.jsp?articleId=ARTI1238378817328388&nowpage=0，《今日说法》2009年3月29日。

以及1998年《盗窃解释》第6条“盗窃数额达到‘数额较大’或者‘数额巨大’的起点，并具有盗窃金融机构情形的，可以分别认定为‘其他严重情节’或者‘其他特别严重情节’”的表述表明，盗窃金融机构与数额巨大、特别巨大之间并没有必然联系。因此，以盗窃金融机构的客观事实来推定行为人主观目的数额并不一定准确，亦即行为人仅仅为了取得数额较大或者数额巨大的财物而盗窃金融机构的情况是完全可能的。因此，以不能排除合理怀疑的情形来确定法定刑基准，并不妥当。

事实上，如前文所言，司法解释规定本身就是基于行为人主观追求的目标数额难以认定，而以客观、易辨的情节要素加以取代，如此带来的诉讼上的直接效果就是控方证明责任的减轻或部分转移；换言之，控方只需依据“以数额巨大财物为目标”的客观事实便可推定行为人主观上至少是以数额较大的财物为追求目标的（可能是较大数额、也可能是巨大数额，在盗窃金融机构的情况下还可能特别巨大的数额），除非被告举证推翻这种推定。如果不能推翻，就应遵循存疑有利于被告的原则处置，即客观上以数额（特别）巨大的财物为目标的盗窃行为，若行为人分文未得或者所得微薄，如果行为人是以概括的主观意图或者其主观追求的目标数额无法确定时，只能以“数额较大”的法定刑档（3年以下有期徒刑）为基准［在《刑法修正案（八）》盗窃罪修订之前，如果盗窃金融机构的，结合1998年《盗窃解释》第6条第（3）项之规定，只能以“其他严重情节”（数额较大+盗窃金融机构升格而成）的法定刑档（3—10年有期徒刑）为基准，再适用刑法总论未遂处罚之规定］。例如：

例3：王某用偷配的单位财务室钥匙，欲行盗窃。开门时因报警器报警，被告人遂关上财务室门，跑到三楼办公室躲避，后被随即赶到的警察抓获。事后经查，财务室保险柜内存放现金25万余元。王某同事证言称，王某应当知道公司财务室有25万余元现金。法院认为被告人盗窃数额特别巨大构成盗窃罪，鉴于未遂应予从轻处罚，以盗窃罪（未遂）判处有期徒刑10年，并处罚金1万元。

本案中，尽管王某行为指向单位财务室现金（数额特别巨大的财物），但财务室当时存放多少现金的客观事实，以及同事推测被告人应当知道的证人证言，都不能作为认定主观上王某意图盗窃数额的确切依据，不可能据此必然得出王某意图盗窃保险柜中 25 万余元现金的结论。[1] 因此，本案盗窃罪（未遂）的量刑基准应当是“数额较大”的法定刑档。

2. 关于情形二的思考

前揭情形二的处理意见中，如果是以盗窃行为时“概括的主观意图或者主观意图不明确”这种常见形态作为自己立论的事实基础，司法实践的常见做法自然无可厚非。因为此时客观实现的数额正是行为人主观意图的确定，可以实现主客观相统一的定罪过程。

但对于行为人主观上确欲盗窃数额（特别）巨大的财物，而由于意志以外的原因仅取得数额较大（或巨大）的财物的情况（以下简称情形二－1）。例如：

例 4：丙带好作案工具到某单位财务处，欲将该财物处的几百万元现金盗走，因技术上的原因，仅盗得 3000 元。

对此，若仅以数额较大的盗窃罪既遂处罚，显然遗漏了对行为人主观恶性的评价，似乎有违充分评价原则，此其一；其二，与欲盗窃财务处的几百万元现金，且实际得手的案件相比，两个案件在行为人主观上、客观上都是针对“数额特别巨大的财物”，仅以实际窃取的数额差别，结果却是“3 年以下有期徒刑、拘役、管制”与“10 年以上有期徒刑、无期徒刑”的量刑形成巨大反差，有违量刑公正之嫌。

在笔者看来，既然主观上、客观上都表现为“盗窃数额特别巨大的财物”，表明两个案件犯罪性质（轻罪重罪属性）是一致的，两案的处刑档次也应相当，即两案量刑的法定刑基准应当一致。如此看来，以“数额特别巨大”的法定刑档作为量刑基准的观点更为妥当。不过，有论者虽也主张在具体量刑时应适用“数额特别巨大”这一档次的法定刑，再结合总则关于犯罪未遂的规定处罚，但又同时指出鉴于此种情节已符合基本形态犯罪

---

[1] 参见於向平:《对盗窃未遂的构成及定罪量刑的探讨》，载《东北财经大学学报》2001 年第 6 期。

既遂点——“数额较大”，而认为此时已构成犯罪既遂。[1]

问题是，既然已经认定为犯罪既遂，又有何理由依据刑法总则关于未遂犯的处罚原则处理呢？其实，论者也同样意识到了其中的矛盾，指出：

“这看似矛盾，实际上并不矛盾。行为构成犯罪既遂，是针对基本构成要件而言，其行为已经窃得‘数额较大’的财物；对其作为犯罪未遂进行处罚时，针对的是‘数额特别巨大’这一档次的法定刑，因为行为人主观上具有盗窃‘数额特别巨大’的财物的故意，客观上具有也实施了针对重大法益（数额特别巨大）的财物的盗窃，仅仅是由于意志以外的原因而未达‘数额特别巨大’。提出犯罪既遂、未遂的区分的最根本的目的也是从主客观相统一原则出发，根据社会危害性的不同，正确量刑，以更好地实现罪刑相适应。由于我国刑法分则对于具体犯罪之既遂作了不同程度的区分，因此刑法总则关于犯罪既遂、未遂在量刑上的差异，也应当贯彻于刑法分则对于具体犯罪之犯罪既遂的所有阶段，这是罪刑相适应原则的当然要求。”

论者不愿意直接定性为数额特别巨大的犯罪未遂，原因在于论者有关分则建构模式以及犯罪既、未遂的认定标准的观点：

第一，关于分则建构模式。论者支持通说“犯罪既遂模式”的立场，指出分则中对经济犯罪所规定的低档次的量如“数额较大”，是犯罪既遂标准，而非犯罪成立标准。既然（情形二－1）已经达到数额较大程度，已符合基本犯犯罪构成全部要件，故应认定为犯罪既遂。既然已是既遂，自然没有同时认定为其他犯罪停止形态的余地。

第二，关于既、未遂认定标准。论者认为，犯罪既遂标准是立法对犯罪行为的评价，而并非行为人的主观目的的实现与否。因此，对于不同的主体，其是否成立犯罪既遂，标准应当是统一的、客观的，不因主体的不同而不同。经济犯罪中，只要行为人基于故意所实施的行为在客观上造成分则对经济犯罪的最低量的要求，就应当认为行为成立犯罪既遂，而不论

[1] 参见徐光华：《经济犯罪之犯罪既遂与未遂——以我国刑法分则立法模式为视角》，载《政治与法律》2009年第2期。以下该论者的论证如无特别说明，均引自此文。

行为人的主观目的是否实现。

但笔者认为，上述理由值得商榷：犯罪既遂标准当然是立法对犯罪行为的评价，但这并不意味着对行为人主观意图，尤其是主观目的的漠视，因为主观意图也是决定行为性质的关键因素，主观意图与客观行为、结果都应当作为评价的事实基础，甚至有时候前者的地位更突出；同时，“既然犯罪未遂形态只能存在于直接故意犯罪中，而犯罪结果又是犯罪目的的外化，二者对立统一；用构成要件说分析，未充足构成要件的要素不外乎实害结果和危险状态这一抽象结果。因此，（作为既遂标准的）目的说、结果说与构成要件说并无实质冲突”[1]。所谓客观统一的立法评价，更重要的是根据法律规定，将那些日常意义上理解的，但不具有法律评价意义的“未得逞”现象排除在外（例如，欲盗窃 50 万元，而实际取得 30 万元的情形，应当认定为犯罪既遂）；此其一。

其二，实际上论者的观点对基本犯而言都没有问题，问题的关键是犯罪停止形态中基本犯与加重犯的关系、结果加重犯是否存在未遂（就情形二－1 而言，主要是是否承认基本犯既遂而加重结果未发生时，犯罪未遂的成立）。对此，张明楷教授认为：“在行为人故意造成加重结果，却没有发生加重结果的情况下，应认为成立结果加重犯的未遂（适用结果加重犯的法定刑，同时适用总则关于未遂犯的处罚规定）。”[2] 王志祥教授也将“加重结果出于直接故意而未发生加重结果且基本犯既遂”的情形作为结果加重犯未遂的一种类型。[3] 而于志刚教授虽然认为：“加重犯本身无所谓既、未遂的问题，既、未遂问题只与基本犯有关，而与加重情节具备与否，加重结果发生与否没有直接的联系，加重情节、加重结果只是加重犯罪的成立要件和基本犯法定刑升格的条件。”但是，于志刚教授立论的一个重要前提是：“在我国刑法中，结果加重犯的形式应该是‘基本犯（故意或过失）’＋‘结果（过失）’，除此情形外的其他情况均不能算作结果加重犯，只是

[1] 高铭暄、赵秉志主编：《犯罪总论比较研究》，北京大学出版社 2008 年版，第 201—202 页。

[2] 张明楷：《刑法学》（第 5 版），法律出版社 2016 年版，第 347 页。

[3] 参见王志祥：《结果加重犯的未遂问题新论》，载《法商研究》2007 年第 3 期。

套用结果加重犯的相关理论对类似现象所作的一种随意性套用化解释罢了。”[1] 可见，学者观点的争议实际上是结果加重犯的范围之争：在张、王二位教授那里，作为结果加重犯看待的抢劫罪之“为劫取财物而预谋故意杀人”等情形；在于志刚教授那里只是我国刑法独有的、出于刑事政策考虑的一种定罪机制，根本不属于结果加重犯的范畴。如果坚持张、王二位教授的立场，“基本犯既遂，故意的加重结果未发生”完全可以视为一种加重犯未遂的情状。

如果坚持数额加重犯属于结果加重犯的一种，并且依照张、王二位教授的立场，情形二－1就应当认定为盗窃罪数额加重犯的未遂；而如果按照于志刚教授的理解，情形二－1是否属于于志刚教授所言的“如果对于某种重的结果存在希望、追求的主观罪过，那么，在希望的重结果没有发生的情况下，对于没有出现的所谓‘加重结果’就不能评价”的情形呢?笔者认为不会。因为于志刚教授的上述结论，是针对绑架罪中“故意杀害被绑架人”、抢劫罪中“为劫取财物而预谋故意杀人”等所谓的结果加重犯而言的，而在于志刚教授的看来，绑架罪中“故意杀害被绑架人”、抢劫罪中“为劫取财物而预谋故意杀人”等情形，根本就不是一个固定的加重结果，而是一个新的伴随性的更为严重的故意犯罪行为。[2] 正是因为这一前提，才有上段所揭结论，如果没有这一前提，结论自然不能成立。例如，在故意杀人罪（未遂）案件中，我们显然不可能因为行为人希望的重结果（死亡结果）没有发生，而仅作故意伤害罪的认定。在情形二－1中，始终都只有一个（盗窃）行为，根本没有一个新的所谓伴随性行为的出现，自然没有于志刚教授上述结论的应用。

其三，问题的顽疾还是出在犯罪类型的解释上。德日刑法理论一般认为，构成要件指刑罚规范所规定的犯罪类型，关于结果加重犯的规定也是构成要件，也是一种犯罪类型（有独立的罪名）。而我国刑法理论对于加

[1] 于志刚:《犯罪停止形态中基本犯与加重犯的关系》，载《中国刑事法杂志》2009年第1期。

[2] 于志刚:《犯罪停止形态中基本犯与加重犯的关系》，载《中国刑事法杂志》2009年第1期。

重、减轻罪状虽然也有称作加重构成、减轻构成，但在我国刑法中，基本犯、加重犯都系同一罪名，加重犯不是独立的犯罪，不是一种独立的犯罪类型。正因如此，张明楷教授指出："在我国，犯罪未遂不只是针对罪名而言，而可能针对同一罪名的各种形态的犯罪而言。"[1]笔者认为，既然承认同一罪名的各种形态的犯罪未遂概念，那么就不仅应当在量刑时适用总则未遂之处罚规则，而且在犯罪性质的认定（定罪）时也应当有所体现。一则为量刑基准的选择、未遂量刑规则的适用提供明确的法律依据；二则既然引入结果加重犯这一"舶来品"，那么就应当承受犯罪类型的差异（"基本犯和加重犯罪名相异"与"基本犯和加重犯罪名相同"的差异）所带来的水土不服，合适的做法要么是在犯罪类型的解释上作出让步，要么是对结果加重犯理论予以部分保留。无视犯罪类型的差异，原封不动地运用舶来品的结果加重犯理论，并且为克服由此而导致的解释难题，而拿其他规范（即犯罪未遂理论）开刀，势必导致新的动荡，可谓得不偿失。

因此，对于情形二－1的处理，笔者主张，应当肯定"数额（特别）巨大"之数额加重犯的盗窃罪（未遂）（定罪），选择"数额（特别）巨大"的法定刑档，同时适用总则有关未遂犯的处罚规定（量刑）。同时，基于罪刑均衡的考虑，具体量刑时应当坚持两个"不低于"：一是不低于确实为了盗窃数额（特别）巨大的财物，而实际上分文未得或所得微薄的情况下所处的刑罚；二是不低于概括的意图或者主观意图无法查明的情况下，实际取得相同之"数额较大"财物时应当处予的刑罚。

（三）补充：关于"部分既遂部分未遂"的说法

实践中，我们经常听到所谓"部分既遂部分未遂"的说法，严格地讲，这种说法并不准确。这里的既遂、未遂概念是指行为既遂、未遂还是指犯罪既遂、未遂呢？如果指的是犯罪既遂、未遂，显然是针对共同犯罪或者需要数罪并罚的情况而言的，这已经溢出了本部分研究的范围；如果是指

---

[1] 张明楷：《刑法学》（第5版），法律出版社2016年版，第348页。

单一主体单一犯罪行为时“行为部分完成，部分未完成或者结果部分发生，部分未发生”的情况，其实际上就是上文情形二而已。因此，笔者认为，这种说法语焉不详，容易把人带入“某一犯罪既是既遂，又是未遂形态”的谬误中去，不能提倡。

二、尝试“区分加重构成与量刑规则”立场下的处置——罪量加重构成概念之提倡

坚持传统的加重构成说的立场，通过区分行为未遂和犯罪未遂，区分作为主观目的的指向数额和作为客观情节表征的“以数额巨大的财物为盗窃对象”，通过运用“存疑有利于被告”规则，大体上可以解决所谓数额犯未遂的法定刑基准的选择难题。不过，这种解决方案多少显得不彻底：一方面，将实体刑法问题，求助于诉讼法上的证据规则予以解决，的确有欠妥当；并且转以证据规则解决，也可能“刺激”侦查机关为取得“行为人主观目标数额”之口供或证据而滥用侦查权。另一方面，更为重要的是，与典型的加重构成相比，以数额作为法定刑升格条件的情况，只有行为程度的提升，并无行为性质的（部分）变异。典型的加重犯未遂，表现为“基本犯未遂 + 加重要素符合”，如持枪抢劫之抢劫加重犯未遂，即表现为“抢劫未遂 + 持枪事实”。而所谓的数额加重犯未遂，基本犯未遂的同时也就意味着加重要素不可能具备。如此看来，所谓的数额加重犯，与典型的加重犯之间存在着结构上的重大差异，照搬沿用典型加重犯（未遂）的处置方式真的合适吗？如此看来，“数额加重犯未遂”这一命题的根基——“传统的加重构成说”也是岌岌可危的。

尤其是，张明楷教授在《清华法学》2011 年第 1 期上发表《加重构成与量刑规则的区分》一文，明确主张应当严格区分加重犯罪构成与量刑规则，刑法分则单纯以情节（特别）严重（恶劣）、数额（特别）巨大、首要分子、多次、违法所得数额巨大、犯罪行为孳生之物数量（数额）巨大作为法定刑升格条件时，只能视为量刑规则。只有因为行为、对象等构成要

件要素的特殊性使行为类型发生变化，进而导致违法性增加，并加重法定刑时，才属于加重的犯罪构成。[1]

“区分说”的系统提出的确给“将几乎所有法定刑升格条件均视为加重构成，广泛承认情节加重犯、结果加重犯、数额加重犯、对象加重犯、手段加重犯等概念”的传统“加重构成说”带来不小冲击。

两说差异何在？区分说是否有意义？区分说的立场，是否可以为“数额犯未遂之法定刑基准”问题提供另一种更合理的、更彻底的解决方案？在笔者看来，两说的差异主要在于犯罪未遂的认定和处置。以数额为例，我国刑法中的经济财产型犯罪，常根据数额，确定两个甚至更多的法定刑档，即类似“数额较大”“数额巨大”“数额特别巨大”的规定并配有相应的法定刑幅度。“数额较大”作为基本犯成立的构成要件要素，并无太多异议，而“数额（特别）巨大”之法定刑升格条件的性质，究竟是加重构成还是量刑规则，对数额犯（未遂）量刑之法定刑基准的确定，则有决定性影响。因为加重的犯罪构成存在未遂犯，而量刑规则不存在未遂犯，这意味着，若采加重构成说，则可能成立数额加重犯之未遂犯，比照数额加重犯既遂［数额（特别）巨大］的法定刑从轻、减轻处罚；而按区分说，如果认为数额（特别）巨大是量刑规则，只要客观上没有达到“数额（特别）巨大”，就不得适用加重法定刑，就无所谓数额加重犯未遂，处罚未遂也只能比照基本犯的法定刑从轻、减轻处罚。[2] 如果上述判断为真，的确可谓开辟了更合适的解决途径，那么，是否有区分量刑规则与加重构成的可能

[1] 参见张明楷：《加重构成与量刑规则的区分》，载《清华法学》2011 年第 1 期。

[2] 还有一种观点认为：一方面，结果加重犯只有成立与否之别，而无所谓既遂未遂问题；另一方面，未超越基本犯构成要件的结果属于基本结果，如故意伤害之重伤是基本结果，故出于重伤故意，由于意志之外的原因而未得逞的，应以重伤未遂处罚，即以未遂论按照故意伤害致人重伤的法定刑处罚。同样，加重数额，也是未超出数额基本犯构成要件的基本结果，出于盗窃数额（特别）巨大的故意，由于意志以外的原因未得逞的，应以数额（特别）巨大的盗窃罪未遂处罚［参见许发民：《结果加重犯的构成结构新析》，载《法律科学》（西北政法学院学报）2006 年第 2 期］。论者否定结果加重犯存在既未遂问题，否定数额加重犯概念，但坚持数额（特别）巨大属于（基本犯的而非加重犯的）构成要件要素，从而得出与加重构成说相同的结论。本书认为，加重犯也存在既、未遂问题，故不赞同这种观点。

性？如果可能，区分标准何在？

（一）区分量刑规则与加重构成的可能性

1. 量刑规则是不是量刑情节

量刑情节，是指犯罪构成要件事实以外的，反映犯罪行为的社会危害性或犯罪人人身危险性程度，并在法官裁量刑罚时必须考虑的，据以决定刑罚轻重或者免于刑事处罚的各种事实情况。但因为对量刑概念有不同理解，学者对量刑情节的范围也有不同认识：一种观点主张，量刑情节以某种法定刑幅度的确定作为前提和基础，是实现刑罚个别化时需要考虑的因素，同宣告刑有着必然的联系。[1] 另一种观点则认为，量刑情节是选择法定刑与决定宣告刑的依据；量刑包括法定刑的选择，影响法定刑选择的情节属于量刑情节。[2] 显然，对于选择法定刑（幅度）的依据是否属于量刑情节，两种观点认识不同，前者否定而后者肯定。如此，基于前一种量刑情节概念，来批判"将数额、情节等视为量刑情节"的观点[3]，就显得无的放矢了。换言之，主张加重构成说的学者，将量刑情节局限在既定法定刑之下影响具体宣告刑的情节，故认为法定刑升格条件皆为构成要件要素；而区分说论者则认为，量刑情节也可以包括部分作为选择法定刑依据的情节，故而法定刑升格条件的具体内容根据一定标准可以区分为量刑情节（规则）与加重构成。可见，两说之争，部分原因是因为对量刑情节概念的范围有不同理解造成的。

2. 量刑规则不同于德国刑法中的量刑规则范例

德国刑法理论明确区分构成要件的变异（加重构成与减轻构成）与单纯

[1] 王志祥：《犯罪既遂新论》，北京师范大学出版社 2010 年版，第 316 页。

[2] 张明楷：《刑法学》（第 5 版），法律出版社 2016 年版，第 553 页。

[3] 参见王志祥：《犯罪既遂新论》，北京师范大学出版社 2010 年版，第 316、382—384 页。

的量刑规则及其通例（范例）。[1] 加重构成与减轻构成，是在基本犯构成要件基础上就特别特征上作了扩展（如对于时间或空间方面的规定、对于实施方式上的规定、对于使用一定行为手段的规定、对于行为人与受害人关系上的规定）；这些变异之所以具有“构成要件”上的质量，是因为它们在对行为的无价值产生影响，以及它们对法官而言是一个在具备这些情况时必须适用的，也只能在具备这些情况时才可以适用加重或减轻的刑罚框架的一个完整的和强制性的规则。而法律规定为“情节特别严重”或“情节较轻”的不确定的加重刑罚和减轻刑罚事由情况以及通过规则的例子形成的特别严重情节的范例（如《德国刑法典》第 243 条第 1 款 [2]），不涉及行为构成的理论，只是构成刑罚量刑规则。对于量刑规则及量刑规则的范例，法官原则上可自由裁量决定。量刑规则的范例的特殊性在于：虽然这些范例“通常”属于情节特别严重，但具体案件中，尽管有范例存在，法官仍然可以拒绝认定特别严重情节；反之，如果没有范例要素被实现，法官同样可以认定具有情节特别严重的情况。

综上，量刑规则及其范例之所以不属于行为构成，正是因为法官对其的自由裁量权，量刑规则及其范例并不具备作为犯罪构成要件类型的完整性和强制性的特征。据此，反观我国刑法中的法定刑升格条件，一方面，作为抽象的法定刑升格条件的“情节特别严重”，这一条件本身就是一种整体的评价要素，法官依据具体案件的事实情况，判断行为是否达到情节特别严重的程度，的确具有自由裁量的一面；但另一方面，大量的司法解释，

---

[1] 参见［德］汉斯·海因里希·耶塞克、［德］托马斯·魏根特：《德国刑法教科书》，徐久生译，中国法制出版社 2001 年版，第 330 页以下；［德］约翰内斯·韦塞尔斯：《德国刑法总论》，李昌珂译，法律出版社 2008 年版，第 61 页以下；［德］克劳斯·罗克辛：《德国刑法学总论》（第 1 卷），王世洲译，法律出版社 2005 年版，第 224 页。

[2] 《德国刑法典》第 243 条第 1 款规定：“犯盗窃罪情节特别严重的，处 3 个月以上 10 年以下自由刑。具有下列情形之一的，通常属于情节特别严重：①在实施行为时侵入、翻越、用假钥匙或者其他不属于正当开启的工具进入建筑物、办公或者商业空间或者其他封闭的空间或者隐藏在该空间中；②从封闭容器或者其他有防盗设备的场所盗窃物品的；③职业盗窃的；④从教堂或者其他服务与宗教活动的建筑物或空间中盗窃献于神职或者服务于宗教崇敬的物品；⑤盗窃处于一般可进入的收集场所中的或者被公开展览的具有科学、艺术、历史或者用于技术发展意义的物品……”

已将“情节特别严重”具体化为各种事实范例，而对于具体化后的事实范例，法官却又失去了自由裁量权，即如果达到或符合具体化后的事实范例，法官只能认定为属于情节特别严重，没有拒绝的权力。情节特别严重的整体性评价转变为具体事实实例的符合性判断（抽象的法定刑升格条件变成了具体的法定刑升格条件），符合即适用加重法定刑，自由裁量权因此消失。[1] 可见，德国法意义上的量刑规则的范例，在我国刑法中并不存在，反倒是我国法中法定刑升格条件适用的强制性，更像是一种行为构成要件要素的规定。此其一。

其二，从德国刑法中罪量规则范例的具体内容来看，范例多为时间空间、行为对象、行为手段、被害关系、身份等具体内容，这一点与加重构成要素的内容并无差异。换言之，当法官通过自由裁量，决定依据符合范例的事实来适用为量刑规则配置的加重刑罚时，这些符合范例的案件事实能够加重法定刑的实质理由，仍然是基于违法性、法益侵害程度递增的考虑；既然是表征违法的客观要素，那么，符合范例的事实在入罪时自然也应当适用或者准用客观构成要件要素的相关犯罪论规则。正因如此，区分行为构成与量刑规则的学者，也承认这些通常例子在一些方面（如错误理论和竞合理论中）可以像行为构成的特征一样被处理，又表现出它与行为构成的变化非常相近。[2] 正因如此，更有学者直接认为量刑规则的范例仍属于构成要件。[3]

以上分析表明，德国法中的行为构成与量刑规则及其范例的区分，无

---

[1] 当然，因为不可能完全列举情节特别严重的所有情状，立法和司法解释在列举具体事实情状的基础上，常保留“其他情节特别严重”的兜底条款。就此而言，法官的自由裁量权还有一定保留。不过，留有的自由裁量权注重入罪而非出罪，这与德国法对量刑规则的范例也强调出罪意义上的自由裁量并不相同。

[2] [德] 克劳斯·罗克辛：《德国刑法学总论》（第 1 卷），王世洲译，法律出版社 2005 年版，第 224 页。另有学者指出，对于法律为之列举了常见例子的特别严重的犯罪情节，它们的未遂也应适用同样的规则（即与加重犯未遂相同的规则——引者注）（[德] 冈特·施特拉腾韦特、[德] 洛塔尔·库伦：《刑法总论 I——犯罪论》，杨萌译，法律出版社 2006 年版，第 263 页）。

[3] Vgl. Günther Jakobs, Strafrecht Allgemeiner Teil, 2. Aufl., Walter de Gruyter 1993, S. 178.

法照搬到我国刑法中。[1] 反倒是，如果按照德国法认定量刑规则范例的标准，我国刑法中的法定刑升格条件更符合加重构成要件要素（行为构成）的特征，而非量刑规则。

3. 应当在与构成要件要素相区别的意义上把握量刑规则概念

尽管对量刑情节概念的理解不同、可资借鉴的域外经验又没法提供帮助，但就此得出加重构成说的结论仍为时尚早，因为虽然从正面探求量刑规则的概念难有突破，但我们还需要尝试从与之相区分的加重构成概念上寻求突破口。本书看来，正是在与加重构成要件要素相区别的意义上，量刑规则概念才成为可能，区分说的立场方有意义。

变体（派生）构成要件，系指在基本犯构成要件的基础上，加以修正变化而成的不法构成要件。任何变体规定都必须具备构成要件的品质，才足以称为加重或减轻的构成要件。[2] 这种品质的突出表现在于：作为（客观的）构成要件，必须是行为违法性的表征，并规制着故意的认识内容与意志内容，即构成要件的违法性推断机能和故意规制机能。[3] 法定刑升格条件要被视为加重的构成要件，也必须接受这两个品质的检验。以此为准，可以发现：

首先，刑法分则中因行为、对象等构成要件要素的特殊性而使行为类型发生变化，进而导致违法性增加，并加重法定刑的要素，属于加重的犯罪构成。加重构成本身就是在基本构成基础上的依附性变体，这种依附性虽然不改变犯罪的本质属性，但通过“特别要素”的增加，从而使得基本犯性质（行为类型）发生局部的、非本质的变异。这些特别要素包括：行为时间、空间情状（如入户抢劫、在公共场所当众强奸妇女等）、行为方式手段（如持枪抢劫）、行为人与被害人之身份或关系（如台湾地区杀害直系血亲尊亲属罪）、行为结果（如故意伤害致人死亡、抢劫致人重伤、死亡）

---

[1] 对此，区分说也是赞同的（参见张明楷：《加重构成与量刑规则的区分》，载《清华法学》2011 年第 1 期）。

[2] 林钰雄：《新刑法总则》，中国人民大学出版社 2009 年版，第 106 页。

[3] 这里暂不讨论主观目的、动机等主观违法或责任要素的问题。

等，此可谓“典型的加重构成要件要素”。对此，加重构成说与区分说均无异议。

对于典型的加重构成，尽管在我国刑法中没有就加重构成确定新的罪名，但从构成要件的意义上分析，典型的加重构成作为构成要件的部分质变，其实际上是确立了一个新的犯罪构成。因此，不仅新增的“特别要素”是违法性表征的客观要素，是行为人主观认知的内容；而且，加重构成也存在自己的未完成形态、共犯形态和犯罪竞合。

其次，在立法或司法解释中，也常将（作为犯罪报酬的）违法所得数额巨大、首要分子等作为法定刑升格条件。违法的本质是法益侵害，而非行为人获利，尽管可以说行为人违法所得越大，法益侵害越严重，但却不能说违法所得越小，法益侵害程度就一定越低；可见，违法所得与违法性（法益侵害）之间没有逻辑上的关联，不是违法性的表征，自然也不应当作为故意的认识内容；而首要分子，是在犯罪构成中起组织、策划、指挥作用的人，但首要分子不是特殊主体，只不过是刑法对行为人实施的犯罪行为进行综合评价的结果而已；易言之，是行为的违法性决定了行为人是否是首要分子，而不是首要分子决定了行为的违法性大小，因此，首要分子也不可能成为故意的认识内容。可见，违法所得、首要分子作为法定刑升格条件时，并不符合构成要件的品质，不能当作加重构成。此不妨称作“典型的量刑规则”。无视此类量刑规则，是加重构成说的错误。

典型的量刑规则，不是违法性、法益侵害的表征，不是主观罪过的认知内容；只有具备或达到这些条件，才能引起法定刑升格、适用加重法定刑。因此，也不存在未遂犯等问题。

最后，作为法定刑升格条件的“（作为财产损失的）数额巨大”“多次”“犯罪行为孳生之物数额巨大”等。此类升格条件最大的特征就是“不典型”：一方面，从前述构成要件的两个品质来看，数额、多次（如多次抢劫）、行为孳生之物（如伪造货币数额特别巨大）等法定刑升格条件，作为行为规模、结果大小的表征，与违法性、法益侵害程度有着逻辑上的关联性，也应当成为故意的认识内容；[1]因此，这些条件不同于典型的量刑规则。而另一方面，这些条件也不同于典型的加重构成，因为它们并没有行为类型的变异，只是行为规模、违法程度上有差异。[2]这些非典型的升格条件的属性，正是问题争论的焦点。

综上，尽管我们不能照搬德国刑法中的量刑规则概念，但借用量刑规则概念来概括我国刑法中不具有构成要件品质的法定刑升格条件，还是合适的。违法所得、首要分子等法定刑升格事由的存在，表明将法定刑升格条件一律视为加重构成，是不切合立法实际的。在这种分类意义上，我们可以给我国刑法中的量刑规则作一个粗糙的界定：量刑规则，即刑法中规定的，决定犯罪的法定刑幅度（法定刑档）的选择，但又不具备加重构成要件特征的法定刑升格条件。

（二）数额（特别）巨大的属性：量刑规则抑或加重构成

1. 数额（特别）巨大是量刑规则吗

如上所述，典型的加重构成与典型的量刑规则的归类，不应该存在太大异议；“数额（特别）巨大”等非典型的法定刑升格条件是加重构成还是量刑规则，才是问题的焦点。

既然是在区别于加重构成的意义上使用量刑规则概念，那么，也应当从构成要件的特征入手判断各升格条件的归属——不具备构成要件特征的，就不是加重构成，应归于量刑规则。如果仅从构成要件的违法性推定机能和故意规制机能两个品质来看，数额巨大等非典型升格条件的确更像是加重构成，因为它们是法益侵害程度的表征，也应当是行为人主观认知的内

[1] 对于“多次”，只需要行为人对每一次行为有认知即可。

[2] 作一个形象的比喻：如果说基本犯是奶油蛋糕，那么，典型的加重构成就是水果奶油蛋糕、芝士奶油蛋糕、巧克力奶油蛋糕；而这里的非典型的升格条件，则只是增大了尺寸的奶油蛋糕而已。

容。[1] 可问题是，除上述两个品质外，一般认为，构成要件还有犯罪的个别化机能，即构成要件是犯罪的类型或定型，是区别某一犯罪与其他犯罪之功能。[2] 也正是因为这一机能的缺失，区分说将这些非典型的升格条件，视为量刑规则——"'构成要件是刑罚法规规定的行为类型。''并不是使行为成为犯罪的当罚的、可罚的要素，都属于构成要件要素；只有某犯罪中所固有的、类型的可罚的要素，才是构成要件要素。'[3] 根据违法类型说的观点，只有表明违法行为类型的特征才属入构成要件要素。而情节严重、数额巨大、首要分子、多次（或者对多人实施）、犯罪行为孳生之物数量（数额）巨大、违法所得数额巨大，虽然是表明违法性加重的要素，但并不属于表明违法行为类型的特征"[4]。

依据这种观点，只有表征违法行为类型的要素才是构成要件要素，数额巨大等非典型升格条件，没有行为类型或特征的变异，仅有违法程度的不同，因而不是加重构成。这一观点在德日以及我国台湾地区等大陆法系刑法中，或许不会有多大问题。因为在这些国家或地区，具体个罪立法一般采仅定性的行为类型模式，罪状是对某一类型的行为特征或要素的描述。因此，构成要件自然也是被理解为"违法行为（作为刑法上禁止对象的行为）的类型（作为违法行为类型的构成要件）"[5]。

---

[1] 法定刑升格条件为严重财产损失时，行为人应当对之有认识。这是主张数额（特别）巨大属于量刑规则的论者也认同的观点（参见张明楷：《法定刑升格条件的认识》，载《政法论坛》2009 年第 5 期）。但对于"多次"和"作为犯罪行为孳生之物"，张文则认为它们是不需要认识的内容。本书认为，"多次"是刑法对行为人每一次行为的累计综合评价，只要认识到作为评价依据的基础事实，即对每一次行为有认识即可（这一点，张文也是认可的）；而类似"伪造货币数额特别巨大"这样的行为孳生之物，本书倾向认为，此数额是行为规模的表征，应当是需要行为人认识的内容。

[2] 陈子平：《刑法总论》（2008 年增修版），中国人民大学出版社 2009 年版，第 96 页；张明楷：《外国刑法纲要》（第 2 版），清华大学出版社 2007 年版，第 72 页。

[3] [日] 町野朔：《犯罪论の展开 I》，有斐阁 1989 年版，第 52、59 页。——原文注

[4] 张明楷：《加重构成与量刑规则的区分》，载《清华法学》2011 年第 1 期。

[5] [日] 山口厚：《刑法总论》（第 2 版），付立庆译，中国人民大学出版社 2011 年版，第 27 页。尽管学说上提出了各种各样的构成要件概念，但至少作为底线的"作为违法行为类型的构成要件概念"得到公认。

可是，我国刑法却不相同，不少个罪采“定性＋定量”的“行为类型＋行为程度”立法模式，通过数额、情节等罪量规定，将犯罪与同一性质类型的一般违法行为区分开来。如此，只要还是在“刑法规定的，行为成立犯罪所必须符合的，作为可罚行为的前提条件”的意义上理解构成要件概念（狭义的构成要件概念），那么，犯罪成立所需的、表征违法程度的罪量要素也应被视为构成要件要素。[1]可见，在我国刑法视域下，构成要件不仅是行为类型，也要求行为程度；即构成要件既有罪体要素，也有罪量要素。一方面，承认数额较大、情节严重是（基本）构成要件要素；另一方面，却又以“只有表明违法行为类型的特征才属入构成要件要素”为由，将数额巨大、情节特别严重等排除在（加重）构成要件的范围之外，显然是自相矛盾的。因为基本的构成要件与加重的构成要件都是构成要件，将决定违法性程度的罪量要素（数额较大、情节严重）视为基本构成要件要素的同时，又认为同样决定违法性程度的罪量要素（数额巨大、情节特别严重）不应当视为加重构成要件要素，无论如何都缺乏理论的一贯性。

区分说还指出：“除了数额不影响行为类型之外，还有其他理由。例如，对受贿罪的处罚也适用《刑法》第383条的规定，倘若认为《刑法》第383条第1款第1至2的内容是贪污罪的加重构成，那就意味着受贿罪的加重构成与贪污罪的加重构成是完全相同的。可是这种结论是不成立的。但我们可以说，受贿罪与贪污罪的量刑规则是相同的。刑法分则中对数额（特别）巨大的具体规定属于量刑规则。”[2]

这种观点也值得商榷：一方面，加重构成对基本犯犯罪构成具有依附性，必须结合基本犯犯罪构成来看待加重构成的内容；也就是说，所谓“受贿罪的加重构成与贪污罪的加重构成是完全相同的”的提法，只是孤立地、单独地比较加重要素的结果，如果坚持加重构成的依附性的话，受

[1] 区分说的主倡者张明楷教授也承认基本罪状中的数额较大、情节严重等，仍然是构成要件要素（参见张明楷：《加重构成与量刑规则的区分》，载《清华法学》2011年第1期；张明楷：《刑法分则的解释原理》（第2版），中国人民大学出版社2011年版，第588页）。

[2] 张明楷：《加重构成与量刑规则的区分》，载《清华法学》2011年第1期。

贿罪的加重构成就应该是“受贿数额在 ×× 元以上的”，贪污罪的加重构成则是“贪污数额在 ×× 元以上的”，如此又何来相同呢？实际上，上述论证混淆了加重构成要件与加重构成要件的加重要素两个概念，加重构成要件实际上是由“基本构成要件 + 加重构成要素”构成的。另一方面，上述论断与论者的某些结论也是矛盾的。依照论者观点，“故意伤害致人死亡”“强奸致使被害人死亡”“抢劫致人死亡”都是结果加重犯，加重结果（加重构成）都是“致人死亡”，依照上述论断，那就意味着故意伤害罪的加重构成、强奸罪的加重构成与抢劫罪的加重构成也是完全相同的，如果这种结论也不成立的话，那么，“致人死亡”也只能被视为量刑规则，这显然是论者不能接受的结论。

此外，区分说还认为：“从表面上看，‘某人盗窃数额巨大未遂’的说法，似乎没有不合理之处。但是，‘某人盗窃情节严重未遂’（或‘某人的盗窃行为有达到情节严重的可能性，故认定为情节严重的未遂’）的说法，是不成立的。……数额（特别）巨大实际上也只是情节严重的一种表现形式。众所周知，司法解释针对情节（特别）严重所规定的情形，首先就是数额较大或者巨大。既然如此，说‘某人盗窃数额巨大未遂’就是难以成立的。否则，就会出现如下难以令人思议的现象：不存在情节严重的未遂，但当司法解释将情节（特别）严重量化为数额（特别）巨大时，则存在数额巨大未遂；根据刑法条文的规定，原本不存在情节严重未遂，但经由司法解释便存在情节严重的未遂。显然，只有将数额（特别）巨大作为量刑规则看待，才可以避免上述不当现象。”[1]

虽然这只是将数额巨大作为量刑规则的旁证，但似乎也值得商榷。

一方面，情节严重是“情节”严重，即首先作为法定刑升格条件“情节严重”评价的基础是作为客观事实的“情节”。纵观立法与司法解释的规定，这些客观事实，有的是强调特定时空领域、特定身份、行为方式、行为对象、致人重伤或者死亡的加重结果等“典型的加重构成”；有的是

[1] 张明楷：《加重构成与量刑规则的区分》，载《清华法学》2011 年第 1 期。

类似首要分子、行为报酬之违法所得数额等“典型的量刑规则”；还有的就是这里讨论的数额（特别）巨大等非典型的升格条件。显然，应当根据“情节”的具体内容来判断具体的法定刑升格条件是量刑规则还是加重构成。如果将情节严重作为一个整体，仅以“不存在情节严重的未遂”为由，就认为数额（特别）巨大是量刑规则，恐怕会陷入自相矛盾的境地：

例如，对于《刑法》第 263 条抢劫罪所规定的 8 种加重处罚情节，区分说主张其中第 4 项“多次抢劫或者抢劫数额巨大”属于量刑规则，其他内容都属于加重的犯罪构成。[1] 而根据 1979 年《刑法》第 150 条第 2 款抢劫罪之规定：“犯前款罪，情节严重的或者致人重伤、死亡的，处十年以上有期徒刑、无期徒刑或者死刑，可以并处没收财产。”比照新旧刑法，可以说新刑法所规定的“抢劫致人重伤、死亡的”之外的 7 种情节，无非是新刑法概括旧刑法之“情节严重”规定的具体化而已。如果按照区分说的观点，既然不存在情节严重未遂，那么，作为情节严重具体化的具体内容也不应当承认其未遂，否则就是“根据刑法条文规定，原本不存在情节严重未遂，但仅由司法解释便存在情节严重未遂”的不当现象。如此，作为情节严重具体化的 7 种情节，都应作为量刑规则看待才对。

又如，《刑法》第 318 条组织他人偷越国（边）境罪规定了 7 种法定刑升格条件，区分说认为，第 3 项至第 5 项属于加重的犯罪构成，其他各项属于量刑规则。[2] 可是，从第 7 项兜底条款“有其他特别严重情节的”的表述可以看出，前六项内容无非是“特别严重情节”的列举（表现形式）而已，依照区分说的上揭论断，如果说不存在情节严重未遂，作为情节严重列举的具体内容也不应该承认未遂，各具体情节都应当视为量刑规则才对，而不应该根据前六项特别严重情节的具体内容，区分为加重构成和量刑规则。

再如，张明楷教授主张，抢夺致人死亡的，应属于抢夺情节特别严重。

[1] 张明楷：《加重构成与量刑规则的区分》，载《清华法学》2011 年第 1 期。

[2] 张明楷：《加重构成与量刑规则的区分》，载《清华法学》2011 年第 1 期。

这种场合完全应当按照结果加重犯的原理处理，即只要行为人对死亡结果具有预见可能性即可。[1] 可是依据区分说的上述观点，既然情节特别严重是量刑规则，经学理解释作为情节特别严重具体化内容的致人死亡，当然也只能被作为量刑规则看待才是，又何来结果加重犯呢？

可见，以“不存在情节严重未遂”为由，认为作为情节严重具体表现形式的数额（特别）巨大也不应当有未遂，进而主张只能将数额巨大看作量刑规则，理由并不充分，并没有将情节严重各个具体表现形式一视同仁，与自己区分说的观点也存在自相矛盾之处。

另一方面，情节严重是情节“严重”，即情节严重是立足于客观事实“情节”基础上的一种整体的评价要素。先有客观事实情状，再有对该事实情状是否达到“严重”标准的整体性评价。而行为既遂、未遂是行为的一种终极形态，是事实情状，是“是否属于情节‘严重’评价”的素材和基础。可见，所谓“某人盗窃情节严重未遂”本来就是错误的表述，它颠倒了作为评价前提的事实——未遂“情节”与对情节事实的评价——情节“严重”之间的逻辑顺序。“情节严重未遂”不成立，但“××未遂”却可以被评价为情节“严重”。例如，作为抢劫犯加重情节的“入户抢劫”，如果行为人入户抢劫未遂，当然应当属于情节严重的抢劫未遂，以10年以上有期徒刑、无期徒刑或者死刑为基准从轻或减轻处罚。司法解释也规定：“盗窃未遂、情节严重的，应当定罪处罚。”“诈骗未遂，具有其他严重情节的，应当定罪处罚。”

可见，“不存在情节严重未遂”的命题实际上是基于情节“严重”之整体性评价特征而得出的结论。以所谓“不存在情节严重未遂”为由，得出也不应当承认“（作为情节严重具体化或表现形式的）数额（特别）巨大未遂”的结论，进而主张数额（特别）巨大是量刑规则。这种观点混淆了法定刑升格条件——情节严重中的“情节”事实与“严重”评价：用基于后者所推导出的命题，来判断作为前者的数额等客观事实的性质是加重构成还是量刑规则，自然值得商榷。

[1] 张明楷：《法定刑升格条件的认识》，载《政法论坛》2009年第5期。

另外，如前所述，区分加重构成与量刑规则的意义在于是否存在未遂犯，即加重构成存在未遂，量刑规则不存在未遂。一方面，将是否存在未遂犯视为区分加重构成与量刑规则的适用效果（后果）；另一方面，又以“不存在情节严重未遂”为标准，得出数额巨大是量刑规则的结论。如此，“是否存在未遂”既是区分的效果，也成了区分的标准。尽管“是否存在未遂”的确是检验某法定刑升格条件是加重构成还是量刑规则的试金石，但作为适用结果的它绝不能同时成为我们区分加重构成与量刑规则的判断标准，否则不过是无益的循环论证而已。

综上所述，区分说将数额（特别）巨大视为量刑规则的理由，或者缺乏理论的一贯性，或者有自相矛盾、循环论证等嫌疑，值得商榷。

2. 数额巨大是典型的加重构成吗

既然将数额巨大视为量刑规则的观点值得商榷，那么，是否意味着数额巨大就是加重构成呢？如前所述，本书主张以构成要件的品质为标准，区分加重构成与量刑规则，但凡符合构成要件品质的法定刑升格条件就是加重构成，否则即量刑规则。数额巨大等非典型的法定刑升格条件，因为仅仅是违法程度的表征，而未表现违法行为类型的变异，自然无法承担“犯罪的个别化”这一构成要件的机能（品质），因而不属于典型的加重构成。但是，考虑到在基本犯中，同样只是违法程度表征的数额较大等要素，都被认为是基本构成要件要素；那么，就没有理由将同样是违法程度表征的数额（特别）巨大等要素排除在加重构成要件要素之外，因为无论是基本构成还是加重构成，都是构成要件，具有共同的品质。

即便如此，也并不意味着笔者赞同加重构成说，[1] 一方面，因为加重构成说并没有注意到数额巨大等加重构成与典型的加重构成之间的差异，而是将所谓数额加重犯与典型的加重构成等同视之。例如，持加重构成说的论者指出：

[1] 当然，笔者也尝试着站在传统的加重构成说立场，讨论盗窃罪等数额犯（未遂）量刑的法定刑基准问题（参见本节第一部分）。

“数额加重犯相对于数额犯而言，并非一种简单的量变，而是存在一种由量变到质变的问题，其具有不同于数额犯的罪质和罪责。当然，这里的‘质变’不是一种根本性的质变，而仅仅是一种阶段性部分质变。根据哲学原理，只要事物的本质属性未变，事物总体上仍然处于量变过程；但由于非本质属性发生了重大变化，事物呈现出明显的阶段性，这就是总的量变过程中阶段性的部分质变。[1]这种阶段性的部分质变没有使数额加重犯形成一种截然区别于数额犯的独立的罪质，而只是使罪质的内部呈现一定的层次性变化。”[2]

论者将数额加重犯也视为一种部分质变，并配以哲学原理的论证，从而使数额加重与结果加重、行为方式加重、对象加重等典型的加重构成保持在同一性质。但无论如何，数额加重只是单纯的违法程度的提高，亦即“加重法定刑的数额与基本犯的数额只有程度上的差别，或者说是量差不同而已”[3]。这与典型的加重构成“通过违法行为类型的局部变异从而导致违法性增加”的特质之间存在较大差异。即便将数额加重视为部分质变，这种质变也是不同于典型加重构成的另一种质变形式。前者是纵向的程度差异，而后者则是横向的类型区别。这种性质上的区别表明，将二者等同视之的加重构成说的观点同样值得商榷。

另一方面，罪刑均衡是检验上揭学说的试金石，而对加重构成说最重要的诘难恰恰是对罪刑相适应原则的违背。诚如区分说所言：

假定盗窃罪的数额较大、数额巨大与特别巨大的起点分别为1000元、1万元与10万元。若A盗窃9万元既遂，B意图盗窃11万元未遂。按照加重构成说的做法，对A可能判处的最低刑为3年徒刑，可能判处的最高刑为10年徒刑，而对B可能判处的最低刑为10年徒刑，可能判处的最高刑为无期徒刑。诚然，对B可以适用刑法总则关于未遂犯的处罚规定，尽管如此，对B的处罚仍然会重于对A的处罚。然而，A的盗窃行为已经给

[1] 李秀林等主编：《辩证唯物主义和历史唯物主义原理》，中国人民大学出版社1984年版，第127页。——原文注

[2] 王志祥：《犯罪既遂新论》，北京师范大学出版社2010年版，第382页。

[3] 唐世月：《数额犯论》，法律出版社2005年版，第99页。

他人财产造成了实害，B的盗窃行为只是有造成他人财产损失11万元的危险，所以，B的盗窃行为的违法程度肯定轻于A的盗窃行为的违法程度。不难看出这种做法有悖罪刑相适应原则。[1]

司法实践中，对盗窃罪等数额犯的刑罚裁量，常以实际发生的数额为准，选择相应的法定刑档；但同时对于盗窃金融机构等数额（特别）巨大的财物而分文未取的情状，则常依照司法解释，以盗窃罪（未遂）定罪，并以数额（特别）巨大的法定刑档为基准从轻、减轻处罚。如果同时贯彻上述做法，那么，同样以数额（特别）巨大的财物为盗窃目标的甲乙二人，甲盗窃了3000元；乙当场被擒，分文未得。对甲以所得数额至多科处3年徒刑，而乙则是在“3年以上10年以下有期徒刑”甚至“10年以上有期徒刑、无期徒刑”的基准上可以从轻、减轻处罚，量刑不公可见一斑。

综上，加重构成说将数额巨大等法定刑升格条件与典型的加重构成要素等同视之，忽视了二者在内容和性质上的重大差异，同时其适用效果也的确与罪刑均衡原则有悖，同样值得商榷。

在笔者看来，如同基本构成有罪体与罪量之分，加重构成也应当有罪体加重构成（要素）与罪量加重构成（要素）的区分。罪体加重构成要素，就是前文所提到的典型加重构成，而数额巨大、多次等非典型的法定刑升格条件，则基本上可以视为罪量加重构成（要素）。如同基本犯中的罪量要素是构成要件要素一样，内容和性质相同的加重罪量要素也应当视为（加重）构成要件要素；也如同基本犯的罪体要素与罪量要素之间存在差异一样，罪量加重构成要素也有着不同于罪体加重构成要素的特征，不能将两类加重构成要素等同视之。

3.罪量加重构成要素概念之提倡

如果给罪量加重构成要素下一个定义的话，即罪量加重构成要素，是指刑法分则中规定的，通过单纯提高基本构成要件的某一特定要素的规模或程度，修正基本构成要件，而成立的加重处罚（加重其法律效果）的不

[1] 参见张明楷:《加重构成与量刑规则的区分》，载《清华法学》2011年第1期。

法构成要件要素。罪量加重构成要素与罪体加重构成要素，二者都是加重构成要素，罪体加重构成具备构成要件的三大机能（品质）——犯罪的个别化、违法性推定和故意规制，是典型的构成要件；而罪量加重构成，则是中国刑法“定性＋定量”立法模式的产物——因为如果说基本犯中的数额较大等罪量因素属于基本犯构成要件要素的话，那么，具有相同内容（都是关于行为或结果的程度与规模）和性质（都是违法程度的表征，与行为类型无关）的数额（特别）巨大等加重事由，就没有理由将其视为与（加重）构成要件相对立的量刑规则。

罪量加重构成，特点有二：其一，它是罪量“加重构成”。作为罪量加重构成具体内容的各要素，应当符合（加重）构成要件的特质，即必须是违法性程度的表征，也应该是犯罪故意的认识内容；其二，它是“罪量”加重构成。即罪量加重构成要件要素，并不涉及行为类型的局部变异，仅仅是因违法程度的增加而加重处罚。

从内容上看，罪量加重构成的具体要素，大致可分为两类：一类是行为规模；另一类是结果程度。

（1）行为规模类（行为类），即通过对行为规模或者行为内容量化标准的提高，从而增加违法程度，加重法定刑的情形。例如，①将“多次（或者对多人）实施”作为法定刑升格条件的情形。如刑法中强奸妇女、奸淫幼女多人，多次抢劫，多次聚众斗殴，多次盗掘古文化遗址、古墓葬，多次组织、运送他人偷越国（边）境，多次强迫他人卖淫等。多次是对各次犯罪行为的累加。可以认为行为累加起到了使行为规模、违法程度提高的作用，故而加重法定刑。根据刑法理论与司法实践，多次一般指三次以上，倘若行为次数不足三次，自然不能适用加重法定刑，如倘若行为人已经实施了两次抢劫行为，正意欲实施第三次，但尚未着手，此时不能将其认定为多次抢劫的未遂。因为多次并非判断行为得逞与否的要素，与犯罪既、未遂认定无关。[1] ②另一种表现是部分有关行为对象的数额规定。例如，

[1] 如果行为人三次抢劫，三次都未遂，能否认定为多次抢劫未遂，比照加重法定刑从轻或减轻处罚？如果三次抢劫，一次既遂两次未遂或者两次既遂一次未遂，如何处置？值得进一步研究。

走私、贩卖、运输毒品罪中的毒品数量，出售、购买、运输假币罪、走私假币罪中的假币数额等。这些行为对象数额的特点是，在行为伊始、着手之时，客观的数额是基本确定的，行为人主观上对此也有认识（至少有概括性认识），而犯罪的既、未遂则取决于行为的完成与否。因此，倘若行为人针对数额（数量）巨大的假币、毒品而实施走私、运输等行为未完成、未得逞的，就应当认定为数额巨大的走私、运输犯罪的未遂，比照加重法定刑从轻、减轻处罚。可见，这种行为规模类的数额巨大等罪量加重构成要素，因为与本罪的既、未遂认定之间没有直接关联，因而，在未遂犯法定刑基准的选择问题上与典型的加重构成并无太大差异。

（2）结果程度类（结果类），则是通过对“行为给法益所造成的现实侵害结果”或者“行为孳生之物”的量的提高，增加违法程度，加重法定刑的情状。前者如盗窃罪、诈骗罪中的数额（特别）巨大，受贿罪中的受贿数额[1]等；后者如伪造假币罪的假币数量、制造毒品罪中的毒品数量等。此类数额与（1）行为规模类最大的区别是，在行为伊始、着手之时，对于行为结果的规模、数额是不明确的。[2]完全可能出现这样的情形：行为人意图盗窃、诈骗数额巨大的财物，实际上却分文未得；行为人意图伪造、制造数量巨大的假币或毒品，结果仅伪造、制造出一小部分就被查处。这些情况当如何处置？如何选择法定刑基准？这正是量刑规则说与加重构成说争论的焦点，提出罪量加重构成概念的现实意义也正在于此。

---

[1] 对受贿罪的既未遂区分标准还有争议，但是，考虑到我国受贿罪具有财产犯罪的一面，以行为人利用手中的职务获取财产为内容，从此意义上讲，将行为人是否实际获取财物作为判断受贿罪是否既遂的标准，是有其道理的（黎宏:《刑法学各论》（第 2 版），法律出版社 2016 年版，第 511 页）。当然，对索贿型受贿存在不同看法，如张明楷教授即认为，在索取贿赂的情况下，应当以实施了索要行为作为受贿既遂标准（张明楷:《刑法学》（第 5 版），法律出版社 2016 年版，第 1221 页）。

[2] 可见，这里行为类与结果类的分类，与传统刑法理论中行为犯与结果犯的分类相关，行为类多表现为行为犯中的数额规定，而结果类则多以结果犯中的数额规定为内容。也表明本书所区分的行为类与结果类，不同于有论者提出的结果数额犯与行为数额犯的区分标准和具体内容（关于结果数额犯与行为数额犯，参见刘之雄:《犯罪既遂论》，中国人民公安大学出版社 2003 年版，第 128—129 页）。

如上所述，基于数额（特别）巨大的法定刑升格条件与数额较大的基本犯罪量构成要件要素的相同性质与内容，我们赋予这些升格条件（加重）构成要件要素的地位；但同时，也基于这些要素与典型的加重构成要素之间的差异，而不能将二者等同视之。

在典型的（罪体）加重构成中，加重构成是在基本构成的基础上，加入特定元素修正的产物。加重构成要素的加入，使得基本构成发生变异，从而形成相对独立的加重犯、加重构成；但变异是局部的，加重犯的成立依附于基本犯，即需要借助、回溯基本构成要件来判断该依附性变体的构成要件。[1]就未遂而言，加重犯的既、未遂形态也需要借助、回溯到基本犯的既、未遂形态来判断。诚如耶塞克教授指出：“在加重构成要件情况下，（未遂）同样取决于行为人是否直接开始实现构成要件。若行为人开始实现加重要素（例如，在纵火前使灭火器不能使用），仅限于基本构成要件由此能够直接实现的场合，始可认定纵火未遂。加重结果的行为（例如，在实施抢劫罪时携带射击武器）在基本犯的预备阶段（例如，在接近抢劫行为地）即实现的场合，行为人只能因基本法未遂而受处罚。”[2]以我国刑法中公认的典型加重构成——入户抢劫为例，“入户”是该加重构成区分于普通构成的“特别要素”（加重构成要素），决定能否适用加重抢劫之法定刑，而“是否劫取财物”既是基本犯也是加重犯犯罪既遂或未遂的标准。[3]可见，在典型的（罪体）加重构成中，决定犯罪形态的因素与加重事由

---

[1] 林钰雄：《新刑法总则》，中国人民大学出版社 2009 年版，第 106 页。

[2] ［德］汉斯·海因里希·耶塞克、［德］托马斯·魏根特：《德国刑法教科书》，徐久生译，中国法制出版社 2001 年版，第 617 页；类似观点也见［德］冈特·施特拉腾韦特、［德］洛塔尔·库伦：《刑法总论 I——犯罪论》，杨萌译，法律出版社 2006 年版，第 263 页。

[3] 我国台湾学者也指出，如果夜间侵入窃盗罪只是一个属于加重类型的广义的结合犯，那么这个犯罪的基本构成要件还是在窃盗罪的部分，而所谓着手，在基本概念上，也必须是窃盗行为本身的着手，而不包括侵入住宅行为的着手。夜间侵入住宅窃盗，其犯罪构成要件还是在于窃盗的部分，所以其既遂犯罪之构成当然以窃盗既遂为要件（黄荣坚：《刑法问题与利益思考》，中国人民大学出版社 2009 年版，第 250、255 页）。

（加重构成要素）是分开的，二者各司其职。[1]

而在结果类罪量加重构成中，情况确有不同：其一，数额之载体——结果，既是判断行为既、未遂的“行为人所希望放任的，行为性质决定的侵害结果”，同时也是加重法定刑适用的条件。依据加重构成说，如果行为人意图盗窃数额（特别）巨大的财物而未得逞的，即认定为盗窃数额（特别）巨大财物未遂，比照盗窃数额（特别）巨大既遂的法定刑从轻、减轻处罚。此时，行为人主观上希望的，行为性质决定的可能盗窃数额（特别）巨大财物的客观危险性，既是未遂成立的实质条件，也是适用加重法定刑的客观理由，这样，作为法定刑升格条件的数额（特别）巨大就从客观的实害事实转换为可能盗窃数额（特别）巨大财物的危险状态。这一点显然与典型的罪体加重构成存在差异，因为典型的罪体加重构成是在基本构成基础上附加某些“特别要素”、以该特别要素的实现、客观存在（而非存在的可能性、危险性）作为适用加重法定刑的条件的。既然如此，姑且不论加重构成说“成立盗窃数额（特别）巨大财物的未遂犯”的结论是否成立，至少从该结论的具体论证中可以发现，罪量加重构成与典型的罪体加重构成，在适用条件、未遂犯的认定等方面都存在明显差异，而将“一切法定刑升格条件都视作加重构成”的加重构成说的基本主张中，却并未注意到这一差异，有欠妥当。

其二，根据客观未遂论的主张，未遂犯处罚的根据在于发生法益侵害的紧迫危险性。“行为人意图盗窃数额（特别）巨大的财物而未得逞的”以

---

[1] 当然，我国刑法中加重构成的规定也可能存在例外。例如，如果承认故意的结果加重犯，则行为人意图杀人劫财，并已着手杀害行为，但由于意志以外的原因而未能致人死亡的，即使强取到了财物，也可成立“抢劫致人死亡”的加重抢劫犯未遂。再如，刑法中将又犯他罪作为加重法定刑的所谓结合加重犯的场合，如绑架罪中“杀害被绑架人”，对于绑架杀人未遂的，就有主张，依然适用《刑法》第 239 条“杀害被绑架人，处死刑”的规定，同时适用刑法关于未遂犯从轻、减轻处罚的规定（参见张明楷：《刑法学》（第 4 版），法律出版社 2011 年版，第 796 页；张明楷：《绑架罪中“杀害被绑架人”研究》，载《法学评论》2006 年第 3 期）。不过这些例外，恐怕已经不能算是典型意义上的依附性变体的加重构成要件了。另需指出的是，由于《刑法修正案（九）》修改了加重构成要件的内容与法定刑，在新版教科书中，对于绑架杀人未遂的，张明楷教授改采“认定为普通绑架罪与故意杀人罪（未遂），实行数罪并罚”的观点（参见张明楷：《刑法学》（第 5 版），法律出版社 2016 年版，第 891—893 页）。

未遂犯论处，无非是因为行为具有可能盗窃数额（特别）巨大财物的客观紧迫危险性。那么，这种客观紧迫危险性究竟是盗窃基本犯未遂成立的实质条件，还是盗窃加重犯未遂成立的实质条件呢？尽管我国刑法总则规定原则上处罚所有故意犯未遂，但这并不现实，刑法理论一致认为，未遂犯的处罚具有例外性，必须实质考察具体故意犯罪的特殊形态的可罚性。因此，“罪质严重的未遂应当以犯罪未遂论处，如故意杀人未遂、抢劫未遂、强奸未遂等；罪质一般的未遂，只有情节严重时，才能以犯罪未遂论处，如盗窃未遂、诈骗未遂等；罪质轻微的未遂不以犯罪论处，如非法侵入住宅未遂、侵犯通信自由未遂等”[1]。甚至有学者提出，以最高法定刑为3年有期徒刑区分重罪与轻罪，重罪考虑处罚其未遂形态，轻罪则没有必要处罚其未遂形态。[2] 正因如此，司法解释才规定：“盗窃未遂，具有情节严重的情形，如以数额巨大的财物或者珍贵文物为盗窃目标的，应当依法追究刑事责任。”这里的“具有情节严重的情形，如以数额巨大的财物或者珍贵文物为盗窃目标的”正是使罪质一般的盗窃行为未遂，达到可罚违法程度，以盗窃罪（未遂）论处的客观违法性提高的因素。在笔者看来，这里作为情节严重范例的“以数额巨大的财物为盗窃目标的”，正是表明行为可能盗窃数额巨大财物的客观危险性，从而提高客观的违法程度，使得罪质一般的盗窃行为未遂能以犯罪论处。如果主张这种情况成立“盗窃数额（特别）巨大财物的未遂犯”的话，岂不是将“以数额巨大的财物为盗窃目标的”（行为可能盗窃数额巨大财物的客观危险性），既作为盗窃未遂行为达到可罚违法程度、成立犯罪的客观标准，又作为加重法定刑的升格条件，这难道不是有违禁止重复评价原则吗？[3]

---

[1] 张明楷：《刑法学》（第5版），法律出版社2016年版，第332页。

[2] 黎宏：《刑法总论问题思考》，中国人民大学出版社2007年版，第427页。

[3] 相同意旨参见黎宏：《刑法学各论》（第2版），法律出版社2016年版，第325页。黎宏教授还指出，如果以盗窃既遂数额巨大的量刑档次作为量刑基准，会出现对于盗窃未遂的，要么不定罪，要么一定罪就是在数额巨大的量刑档次处罚的情况，出现对于盗窃未遂量刑档次断档脱节、不协调的局面。

其三，事实上，在“行为人意图盗窃数额（特别）巨大的财物而未得逞”的事例中，基本犯也是处于未遂状态，这就涉及“基本犯罪未遂，是否仍得论以结果加重犯未遂罪”问题。这一点德国刑法理论的处置值得参考借鉴。[1]德国实务及学说对于基础犯罪未遂的情况下，能否适用结果加重未遂犯规定的问题，大致有3种说法：第一种说法是所谓的结果危险理论（Lehre von der Erfolgsgefährlichkeit），认为结果加重犯的未遂犯的构成，原则上只有一种情况，就是基础犯罪已经既遂，但是行为人具有故意的加重结果的部分未遂。此一理论的主要理由是，结果加重犯之所以加重其处罚，其原因是在基础犯罪的结果具有特殊的危险性，因此，如果基础犯罪没有既遂，则已经丧失加重的依据。第二种说法是所谓的行为危险理论（Lehre von der Handlungsgefährlichkeit），认为不管哪一种结构的结果加重犯，如果基本犯罪部分未遂，而已经导致加重结果的发生，则均构成结果加重犯的未遂犯。此一理论的论点是，结果加重犯之所以加重其处罚，其原因是在基础犯罪行为的本身已经具有特殊的危险性，因此，即使基础犯罪未遂，其行为本身的危险性已经符合法律加重处罚的理由，所以应该构成结果加重犯的未遂犯。第三种说法是所谓的区别理论（differenzierende Theorie），认为基础犯罪部分未遂而已经导致加重结果的发生，是否可以论以结果加重未遂犯的问题，不能一概而论，而是必须依照个别的结果加重犯的规定来判断。如果某一特定的结果加重犯的规定是基于基础犯罪行为本身的危险性而加重处罚，那么，虽然基础犯罪未遂，仍应论以结果加重犯的未遂犯，例如《德国刑法典》第177条第3项所规定的强奸致被害人于死，或第251条所规定的强盗致人于死即是。至于如果某一特定的结果加重犯的规定是基于基础犯罪的结果的危险性而加重刑罚，那么，基础犯罪未遂，已经丧失加重之依据，即不得论以结果加重犯的未遂

[1] 德国刑法对未遂犯的规定，采总则模式，即规定如果既遂犯罪的最低法定刑在1年有期徒刑以上者，均处罚其未遂；此外，则以有特别规定者为限［德国刑法第23条第1项；第12条第1项、第2项］；我国刑法也采总则模式，且理论上也主张区分轻罪重罪，仅对重罪的未遂加以处罚。两国立法例具有一定相似性。

犯，如《德国刑法典》第224条第1项所规定的伤害致重伤害罪，或第226条第1项所规定的伤害致人于死罪即是。[1]

根据上述观点，结果加重犯未遂罪的成立，要么是基本犯罪未遂，而加重结果发生；要么是基本犯罪既遂，而故意的加重结果未发生；[2]“意图盗窃数额（特别）巨大的财物而分文未取”的事例显然不属于这两种情况。[3]诚然在我国刑法中，也可能成立“基本犯罪未遂，且故意的加重结果未发生”这种类型的加重犯未遂。但这种类型的加重犯未遂，仅限于类似抢劫杀人、拐卖妇女中奸淫被拐卖的妇女等存在复数行为和复数结果、具有结合性质的特殊加重犯而言的。[4]在“意图盗窃数额（特别）巨大的财物而分文未取”的事例中，不仅加重结果“数额（特别）巨大的财物”未发生，而且基本犯罪“盗窃数额较大的财物”也只是未遂。难以想象，像盗窃数额（特别）巨大财物这样仅有单一盗窃行为、单一盗窃结果的加重犯类型，也能肯定“基本犯未遂且故意的加重结果未发生”这种类型的加重犯未遂的成立。

反倒是区分理论“如果某一特定的结果加重犯的规定是基于基础犯罪的结果的危险性而加重刑罚，那么，基础犯罪未遂，已经丧失加重之依

---

[1] Vgl. Hillenkamp, 28 Probleme aus dem Strafrecht AT. 5 Aufl., 1985, S.87ff.；转引自黄荣坚：《刑法问题与利益思考》，中国人民大学出版社2009年版，第253—254页。

[2] 金德霍伊泽尔教授将前一种情形称为“力图的结果加重”（erfolgsqualifizierter Versuch），即行为人在力图实施故意的基本犯时，（已经）过失促成了特定的结果的情形；而将后一种情形称为“结果加重的力图”（Versuch der Erfolgsqualifikation），即行为人力图实现故意的基本犯，或者（故意的）基本犯已经既遂，进而又故意实施该犯罪的特别的结果，但却未能导致这种结果发生的情形。对于前者（如T为了顺利夺走S的贵重财产而痛打S。S被打死，T却没有拿走任何东西），行为人同样因为力图实施造成特定加重结果（死亡）的基本犯（抢劫）而可罚。不过，若人们正好要求从基本犯的结果中再引起特定的结果，那么就不能再构成力图的结果加重（即上文区别理论的观点——引者注）；对于后者（如R实现了抢劫构成要件，并进而认为，受害人已经因暴力侵犯而死，但其实受害人没有死），行为人因为力图实施造成加重结果（死亡）的基本犯行为（抢劫）而可罚（参见［德］乌尔斯·金德霍伊泽尔：《刑法总论教科书》（第6版），蔡桂生译，北京大学出版社2015年版，第288—289页）。

[3] 实属于前注金德霍伊泽尔教授“若人们正好要求从基本犯的结果中再引起特定的结果，那么就不能再构成力图的结果加重”的情形。

[4] 参见卢宇蓉：《加重构成犯罪研究》，中国人民公安大学出版社2004年版，第65页；王志祥：《犯罪既遂新论》，北京师范大学出版社2010年版，第377页。

据，即不得论以结果加重犯的未遂犯”的观点，非常符合我国结果数额加重规定的情况。加重数额是在基本数额基础上量的提升，是基于基础犯罪的结果危险性而加重刑罚，没有基本数额，也就丧失了加重的依据，自不得论以结果加重犯的未遂犯。[1] 日本学者平野龙一教授也表达了类似的看法，他将结果加重犯分为两种类型：一是像故意伤害致死那样，由第一结果即伤害导致第二加重结果即死亡；二是像抢劫罪那样，以暴力行为为手段，一方面发生了第一结果即取得财物，同时又发生第二结果即死伤。在后一种场合，即使没有发生第一结果，有时也可能发生第二结果，如果第一结果未发生，有可能认定为结果加重犯的未遂（可能存在未遂的结果加重犯）。在前一种场合，由于不发生第一结果就不会发生第二结果，既然已经发生第二结果，就不能说是未遂；反之，如果没有发生第二结果，则不能认定为结果加重犯，也不能认定为结果加重犯的未遂（不可能存在未遂的结果加重犯）。[2] 事实上，持加重构成说的论者也注意到了典型的结果加重犯与这里的结果型数额加重规定（即论者所称数额加重犯）之间的差异：在结果加重犯中，加重结果与基本结果的性质可能有所不同。而在数额加重犯中，加重数额与基本数额在性质上没有任何差异。在加重结果与基本性质不同的情况下，两者可以并存，而加重数额与基本数额之间则存在当然的包含与被包含关系，不可能并存。[3] 在笔者看来，这一论断实际上与上揭区分理论的观点已基本相当，既然“加重数额与基本数额，性质上没有差异、存在当然的包含与被包含关系”，那么，就同样不应该承认“基本犯未遂，且故意的加重结果也未发生”这种类型的所谓数额加重犯未遂的成立。

---

[1] 还以奶油蛋糕作比喻：典型的罪质加重构成（未遂），就像是被咬掉或切掉一块的芝士（或水果、巧克力）奶油蛋糕，它依然还是芝士（或水果、巧克力）奶油蛋糕，只是不完整了而已；而结果类的罪量加重构成与基本构成的关系是 12 寸奶油蛋糕和 8 寸奶油蛋糕的关系，如果将 12 寸奶油蛋糕咬掉或切掉一块，尺寸变小，已经不是 12 寸奶油蛋糕了（不能够说是不完整的 12 寸奶油蛋糕）。

[2] 参见［日］平野龙一：《刑法总论 II》，有斐阁 1975 年版，第 309 页。

[3] 王志祥：《犯罪既遂新论》，北京师范大学出版社 2010 年版，第 389 页。

基于此，本书主张，对结果类罪量加重构成规定，以盗窃罪为例，若行为人意欲盗窃数额（特别）巨大的财物，但由于意志以外的原因分文未得的，应当以盗窃罪（未遂）论处，依据刑法总则未遂犯之规定，在盗窃数额较大的法定刑基准上可以从轻、减轻处罚；如果由于意志之外的原因取得数额较大的财物的，则以盗窃数额较大的财物的既遂犯论处。可见，在适用加重法定刑的标准问题上，量刑规则、罪体加重构成要件（故意的结果加重犯除外）和罪量加重构成要件都是以加重条件的客观存在为前提的，不同的只是，量刑规则与违法无关，无所谓既、未遂；罪体加重构成要件和行为类罪量加重构成要件，加重要素与既、未遂认定的标准相分离，存在所谓的加重犯未遂；而结果类罪量加重构成，加重要素与既、未遂认定标准合一，加重犯未遂意味着基本犯也是未遂，这种意义上的加重犯未遂是难以成立的。

综上所述，罪量加重构成概念，意在概括那些不改变行为类型，只是通过单纯的提高行为违法程度，从而加重法律效果的法定刑升格条件。从具体内容上看，包括行为规模和结果程度两大类。不过从实际意义上看，罪量加重构成概念的真正意义在结果程度类罪量加重构成要素，此类规定是基于基本犯罪的结果的危险性而加重刑罚，如果基本犯罪之结果没有发生（基本犯未遂），那就已经丧失加重之依据，即不得论以结果加重犯的未遂犯，只能以行为可能侵害更大规模和程度的法益的客观危险性为由，认为属于“罪质一般的未遂只有情节严重的，才能以犯罪未遂论处”的情状，以基本犯的未遂犯论处。

（三）情节（特别）严重的属性

区分说认为，作为法定刑升格条件的情节（特别）严重，也只是量的变化（违法程度的变化），不是违法行为类型发生变化，故不应属于加重的犯罪构成，只能视为量刑规则。[1] 的确，情节严重是一种整体的评价，综

[1] 张明楷：《加重构成与量刑规则的区分》，载《清华法学》2011 年第 1 期。

合客观事实，如果认为案件符合作为法定刑升格条件的情节严重的要求，即适用相应的加重法定刑，反之，不能适用相应的法定刑。可见，作为法定刑升格条件的情节严重，的确具有类似量刑规则的适用特点。不过，也有两点疑问值得注意：

其一，与“作为基本犯构成要件罪量要素的数额较大与作为法定刑升格条件的数额（特别）巨大之间的关系”相同，在基本犯的罪状描述中同样存在“情节严重”要素，区分说认为，基本罪状中的情节严重是构成要件要素，是一种整体的评价要素。[1]那么，与情节严重要素具有相同内容和性质的“情节特别严重”，也应当同样认为属于（加重）构成要件要素才对，而不应当是量刑规则。在此，区分说恐怕缺乏理论的一贯性。

其二，情节严重的确是一种整体评价，但评价的前提是客观存在的具体情节。必须区分作为评价结果的情节“严重”与作为评价基础的“情节”严重。我国刑法常常通过立法或司法解释，将情节严重的情节具体化，而对于具体化后的具体情节，如果客观行为符合该具体情节时，原则上就必须认定为情节严重。换言之，随着情节严重的情节在立法或司法解释中的具体化，情节严重的整合综合评价已经为部分事实的符合性判断所取代。这些被具体化的情节事实，是加重构成要素还是量刑规则，则需要结合上文的标准具体问题具体分析。如同前文所举的抢劫罪的例子，旧刑法中作为抢劫罪法定刑升格条件的“情节严重”，在新刑法中被具体化为 7 个具体的法定刑升格条件，那么，我们就需要根据 7 项内容，具体判断它们各自的属性。

可见，情节严重型法定刑升格条件的属性，恐怕不能一概而论。当立法或司法解释将情节严重具体化为若干客观具体情状时，应当首先根据其具体内容，判断该客观情状是加重构成还是量刑规则。只有剩下的“其他情节严重的”的兜底条款，因为还保有整体评价的本性，还勉强留有类似量刑规则的适用特点。

---

[1] 参见张明楷：《犯罪构成体系与构成要件要素》，北京大学出版社 2010 年版，第 238 页以下。

根据上述观点，当情节严重具体化为首要分子、作为报酬的违法所得等内容时，应当视为典型的量刑规则；当情节严重具体化为特定时间地点、特定行为方式、特定主体、致人重伤死亡的加重后果或与基本犯不同质的他罪行为或结果时，则应当视为典型的罪体加重构成；而当情节严重具体化为多次、数额等与违法行为类型无关、但在量上增加违法程度的客观要素时，则应当将它们视为罪量加重构成要素，尤其是要注意其中作为行为指向的法益侵害的结果和作为行为孳生之物的结果这两种结果类罪量加重构成，对于这种结果类罪量加重构成要素，不可以承认所谓“加重犯未遂”，只有客观具备该加重结果时，方有升格法定刑的适用。

例如，2011 年 4 月 8 日《最高人民法院、最高人民检察院关于办理诈骗刑事案件具体应用法律若干问题的解释》第 5 条规定:“诈骗未遂，以数额巨大的财物为诈骗目标的，或者具有其他严重情节的，应当定罪处罚。利用发送短信、拨打电话、互联网等电信技术手段对不特定多数人实施诈骗，诈骗数额难以查证，但具有下列情形之一的，应当认定为刑法第二百六十六条规定的‘其他严重情节’，以诈骗罪（未遂）定罪处罚:(一) 发送诈骗信息五千条以上的;(二) 拨打诈骗电话五百人次以上的;(三) 诈骗手段恶劣、危害严重的。实施前款规定行为，数量达到前款第（一)、(二）项规定标准十倍以上的，或者诈骗手段特别恶劣，危害特别严重的，应当认定为刑法第二百六十六条规定的‘其他特别严重情节’，以诈骗罪(未遂）定罪处罚。”

依照本书观点，其中的“诈骗未遂，以数额巨大的财物为诈骗目标的，应当定罪处罚”就是所谓“意图诈骗数额特别巨大的财物而未得逞”的情况，诈骗罪的“数额巨大”是结果程度类罪量加重构成，诈骗结果未发生，不能认定为所谓诈骗加重犯未遂。因此，如果意图诈骗数额特别巨大的财物而实际分文未得时，应当以基本犯诈骗罪（未遂）论处，适用数额较大的法定刑，并适用总则未遂犯的处罚规定；如果意图诈骗数额特别巨大的财物而实际取得数额较大的财物时，则以数额较大的诈骗罪既遂论处。而其中的“诈骗未遂，具有其他严重情节的”，从具体内容上看，除第 3 项兜底的整体评价内容外，第 1 项、第 2 项实际上是对行为手段、行为程度的特殊化，可将其视为典型的加重构成或者是与典型的加重构成具有相同处置效果的行为规模类罪量加重构成，亦即承认所谓诈骗加重犯未遂。唯有如此，方能合理理解司法解释根据行为规模的不同而规定不同的适用效果的现象——“应当认定为《刑法》第 266 条规定的‘其他严重情节’，以诈骗罪（未遂）定罪处罚”和“应当认定为《刑法》第 266 条规定的‘其他特别严重情节’，以诈骗罪（未遂）定罪处罚”两档不同的诈骗罪（未遂）处罚标准。

三、小结

罪量要素与犯罪未遂，涉及在立法根据罪量程度确定两个或两个以上法定刑幅度（法定刑档）时，罪量犯未遂“可以从轻、减轻处罚”所比照的法定刑基准的选择问题，如盗窃罪、诈骗罪等数额犯，司法解释规定“盗窃未遂，以数额巨大的财物为盗窃目标的”“诈骗未遂，以数额巨大的财物为诈骗目标的”，以盗窃罪（未遂）、诈骗罪（未遂）定罪处罚。这里处罚之未遂犯，是依照数额较大的法定刑档还是选择数额巨大的法定刑档作为从轻、减轻处罚的量刑基准呢？以数额巨大的法定刑档作为基准，似乎更符合“未遂犯比照相应的既遂犯从轻、减轻处罚”的基本法理，但如此处置又与司法解释“盗窃目标数额巨大，才是盗窃未遂犯的起刑点”的基本意旨不相符，将决定盗窃未遂行为达到可罚的违法程度的定罪情节同时作为法定刑加重的量刑情节，也确有双重评价之嫌，而且，以数额巨大的法定刑档作为量刑基准，也导致未遂犯要么不定罪、要么一定罪就是在数额巨大的量刑档次处罚的情况，从而出现对犯罪未遂量刑档次断档脱节的不协调局面。如何解决上揭疑难，可以进行在传统的“加重构成说”的视野和“区分加重构成与量刑规则”的立场下的分别尝试：

尽管传统的“加重构成说”将几乎所有法定刑升格条件均视为加重构成，广泛承认情节加重犯、数额加重犯、结果加重犯、对象加重犯等概念；

但这并不表明“以数额巨大的财物为盗窃、诈骗目标”成立之盗窃罪（未遂）、诈骗罪（未遂）就是数额加重犯的未遂，因为未遂是行为人主观意欲的、客观行为可能达到的法益侵害结果未发生，只有在有证据证明行为人主观上亦有追求数额巨大的财物的主观意图时，方能肯定数额加重犯未遂的成立。因此，应当区分作为主观目的的指向数额和作为客观情节表征的“以数额巨大的财物为目标”，仅依后者尚不足以当然地得出行为人的主观目的也是取得数额巨大财物的结论，只要不能确证行为人确有意欲取得数额巨大的财物的主观意图（事实上绝大多数行为人行为时都只是一种概括的主观意图或者主观意图不明确），就应当适用“存疑有利于被告”的证据规则，选择基本犯的法定刑档作为未遂量刑的基准。

而在“区分加重构成与量刑规则”的立场下，盗窃罪、诈骗罪中的“数额（特别）巨大”既不属于发挥犯罪的个别化、违法性推定和故意规制三项机能的典型的加重构成要素，也不是不法中立的典型的量刑规则。这种表征不法侵害程度，但与行为类型（犯罪个别化）无关的法定刑升格条件，可视为“罪量加重构成要素”。罪量加重构成要素，有行为规模类和结果程度类之分，行为规模类罪量加重构成要素，在未遂犯的量刑基准问题上，与典型的加重犯，并无太大差异；而通过对“行为给法益所造成的现实侵害结果”或者“行为孳生之物”量的提高，增加违法程度的结果类罪量加重构成要素，因为是基于基本犯结果的危险性而加重刑罚的，因此，如果基本犯的结果没有发生（基本犯未遂），也就丧失了加重之依据，自不得论以结果加重犯未遂，只能以行为可能侵害到更大规模的法益的客观危险性为由，认为属于“罪质一般的未遂只有情节严重的，才能以犯罪未遂论处”的情形，以基本犯未遂处置，上揭“以数额巨大的财物为目标的”盗窃罪、诈骗罪未遂，即属此类。

第六章

罪量构成要素的价值面特征

如果说，事实面的特征是罪量构成要素相比同样发挥“确定违法程度、排除轻微行为的可罚性”功能的可罚的违法性、社会相当性等理论而言的话，那么，价值面的特征则是罪量构成要素相较同为“构成要件要素”的罪体构成要素而言的。

构成要件的该当性判断具有违法性的推定机能，罪量构成要素和罪体构成要素均为构成要件的具体内容。因此，罪量要素的符合性和罪体要素的符合性都具备违法性推定机能，但二者推定机能的具体内容和价值功能却是不同的：罪体要素体现违法行为类型，是从横向的、此罪彼罪的意义上表征某一具体犯罪的类型特征，体现的是公权力界域（将刑法没有类型化的行为类型排除在公权力处置范围之外）；而罪量要素则体现行为程度，是对同一类型（同质）的行为，从纵向的、轻罪重罪（罪与违法）的意义上表征某一具体犯罪的程度特征，体现的是公权力的分工（将纳入公权力处置范围的某种行为，根据其违法程度的大小轻重，分别给予刑罚或者行政处罚）。

二者区别的意义在于，在完成事实符合性判断的基础上，司法者对这些事实进行规范性处置时，应当注意由罪体要素与罪量要素价值面上的差异所决定的罪体判断与罪量判断之间的位阶性。在我国刑法视野下，因罪量要素的特殊性，可能会使得诸多刑法理论，尤其是与犯罪形态认定相关的刑法理论产生一些“中国式”的特殊问题。例如，同一罪名的单位犯罪与自然人犯罪罪量标准不统一所引发的争议；共同犯罪视野下共犯人罪量要素不一致时产生的认定困难；以及由罪量要素引发的法条竞合中法条的选择适用难题；等等。源自大陆法系行为类型立法模式下的单位犯罪、共同犯罪以及法条竞合等舶来理论，能够解决行为类型、罪体认定层面上的问题，但在面临行为程度、罪量认定问题时，难免会产生不同程度的水土不服。如何实现行为类型立法模式下的单位犯罪、共同犯罪以及犯罪竞合等舶来理论与我国刑法“行为类型 + 行为程度”立法模式的特殊环境之间的协调兼容，乃是我国刑法理论研究不容回避的难题。

第一节　单位犯罪与罪量要素

一、问题提出：轻纵犯罪还是刑责失衡

我国《刑法》第 30 条确立了单位犯罪的法定性特征，即法律规定为单位犯罪的，才应当承担刑事责任。围绕这一特征，倘若单位实施自然人犯罪，例如，所谓单位盗窃、单位贷款诈骗等行为，能否直接以自然人犯罪追究责任人员的刑事责任，就成为学界争议的焦点。而关涉单位犯罪法定性特征的另一个问题却常被忽略，即由于某些犯罪的成立，立法或司法解释针对单位和自然人确立了不同的罪量（数额）标准，如走私普通货物、物品罪，自然人构成犯罪的罪量标准是“偷逃应缴税额 10 万元以上”，而

单位标准则是“20 万元以上”。[1] 倘若单位直接负责的主管人员以单位名义，为单位利益，走私普通货物、物品，偷逃税额介于 10 万元至 20 万元之间时，能否以自然人走私普通货物、物品罪，追究责任人的刑事责任?

或许有人看来，这根本不是个问题——既然是单位走私，偷逃税额又没有达到罪量标准，当然不是犯罪。倘若如此，似乎会留下莫大的法律漏洞：规避刑事责任，只要多设立几个公司，并且将走私偷逃税额严格控制在 20 万元之内即可。[2] 而如果以自然人犯罪追究责任人刑事责任，又可能带来新的困境：根据上述司法解释之规定，自然人走私普通货物、物

[1] 2014 年 8 月 12 日《最高人民法院、最高人民检察院关于办理走私刑事案件适用法律若干问题的解释》第 16 条、第 24 条（取代了 2000 年 9 月 20 日《最高人民法院关于审理走私刑事案件具体应用法律若干问题的解释》所确定的“5 万元”和“25 万元”的标准，但区别对待自然人与单位罪量的立场并未改变）。

[2] 对此，或许可以主张通过公司人格否定制度来处理，即认为这种情况实质上是自然人犯罪，不是单位犯罪。1999 年 7 月 3 日《最高人民法院关于审理单位犯罪案件具体应用法律有关问题的解释》第 2 条规定：“个人为进行违法犯罪活动而设立的公司、企业、事业单位实施犯罪的，或者公司、企业、事业单位设立后，以实施犯罪为主要活动的，不以单位犯罪论处。”

但是，一方面，上述解释是模糊的：一是公司、企事业单位注册登记时，很难也不会去实质审查申请者的主观目的，事发时更难以查证设立当初是否有“为进行违法犯罪活动”的主观意图；二是何为“以实施犯罪为主要活动”，占多大比例算是“主要”？以多长时间段的行为作为计算域?事实上，这一模糊性规定，常常是在当案件作为单位犯罪处理，实在有轻纵责任人、罪刑明显失衡时，“被”引用作为“原因”，借此转以自然人犯罪处理，消解罪刑失衡之困。“司法实践中，有不少单位犯罪案例显示执法标准不统一，其中不乏存在通过认定单位犯罪（否定自然人犯罪）或否定单位犯罪（认定自然人犯罪）来平衡责任人罪责的情况。”（林荫茂：《单位犯罪理念与实践的冲突》，载《政治与法律》2006 年第 2 期。）

另一方面，上述解释也无法适用于行为人成立若干公司后，遂起犯意，实施上述行为（不属于“以实施犯罪为主要活动”）的情形。对此，有人指出：“对于一个自然人成立多家具有法人资格的公司，只要主要责任人相同，利益归属相同，本质上就是一个单位，以这样的多个单位名义下的走私行为，应认定为一个单位犯罪，数额累加。”（参见贺卫等：《单位走私犯罪法律适用若干问题探讨》，载《政治与法律》2009 年第 4 期。）但是，将公司法上合法成立的两个独立人格的公司法人，仅仅因为主要责任人、利益归属相同（同一主体设立的数个公司，主要责任人是同一个人，利益最终归属也当然是同一个人），就否定两个公司的法人人格，否定财产独立、有限责任，恐怕有欠充分（根据《公司法》第 63 条的规定，一人有限责任公司的股东不能证明公司财产独立于股东自己的财产的，应当对公司债务承担连带责任）；并且既然否定了两个单位的单位犯罪主体人格，那就应该以自然人犯罪处理才是，而论者却是将两个单位（排除两单位间母子、总分公司等特殊关系）的主体人格否定成一个单位，让人费解。

品偷逃税额10万元以上不满50万元，应认定为《刑法》第153条第1款规定的“偷逃应缴税额较大”，处3年以下有期徒刑或者拘役，并处罚金；而单位走私偷逃税额20万元以上不满100万元的，应当依照《刑法》第153条第2款，对单位判处罚金，对直接负责的主管人员和其他直接责任人员（以下简称“责任人”）处3年以下有期徒刑或者拘役。这就意味着，偷逃税额不足20万元时，以自然人犯罪追究责任人的刑事责任（3年以下有期徒刑或者拘役，并处罚金），而偷逃税额超过20万元（甚至接近100万元）时，认定为单位犯罪，责任人应当承担的刑责同样是3年以下有期徒刑或者拘役，罪刑不均一目了然。要么轻纵犯罪要么刑责不均，究竟应当如何处理，让人困惑。

由此，刑法中某些犯罪为自然人主体与单位主体配置了不同的法定刑标准，或者司法解释对同一犯罪，在自然人主体和单位主体之间，规定了不同的罪量标准，这种立法、司法解释现象，使得在单位犯罪“法定性”特征上又增添了新的问题点。这一问题的解决，往上关涉到立法和司法解释的合理性问题、单位犯罪的本质问题等，往下则关系到自然人与单位共同犯罪的定罪量刑、单位主体消灭或变更后，原单位责任人刑事责任的承担等诸多现实问题的解答。

二、不纯正单位犯罪与罪量要素的立法（司法解释）例

（一）分类、统计和说明

解决问题之前，有必要考察一下上揭立法或司法解释现象存在的规模。刑法分则中的单位犯罪涉及110多个条文，140余个罪名。由于本书探讨的是同一犯罪下，自然人主体与单位主体之间法定刑配置和罪量因素要求的不同所引发的关涉单位犯罪法定性特征的问题，故而纯正的单位犯罪[1]

---

[1] 所谓纯正的单位犯罪，是指刑法条文规定犯罪主体只能是单位，同时规定了两罚制的单位犯罪（杜文俊：《单位人格刑事责任研究》，黑龙江人民出版社2008年版，第28页）。

（单位受贿与单位行贿除外）和有争议的“单罚制”（疑似）单位犯罪都不在本文探讨范围之内。因此，这里涉及的单位和自然人双重主体的不纯正单位犯罪包括 109 个条文、140 个罪名以及单位受贿罪和单位行贿罪 2 个单位犯罪罪名。根据同一犯罪，自然人犯罪的法定刑配置与单位犯罪时其责任人的法定刑配置是否相同，以及自然人主体和单位主体犯同一罪时罪量标准（追诉标准）是否一致，组合归类，统计如下：[1]

1. 第一类——法定刑配置相同，罪量标准相同

此类中，一方面，立法对于单位犯罪，对单位判处罚金的同时，对责任人员“依照前款的规定处罚”“依照各该条的规定处罚”等规定，表明单位犯罪责任人员的刑事责任与自然人犯本罪时的刑事责任完全相同。另一方面，立法和司法解释对单位和自然人成立该罪的罪量要求，或均无具体要求（如《刑法》第 120 条之一资助恐怖活动罪），或规定“单位犯此罪的定罪量刑标准，按照本解释的有关规定（即自然人犯该罪的追诉标准）执行”等。此类犯罪涉及 89 个条文，118 个罪名，占全部不纯正单位犯罪罪名约 84.3%。值得注意的是：

其一，某些犯罪在原司法解释中，自然人和单位犯罪的罪量标准不同，但在新司法解释中，作出标准统一的修改。例如，（1）2007 年 4 月 4 日《最高人民法院、最高人民检察院关于办理侵犯知识产权刑事案件具体应用法律若干问题的解释（二）》，实现侵犯知识产权罪 7 个条文 7 个罪名自然人和单位犯罪罪量标准的统一，改变了 2004 年“两高”司法解释单位罪量标准 3 倍于自然人的做法；（2）2010 年《公安立案标准（二）》改变了《刑法》第 186 条违法发放贷款罪，第 187 条吸收客户资金不入账罪，第 188 条违规出具金融票证罪，第 189 条对违法票据承兑、付款、保证罪，第 224 条合同诈骗罪等罪原司法解释罪量标准不一致的做法，实现了这 5 个罪名的同量同罚；（3）2015 年 12 月 30 日《最高人民法院、最高人民检察院关于办理妨害文物管理等刑事案件适用法律若干问题的解释》改变了

---

[1] 统计截至 2016 年 2 月 25 日之前的立法、司法解释。

1987年“两高”司法解释关于倒卖文物混合型罪量（下述第五类）的做法，规定：“单位实施走私文物、倒卖文物等行为，构成犯罪的，依照本解释规定的相应自然人犯罪的定罪量刑标准，对直接负责的主管人员和其他直接责任人员定罪处罚，并对单位判处罚金。”

其二，新近的刑法修正案新增的单位犯罪，共计18个罪名（《刑法修正案（八)》4个，《刑法修正案（九)》14个），皆属此类。

2. 第二类——法定刑配置不同，罪量标准相同

涉及11个条文12个罪名，约占8.6%。具体而言是指，《刑法》第158条虚报注册资本罪，第159条虚假出资、抽逃出资罪，第160条欺诈发行股票、债券罪，第179条擅自发行股票、公司、企业债券罪，第181条编造并传播证券、期货交易虚假信息罪，第191条洗钱罪；《关于惩治骗购外汇、逃汇和非法买卖外汇犯罪的决定》第1条骗购外汇罪，第175条高利转贷罪，第180条内幕交易、泄露内幕信息罪，第181条诱骗投资者买卖证券、期货合约罪，第205条虚开增值税专用发票、用于骗取出口退税、抵扣税款发票罪和第206条伪造、出售伪造的增值税专用发票罪。

其中，前7个罪名，单位犯罪责任人员刑事责任的主刑部分与自然人犯罪是完全相同的，只是在单位犯罪中对单位判处罚金的同时，责任人员不再承担罚金。《刑法修正案（八)》删去《刑法》第205条、第206条中的死刑条款，使这两罪也与前7个罪名一样；余下3个罪名，对单位犯罪之责任人员除了没有规定罚金刑，也没有规定类似自然人犯罪时的加重法定刑档，其中高利转贷罪系新司法解释改变原解释罪量标准不一致的规定而归入此类。

3. 第三类——法定刑配置相同，罪量标准不同

涉及6个条文7个罪名，占5%。分别是：《刑法》第164条对非国家工作人员行贿罪［个人行贿数额1万元以上；单位20万元以上应追诉（《公安立案标准（二)》第11条)］；第176条非法吸收公众存款罪［个人吸收数额20万元以上，或对象30人以上，或直接经济损失10万元以上；单位相应数额分别为100万元以上、150人以上和50万以上（2011年《最

高人民法院关于审理非法集资刑事案件具体应用法律若干问题的解释》第3条)]；第192条集资诈骗罪［个人诈骗数额10万元以上；单位50万元以上(《非法集资解释》第5条)]；第194条票据诈骗罪，金融凭证诈骗罪［个人诈骗数额1万元以上；单位10万元以上(《公安立案标准(二)》第51条、第52条)]；第195条信用证诈骗罪；第391条对单位行贿罪［个人行贿数额10万元以上，单位20万元；或者个人行贿数额不满10万元+情节(略)，单位10万以上不满20万元+情节(2000年《最高人民检察院关于行贿罪立案标准的规定》第2条］。需要说明的是：

其一，《刑法修正案(八)》《刑法修正案(九)》取消票据诈骗罪、金融凭证诈骗罪、信用证诈骗罪和集资诈骗罪的死刑配置，同时单位犯这4个罪时单位责任人员的刑事责任都增加了并处罚金，从而实现了这4个罪名的自然人犯罪和单位犯罪时责任人员法定刑配置的趋同，4个罪名从下述第四类调整至此。[1]

其二，关于信用证诈骗罪。立法对该罪基本犯的成立并无罪量要求，不过根据2001年最高人民法院印发的《全国法院审理金融犯罪案件工作座谈会纪要》，对信用证诈骗罪的数额，可参照1996年《最高人民法院关于审理诈骗案件具体应用法律的若干问题的解释》(该解释已被废止)，即个人进行信用证诈骗数额在10万元以上的，属于“数额巨大”，数额在50万元以上的，属于“数额特别巨大”，单位相应数额分别为“50万元以上”和“250万元以上”，司法解释对该罪法定刑升格条件标准不同的规定，足见其区别对待自然人和单位主体的态度，故将其纳入此类。

4. 第四类——法定刑配置不同，罪量标准亦不同

涉及2个条文2个罪名，占1.4%。分别是：《刑法》第153条走私普通货物、物品罪和第198条保险诈骗罪。另外，还包括单位行贿罪和单位受贿罪2个纯正的单位犯罪。

---

[1] 当然，单位犯基本犯“可以并处罚金”之规定不同于自然人犯罪时的必罚制；且无明确罚金数额的规定也不同于自然犯时的相对确定罚金额的规定。

走私普通货物、物品罪。根据《刑法修正案（八）》和 2014 年两高《走私解释》，该罪自然人与单位之间法定刑配置（从“死刑 vs 10 年以上有期徒刑”到“无期徒刑 vs 10 年以上有期徒刑”）和罪量标准（从“5 万 vs 25 万”到“10 万 vs 20 万”）的界限都进一步缩小。

保险诈骗罪，在法定刑配置上，区别仅在于对单位犯罪责任人员没有规定罚金刑；而罪量方面的区别为个人诈骗数额 1 万元，单位 5 万元。

5. 第五类——混合型

此类仅有 225 条非法经营罪 1 个条文 1 个罪名，占 0.7%。特点是虽自然人和单位负责人的法定刑配置相同，但罪量标准却有一致的也有不同的，即视不同对象可归入第一类或第三类。

例如，根据 2010 年《公安立案标准（二）》第 79 条的规定，非法经营食盐、烟草专卖品、证券、期货、保险业务、外汇业务，非法从事资金支付结算业务，擅自经营国际电信业务或者港澳台电信业务进行营利活动等非法经营行为，自然人和单位主体适用同一罪量标准；[1] 而在出版、印刷、复制、发行严重危害社会秩序和扰乱市场秩序的非法出版物，非法从事出版物的出版、印刷、复制、发行业务以及其他非法经营活动的情形，同一司法解释确规定了不同的罪量标准。[2]

（二）分析、总结

综合以上归类，可以总结以下特点：

1. 同量同罚型（第一类）占据八成以上，并呈扩充趋势，属绝对的主

[1] 类似情形也见 2013 年 5 月 2 日《最高人民法院、最高人民检察院关于办理危害食品安全刑事案件适用法律若干问题的解释》第 11 条、第 19 条；2014 年 11 月 3 日《最高人民法院、最高人民检察院关于办理药品安全刑事案件适用法律若干问题的解释》第 7 条、第 13 条。

[2] 类似情形也见 2013 年 9 月 6 日《最高人民法院、最高人民检察院关于办理利用信息网络实施诽谤等刑事案件适用法律若干问题的解释》第 7 条；2014 年 3 月 14 日《最高人民法院、最高人民检察院、公安部、国安部关于依法办理非法生产销售使用“伪基站”设备案件的意见》第一（一）条；2014 年 3 月 26 日《最高人民法院、最高人民检察院、公安部关于办理利用赌博机开设赌场案件适用法律若干问题的意见》第 4 条。

流。这不仅与美、法、日等国法人犯罪立法相同，也符合我国正式批准的《联合国打击跨国有组织犯罪公约》之规定。[1] 也表明刑法在单位犯罪问题上坚持客观主义、法益主义的主流观念，但不足两成非同量同罚类型，也表明立法者、解释者立场的不彻底性。

2. 罪量相同型（第一、第二类）占九成以上，意味着九成以上的不纯正单位犯罪都不存在前文提到的两难境地。[2] 这意味着本书所探讨的难题不足一成，属极个别的情况，也意味着倘若解释者就极个别的问题作出普适性的适用解释，恐怕会得不偿失。

例如，1999 年《最高人民法院关于审理单位犯罪案件具体应用法律有关问题的解释》第 2 条，其设立是考虑到有些犯罪分子为规避法律的严厉制裁，在实施犯罪行为以前，采用欺骗等手段设立公司、企业，而后以该公司、企业的名义实施犯罪活动，其犯罪心理是即使案发后被追究刑事责任，所受到的刑罚处罚也不重。因而该解释规定对于为违法犯罪而设立的公司、企事业单位实施犯罪的，不以单位犯罪论处。[3] 但将这一立论基础适用于所有的单位犯罪，尤其是八成以上同量同罚型不纯正单位犯罪，反而导致为犯罪而设立公司的处罚还轻，本来是合法成立的公司反而处罚更重的不合理局面。[4]

3. 罪量不同型（第三、第四类）不足一成，全部源于司法解释。事实

---

[1] 《联合国打击跨国有组织犯罪公约》第 10 条第 3 款规定："法人责任不应影响实施此种犯罪的自然人的刑事责任。"即不能因为此种犯罪中追究了法人的责任而减轻或免除自然人的刑事责任。

[2] 同量不同罚（第二类）当然也存在自然人和单位责任人之间罪刑失衡的问题，但这一立法问题，非刑法解释学可能补救，唯有修法；况且第二类中有 3/4 属于自然人和单位责任人主刑规定相同，仅缺乏对责任人罚金刑规定的情形，考虑到罚金刑的附加刑地位以及单位已承担罚金的实情，失衡可谓"显著轻微"。

[3] 孙军工：《〈关于审理单位犯罪案件具体应用法律有关问题的解释〉的理解与适用》，载《刑事审判参考》1999 年第 3 期。

[4] 参见刘志洪、吴邲光：《对〈单位犯罪解释〉第二条的质疑》，载《法学杂志》2009 年第 3 期。美国《组织体量刑指南》明确对以犯罪为主要目的的法人，或主要靠犯罪手段运营的组织体，应判处足以剥夺其全部资产的罚金；《法国刑法典》第 131-39 条也规定："如法人之设立即是为实施犯罪行为，或者法人被转移经营目标而实施犯罪行为，其所犯重罪或轻罪对自然人可处 5 年以上监禁刑者，法人予以解散。"这些规定与我国只能以自然人犯罪处理的做法截然不同。

上，立法中不纯正的单位犯罪均采用“单位犯前款（本条、第 × 条）规定之罪的”立法模式，意味着前款（本条、第 × 条）自然人犯罪的罪状（包括罪量标准）都应适用于单位犯罪，也即单位与自然人主体适用相同的罪状条件。但最高司法机关却作了不同的解释，解释的合法有效性值得怀疑。“问题的出现，可以说的确是‘天下本无事，庸人自扰之’——纯粹是由司法解释自行造成的司法困惑。”[1] 司法解释的“庸人自扰”，使得立法法定刑配置相同的第三类毫无意义，使得法定刑配置不同的第四类雪上加霜。可见，导致罪刑失衡，罪量不同（较之法定刑配置差异）才是罪魁祸首。

4. 法定刑配置不同型（第二、第四类），单位犯罪的责任人员法定刑配置一律低于自然人犯罪，差异最小的是是否规定责任人员个人的罚金刑；而差异较大的是受贿罪的拘役到死刑与单位受贿罪责任人的至多 5 年有期徒刑；行贿罪的拘役至无期徒刑与单位行贿罪责任人的至多 5 年有期徒刑。倘若仅有是否课以个人罚金的差异，尚属刑责失衡“显著轻微”的话，那么，5 年有期徒刑与无期徒刑、死刑的差异，恐怕罪刑失衡现象就相当严重了。

5. 罪量不同型（第三、第四类），单位犯罪的罪量配置一律高于自然人犯罪，尤其在第四类法定刑配置与罪量规定均不同的类型中，法定刑配置自然人又一律高于单位责任人，这样使单位成为行为人犯罪的庇护所。单位犯罪成为律师为被告辩护的思路，成为司法机关平衡量刑轻重的一个重要情节。这与单位犯罪因“为了单位利益”而具有的肆意性、因主体合法而具有的隐蔽性、因实施的组织性或整体性而具有的严重破坏性等特征所决定的单位犯罪的社会危害性远比自然人犯罪的社会危害性更大的特质完全相左。[2] 这是特殊时代背景下长期集体主义惯性思维延续至今的产物。[3]

罪量不同的配置中，自然人与单位（责任人）的罪量标准，有的相差

---

[1] 于志刚：《法条竞合视野中数额犯入罪标准的统一化》，载《中国刑事法杂志》2010 年第 5 期。

[2] 参见林荫茂：《单位犯罪理念与实践的冲突》，载《政治与法律》2006 年第 2 期。

[3] 参见于志刚：《法条竞合视野中数额犯入罪标准的统一化》，载《中国刑事法杂志》2010 年第 5 期。

2倍（如走私普通货物物品罪、对单位行贿罪），有的相差3倍（如出版、发行非法出版物的非法经营罪），有的相差5倍（如集资诈骗罪、非法吸收公众存款罪），有的相差10倍（如从事其他非法经营活动的非法经营罪），有的甚至相差20倍（如对非国家工作人员行贿罪，行贿罪与单位行贿罪）。在这些数字中，不仅横向的此罪与彼罪之间，就是纵向的轻罪与重罪之间，都没有任何规律可循，这未免有解释随意性的嫌疑。

三、问题根源与治本之道

（一）同量同罚模式和学者的论证

如前文所言，问题根源在于：在不到两成的不纯正单位犯罪中，立法或司法解释赋予了自然人与单位责任人不同的法定刑配置或者自然人和单位犯罪成立的罪量标准不统一。立法法定性配置的不同，是轻纵单位犯罪；而司法解释罪量标准的不统一，则导致对单位犯罪的放纵。“解铃还须系铃人”，治本之道就是先治放纵，再疗轻纵，实现同量同罚模式。对此，学者也从不同角度给予了充分的论证：[1]

1. 从客观危害的角度：单位犯罪在规模上和对市场的冲击上都要远大于自然人犯罪；有组织的团体实施的犯罪所释放出的反社会的逆向能量或者说社会危害性较之一般共同犯罪还更严重；被害人权益应得到同等保护。

2. 从主观恶性的角度：自然人和单位内部成员实施相同犯罪，其主观恶性、人身危险性并无区别；单位犯罪的犯意产生源于单位的主管人员，

[1] 根据以下文献总结，恕不再逐一注明出处：蒋熙辉：《单位犯罪刑事责任探究与认定》，人民法院出版社2005年版，第219页以下；于志刚：《法条竞合视野中数额犯入罪标准的统一化》，载《中国刑事法杂志》2010年第5期；李继华：《单位犯罪的处罚标准和追诉标准质疑》，载《国家检察官学院学报》2010年第1期；郑洪广、郑蓉：《论单位经济犯罪案件的立案标准》，载《吉林公安高等专科学校学报》2009年第1期；罗猛：《单位犯罪责任平衡问题》，载《国家检察官学院学报》2008年第6期；田承春：《论单位犯罪处罚规定的缺陷及其完善》，载《四川师范大学学报》（社会科学版）2005年第1期；高翔等：《试析经济犯罪案件数额标准差异》，载《上海公安高等专科学校学报》2004年第6期；等等。

以单位犯罪的责任人员是执行单位意志从轻、减轻罪过的理由站不住脚；为单位利益还是为自己利益，不能成为对实施犯罪行为的责任人在相同数额情况下，比自然人处罚要轻的理由。

3. 从犯罪主体的角度：同样的行为仅因主体不同就区别设立入罪标准，且危害性较大的单位犯罪入罪标准反而高，这有违罪刑相适应原则；单位犯罪与自然人犯罪性质同一，两者间存在着特殊法与普通法的法条竞合关系，单位犯罪是自然人犯罪的特殊表现形式：单位犯罪条款本质上只是个特殊的量刑条款，而非定罪条款。即定罪条款任何时候都应当同一，只有量刑条款发生了实质变化。

4. 从司法解释合法性的角度：无视立法入罪问题上严格坚持同一标准的立场，人为地作出不同规定，司法解释的合法性值得质疑；有违罪刑法定精神。

5. 从司法解释适用弊端的角度：罪量标准不统一在单位和自然人共同犯罪的定罪量刑问题上遭遇困境；也造就了利用单位犯罪逃避处罚的法律漏洞。

6. 从域外经验和立法趋势的角度：自然人与单位之间标准同一符合当前世界主要国家的一般做法；新近司法解释的修正是一个明确的信号和解释思路的捋清。

（二）从单位犯罪归责原理的论证

以上理由言之凿凿，但仍然留有两个问题：其一，所谓法定刑配置相同，是自然人与单位犯罪之责任人员的处罚标准相同，还是自然人与单位整体责任（单位罚金＋责任人刑事责任）相同？[1] 其二，未见从单位犯罪

---

[1] 前者如李继华：《单位犯罪的处罚标准和追诉标准质疑》，载《国家检察官学院学报》2010 年第 1 期；彭凤莲：《从〈联合国打击跨国有组织犯罪公约〉看我国单位犯罪的立法趋势》，载《法学杂志》2008 年第 5 期等文。后者如田承春：《论单位犯罪处罚规定的缺陷及其完善》，载《四川师范大学学报》（社会科学版）2005 年第 1 期；林荫茂：《单位犯罪理念与实践的冲突》，载《政治与法律》2006 年第 2 期；薛进展：《论单位成员承担的刑事责任》，载《政治与法律》2001 年第 4 期等文。

基础理论切入的理由论证，不得不说是一大缺憾。单位犯罪中的矛盾与模糊，根源于单位刑事责任归责原理的严重分歧。没有单位犯罪归责理论的支撑，无论怎样都会多少给人一种隔靴搔痒、未切中要害的感觉；法定刑配置相同究竟是哪种意义上的相同，也同样依赖于单位犯罪归责基础问题上的厘清。

比较中外单位（法人）犯罪刑事责任的归责问题，最重要的区别是逻辑径路的差异：我国刑法理论遵从“从单位到责任人（自然人）”的分析径路，而西方国家则恰恰相反。这种差异不仅表现在立法上，也决定了单位犯罪不同的理论展开和争议点。

日本学者指出，对法人犯罪的积极或是谨慎态度，区别来源于实用主义刑法观与伦理性刑法观的对立。[1]“法人刑事责任赖以存在的并不是理性主义和理论逻辑的自洽性与合理性问题，而是功利主义、实证主义和现实的社会需求问题。”[2]因此，单位犯罪之于围绕自然人犯罪展开的刑法理论，犹如“器官移植”，不可能无缝对接，最小的排异反应才是衡量单位犯罪这场“移植手术”成败的标准。

根据域外“从责任人（自然人）到单位”的归责路径中，责任人对自己的行为承担刑事责任理所当然：在美国，法人代理人原则上要对他本人所实施的犯罪行为负刑事责任。[3]《模范刑法典》第 207 条第 6 款规定：“(a) 无论何人对于以法人或非法人团体之名义所为或为了其等或引起其等所为之行为，要负与以自己之名义或为了自己而为之行为同一责任。(b) 法律对于法人或非法人团体课以作为义务时，对履行义务负首要责任之法人或团体之机关，如因轻率而怠于为其作为义务时，需负与该法律直接课其履行其义务时同一法律上责任。(c) 基于法人或非法人团体之行为之法律上责任被认定有罪者，以自然人对于同等级之罪被认定有罪时能科

[1] 参见［日］西原春夫主编：《日本刑事法的形成与特色》，李海东等译，中国法律出版社、日本成文堂 1997 年版，第 394 页。

[2] 张克文：《拟制犯罪和拟制刑事责任》，载《法学研究》2009 年第 3 期。

[3] 黎宏：《单位刑事责任论》，清华大学出版社 2001 年版，第 34 页。

处之刑罚谕知之。”在日本，担任实务者本身一般系负遵守法令之义务，违反此义务则独立而成为犯罪之主体，其实行业务主体之行为，须以事实上该当违法行为为前提，首先确认其犯罪成立后，再对其业务主体之人或法人处以罚金刑，此乃两罚规定之基本见解。[1] 在法国，《法国刑法典》第121-2条也规定:“……法人负刑事责任不排除作为同一犯罪行为之一正犯或共犯的自然人的刑事责任。”某一自然人作为某一机关或法人的代表在履行职责中犯罪时，可以追究刑事责任，该自然人是个人受到追诉，不是因其“身份”而受到追诉。[2] 可见，单位犯罪的责任人是基于自己的行为而承担行为责任，与传统的自然人犯罪并无二致，亦即即便是单位犯罪，作为自然人的责任人刑事责任的归结依然是坚持传统的自然人犯罪的归责原则，恪守对所有的自然人（不论是一般自然人犯罪中的自然人还是作为单位犯罪责任人的自然人）归责原则的统一性。

在此基础上，单位本身承担刑事责任（单位罚金等）的归责根据就成为归责理论研究的真正焦点。传统观点坚持从单位内自然人的行为中寻找对单位归责的根据，如上级责任原理、同一视原理，将法人成员个人的犯罪行为视为单位行为，在追究成员个人刑事责任的基础上追究单位的刑事责任。而新近兴起的立场，尝试抛开法人内的自然人，直接根据法人自身制度、结构、政策、文化等组织体特征来认定法人自身管理过失和刑事责任的归责原则，[3] 如集体认识原理、企业组织体责任、法人文化论等。这些理论看似绕开了具体的单位成员，直接从组织体自身上寻找单位刑事责任的根据，但事实上，单位刑事责任的承担依然建立在具体成员的客观行为之上，只是不再以成员个人行为成立犯罪为条件，或者只是将单个成员行为集合考虑而已，诚如学者指出，传统观点是将法人成员个体行为（犯罪

---

[1] ［日］川端博:《刑法总论二十五讲》，余振华译，中国政法大学出版社2003年版，第13页。

[2] ［法］卡斯东·斯特法尼等:《法国刑法总论精义》，罗结珍译，中国政法大学出版社1998年版，第287页。

[3] See Eli Lederman, Models for Imposing Corporate Criminal Liability: Form Adaptation and Imitation Toward Aggregation and the Search for Self-Identity, 4 Buff. Crim. L. Rev. 641 (2000).

行为）转换为法人的犯罪行为，而新近观点则是将法人成员整体行为（非罪或犯罪行为）转换为法人犯罪行为；[1] 本体责任模式（即组织体责任模式——引者注），仍然是根据法人高级管理人、雇员或代理人的行为或认识，来认定法人罪过，这种归责模式实际上依然类似于同一视原则，只是其判断依据不在于具体个人及其具体行为，而在于较为宏观、抽象的法人制度或文化。[2] 因此，法人刑事责任的基础，不可能离开对成员行为的“拟制”，无论法人如何“实在化”，也不可能在刑事法领域取得与自然人同等的统一对待。建立在自然人行为基础上“拟制性”的法人刑事责任“一方面坚持近代形成的、以规制自然人犯罪行为为目的的传统刑法理论；另一方面，又力求根据时代要求，对现代社会法人活动进行力所能及的控制，并根据时代不同，实施不同对应方法”。“在法人犯罪问题上，处罚法人并非刑法理论的理论归结，而是刑事政策的要求，方便有效抑制法人危害行为的功利要求的体现。”[3] 正因如此，“拟制的”法人刑事责任总免不了会与“禁止二重处罚”“罪刑自负”等传统归责原则有抵触之嫌。[4]

反观我国“从单位到责任人（自然人）”的归责路径。从“法人实在说”出发，[5] 单位被视为与自然人等同的犯罪主体，单位犯罪是单位自己犯罪，不是自然人以单位名义犯罪，单位有独立的单位行为，有整体性的单位意志，单位犯罪单位承担刑事责任理所应当。因此，理论重心就放在单位的责任人员为何因单位自己的犯罪而承担刑事责任的归责原理上，即双

[1] 参见叶良芳:《论单位犯罪的形态结构》，载《中国法学》2008 年第 6 期。

[2] 张克文:《拟制犯罪和拟制刑事责任》，载《法学研究》2009 年第 3 期。

[3] 黎宏:《单位刑事责任论》，清华大学出版社 2001 年版，第 142—143 页。

[4] 单位犯罪的另一理论缺陷就是“罪及无辜”的严重后果，随着法人的做大做强，这一恶果已严重到足以冲击和否定法人刑事责任根基的程度。2001 年安然事件的阵痛和影响便是明证［See Kathleen F. Brickey, Enron's Legacy, 8 Buff. Crim. L. Rev. 225 (2004)］。但只要承认单位犯罪、要求单位承担罚金等刑罚，无论哪种单位犯罪理论都无法彻底摆脱这一困境。也有学者认为，这里并不存在“罪及无辜”，这与刑罚自然人影响到其亲属的生活没有两样（参见石磊:《单位犯罪关系论》，山东大学出版社 2005 年版，第 11 页注①）。

[5] 事实上，法人本质的拟制说与实在说之争，与承认单位犯罪没有必要联系（参见黎宏:《单位刑事责任论》，清华大学出版社 2001 年版，第 208—209 页）。

罚制或单罚制中责任人员承担刑事责任的根据，对此，学界形成“人格化社会系统责任论”“双层机制论”“一个单位犯罪，两个犯罪构成论”“整体责任论”“双重性论”“连带责任论”“复合主体论”“新复合主体论”“单位成员从属性与独立性论”“自然人非犯罪主体论”“一体化论”等各式观点五花八门。这个在国外根本不成问题的问题，却在我国大费周折，而在单位自身的刑事责任承担问题上，我国理论界也同样必须借助类似“同一视”等理论，将单位成员的行为和罪过“拟制”为单位行为和单位罪过。换言之，我国的单位犯罪理论，不仅重复着前述国外“拟制”责任的“抵触之嫌”，而且还平添了新的关于责任人责任承担的理论争执。更甚者，司法实践对理论研究似乎根本不买账。[1]如此繁琐费劲又不讨好的理论研究，的确值得反思。

当然，也不可盲目地崇洋媚外，倘若我国理论界的思考的确能更合理地解说单位犯罪原理，再繁琐也是值得的。因此，有必要对上揭各式观点加以评议。纵观上揭各式观点，大体上可以分为两类：一类主张单位犯罪两个犯罪主体论。例如，“人格化社会系统责任论”主张，法人是人格化的社会系统，法人刑事责任就是人格化社会系统的刑事责任。法人犯罪中，实际是一个犯罪（法人整体犯罪），两个犯罪主体（法人和作为法人构成要素的自然人）和两个刑罚主体（两罚制）或者一个刑罚主体（单罚制）。[2]论者借鉴企业组织体责任论，从单位自身探寻单位归责，但也依然坚持“从单位到责任人（自然人）”的逻辑路径，在承认两个主体的同时，又将责任人视为单位的构成要素，责任人的刑事责任从属于单位，这等于又否定了单位成员的独立主体地位，回到一个主体论的老路。同属两个主体论的“双层机制论”“一个单位犯罪，两个犯罪构成论”等主张，前者视单位为表层结构，决策执行者个人为深层结构的两层次；[3]后者则强调，在单位

[1] 参见杨国章：《繁荣与困惑——单位犯罪研究30年的回顾与反思》，载《北京政法职业学院学报》2008年第3期；林荫茂：《单位犯罪理念与实践的冲突》，载《政治与法律》2006年第2期。

[2] 何秉松主编：《法人犯罪与刑事责任》，中国法制出版社2000年版，第485—486页。

[3] 参见卜维义：《法人犯罪及其双层机制与两罚制》，载《经济与法》1991年第6期。

犯罪场合存在单位和自然人两个犯罪构成。[1] 但不论是两层次还是两构成，客观存在的行为只有一个，即责任人为单位利益实施的行为。因此，两层次或者两构成中一定有一个层次、一个构成是虚假的、拟制的。如果认为单位主体、单位自身行为和单位意志是客观实在的，那么，就同样是回到了一个主体论（单位主体）的老路；如果承认责任人（自然人）的行为和意志的客观实在性，那么，单位自身行为、单位意志和单位刑责就是“拟制”的，这倒与国外理论较为接近。

另一类则明确主张单位犯罪一个主体论：认为单位是单位犯罪的主体，有自身独立的行为和整体意志，责任人作为单位有机组成部分而承担刑事责任。其中，“整体责任论”主张，责任人承担的刑事责任实际是单位整体刑事责任的分担，与单位罚金共同构成单位本身刑事责任的整体。可是，一方面，让组成部分承担单位自身的刑事责任，不仅违背“犯罪主体与受刑主体相一致”的归责原则，而且，“有血有肉的自然人只是作为法人这架机器的一个零件而存在，恐怕与强调人权的时代潮流相悖”[2]。另一方面，分担的观点难以解说我国刑法中规定的、与国际接轨的、占八成以上的同量同罚的单位犯罪立法模式；难以解释在单位主体消亡后，责任人的刑事责任承担问题；如果承认单罚制单位犯罪的话，不处罚犯罪主体本身，转而仅处罚作为组成部分的责任人，其合理性何在。

正因如此，就有学者主张作为单位组成部分的责任人是从属性与独立性的统一（双重性、单位成员从属性与独立性论）：所谓从属性，即责任人员的意志不能脱离所属法人而存在，必须体现法人特性，否则，法人对其“以法人名义，为法人利益”实施的行为不承担责任；所谓独立性，即责任人员意志又并非完全受动于法人，具有相对独立性，其以独立人格参与社会实践，有选择合法行为的自由，其积极决策或执行法人犯罪，因而应当对自己的行为负责。可见，单位中自然人负刑事责任的根据是因为基

[1] 参见刘骁军：《一个单位犯罪、两个犯罪构成》，载《政治与法律》2001 年第 1 期。

[2] 卢林：《公司犯罪论》，法律出版社 2010 年版，第 70 页。

于自己的自由意志，选择实施了犯罪行为而应受伦理谴责。[1]

可是，其一，既然责任人是基于自己行为和意志承担刑事责任，那与一般自然人归责并没有两样；从属性的意义在于将责任人行为实现对法人的归属，这与一般的有组织犯罪同样无异；既然如此，双重特征就不足以作为否定责任人犯罪主体地位、驳斥“有违犯罪主体与受刑主体统一原则”观点的充分理由。

其二，“从属性与独立性的统一”的论证中也存在矛盾。例如，依据从属性，既然单位成员从属于单位，责任人员的行为归属于单位，具有单位行为性质，已经不是作为自然人行为而存在，责任人员的责任只是其作为单位犯罪主体组成部分对单位整体责任的分担，这表明，从属性已经为责任人员承担刑事责任奠定了基础，而独立性充其量只是补强或者说明意义而已，也即独立性应当是从属于从属性的独立性。既然如此，这样的独立性特征又怎么能够证成“单位实施刑法没有规定为单位犯罪的危害行为的，直接追究责任人员刑事责任”的结论呢？[2]显然，论者为证成这一结论，已经在不经意间偷换了“独立性”这一概念。[3]再如，有论者认为，单位与其内部成员是从属性与独立性相统一的两重性，内部结构上是一种包容竞合关系：公司成员实施为公司谋利的行为，该行为被评价为公司行

---

[1] 参见向朝阳、周长军:《法人犯罪案件中责任人员的罪责根据新论》，载杨春洗、高格主编:《我国当前经济犯罪研究》，北京大学出版社 1996 年版，第 677 页。类似观点也见石磊:《单位犯罪关系论》，山东大学出版社 2005 年版，第 18 页以下；卢林:《公司犯罪论》，法律出版社 2010 年版，第 77 页以下。

[2] 参见石磊:《单位犯罪关系论》，山东大学出版社 2005 年版，第 19—20 页。

[3] 同样主张依附性和独立性的“新复合主体论”就反对上述结论。新复合主体论认为：直接责任人员相对于单位的依附性和独立性。首先，直接责任人员行为包容于单位行为，对直接责任人员追究刑事责任有赖于单位犯罪的成立，如果单位行为不能构成犯罪，责任人员的行为不能以犯罪论处。据此，当刑法规定某种犯罪的主体只能是自然人，而单位集体实施该行为时，不能追究其中自然人的刑事责任。其次，直接责任人员在单位构成犯罪的条件下，其刑事责任可以独立于单位。因此，单罚制单位犯罪，法院可以对未作为单位犯罪起诉以及单位被依法注销的单位犯罪案件，依法以单位犯罪追究责任人员的刑事责任（参见熊选国、牛克乾:《试论单位犯罪的主体结构——“新复合主体论”之提倡》，载《法学研究》2003 年第 4 期）。不过，这一观点，回避而不是解决了从单位犯罪行为发生机制上论证单位归责原理的争论。

为，表明内部自然人的行为成立公司犯罪，这时自然人行为和意志与公司犯罪行为和意志重合，导致自然人刑事责任与公司刑事责任重合；公司内自然人也有独立性一面，当其为自己利益，假以公司名义的行为，应当认定为自然人自己的犯罪行为和意志，导致自然人刑事责任与公司刑事责任分离。同时又认为，基于刑事政策考虑，当注重责任人对公司的从属性时，一般采单罚公司制；当注重责任人对公司的独立性时，一般采单罚责任人制；当同时注重责任人对公司的从属性和独立性时，采双罚制。[1]这种从属性与独立性的表述值得商榷。既然单位犯罪是当自然人行为和意志与单位行为和意志重合时，而单罚制与双罚制都是单位犯罪的处罚原则，那么，用于说明单罚制、双罚制等处罚原则的独立性、从属性概念，也应该是在这一重合范围内的概念，这与论者关于“独立性”阐述的概念所指显然不在同一范围；况且，既然认定单位犯罪是一个单位主体、单位自身行为和单位独立的整体意志，那么，无论如何都没有理由抛开成员的从属性，单独用独立性来解释单位犯罪的刑事责任承担方式。可见，“独立性”总在不经意间被偷换概念，成为“万能钥匙”，被用来解读所有、甚至是完全相反的现象。

其三，诚如学者所言，人格的独立性和从属性是对立冲突的，如何能在同一法律主体身上同时体现？主张单位才是单位犯罪的主体，但又在不同程度上认为作为单位构成要素的单位成员具有一定独立性，单位这一主体不能完全吸纳、消弭单位成员的主体资格，这等于又承认了成员与单位并列的犯罪主体。[2]

综上，不论是两个主体论还是一个主体论，在单位犯罪主体个数上，都难以贯彻到底。其根本原因就在于共同的“从单位到自然人”的逻辑径路。我国传统的“从单位到责任人（自然人)”径路下的单位犯罪归责理论，试图照搬自然人刑事责任归责方法解读单位犯罪，这样原本从单位成

---

[1] 参见卢林：《公司犯罪论》，法律出版社 2010 年版，第 77、129、208 页。

[2] 叶良芳：《论单位犯罪的形态结构》，载《中国法学》2008 年第 6 期。

员行为“拟制”而来的单位行为和单位意志，被当作“实在”的单位行为和单位意志，而原本“客观实在”的单位成员则被作为单位主体的组成部分，不是因为实在的自身个人行为（因为“实在”已经赋予单位），而是因为单位行为（或者说把“拟制的”单位行为再“拟制”成个人行为），而承担刑事责任。这样，不仅在单位自身的归责问题上遭遇着域外刑法所遭受的相同困境，而且更大的恶果是借由单位犯罪理论，确定了一套与一般自然人归责原则不同的、针对同样是自然人的单位责任人的归责体系，真可谓得不偿失。

两害相权取其轻。功利的、社会责任浓烈的单位犯罪不可能在理性的、伦理责任积淀的传统刑法体系中完全兼容，如此，应当如何引入并展开单位犯罪理论？在坚持统一刑法典模式的前提下，我们难以效仿德日模式，以行政刑法的方式对单位犯罪特别立法，因此，选择最小排异的植入方式，应当是单位犯罪理论引入和展开的首选。无论是从成员行为拟制的角度还是从组织体自身的视角去探寻单位本身刑事责任的根据，选择“从责任人到单位”还是“从单位到责任人”的逻辑径路乃是不能绕开的前提基础。[1]

在笔者看来，通过上文关于两种逻辑路径的介绍和比较，选择“从责

[1] 即便是从规范证明或者人格责任的新兴视角来思考单位犯罪的归责根据问题，只要归责前提是客观实在的自然人实施的行为，就绕不开是遵从“从自然人到单位”还是“从单位到自然人”的逻辑径路前提这一问题（规范的双重证明理论，可参见冯军：《新刑法中的单位犯罪》，载高铭暄、赵秉志主编：《中日经济犯罪比较研究》，法律出版社 2005 年版，第 48 页以下；单位犯罪人格刑事责任构建，可参见杜文俊：《单位人格刑事责任研究》，黑龙江人民出版社 2008 年版，第 113 页以下）。

任人（自然人）到单位”的逻辑径路应当是我们的首选。[1][2] 在这一逻辑径路下，责任人依然是对个人（共同）的行为负责，与一般自然人犯罪归责并无二致。其特殊性在于客观上的职务（职位）性和主观上的为单位利益（为公性）。职务性与为公性的实质条件与法定性的形式条件相结合，共同实现责任人行为对单位自身刑事责任（单位罚金）的归属（拟制）；而对责任人个人而言，主客观上的特殊性可以成为其责任减免的事由；但这种特殊性显然尚不足以成为设置一个与一般自然人犯罪不同的构成要件标准（主要指罪量标准）和法定刑配置的充分理由。由此可见，单位与自然

[1] 笔者不能赞同有的学者基于我国学界从单位组织体自身探讨单位归责的立场，而认为我国单位犯罪理论研究超前的看法（参见杨国章:《繁荣与困惑——单位犯罪研究 30 年的回顾与反思》，载《北京政法职业学院学报》2008 年第 3 期；罗猛:《单位犯罪责任平衡问题》，载《国家检察官学院学报》2008 年第 6 期）。因为，如果没有看到“从自然人到单位”或是“从单位到自然人”逻辑径路上的差异，将我国理论或立法形式上将单位作为独立的人格主体、犯罪主体，从单位本身探究单位刑事责任的归责做法，与国外新兴的组织体责任论相提并论，显然是没有类比可能性的。

应当说，近年来依照“从自然人到单位”的逻辑径路反思单位犯罪的观点逐渐有力，突出表现在“单位犯罪否定论”的回归、“拟制犯罪和拟制刑事责任”“单位与单位成员责任分离论”“单位与自然人犯罪法条竞合论”等观点的提出（参见董玉庭:《论单位实施非单位犯罪问题》，载《环球法律评论》2006 年第 6 期；朱建华:《单位犯罪主体之质疑》，载《现代法学》2008 年第 1 期；张克文:《拟制犯罪和拟制刑事责任》，载《法学研究》2009 年第 3 期；叶良芳:《论单位犯罪的形态结构》，载《中国法学》2008 年第 6 期；于志刚:《单位犯罪与自然人犯罪》，载《政法论坛》2008 年第 6 期；等等）。

[2] 或许，“从单位到责任人”的逻辑径路，与传统的中国儒家社会认识论存有某种关联。公司实体的法律人格乃是现代西方法律思想中的一个难解之谜，这是因为我们生活在一个碰巧根据具体个人来进行思考的法律体系中［See generally John Dewey, “The Historic Background of Corporate Legal Personality” ,Yale Law Journal 35, no. 6 (April 1926): 655-673］；但在儒家社会认识论中家族乃是最基本、最真实、最自然的单位，在许多方面，家族便是儒家的“自然人”，正如个人乃是现代西方法律体系的“自然人”一般。鉴于存在不同的基础性假定，传统的中国法并不需要借助法学的魔力来改变集体，以使其合法和“真实”。相反，中国人的亲属关系赖以建基的不可分割的父系家族制，使得法人人格成为一种规范性的理想，而个人人格则成为一种反常（［美］络德睦（Teemu Ruskola）:《法律东方主义：中国、美国与现代法》，魏磊杰译，中国政法大学出版社 2016 年版，第 84—85 页。该书作者详细对比论证了中国传统“家族”与西方现代“公司”之间的诸多相似性，详见络德睦书第三章）。如果受到这种认识论的影响，“单位（自身的责任）”自然是无须证明的合法而真实的存在，“单位责任人（的个人责任）”反倒成了反常，成了必须证明的难题。

人犯罪的同量同罚模式应当是“从自然人到单位”逻辑径路下单位犯罪归责理论的必然结果；并且，“同罚”也应当是“单位责任人员刑事责任＝一般自然人刑事责任”，而非“自然人刑事责任＝单位罚金＋单位责任人刑事责任”这种意义上的“同罚”。治本之道（即自然人与单位犯罪同量同罚模式）可以得到单位犯罪归责基础理论的有力支撑。[1]

四、规范视野与应用方案

远水解不了近渴，治本之道——同量同罚模式实际上就是要求修法改释，这不仅不是朝夕所能及的，而且也不能算是刑法解释学应有的立场，燃眉之急需要在现有的规范条件下，给出切实可行的解决方案。[2]

---

[1] 还有一个问题是，我国现行单位犯罪立法是否是主张“从自然人到单位”逻辑径路的障碍？我国刑法规定：“公司、企业……实施的行为”“单位犯本罪”，这意味着在立法上明确了单位的主体地位，与国外法人犯罪立法中普遍的“单位成员实施行为”的表述不同，这也成为传统的“从单位到自然人”径路的重要论据（参见黎宏：《单位刑事责任论》，清华大学出版社 2001 年版，第 244、280 页；石磊：《单位犯罪关系论》，山东大学出版社 2005 年版，第 16—17 页；卢林：《公司犯罪论》，法律出版社 2010 年版，第 73、113 页）。

在笔者看来，我国刑法现行规定同样可以成为“从自然人到单位”径路的立法依托。单位犯罪是形式与实质的统一，形式上，单位是与自然人相区别的主体；实质则是指单位犯罪的发生机制，单位是通过自然人形成意志，通过自然人活动将意志转化为现实。事实上，中外立法规定都同时体现了这两个特征，只是侧重点不同而已。外国法中，“单位成员实施”体现了实质面，而刑法总则中类似“法典中的‘人’是指一切自然人及有关之法人或非法人团体”的规定则体现了形式面；中国法中，“单位实施”体现了形式面，而实质面则体现在单位犯罪的体系安排上，即将单位犯罪置于共同犯罪之后独立成节，试想如果没有单位犯罪的实质面特征，怎么可能将其视为一种特殊的犯罪形态，独立成节。因此，中国法中的单位犯罪规定同样关注到单位犯罪的实质面，不能被表面易见的形式规定遮蔽了眼睛。中国法下，坚持“从自然人到单位”同样可以得到立法的支撑。

[2] 尽管从统计上看，异量异罚模式不足两成，但根据上海地区的一项调查统计，从 1998 年 1 月到 2002 年 10 月，仅走私普通货物、物品罪一个罪名，就占据单位犯罪的 16%，足见问题的迫切性（参见《单位犯罪研究》课题组：《上海法院系统审理单位犯罪情况调查》，载《华东刑事司法评论》第 4 卷，第 277 页）。

（一）否定说及其论证

解决问题之前，有必要就单位犯罪法定性的另一个问题，即单位实行纯正的自然人犯罪，能否直接以自然人犯罪处理的问题（以下以“单位盗窃”代为论述）表明立场。对此，学界有肯定说与否定说之争，而且双方都从《刑法》第30条中找到依据。[1] 司法解释的态度也模棱两可：在单位盗窃、单位拒不执行判决、裁定等问题上似乎持肯定说，而对单位贷款诈骗又投了否定票（以合同诈骗罪论处）。[2] 按照“从自然人到单位”的单位犯罪归责径路，笔者赞同肯定说。因为行为首先是单位成员（自然人）的实行行为，行为责任自然应当由该自然人承担，若成员行为要拟制为单位行为、对单位归责，不仅需要为单位利益、以单位名义等实质条件，而且需要法定性的形式条件，如果立法没有归责单位的明确规定（即不具备法定性），行为缺乏归责单位的形式条件，表明立法否定将该类型的行为拟制为单位行为、归责于单位，但拟制不能，并不影响实在的自然人的行为和意志，行为评价因缺乏“单位犯罪的抑制”而停止在自然人犯罪阶段，以自然人犯罪追究责任人的行为责任应当肯定。

那么，单位责任人为单位利益实施不纯正的单位犯罪，罪量介于单位主体与自然人主体罪量标准之间时，能否以自然人犯罪处理的问题（以下以“单位不足额走私”代为论述），是否也应持肯定说？对此，肯定说并未正面回答，不过根据肯定说的各式观点[3]，在这一问题上也得出肯定结论，

---

[1] 参见董玉庭：《论单位实施非单位犯罪问题》，载《环球法律评论》2006年第6期。

[2] 这并不能表明司法解释的态度倾向于肯定说，不仅是因为统计基数太小的缘故，更重要的是持肯定说的司法解释，实际上都提高了对单位责任人以自然人犯罪处理的罪量标准，这暗合了解释者区别对待单位与自然人犯罪标准的思想，可以想象，倘若也像单位贷款诈骗那样能够找到一个规定了单位犯罪的普通法条（合同诈骗罪），解释者还会作出肯定的解释吗？

[3] 有学者将肯定说分为自然人犯罪说、单位替代责任说、修正犯罪构成说、特殊法条竞合说和单位与单位成员责任分离说五种观点（参见利子平、周建达：《单位实施纯正自然人犯罪的司法尴尬与立法解脱》，载《当代法学》2009年第5期）。

至少在论理逻辑上是没有障碍的。[1]但笔者并不赞同在这一问题上也持肯定说。

如此主张的根本原因在于“单位盗窃”与“单位不足额走私”两类情状在结构上的差异。二者同样都不成立单位犯罪，但原因却截然不同：前者是因为缺乏“法定性”的形式条件，使得某种行为（哪怕是为单位利益）不能归责于单位（即常说的单位不能实施盗窃行为）；而后者则是虽然同时具备实质条件和形式条件，可以实现行为对单位的归属（即常说的单位和自然人都可以实施走私行为），但因为行为程度未达到法定标准，而不能以单位犯罪追究刑事责任。前者是行为类型的不能，后者则是行为程度的不足。这正是罪体要素与罪量要素不同的价值蕴含。

罪体相当于犯罪构成的客观要件，表明行为侵害法益的质；罪量则是表明行为法益侵害程度的数量要件。[2]罪体要素表征个罪行为的类型化，是从横向、此罪彼罪类型相区分意义上作为犯罪成立要件的；行为类型也意味着公权力界域的限定，这是罪刑法定的基本要求。罪体要素的这一属性与“从自然人到单位”的单位犯罪归责原理相结合，即可推导出对“单位盗窃”问题持肯定说的结论。

而罪量要素作为犯罪构成要件要素，是在行为类型（罪体）确定的基础上，从纵向、轻罪重罪（罪与违法）程度区别意义上决定犯罪成立与否，实际上是对不同程度的同类行为的公权力处置上的分工。这也表明“罪量要素与罪体、罪责并非是处于同一层次的可并列的要素”[3]。这种差异使得

[1] 持肯定说的张明楷教授，在讨论法条竞合的诈骗罪与金融诈骗罪时，主张行为人实施金融诈骗行为，主观上没有打算骗取金融诈骗罪要求的数额较大的财物，客观上所骗取财产数额未达金融诈骗罪定罪标准，但达到普通诈骗罪标准，应认定为普通诈骗罪（参见张明楷：《诈骗罪与金融诈骗罪研究》，清华大学出版社2006年版，第343页）。考虑到学界存在着站在法条竞合立场分析单位犯罪与自然人犯罪关系的观点（即特殊法条竞合说），多少说明两个问题实际上具有一定的相似性。当然这还不足以断定张明楷教授在本问题上的态度。

[2] 参见陈兴良：《作为犯罪构成要件的罪量要素：立足于中国刑法的探讨》，载《环球法律评论》2003年秋季号。

[3] 付立庆：《犯罪构成理论：比较研究与路径选择》，法律出版社2010年版，第113页。

当罪量因素遭遇单位犯罪归责理论时，会擦出别样的火花。

依据“从自然人到单位”的逻辑径路，首先，是单位责任人实施的为单位利益的实行行为，行为人应当对自己的行为承担行为责任，倘若分则条文对该行为的罪状描述没有规定单位犯罪，行为评价止于自然人犯罪；倘若具备单位犯罪“法定性”的形式条件，则与“为单位利益”等实质条件相结合，共同决定将该自然人行为“拟制”为单位行为，此时还尚未考虑罪量因素，道理很简单：是不是单位走私是由行为性质（罪体）决定的，与罪量无关，显然不能说走私逃税20万元以上的是单位走私，不足20万的就不是单位走私吧。深层次的原因则是罪体要素之公权力界限意义与罪量要素的公权力分工意义的不同：前者决定某类行为不能对单位归责，公权力不得介入；后者则是公权力介入之后具体由谁管、如何管的问题。

其次，当自然人行为同时具备实质和形式两个条件后，对于单位，可实现对单位本身的归责；而对于行为人，其行为依然是自己的行为，行为人的责任依然是行为责任，不过“拟制为单位行为”的特殊性，却使得该行为（在走私普通货物、物品等个别罪中）得到了立法或司法解释的特殊对待，即立法中单位犯罪之责任人员处罚的特别条款和司法解释中单位犯罪成立的特殊罪量规定。根据特别法优于普通法的原则，对单位自身的归责以及对责任人行为责任的归责，都应当适用特别法（条款）——单位犯罪处罚（单位罚金与单位责任人员刑事责任）条款。换言之，在确定单位犯罪性质之后，也就完成了法律适用标准的选择。以走私普通货物、物品罪为例，首先呈现在眼前的客观事实是某自然人的走私行为，之后，我们再判断该行为是否体现单位意志、是否为单位利益，如果是，加上刑法“单位犯本罪”的规定，该走私行为得以“拟制”为单位走私，此时，对单位及该自然人（即责任人员）追究刑事责任的条件和标准，就都应当适用刑法单位犯罪的特别条款。此时依然还没有考虑罪量要素。这就好比自然人犯罪，在确定了行为性质、可能选择适用的具体条款之后，行为程度如何，是刑罚还是治安罚还尚未判断。只不过，因为单位犯罪的“拟制性”特征，使我们在行为性质的判断上多了一道“法定性”尺度，就好比对犯罪的自然人先确定了一下年龄。

最后，再根据特别法（单位犯罪条款）的罪量要素来决定犯罪的成立和刑罚的适用。必须再次强调的是，责任人归责还是因为自己的行为，承担的依然是行为责任，只是因为行为“拟制”的特殊意义，使得其适用特别法的罪量标准。当罪量没有达到特别法（条款）的定罪标准时，不能追究单位本身的罚金，也不能追究责任人的行为责任，只能考虑行政罚的可能，绝不可能再返回到第一层次以自然人犯罪追究刑事责任。因为，域外刑法多采仅定性的行为类型模式，刑事司法不会因为行为轻微而出刑罚入行政罚，这意味着无罪即不违法。不论是因为行为类型不符合还是因为行为程度轻微，都是在公权力界限意义上的无罪（不违法）理由，二者功能是相同的。但在我国“刑事制裁 + 行政制裁”二元惩治模式下，刑法采定性 + 定量的“行为类型 + 行为程度”模式，同一性质的行为可能因程度不同而出入刑罚或行政罚，这样，无罪就有两层含义：一是，当行为类型不符合时，是指行为“不违法”（不考虑某种行为只有行政罚，没有刑罚规定的情况）；二是，当行为程度未达到时，虽不为罪，但却是一般违法。可见，行为类型和行为程度对公权力的意义、所得出的无罪结论在我国模式下发生了分离——行为类型决定公权力的界限，行为程度决定公权力的分工（功能重合的情况只可能是在“最低违法程度”判断时）。这一分离决定了认定行为性质和行为程度的逻辑位阶性与相互独立性；即不能用行为程度及其公权力分工意义来影响、改变或者前置于行为性质及其公权力界限意义，只能在确定行为性质之后，再根据行为程度实现公权力的内部分工。因此，在确定单位走私性质后，逃税数额只能起到是构成犯罪、启动刑事罚还是属于一般违法、启动行政罚的分工意义。否则，势必打破二元惩治模式，使行政制裁无处容身。[1]

[1] 事实上在我国，舶来的刑法理论大多没有注意到这种立法模式、制裁体系的差异，将罪量问题也用罪体原理来解决，难免造成一些似是而非的错误；舶来理论在域外的适用条件相当于中国的“犯罪 + 一般违法”的“大犯罪”环境，理论的合理适用需要理论和立法两方面的调适。

（二）观点与论证的拓展运用

了解了罪量要素的特质和价值，并坚持“从自然人到单位”路径下的单位犯罪归责原理，围绕单位犯罪的诸多争议问题就可以厘清。

例如，单位撤销、注销或破产后的刑事责任承担问题。单位撤销、破产如同自然人死亡，主体消亡，刑事责任消灭。但对责任人承担刑事责任则是理所应当的，因为责任人是因为自己行为和意志承担的行为责任，只是这一行为具有“可拟制”的特殊性，而产生适用特别法的法律效果。因此，责任人刑事责任的构成和轻重标准应当依据“单位犯罪责任人”特别法来认定。同时，对于在刑事诉讼程序中单位未被起诉或单位不到庭的情况，也不会存在任何对责任人刑事责任追究的理论障碍。

又如，同一自然人同时或者先后在不同单位任职时实施单位犯罪行为，但在任何一个单位其行为罪量都未达单位犯罪的标准，或者有的达到、有的未达到的情况，当如何处置？[1]对此，首先，对于两个或两个以上的单位，只要排除共同犯罪或者其他足以认定为同一主体的充分理由，就应当承认其各自独立的人格主体，应当各自对本单位行为的罪量负责，达到罪量标准的承担单位罚金，未达到的依法给予行政处罚。而对于责任人，虽然应当适用“单位犯罪”特殊法的罪量标准，但因为责任人的刑事责任依然是行为责任，因此对于行为人的（可拟制为单位行为的）多次走私行为，应当数额累计计算处理。

此外，对于单位与自然人共同犯罪，罪量介于单位犯罪与自然人犯罪的罪量标准之间时，也同样可以依据单位犯罪“从自然人到单位”的逻辑径路以及罪量要素价值面的特性，妥善解决（本章下一节详述）。

五、小结

我国刑事立法、司法解释针对某些个罪的自然人主体与单位主体规

[1] 相关争议，详见王飞跃：《刑法中的累计处罚制度》，法律出版社 2010 年版，第 183 页以下。

定了不同的犯罪成立罪量标准或者配置了不同的法定刑（异量异罚）。这种立法现象，直接导致“单位责任人为单位利益、以单位名义实施行为，当罪量介于单位罪量标准与自然人罪量标准之间时，能否直接以自然人犯罪处置”这一关涉单位犯罪法定性特征的实务难题。尽管从统计上观察，造成这种疑难的“罪量相异现象”所占比例不高，但从实践案发上看，该疑难问题的合理解决却具有迫切的实践指导意义（主要是针对走私普通货物、物品罪而言）。从长远上看，解决该疑难问题的治本之道是统一自然人主体与单位主体罪量标准的同量同罚模式，这也是“从自然人到单位”逻辑径路下的单位犯罪归责理论的必然结果；而在刑法解释学视野下，则应当持否定说（不得转以自然人犯罪处理）。原因在于罪量要素价值面的特殊性，即罪量要素之于犯罪构成是纵向的、罪行轻重程度、公权力分工意义上的犯罪成立标准，这不同于罪体要素横向的、彼罪此罪性质、公权力界限意义上的犯罪成立要素的价值。罪量要素这一特质与“从自然人到单位”的单位归责路径相结合，不仅可以较合理地推导出否定说的结论，并且对于异量异罚模式下的个罪，也可以合理地解决单位撤销、注销或破产后的责任人刑事责任的承担；同一自然人在不同单位任职，以单位名义、为单位利益实施行为的责任承担以及自然人与单位共同犯罪的处置等单位犯罪中与罪量要素相关的疑难问题。

第二节　罪量要素的价值属性在共犯中的运用

一、问题的提出

例 1：自然人甲与某单位乙伙同走私汽车，偷逃应缴关税 18 万元。

例 2：甲邀约乙为自己的盗窃行为望风，乙同意并按约定地点为甲望风，甲盗得价值 300 元的手表一只，正欲离开时被丙发现，甲当场使用暴力将丙打倒逃离，乙对此一无所知。

例 3：李某系电工，2000 年 1 月至 12 月，李某利用自己电工技术，先后帮助20户居民非法改动电表，使电表计量指针变慢，已达偷电目的。李某每次帮助居民改动电表都会得到一定好处。案发时，此20户居民每户偷电数额均未达到盗窃罪的最低定罪数额，但20户偷电数额累计达到1.8万元。

共同犯罪，乃二人以上共同故意犯罪，作为一种特殊的违法类型，至少需要二人以上共同实施[1]符合构成要件的客观违法行为，部分犯罪共同说或者以构成要件为基础的行为共同说，为认定共同犯罪提供的理论依据。但上述二说都只关注构成要件的性质，即仅考虑行为在构成要件意义上是否同一性质或者性质上有重合。这一点缘于这些舶来理论的原产地立法背景——德日等大陆法系国家“立法定性、司法定量”的立法模式，表现在刑事立法上即绝大多数犯罪仅有定性的行为类型规定，没有定量的行为程度规定。但在我国刑法广泛采用“定性＋定量”（行为类型＋行为程度）的犯罪立法模式下，符合构成要件的客观违法行为不仅是特定的行为类型，也包括成文化的行为程度要素，即犯罪成立的罪量构成要件要素（罪量要素）。因此，在我国刑法视域下，就可能出现一个极具中国特色的刑法问题，即当实行人的行为未达到罪量要素标准的情况下，是否影响共同犯罪的认定？

比如例1，根据司法解释的规定，自然人走私普通货物、物品罪的罪量标准是“偷逃应缴税额10万元以上”，而单位则为“20万元以上”。如此，像例1那样，单位和自然人伙同走私，偷逃税额介于10万—20万元之间时，应当如何处理？如果依据单位标准，单位的走私行为尚不构成犯罪，是否可以据此否定共同犯罪的成立？进而自然人甲亦因共同犯罪的不成立而无法贯彻“部分行为全部责任”的共犯原则，无法追究其刑事责任。果真如此，又似乎有失公允。

再如例3，倘若无法认定电工李某系实行行为人，或者倘若李某仅仅是教唆或帮助20户业主偷电，此时，追究李某的刑事责任就存在难题：因

[1] 这里的“实施”应当作广义理解，不仅包括实行之正犯行为，也包括教唆、帮助等共犯行为。

为实行人（20户居民）的行为均未达到罪量标准，不成立犯罪，狭义共犯（教唆犯、帮助犯）也就失去了从属的基础（共犯从属性），自难以承担共犯之责。但“不以犯罪论处”的结果同样有欠妥当，因为倘若李某教唆、帮助一户居民偷电价值1.8万元，自当承担盗窃既遂之责。相同行为不同处遇，同样有失公允。

二、问题的分析：罪量构成要素的价值属性

分析上述案例，因为实行人的行为不属于符合具体构成要件的客观违法行为，根据区分正犯与共犯的立场和共犯从属性的原理，得出共犯人不承担共犯之责的结论自然是合乎逻辑的当然结论。可是，这一结论又明显有违相同行为相同处理的基本原则，有失公允。那么，究竟是共犯理论出了问题，还是其他地方存在纰漏?

怀疑共犯理论是不明智的，因为尽管在共犯问题上存在单一正犯概念（不区分正犯与共犯）与狭义的正犯概念（区分正犯与共犯）、共犯从属性与共犯独立性等基本立场的对立。但作为一套较成熟的立场学说，区分说与共犯从属性已得到多数立法与刑法理论的认可，很难想象一套理论学说，如果存在如此明显的弊端和纰漏的话，怎么可能屹立不倒、备受推崇。

在笔者看来，真正的问题出在罪量要素之上，比较三个案例，实行人的行为之所以不是符合构成要件的客观违法行为，不是因为行为类型、行为性质不符合，而是因为没有达到构成要件所要求的行为程度要素（客观违法程度）；而共犯理论是源自大陆法系刑法的舶来理论，在大陆法系刑事立法中犯罪一般并不存在定量的行为程度规定，换言之，源自大陆法系刑法的共犯理论是没有考虑罪量问题的犯罪论原理，而关于所举案例的前述分析，显然没有注意到这一问题。将罪体与罪量不加区分的都掺入共犯理论的判断运用过程中去，这才是问题的关键所在。

在大陆法系国家，关于罪量的行为程度判断主要是交由法官自由裁量的，在犯罪论体系中，罪量判断，或者是在违法性阶段，以行为尚未达到

可罚的违法程度为由排除轻微违法行为的违法性；或者是在构成要件该当性阶段，通过法益侵害（违法）轻微的实质判断，认为行为并不具备构成要件所要求的实质违法性，从而排除轻微行为的构成要件该当性；又或者是作为三阶层判断之后的阻却刑罚事由。作为未成文化、未类型化的阻却违法（或阻却刑罚）的实质性判断，罪量判断并不包含在共同犯罪的判断之中，而是在位阶上位列共同犯罪判断之后的阶段进行的。

而在我国刑事立法中，罪量要素经由立法、司法解释成文化、类型化为具体犯罪的构成要件要素，罪量判断一跃成为三阶层犯罪构成体系第一阶层“构成要件的该当性”的内容。如此，源自行为类型立法模式下的共同犯罪理论，就必须进行适应中国刑事立法特点的调适，途径不外乎有两种：一是将罪量要素也掺入共犯理论之构成要件该当（犯罪共同或行为共同）的判断中去（本节第一部分的分析即是如此）；二是先将罪量要素的内容暂时抽出，先用共犯理论解决行为类型层面的共犯认定、客观归责问题，然后在此基础上，根据罪量要素标准，解决责任承担的具体方式和轻重问题。在笔者看来，途径二不仅经济，而且也是唯一可行的方案。

说其经济，是因为途径二对共犯理论的改造最小，几乎保持了该舶来理论的原貌；[1]而且也与大陆法系刑法理论的判断位阶不谋而合。说其唯一可行，则是因为罪量要素与罪体要素不同的价值属性和功能，使得共犯理论不可能同时兼容二者。

罪体相当于犯罪构成客观要件，表明行为侵害法益的质；罪量则是表明行为法益侵害程度的数量要件。[2]罪体要素表征个罪行为类型化，是从横向、此罪彼罪的行为类型区分意义上作为犯罪成立要件的，行为类型是对公权力介入界域的限定，也是罪刑法定的基本要求。而罪量要素作为犯罪构成要件要素，是在行为类型（罪体）确定的基础上，从纵向、轻罪重

---

[1] 实际上，到目前为止也没有看到理论界根据中国特色的罪量要素对舶来的共犯理论进行针对性的理论调适或改良。

[2] 参见陈兴良：《作为犯罪构成要件的罪量要素：立足于中国刑法的探讨》，载《环球法律评论》2003 年秋季号。

罪（罪与违法）的行为程度差别意义上决定犯罪成立与否，实际上是对不同程度的同类行为的公权力处置上的分工。这表明“罪量要素与罪体、罪责并非是处于同一层次的可并列的要素”[1]。

横向与纵向、行为类型与行为程度，表明罪体要素与罪量要素不同的价值属性，也决定了二者功能上的差异：前者是限定公权力介入的领域范围；而后者则是公权力处置的内部分工（重刑抑或轻刑、刑罚抑或行政罚）的标准。这种差异性意味着，对共犯理论而言，罪量要素与罪体要素犹如鱼和熊掌不能兼得，必须舍弃其一，显然，源自行为类型立法模式的共犯理论，只能舍弃将罪量要素也同时作为判断共犯成立的内容。

依照途径二，首先应当应用共犯理论解决行为类型视野下的共犯认定、客观归责问题；（在不存在主观归责障碍的情况下）再根据立法、司法解释所确立的罪量标准，完成公权力处置上的分工判断，决定具体的处罚措施，上揭问题和疑虑方能得到妥善的解决。

三、问题的解决

（一）不同罪量标准的单位与自然人共同犯罪

如例 1，当立法或司法解释为同一犯罪的单位主体与自然人主体规定了不同的犯罪构成罪量标准，若单位与自然人共同犯罪，罪量介于单位标准与自然人标准之间时，如何处置？对此，2002 年 7 月 8 日《最高人民法院、最高人民检察院、海关总署关于办理走私刑事案件适用法律若干问题的意见》第 20 条规定：“单位和个人（不包括单位直接负责的主管人员和其他直接责任人员）共同走私的，单位和个人均应对共同走私所偷逃应缴税额负责。对单位和个人共同走私偷逃应缴税额为 5 万元以上不满 25 万元的，应当根据其在案件中所起的作用，区分不同情况做出处理。单位起主要作用的，对单位和个人均不追究刑事责任，由海关予以行政处理；个人

[1] 付立庆：《犯罪构成理论：比较研究与路径选择》，法律出版社 2010 年版，第 113 页。

起主要作用的，对个人依照刑法有关规定追究刑事责任，对单位由海关予以行政处理。无法认定单位或个人起主要作用的，对个人和单位分别按个人犯罪和单位犯罪的标准处理。……”[1]

司法解释极力追求公平，但罪刑不公仍不可避免：一方面，对于“当单位起主要作用时，起次要作用的个人不追究刑事责任”的处理意见。倘若帮助的对象、起主要作用的也是自然人，起次要作用的个人的刑事责任毋庸置疑，那么，为何同样的帮助行为、次要作用，仅因帮助对象不同就区别对待，未免不公，更何况帮助组织体的反社会效能恐怕还要远高于帮助个人；另一方面，对于“当个人起主要作用，次要作用之单位不追究刑事责任”的处理意见。倘若提供帮助的是自然人，帮助人应当追究刑事责任，那么，为何同样的帮助行为、次要作用，对不同主体就不同评价，难道不是有违刑法适用平等吗？显然，同一个共犯原理，是绝不可能得出相互矛盾的解释结论的，或许正因如此，赞成上揭司法解释的学者也只是立足于宏观的刑法公平、罪刑均衡的大原则进行论证，而有意无意地回避运用共犯基础理论来证成上揭观点。[2] 理论基础的缺失或不统一，结论的随意性和不合理性可想而知。

在笔者看来，就例 1 而言，首先，应当肯定自然人甲与单位乙系走私普通货物、物品的共同“犯罪”，并且根据二者在共同行为中所起的作用判断其主从关系，二者也都应就共同走私偷逃的 18 万元关税承担责任（第一阶段：共同犯罪的判断）；其次，再根据司法解释所确定的罪量标准（10 万元），给予相应的公权力处置：个人甲已超出走私普通货物、物品罪的自然人犯罪的罪量标准，应以犯罪论处（起主要作用的，以主犯论处；起次

[1] 该意见中，对自然人走私和单位走私偷逃应缴税额的数额标准，依据的是 2000 年 9 月 20 日《最高人民法院关于审理走私刑事案件具体应用法律若干问题的解释》所确定的“5 万元以上”和“25 万元以上”标准。2014 年 8 月 12 日《最高人民法院、最高人民检察院关于办理走私刑事案件适用法律若干问题的解释》第 16 条、第 24 条将上述标准分别修改为“10 万元以上”和“20 万元以上”，但在新司法解释中，并未见关于上述问题的处理意见的内容。因此，该意见的处理原则或方案，依然有效。

[2] 参见石磊：《单位犯罪关系论》，山东大学出版社 2005 年版，第 172—173 页。

要或辅助作用的，系从犯，从轻、减轻或免除处罚）；而单位乙因未达到该罪单位犯罪的罪量标准（20万元），无论其在共同“犯罪”中起怎样的作用，都不能论以犯罪，只有交由海关行政处理（第二阶段：罪量要素的公权力处置判断）。简言之，笔者赞同“对这类共同犯罪，对构成犯罪的自然人追究刑事责任，对尚未达到犯罪标准的单位不追究刑事责任，主张对自然人和单位采用不同的起刑点和量刑标准”的观点，但理由不是因为“在共同犯罪中，各共犯成员所追求的利益事实上具有相当程度的可分割性特征”[1]，而是因为罪量要素的价值面属性。接下来，笔者将针对本书观点可能遭到的质疑，从消除质疑的角度进一步论证上揭解决方案的合理性。

质疑一：当单位在共同犯罪中为实行行为、起主要作用时，单位不构成犯罪，仅实施帮助行为、起次要作用的个人却构成犯罪，这岂不是有违共犯从属性？

反驳是：其一，源自大陆法系的共犯从属性原理中的“犯罪”建立在“仅定性”的行为类型模式下，相当于我国二元惩治模式下的“犯罪＋一般违法”，故而应当在“犯罪＋一般违法”基础上理解运用共犯从属性。因此，仅实施帮助行为、起次要作用的个人构成犯罪并不违反共犯从属性，其从属的不过是单位“作为一般违法处理的‘犯罪’行为”而已。罪量要素决定的公权力的分工，使行为类型立法模式下的一部分“犯罪”交给了行政机关管辖，但这不应当影响行为人的主观归责。

其二，根据从属程度的不同，共犯从属性有夸张从属性说、极端从属性说、限制从属性说、最小从属性说、一般违法从属性说等立场，但夸张从属性说与一般违法从属性说已基本销声匿迹，而主张“共犯可罚性必须从属于正犯的构成要件该当性、违法性及有责性”的极端从属性说也逐渐淡出历史舞台，主张“共犯可罚性只需从属于正犯的构成要件该当性与违法性”的限制从属性说，甚至“共犯可罚性只需从属于正犯的构成要件该当性”的最小

[1] 参见刘宪权、杨兴培：《刑法学专论》，北京大学出版社2007年版，第159页。

从属性说成为有力的观点。[1] 可见，从属是构成要件该当或违法的从属，不是责任的从属。

立法或司法解释中，之所以单位（责任人）较一般自然人的罪量标准更高或者法定刑更低，原因显然不可能是因为单位（责任人）行为的危害性更小、法益侵害更轻，而只可能是因为责任人客观的“职务（职位）性”和主观的“为公性”，“职务性”和“为公性”决定了行为人的主观责任可能更小。换言之，责任人的职务（职位）是责任身份，不是违法身份，对单位（责任人）处置更轻（表现为罪量标准的更高、法定刑配置的更低、甚至转处行政罚）不是因为违法性减免，而是因为有责性减免。责任的个人专属性决定了，这种处置更轻的考虑当然不可能适用于不具有这些责任阻却、减轻因素的其他共犯人。这一点与均不要求“有责性”从属的限制从属性说或最小从属性说的观点完全一致。这与“15 周岁的某甲指使 18 周岁某乙为自己放哨，自己实施盗窃行为，甲因责任阻却不成立盗窃罪，而乙依然成立盗窃罪的帮助犯”的道理完全一样。[2]

质疑二：如果将笔者观点用在行贿罪与单位行贿罪、受贿罪与单位受贿罪的场合，就会导致单位与自然人分别定罪的结果，岂不是有违共同犯罪之“共同”“共犯一罪”要件?

反驳是：其一，“共犯一罪”必须触犯同一罪名，这是“完全犯罪共同说”甚至“强硬犯罪共同说”的观点，在日益通说化的“部分犯罪共同说”或新兴的“构成要件的行为共同说”那里，共同犯罪人最终确定的罪名不同并无任何不妥；其二，共同犯罪之“共同”说到底是“构成要件相

[1] 参见陈洪兵:《共犯论思考》，人民法院出版社 2009 年版，第 63 页以下；王昭武:《论共犯的最小从属性说——日本共犯从属性理论的发展与借鉴》，载《法学》2007 年第 11 期；周啸天:《最小从属性说的提倡：以对合法行为的利用为中心》，载《法律科学》（西北政法大学学报）2015 年第 6 期。

[2] 需要提醒的是，笔者观点与主张“共犯的可罚性甚至不必要正犯行为该当于构成要件，一般只要是单纯的违法行为即可”的一般违法从属性说并不相同，原因还是因为一元和二元制裁模式之间的差异（关于一般违法从属性说，可参见陈洪兵:《共犯论思考》，人民法院出版社 2009 年版，第 81 页以下）。

同”，尽管罪名是对犯罪本质或主要特征的高度概括，但这并不意味着罪名和构成要件是一回事。“司法罪名本质上只是一个具体刑法条文的名称，不能也不应当实际影响固有的法律条文之间的内在逻辑关系。……客观地讲，司法罪名确实在当前起到遮掩法条关系的客观效果。”[1]行贿罪与单位行贿罪、受贿罪与单位受贿罪就是最好的例证。“本质上看，单位受贿和自然人受贿之间仅有犯罪主体及某些构成要件要素的差异，犯罪性质并无区别，都是对公权力不可收买性及职务行为廉洁性的侵犯。立法者规定单位受贿行为，不过是在规定自然人受贿的基础上增加一个量刑条款，同时丰富了受贿行为的客观表现形式，实质上并未改变受贿罪本质。这与第 388 条规定的斡旋受贿相似，只不过一个表现为受贿行为的主体特殊表现形式；一个表现为行为特殊表现形式。因此，将单位受贿规定为独立的单位受贿罪，与受贿罪并列，并不具有合理性。”[2]可见，尽管行贿罪与单位行贿罪、受贿罪与单位受贿罪是不同罪名，但实质上却是同一性质、同一构成，是司法罪名遮蔽了行为背后的构成要件同一性。因此，即便是分别定罪，其背后的共犯原理依然是建立在“构成要件相同”意义上的犯罪共同或行为共同。

质疑三：在例 1 中，当单位为实行行为、起主要作用时，单位及责任人不是犯罪，而仅为帮助行为、仅起次要作用的自然人反而承担刑事责任；而当个人为实行行为、起主要作用时，个人承担刑事责任，而仅为帮助行为、仅起次要作用的单位及责任人却作非罪处理。如此解决，实则重罚个人轻纵单位，岂不是罪刑不均?

反驳是：其一，如前所述，罪量要素之于单位责任人的意义是责任阻却或减轻事由，而非违法阻却或减轻事由。根据共同犯罪是违法类型、“违法是连带的，责任是个别的”和限制从属性说的立场和观点，这一责任阻却、减轻事由所导致的“转处行政罚”的归责效果，一则，不影响单位和

[1] 于志刚：《刑法总则的扩张解释》，中国法制出版社 2009 年版，第 96 页。

[2] 于志刚：《刑法总则的扩张解释》，中国法制出版社 2009 年版，第 96 页。

自然人共同犯罪的成立；二则，该效果也只及于单位及其责任人自身，不影响其他自然人的刑事责任。

其二，在共同犯罪中，罪刑均衡表现在两个层面：一是在该共同犯罪中，各行为人的罪刑是否均衡（横向均衡）；二是与其他同罪共同犯罪中为相同行为、起相当作用的行为人相比是否均衡（纵向均衡）。但在现行刑事立法或司法解释对部分犯罪之单位主体和自然人主体规定了不同的罪量标准或不同的刑罚配置的前提下，想要同时实现横向与纵向两方面的均衡是不可能的，或者说“重罚个人轻纵单位”正是单位与自然人主体的罪量标准与刑罚配置不同所造成的。“无论哪种解释，都是在强行为司法解释寻找合理化的借口，其牵强附会之感都颇为强烈。”[1] 相较而言，笔者的观点应当是最符合共犯原理、最切合罪量要素价值属性、也是在不问责于现行立法和司法解释规定（即在规范论立场）的基础上不均衡最轻微的解决方案了。[2]

（二）部分犯罪共同（部分构成要件重合）下罪量标准不同对共犯人处置的影响

在实行过限的场合，非过限者只能在客观发生的客观违法事实与其认识的事实相重合的范围内承担既遂责任，如甲教唆乙盗窃丙，乙却对丙实施了抢劫，甲应承担盗窃既遂的责任。不过，这里并没有考虑立法对盗窃罪与抢劫罪不同的罪量要求。在笔者看来，在实行过限的场合，依据构成要件的重合性来判断行为人承担责任的范围，实际上依然是部分犯罪共同或构成要件之行为共同的判断，因而也只是行为类型、行为性质的符合或重合，同样无法兼顾罪量要素所决定的公权力的分工和行为人应当承担的责任轻重（轻刑抑或重刑）或承担方式（刑罚抑或行政罚）。罪量要素所决定的公权力分工判断，同样应当在构成要件重合性判

[1] 于志刚：《法条竞合视野中数额犯入罪标准的统一化》，载《中国刑事法杂志》2010 年第 5 期。

[2] 这也从另一侧面证明，实现单位与自然人同量同罚模式才是解决不均衡问题的治本之道（详见本章第一节）。

断之后进行。

就例 2 而言，甲的行为系转化型抢劫，抢劫罪没有罪量限制，故其行为成立抢劫罪；而乙在盗窃的范围内承担责任，但因盗窃数额没有达到盗窃罪数额较大的罪量标准，故乙的盗窃帮助行为，不能以盗窃罪论处。对此，张明楷教授曾指出："当甲盗窃进而转化为抢劫，而其抢劫的数额没有达到较大或者没有取得财物，但其暴力行为情节严重，应认定为抢劫罪时，对乙也应认定为盗窃未遂，即在盗窃未遂的范围内与甲构成共犯。因为盗窃未遂情节严重的，也应当依法定罪量刑。乙出于盗窃故意为甲望风的行为，客观上为甲实施抢劫起到了促进作用，故应认定为情节严重，应当以盗窃罪论处。"[1] 可问题是，共同犯罪只是一种特殊的违法形态，而各共犯人的责任承担，还取决于共犯人各自的主观认知和其他责任要素；像例 2 这样的实行过限（共犯过剩）场合，帮助人乙只能在与其认识的事实相重合的范围内承担既遂责任。[2] 在例 2 中，共犯人乙对甲抢劫的事实一无所知，抢劫行为是超出其主观认知和意志以外的事实，如果将此事实作为认定盗窃罪（未遂）成立之情节严重的依据，这恐怕有违反责任主义的嫌疑，值得商榷。

同理，倘若：

例 4：甲乙共谋盗窃，甲实施行窃，乙负责望风，甲盗得现金 400 元，二人刚要逃离现场时被人发现，乙被抓获后当场对被害人实施暴力，甲对此并不知情。

例 4 中，首先，在不考虑罪量（盗窃数额）的情况下，判断二者的共犯关系，甲乙成立共同"犯罪"，甲系盗窃的实行者，应当对共同盗窃行为承担责任；乙在帮助盗窃的过程中，为抗拒抓捕而当场使用暴力，系转化型抢劫；其次，再考虑罪量所决定的公权力处置措施，甲的盗窃行为因没有达到司法解释所确立的盗窃罪罪量标准，不能以盗窃罪论处，只能给予

[1] 张明楷：《刑法学》（第 3 版），法律出版社 2007 年版，第 320 页注 10。

[2] 张明楷：《刑法学》（第 3 版），法律出版社 2007 年版，第 354 页；张明楷：《刑法学》（第 5 版），法律出版社 2016 年版，第 446 页。

行政处罚；而乙的转化型抢劫行为，因为抢劫罪并无罪量（数额）之要求，因此应当以抢劫罪论处。[1]

（三）所谓虚拟共同犯罪问题

虚拟共同犯罪，是学者为解决案例 3 而提出的概念。论者指出，就例 3 而言，被告人李某与每个业主均不成立共同犯罪。但是如果不考虑每个业主真实的自然人身份，把 20 个不同的业主虚拟成一个非真实的自然人主体，经过虚拟之后，20 个不同的业主在法律意义上均变成了虚拟的 X，那么本案就变成了被告人李某与 X 共同窃电 20 次，此时李某与 X 对 20 次累计窃电数额承担共同犯罪的刑事责任当无疑问。[2] 的确，这种观点从结论上看无疑是合适的，但理论推理却令人生疑：基于何种理由作出这种虚拟？对此，论者指出，此种虚拟之所以可以进行，其根本原因在于犯罪的实质违法性之根本在于法益侵害。[3] 这值得商榷。在财产数额犯中，法益侵害即是行为对他人（被害人）财产权益的侵害，基于财产法益的非人身专属性，当行为人多次行为导致多人的财产损失时，可以累积数额处理。可是“虚拟共同犯罪”所虚拟的是行为主体，是将 20 个行为主体虚拟成一个行为主体，这与行为对被害人的法益侵害根本就是两个概念、两个范畴。换言之，法益侵害事实的确不会因为行为主体的不同、行为主体的寡众而有所不同，但绝不可能以此为依据将多个行为主体虚拟为一个主体。而且，为什么是把 20 个主体虚拟成一个主体，而不是把他们虚拟成两个、三个主体，或者是将包括李某在内的 21 个主体虚拟成一个主体呢？

[1] 另一种解释方案是从事后抢劫的成立条件入手，即认为事后抢劫的前提行为——犯盗窃、诈骗、抢夺罪，只要行为人着手实行的盗窃、诈骗、抢夺行为具有获得数额较大财物的危险性，不管是既遂还是未遂，不管所取得的财物数额大小，都符合“犯盗窃、诈骗、抢夺罪”的条件（张明楷：《刑法学》（第 5 版），法律出版社 2016 年版，第 977 页）。

[2] 参见董玉庭：《论数额犯中的虚拟共同犯罪问题》，载《人民检察》2007 年第 20 期。

[3] 董玉庭：《论数额犯中的虚拟共同犯罪问题》，载《人民检察》2007 年第 20 期。

在笔者看来，只要坚持在行为类型、行为性质的层面上（不考虑行为程度、罪量）运用共犯理论，明确共同犯罪的判断与罪量要素所决定的公权力处置措施（分工）的判断是前后两个位阶的判断，那么，无须“虚拟共同犯罪”概念，也能合理解释例 3 中李某的行为。在例 3 中，李某不论是教唆、帮助还是共同实行，都应当对其参与每一户业主的盗电行为承担责任，各个业主因为盗窃数额没有达到盗窃罪的罪量标准无法以犯罪论处，而李某的多次盗窃行为所涉及的盗窃数额，则可以累计数额处理。因此，李某应当对自己多次共同盗窃行为累计的 1.8 万元盗窃数额，以盗窃罪承担相应的刑事责任。

《刑法》第 26 条第 3 款规定：“对组织、领导犯罪集团的首要分子，按照集团所犯的全部罪刑处罚。”第 4 款规定：“对于第三款规定以外的主犯，应当按照其所参与的或者组织、指挥的全部犯罪处罚。”在集团犯罪、团伙犯罪中，常有这样一种情况，即集团或团伙的领导者或骨干，指使集团或团伙成员分别单独实施盗窃等犯罪行为，成员彼此之间没有联系、甚至素不相识。显然，成员盗窃的数额总和应当是集团或团伙领导者、骨干承担责任大小的依据，即便部分成员实施的单个盗窃行为没有达到犯罪的罪量标准，也应当累计计算，而任何一部分数额的累计都是建立在共同犯罪成立的基础上，显然这里作为基础的“共同犯罪”，一定是没有考虑罪量要素的行为类型基础上的“共同犯罪”。可见，“先共同犯罪后罪量要素”的判断位阶，与共同犯罪主犯处罚之规定和司法实践是相切合的。

四、小结

舶来的共犯理论源自大陆法系刑法“仅定性”的行为类型立法模式，这与我国刑事立法“定性 + 定量”的行为类型 + 行为程度模式存在显著差异。移植共犯理论，就必须考察该理论是否也能适用于犯罪构成要件的罪量要素。比较犯罪构成罪体要素与罪量要素，可以发现，二者虽然都是犯罪构成要件要素，都是违法性（法益侵害）的表征，但前者横向、此罪彼罪的行为类型区分性质，与后者纵向、轻罪重罪（罪与违法）的行为程度差别属性，表明罪量与罪体并非是处于同一层次的可并列的要素。因此，共犯理论不可能同时解决罪体与罪量这两个不同层次的构成要件的符合性问题，正确的运用位阶是，首先，在不考虑罪量要素的情况下，判断是否成立共同“犯罪”，判断各行为人客观归责的范围；然后，根据立法或司法解释所确定的罪量标准，决定对行为人给予的公权力处置的方式（轻刑还是重刑，刑罚还是行政罚）。

第三节　罪量要素与法条竞合

一、问题提出及学说争议

尽管在法条竞合的类型问题上，学界归类不一、同语异义等现象严重，但关于“两构成要件之间的包含关系，即概念逻辑上从属关系”的特别法条与普通法条的法条竞合特别关系，及其“特别法优于普通法”[1]的适用原则，在德日以及我国台湾地区等大陆法系刑法理论学说中已基本形成共识。但在中国刑法视域下，某些特别法条的法定刑配置低于普通法条，或者司法解释所确立的特别法犯罪成立的罪量标准却远远高于普通法条，并且该特别法条又并不属于刑法为限制处罚范围而设立的封闭特权条款。因为这种所谓的“没有章法”的立法和司法解释，“几成共识”的特别关系法条竞合，却成为中国式竞合论的主要争点——倘若特别法的处罚明显轻于普通法时，是坚持绝对的特别法优先，还是可以补充适用“重法优于轻法”的

[1] 严格地讲，“特别法优于普通法”的称谓并不精确，尤其是可能混淆法条竞合特别关系适用规则和法律适用原则（参见柯耀程：《刑法问题评释》，台北元照出版公司2003年版，第29页以下；林钰雄：《新刑法总则》，中国人民大学出版社2009年版，第451页）；称“特别法条优于普通法条”“特别构成要件优于普通构成要件”或许更为精当。不过，考虑用语习惯和我国单一刑法典立法模式，本书在同等意义上使用这几组称谓。

原则？当罪量标准（数额）尚未达到司法解释所确定的特别法犯罪成立的定罪起点，但已超出普通法罪量起点时，能否以普通法定罪处罚？罪量（数额）同时达到特别法与普通法的数额标准，但按照普通法处罚可能更重时，可否转以普通法论处？

对此，特别法绝对优先论（以下简称特别法论）主张：在特别法与普通法竞合的情况下，除法律明文规定以外，无论如何都应当按照特别法优于普通法原则适用法条，而不能根据个人的价值判断对法条进行从重选择。[1]

重法补充适用论（以下简称重法论）主张：原则上行为符合特别刑法规定时，适用特别刑法，排除普通刑法，但两种特殊情况下适用重法优于轻法原则：一是法律明文规定重法优先时；二是法律虽无明文规定按普通法条定罪量刑，但对此也没作禁止性规定，而且按特别法条定罪明显不能做到罪刑相适应时，适用重法优于轻法的原则，条件有三：(1) 行为触犯的是同一法律的普通法条与特别法条；(2) 同一法律的特别法条之法定刑，明显轻于普通法条之法定刑，并缺乏法定刑减轻的根据，而且根据案件情况，适用特别法条明显违反罪刑相适应原则；(3) 刑法没有禁止适用普通法条，或者说没有指明必须适用特别法条，即当刑法条文规定“本法另有规定的，依照规定”时，禁止适用普通法（重法），或虽无这样的规定，但从立法精神上，明显只能适用特别法条时，禁止适用普通法条。如军人违反职责罪

[1] 陈兴良：《形式解释论的再宣示》，载《中国法学》2010 年第 4 期；陈兴良：《教义刑法学》，中国人民大学出版社 2010 年版，第 703—705 页。持相同观点的还有：周光权：《法条竞合的特别关系研究》，载《中国法学》2010 年第 3 期；阮齐林：《对未溢出特别法的行为排斥“重法优先”规则》，载《检察日报》2011 年 2 月 17 日，第 3 版；游伟、谢锡美：《销售侵权复制品行为的犯罪性质研究——兼论法条竞合关系及其司法原则》，载《华东政法大学学报》2008 年第 5 期；赵秉志、肖中华：《法条竞合及法条适用原则》，载《华东刑事司法评论》（第 1 卷），法律出版社 2002 年版，第 62 页以下；龚培华：《评法条竞合重法优于轻法原则》，载《中国法学》1992 年第 4 期；刘士心：《竞合犯研究》，中国检察出版社 2005 年版，第 110 页以下；陈兴良主编：《刑法总论精释》，人民法院出版社 2010 年版，第 653—654 页；等等。

的行为，同时触犯普通法条时，只能适用刑法分则第10章的法条。[1]

另有学者主张：法条竞合不仅是法条之间的形式上的逻辑关系，具有包含或者交叉关系的法条还必须是为了保护同一法益的目的而设立时方能构成；通过“法益同一性”来限制法条竞合的范围，防止对形式上具有包含、交叉关系的法条一律作为法条竞合，适用特别法条，反而造成处罚较轻的不合理现象。对于某些形式上存在包含、交叉关系的法条，以“法益不同一”为由，否定法条竞合关系，作为想象竞合，适用从一重处断原则加以处理，既防止重罪轻判，又避免与立法“本法另有规定的，依照规定”的法条竞合适用规定之间的冲突。例如，侵犯个人法益的过失致人死亡罪与侵犯国家、公共和社会法益的玩忽职守罪、交通肇事罪和医疗事故罪之间；侵犯个人法益的诈骗罪与侵犯社会法益的合同诈骗、保险诈骗等金融诈骗罪之间，都不是法条竞合，而是想象竞合，应当从一重处断。这样，我们常见的普通法与特别法间存在法定刑轻重倒置现象的法条竞合事例，实为想象竞合。[2] 此说姑且称作法条竞合限制论。

另有学者提倡一种“大竞合论”，即无须严格区分法条竞合与想象竞合，只要构成要件间存在竞合关系，从一重处罚即可；刑法分则中“本法另有规定的，依照规定”的规定，不是关于特别关系或者补充关系的法条竞合适用的规定，其意义在于提醒司法人员注意其他犯罪构成要件中也可能含有过失致死伤、故意伤害、诈骗、滥用职权、玩忽职守的情形，注意过失致人死亡等罪以外的罪名的认定与适用，而绝非表明，只要构成要件中可能含有过失致人死亡等内容的，就一概排除过失致人死亡罪等罪的适

---

[1] 参见张明楷：《法条竞合中特别关系的确定与处理》，载《法学家》2011年第1期；张明楷：《刑法分则的解释原理》（第2版），中国人民大学出版社2011年版，第702页以下；张明楷：《刑法原理》，商务印书馆2011年版，第417—418页。重法论主张也见庄劲：《犯罪竞合：罪数分析的结构与体系》，法律出版社2006年版，第131—134页；吴振兴：《罪数形态论》，中国检察出版社1996年版，第171页；王作富主编：《中国刑法适用》，中国人民公安大学出版社1987年版，第296—297页；等等。

[2] 参见吕英杰：《刑法法条竞合理论的比较研究》，载陈兴良主编：《刑事法评论》（第23卷），北京大学出版社2008年版，第482页以下。

用，否则会形成极端不合理的结论。即在想象竞合“从一重处罚”的意义上把握该规定。[1]

立法论领域的**修法（修改司法解释）论**则认为：法条竞合中特殊条款和一般条款入罪的数额标准，出现了普遍的、严重的差异化错位现象。以金融诈骗罪与诈骗罪为例，在已经有了诈骗罪的前提下，刑法规定金融诈骗罪本是为了实现对金融机构的特殊保护，而司法解释却对既侵害财产所有权又侵害了金融管理秩序、社会危险性明显更重的金融诈骗罪规定了较普通诈骗罪更高的入罪数额标准，结果导致原本可以以诈骗罪处罚的行为进入金融领域后反而不构成犯罪或处罚更轻，司法解释如此规定令人匪夷所思，解决思路是法条竞合入罪标准的统一化。[2]

特别法论与大竞合论的主张可谓针锋相对，而重法论和法条竞合限制论的主张，可以算是不同程度的折中说，修法论的主张，虽说不属于刑

---

[1] 参见陈洪兵:《不必严格区分法条竞合与想象竞合——大竞合论之提倡》，载《清华法学》2012年第1期；陈洪兵:《刑法分则中“本法另有规定的依照规定”的另一种理解》，载《法学论坛》2010年第5期。这实际上是“重法绝对优先论”的主张，早在20世纪80年代，便有学者主张“重法优于轻法是处理法条竞合的一般原则”（冯亚东:《论法条竞合后的从重选择》，载《法学》1984年第4期）；原本作为反对“法条竞合重法优先论”的重要论据——混淆了法条竞合和想象竞合之间的区分（参见肖开权:《法条竞合不能从重选择——与冯亚东同志商榷》，载《法学》1984年第8期），在“大竞合论”看来，根本没有区分的必要，问题争点从如何区分法条竞合和想象竞合转变成有无必要区分这一更具前提性的问题上。

需要补充的是，冯亚东教授后来修正了自己的观点，认为特殊法优于普通法、狭义法优于广义法、全部法优于部分法才是法条竞合的一般处理原则；而“重法优先”仅仅是处理法条竞合的一个补充原则，属于司法操作中思维层面上第二序列考虑的问题，而列入第一序列首先的选择始终是特殊法、狭义法或全部法优先的原则。只有在经过第一序列的定罪（条文）选择后个案中出现罚不当罪的情况，而被弃罪的条文又凸显“重法”的意义时，才可进入第二序列考虑重法优先及所谓的“更优性”问题（参见冯亚东:《受贿罪与渎职罪竞合问题》，载《法学研究》2000年第1期）。这种观点中关于一般处理原则与补充原则的序列性，正确的意识到“法条竞合，在刑法意义上仅仅是指条文规定的犯罪构成之间的交叉重合，而不应当是指法定刑之间的交叉重合”。可是，认为只要发现被弃罪的条文处罚更重，就应当考虑第二序列重法优先的“更优性”，以重罪论处，这实际上依然没有逾越“重法绝对优先论”的藩篱，形式上看似“重法补充适用论”的主张，事实上与张明楷教授要求诸多适用条件的“补充适用论”之间存在较大差异。

[2] 参见于志刚:《法条竞合视野中数额犯入罪标准的统一化》，载《中国刑事法杂志》2010年第5期；于志刚:《刑法学总论》，中国法制出版社2010年版，第295—297页。

法解释学的视角，但其修法理由（即立法和司法解释的缺陷）却是特别法论之外的其他三说共同的立论依据——因为特殊法条的特殊内容具有更大的社会危害性，所以特殊法条刑罚应重于或至少等于普通法条，我国刑法有些条文却出现特殊法条刑罚低于普通法条的情况，此时特别法优于普通法的具体原则应服从于罪刑相适应的基本原则。[1] 甚至部分特别法论者也承认上述缺陷，强调该缺陷只能由立法完善，非司法所能越俎代庖。[2]

法条竞合与想象竞合，是否确如“大竞合论”所言，不必区分？如果还有必要区分，那么，法条竞合限制论所提供的区分标准是否合适？特别法条惟轻现象（即特别法条较之普通法条，法定刑配置反而更轻或者罪量标准设定的反而更高的现象）真的“没有章法”？对于这些问题，笔者尝试在下文一一展开论述。

二、“大竞合”——想象竞合与法条竞合不必区分？

法条竞合和想象竞合的区分，的确是至今尚未完全厘清的刑法难题。倘若二者的处理结果完全相同，那么，区分二者并无实益，反而显得画蛇添足；但倘若二者的处理结果有较大差异，学理上理应为界分二者不遗余力。

我国刑法理论普遍认可想象竞合犯原则上“从一重处断”——无须数罪并罚，应按照其犯罪行为所触犯的数罪中最重的犯罪论处［重罪（定罪）处罚］。[3] 可见，“重法优于轻法原则”实质是将想象竞合犯“从一重罪处断”的处罚原则适用于法条竞合，[4]“大竞合论”进而认为“分则中的‘本法另有规定的，依照规定’，根本不是‘法条竞合特别关系特别法优先适用

---

[1] 参见冯亚东：《论法条竞合后的从重选择》，载《法学》1984 年第 4 期。

[2] 参见刘士心：《竞合犯研究》，中国检察出版社 2005 年版，第 117 页；赵秉志、肖中华：《法条竞合及法条适用原则》，载《华东刑事司法评论》（第 1 卷），法律出版社 2002 年版，第 64 页。

[3] 赵秉志主编：《刑法新教程》（第 3 版），中国人民大学出版社 2009 年版，第 218 页；高铭暄主编：《刑法专论》，高等教育出版社 2002 年版，第 396 页；张明楷：《刑法学》（第 4 版），法律出版社 2011 年版，第 437 页；陈兴良主编：《刑法学》（第 2 版），复旦大学出版社 2009 年版，第 232 页；等等。

[4] 车浩：《强奸罪与嫖宿幼女罪的关系》，载《法学研究》2010 年第 2 期。

原则’之规定”，[1] 也就意味着“重法优于轻法原则”可以适用于所有法条竞合特别关系的处理。如此一来，想象竞合与法条竞合在处罚结果上就真的没有任何差异了，区分二者没有实益。可问题是，处理原则受制于竞合形态的结构差异，想象竞合与法条竞合之间的构成是否存在差异？如果存在，差异是否非常微小以致不必区分？是否可能在想象竞合处理原则问题上，我们普遍认可的处罚原则本来就不够精致？只有率先解决了这些疑问，才可以判断“不必区分”的结论是否具有合理性。

法条竞合与想象竞合，是源自大陆法系刑法的舶来理论。从竞合论的视野，法条竞合是与作为纯正（真正）竞合的想象竞合相区别的不纯正（非真正）竞合。之所以是不纯正的竞合，是因为法条竞合看似有数个构成要件可资适用，但事实上犯罪行为的不法内容和罪责内容只要适用其中一个构成要件，即足以全部包涵，基于禁止重复评价原则而排斥其他构成要件的适用，被排除的法律并不出现在有罪判决中。而想象竞合则是一行为触犯数个刑法法规或数次触犯同一法规；即想象竞合之一行为触犯了数个刑法法规，必须同时宣告数罪、适用数个构成要件，方能完整评价其不法全貌。[2] 从罪数论的视野，法条竞合被认为是单纯一罪或者评价一罪，但不论单纯一罪还是评价一罪，都系本来的一罪，即犯罪成立上的一罪，被评价为该当一次构成要件之事实；而想象竞合则是处断的一罪，即实体法上认定构成数罪、实质性的符合数个构成要件，只是科刑上以一罪处理。[3]

---

[1] 参见陈洪兵：《刑法分则中“本法另有规定的依照规定”的另一种理解》，载《法学论坛》2010 年第 5 期。

[2] 参见［德］汉斯·海因里希·耶塞克、［德］托马斯·魏根特：《德国刑法教科书》，徐久生译，中国法制出版社 2001 年版，第 873 页以下；［德］克劳斯·罗克辛：《德国刑法学总论》（第 2 卷），王世洲等译，法律出版社 2013 年版，第 616 页以下；［德］约翰内斯·韦塞尔斯：《德国刑法总论》，李昌珂译，法律出版社 2008 年版，第 472 页以下；林山田：《刑法通论》（下册），作者发行 2008 年增订 10 版，第 325 页；柯耀程：《刑法竞合论》，中国人民大学出版社 2008 年版，第 13 页。

[3] 参见［日］山口厚：《刑法总论》（第 2 版），有斐阁 2007 年版，第 365 页；［日］大谷实：《刑法讲义总论》（新版第 2 版），黎宏译，中国人民大学出版社 2008 年版，第 444 页；陈子平：《刑法总论》（2008 年增修版），中国人民大学出版社 2009 年版，第 452、460 页；甘添贵：《罪数理论之研究》，中国人民大学出版社 2008 年版，第 8、44 页以下。

可见，无论是从竞合论还是罪数论的立场，法条竞合与想象竞合在构成上都存在本质区别：法条竞合是一行为该当一个犯罪构成（疑似该当数个犯罪构成），成立一罪，依该罪法定刑处罚（一行为一罪一罚）；而想象竞合则是一行为该当数个犯罪构成，构成数罪，只是科刑上作为一罪处理（一行为数罪一罚）。[1]

竞合关系的处理受制于竞合形态的结构特征，构造上的本质差异决定了法条竞合与想象竞合二者处理结果的重大差异：法条竞合，一个刑法法规排除其他法规，被排除的法规并不出现在有罪判决中；而想象竞合，必须将所有同时被触犯的刑法法规一一列出，同种类想象竞合，有罪判决必须表明数次触犯同一个刑法法规（“A 因谋杀 3 人被科处终身自由刑”）；不同种想象竞合，必须将所有同时被触犯的刑法法规一一列出（“A 因犯强奸罪和重伤害被科处 3 年自由刑”）。之所以需一一列出，是因为刑法的全部不法内容产生于所有被适用的刑法法规本身。[2] 就构成要件的适用而言，法条竞合的构成要件是选择适用，而想象竞合可称为构成要件的累计适用。

---

[1] 我国传统刑法理论认为想象竞合只有一个行为，属实质一罪。这一观点不能揭示想象竞合符合复数构成要件的数罪特征（关于传统理论的详细剖析，可参见庄劲：《犯罪竞合：罪数分析的结构与体系》，法律出版社 2006 年版，第 7 页以下；张爱晓：《犯罪竞合基础理论研究》，中国人民公安大学出版社 2011 年版，第 26 页以下）。

笔者注意到新近出版的中国刑法教科书在罪数类型上的改变：有的将想象竞合犯纳入处断的一罪（拟制的一罪、科刑的一罪）中，如陈兴良主编《刑法学》（复旦大学出版社 2009 年第 2 版）；张明楷著《刑法原理》（商务印书馆 2011 年版），《刑法学》（法律出版社 2011 年第 4 版、2016 年第 5 版）；黎宏著《刑法学总论》（法律出版社 2016 年第 2 版）；周光权著《刑法总论》（中国人民大学出版社 2007 年版）；等等。也有的教科书径直采纳竞合犯体系，如陈兴良著《规范刑法学》（中国人民大学出版社 2008 年第 2 版、2012 年第 3 版）、《教义刑法学》（中国人民大学出版社 2010 年版）仅将想象竞合、实质竞合和法条竞合作为内容；周光权教授著《刑法总论》（中国人民大学出版社 2011 年第 2 版、2016 年第 3 版）则区分“一行为的犯罪竞合”（包括“形式竞合：法条竞合”和“实质竞合：想象竞合犯”）和“多行为的犯罪竞合”（包括“形式竞合：事前、事后行为”和“实质竞合：数罪”）。

[2] [德] 汉斯·海因里希·耶塞克、[德] 托马斯·魏根特：《德国刑法教科书》，中国法制出版社 2001 年版，第 892、882 页。

累计适用即所谓“想象竞合的明白记载功能”（Klarstellungsfunktion）。[1]

对此，“大竞合论”质疑说：“是否在判决书中列明被排斥的罪名，其实只是问题的表象，实质在于是否存在重要的法益侵害事实需要评价，若存在重要的法益侵害事实，无论是哪一种竞合都应在判决书中列明，例如，通常认为盗伐林木罪与盗窃罪之间存在所谓特别法条与普通法条的竞合关系，即便因为林木财产价值特别巨大而最终适用盗窃罪定罪处罚，法官不可能不在判决书中指明所盗窃的对象是正在生长中的树木，因为这是重要的法益侵害事实。又如，虽然我们通说否认同种类想象竞合犯，但开一枪打死两个人，即便认为只构成一个杀人罪，也必须在判决书中指明开一枪打死了两人，因为这是重要的法益侵害事实。所以，是否在判决书中列明被排斥的罪名，与是法条竞合还是想象竞合无关，只与事实的重要性有关，凡是重要的法益侵害事实均应在判决书中列明，而且应尽可能做出刑法上的评价。”[2]

在笔者看来，“大竞合论”存在的首要问题正是误解了“明白记载功能”的含义，将事实记载与事实评价混淆。任何案件的处理当然必须有确证无误的案件事实，即必须在判决书中翔实记载“法益侵害事实”，但事实的叙明并不等于规范的评价，明白记载功能不是记载案件事实，而是通过数罪名（条文）在判决主文中的引用，完整评价行为事实，完整呈现想象竞合所包含的复数构成和不法全貌。例如，开一枪打死一人重伤一人，重要的不是记载这一案件事实，而是评价行为同时该当故意杀人罪和故意伤害罪（或过失致人重伤罪）的构成要件。“想象竞合规定之‘从一重处断’，实务见解向来认为，就所成立的数罪名中，比较罪名之轻重，并且在判决

[1] 许玉秀：《一罪与数罪的理论与实践（七）》，载《台湾本土法学杂志》2006 年第 84 期。也称 / 译为“想象竞合的厘清作用”（参见陈志辉：《想象竞合的厘清作用》，载《月旦法学教室》2005 年第 38 期）、“想象竞合的澄清功能”［［德］克劳斯·罗克辛：《德国刑法学总论》（第 2 卷），王世洲等译，法律出版社 2013 年版，第 626 页］、“想象竞合的明示机能”［［德］乌尔斯·金德霍伊泽尔：《刑法总论教科书》（第六版），蔡桂生译，北京大学出版社 2015 年版，第 485 页］。

[2] 陈洪兵：《不必严格区分法条竞合与想象竞合——大竞合论之提倡》，载《清华法学》2012 年第 1 期。

主文中只论以重罪，不论轻罪。此种做法实属误解（台湾地区‘刑法’）第55条‘从一重处断’的真义，抹煞想象竞合所具有的‘明白记载功能’。所谓的从一重处断只是法定刑的从一重，而并非罪名的从一重，因此应该是论以数个罪名中最重罪名的法定刑，宣告行为人所应科处的刑罚，轻罪和重罪的条文均应出现在判决主文中全部加以引用。”[1] 我国传统刑法理论也存在相同的误解，如我国台湾地区学者的论证同样适用于对我国想象竞合理论的拨乱反正。如此看来，想象竞合与法条竞合纠缠不清，恐怕也与我国刑法理论“想象竞合从一重处断”的理解有误脱不了干系。[2]

另外，事实上，关于想象竞合的处理并无统一的立场：有从一重处断（吸收原则），如2005年修正前的我国台湾地区“刑法”；[3] 有从一重加重处罚，如瑞士、意大利刑法；有“从一重处断，但不得科以较轻罪名所定最轻本刑以下之刑”（结合原则、轻罪封锁作用），如我国台湾地区现行“刑法”以及德国、日本[4]、奥地利[5]等国刑法；也有数罪并罚的立法谏言。[6]唯

---

[1] 陈志辉：《九四/九五年度刑事判决评释——竞合部分》，载《台湾本土法学杂志》2007年第90期；亦可参见林山田：《刑法通论》（下册），作者发行2008年增订10版，第308、319页；黄荣坚：《基础刑法学（下）》（第4版）台北元照出版公司2012年版，第937、945页。

[2] 正因如此，在张明楷教授的最新版教科书中，修正了自己以前的主张，按照想象竞合的明示机能，提出“对想象竞合犯应当认定为数罪，即在判决书中应当逐一列出行为所触犯的罪名，但仅按其中较重犯罪的法定刑处罚（科处一个刑罚）”的处理原则［张明楷：《刑法学》（第5版），法律出版社2016年版，第489页］。

[3] 我国现行刑法分则中有关想象竞合的处罚规定，也基本采取“依照处罚较重的规定定罪处罚”这样类似“从一重处断”的表述，但在学理解释上，完全可能从上述规定中得出“想象竞合的明示机能”“轻罪的封锁作用”等内容［参见张明楷：《刑法学》（第5版），法律出版社2016年版，第489页；黎宏：《刑法学总论》（第2版），法律出版社2016年版，第325页］；甚至，刑法分则中不乏想象竞合数罪并罚的规定（参见黎宏书，第325—326页）。因此，难以判断我国刑法的基本立场。

[4]《日本刑法典》第54条虽规定“按照其最重的刑罚处断”，但通说理解是“比较成立的犯罪的法定刑，上限和下限均相对更重的刑罚范围内处断”［［日］大谷实：《刑法讲义总论》（新版第2版），黎宏译，中国人民大学出版社2008年版，第445页］。故归于此类。

[5] 与德日刑法采想象竞合与实质竞合区分原则不同，奥地利刑法采取不区分二者的单一刑罚原则（瑞士刑法也是如此），即想象竞合和实质竞合适用相同的处理原则。这也从一侧面表明想象竞合的数罪特征。

[6] 参见黄荣坚：《基础刑法学（下）》（第4版），台北元照出版公司2012年版，第951页；庄劲：《犯罪竞合：罪数分析的结构与体系》，法律出版社2006年版，第210页以下。

有认识到想象竞合不同于法条竞合的数罪特征，才能理解如此琳琅满目的想象竞合处理原则；才能解释为何某些国家的刑法典（如意大利）会分别规定法条竞合和想象竞合的适用原则（《意大利刑法典》第15条、第81条）；才能解释为何“想象竞合中，被排斥的轻罪的附加刑仍应适用”。[1]难以想象“大竞合论”将如何解释上述现象（无论如何，法条竞合现象总不应该有数罪并罚的可能吧！）。

第三，笔者注意到，“大竞合论”为证明法条竞合“择一适用”与想象竞合“从一重处断”处理原则相同，特别援引我国台湾学者黄荣坚教授的论述：“法条单一（即法条竞合——引者注）的法律效果主要固然是罪名的择一适用，然而被排斥的法条并非完全没有作用，如上述轻罪的封锁作用就是一个很清楚的例子。除此之外，如在优先法因为时效消灭、欠缺告诉或是刑法本身没有处罚未遂之规定而无法论罪的时候，是否可以退而适用基本法来作为论罪的依据，就成为一个问题。就此一问题，在基本原则上而言，必须依立法意旨来作决定。”[2]在笔者看来，这段论述不能证成我国刑法视野下的“大竞合论”：

1.关于“轻罪的封锁作用”。诚如许玉秀教授在评价想象竞合“轻罪封锁作用”规定时指出：“（想象竞合）从一重处断，法官仍有刑罚裁量权，法官并没有依照重罪名最轻本刑量定刑罚的义务，纵然没有该项决议（轻罪封锁作用之规定），法官实质上依照轻罪封锁原理量刑，并不违反罪刑法定原则，而且实质上顾及行为人侵害数法益的事实，所量定的刑罚反而符合罪刑相当原则，该项决议应该解释为提醒法官注意罪刑相当原则的行政指导，还不至于抵触宪法原则。”[3]黄荣坚教授自己也明确指出“封锁作用”乃是“基于衡平而来的原则”，认为：“此种衡平原则，不仅对想象竞合的情形有效，对于法条单一（法律单一）的情形也应该有效，否则无异鼓励行为人犯重

[1]［韩］金日秀、徐辅鹤：《韩国刑法总论》，郑军男译，武汉大学出版社2008年版，第661页以下。

[2] 黄荣坚：《基础刑法学（下）》（第3版），中国人民大学出版社2009年版，第600页。

[3] 许玉秀：《一罪与数罪的理论与实践（三）》，载《台湾本土法学杂志》2006年第80期。

罪来博取轻罚。”[1] 可见，轻罪的封锁作用无非是衡平原则（比例原则）对司法裁量权的制约要求转变为可操作的刑法规则而已，衡平原则不会因为法条竞合没有类似规则而否定其制约司法裁量的要旨，轻罪封锁之于法条竞合，也是衡平原则制约司法裁量的当然结果；轻罪封锁效果对于想象竞合而言是显性制约，对法条竞合而言则是隐性制约；不能因为法条竞合也有轻罪封锁效果，就误认为是法条竞合准用了想象竞合的适用规则，将法条竞合与想象竞合混同。

2. 关于“优先法不处罚未遂”。黄荣坚教授的立论是建立在“未遂犯处罚以分则特别规定为限”的立法模式之下的，难以适用于我国刑法“未遂犯总则一般皆可罚”的立法模式。

3. 关于“优先法未经告诉”。首先，我国刑法中的亲告罪仅限于极少数轻微犯罪，并且都有情节严重时“公诉化”的规定，黄荣坚教授所列举的情状在大陆并不存在；其次，黄教授本人也认为，刑法规定是否告诉乃论，犯罪轻重并非考虑的唯一因素，而是还有其他因素，如被害人名誉或其他利害关系的考虑，在此前提下，复出被排斥的基本规定显然会使原来的立法意旨落空。

4. 关于“优先法时效消灭”。真正出现问题的是“非严谨的法条单一”，特别是所谓前行为与后行为之间的吸收关系，而这在我国大陆刑法理论中根本没有被作为法条竞合处理，黄荣坚教授本人否定吸收关系法条竞合类型，“大竞合论”自己也认为所谓吸收关系的法条竞合实际上应作为吸收犯或者包括的一罪处理。[2] 而就“严谨的法条单一”（如特别关系法条竞合）而言，消灭时效当然应该以优先法为准。[3]

---

[1] 黄荣坚：《基础刑法学（下）》（第 3 版），中国人民大学出版社 2009 年版，第 597—598 页；黄荣坚：《基础刑法学（下）》（第 4 版），台北元照出版公司 2012 年版，第 932 页。第 4 版教科书采“法律单一”的表述。

[2] 参见陈洪兵：《不必严格区分法条竞合与想象竞合——大竞合论之提倡》，载《清华法学》2012 年第 1 期。

[3] 以上黄荣坚教授主张，参见黄荣坚：《基础刑法学（下）》（第 3 版），中国人民大学出版社 2009 年版，第 600—602 页（在第 4 版教科书中，黄荣坚教授删除了“被排斥法规的作用”这一部分）。

可见，以上四种情状，或者是论者理解有误，或者是不适合于我国刑法语境；又或者是并不针对严谨的特别关系法条竞合。而且，黄荣坚教授是明确主张严格区分法条竞合与想象竞合的，难以想象主张“严格区分”的黄荣坚教授的上揭论述是如何为与之完全相反的“不必严格区分”的“大竞合论”观点提供论据的。

综上，法条竞合与想象竞合之间具有“一罪”与“数罪”本质的结构差异；法条竞合是一行为一罪（形似数罪）一罚，而想象竞合则是一行为数罪一罚（以一罪处断）；想象竞合一般定位于法律效果论，以犯罪行为论为前提；而假性竞合（即法条竞合）内容是刑法分则中的罪名关系，将其定位为构成要件该当性的内容较为妥当。[1] 构造与位阶上的差异决定了二者在处理结果上存在罪名宣告（行为评价）的不同，不必区分二者的“大竞合论”难以成立。

三、逻辑关系和法益同一——法条竞合与想象竞合的区分

（一）法条竞合与想象竞合的区分标准

既然有必要区分，那么，应如何区分法条竞合与想象竞合？对此，学界众说纷纭。[2] 最常见的标准立足于法条关系，主张：一行为触犯的数法条间存在重合或交叉关系时，是法条竞合，否则即为想象竞合；法条竞合涉及的数法条间的重合或交叉关系，不以犯罪行为的发生为转移，而想象竞合中的数法条的关联，以行为人实施特定行为为前提或中介。[3] 于是，

---

[1] 参见陈兴良主编：《刑法总论精释》，人民法院出版社 2010 年版，第 606 页；柯耀程：《刑法竞合论》，中国人民大学出版社 2008 年版，第 25、94 页。

[2] 诸观点的概括评说，参见周建军：《法条竞合犯抑或想象竞合犯》，载陈兴良主编：《刑事法评论》（第 22 卷），北京大学出版社 2008 年版，第 477 页以下；张爱晓：《犯罪竞合基础理论研究》，中国人民公安大学出版社 2011 年版，第 125 页以下。

[3] 参见赵秉志主编：《刑法新教程》（第 3 版），中国人民大学出版社 2009 年版，第 218 页；高铭暄主编：《刑法专论》（上编），高等教育出版社 2002 年版，第 395 页；陈兴良：《教义刑法学》，中国人民大学出版社 2010 年版，第 709 页；等等。

法条竞合研究重心也随即转向法条关系（法条竞合类型）问题。

可是，其一，法条间的逻辑关系真的可以脱离行为事实存在吗？在确立法条关系时，实际上我们已经预设了一个“假想案例”。例如，认为诈骗罪与招摇撞骗罪之间是交叉关系，是因为我们预设了“行为人冒充国家工作人员骗取公私财物”这一假想案例；认为盗窃枪支罪与盗窃罪是特别关系，也是以假想的“行为人明知是枪支而窃取”为前提的，倘若行为人明知他人包中既有枪支又有现金而一并窃取，则无论两罪之间如何有特别关系，都不是法条竞合（实为想象竞合）。可见，法条间包含或交叉的逻辑关系，充其量只是法条竞合的必要条件而已。“谈论法条关系必须以犯罪行为为契机和归宿，是为了解决罪数的问题，空谈法条关系没有意义。”[1]

其二，“这一区分毕竟是一种形式意义上的区分，并未较多地涉及法条竞合犯抑或想象竞合犯的事实结构和法益侵害。”[2] 将法条竞合问题求诸法条竞合分类方式，是把法条竞合当作一个集合概念来处理，诸关系类别放在一起思考，不是因为它们之间有什么共同特征，而是因为偶然，因为他们基于各自不同的理由，而恰好都被赋予一个相同的法律效果，亦即法条之间的排斥作用，也因为这个偶然，这几种关系类型被取一个共同的名称“法条竞合”。[3] 这种以法条竞合的法律效果来界定法条竞合标准的方法，并不能为法条竞合的认定提供可资借鉴的标准。

在竞合问题上，我们所关心的是一个适度的、合于比例原则的犯罪宣告

---

[1] 吕英杰：《刑法法条竞合理论的比较研究》，载陈兴良主编：《刑事法评论》（第 23 卷），北京大学出版社 2008 年版，第 480 页。正因如此，有学者甚至主张法条竞合根本就是犯罪形态（参见庄劲：《犯罪竞合：罪数分析的结构与体系》，法律出版社 2006 年版，第 102—104 页；姜伟：《犯罪形态通论》，法律出版社 1996 年版，第 160—161 页）；也有学者别出心裁，区分静态的（立法面）法条竞合与动态的（司法面）法条竞合犯（参见刘士心：《竞合犯研究》，中国检察出版社 2005 年版，第 85 页；黄京平、陈毅坚：《法条竞合犯的类型及其法律适用》，载《中国刑事法杂志》2007 年第 4 期）。

[2] 周建军：《法条竞合犯抑或想象竞合犯》，载陈兴良主编：《刑事法评论》（第 22 卷），北京大学出版社 2008 年版，第 484 页。

[3] 黄荣坚：《刑法问题与利益思考》，中国人民大学出版社 2009 年版，第 201 页。

以及刑罚。不容许评价过多，也不容评价不足。[1]法条竞合与想象竞合最显著的差异正是在犯罪宣告上，“法官的审判工作，并不只是判一个刑就好，而是也要让人知道，行为人错在哪里。犯罪宣告本身，同时也就是在宣示行为人行为犯错的地方。这也是一个符合预防主义的做法。……所谓做错了什么事，从刑法保护法益的目的来看，所指的也就是，行为人侵害了什么法益”[2]。

如此，一行为是法条竞合抑或想象竞合，实际上就成为“何以决定单一还是复数犯罪宣告”的问题，也就是构成要件的该当性判断问题：充分评价和禁止重复评价是判断准则，而法益侵害则是判断的实质标准。“所谓‘想象竞合犯’，实乃就‘一个’‘刑法有意义的行为’，必须使其具有‘两个’或‘两个以上’的‘构成要件该当性’，方足以就‘全部事实’予以‘充分评价’。”[3]“判断法律单数（即法条竞合——引者注）的标准应该是不法及罪责内涵，应视整体犯行的不法及罪责内涵是否透过其中的一个法条便得以完整地宣示、掌握而定。至于学说上各种法律单数的类型，就只是辅助我们理解的现象描述而已，充其量只能看作法律单数的‘表征’，而不能取代实质的判断。”[4]

刑法对于行为事实的评价，既不能不足、也不能超过，而必须是不多也不少刚刚好的完全评价。[5]当一行为侵犯的法益，非某一个犯罪构成能够完全评价时，则应当有复数犯罪构成之宣告，只因仅具有单一行为，故在评价上，仅能为单一不可分割的可罚性评价；其基本性质固属单一，但绝非犯罪单数，而是可罚性及法律效果的单数，此即想象竞合。当一行为侵犯的法益，存在两个以上为保护同一法益而设立的数个犯罪构成（它们之间常常具有逻辑上的或法律拟制的交叉或包容关系）可资选择适用时，

---

[1] 黄荣坚：《刑法问题与利益思考》，中国人民大学出版社 2009 年版，第 208 页。

[2] 黄荣坚：《刑法问题与利益思考》，中国人民大学出版社 2009 年版，第 209 页。

[3] 郑逸哲：《‘法益刑法’概念下的“构成要件”和“构成要件适用”》，载《军法专刊》第 54 卷（2008 年）第 6 期。

[4] 蔡圣伟：《从刑总法理检视分则的立法》，载《月旦法学杂志》2008 年第 157 期。

[5] 柯耀程：《想象竞合与牵连关系》，载《月旦法学教室》2007 年第 55 期；柯耀程：《刑法竞合论》，中国人民大学出版社 2008 年版，第 49 页。

基于禁止重复评价，只能择一适用其中最能反映行为不法全貌的犯罪构成，此即法条竞合。可见，对于法条竞合，“构成要件之间的包容或交叉关系只是形式要件，保护法益的同一性则是实质要件”[1]。

考虑到形式要件的研究成果已相当丰富，在此不赘，这里仅就“法益的同一性”多着笔墨。[2]

第一，法益同一性判断的前提是厘清个罪保护的法益。抽象个罪保护的必要法益，必须是成立该罪的诸多具体情状中提取的“最大公约数”。

例如，《刑法》第314条非法处置查封、扣押、冻结的财产罪。倘若行为人以非法占有为目的，通过变卖、转移等方式取得被扣押的财产，或者故意毁坏该财产，必然会涉及本罪与盗窃罪、故意毁坏财物罪等财产犯罪之间的竞合问题。在笔者看来，无论从第314条的体系安排、罪量要素还是法定刑设置上看，非法处置查封、扣押、冻结的财产罪与盗窃、故意毁坏财物罪等财产罪之间都不是法条竞合，而是想象竞合。因为，其一，非法处置查封、扣押、冻结的财产罪，类属妨害司法罪，以查封、扣押、冻结财产的司法管理秩序为保护法益，不论财物价值多寡，只要严重侵犯司法管理秩序法益，即成立本罪，这表明财产法益并非本罪成立的必要法益；其二，本罪成立以“情节严重”为罪量要素，与侵犯财产罪表现财产价值多寡、体现财产法益侵害程度的“数额较大”要素并不相同，这也表明，本罪所关注的保护对象不是以财产价值为表现形式的财产法益；其三，本罪的法定刑设置为“3年以下有期徒刑、拘役或者罚金”，较轻的法定刑设置，显然难以承担对数额巨大、数额特别巨大程度的财产法益侵害的全面评价（罪刑均衡）。

再如，诈骗罪与招摇撞骗罪。通常认为二者系交叉关系的法条竞合，但实质上，诈骗罪保护的法益仅为财产权益；只要是冒充国家工作人员，

[1] 吕英杰：《刑法法条竞合理论的比较研究》，载陈兴良主编：《刑事法评论》（第23卷），北京大学出版社2008年版，第481页。

[2] 关于“法益同一性判断”更详尽的论述，可参见王彦强：《犯罪竞合中的法益同一性判断》，《法学家》2016年第2期。

骗取金钱、职位、荣誉抑或资格等，都可构成招摇撞骗罪，这表明招摇撞骗罪预设的必要法益只有国民对国家机关的信赖，而不包括财产法益。因此，行为人冒充国家机关工作人员骗取数额较大公私财物时，仅宣告诈骗罪，不能体现行为对公共秩序的侵害；仅宣告招摇撞骗罪，则又不能反映财产侵害的性质，唯有同时宣告二罪，方能完整评价行为不法。因此，诈骗罪与招摇撞骗罪实为想象竞合。

又如，诈骗罪与使用假币罪。也有想象竞合和法条竞合两种主张。[1]在笔者看来，既然“将假币赠与他人、用于赌博也认为是使用假币行为”[2]，则表明使用假币罪保护的必要法益只有货币公共信用，不包括财产法益。因此，主张想象竞合，方能完整宣示使用假币骗取他人财物行为的不法全貌。而在诈骗罪与销售伪劣产品罪之间，销售伪劣产品罪以消费者合法（财产）权益为保护法益，若行为人将真相告知消费者，则不能认定行为人希望或者放任发生侵害消费者权益的结果，不能认定本罪。[3]因此，诈骗罪与销售伪劣产品罪之间具有法益同一性，属法条竞合。

再如，诈骗罪与合同诈骗罪、金融诈骗罪。法条竞合限制论主张，诈骗罪侵犯个人法益——个人财产权；而合同诈骗罪、金融诈骗罪保护法益首要是社会法益（合同交易中的正常市场秩序、金融管理秩序），其次才

---

[1] 前者可谓德国和我国台湾地区的通说，参见蔡圣伟:《从刑总法理检视分则的立法》，载《月旦法学杂志》2008年第157期；林山田:《刑法通论》（下册），作者发行2008年增订10版，第314页；甘添贵:《罪数理论之研究》，中国人民大学出版社2008年版，第85页；后者则见于我国和日本学者著作中，参见陈兴良主编:《刑法总论精释》，人民法院出版社2010年版，第649页；[日]大谷实:《刑法各论》，黎宏译，法律出版社2003年版，第313页；[日]西田典之:《日本刑法各论》（第3版），刘明祥、王昭武译，中国人民大学出版社2007年版，第255页；张明楷教授在其第3版刑法教科书中，也曾认为“使用假币行为另触犯诈骗罪的，也应认定为使用假币罪”。[张明楷:《刑法学》（第3版），法律出版社2007年版，第581页]，这应该也是法条竞合的观点，但在第4版、第5版教科书中，张明楷教授修正了自己的观点，改采想象竞合的主张［参见张明楷:《刑法学》（第4版），法律出版社2011年版，第681页；张明楷:《刑法学》（第5版），法律出版社2016年版，第773页］。

[2] 张明楷:《刑法学》（第4版），法律出版社2011年版，第679页；张明楷:《刑法学》（第5版），法律出版社2016年版，第770页。

[3] 参见张明楷:《刑法学》（第5版），法律出版社2016年版，第738页。

是对方财产权利。虽说合同诈骗、保险诈骗罪都侵犯了他人的财产权利，但因为是侵犯社会法益的犯罪，它们与诈骗罪不是法条竞合，而是想象竞合。[1] 对此，笔者不能赞同。倘若主张想象竞合，就意味着需要同时宣告诈骗罪与合同诈骗罪、金融诈骗罪，而论者自己也承认合同诈骗、金融诈骗罪必然包括对他人财产权的侵害，若同时宣告，必然导致对财产法益侵害的重复评价。可见，诈骗罪的“财产法益”与合同诈骗、金融诈骗罪的“社会秩序法益 + 财产法益”，实为包容关系，具有法益的同一性。

法条竞合限制论还提到，在日本刑法中，特别公务员暴行凌虐罪是对国家法益的犯罪，强制猥亵罪、强奸罪是对个人利益的犯罪，二者罪质不同，将猥亵、奸淫作为特别公务员凌虐行为而实施时，只能成立特别公务员暴行凌虐罪与强制猥亵罪、强奸罪的观念竞合。[2] 这也值得商榷。如果是因为罪质不同，就成立想象竞合的话，那么，难以理解为什么在特别公务员暴行凌虐罪与同样是对个人法益的暴行罪、胁迫罪的关系上，同一日本学者却不主张想象竞合，而认为“暴行罪、胁迫罪被本罪（即特别公务员暴行凌虐罪——引者注）所吸收”[3]。在笔者看来，合理的解释应当是，只要是暴行凌虐，就一定有对个人法益的侵害，但因为特别公务员暴行凌虐罪保护的主要法益是国家法益，次要的个人法益难以得到充分保护，或者说次要保护的个人法益只能限定在相当于暴行罪、胁迫罪的较轻程度范围内。当暴行凌虐行为表现为猥亵、奸淫时，非特别公务员暴行凌虐罪一罪能够完全评价，只能同时宣告数罪，即想象竞合，以完整评价不法全貌。之所以认为本罪次要保护的个人法益限定在较轻程度，重要依据之一就是本罪法定刑与暴行罪、胁迫罪相当，而与强制猥亵、强奸罪相差较大。如此看来，对个罪构成要件及其保护法益的解释，法定刑设置是重要的考虑

[1] 吕英杰：《刑法法条竞合理论的比较研究》，载陈兴良主编：《刑事法评论》（第 23 卷），北京大学出版社 2008 年版，第 483 页。

[2] 吕英杰：《刑法法条竞合理论的比较研究》，载陈兴良主编：《刑事法评论》（第 23 卷），北京大学出版社 2008 年版，第 483 页。观念竞合的观点，参见［日］大谷实：《刑法各论》，黎宏译，法律出版社 2003 年版，第 450 页。

[3] ［日］大谷实：《刑法各论》，黎宏译，法律出版社 2003 年版，第 450 页。

因素。例如，日本刑法理论通说认为，强奸犯对死亡有故意的，成立强奸罪与杀人罪的想象竞合犯；而抢劫犯对死亡有故意的，不成立抢劫罪与杀人罪的想象竞合犯，也不成立抢劫致死罪与杀人罪的想象竞合犯，而仅认定为抢劫致死罪。这种看似矛盾的观点，实际上正是缘于日本刑法有关杀人罪、强奸致死罪以及抢劫致死罪三罪法定刑设置上的差异：《日本刑法典》第 199 条杀人罪的法定刑为“死刑、无期或者 5 年以上惩役”，第 181 条强奸致死罪的法定刑为“无期或者 5 年以上惩役”。如此，当行为人强奸妇女并对死亡有故意时，如果认为强奸致死罪包括对死亡有故意的情形，必将导致罪刑失衡（与单纯的杀人罪比较）；而认为是强奸致死罪与杀人罪的想象竞合犯，又会导致对死亡结果的双重评价；惟有认定为强奸罪与杀人罪的想象竞合犯，既避免重复评价，又实现罪刑均衡。反观抢劫（强盗）致死罪，《日本刑法典》第 240 条规定的法定刑为“死刑或者无期惩役”，当行为人抢劫对死亡具有故意时，主张“抢劫致死罪与杀人罪的想象竞合犯”，有违禁止双重评价原则；主张“抢劫罪与杀人罪的想象竞合犯”，则刑罚反不及违法程度更轻的对死亡结果仅有过失的场合（抢劫致死罪），有失均衡；是故，日本判例与通说均认为仅成立抢劫致死罪。[1] 即认可抢劫致死罪包容杀人罪的法条竞合关系。在我国刑法中，抢劫罪与暴力干涉婚姻自由罪的法定刑差距悬殊，表明二罪暴力程度理应不同，法益内容也因此有程度、范围上的差异，从而导致二罪与伤害等罪之间不同的法条竞合范围。[2]

第二，法条竞合是构成要件的竞合，当同一罪名包含多种行为类型时，应当根据不同的行为类型来确定不同犯罪构成保护法益的内容。例如，强奸罪包括普通强奸罪和奸淫幼女型强奸罪，前者保护法益是妇女的性自由选择权，后者则是幼女身心健康；再如，数额型盗窃罪保护的是公私财产

---

[1] 参见［日］山口厚：《刑法各论》（第 2 版），有斐阁 2010 年版，第 116、237 页；［日］大谷实：《刑法各论》，黎宏译，法律出版社 2003 年版，第 92、177 页；［日］西田典之：《日本刑法各论》（第 3 版），刘明祥、王昭武译，中国人民大学出版社 2007 年版，第 77、144 页。

[2] 学者所列举的故意杀人罪、故意伤害罪、过失致人死亡罪、过失致人重伤罪等与其他犯罪的所谓包容竞合情况可资参考（详见陈兴良主编：《刑法总论精释》，人民法院出版社 2010 年版，第 659 页以下）。

权，而入户盗窃罪则包括住宅安全权和公私财产权。

第三，我国刑事立法常采用加重犯模式，有的将新的法益侵害内容作为某罪的加重构成，这相当于设立了一个新的犯罪构成，应当根据该加重构成来界定其法益内容，即所谓包容关系（包容犯）。例如，抢劫罪包容杀人罪、伤害罪；绑架罪包容杀人罪；拐卖妇女罪包容引诱、强迫卖淫罪、强奸罪；组织他人偷越国（边）境罪包容妨害公务罪；强迫卖淫罪包容强奸罪；等等。对于包容关系，周光权教授将其作为中国刑法中法条竞合的单独形式，与特别关系并列；[1]张明楷教授则认为包容关系均可以归纳为特别关系。[2]两种观点分歧只是对特别关系的不同理解而已，包容关系有别于传统的、基于逻辑关系的特别关系，是一种法律拟制的竞合关系，是立法对想象竞合或实质竞合的法条竞合化。对于包容竞合，既然有更完整的包容法条可资适用，被包容的法条就不再适用。

但有学者认为，以杀人方式抢劫的应当定故意杀人罪，原因是如果抢劫杀人未遂时，以抢劫罪论处只能处 3 年以上 10 年以下有期徒刑，而故意杀人罪（未遂）则可能判 10 年以上有期徒刑、无期徒刑或者死刑，罪刑不均可见一斑。[3]问题是：(1) 定故意杀人罪，无法反映行为对财产法益的侵害事实，明显的评价不足；(2) 抢劫杀人未遂实为加重抢劫罪未遂，法定刑基准是 10 年以上有期徒刑、无期徒刑或者死刑，罪刑不均并不存在。

该论者还主张：认为放火罪等以危险方法危害公共安全的犯罪包容故意杀人罪、故意伤害罪，绝对排斥后者的适用，可能不合理。行为人意图以放火的方式杀死大剧院中数百号人，但因为被害人逃生及时，未造成人员伤亡，以放火罪定罪只能适用《刑法》第 114 条最重判处 10 年有期徒刑，但若以故意杀人罪（未遂）论处，则完全可能判处 10 年以上有期徒刑、无期徒刑甚至死刑。又如，认为绑架罪包容了故意杀人罪而绝对排除后者的适用，并非符合事实。当 15 岁少年绑架杀人时，就只能且应该以故意杀人

[1] 参见周光权：《法条竞合的特别关系研究》，载《中国法学》2010 年第 3 期。

[2] 参见张明楷：《法条竞合中特别关系的确定与处理》，载《法学家》2011 年第 1 期。

[3] 参见陈洪兵：《抢劫杀人的应定故意杀人罪》，载《法律适用》2007 年第 8 期。

罪追究刑事责任。……因此，在所谓包容关系的场合，不可否认成立包容罪名与被包容罪名之间的想象竞合犯，即便最终以所谓包容法条定罪处刑，也是想象竞合犯“从一重处断”的结果。[1] 这种主张可能存在以下问题：

首先，“15 周岁少年绑架杀人以故意杀人罪论处”的例证并不妥当。未满 16 周岁的少年绑架杀人以故意杀人罪论处，只是因为行为人的年龄尚未达到要对其绑架行为承担刑事责任的年龄要求（仅达到对其故意杀人行为承担刑事责任的年龄），以责任阻却事由对犯罪认定的影响来驳斥属于构成要件该当领域的法条竞合适用原则，实属不当。

其次，关于“放火罪等以危险方法危害公共安全犯罪包容故意杀人、故意伤害罪”的例证也不合适。实际上，即便是论者反驳的、主张包容关系的周光权教授也特别强调：“放火等以危险方法危害公共安全的犯罪包容故意杀人、故意伤害罪，这只是通说的观点，对此，还值得进一步研究。”[2] 如此，将此例证作为驳斥对象就难说合适了。在笔者看来，通说将此例证视为包容关系（法条竞合）的观点的确值得商榷，放火罪等以危险方法危害公共安全罪以不特定或者多数人的生命、健康或公私财产为保护法益；故意杀人罪则以特定人生命为保护法益。①当行为人实施放火等危害公共安全的行为，造成不特定或者多数人伤亡，并对该结果有认识并且持希望、放任态度时，应适用第 115 条第 1 款；倘若不特定或者多数人伤亡的实害结果未发生，则只能适用《刑法》第 114 条（未遂犯的既遂犯化的规定）。[3] 因缺乏侵害特定人生命的主观意图，不能认定为故意杀人罪。[4]

---

[1] 陈洪兵：《不必严格区分法条竞合与想象竞合——大竞合论之提倡》，载《清华法学》2012 年第 1 期。

[2] 周光权：《法条竞合的特别关系研究》，载《中国法学》2010 年第 3 期。

[3] 参见张明楷：《刑法分则的解释原理》（第 2 版），中国人民大学出版社 2011 年版，第 693 页；张明楷：《刑法学》（第 5 版），法律出版社 2016 年版，第 691 页。

[4] 此种情状，如果依据论者的观点，认定是故意杀人罪，实则完全无视故意杀人罪成立所必需的“客观上必须指向特定人特定之生命法益，主观上必须有侵害特定人生命法益的主观意图”的犯罪构成要求；并且，此种适用方案，也将可能导致《刑法》第 114 条、第 115 条放火等罪完全失去适用可能，成为“僵尸条款”（甚至所有只要含“致人死亡”情形的罪名（条款），都将沦为“僵尸条款”）。这种“以刑制罪”的处理方案应当警惕。

②当行为人以侵害特定人生命的意图，向他人居住的独门独院放火的行为，因未涉及公共安全，只能论以故意杀人罪。③当行为人为侵害特定人生命，而实施放火等危害公共安全的行为时，即便该特定人没有伤亡，而导致其他人伤亡结果时，也应当适用放火罪第115条第1款，而就该特定人，才存在故意杀人未遂的问题。这表明，以放火等危害公共安全的方式实施杀害特定人的行为时，作为放火等罪的公共安全法益，并不是通过该特定人的生命法益表现出来的，即公共安全法益与特定人生命法益并非同一。因此，以放火等危害公共安全的方法实施杀人行为的，当然应认定为想象竞合犯。[1]

---

[1] 相同结论参见张明楷:《论以危险方法杀人案件的性质》，载《中国法学》1999年第6期；张明楷:《刑法学》(第5版)，法律出版社2016年版，第691页；黎宏:《刑法学各论》(第2版)，法律出版社2016年版，第216页；周光权:《刑法各论》(第3版)，中国人民大学出版社2016年版，第19页；刘艳红主编:《刑法学（下)》(第2版)，北京大学出版社2016年版，第196页；等等。想象竞合采“从一重处断”处断原则，传统观点会在“选择以放火罪还是以故意杀人罪定罪处罚”的问题上存在分歧，即第115条放火等罪“处十年以上有期徒刑、无期徒刑或者死刑”与故意杀人罪“处死刑、无期徒刑或者十年以上有期徒刑”哪个更重的问题。通说见解基于集体主义至上、公共法益优于个人法益的立场，认为放火等罪更重，应当以放火等罪定罪处罚；而基于法定刑设置的角度，认为故意杀人罪更重，应以故意杀人罪处断的观点，也变得十分有力（参见同注，张明楷文；黎宏书，第216页；周光权书，第19页）。但是，如果正确地坚持想象竞合的“明示机能”，坚持想象竞合的“从一重处断”是在“同时宣告两罪成立、同时援引两个刑法条文的基础上，按照处罚较重的条文判处刑罚”的意义上理解适用的话，就不会出现上述“定哪一个罪”的分歧，并且，上限与下限完全相同的法定刑配置，也不会因为刑种排列顺序的不同，而有选择适用的不同效果。

另外，法定刑上下限完全相同，仅因刑种排列顺序上的“由重到轻”，就得出故意杀人罪的法定刑更重的结论，未必可靠，因为这种排列顺序并不能当然地得出“构成故意杀人罪的，优先/首先考虑死刑的适用”的结论，尤其是在“严格控制死刑、少用慎用死刑”的刑事政策背景下，应当将死刑控制在极个别的、情节极其严重、恶劣的故意杀人行为的范围内，而不是将死刑视为故意杀人罪刑罚适用的常态。因此，在笔者看来，故意杀人罪极为特殊的“由重到轻”的法定刑配置，意义并不在于作为裁判规范，给予法官选择适用时的某种“暗示”“提醒”，而是作为自然犯属性最浓烈、最常见、也最严重的犯罪行为，立法以严苛的刑罚配置（无法再在刑罚轻重上做文章，就只能在排列顺序上下功夫了）突出行为规范指引和预防之效能。简言之，故意杀人罪这种“倒置的”刑罚排列顺序，是重视行为规范指引作用，而非裁判规范指导作用的产物。此外，以“公众对犯罪的感觉”为由，认为故意杀人罪更重，恐怕也过于感性，容易陷入“公说公有理婆说婆有理”的窘境。

第四，社会法益是个人法益的集合，最终都可以还原为个人法益。因此，当社会法益通过对个人法益呈现时，对同一结果不能再有保护个人法益罪名的宣告，否则即是对同一结果的双重评价。例如，交通肇事罪、责任事故犯罪等过失危害公共安全犯罪，只有当公共安全具体化为现实危害后果时，方有该过失犯的成立。换言之，具体的伤亡结果或者财产损失，正是各罪公共安全法益的具体内容。因此，当具体伤亡结果被评价为危害公共安全而成立交通肇事等罪时，如果再以此认定过失致人死伤等侵犯个人法益犯罪，就是对同一伤亡结果的重复评价。可见，交通肇事罪、责任事故犯罪、医疗事故罪、玩忽职守罪等过失危害公共安全、社会法益犯罪与过失致人死伤罪系法条竞合关系，想象竞合的观点[1]难以成立。

第五，行为方式表述不同，法益可能同一（如上揭“过失致人死伤”“肇事”“事故”等）；而表述相同，却未必指向同一法益。例如，同为盗窃行为，在盗窃罪与盗窃枪支、弹药、爆炸物罪、盗伐林木罪、盗窃武器装备、军用物资罪之间，尽管枪支、弹药、爆炸物、林木、武器装备、军用物资等在社会观念中都被认为是有价值的特殊财物，与公私财物系特殊物与一般物的关系，但并不能由此得出盗窃罪与这些犯罪系法条竞合的结论。因为，现实中该当 ×× 罪构成要件的行为必然侵害到的某个法益，未必一定就是 ×× 罪保护之必要法益，抽象的 ×× 罪保护之必要法益，必须基于该罪构成要件的具体内容加以判断；具体就盗窃枪支、弹药、爆炸物、盗伐林木等罪而言，尽管盗窃枪支、弹药、爆炸物、盗伐林木的行为一定会侵害到枪支、弹药、爆炸物、林木等特殊对象物之财产法益，但从这些犯罪的构成要件要素（尤其是罪量构成要素）的内容，可以看出刑法并没有将它们当作财物保护，而是仅仅作为公共安全、生态环境等超

[1] 参见吕英杰:《刑法法条竞合理论的比较研究》，载陈兴良主编:《刑事法评论》（第 23 卷），北京大学出版社 2008 年版，第 483 页。

个人法益予以保护的。[1] 因此，上述犯罪之间应当是想象竞合关系，而非法条竞合。[2] 而在盗窃罪与为境外窃取国家秘密、情报罪、非法获取公民个人信息罪、侵犯商业秘密罪、窃取国有档案罪、盗窃国家机关公文、证件、印章等罪之间，因为秘密情报、档案、证件等以标识内容而具有意义，载体本身一般并无价值，与公私财物犹如物证与书证的关系，同样不能认定为法条竞合关系，若载体本身也有较大财产价值，则系两罪的想象竞合关系。

当然，法益同一性的实质条件也同样受制于法条间交叉或包容关系的形式要件。在同一法益下，当法律依据行为类型设置不同罪名时，如盗窃、诈骗、侵占等财产犯罪，因基本行为要素变异，没有形式上的包容交叉，应当择一适用；[3] 当法律对同一行为类型根据行为对象的不同设立不同罪名时，如走私武器、弹药、文物等特殊走私罪，虽说是同一法益下的数个罪名，但考虑到个罪之间的对立关系，当行为人一次性走私多种特殊物时，基于完整评价，应当有数罪的宣告。[4]

---

[1] 从立法和司法解释的规定来看，这些犯罪的成立，基本上都是考虑枪支、弹药、爆炸物等的数量、品种、造成的严重后果、林木数量等，这些要素都只是公共安全、军事利益、环境生态法益等的表征，而根本不涉及财产法益［在包含罪量要素的犯罪论体系下，财物犯罪的法益不仅表现为财产的占有关系（质），同时也应当包含财产价值（量）的内容］。唯一的例外是，盗窃军用物资罪“涉嫌盗窃军用物资价值 2000 元以上，应当立案”之规定（2013 年 2 月 26 日最高人民检察院、解放军总政治部修订印发的《军人违反职责罪案件立案标准的规定》第 21 条），此一立案标准的内容，显然是基于军用物资的财产法益的考虑。因此，这种情况下成立的盗窃军用物资罪，保护的法益内容应当是国家军事利益和军用物资财产法益的复合法益，与普通盗窃罪之间具有法益的同一性，成立法条竞合关系。

[2] 参见王彦强:《犯罪竞合中的法益同一性判断》，载《法学家》2016 年第 2 期；张明楷编著:《刑法的私塾》，北京大学出版社 2014 年版，第 227 页。在此，笔者改变了曾经“法条竞合”的主张（参见王强:《法条竞合特别关系及其处理》，载《法学研究》2012 年第 1 期）。

[3] 即传统法条竞合类型中的择一关系，但择一关系法条竞合类型在德日刑法理论中已多遭否定［参见［日］山口厚:《刑法总论》（第 2 版），有斐阁 2007 年版，第 366 页；［德］汉斯·海因里希·耶塞克、［德］托马斯·魏根特:《德国刑法教科书》，徐久生译，中国法制出版社 2001 年版，第 895 页］。

[4] 张明楷教授主张：在一次走私活动中，同时走私毒品与武器的，主要部分不是重合的，应认定为数罪，而非想象竞合犯［张明楷:《刑法学》（第 5 版），法律出版社 2016 年版，第 483 页注 53］。

（二）关于“本法另有规定的，依照规定”的理解

区分法条竞合与想象竞合，就不得不涉及对《刑法》第233条过失致人死亡罪、第234条故意伤害罪、第235条过失致人重伤罪、第266条诈骗罪、第397条滥用职权罪、玩忽职守罪中“本法另有规定的，依照规定”的理解。通说持“法条竞合说”，即认为该规定是对特别关系或补充关系法条竞合适用原则的强调；但也有学者提出“该规定是注意规定，应该在想象竞合犯的‘从一重处罚’意义上把握”（以下简称“想象竞合说”）。[1]

不过，“想象竞合说”所举例证或引证，都难以证成其合理性：

其一，以想象竞合的例证质疑通说，实属“栽赃”。例如，论者质疑通说，指出：冒充国家机关工作人员偶然骗取少量财物，是招摇撞骗，哪有骗取数额巨大的财物反而不成立招摇撞骗罪的道理？以故意轻伤的方式尚属于妨害公务，构成妨害公务罪，何以比轻伤危害更重的重伤、杀人方式阻碍公务执行的，反而不属于妨害公务，不构成妨害公务罪呢？未达到伤害程度的暴力行为尚能构成暴力干涉婚姻自由罪，又有什么理由认为，在行为人以故意致人轻伤以上的暴力方式干涉婚姻自由的，反而不构成暴力干涉婚姻自由罪？[2]在笔者看来，这些例证实际上都是想象竞合——不是不成立招摇撞骗罪、妨害公务罪、暴力干涉婚姻自由罪，而是不仅仅成立三罪，还同时构成更重的诈骗罪、故意杀人罪、故意伤害罪（重伤），必须同时宣告数罪才能完整地评价行为不法，只是为了防止对一行为的双重处罚，才按一重罪的法定刑处罚而已。通说“法条竞合说”从来都不会以存在“本法另有规定的，依照规定”为由，限制上述个罪与他罪的想象竞合关系的认定和适用。

论者还援引日本学者的观点作为旁证：在颠覆无人电车而造成车外的

[1] 陈洪兵：《刑法分则中“本法另有规定的依照规定”的另一种理解》，载《法学论坛》2010年第5期。

[2] 陈洪兵：《刑法分则中“本法另有规定的依照规定”的另一种理解》，载《法学论坛》2010年第5期。

人死亡的场合（颠覆案），应构成交通危险罪（第 125 条）与杀人罪、过失致死罪等的观念竞合；污染净水致死伤时（污染案），如果对死伤结果存在故意，则分别构成污染净水罪、污染水道罪、将毒物混入净水罪与伤害罪、杀人罪的观念竞合。[1] 可是，（1）尽管《日本刑法典》第 127 条交通危险致使火车颠覆等罪属于交通危险罪（第 125 条）的结果加重犯，但“由于第 127 条规定依照第 126 条处断，因而本条至少以其客体是有人在内的电车等为前提。那么在运行无人电车的场合，只有在因此造成其他有人在内的电车颠覆之时才依照第 126 条处断。如果造成车内的人或者车外的人死亡之时，则应适用第 126 条第 3 项。”[2] 如此理解第 127 条，“颠覆案”自然无法该当第 127 条的构成要件，无法按照第 126 条第 3 项颠覆火车等致死罪处断，只有宣告交通危险罪与杀人罪、过失致死罪等的观念竞合，方能完整描述行为不法。但也有学者认为：“由于故意颠覆现在没有人的火车、电车以及舰船的行为，不是《刑法》第 126 条的犯罪，而是构成本罪（第 127 条）。因此，本罪中的火车、电车或舰船中即便现在没有人也行……在使无人电车颠覆，致使旁边的人死亡的场合，也应该根据《刑法》第 126 条第 3 款的规定，作相同的处罚。”[3] 显然，在大谷教授看来，“颠覆案”可以直接适用第 127 条，而无须认定为交通危险罪与杀人罪、过失致死罪等的观念竞合。因为学者对《日本刑法典》第 127 条构成要件及法益范围的不同理解，从而会导致想象竞合和法条竞合两种不同的解决方案，但绝不是将想象竞合和法条竞合混同，诚如黄荣坚教授所言：“学说和实务上会有纷争，不过这种纷争是出于对个别的犯罪类型的理解上的纷争，而不是法条竞合的标准本身的问题。”[4]（2）至于“污染案”，根本就是《日本刑法

[1] ［日］山中敬一：《刑法概说Ⅱ》（各论），成文堂 2008 年版，第 166 页；转引自陈洪兵：《刑法分则中“本法另有规定的依照规定”的另一种理解》，载《法学论坛》2010 年第 5 期。

[2] ［日］西田典之：《日本刑法各论》（第 3 版），刘明祥、王昭武译，中国人民大学出版社 2007 年版，第 248—249 页。

[3] ［日］大谷实：《刑法各论》，黎宏译，法律出版社 2003 年版，第 298—299 页。

[4] 黄荣坚：《刑法问题与利益思考》，中国人民大学出版社 2009 年版，第 219 页。

典》第145条想象竞合处理原则的重申。论者由此断言："域外刑法理论通常认为，实施特殊类型的犯罪而致人死伤的，构成特殊类型犯罪与普通致人死伤罪之间的想象竞合犯，从一重处罚。"[1] 此一判断恐难成立。

其二，将法条竞合的实例也按照想象竞合处理，就意味着也必须同时宣告数罪，这必然导致对同一法益的重复评价。"双重评价禁止原则所要禁止的并不仅仅是不合理的多重处罚，而是一开始就禁止不合理的多重的犯罪宣告。"[2] 论者却全然不顾想象竞合与法条竞合在犯罪宣告上的差异。

依照论者主张，国家工作人员利用职务上便利骗取公共财物，是诈骗罪[3]与贪污罪[4]的竞合，也从一重定罪处刑：若骗取3000元以下的，构成贪污罪；[5]3000—5000元的，构成诈骗罪；[6]5000—4万元的，构成贪污罪；[7]4万—5万元的，视情节构成诈骗罪抑或贪污罪；[8]5万元以上的，构成贪污罪。[9] 相同行为模式仅因数额多寡而几易罪质，行为定型荡然无

---

[1] 陈洪兵：《刑法分则中"本法另有规定的依照规定"的另一种理解》，载《法学论坛》2010年第5期。

[2] 黄荣坚：《刑法问题与利益思考》，中国人民大学出版社2009年版，第215页。

[3] 2011年3月1日《最高人民法院、最高人民检察院关于办理诈骗刑事案件具体应用法律若干问题的解释》第1条将"3000元至1万元以上""3万元至10万元以上""50万元以上"作为诈骗罪"数额较大""数额巨大""数额特别巨大"的标准。这里仅以江苏省执行的3000元、4万元和50万元标准为例。

[4] 特别指出的是，"想象竞合说"提出于2010年，彼时，《刑法修正案（九）》尚未出台，也没有最新司法解释关于贪污罪数额新标准的确立。因此，这里为了更有针对性地驳斥"想象竞合说"的观点，贪污罪的数额标准和法定性配置选用2015年8月29日《刑法修正案（九）》修正之前的立法内容展开论证。

[5] 原刑法规定，贪污数额不满5000元，情节较重的，处2年以下有期徒刑或拘役，表明贪污罪数额起点不是5000元，说贪污罪没有数额起点也不过分（张明楷：《刑法学》（第4版），法律出版社2011年版，第1047页）。

[6] 此时诈骗罪"3年以下有期徒刑"高于原刑法贪污罪"2年以下有期徒刑"的规定。

[7] 此时诈骗罪"3年以下有期徒刑"低于原刑法贪污罪"1年以上7年以下有期徒刑，情节严重的，7年以上10年以下有期徒刑"。

[8] 系诈骗罪3年以上10年以下有期徒刑与原刑法贪污罪"1年以上7年以下有期徒刑，情节严重的，7年以上10年以下有期徒刑"比较的结果。

[9] 此时原刑法贪污罪法定最高刑为死刑，而诈骗罪最高不过无期徒刑。

存。[1] 再比如，销售伪劣产品是诈骗罪与销售伪劣产品罪的竞合，依照想象竞合说，销售金额 5 万元以下的，构成诈骗罪；销售金额 5 万元以上时，诈骗罪的法定刑也远高出销售伪劣产品罪，也只能构成诈骗罪，如此，销售伪劣产品罪似乎根本没有适用可能。同样的分析也适用于盗窃罪与盗伐林木罪；诈骗罪与集资诈骗、保险诈骗罪；故意毁坏财物罪与非法处置查封、扣押、冻结的财产罪、故意损毁名胜古迹罪等的竞合关系。论者也强调："为了限制生产、销售普通伪劣商品犯罪的处罚范围，立法特意规定销售金额达到 5 万元的才值得作为犯罪处罚。""司法解释将盗伐林木罪的定罪起点限定为 $2m^3$ 以上并无不合理的地方，因盗伐林木未达 $2m^3$ 以上的，对其保护的主要法益——环境资源的破坏微不足道，不值得作为破坏环境资源犯罪处罚。""之所以保险诈骗罪、盗伐林木罪、非法处置查封、扣押、冻结的财产罪、故意毁损名胜古迹罪等罪的法定刑轻于相关的财产犯罪，是因为立法者认为，就对主要法益的侵害而言相关法定刑已经能够做到罪刑相适应。"[2] 可按照论者"想象竞合说"的主张，立法者限制处罚范围的意图难以落实，那些对主要法益保护罪刑相适应的特别立法，也被废黜不

---

[1] 如果按照修正后的贪污罪的规定和司法解释。《刑法修正案（九）》已经删除了原刑法典关于贪污罪罪量的确定性规定，而改采"数额较大或者其他较重情节的""数额巨大或者有其他严重情节的"以及"数额特别巨大或者有其他特别严重情节的"等概括性的罪量规定。而根据 2016 年 4 月 18 日《最高人民法院、最高人民检察院关于办理贪污贿赂刑事案件适用法律若干问题的解释》之规定，贪污罪"数额较大""数额巨大""数额特别巨大"的具体标准为"3 万元以上不满 20 万元""20 万元以上不满 300 万元""300 万元以上"。加之《刑法修正案（九）》将贪污罪的法定性配置也相应地调整为"三年以下有期徒刑或者拘役，并处罚金""三年以上十年以下有期徒刑，并处罚金或者没收财产""十年以上有期徒刑或者无期徒刑，并处罚金或者没收财产；数额特别巨大，并使国家和人民利益遭受特别重大损失的，处无期徒刑或者死刑，并处没收财产"，除死刑配置外，其他法定刑配置与诈骗罪基本相同。这意味着，如果采取"想象竞合说"的观点，骗取型贪污（即贪污罪与诈骗罪竞合时），只有当数额和情节达到可以判处死刑的情况时，才可以以贪污罪论处，而其他情况则都应当认定为诈骗罪，因为诈骗罪的数额标准显著低于贪污罪；这种状况在贪污罪与侵占罪、盗窃罪的竞合关系中也普遍存在。这意味着"想象竞合说"的主张将导致贪污罪的规定，除特大案要案需要判处死刑的情形可资适用以外，几乎没有其他任何适用可能，也足见此说的不妥。

[2] 陈洪兵：《不必严格区分法条竞合与想象竞合——大竞合论之提倡》，载《清华法学》2012 年第 1 期。

用。论者说："'本法另有规定的，依照规定'是立法者考虑到在上述普通罪名之外，还存在一系列的所谓特殊罪名，故立法者特意提醒司法工作人员注意，不要忽视其他特殊罪名的适用。"[1]这没有错，可依据"想象竞合说"，这些法定刑配置更轻或者罪量要求更高的特殊罪名，根本就没有任何适用可能，如此，这一说辞就犹如"放羊娃喊狼来了"——只是提醒注意，却从不适用。

其三，援引黄荣坚教授关于"明示的补充关系的规定"的相关论述，不仅不能证成论者"想象竞合说"的主张，反倒是对该说的证否。黄荣坚教授指出："补充条款在立法技术上颇有商榷的余地。补充条款实质上的条件是保护法益的同一性，如果两个条文之间具有保护法益的同一性，那么在解释上，补充关系是当然的结果，而无待立法者提示。如果两个条文之间并不具备保护法益的同一性，那么补充条款的存在反而有误导的作用，使人误以为任何事实上可能和补充规定相竞合的条文都有排斥补充规定的作用。基于此，补充条款的存在，在一定的条件下固然有提示法条单一的作用，但是作用有限，反而误导甚巨。补充条款，立法上不如全部删除。"[2]

根据禁止重复评价原则，在法益同一性时，禁止对一行为宣告数罪，明示补充关系的规定才有合理的根据。"所谓其他法律有较重之规定（即明示补充关系规定——引者注），一定限于真正具备保护法益同一性的法律才是。"[3]但因为明示补充关系规定的文本中并没有"法益同一性"的限制文字，容易误导人们将这种排斥适用的效果扩大应用到不具备法益同一性的想象竞合身上，这样势必导致不法评价不足。而若做出法益同一性的限制，又可能产生"如此做法与法条字义不符，将补充条款的适用做了不利于行为人的限缩，引起抵触罪刑法定原则的质疑"[4]。正因如此，黄荣坚教授才

[1] 陈洪兵：《刑法分则中"本法另有规定的依照规定"的另一种理解》，载《法学论坛》2010年第5期。

[2] 黄荣坚：《基础刑法学（下）》（第3版），中国人民大学出版社2009年版，第587页；黄荣坚：《基础刑法学（下）》（第4版），台北元照出版公司2012年版，第918—919页。

[3] 黄荣坚：《刑法问题与利益思考》，中国人民大学出版社2009年版，第224页。

[4] 蔡圣伟：《从刑总法理检视分则的立法》，载《月旦法学杂志》2008年第157期。

认为在立法技术上商榷，不如删除。可见，明示的补充关系规定是法条竞合当然的适用原则，质疑只是因为立法的不精确，可能导致该规定被错误地适用于想象竞合。

笔者坚持“本法另有规定的，依照规定”是“特别关系（补充关系）法条竞合场合，‘特别法优于普通法’法条竞合适用原则的强调”这一“法条竞合说”的通说观点。当刑法对同一法益设定普通法与特别法时，基于禁止重复评价，一行为只能择一罪宣告，因特别法较普通法具有更丰富的内涵，若行为已经达致特别法条构成要件要求，适用特别法当然更能完整呈现行为不法全貌。“构成要件对于行为的评价关系，系一种‘包摄过程’，不论是一个或数个构成要件的包摄，必须对于所评价之行为，无增损减补地完全含纳，不能有任何将行为削足适履的适用情况，也不能产生尚游刃有余的空间，简单地说，构成要件对于行为的包摄，必须是完全饱足，不能大也不能小，否则即不得谓行为具有构成要件该当性。”[1] 法条竞合的构成要件竞合属性和法益同一的实质表明，特别法优先于普通法是法条竞合特别关系的一般适用原则，而“本法另有规定的，依照规定”是对该原则的重申，属注意规定，而非拟制规范。[2]

四、重法论与“没有章法”的特别法条惟轻

以上论述的商榷对象重点针对“大竞合论”和法条竞合限制论，但也可以局部审视重法论的主张：

其一，关于“本法另有规定的，依照规定”。重法论赞同“法条竞合说”。[3] 不过，重法论主张补充适用重法优先原则的条件之一，即“刑法没有禁止适用普通法条，或者说没有指明必须适用特别法条。……当刑法条

[1] 柯耀程：《刑法竞合论》，中国人民大学出版社 2008 年版，第 106—107 页。

[2] 相同结论，亦可参见阮齐林《对未溢出特别法的行为排斥“重法优先”规则》，载《检察日报》2011 年 2 月 17 日，第 3 版。

[3] 参见张明楷：《刑法分则的解释原理》（第 2 版），中国人民大学出版社 2011 年版，第 684 页。

文规定了‘本法另有规定的，依照规定’时，禁止适用普通法条”。这不免使人生疑。因为“刑法仅对想象竞合予以规定，而对法条竞合略而不提，无非认为此种竞合得依法理解决，毋庸赘举”[1]。如前所述，特别法优于普通法正是合乎法理的法条竞合特别关系的一般适用原则，“本法另有规定的，依照规定”只是对该原则的重申，属注意规定。注意规定的属性表明，不论是否存在该条款，对法条适用都不应该产生实质性影响。既然如此，如果认为盗窃罪与盗伐林木罪、合同诈骗罪与保险诈骗罪之间同样系特别关系的法条竞合，那么，即便是盗窃罪、合同诈骗罪中没有“本法另有规定的，依照规定”的“注意规定”，也不应该补充适用“重法优先”。重法论改变了“本法另有规定的，依照规定”注意规定的属性，值得商榷。

其二，轻重乃法定刑的轻重，刑随罪生，只有该当数罪才有数罪法定刑轻重的比较。想象竞合的“从一重处断”正是在数罪基础上比较法定刑轻重后的“从一重”，而法条竞合形似数罪，实为一罪，既是一罪，何来两罪法定刑的轻重比较？何来重法优先？缺乏数罪基础的“重法优于轻法”犹如无源之水无本之木；而以刑罚轻重来决定属于构成要件该当的法条竞合的处理，又有“以刑制罪”、颠倒定罪量刑之嫌，这更像是一种“逆向型定罪逻辑——即拿到案件后，先出于各种考虑形成一个当判多重刑罚的定见，然后再沿着可能满足这个定见的多种可能的来路，返回去寻找适当的罪名”[2]。

其三，联系前文关于明示补充条款的争论，可以发现，即便是对该条款作出合乎法理、限缩适用的解释，也因“与字义不符，做了不利于行为人的限缩”，而招致“罪刑法定原则与正当解释间的冲突、抵触罪刑法定原

[1] 蔡墩铭:《刑法总论》，台北三民书局 2009 年版，第 294 页。

[2] 白建军:《刑法分则与刑法解释的基本理论》，载《中国法学》2005 年第 4 期。这里所谓“量刑反制定罪”“以刑制罪”问题，笔者赞同个罪构成要件的解释问题应当考虑刑罚轻重，以合理限定构成要件的内容。但具体个案的性质认定（定罪）问题，则应当否定这种“反制”：定罪先于量刑，行为定性取决于构成要件的合致，与刑罚轻重无关。这也是重法论主倡者张明楷教授赞同的观点（参见张明楷:《许霆案的刑法学分析》，载《中外法学》2009 年第 1 期）。

则”的质疑。而重法论不仅对行为人不利，而且还有悖法条竞合法理。可见,“重刑主义观念的迷恋，有悖于法条竞合的法理”[1]“对罪刑法定原则的破坏”[2]等批评并非空穴来风。

但面对反对者的质疑，重法论的反驳非常干练:“以上批评均以刑法分则对特别关系的设置完全合理为前提，我国刑法分则设置特别法条基本上是没有‘章法’的。”[3]问题又回到原点：特别法条惟轻，真的是“没有章法”的立法现象?

事实上，重法论、法条竞合限制论和大竞合论均是以“没有章法的特别法条惟轻”作为立论依据的——特别法条较普通法条侵害的法益更多，违法性更重，理应确定相同或更低的数额标准、配置更高的法定刑，而现实却恰恰相反。特别法条设置的法定刑轻于普通法条，但是不具有减轻的根据，相反只具有加重的理由。[4]这里关涉到法定刑配置的合理性问题。

第一，作为法定刑设定根据的社会危害（法益侵害)，不是指具体的客观事实，而是一种价值事实，一种对具体客观事实的评价，反映着评价者的价值观念。[5]而价值评价却可能因人而异。例如，放火罪与故意杀人罪，通说认为，不特定或多数人的生命、健康等公共安全高于特定人的生命法益；而如上文所述，相反的结论也是有力的主张。再如，奸淫幼女型强奸罪与嫖宿幼女罪（已被《刑法修正案（九)》废止)，有人认为，嫖宿幼女是以嫖娼形式出现的奸淫幼女，从被害人角度具有牟利目的，从被告人角

---

[1] 周光权:《法条竞合的特别关系研究》，载《中国法学》2010年第3期。

[2] 车浩:《强奸罪与嫖宿幼女罪的关系》，载《法学研究》2010年第2期。

[3] 张明楷:《法条竞合中特别关系的确定与处理》，载《法学家》2011年第1期；张明楷:《刑法分则的解释原理》(第2版)，中国人民大学出版社2011年版，第708页。

[4] 参见张明楷:《刑法分则的解释原理》(第2版)，中国人民大学出版社2011年版，第708页；张明楷:《盗伐林木罪与盗窃罪的关系》，载《人民检察》2009年第3期；吕英杰:《刑法法条竞合理论的比较研究》，载陈兴良主编:《刑事法评论》(第23卷)，北京大学出版社2008年版，第482页；陈洪兵:《刑法分则中“本法另有规定的依照规定”的另一种理解》，载《法学论坛》2010年第5期。

[5] 李洁:《论罪刑法定的实现》，清华大学出版社2006年版，第208页。

度自认为是一种性交易，无论如何嫖宿幼女行为性质都轻于奸淫幼女；[1]但也有人主张，卖淫幼女不仅不成立被害人过错，反倒是更需要社会特别保护的群体。[2]在幼女已处于卖淫状态时，嫖宿者会更胆大妄为肆无忌惮，对幼女的性侵犯更恶劣、时间更长，造成的结果更严重；又由于幼女处于卖淫状态，导致对嫖宿行为进行一般预防必要性增大，故嫖宿幼女罪规定了高于普通奸淫幼女罪的法定刑。[3]价值评价的差异性，也表明“根据个人的价值判断而反致定罪、对法条从重选择，其合理性是极为可疑的”[4]。

那么，存在“特别法条惟轻”现象的盗窃罪与盗伐林木罪、诈骗罪与金融诈骗罪之间，是否也可能得出截然相反的价值评价呢？对此，陈兴良教授持肯定态度：“在此涉及刑法对于普通诈骗罪与金融诈骗罪分设普通法与特别法的立法目的之理解。我认为，并不能从法条中得出金融诈骗一定比普通诈骗罪更为严重的结论。”[5]周光权、阮齐林二位教授也就肯定说进行了具体论证。[6]笔者亦赞同肯定说。

事实上，盗窃罪与盗伐林木罪、诈骗罪与金融诈骗、合同诈骗罪和上揭奸淫幼女强奸罪和嫖宿幼女罪，都有一突出特点：二罪分属不同类罪，保护法益系包容关系，而非等同关系；即普通法条所保护的法益，在特别法条中只是作为次要法益予以保护。笔者称其为“异质的法条竞合”现象。[7]

---

[1] 参见陈兴良:《形式解释论的再宣示》，载《中国法学》2010 年第 4 期；李洁:《论罪刑法定的实现》，清华大学出版社 2006 年版，第 220 页。

[2] 参见劳东燕:《强奸罪与嫖宿幼女罪的关系新论》，载《清华法学》2011 年第 2 期。

[3] 张明楷:《嫖宿幼女罪与奸淫幼女型强奸罪的关系》，载《人民检察》2009 年第 17 期。

[4] 陈兴良:《形式解释论的再宣示》，载《中国法学》2010 年第 4 期。

[5] 陈兴良:《形式解释论的再宣示》，载《中国法学》2010 年第 4 期。

[6] 详见周光权:《法条竞合的特别关系研究》，载《中国法学》2010 年第 3 期；阮齐林:《对未溢出特别法的行为排斥“重法优先”规则》，载《检察日报》2011 年 2 月 17 日，第 3 版。

[7] 与之相对的是同类罪下保护相同法益的“同质法条竞合”，如传播淫秽物品罪与传播淫秽物品牟利罪、伪造、变造国家机关证件罪与伪造、变造居民身份证件罪等，内容基本相当于张明楷教授总结的“基本类型与加重类型的竞合”和“基本类型与减轻类型的竞合”类型［参见张明楷:《刑法分则的解释原理》(第 2 版)，中国人民大学出版社 2011 年版，第 708—709 页］。同质法条竞合类型，其法定刑配置与法益轻重大体上均成正比例分布，并无太多选择适用上的争议。

在异质的法条竞合中，特别法条中体现次要法益侵害程度的构成要素(数额)，同时还承担着反映行为对主要法益的侵害状况乃至全罪可罚的违法程度的功能。如金融诈骗罪、合同诈骗罪中的“数额较大”不仅体现被害人的财产损失，也反映对主要法益——金融管理秩序、合同交易正常市场秩序的侵害程度；盗伐林木罪的“数量较大”不仅体现林木的财产损失，也反映对森林资源环境的破坏程度。如此，（作为犯罪成立的）肩负双重任务的特别法条的数额标准高于仅需反映单一财产法益侵害的普通法条，并非无稽之谈——我们可以说，两三千元的财产损失，可以认为对个人财产法益的侵害达到了需要刑罚介入的程度，而国家的金融管理秩序、经济合同交易市场秩序恐怕不至于脆弱到两三千元的数额就需要动用刑罚处罚的程度；同理，不足 $2m^3$ 的林木损失，恐怕还不足以体现对生态环境法益的侵害达到了犯罪的可罚程度。为此，司法解释只能确立较普通法条更高的数额（数量）标准，以期能够体现行为对特别法条主要法益的侵害达到了特别法条犯罪成立所需的可罚的违法程度。

严格地讲，选择诈骗犯罪的定型技术来规制金融犯罪，难说合理。因为“诈骗犯罪这种定型技术是保护财产权立法目的的产物，而金融犯罪所侵犯的却主要是作为一种超个人法益的金融秩序，诈骗犯罪定型技术与保护金融秩序立法目的不相匹配”[1]。同时，也忽略了金融“诈骗”较之传统“诈骗”的特殊性。[2] 但只要立法尚未作出修正，唯一的补救措施就只能是提高数额标准，以期较高数额的财产损失能够与达到可罚程度的对金融秩序法益的侵害之间尽量“耦合”；而且，我国金融诈骗罪立法倾向过于重视保护国家金融机构，而忽视了对金融机构对客户诈骗行为的惩治。[3] 如果说“法对平等的保障，必然是通过控制强势者的实力和向弱势者予以倾斜性保护来实现”[4] 的话，那么，提高金融诈骗犯罪的数额标准，恐怕也是

---

[1] 刘远:《金融欺诈犯罪立法原理与完善》，法律出版社 2010 年版，第 328 页。

[2] 参见高艳东:《金融诈骗罪立法定位与价值取向探析》，载《现代法学》2003 年第 3 期。

[3] 高艳东:《金融诈骗罪立法定位与价值取向探析》，载《现代法学》2003 年第 3 期。

[4] 刘远:《金融欺诈犯罪立法原理与完善》，法律出版社 2010 年版，第 13 页。

在这种"保护国家金融机构中心主义"背景下唯一能做到的对处于弱势地位的行为人的"怜悯"。同样，盗伐林木罪以单一的林木数量作为罪量标准，也难以合理体现森林的生态价值。[1]

第二，张明楷教授指出："在法官通常对盗窃价值100万元的普通财物处以无期徒刑，对盗伐价值100万元的林木仅处以15年有期徒刑时，后者的罪刑不相适应可谓有目共睹，不管是学法的还是不学法的，不管是参与立法的还是未参与立法的，只要稍微有点正义感，都不会认为后者的处罚是适当的。当然，或许有人认为，在这种情形下，是法官对盗窃100万元判处无期徒刑不合适，只能判处10年有期徒刑，于是，对盗伐价值100万元的林木仅处以15年有期徒刑就是罪刑相适应的。可是，既然盗窃罪的最高刑是无期徒刑，就一定存在应当适用无期徒刑的盗窃案件。笔者只好以盗窃价值1000万元的普通财物为例了。对于这种盗窃行为判处无期徒刑恐怕没人提出疑问。既然如此，对于盗伐价值1000万元的林木，判处15年有期徒刑就是不合适的。"[2]

可问题是，"设置罪种的法定刑罚幅度，存在一个常被人忽视的立法方法问题，即根据罪种的特例特征还是典型特征决定法定刑上下限。任何罪种性质、特征和危害程度必有常态和非常态之分。常态即一般情况下表现出的典型特征，非常态即个别情况下表现出的特殊例外。以发生概率极小的特例作为法定刑上限和下限的依据，虽在个案中也符合刑责相适应原则和实现刑罚目的，但特例立法必然会提高法定刑上限，带动整个刑罚幅度上涨和趋重，导致多数普通案件的行为人负担超过其罪责的过量刑罚，造成个案合理而多数罪案不合理，特例立法以个别正义牺牲一般正义。典型立法正好相反，它舍弃罪种在个别情况下的特殊性，以最具代表性、典型性和一般性的案例作为判断犯罪的社会危害性，决定惩罚和预防所需法定刑上下限的依据，虽在个别情况下处理不公（轻纵犯罪），但能够实现对多

[1] 参见黄霞、唐双娥、董邦俊：《试析我国林木资源之刑法保护》，载《现代法学》2003年第4期。

[2] 张明楷：《刑法分则的解释原理》（第2版），中国人民大学出版社2011年版，第711页。

数罪案的公正和有效处理，满足一般正义的要求，有利于控制法定刑上下限，减少刑罚幅度过大。从立法方法论和立法效果上权衡得失，典型立法方法显然优于特例立法方法。”[1]

以盗伐林木罪为例，笔者对北大法意网收录的330余起盗伐林木案进行比较，其中达到“数量特别巨大”100m³标准的仅11起，数量最大、刑罚最重的王培贵盗伐林木案，盗伐原木数量197.667m³，折活立木数量321.299m³（系多次数量累计），刑罚为有期徒刑8年零6个月，并处罚金人民币1万元［江西赣州中院（2007）赣中刑一终字第28号］。这表明盗伐林木罪最高15年有期徒刑的法定刑配置，是符合常态、典型立法方法的。事实上，盗伐林木罪、保险诈骗罪等特别法条，因为主客观情状的特别限定，使得这些罪名内涵更丰富、外延更小，“常态”更容易把握，因而法定刑上下限的确定也更合理；反倒是盗窃罪、诈骗罪等普通法条，因为粗线条立法，使得其内涵太小外延过宽，立法者不得不预设更宽泛的法定刑幅度，这也诱发配刑的趋重。[2]

周光权教授指出：“特别法定罪起点高于普通法，特别法处罚范围相对较小，是因为立法上认为特别关系所规范的行为容易发生，或者该行为一旦实施，通常行为人取得的数额较大，为缩小刑罚打击面，而特别考虑对某些行为不处罚。”[3] 这遭到张明楷教授的质疑：“‘容易发生’不是缩小刑罚处罚范围的理由。盗窃罪最容易发生，事实上也发案最多，可司法解释确定的数额起点反而低于诈骗罪。普通诈骗比金融诈骗更容易发生，但司法解释却没有对普通诈骗罪确定更高的数额标准。‘一旦实施，通常行为人取得的数额较大’更不是缩小刑罚处罚范围的理由。信用证诈骗罪一旦实施，通常行为人取得财物的数额巨大乃至特别巨大，事实上比保险诈骗等

[1] 梁根林：《合理地组织对犯罪的反应》，北京大学出版社2008年版，第257—258页。

[2] 白建军教授的研究表明，保险诈骗罪、盗伐林木罪的罪刑等级均衡一致（刑级与罪级级差为±1）；而诈骗罪刑量偏重（级差为4）；合同诈骗罪、盗窃罪也趋于偏重（级差均为3）（参见白建军：《关系犯罪学》，中国人民大学出版社2005年版，第543页表9-3）。

[3] 周光权：《法条竞合的特别关系研究》，载《中国法学》2010年第3期。

危害更大，但《刑法》第195条反而没有要求数额较大。”[1]此商榷意见可能存在误读，在笔者看来，周光权教授所谓“容易发生”“一旦实施，通常行为人取得的数额较大”，其真实含义应当是上段所说的“罪种一般情况下表现出的典型特征，即常态”，即根据典型形态，确定某罪的法定刑幅度和数额等级标准。同样，阮齐林教授所谓“在立法配置刑罚时，盗伐林木并非是盗窃中违法有责性最严重的情形，考虑到林木远在山林中、林木的笨重、砍伐林木的劳动付出、山民‘靠山吃山’的生存习惯等，盗窃林木的行为应属于盗窃中较轻的类型”[2]。也应在相同意义上理解。

“常态”“典型”立法方法表明，用非常态（盗窃/盗伐百万元、千万元）甚至根本不可能发生的设例（如盗伐整个大兴安岭）来证明常态立法的法定刑配置不当、罪刑失衡，并不合理。甚至可以说，我们应当杜绝、避免用那种“发生可能性微乎其微”“非常态”的“特例”作为立论的依据。

行文至此，问题仍未完全解决。因为即便拒绝“非常态”的“特例”立论，“常态”下的罪刑不均还是可能存在：倘若甲盗伐林木“数量特别巨大”，同时林木价值也超过盗窃罪“数额特别巨大”标准；乙则是将已伐倒的同等数量的原木盗取。乙构成盗窃罪，处10年以上有期徒刑或者无期徒刑；而对甲，若论以盗伐林木罪，至多处7年以上有期徒刑；两相比较的确罪刑失衡。对此，重法论主张对甲亦以盗窃罪论处。可为何要舍弃一个最能完整评价行为不法，而且配刑更合理、罪刑等级更均衡的犯罪定型，而要“削足适履”，选择一个明显缩小评价、配刑趋重的法条呢？这难道不是“量刑反制定罪”“重刑观念作祟”？

笔者主张，通过限制乙的盗窃罪的刑罚适用（不得适用无期徒刑，参考等量的盗伐林木罪的量刑标准酌情从轻，必要时动用酌定减轻处罚条款），以缓解上述罪刑失衡现象。理由是：(1) 法定刑设定，法益是主要根据，但并非唯一根据。例如，盗窃罪与故意毁坏财物罪，无论从法益侵

[1] 张明楷：《刑法分则的解释原理》（第2版），中国人民大学出版社2011年版，第736—737页。

[2] 阮齐林：《对未溢出特别法的行为排斥“重法优先”规则》，载《检察日报》2011年2月17日，第3版。

害还是主观罪过上看，毁损都明显高于盗窃，但盗窃罪的法定刑普遍高于毁损罪，其中，发生概率更高、破案率更低、更难防范，国民受害预测和报复欲更强烈也是重要因素。[1] 林木盗窃案（如盗窃已伐倒原木，实施采种、采脂、挖笋、掘根、剥树皮等行为牟利的），无论是危害性，还是发生概率和规模、国家林业部门、森林公安等的防范和补救措施以及案件对普通民众受害预测和报复欲的影响，都与盗伐林木案更为接近，远不及普通盗窃案。(2) 即便是同额盗窃罪，也可能因情状不同而危害性各异。Andrew von Hirsch 与 Nils Jareborg 提出生活标准观念（the notion of a living standard)，主张犯罪的严重性取决于其对被害人生活质量要件的影响——对基本生存维持［mere subsistence（as the lowest level)］的损害最重，即一级危害；而对最低福利（minimal well-being)、基本福利（adequate well-being)、提高福利（enhanced well-being）以及“虽不影响被害人获得提高福利的途径，但致使其生活质量原地踏步”的损害分属于 2 级至 5 级危害。[2] 作为最传统的自然犯之一，盗窃罪的配刑与科刑，理应受对被害人生产、生活质量损害不同的影响，考虑到林场以国家或集体所有为主的所有制形态（上规模的国有、集体林场也是盗伐行为可能达到数量特别巨大标准的客观条件)，林木的盗窃与盗伐恐怕难以与同额的其他针对一般民众的普通盗窃案对被害人生活、生产质量的影响相提并论。如此，理应对“林木盗窃型”盗窃罪的法定刑适用作出限制，即盗窃罪的无期徒刑不应当是为盗窃已伐倒林木、采种、挖笋、剥皮等林木盗窃案配置的，林木盗窃罪无论违法性还是罪责，都更接近盗伐林木罪，其处刑也理应参照盗伐林木罪的法定刑标准。

综上，只要盗伐林木、金融诈骗等罪依然仿效传统盗窃、诈骗罪的结果立法模式，就必然造成异质法条竞合现象下特殊法条数额标准的双重任务，加上我国“违法 + 犯罪”社会治安二元制裁体系和典型（常态）立法

[1] 参见高艳东:《从盗窃到侵占：许霆案的法理与规范分析》，载《中外法学》2008 年第 3 期。

[2] See Tatjana Hörnle. Distribution of Punishment: The Role of a Victim’s Perspective, *3 Buff. Crim. L. Rev.* 189-194. (1999).

方法，“特别法惟轻”现象就在所难免（存在合理性）。以特别法“没有章法”为由拒绝适用处罚较轻的特别法的观点，恐怕也就失去了立论基础。

第三，退一步讲，即便“特别法惟轻”的确“没有章法”（例如，作为业务过失犯罪的医疗事故罪的法定刑明显低于普通过失犯罪之过失致人死伤罪），也没有理由让犯罪人为立法或司法解释的错误“埋单”，不能让行为人“承担了国家转嫁给他的责任”[1]。

他山之石可以攻玉。非“封闭特权条款”的“特别法惟轻”现象在我国台湾地区也曾发生。例如，我国台湾地区1983年6月27日公布实施的“枪炮弹药刀械管理条例”第10条第3项规定：“未经许可无故持有、窝藏或意图贩卖，而陈列第一项所列各项枪炮之一者，处3年以下有期徒刑。”而台湾地区“刑法”第186条规定：“未受允准而制造、贩卖、运输或持有炸药、棉花药、雷汞或其他相类之爆裂物或军用枪炮、子弹而无正当理由者，处2年以下有期徒刑、拘役、500元以下罚金。”第187条则规定，意图供自己或他人犯罪之用，而制造、贩卖、运输或持有前揭枪炮等物者，处5年以下有期徒刑。“枪炮弹药刀械管理条例”与“刑法”第186条、第187条，系特别刑法与普通刑法的法条竞合，前者仅规定一般持有之处罚，刑法则区分单纯持有与意图供犯罪之用持有，而异其罚；“枪炮条例”之犯罪，处罚重于“刑法”第186条，而轻于第187条，乃发生“意图供犯罪之用而持有可供军用之枪炮者，就应如何适用法律”的争议（重法优先说与特别法优先说）。

对此，台湾地区“最高法院”1984年刑事庭第一次会议最后决议采特别法说，同年第三次会议再提出检讨，经复议维持原决议。“最高法院”1984年度台上字第2113号、4752号、1985年度台上字第4443号判决，亦明揭此旨。其间，台湾地区行政管理机构曾以特别法与枪炮条例从重处罚之本旨相去甚远，函请台湾地区司法机构建议可否改采重法说，司法机构函复称：“采特别法说乃本院一致之见解。”行政管理机构知已不可

---

[1] 樊文：《犯罪控制的惩罚主义及其效果》，载《法学研究》2011年第3期。

能经解释途径达从重处罚适用“刑法”第187条之目的，遂提出本条例修正草案，增订第13条之一：“犯本条例之罪，其他法律有较重处罚之规定者，从其规定。”该修正条文于1985年1月20日完成立法程序，正式施行。同年台湾地区“最高法院”刑事庭第二次会议决议，认为此系以立法解释方式，解决实务争议，前开特别法说之决议不再援用。类似情况，也出现于台湾地区1985年8月11日施行的“儿童及少年性交易防制条例”第22条与“刑法”第221条、第224条和第227条之间的竞合问题，该问题同样是通过条例修正案——“与未满16岁人为性交易者，依刑法之规定处罚之”——协调解决的。[1]

以上实例，体现了司法权行使的谨慎：明知特别法“轻重颠倒”，司法者却没有以所谓“实质合理、罪刑均衡”为由，越俎代庖，通过有违基本法理、对行为人不利的解释或法条适用，遮蔽并弥补立法的“失误”；而是“将错就错”，通过合乎法理、有利于行为人的法律解释和适用，昭告“失误”，促成立法者及时“知错就改”。司法不是立法过错的“遮羞布”，不是协助错误立法“欲盖弥彰”的“帮凶”。司法者对立法失误所导致的“轻罪重罚”应毫不犹豫地予以纠正；但对于“重罪轻罚”，则无论如何都没有理由让行为人为立法的错误“埋单”；此即是罪刑法定主义制约下的“举重以明轻”“举轻以明重”原则的理解与适用。

当然，上揭台湾地区实例，属于相异法律的特别刑法与普通刑法之法律适用问题，而重法论主倡者张明楷教授明确指出：“一个行为同时符合相异法律之间的普通法与特别法规定的犯罪构成时，应严格依照特别法优于普通法原则论处。”[2] 如此说来，以上揭台湾地区实例来类比同一法律内特

---

[1] 参见刘文仕：《刑法类推与司法造法》，台北学林文化事业有限公司2001年版，第136—138、148—149页；廖正豪：《枪炮弹药刀械管制条例修正条文之探讨》，载《刑事法杂志》第29卷（1985年）第3期。

[2] 张明楷：《刑法分则的解释原理》（第2版），中国人民大学出版社2011年版，第702页。台湾地区亦有学者主张，“法律竞合特别关系”与“特别法优于普通法的法律适用原则”不能混同（参见柯耀程：《刑法问题评释》，台北元照出版公司2003年版，第29页以下；甘添贵：《罪数理论之研究》，中国人民大学出版社2008年版，第47页以下）。

别法条与普通法条的竞合问题，岂不是无的放矢？

对此，笔者认为，其一，诚如黄荣坚教授所言：“通说所谓特别法优于普通法，意思不可能是特别法规定的任何犯罪都优先于刑法所规定的犯罪而被适用，因为不管是刑法或单行刑法，本身都是错综复杂的犯罪类型以及构成要件规定，如果欠缺个别条文之间保护法益上的关联，则根本欠缺任何仅能论以一罪的法理基础，并且也不是立法意旨所在。”[1]“刑法和附属刑法之间竞合关系还是完全依照一般的竞合规则来解决。”[2]

其二，张明楷教授也强调：“即使就不同文本的特别刑法与普通刑法而言，也只是在个别条文之间存在竞合关系时，才适用特别刑法优于普通刑法的原则。”[3]这表明“相异法律的普通刑法与特别刑法”和“同一法律的普通条款与特别条款”无非只是法条竞合特别关系的不同表现形式而已。既然相异法律的特别刑法与普通刑法也必须是个别条文之间存在竞合关系方能成立，就意味着“相异法律的特别刑法与普通刑法”和“同一法律的普通条款与特别条款”，二者法条竞合的基本法理并无差异。既然如此，有何理由主张对前者适用严格的特别法优先，而对后者认可重法的补充适用呢？

更何况，倘若继续维持金融诈骗罪和盗伐林木罪原先“单行刑法或者附属刑法”的立法模式，[4]依照张明楷教授的观点，作为特别刑法的保险诈骗罪、盗伐林木罪，与普通刑法的合同诈骗罪、盗窃罪，就应当适用严格的特别法优先；而改作现在的“统一刑法典”模式，就应当补充适用“重法优先”。如此，仅因立法模式（形式）的不同，就导致相同犯罪的竞合关系适用不同的处理原则，理由未免单薄。

---

[1] 黄荣坚：《基础刑法学（下）》（第 4 版），台北元照出版公司 2012 年版，第 929—930 页。

[2] 黄荣坚：《刑法问题与利益思考》，中国人民大学出版社 2009 年版，第 226 页。

[3] 张明楷：《刑法分则的解释原理》（第 2 版），中国人民大学出版社 2011 年版，第 702 页。

[4] 保险诈骗等金融诈骗罪原见于 1995 年 6 月 30 日《全国人大常委会关于惩治破坏金融秩序犯罪的决定》；盗伐林木罪，虽在 1979《刑法》第 128 条规定，但 1984 年《森林法》第 34 条“比照盗窃罪类推适用”的规定对该罪作了实质性修正。因此可以说，金融诈骗罪原为单行刑法的规定，而盗伐林木罪原为附属刑法的内容，单行刑法与附属刑法均属特别刑法。

五、罪质与罪量——行为不符合特别法条时的普通法条适用

除特别法条的法定刑配置低于普通法条的法定刑配置以外，“特别法惟轻”还有一种表现形式，即立法或司法解释中所确立的特别法条的罪量（数额）标准常常高于普通法条。例如，诈骗罪“3000 元至 1 万元以上”的数额较大标准与贷款诈骗罪的2万元[1]，票据诈骗罪、金融凭证诈骗罪、有价证券诈骗罪、保险诈骗罪的 1 万元[2]，信用卡诈骗罪的 5000 元（恶意透支时的 1 万元），合同诈骗罪的 2 万元，集资诈骗罪的 10 万元等数额标准的差异。

倘若行为人主观上打算、客观行为也足以达到特别法条数额标准，由于意志以外原因未得逞的，宜以相应特别法条的未遂犯定罪处罚，对此异议不大。[3] 倘若行为人主观上并无打算（或无法证明其主观意图），客观上行为也未达特别法条数额较大标准，但已超过普通法条数额标准时，能否以普通法条论处？例如，保险诈骗 8000 元，合同诈骗 4000 元，能否以普通诈骗罪论处？盗伐林木，林木数量未达盗伐林木罪“数量较大”的起点，但林木价值已超过盗窃罪数额标准时，又当如何处理？对此，“特别法论”主张依特别法条，尚未构成特别之罪的，也不能转以普通法条论处；而“重法论”主张，可以转以普通法论处。重法论主张“适用普通法条”（以普通法论），论据之一乃是法条竞合理论，即认为：

“适用特别法条优于普通法条的原则，是以行为同时符合特别法条与普通法条规定的犯罪构成要件为前提的，亦即，只有当行为既符合盗伐林木罪构成要件，也符合盗窃罪构成要件时，才存在适用特别法条优于普通

---

[1] 根据 2010 年 5 月 7 日《最高人民检察院、公安部关于公安机关管辖的刑事案件立案追诉标准的规定（二）》第 50 条的规定，贷款诈骗，数额在 2 万元以上的，应予立案追诉；而 2001 年 1 月 21 日《最高人民法院全国法院审理金融犯罪案件工作座谈会纪要》则规定，个人进行贷款诈骗数额在 1 万元以上的，属于“数额较大”。

[2] 关于票据诈骗罪的数额标准，上揭《公安立案标准（二）》第 51 条规定的立案追诉标准为“1 万元以上”，而最高人民法院《座谈会纪要》则规定“5000 元以上”属于“数额较大”。

[3] 可能在“是选择特别法条数额较大还是数额（特别）巨大的法定刑基准”问题上，存在异议（详见本书第五章第三节）。

法条原则的问题。……司法解释导致某些案件盗伐的林木价值达到盗窃罪数额较大要求但没有达到盗伐林木罪数量较大要求，行为不符合盗伐林木罪构成要件，不属于特别法条规定的情形，缺乏适用特别法条优于普通法条原则的前提。换言之，不符合盗伐林木罪构成要件，但符合盗窃罪构成要件的行为，不存在法条竞合问题，只能成立盗窃罪。”“对金融诈骗罪不能认定为普通诈骗罪，是以行为构成金融诈骗罪或者符合金融诈骗罪构成要件为前提的，《刑法》第266条所说的‘本法另有规定的，依照规定’，也是指行为符合‘另有规定’时，才依另有规定。可是，司法解释导致金融诈骗数额不满5000元的行为，因并不符合金融诈骗罪构成要件，因而不属于‘本法另有规定’的情形。如此，对虽不符合金融诈骗罪构成要件，但符合其他犯罪构成要件的行为，依然可能适用相关规定定罪处罚。”[1]

简言之，行为未达到特别法条数额标准，不符合特别法条构成要件，也就缺乏适用法条竞合“特别法优于普通法原则”的前提——同时该当特别法条和普通法条两个犯罪构成。不符合特别法条构成要件，但符合普通法条构成要件，不存在法条竞合问题，按普通法条处理即可。

论据之二是罪刑均衡、刑法公平正义。即：

“对于盗窃普通财物数额较大的以盗窃罪论处，而对于盗伐林木且林木价值达到数额较大的，反而不以犯罪论处；采取其他方法骗取2000元以上的以诈骗罪论处，对骗取贷款或保险金，或使用伪造金融票据、信用卡等诈骗2000元以上没有达到5000元的，反而不以犯罪论。显然有悖于刑法的公平正义性。”“将金融诈骗、合同诈骗与普通诈骗进行比较时，没有丝毫理由认为金融诈骗、合同诈骗4000元行为，轻于普通诈骗2000元行为。”“立法者根据什么认为保险诈骗8000元、合同诈骗4000元就不值得处罚呢？无论是站在行为无价值还是结果无价值论立场考虑违法性程度，都不可能得出上述结论。”[2]

---

[1] 张明楷：《刑法分则的解释原理》（第2版），中国人民大学出版社2011年版，第730、732页。

[2] 张明楷：《刑法分则的解释原理》（第2版），中国人民大学出版社2011年版，第730、732、737、738页。注：此处论证适用的还是修改前司法解释所确定的诈骗罪数额标准，但不影响论证原理。

本书看来，这两个论据都值得商榷：

其一，重法论在选择适用抑或不适用“法条竞合理论”的标准上并不统一。重法论认为，由于行为没有达到特别法条数额标准，因而不符合特别法条的构成要件，进而根本不具备适用“特别法条优于普通法条”的前提条件——“行为同时符合特别法条与普通法条规定的犯罪构成要件；特别法条适用，以行为符合普通法条为前提”。但是，在“特别法条的适用前提”一节中，论者指出：“由于刑法分则许多条文将‘数额较大’规定为构成要件要素，导致有些特别法条的适用并不以具备普通法条的‘数额较大’的构成要件要素为前提。但是，即使在这种情况下，特别法条的适用，也要求行为具备普通法条所规定的构成要件的基本要素。”[1] 既然行为可以因为没有达到特别法条数额标准，而不符合特别法条的构成要件，进而认为不是同时符合特别法条和普通法条构成要件，不存在法条竞合问题；那么，行为也同样可以因为不具备普通法条的数额标准，而不符合普通法条的构成要件，同样不是同时符合特别法条和普通法条构成要件，也不应该认为是法条竞合才对。可为何对后者，论者“网开一面”，只要求“行为具备普通法条所规定的构成要件的基本要素（无须满足罪量要素）”即可认定为法条竞合，适用特别法条呢？同样都是数额要素，为何仅因一个是特别法条的构成要素，一个是普通法条的构成要素，就差别对待呢？可见，在选择适用抑或不适用“法条竞合理论”的标准上，论者的立场并不统一。

其二，“以普通法论处”同样难说罪刑均衡、刑法公正。例如，设诈骗罪数额较大、数额巨大、数额特别巨大标准分别为3000元、4万元和50万元；司法解释所确定的集资诈骗罪数额起点为10万元，依“以普通法论处”的观点，若行为人集资诈骗9万元，应构成诈骗罪；若集资诈骗10万元，则构成集资诈骗罪。前者属于诈骗罪数额巨大，法定刑为“3年以上10年以下有期徒刑，并处罚金”；后者法定刑为“5年以下有期徒刑或拘役，并处罚金”；亦即，集资诈骗9万元，刑罚在3年至10年有期徒刑；

[1] 张明楷：《刑法分则的解释原理》（第2版），中国人民大学出版社2011年版，第721页。

再多骗1万元，刑罚则至多5年有期徒刑，甚至拘役。罪刑不均、刑法不公一目了然。“比较犯罪轻重，不能只是在同一行为类型内部比较，还需要将刑法处罚的其他行为进行比较。”[1]这没有错，但若比较其他行为类型后得出的处理意见却导致同一行为类型内部罪刑失衡，就得不偿失了。

其三，“以普通法论处”牺牲的是犯罪定型。构成要件是刑法规定的行为类型，任何犯罪所固有的、类型的可罚要素，表明该罪与众不同的违法行为类型特征，但数额不是影响违法行为类型的要素。量的轻微并不能使行为的性质发生改变。[2]诚如张明楷教授所言：“盗窃他人2000元、盗窃他人2万元、盗窃他人20万元的行为类型或特征是完全相同的，所不同的只是违法程度。盗伐林木5m³（数量较大）、盗伐林木50m³（数量巨大）、盗伐林木500m³（数额特别巨大）三种情形的行为类型完全相同，只是违法程度存在差异。数额不影响行为类型。”[3]但依据重法论“以普通法论处”的主张，这一论断将被推翻：依据重法论，保险诈骗不足1万元的，构成普通诈骗罪；保险诈骗1万元以上的，构成保险诈骗罪；保险诈骗数额特别巨大的，构成合同诈骗罪。盗伐林木，数量不足2m³，但若林木价值数额较大时，构成盗窃罪；数量超过2m³，则要比较盗伐林木罪与相应价值数额的盗窃罪，以重罪论；若林木价值数额特别巨大的，不论数量多少，均构成盗窃罪。如此，同一行为方式，仅因数额不同而几易罪质，构成要件之行为定型荡然无存，数额实已成为决定行为类型的要素。

以上意见，归根结底缘于我国刑法犯罪构成罪量要素的特殊性。应用法条竞合理论，不能忽视其原产地的生长环境——刑罚统一制裁体系、个罪仅定性的行为类型模式，与我国刑法的特殊土壤——“刑事制裁+行政制裁”二元惩治模式、个罪“定性+定量”的“行为类型+行为程度”模式之间的差异。在“行为类型+行为程度”的模式下，犯罪构成要件要素

[1] 张明楷：《刑法分则的解释原理》（第2版），中国人民大学出版社2011年版，第736—737页。

[2] 王莹：《情节犯之情节的犯罪论体系定位》，载《法学研究》2012年第3期。

[3] 张明楷：《加重构成与量刑规则的区分》，载《清华法学》2011年第1期。

不仅有表明行为法益侵害性质的罪体要素，还有表明行为法益侵害程度的罪量要素。罪体要素表征个罪行为类型化，是从横向、此罪彼罪的类型划分意义上作为犯罪成立要件的，乃限定公权力介入的界域（未经刑法定型化规定的行为类型不得纳入公权力处置的范围）；而罪量作为犯罪构成要件要素，是在行为类型（罪体）确定的前提下，从纵向、轻罪重罪（罪与违法）的程度层次意义上决定犯罪的成立与否，是对同类行为根据程度不同进行的公权力处置分工（纳入公权力处置范围的行为类型，根据行为程度决定刑罚抑或行政罚、轻刑抑或重刑)。数额要素正是将同质行为类型界分为一般违法与犯罪的重要指标。显然源自行为类型模式下的法条竞合理论，可以选择最合适的构成要件、行为类型，却无法体现行为程度的罪量要求。从这个意义上讲，移植法条竞合理论，需要给予其“犯罪 + 一般违法”的“大犯罪”环境；或者说“对（法条竞合）罪名的构成要件及构成要件要素的理解，只限于涉及‘有无’判断的质的要素，而不关涉‘大小多少、程度高低’的量的要素”。[1] 因此，应当先用法条竞合理论对行为类型进行甄别、锁定，然后再根据行为程度标准，进行公权力分工，决定行政制裁抑或刑罚处罚。可见，“‘本法另有规定’是指：本法对‘是否’处罚的‘定型性’另有规定，而非仅仅包括本法对‘需要’处罚的特殊行为有规定之‘另有规定’”[2] 的解读，是可以成立的。

张明楷教授亦主张对法定刑升格条件，区分加重的犯罪构成和量刑规则，前者是刑法分则因为行为、对象等构成要件要素的特殊性使行为类型发生变化，进而导致违法性增加，并加重法定刑；后者是刑法分则单纯以情节（特别）严重（恶劣)、数额（特别）巨大、首要分子、多次、违法所得数额巨大、犯罪行为孳生之物数量巨大作为法定刑升格条件，它们只是违法程度的变化（量的变化)，违法行为类型或特征并无变化。[3] 既然数额（特别）巨大是量刑规则，仅影响违法程度，不影响行为类型，那么，保

[1] 陈兴良主编:《刑法总论精释》，人民法院出版社 2010 年版，第 626 页。

[2] 周光权:《法条竞合的特别关系研究》，载《中国法学》2010 年第 3 期。

[3] 参见张明楷:《加重构成与量刑规则的区分》，载《清华法学》2011 年第 1 期。

险诈骗行为就不应该因为数额特别巨大而发生合同诈骗的行为类型的变异。而且，不仅作为法定刑升格条件的量刑规则，作为基本犯构成要件要素的“数额（数量）较大”，又何尝不是“只是违法程度的变化（量的变化），违法行为类型或特征并无变化”。只不过，作为量刑规则的“数额巨大”的违法程度变化是在构成犯罪基础上的轻罪重罪（法定刑轻重）的变化，而作为构成要件要素的“数额较大”的违法程度变化却有了区分行政违法与刑事犯罪的意义。但无论如何，盗窃就是盗窃，盗窃2000元、2万元、20万元抑或100元、10元、1元，都是盗窃，不同的只是评价后果——前者是盗窃罪，后者是一般的盗窃违法行为；盗伐林木就是盗伐林木，盗伐$5m^3$、$50m^3$、$500m^3$抑或不足$2m^3$，都是盗伐林木，不会因为数量不足或数量太大而影响行为类型定型。

既然罪体与罪量、加重构成和量刑规则之间存在显著差异，那么，列举“不符合传播淫秽物品牟利罪构成要件的行为，也可能符合传播淫秽物品罪构成要件；国家机关工作人员不解救被非法拘禁者，造成严重后果的行为，虽不符合《刑法》第416条的规定（特别法条），但这种行为不属于‘根据特别法条不值得处罚’的行为，相反必须适用普通法条（《刑法》第397条）；林业主管部门工作人员以违法发放林木采伐许可证以外的行为方式，导致森林遭受严重破坏的，虽不符合第407条的特别规定，但也不属于‘根据特别法条不值得处罚’的行为，同样应适用《刑法》第397条”；“当行为人以假币换取真币，不能认为唯一的结论是‘以假币换取真币’，相反，当行为人不是金融机构工作人员时，完全可能是盗窃、诈骗或使用假币”；“过失向境外人员非法提供国家秘密行为”等例证[1]，来类比证成“未达到特别法条数额标准的行为以普通法论”的主张，就不妥当了。因为这些例证都属于因行为、对象等行为类型（罪体）构成要件要素的“部分、非独立变体”[2]而

[1] 详见张明楷：《刑法分则的解释原理》（第2版），中国人民大学出版社2011年版，第737—739页。

[2] 柯耀程教授指出：行为要素不变，仅对基本规范中其他要件加以修正的“非独立之变体构成要件”，与基本构成要件之间必然存在内涵的关系，此关系乃形成假性竞合（即法条竞合）的充分且必要之条件（柯耀程：《刑法竞合论》，中国人民大学出版社2008年版，第100页）。

导致的典型的法条竞合现象，这与因罪量（数额）标准不同而形成的中国式法条竞合问题不能相提并论，否则即将罪体与罪量、加重构成与量刑规则混同。

综上，在个罪“定性＋定量”的立法模式下，构成要件有罪体与罪量之分，罪量只是违法程度的变化，没有行为类型的变异。舶来的法条竞合理论只能在行为类型意义上适用；应当先通过法条竞合理论实现对行为类型的定型，再根据特有的罪量要素决定行政罚抑或刑罚，轻刑抑或重刑。因此，特别法论的主张应当支持。[1]

六、双包含关系——法条竞合重法优于轻法的适用

综上，在特别关系法条竞合法条适用上，笔者赞同“特别法绝对优先论”，那么，法条竞合还有没有适用“重法优于轻法”的可能呢？《日本刑法典》第224条规定：“略取或者诱拐未成年人的，处3个月以上7年以下惩役。”第225条规定：“以营利、猥亵、结婚或者对生命、身体的加害为目的，略取或者诱拐他人的，处1年以上10年以下惩役。”这样，当行为人以营利、猥亵等目的略取、诱拐未成年人时，两个条文发生竞合，学者称其为交叉关系（择一关系）的竞合，适用重法条优于轻法条的原则。[2]我国台湾地区学者也提到一种双包含关系，即两个不同刑罚法条所规定的构成要件同时与另一法条之间呈现完全包含关系，如甲法条规定的构成要件是ABCD，乙法条规定的是ABCE，丙法条规定的则是ABC，当一个具有ABCDE全部性质的行为出现时，除了该当基本的丙法条构成要件外，

[1] 需要补充说明的是，本节关于“盗窃罪与盗伐林木罪”这一例证的论述，乃是立足于“二者系法条竞合特别关系”的传统观点基础上的。但这一观点本身可能也值得反思，如张明楷教授就改变了自己的立场，改采“想象竞合”的主张（参见张明楷：《自然犯与法定犯一体化立法体例下的实质解释》，载《法商研究》2013年第4期）；笔者新近的思考也认为，盗窃罪与盗伐林木罪之间确实存在解释为想象竞合的情状（参见王彦强：《犯罪竞合中的法益同一性判断》，载《法学家》2016年第2期）。

[2] 参见［日］山口厚：《刑法总论》（第2版），有斐阁2007年版，第368页。

逻辑上必然同时该当甲乙二法条构成要件。例如，杀直系血亲尊亲属以及义愤杀人罪。对此，如果甲乙两个规定都是加重规定，应从其最重；如果都是减轻规定，应从其最轻；如果一重一轻，应该适用价值判断上比较重要的法条，若找不出任何理由决定二者价值判断上的轻重，则不管适用哪一个法条都可以，不过从有利于行为人角度着眼，可参酌德国学说，采从轻原则。被排斥法条中的特别要素，仍属于依据优先法条判决时的量刑要素。[1] 这样，对于两法条同为加重构成的“双包含关系”法条竞合，也适用重法优于轻法原则。

交叉关系、双包含关系适用重法优于轻法原则，这不是类似想象竞合的数罪基础上的从一重处断，而是禁止重复评价优先于充分评价的结果。“‘同一事实’具有多数‘构成要件实现性’，但以其中任何一个‘构成要件实现性’作为‘构成要件该当性’，均不足以‘充分评价’，但在罪刑法定主义限制下，‘构成要件适用者’仅能适用‘既有’的构成要件，必须改采‘尽量充分评价’；若处罚法律效果轻重不一，则以处罚较重之‘构成要件实现性’作为‘构成要件该当性’；若轻重相等，则‘任择其一’论罪。质言之，‘择一关系’实乃‘从重择一关系’。”[2]

我国刑法中是否也存在类似的交叉、双包含、择一关系呢？我国学界常将招摇撞骗罪与诈骗罪、拐骗儿童罪与拐卖儿童罪视为一种交叉关系。但如前所言，将招摇撞骗罪与诈骗罪理解为想象竞合更为妥当；而拐卖儿童罪更像是在拐骗儿童罪这一普通法条基础上增加主观目的要素而成为的特别法条。

张明楷教授认为，如果认为《刑法》第 344 条规定的“非法采伐”珍贵树木不限于盗伐，那么，盗伐珍贵树木时，也似乎能形成交叉关系（非

---

[1] 参见黄荣坚：《刑法问题与利益思考》，中国人民大学出版社 2009 年版，第 207、223 页。

[2] 郑逸哲：《“择一关系”与“想象竞合”》，载《军法专刊》第 54 卷（2008 年）第 4 期。但郑逸哲教授是将择一关系与法条竞合、想象竞合三者并列。不过，考虑到择一关系与法条竞合都以法益同一性为实质条件，都（首先）遵循禁止重复评价原则，将择一关系也视作法条竞合亦不为过。

法采伐珍贵树木与盗伐林木的交叉）。[1] 这应该算是一个合适的例证。若这一例证为真，那么，“行为人盗伐普通林木，数量特别巨大的，根据《刑法》第 345 条，最高处 15 年有期徒刑，倘若认为行为人盗伐国家保护的珍贵树木，数量特别巨大的，也只能适用《刑法》第 344 条，以非法采伐国家重点保护植物罪论处，最高处 7 年有期徒刑，也是典型的不公平、不均衡”[2] 这一论证，是将交叉关系的实例误作为特别关系，借此来批评法条竞合特别关系“特别法优先论”的主张，就不合适了。

典型的双包含关系还存在于同为特别法条的金融诈骗罪之间、金融诈骗罪与合同诈骗罪之间。例如，利用伪造的银行存单作抵押骗取贷款的行为，行为同时触犯金融凭证诈骗罪与贷款诈骗罪，但基于二罪保护财产法益的同一性，只能从重择一适用。以伪造、变造的票据做担保诈骗银行贷款、信用证诈骗中的“打包贷款”问题[3]，也应适用相同原理。

又如，票据诈骗罪、金融凭证诈骗罪、信用卡诈骗罪，未必利用经济合同，未必一定同时符合合同诈骗罪构成要件，表明这些金融诈骗罪与合同诈骗罪并非典型的法条竞合特别关系，但“认定为想象竞合犯”的观点[4] 值得商榷，因为保护财产法益的同一性决定了不能对一行为同时宣告以上数罪，正确的理解应当是交叉关系，从重择一适用。而保险诈骗罪与合同诈骗罪则系特别关系法条竞合，更非想象竞合。因为保险关系的存续都依赖保险合同，虚构保险标的、虚构或扩大保险事故、制造保险事故骗取保险金的，都是在签订或履行保险合同中的诈骗行为，保险诈骗罪与合同诈骗罪是典型的特别关系法条竞合。

再如，奸淫幼女型强奸罪与废止前的嫖宿幼女罪之间。本书不赞成特

---

[1] 张明楷：《刑法分则的解释原理》（第 2 版），中国人民大学出版社 2011 年版，第 691 页注④。

[2] 张明楷：《刑法分则的解释原理》（第 2 版），中国人民大学出版社 2011 年版，第 712 页。

[3] 参见牛克乾：《金融诈骗犯罪案件法律适用的若干共性问题探讨》，载《法律适用》2005 年第 8 期。

[4] 张明楷：《刑法分则的解释原理》（第 2 版），中国人民大学出版社 2011 年版，第 706 页。

别关系法条竞合重法优于轻法的适用，也不赞同“互斥论”的主张[1]，因为“透过解释尽量让各个罪名的构成要件互斥、不会同时被实现，如此可提前解决竞合问题，而不再需要透过法条竞合之特别关系这个概念来处理。这样的方式，乍看之下清楚分明，但在刑法上，却会因为罪疑惟轻原则、故意与客观事实对应合致原则以及共犯从属性之要求，而在事实不明、事实化错误以及共犯过剩的情形导致处罚漏洞。如此漏洞之所以不可忍受，是因为我们无法论罪的原因居然是‘存在更高度的不法事实’，这显然是一个评价上的矛盾！”[2]笔者赞同“嫖宿幼女罪只能理解为第236条第2款强奸（幼女）罪的特别条款，而非整个第236条的特别条款”。[3]法条竞合表面上是罪名的选择适用，实际上却是构成要件的符合性判断，“拨开罪名的迷雾”可以发现：《刑法》第236条第2款规定了奸淫幼女型普通强奸罪，原《刑法》第360条第2款规定了奸淫卖淫幼女型特别强奸罪，而第236条第3款规定了加重型特别强奸（幼女）罪，如此，不仅《刑法》第236条第2款与第360条第2款系特别关系法条竞合，第236条第2款与第236条第3款之间也系特别关系法条竞合，适用特别法条优先原则；而第360条第2款与第236条第3款之间形成双包含

---

[1] 两罪的互斥论主张详见车浩：《强奸罪与嫖宿幼女罪的关系》，载《法学研究》2010年第2期。“坚持法条间互斥性”是希望通过对构成要件的目的体系解释来取消法条竞合，通过法律解释确定应适用的法条（德国学者Wegscheider持此观点，详见陈志辉：《刑法上的法条竞合》，台湾春风煦日论坛1998年版，第215页以下）；许玉秀教授也主张特别型态和一般型态、基本型态和变化型态之间是异质而互相排斥关系，犯罪事实符合特殊型态直接适用各该规定即可（许玉秀：《当代刑法思潮》，中国民主法制出版社2005年版，第780页）。国内的互斥论主张还见周水清：《对法条竞合的质疑》，载《中国人民警官大学学报》1986年第3期；周铭川：《法条竞合中特别关系和普通关系的关系探析》，载《中国刑事法杂志》2011年第3期；王新：《竞合抑或全异：辨析洗钱罪与掩饰、隐瞒犯罪所得、犯罪所得利益罪之关系》，载《政治与法律》2009年第1期。

[2] 蔡圣伟：《论排他互斥的犯罪构成要件》，载《东吴法律学报》第21卷（2010年）第4期。具体就“强奸罪与嫖宿幼女罪互斥论”的批判，可参见劳东燕：《强奸罪与嫖宿幼女罪的关系新论》，载《清华法学》2011年第2期。

[3] 劳东燕：《强奸罪与嫖宿幼女罪的关系新论》，载《清华法学》2011年第2期。

关系，适用从重择一原则。[1]

七、小结

立法与司法解释中的“特别法条惟轻”现象，造成特别关系法条竞合的中国式争议。法条竞合与想象竞合的结构性差异表明，不必区分二者的“大竞合论”不能成立。“法益同一性”乃是判断法条竞合的实质标准。“本法另有规定的，依照规定”是法条竞合适用原则的重申，属注意规定。在“异质的法条竞合”现象下特殊法条数额标准所担负的双重任务以及“典型（常态）立法技术”的坚持，表明“特别法条惟轻”的立法想象并非毫无章法；退一步讲，即便确实立法有误，适用“重法优先”也无异于让行为人为立法错误“埋单”；罪量要素的特殊性表明，应当先运用法条竞合理论决定行为类型定型，然后再根据罪量要素，判断该行为是一般违法抑或犯罪、轻罪抑或重罪。只有在“交叉关系、双包容关系”法条竞合中，方有“重法优于轻法原则”的适用可能。

八、补论：罪量因素与法条竞合原理的具体运用——法条竞合视野下渎职类犯罪罪名的适用研究

从 1979 年刑法时期的反革命破坏罪、投机倒把罪、流氓罪和玩忽职守罪，到现行刑法中的（过失）以危险方法危害公共安全罪、非法经营罪、寻衅滋事罪、玩忽职守罪、滥用职权罪，刑法中“口袋罪”的遗传基因并未消亡。这些罪名中的空白罪状、罪量要素、兜底条款，不仅是研究立法

---

[1] 从这个意义上讲，围绕嫖宿幼女罪的争议很大程度上是刑法解释、司法适用上的错误所致，以“立法废除”的方式解决，过于简单粗暴，甚至会带来更多的体系矛盾和适用难题，未必是一剂良方。详见孙建保：《司法孱误不宜以立法“根治”——以嫖宿幼女罪的废除为视角》，载《青少年犯罪问题》2015 年第 6 期；胡荷佳：《行走在消逝中：废除嫖宿幼女罪之反思》，载《青少年犯罪问题》2015 年第 6 期。

明确性的重要素材，[1] 而且也影响着司法实践对具体罪名的选择适用。刑事立法背离罪刑法定原则越远，刑事司法罪行擅断的程度就越严重；刑法条文越模糊，司法实践就越有扩张的空间。在适用这些不明确的刑法条文时，司法实践的做法是：一方面尽量减少司法成本，另一方面尽量增大社会保护的功效。这种增大社会保护功效的做法使得这些罪名不仅变成了“口袋罪”，也变成了刑罚过剩的“恶罪”。[2]

一个罪名之所以成为口袋罪，源自两个方面：一是条文规定的模糊性，二是司法实践的曲解。正是由于刑法条文存在着空白罪状与弹性条款相结合的先天缺陷，在越权司法解释和法官滥用自由裁量权的共同作用下，非法经营等罪从扩张走向变异，背离了刑法规定的原旨，逐渐变成笼罩经济社会方方面面的“口袋罪”。[3] 仅仅是条文字面的含糊并不足以导致口袋罪的出现，是否成为口袋罪的关键在于司法中如何理解“其他”的范围，如何信守罪刑法定原则，如何根据条文的内在含义和逻辑进行解释。[4] 因此，限制罪名的盲目扩张，预防其“口袋化”的异变，当务之急是刑法解释学

---

[1] 参见陈兴良：《刑法的明确性问题：以〈刑法〉第 225 条第 4 项为例的分析》，载《中国法学》2011 年第 4 期。

[2] 欧阳本祺：《对非法经营罪兜底性规定的实证分析》，载《法学》2012 年第 7 期。

[3] 高翼飞：《从扩张走向变异：非法经营罪如何摆脱“口袋罪”的宿命》，载《政治与法律》2012 年第 3 期。

[4] 孙万怀：《以危险方法危害公共安全罪何以成为口袋罪》，载《现代法学》2010 年第 5 期。刑法的明确性，本来就是一个相对的概念，“法律的明确性之要求，非仅指法律文义具体详尽指体例而言，立法者于立法定制时，仍得衡酌法律所规范生活事实之复杂性及适用于个案之妥当性，从立法上适当运用不确定法律概念或概括条款而为相应之规定”（靳宗立：《罪刑法定原则与法律变更之适用原则》，载台湾刑事法学会主编：《刑法总则修正重点之理论与实务》，台北元照出版公司 2005 年版，第 102 页）。刑事立法中，绝对的空白罪状、兜底罪名是违背明确性基本要求的，但相对的空白罪状、相对兜底罪名，本身并不违背明确性原则，上述罪名所采用的“列举 + 兜底规定”的例示法模式，既能保障刑法的法定刑，也赋予法官对此类或类似案件作出同样处理的任务；既能对应社会生活事实，也能限制法官权力。因此，现代刑事立法越来越愿意采取例示法（参见［德］亚图·考夫曼：《类推与“事物本质”》，吴从周译，台北学林文化事业有限公司 1999 年版，第 63 页以下）。如此可见，尽管不能说现行立法在明确性方面已尽善尽美，但是，至少可以肯定，在导致上揭各罪“口袋化”的原因问题上，主要不是因为立法不明确，司法解释的越权、盲目扩张，司法者自由裁量权的滥用，才是真正的主因。

层面的努力。一方面，通过体系解释，善用同类解释规则，明确兜底条款（罪名）的适用范围；另一方面，妥善处置兜底罪名与相关罪名之间的竞合关系，对符合其他犯罪的，一般排除兜底罪名的适用。相比于前一方面研究讨论的方兴未艾，[1] 对后一方面的关注则明显不足。[2] 是故，本书以渎职罪为例，结合 2013 年 1 月 9 日开始施行的《最高人民法院、最高人民检察院关于办理渎职刑事案件适用法律若干问题的解释（一）》（以下简称《解释》）的相关规定，具体讨论在竞合条件下作为兜底罪名的普通渎职犯罪——滥用职权罪、玩忽职守罪——之适用规则，以求严格限制和规范兜底罪名的选择适用。

（一）普通渎职罪与特殊渎职罪不是想象竞合而是法条竞合关系

一般认为，作为渎职罪一般条文（罪名）的滥用职权罪、玩忽职守罪与《刑法》第 398 条至第 419 条规定的各特殊渎职犯罪之间，系普通法条与特别法条之法条竞合特别关系。但也不乏想象竞合的主张。例如，有论

---

[1] 代表性文献如：孙万怀：《以危险方法危害公共安全罪何以成为口袋罪》，载《现代法学》2010 年第 5 期；高翼飞：《从扩张走向变异：非法经营罪如何摆脱“口袋罪”的宿命》，载《政治与法律》2012 年第 3 期；张明楷：《论以危险方法危害公共安全罪——扩大适用的成因与限制适用的规则》，载《国家检察官学院学报》2012 年第 4 期；时延安：《对非法经营罪罪状的限缩解释》，载《中国检察官》2011 年第 2 期；等等。

[2] 张明楷教授在讨论（过失）以危险方法危害公共安全罪这一兜底罪名不当扩张的成因和适用规则时，指出：……六、由于误以为罪名具有威慑功能，或者误以为以危险方法危害公共安全罪重于其他法定刑相同的犯罪，导致将原本应当认定为其他犯罪的案件认定为（过失）以危险方法危害公共安全罪；由此确立如下规则：在被告人的行为完全符合刑法分则第二章规定的其他犯罪的构成要件，法定刑也相同的情形下，不能以（过失）以危险方法危害公共安全罪的罪名更重为由，认定为（过失）以危险方法危害公共安全罪。……七、由于难以区分具体案件符合何种犯罪的构成要件，将原本应当认定为其他犯罪的案件认定为（过失）以危险方法危害公共安全罪；由此主张：只要行为符合刑法分则规定的其他犯罪的构成要件，即使就其他犯罪而言存在区分此罪与彼罪的困难，也应当在其他犯罪中选择，而不能认定为（过失）以危险方法危害公共安全罪（参见张明楷：《论以危险方法危害公共安全罪——扩大适用的成因与限制适用的规则》，载《国家检察官学院学报》2012 年第 4 期）。以上两点，实际上正是没有正确处理好作为兜底罪名的（过失）以危险方法危害公共安全罪与其他具体的危害公共安全犯罪之间的竞合关系，从而导致兜底罪名适用的不当扩张。

者认为:“渎职罪中的竞合，一是一般渎职罪与特定渎职罪的竞合，如滥用职权罪与徇私枉法罪、玩忽职守罪与失职致使在押人员脱逃罪的竞合；二是此渎职罪与彼渎职罪的竞合，如故意泄露国家秘密罪与徇私枉法罪的竞合；三是渎职罪与非渎职罪的竞合，如徇私枉法罪与报复陷害罪的竞合，等等。对于想象竞合犯的处罚，采取从一重处断的原则，先对触及想象竞合的各罪名的法定刑进行比较，然后按照法定刑较重的一个罪名适用刑罚。”[1] 甚至有学者主张不必严格区分法条竞合与想象竞合，提倡一种“大竞合论”，但凡构成要件之间存在竞合关系，一律从一重处罚即可。[2]“从一重处断”系我国刑法理论公认的想象竞合处置原则，将所有竞合关系均从一重定罪处罚，实际上就是完全否定法条竞合概念，“大竞合论”实为“所有竞合皆想象竞合”的主张。但这种观点不仅承继了传统刑法理论有关想象竞合属性的误读，更抹杀了想象竞合与法条竞合二者不同的构造特征。

如前所述，法条竞合与想象竞合是源自大陆法系刑法的舶来理论。从竞合论的视野，法条竞合是与作为纯正（真正）竞合的想象竞合相区别的不纯正（非真正）的竞合。之所以是不纯正的竞合，是因为法条竞合看似有数个构成要件可资适用，但事实上犯罪行为的不法内容和罪责内容只要适用其中一个构成要件，即足以全部包涵该行为的不法和罪责内容，基于禁止重复评价原则而排斥其他构成要件的适用，被排除的法律并不出现在有罪判决中；而想象竞合则是一行为触犯数个刑法法规或数次触犯同一刑法法规。在同种类想象竞合的情况下，有罪判决必须表明数次触犯同一个刑法法规（“A 因谋杀三人被科处终身自由刑”）；在不同种想象竞合的情况下，必须将所有同时被触犯的刑法法规一一列出（“A 因犯强奸罪和重伤害被科处 3 年自由刑”）。之所以需一一列出，是因为刑法的全部不法内容产生于所有被适用的刑法法规本身。简言之，想象竞合之一行为触犯了数

[1] 陈斌等:《渎职犯罪司法适用》，法律出版社 2006 年版，第 28 页。

[2] 参见陈洪兵:《不必严格区分法条竞合与想象竞合——大竞合论之提倡》，载《清华法学》2012 年第 1 期；陈洪兵:《刑法分则中“本法另有规定的依照规定”的另一种理解》，载《法学论坛》2010 年第 5 期。

个刑法法规，必须同时宣告数罪、适用数个构成要件，方能完整评价其不法全貌。从罪数论的视野，法条竞合被认为是单纯一罪或者评价一罪。但不论单纯一罪还是评价一罪，都系本来的一罪，即犯罪成立上的一罪，被评价为该当一次构成要件之事实；想象竞合则是处断的一罪，即实体法上认定构成数罪、实质性的符合数个构成要件，只是科刑上以一罪处理。

可见，不论是在竞合论还是罪数论的立场，法条竞合与想象竞合在构成上都存在本质区别：法条竞合是一行为该当一个犯罪构成（疑似该当数个犯罪构成），成立一罪，依该罪法定刑处罚（一行为一罪一罚）；而想象竞合则是一行为该当数个犯罪构成，构成数罪，只是科刑上作为一罪处理（一行为数罪一罚）。就构成要件的适用而言，法条竞合的构成要件是选择适用，而想象竞合可称为构成要件的累计适用。“累计适用”即所谓“想象竞合的明白记载功能（厘清作用、澄清功能、明示机能）(Klarstellungsfunktion)”。明白记载功能，就是要求对于想象竞合必须在判决中同时援引数个犯罪构成（条文），宣告成立数罪。想象竞合从一重处断只是法定刑的从一重，而并非罪名的从一重，因此应该是论以数个罪名中最重罪名的法定刑，宣告行为人所应科处的刑罚，轻罪和重罪的条文均应出现在判决主文中全部加以引用。[1] 这种法律评价、罪名宣告上的差异，正是法条竞合与想象竞合处置方面的重大区别。我国刑法理论常将想象竞合视为实质一罪（而非处断一罪），将想象竞合“从一重处断”理解为按照法定刑最重之罪定罪处刑。这种观点忽视了想象竞合侵犯数法益、符合数个犯罪构成的数罪特征，误解了“从一重处断”真义，抹煞了想象竞合的“明白记载功能”。也正是在这种误解的基础之上，才催生了“大竞合”的错误主张。

综上，确有必要严格区分法条竞合与想象竞合。那么，普通渎职罪与特殊渎职罪之间究竟系哪种竞合关系？这涉及法条竞合与想象竞合的区分

[1] 参见陈志辉：《九四 / 九五年度刑事判决评释—竞合部分》，载《台湾本土法学杂志》2007 年第 90 期；林山田：《刑法通论》（下册），作者发行 2008 年增订 10 版，第 308、319 页；黄荣坚：《基础刑法学（下）》（第 4 版），台北元照出版公司 2012 年版，第 945 页。

标准。在笔者看来，区分法条竞合与想象竞合，法条之间的包含或者交叉关系，仅仅是形式要件，甚至仅仅是法条竞合所涉及的数法条之间关系的表象而已。是法条竞合还是想象竞合，实际上依然是构成要件的该当性判断问题：充分评价原则和禁止重复评价原则是判断准则，而法益侵害则是判断的实质标准。一方面，当一行为侵犯的法益，非某一个犯罪构成所能够完全评价时，就应当适用复数犯罪构成、宣告数罪，唯有如此方能充分完整地评价其不法全貌。只因是一个行为，故在评价上，仅能为单一不可分割的可罚性评价，其基本性质固属单一，但绝非犯罪单数，只是可罚性及法律效果的单数，此即想象竞合；另一方面，当一行为侵犯之法益，在刑法中存在两个以上为保护该同一法益而设立之数个犯罪构成可资适用时，就只能择一适用其中最能反映（涵盖）行为不法全貌的犯罪构成，而不能同时适用所涉之数个犯罪构成，否则即被禁止的重复评价，此即法条竞合。可见，区分想象竞合与法条竞合的实质要件是法益的同一性判断。

据此，在滥用职权、玩忽职守罪与各特殊渎职罪之间，法条形式上的包容关系一目了然，而渎职罪实质上也都是以“国家机关公务的公正、有效执行以及国民对此的信赖”[1]作为法益内容。显然，当行为人之单一行为同时符合普通渎职罪与特殊渎职罪的构成要件时，不能同时宣告数罪，否则一定是对同一法益（“公务公正有效性及国民对此的信赖”法益）侵害事实的重复评价，只能选择其中最能完整充分评价其行为不法全貌的犯罪构成。因此，作为普通渎职罪的滥用职权罪、玩忽职守罪与各特殊渎职罪之间是典型的法条竞合特别关系。《刑法》第 397 条“本法另有规定的，依照规定”之规定，正是关于法条竞合特别关系处罚原则的重申。正因如此，《解释》第 2 条第 1 款亦强调：“国家机关工作人员实施滥用职权或者玩忽职守犯罪行为，触犯刑法分则第九章第三百九十八条至第四百一十九条规定的，依照该规定定罪处罚。”

---

[1] 张明楷：《刑法学》（第 5 版），法律出版社 2016 年版，第 1238 页；李晓明主编：《中国刑法分论》，清华大学出版社 2014 年版，第 398 页。

由此总结规则之一：普通渎职罪与特殊渎职罪之间系法条竞合特别关系，当一行为同时符合普通渎职罪与特殊渎职罪犯罪构成时，应当适用特别法优于普通法原则，以特别法条定罪处罚，不得适用重法优先；[1]更不能认定为想象竞合。

（二）罪体要素影响下普通渎职罪与特殊渎职罪的选择适用

在定性为法条竞合关系的前提下，当行为同时符合普通渎职罪与特殊渎职罪犯罪构成时，以特别法条定罪处罚，并无太大争议。不过，倘若具体的渎职行为不符合《刑法》第 398 条至第 419 条的特别规定，但却符合《刑法》第 397 条的普通规定时，能否适用第 397 条认定为普通的渎职罪？《解释》第 2 条第 2 款规定："国家机关工作人员滥用职权或者玩忽职守，因不具备徇私舞弊等情形，不符合刑法分则第九章第三百九十八条至第四百一十九条的规定，但依法构成第三百九十七条规定的犯罪的，以滥用职权罪或者玩忽职守罪定罪处罚。"对此又当如何理解？确有争议。

周光权教授曾有如下设例：合同诈骗罪、信用卡诈骗罪的立案标准是5000元，诈骗罪的立案标准是2000元[2]，对利用合同或者信用卡实施诈骗，犯罪人就想获取 4000 元，事实上也只得到 4000 元的行为，能否以诈骗罪论处？针对这一设例，周光权教授指出："特别法条构成要件的类型化规定对于评价客体所做的选择，当然排斥普通法条的适用，既然普通法条的适用效力因为特别法条不再存在，按照特别法条不能成立犯罪的情形，当然不能以一般法条定罪。"[3] 但这一结论遭到张明楷教授的反对，[4] 并且就本书

[1] 即便是认可"在特殊情况下，法条竞合也允许重法优先的补充适用"的观点，也认为在刑法条文明确规定"本法另有规定的，依照规定"的情况下，不可能有作为重法的普通法条的补充适用（参见张明楷：《刑法分则的解释原理》，中国人民大学出版社 2011 年版，第 704 页）。

[2] 根据 2011 年 3 月 1 日《最高人民法院、最高人民检察院关于办理诈骗刑事案件具体应用法律若干问题的解释》第 1 条，诈骗罪的立案标准已提高到"三千元至一万元以上"。——引者注

[3] 参见周光权：《法条竞合的特别关系研究》，载《中国法学》2010 年第 3 期。

[4] 详见张明楷：《法条竞合中特别关系的确定与处理》，载《法学家》2011 年第 1 期；张明楷：《刑法分则的解释原理》（第 2 版），中国人民大学出版社 2011 年版，第 734 页以下。

上一段提到的有关渎职罪的法条竞合问题的处理上，张教授也将周光权教授的主张作为反面立场予以批判。[1]

在笔者看来，张明楷教授的批评意见中，可能存在误解周光权教授观点的嫌疑。无论是从周光权教授的前述设例、他在这篇论文内容提要中“对于行为性质符合特别关系的构成特征，但因数额、数量未达到特别法条要求时，不能以普通法条定罪”的结论概括，还是此文对“定型化的构成要件观念”的特别强调，都可以看出，周光权教授的主张（结论）是以“行为类型、性质已经符合特别法条的行为定型，只是行为（结果）程度尚未达到特别法条的罪量要求（但已达到普通法条罪量要求）”这一“中国式”法条竞合问题为前提的。而在张明楷教授的反驳意见中，存在一些突破这一前提基础的情状。例如，张明楷教授在批评周光权教授混淆了“不符合特别法条”与“根据特别法条不值得处罚”这两种现象时指出：“况且，根据特别法条不值得处罚并不等同根据普通法条不值得处罚。例如，国家机关工作人员接到被非法拘禁的人或者其亲属的解救要求或者接到他人的举报时，而不进行解救，造成严重后果的行为，不符合第416条的规定（特别法条），但这种行为并不属于‘根据特别法条不值得处罚’的行为，相反，必须适用普通法条（第397条）。再如，林业主管部门工作人员以违法发放林木采伐许可证以外的行为方式，导致森林遭受严重破坏的，虽然不符合第407条的特别规定，但这种行为也不属于‘根据特别法条不值得处罚’的行为，同样应适用第397条。”在批评周光权教授对构成要件符合性的判断方法也存在疑问时，他举例：“当行为人以假币换取他人真币时，不能认为唯一的结论就是‘以假币换取真币’，相反，完全可能是盗窃、诈骗或者适用假币。换言之，当行为人不是金融机构工作人员时，就不能认为该行为不可罚；相反，要判断该行为是否符合盗窃罪、诈骗罪、使用假币罪的构成要件。”[2] 显然，这些例证均属于行为性质并不符合特别

[1] 参见张明楷:《刑法学》（第5版），法律出版社2016年版，第1243—1244页。

[2] 张明楷:《法条竞合中特别关系的确定与处理》，载《法学家》2011年第1期；张明楷:《刑法分则的解释原理》（第2版），中国人民大学出版社2011年版，第737—738页以下。

法条的行为类型定型，但却完全符合普通法条的行为类型化描述，因而得以普通法条论处的情形。而这已偏离了周光权教授立论的前提——罪量要素影响下的中国式竞合问题。

事实上，因为行为类型不符合特别法条的情状，而以普通法条论处，这种观点周光权教授并不否定。在分析《刑法》第149条第1款的规定时，周教授指出:《刑法》第149条第1款关于行为在不构成《刑法》第141条至第148条之罪时，依照《刑法》第140条定罪的规定，主要是关于特别法条的构成要件（类型化）观念的重要性的强调。这里的不构成各该条，是因为行为类型不符合，而不仅仅是数额的问题。在生产、销售特殊的伪劣产品犯罪和生产、销售伪劣产品罪在行为定型上不同时，对于行为不符合特别法条，但符合普通法条的情形，不适用特别法条而适用普通法条，即便《刑法》第149条第1款不作规定，亦应如此处理。所以，特别法条对普通法条的适用没有制约。这与前述的合同诈骗罪、诈骗罪这种数额犯在行为定型上基本相同，特别法条不处罚时，不能适用普通法条的关系有重大区别。[1]在另一篇论文中，周教授也指出：根据法条竞合的法理，某种行为虽不构成特殊渎职犯罪，但是可能构成玩忽职守罪或者滥用职权罪。例如，法官黄某独任审判一起盗窃案，判处董某有期徒刑2年零6个月，黄某选择监外执行。但他既未自己办理监外执行手续，也未将案子移交给审判监督庭审查办理，而是匆匆把案件归档。后董某完全脱离监管，持枪入室抢劫、绑架，被判处死刑。黄某不构成徇私枉法罪、私放在押人员罪或者失职致使在押人员脱逃罪，但因其严重不负责任，将本应监管的罪犯不予监管，按法条竞合的原理，应当构成玩忽职守罪。[2]

由此可见，因为行为类型、行为性质不符合特别法条的行为定型，而转以普通法条论处，在这种因犯罪构成罪体要素而引发的法条竞合问题的处理上，张、周二位教授的观点实际上是相同的。在渎职罪视野下，张明

[1] 周光权:《法条竞合的特别关系研究》，载《中国法学》2010年第3期。

[2] 周光权:《渎职犯罪疑难问题研究》，载《人民检察》2011年第19期。

楷教授“行为主体虽然是国家机关工作人员，但不符合《刑法》第 398 条至第 419 条规定的特殊渎职罪的主体要件，其行为符合《刑法》第 397 条规定的犯罪构成的，应当适用《刑法》第 397 条定罪量刑”以及“行为主体具备《刑法》第 398 条至第 419 条规定的特殊渎职罪的特殊身份，但行为方式不符合《刑法》第 398 条至第 419 条规定的特殊渎职罪的构成要件，却符合《刑法》第 397 条规定的犯罪构成的，原则上应当适用《刑法》第 397 条定罪量刑”的结论，[1] 以及前述“林业主管部门工作人员并非违法发放林木采伐许可证，而是滥用职权导致森林遭受严重破坏”“司法工作人员不解救被非法拘禁的人，造成严重后果”等应认定为滥用职权罪的处理意见，同样也是他认为持相反观点的周光权教授所认可的。

特别法条原本就是在普通法条基本构成要件的基础上，通过主体、对象、行为方式等要素的具体化、特别化，而形成的变体构成要件。特别法条与普通法条属于种概念与属概念、下位概念与上位概念的关系，特别法条构成要件的实现，必然包含普通法条的构成要件的实现。[2] 只要特别法条不属于刑法为限制处罚范围而设立的封闭特权条款，当行为不符合特别法条之行为类型时，就应当转而考虑普通法条行为类型的该当性。这既是符合法条竞合一般法理的当然结论，也与滥用职权罪、玩忽职守罪作为渎职罪一般条款、兜底条文的性质相匹配。可见，对于《解释》第 2 条第 2 款之规定，倘若是因罪体、行为性质（类型）要素不具备，而导致“不符合特别渎职罪之规定，符合普通渎职罪时转以普通渎职罪论处”时，此结论完全是符合法理的当然解释。

由此得出规则之二：当国家机关工作人员的渎职行为，因为主体身份、行为方式、行为对象等犯罪构成罪体（行为性质）要素而不符合特殊渎职罪的构成时，不可直接宣告无罪，而应当转而考虑其行为是否该当普通渎职罪的构成要件，若是，则应以普通渎职罪论处。

---

[1] 张明楷：《刑法学》（第 5 版），法律出版社 2016 年版，第 1244 页。

[2] 参见陈志辉：《刑法上的法条竞合》，台湾春风煦日论坛 1998 年版，第 43 页。

（三）罪量要素影响下普通渎职罪与特别渎职罪的选择适用

在大陆法系刑法“仅定性”的行为类型立法模式之下，法条竞合问题就止于罪体要素引发的竞合关系的处理；但在我国“定性＋定量”的“行为类型＋行为程度”的刑事立法模式之下，因罪量要素引发的法条竞合关系的处理就成为特有的“中国式竞合”问题。

在我国刑法视野之下，行为类型呈现包含关系的特别法条与普通法条之间，立法或司法解释有时候会确立不同的犯罪成立罪量标准，如前文提到的诈骗罪、合同诈骗罪与信用卡诈骗罪之间；再如渎职罪中，第403条滥用管理公司、证券职权罪之“造成直接经济损失50万元以上”[2006年7月26日《最高人民检察院关于渎职侵权犯罪案件立案标准的规定》（以下简称《立案标准》）第13条]与第397条滥用职权罪之“造成经济损失30万元以上”（《解释》第1条）；第408条环境监管失职罪之“导致30人以上严重中毒的”与第397条玩忽职守罪的“导致20人以上严重中毒”（《立案标准》第19条、第1条）。这种情状下，若行为人以符合特别法条行为定型的方式实施行为，而实际罪量却未达到司法解释所确立的特别法条罪量标准，但又超出普通法条罪量标准时，能否转以普通法条论处？即《解释》第2条第2款中“因不具备徇私舞弊等情形”之“等情形”能否包括仅罪量要素不具备这一情形？此问题才是张、周二位教授观点真正的对立面。

笔者认为，考虑到罪量要素与罪体要素之间不同的属性和功能，对上述情形同样“转以普通法论处”有欠妥当。

其一，法条竞合原本就是在刑罚统一制裁体系、个罪仅定性的行为类型（罪体）的立法模式下的舶来品。在这一背景之下，法条竞合理论可以选择最合适的构成要件、行为类型，但却无法体现行为程度的罪量要求。因为与罪体要素乃“横向、此罪彼罪的行为类型意义上作为区分标准的”犯罪构成要件要素不同，罪量要素则是在行为类型（罪体）确定的基础上，从纵向、轻罪重罪（罪与违法）的行为程度意义上判断犯罪成立与否构成要件要素；前者限定了公权力介入的界限，后者则是公权力处置内部分工的标准。罪体要素与罪量要素的上揭差异，决定了二者在构成要件该当性判断中的位阶性，即首先通过罪体要素判断行为类型、该当构成要件的归属；然后根据罪量标准，判断行为程度，决定轻罪抑或重罪、犯罪抑或一般违法。这一位阶性表明，作为行为类型判断理论的法条竞合理论的运用，应当在罪量判断之前完成；因罪量要素引发的“中国式”竞合问题，不能直接依照法条竞合一般原理进行处理。

其二，张明楷教授亦主张，对法定刑升格条件应区分加重犯罪构成与量刑规则，前者是刑法分则因行为、对象等构成要件要素的特殊性而使行为类型发生变化，导致违法性增加；而后者则是刑法分则单纯以情节严重、数额巨大等作为法定刑升格条件，它们只是行为程度（量）的变化，违法行为类型或特征并无变化。[1]事实上，作为犯罪构成要件要素的罪体要素和罪量要素也同样如此，罪体要素决定了可能被作为犯罪处置的行为类型；罪量要素则只是行为程度（量）的变化，违法行为类型或特征同样不应有所变化。但如果依据“转以普通法条论处”的主张，因为罪量要素（行为程度）量的增减，而导致行为类型的变化，这与论者区分加重构成与量刑规则的立场不相一致。换言之，只要对法定刑升格条件区分加重构成与罪刑规则，就应当承认犯罪构成要件要素亦有罪体与罪量的区分。

其三，“转以普通法条论处”的另一个重要论据是，在“没有章法的特别法条惟轻的立法或司法解释（特别法条并非封闭的特权条款，但法定刑设置却低于普通法条或者罪量标准设置高于普通法条）”前提下，“转处普通法条”是在司法救济立法错误、实现罪刑均衡、刑法公正的唯一手段。不过，无论这一前提论断是否为真，似乎都难以适用于渎职罪领域。1997年刑法对渎职罪的修改，主要是将1979年《刑法》通过以来民事、经济、行政法律中“依照”“比照”刑法玩忽职守、徇私舞弊罪追究刑事责任的条文，改为刑法的具体条款；并针对现实经济生活中出现的新情况，增加规定一些具体的渎职犯罪行为。其一方面详细规定了各国家机关中可能出

[1] 张明楷:《加重构成与量刑规则的区分》，载《清华法学》2011年第1期。

现的30类渎职犯罪，增强司法实践的可操作性，符合罪刑法定的明确性要求；另一方面，保留玩忽职守罪，增设滥用职权罪，以这两罪起总体统领作用，用较为宽泛和原则性的文字将所有国家机关工作人员其他可能实施的渎职行为都纳入刑法调控范围，以免挂一漏万，体现了新刑法为有效打击此类犯罪所具有的原则性与灵活性的统一。[1]可见，特殊渎职罪无非是基于明确性、分解口袋罪的考虑，将常见的、发生在某具体领域的国家机关工作人员的渎职行为从口袋罪中独立出来，很难判断说这些特殊渎职罪相较于普通渎职罪——滥用职权、玩忽职守——所侵害的法益更多、违法性更重，属于普通构成要件的加重变体。亦即很难判断普通渎职罪与特殊渎职罪在法益侵害、违法性上孰轻孰重。在此前提下，作为兜底条款、"小口袋罪"的普通渎职罪，与内涵更丰富、外延相对较窄的各特殊渎职罪相比，其法定刑配置幅度更宽、罪量标准确定得更广、更低，就是自然而然的了；唯有如此，方能保障其兜底和补充作用的发挥。可见，"没有章法的特别法惟轻"现象未必存在于竞合的渎职罪名之间，如此，上述论证也就缺少了立论基础。更何况，退一步讲，即便是立法、司法解释的确"没有章法"，也没有理由让行为人为立法或司法解释的错误"埋单"。

综上，笔者不赞成"转以普通法论处"的主张。《解释》第2条第2款之"因不具备徇私舞弊等情形"应当限制在因罪体（行为类型）要素不具备的情形，而不应当包括仅因特别条款的罪量（行为程度）未达到的情形。

由此总结规则之三：行为人行为性质、类型已符合特殊渎职罪的构成特征（行为定型），但数额等罪量要素没有达到特别法条罪量标准时，即便达到普通渎职罪的罪量标准，也不能转以普通渎职罪论处，而应将其作为某特殊类型的渎职行为的一般违法处理。

需要补充的是，普通渎职罪的兜底性质、罪状的空白性和概括性，也导致其罪量标准的确定更注重普适性，即只能以人员伤亡、财产损失或者

[1] 参见赵秉志、于志刚：《大陆和澳门地区刑法中渎职罪之比较》，载公丕祥主编：《法制现代化研究》（第6卷），南京师范大学出版社2000年版，第520、523—524页。

社会不良影响等一般普通事实为内容；而特别渎职罪因为更具体、外延更小，其罪量标准也就更具针对性，如故意 / 过失泄露国家秘密罪中的“秘密等级、秘密数量、泄露对象、泄露方式”等。这样，就可能引发一个问题：倘若行为性质已符合特殊渎职罪的构成特征，但行为（结果）程度并未符合特别法条各具体的、叙明的罪量标准，而是达到了普通渎职罪所规定的人员伤亡、财产损失、社会不良影响等罪量要求时，应当如何处置？对此，有学者以食品监管渎职罪为例指出，倘若食品监管人员滥用职权或者玩忽职守所造成的危害结果没有达到食品安全的“事故”标准，即没有达到食品监管渎职罪的立案标准，则考虑普通滥用职权罪和玩忽职守罪的适用。[1] 这种观点同样导致罪量要素（行为程度）反制行为性质、行为类型（行为定型），值得商榷。不过，倘若其他国家机关工作人员的渎职行为，导致一定规模的人员伤亡、财产损失等结果时，都成立渎职犯罪，食品监管等领域的国家机关工作人员却不以犯罪论处，的确有失公允。对此，在笔者看来，实际上司法解释关于特殊渎职罪罪量标准，都存在“其他情节严重的情形”“其他致使公共财产、国家和人民利益遭受重大损失的情形”之类的兜底规定，因此，只要在特殊渎职罪的各叙明的、具体的罪量标准中，没有与普通渎职罪的人员伤亡、财产损失等内容和性质上相同的罪量标准条款，就可以将普通渎职罪之人员伤亡、财产损失等叙明的罪量标准，视为特殊渎职罪罪量标准兜底条款所包含的内容，依此直接认定成立某特殊渎职罪。具体就上例而言，即便不能认定已造成重大食品安全事故，也可以将与普通渎职罪成立标准相当的一定规模的人员伤亡、财产损失、不良影响等视为食品监管渎职罪中的“造成其他严重后果”，直接以该罪论处。[2] 如此，便能避免上揭“有失公允”现象的发生。

---

[1] 储槐植、李莎莎：《食品监管渎职罪探析》，载《法学杂志》2012 年第 1 期；郭世杰：《食品监管渎职罪的罪名拟定与立法体例》，载《上海政法学院学报》（法治论丛）2012 年第 3 期。

[2] 不过，必须强调的是，这种理解仅限于特别渎职罪的各叙明罪量标准与普通渎职罪的罪量标准在性质、内容上不同为前提的，倘若特别渎职罪存在与普通渎职罪罪量标准相同性质、同一内容的罪量标准的叙明规定，则必须依该叙明的罪量标准判断。

由此衍生规则之四：当行为性质符合特殊渎职罪的构成特征，而罪量要素（行为程度）与该特别法条之叙明的罪量标准均不匹配，但确符合普通渎职罪的叙明罪量标准时，可将该罪量事实视为符合该特殊渎职罪“其他情节严重的情形”之兜底性罪量标准，直接以该特殊渎职罪论处，不再考虑普通渎职罪的适用。

另外，《解释》第1条对滥用职权罪、玩忽职守罪的罪量标准进行了调整，但未涉及其他特别渎职罪罪量标准的调整，导致的结果是，原司法解释（即《立案标准》）中原本在普通渎职罪与特殊渎职罪中确立的某些内容相同的罪量标准，因为《解释》对普通渎职罪罪量标准的调整而变得不同。例如，根据《立案标准》的规定，滥用职权罪与民事、行政枉法裁判罪的立案标准均有“造成个人财产直接经济损失10万元以上，或者直接经济损失不满10万元，但间接经济损失50万元以上的”；玩忽职守罪与环境监管失职罪的立案标准均有“造成死亡1人以上，或者重伤3人以上，或者重伤2人、轻伤4人以上，或者重伤1人、轻伤7人以上，或者轻伤10人以上的”。而《解释》第1条将滥用职权罪、玩忽职守罪的罪量标准调整为“造成经济损失30万元以上”“造成死亡1人以上，或者重伤3人以上，或者轻伤9人以上，或者重伤2人、轻伤3人以上，或者重伤1人、轻伤6人以上的”，从而导致二罪罪量标准的差异。这种情况如何看待？是否仍适用上述罪量要素影响下的诸规则？

在同一司法解释中，在普通渎职罪与特殊渎职罪之间，如果解释者就相同性质、内容的罪量要素规定不同标准，表明解释者对特殊渎职罪特殊对待的基本立场，这也是适用上述各规则的实质理由；但倘若解释者在同一解释中，就普通渎职罪与特殊渎职罪规定了内容完全相同的罪量标准，这表明解释者并无区别对待特殊渎职罪的观念立场，仅仅是在特殊罪名中对相同罪量标准的重申而已。因此，笔者认为，在没有关于特殊渎职罪罪量标准的新司法解释的出台、无法确定解释者观念立场是否改变的前提下，原司法解释对各罪上述罪量标准同等对待的立场或态度应当维持。原司法解释中，在特殊渎职罪中规定的作为普通渎职罪罪量标准重申的、内容完全相同的罪量规定，也应当适用《解释》第10条“最高人民法院、最高人民检察院此前发布的司法解释与本解释不一致的，以本解释为准”，即应根据普通渎职罪的罪量标准的变化而相应地作出调整。因而，上述情况亦不存在所谓罪量要素影响下的竞合问题。

（四）渎职罪范围内的双包含关系

前文解决了普通渎职罪与特殊渎职罪之间基于罪体或罪量要素而引发的法条竞合特别关系的处理，那么，各特殊的渎职罪之间又存在着怎样的竞合关系，应如何处理呢？

从渎职罪的立法规定不难看出，各特殊渎职罪之间并不存在分类意义上的标准，这就难免各特殊渎职罪之间内容上的交叉或重合。例如，我国《食品安全法》确立了食品安全由部门监管的原则，采取“分段监管为主、品种监管为辅”的方式。这样，商检部门、动植物检疫部门、卫生行政部门、农业行政部门、质监部门、工商行政管理部门等国家机关工作人员在食品监管活动中的渎职行为，都可能成立食品监管渎职罪，也同时可能构成商检徇私舞弊罪、商检失职罪、动植物检疫徇私舞弊罪、动植物检疫失职罪、传染病防治失职罪、放纵制售伪劣商品犯罪行为罪等罪名。再如，海关工作人员在负责查处一起价值巨大的走私案件时，徇私舞弊大事化小，代之以行政处罚，其行为同时触及放纵走私罪与徇私舞弊不移交刑事案件罪两个犯罪构成。以上情状应当如何处置？

对此，①有的主张想象竞合犯，从一重处罚；[1] ②有的主张应依据处理法规竞合的另一基本原则“重法优于轻法”来选择具体应该适用的罪名；[2] ③有的认为应适用“特殊条款优先”的规则，食品监管渎职罪是特殊

[1] 参见贾宇：《食品监管渎职罪的认定及适用》，载《河南财经政法大学学报》2012年第2期；肖本山：《食品监管渎职罪的若干疑难问题解析》，载《法律科学》（西北政法大学学报）2012年第3期；皮勇、郭斐飞：《渎职犯罪中的罪数问题》，载孙应征主编：《渎职侵权犯罪法律适用研究》，武汉大学出版社2010年版，第101页。

[2] 参见谢望原、何龙：《食品监管渎职罪疑难问题探析》，载《政治与法律》2012年第10期。

法条，放纵制售伪劣商品罪是一般法条。即渎职罪与相关犯罪法条关系及其适用选择问题是刑法立法细分造成的，相互之间形成双重的法条竞合关系。[1] ④还有的主张食品监管渎职罪与商检徇私舞弊等罪都属于特别法条，如何定罪取决于在食品监管过程中是否发生“重大食品安全事故或者造成其他严重后果”，如果是，认定为食品监管渎职罪；否则就应当认定为商检徇私舞弊罪等。[2]

观点①系建立在对想象竞合性质的误读之上。如前所述，想象竞合实为一行为侵犯数法益，符合数个犯罪构成，应当宣告数罪，只是处断上以一重罪的法定刑处罚。据此，若主张想象竞合，宣告数罪，一定是某一具体渎职行为对“国家机关公务的公正、有效执行以及国民对此的信赖”法益的侵害进行了两次评价，有违禁止重复评价原则。只要明确想象竞合“一行为数罪一罚”和“明白记载功能”等特质，“想象竞合说”的主张就应当避免。观点②最终结论为笔者赞同，但如前所述，将“重法优于轻法”视为法条竞合另一基本处断原则的推理过程，为笔者所不赞同。观点③虽捍卫了特别法条优先的法条竞合处置原则，但同为特殊法条的食品监管渎职罪和放纵制售伪劣商品罪，为何认为前者是特别法条、后者是一般法条，却未见任何判断依据；而观点④无非是观点③“食品监管渎职罪是特殊法条，商检徇私舞弊罪、放纵制售伪劣商品罪等是一般法条”这种观点的另一种表述而已。食品监管失职罪与商检徇私舞弊罪、放纵制售伪劣商品罪等，都是通过对普通渎职罪部分构成要素特别化、具体化后形成的特别法条，但它们之间特别化的内容并不统一，前者是对监管对象（食品）的特别化，而后者则是对监管流程、监管阶段不同监管职责（行为方式、职责内容）的特别化。因此，很难判断二者谁是特别法谁是普通法。

[1] 参见安文录、虞浔：《食品监管渎职罪疑难问题司法认定研究》，载《政治与法律》2011 年第 9 期。

[2] 参见储槐植、李莎莎：《食品监管渎职罪探析》，载《法学杂志》2012 年第 1 期；郭世杰：《食品监管渎职罪的罪名拟定与立法体例》，载《上海政法学院学报》（法治论丛）2012 年第 3 期。

笔者主张，特殊渎职罪之间是一种双包含（交叉）关系，适用重法优于轻法原则。前述渎职罪的事例，食品监管失职罪就是甲法条 ABCD，商检徇私舞弊罪、放纵制售伪劣商品犯罪行为罪等就是乙法条 ABCE，普通渎职罪即丙法条 ABC；放纵走私罪就是甲法条 ABCD，徇私舞弊不移交刑事案件罪就是乙法条 ABCE，滥用职权罪就是丙法条 ABC。当行为人在对食品的商检中徇私舞弊时；当行为人以罚代刑，拒不移交刑事案件，放纵他人走私行为时，就相当于出现了一个具有 ABCDE 性质的行为，此时，应当在禁止重复评价的基础上，采尽量充分评价原则，只要各特殊的渎职犯罪并不具有封闭的特权条款的性质，就应当在甲、乙两条文中选择处罚较重的条文定罪处刑（重法优于轻法）。

由此总结规则之五：某一具体的渎职行为，同时符合数个特殊渎职罪的构成要件时，应当选择其中处罚最重的特殊渎职罪定罪处刑；若该渎职行为，行为性质符合数个特殊渎职罪的构成特征，但行为（结果）程度仅符合其中之一的罪量标准时，则应以符合之罪定罪处罚。

（五）结语

限制与规范兜底条款、口袋罪名的司法适用，是明确性原则对刑事司法的当然要求。对于（过失）以危险方法危害公共安全罪、非法经营罪等口袋罪名，因为采取了“列举 + 兜底”的例示立法方法，因此，同类解释规则乃是这些罪名“除口袋罪化”的首要的，也是最重要的限制和规范方法。但对于玩忽职守、滥用职权罪这一口袋性质的罪名，却不相同。渎职罪的立法体例呈现“一般与特殊相结合的总分式结构”，第 397 条在总体上规定了渎职罪构成特征的一般情形，第 398 条至第 419 条主要依据不同的职责属性将一般规定具体化为不同领域的渎职犯罪。[1] 但具体化的各特殊渎职罪，却未必能为玩忽职守、滥用职权罪之一般规定提供可资比照的同类解释标准，因为国家机关工作人员的职务、职责种类繁多、千姿百态。

---

[1] 魏颖华：《渎职罪客观行为基本问题及实务应用论略》，载《中州学刊》2010 年第 6 期。

可见，最传统的防止罪名口袋化的体系解释、同类解释规则，对同样作为兜底罪名的玩忽职守、滥用职权罪而言，恐怕作用有限。通过本部分的论述可以发现，“正确处理玩忽职守、滥用职权罪与其他各特殊渎职罪之间的竞合关系，只有在行为类型、性质不符合特别法条构成特征时，方可考虑转以普通法条论处”以及“合理地解释特别法条兜底的罪量标准”等举措，对于作为兜底条文、口袋罪名的滥用职权、玩忽职守罪的限制和规范适用，具有一定裨益，也可以在其他口袋罪名与相关罪名竞合时正确选择适当罪名，提供一些借鉴。

结　语

"法律不理会琐碎之事"，任何国家都不可能对极轻微的反社会行为动用刑罚处罚，换言之，任何国家的犯罪成立都包含一定的量的要求。从域外刑事立法和司法实践来看，一般而言，刑事实体法中基本上只是注重行为类型的定型化，而较少直接、正面地规定犯罪成立的罪量要求。如此，犯罪的罪量要求在实践中是通过它的反面，即排除轻微行为的犯罪性（微罪无罪）的问题呈现：一方面，转由程序法处置，即通过刑事诉讼程序法中的警察处置、酌定不起诉、告诉与自诉以及法官司法裁量权的行使等制度设计，为微罪提供多重的出罪路径；而在实体法领域，则提出社会相当性、可罚的违法性等实质违法性理论，为微罪出罪提供实体法上的理论支撑。

与之相比，在我国，犯罪成立的罪量要求也同样通过程序法和实体法呈现。一方面，在诉讼法领域，通过原则性规定和具体制度设计相结合的方式，确立了包括微罪不立案、撤销案件、微罪不起诉、自诉、对未成年人的附条件不起诉决定、当事人和解等诸多关涉微罪出罪的程序路径，这一点与域外经验类似；另一方面，"行政处罚 + 刑事处罚"的二元制裁体系以及仅以行为程度区分一般违法与犯罪的交叉重合立法模式，造就了我国刑事实体法（刑法典）中为数众多的罪量因素规定。这种规模化、成文化、正面入罪意义上作为犯罪成立必要条件的罪量规定，可谓我国刑事立法在犯罪成立罪量要求领域独具特色的立法现象。

成文化的罪量规定（罪量要求），不仅包含在《刑法》总则第 13 条犯罪概念的但书规定当中；在刑法分则中，更是以“情节严重”“数额较大”“造成严重后果”等类似规定大量呈现。而后者正是我国刑事立法的一大特色。这种立法现象与我国传统法律文化、我国现代化后发国家的国情状况以及我国当下的法体系相切合，因而具有相当的存在合理性。而从刑法解释学的视野，问题的重点在于，如何将这种独具一格的立法现象，与我国借鉴吸收的大陆法系国家立足于仅定性的行为类型立法模式下的刑法理论（尤其是犯罪论理论）和谐共存。如果说犯罪论体系建构是当前刑法理论研究的热点和重点，那么，犯罪论体系中的罪量因素，可谓其中最具中国特色、最具原发性特征的内容。

犯罪成立的罪量因素如何与舶来的犯罪论体系兼容共存，主要包含以下方面：

第一，罪量因素在犯罪构成体系中的位阶、地位问题。成文化乃是我国犯罪成立罪量因素的一大特色，这些成文化、类型化的罪量因素在阶层性的犯罪构成体系中的位置如何，乃是罪量因素研究的首要问题。在大陆法系刑法理论中，犯罪成立的罪量要求，一般是在（形式的）构成要件该当性判断之后，以阻却构成要件该当、阻却违法等消极的、否定的方式呈现的，而在我国，成文化意味着罪量因素应当首先作为构成要件该当性的内容，以事实符合性的正面判断的方式呈现。因此，罪量因素的体系定位主要应当是在事实判断层面的构成要件该当性阶段（也有小部分罪量因素属于客观处罚条件）。

从罪量因素的具体内容上看，(1) 绝大多数罪量因素的内容都是表征违法的罪量构成要件要素，有的强调行为的特征与规模，有的表征结果的危害程度，有的则表现为主观目的、动机等主观违法要素，也有的以特定身份为内容；(2) 也有部分罪量因素虽然与行为的违法性程度存在关联，但作为结果表征的它们与实行行为之间却并不具备刑法上典型的因果关系，如丢失枪支不报罪中的“严重后果”、滥用职权罪中的“重大损失”等，此类罪量因素，只能被视为一种不典型的违法构成要素，学者将其称作“客观的超过要素”“不真正的客观处罚条件”；(3) 此外，也有一部分罪量因素的内容，与违法之间没有关联性，属于违法中立性要素，如作为行为报酬的违法所得、犯罪后的悔罪表现等，这些内容不属于表征违法的构成要件要素，只能视为构成要件该当性、违法性和有责性之外的第四个犯罪成立要件——客观处罚条件。

第二，罪量因素在认定犯罪成立或犯罪形态中的表现或者影响。这一点，主要是围绕作为构成要件要素的罪量因素（简称罪量构成要素、罪量要素）展开。这种表现或者影响之所以呈现不同的特点，主要是源于罪量要素本身的特殊性，包括事实面和价值面两个方面。

（一）所谓罪量要素的事实面特征，正是罪量要素作为成文化的构成要件要素，相较于大陆法系刑法的犯罪成立的罪量判断而言的特殊性。中国刑法区别于域外刑法的特质之一即违法性程度要求的成文化。在大陆法系刑法中，个罪的罪状描述中鲜有明示行为程度的罪量规定，因此，在类型化的构成要件该当性的判断阶段，基本上不会考虑罪量问题，罪量乃是通过实质违法性、可罚的违法性、社会相当性等理论，在阻却构成要件该当或者阻却违法的意义上进行的实质的消极判断；而在我国，罪量要求成文化为构成要件该当性的事实要素，成为犯罪与一般违法（罪与非罪）界分的一般化标准。既然罪量要求已经成文化为构成要件该当的具体事实要素，那么，罪量构成要素就不仅仅是阻却犯罪成立的、实质的消极判断，也应当首先是正面的、事实该当的构成要件符合性判断。此即罪量要素的事实面特征。

罪量要素的事实面特征，换言之，就是关于罪量要素的构成要件该当性阶段的事实符合性判断问题，这种符合性判断自然应当遵循主客观相统一的基本原则。一方面，客观罪量必须有行为人主观罪过方面的要求，方能认定犯罪成立，追究行为人刑责，此即罪量要素的认识问题；如果行为人主观认识的罪量与客观发生的罪量不相统一时，同样发生罪量要素的错误论问题；另一方面，倘若行为人主观上认识并意欲的罪量结果达到甚至超过法定的罪量标准，但客观行为却没有实现或仅仅实现了一部分罪量结果，此时可否论以犯罪未遂，尤其是在刑法根据罪量轻重确定了两个或者两个以上的法定刑档的情况下，如果论以犯罪未遂，又将选择基础刑还是加重刑作为未遂“从轻、减轻处罚”所比照的既遂犯的法定刑档呢？此即，与罪量要素有关的未遂犯的认定和未遂犯法定刑基准的选择问题。可见，在犯罪论中，但凡以行为人为判断主体的内容，都应当考虑罪量要素事实的影响。罪量要素的认识论、罪量要素的错误论以及罪量要素的未遂论问题，就是对罪量要素的事实面特征的具体展开。

（二）所谓罪量要素的价值面特征，则是罪量构成要素相较于同为“构成要件要素”的罪体构成要素而言的。众所周知，构成要件的符合性判断具有违法性的推定机能，罪量构成要素和罪体构成要素都是构成要件的具体内容，因此，罪量要素的符合性和罪体要素的符合性判断都具备违法性的推定机能，但二者推定机能的内容和功能却不尽相同：罪体要素体现行为类型，是从横向、此罪彼罪的意义上表征某一具体犯罪的类型特征，体现的是公权力界域（将刑法没有类型化的行为类型排除在公权力处置范围之外）；而罪量要素则体现行为程度，是对同一类型（同质）的行为，从纵向、轻罪重罪（罪与违法）的意义上表征某一具体犯罪的程度特征，体现的是公权力的分工（将纳入公权力处置范围的某种行为，根据其违法程度的大小轻重，分别给予刑罚或者行政处罚）。

二者区别的意义在于，在完成事实符合性判断的基础上，司法者在对这些事实进行规范性处理时，罪体构成要素与罪量构成要素价值面上的差异决定了罪体和罪量评价之间存在位阶性，即必须首先进行罪体——行为类型的定型（包括行为种类、行为形态等），然后才是根据具体的罪量规定，对已经定型的行为进入公权力分工，达到罪量标准的构成犯罪，给予刑罚处罚，反之，属于一般的违法行为，适用行政罚。如此，可以发现，包括单位犯罪、共同犯罪以及法条竞合等在内的原产于大陆法系仅定性的行为类型刑事立法模式下的犯罪形态理论，实际上都只是有关行为类型、行为形态认定的理论工具，不可能直接用以解决罪量、行为程度的问题。因此，那些在犯罪形态认定中发生的、与罪量要素有关的所谓“中国式”的争议问题，如同一罪名的单位犯罪与自然人犯罪罪量标准不统一所引发的争议，共同犯罪视野下共犯人之间罪量要素不一致时所发生的认定困难，以及由罪量要素引发的法条竞合关系中法条的选择适用难题等，实际上都是没有注意到单位犯罪、共同犯罪、法条竞合等理论的功能定位（或者说功能界限），没有注意到罪体与罪量之间的位阶性，将罪量问题与罪体问题并列或等同视之，均交由上揭行为类型领域内的刑法理论解决所造成的。因此，区分罪体与罪量，正确的处理位阶是，首先在不考虑罪量要素的情况下，运用单位犯罪、共同犯罪、法条竞合等刑法理论，处理行为类型和行为形态的定型、定性判断问题，在此之后，再根据罪量要素标准，决定该行为（形态）如此处置——轻罪抑或重罪，犯罪抑或行政罚——的问题。

我国的刑法理论具有极强的承继性特征，绝大多数刑法理论和内容都是引鉴大陆法系刑法理论的产物，尤其是近些年，借鉴或者移植大陆法系阶层性犯罪构成体系的呼声越发高涨，在这种背景下，如果不注意这些继受理论和体系的立法环境——即仅定性的行为类型立法模式，和我国刑事立法定性＋定量、行为类型＋行为程度模式之间的差异，免不了会产生“南橘北枳”的可能。因此，在借鉴或移植的过程中，必须考虑特殊的罪量因素与舶来的刑法理论之间能否兼容、如何兼容的问题。这就需要，一方面，根据罪量因素的特殊性，对舶来的刑法理论进行本土化的改造、可行性的调试；另一方面，根据罪体和罪量的特征，进行类型或位阶层次上的区分，使舶来理论依然得以专攻罪体问题，而不涉足罪量领域。前者是解决罪量要素事实面特征所引发的疑难问题的路径方案；后者则是处理罪量要素价值面特征所引发的刑法问题的应对方略。

参考文献

一、中文著作类

1. 白建军:《关系犯罪学》，中国人民大学出版社 2005 年版；
2. 蔡墩铭:《刑法总论》(增订 8 版)，台北三民书局 2009 年版；
3. 陈洪兵:《共犯论思考》，人民法院出版社 2009 年版；
4. 陈兴良:《规范刑法学》，中国人民大学出版社 2003 年第 1 版；2008 年第 2 版；2012 年第 3 版；
5. 陈兴良:《共同犯罪论》(第 2 版)，中国人民大学出版社 2006 年版；
6. 陈兴良:《教义刑法学》，中国人民大学出版社 2010 年版；
7. 陈兴良:《刑法的知识转型 (方法论)》，中国人民大学出版社 2012 年版；
8. 陈兴良主编:《刑法总论精释》，人民法院出版社 2010 年版；
9. 陈兴良主编:《刑法学》(第 2 版)，复旦大学出版社 2009 年版；
10. 陈璇:《刑法中社会相当性理论研究》，法律出版社 2010 年版；
11. 陈志辉:《刑法上的法条竞合》，台北春风煦日论坛 1998 年版；
12. 陈子平:《刑法总论》(2008 年增修版)，中国人民大学出版社 2009 年版；
13. 储槐植:《刑事一体化》，法律出版社 2004 年版；
14. 杜文俊:《单位人格刑事责任研究》，黑龙江人民出版社 2008 年版；
15. 方鹏:《出罪事由的体系和理论》，中国人民公安大学出版社 2011 年版；

16. 甘添贵:《罪数理论之研究》，中国人民大学出版社 2008 年版；
17. 高长见:《轻罪制度研究》，中国政法大学出版社 2012 年版；
18. 高铭暄主编:《刑法学原理》（第 2 卷），中国人民大学出版社 1993 年版；
19. 高铭暄主编:《刑法专论》，高等教育出版社 2002 年版；
20. 高铭暄、马克昌主编:《刑法学》（第 5 版），北京大学出版社、高等教育出版社 2011 年版；
21. 高铭暄、王作富主编:《新中国刑法的理论与实践》，河北人民出版社 1988 年版；
22. 高铭暄、赵秉志编:《新中国刑法立法文献资料总览》，中国人民公安大学出版社 1998 年版；
23. 高铭暄、赵秉志主编:《犯罪总论比较研究》，北京大学出版社 2008 年版；
24. 付立庆:《犯罪构成理论：比较研究与路径选择》，法律出版社 2010 年版；
25. 何秉松主编:《法人犯罪与刑事责任》，中国法制出版社 2000 年版；
26. 黄荣坚:《基础刑法学》（上）（下），中国人民大学出版社 2009 年第 3 版；台北元照出版公司 2012 年第 4 版；
27. 黄荣坚:《刑法问题与利益思考》，中国人民大学出版社 2009 年版；
28. 洪福增:《刑法理论之基础》，台北刑事法杂志社 1977 年版；
29. 江礼华、[加] 杨诚主编:《外国刑事诉讼制度探微》，法律出版社 2000 年版；
30. 蒋熙辉:《单位犯罪刑事责任探究与认定》，人民法院出版社 2005 年版；
31. 柯耀程:《刑法概论》，台北元照出版公司 2007 年版；
32. 柯耀程:《刑法问题评释》，台北元照出版公司 2003 年版；
33. 柯耀程:《刑法竞合论》，中国人民大学出版社 2008 年版；
34. 黎宏:《刑法总则问题思考》，中国人民大学出版社 2007 年版；
35. 黎宏:《刑法学》（第 2 版），法律出版社 2012 年版；《刑法学总论》《刑法学各论》，法律出版社 2016 年版；

36. 黎宏:《单位刑事责任论》，清华大学出版社 2001 年版；
37. 李海东:《刑法原理入门》，法律出版社 1998 年版；
38. 李洁:《论罪刑法定的实现》，清华大学出版社 2006 年版；
39. 李洁:《罪与刑立法规定模式》，北京大学出版社 2008 年版；
40. 李晓明主编:《中国刑法分论》，清华大学出版社 2014 年版；
41. 梁根林:《合理地组织对犯罪的反应》，北京大学出版社 2008 年版；
42. 林山田:《刑事法论丛》（一）（二），台大法律系 1997 年版；
43. 林山田:《刑法通论》（修订 10 版），作者发行 2008 年版；北京大学出版社 2012 年版；
44. 林钰雄:《刑事诉讼法》（上、下册），中国人民大学出版社 2005 年版；
45. 林钰雄:《新刑法总则》，中国人民大学出版社 2009 年版；
46. 刘明祥:《错误论》，中国法律出版社、日本成文堂 1996 年版；
47. 刘明祥:《刑法中错误论》，中国检察出版社 2004 年版；
48. 刘士心:《竞合犯研究》，中国检察出版社 2005 年版；
49. 刘文仕:《刑法类推与司法造法》，台北学林文化事业有限公司 2001 年版；
50. 刘宪权、杨兴培:《刑法学专论》，北京大学出版社 2007 年版；
51. 刘远:《金融欺诈犯罪立法原理与完善》，法律出版社 2010 年版；
52. 卢林:《公司犯罪论》，法律出版社 2010 年版；
53. 卢宇蓉:《加重构成犯罪研究》，中国人民公安大学出版社 2004 年版；
54. 路军:《中国刑法犯罪量化要件研究》，法律出版社 2010 年版；
55. 麦高伟、[英] 杰弗里·威尔逊主编:《英国刑事司法程序》，姚永吉等译，法律出版社 2003 年版；
56. 石磊:《单位犯罪关系论》，山东大学出版社 2005 年版；
57. 唐世月:《数额犯论》，法律出版社 2005 年版；
58. 王飞跃:《刑法中的累计处罚制度》，法律出版社 2010 年版；
59. 王皇玉:《刑罚与社会规训：台湾刑事制裁新旧思维的冲突与转变》，台北元照出版公司 2008 年版；

60. 王俊:《犯罪论的核心问题》，北京大学出版社 2012 年版；
61. 王世洲:《现代刑法学》(总论)，北京大学出版社 2011 年版；
62. 王政勋:《刑法解释的语言论研究》，商务印书馆 2016 年版；
63. 王政勋:《犯罪论比较研究》，法律出版社 2009 年版；
64. 王政勋:《正当行为论》，法律出版社 2000 年版；
65. 王志祥:《犯罪既遂新论》，北京师范大学出版社 2010 年版；
66. 吴情树:《客观处罚条件研究：构成要件抑或处罚条件》，社会科学文献出版社 2015 年版；
67. 吴振兴:《罪数形态论》，中国检察出版社 1996 年版；
68. 夏勇:《定罪与犯罪构成》，中国人民公安大学出版社 2009 年版；
69. 熊琦:《德国刑法问题研究》，台北元照出版公司 2010 年版；
70. 许发民:《刑法的社会学分析》，法律出版社 2003 年版；
71. 许玉秀:《当代刑法思潮》，中国民主法制出版社 2005 年版；
72. 于志刚:《刑法学总论》，中国法制出版社 2010 年版；
73. 于志刚:《刑法总则的扩张解释》，中国法制出版社 2009 年版；
74. 张爱晓:《犯罪竞合基础理论研究》，中国人民公安大学出版社 2011 年版；
75. 张明楷:《刑法学》，法律出版社 2003 年第 2 版；2007 年第 3 版；2011 年第 4 版；2016 年第 5 版；
76. 张明楷:《外国刑法纲要》(第 2 版)，清华大学出版社 2007 年版；
77. 张明楷:《犯罪构成体系与构成要件要素》，北京大学出版社 2010 年版；
78. 张明楷:《刑法分则的解释原理》，中国人民大学出版社 2004 年版；2011 年第 2 版；
79. 张明楷:《行为无价值与结果无价值论》，北京大学出版社 2012 年版；
80. 张明楷:《诈骗罪与金融诈骗罪研究》，清华大学出版社 2006 年版；
81. 张明楷、黎宏、周光权:《刑法新问题探究》，清华大学出版社 2003 年版；
82. 张明楷编:《刑事疑案探究》，清华大学出版社 2012 年版；

83. 张文显:《法哲学范畴研究》，中国政法大学出版社 2001 年版；
84. 张勇:《犯罪数额研究》，中国方正出版社 2004 年版；
85. 张永红:《我国刑法第 13 条但书研究》，法律出版社 2004 年版；
86. 张中秋:《中西法律文化比较研究》，法律出版社 2009 年第 4 版；
87. 赵秉志主编:《刑法基础理论探索》，法律出版社 2003 年版；
88. 赵秉志主编:《犯罪总论问题探索》，法律出版社 2003 年版；
89. 赵秉志主编:《刑法新教程》(第 3 版)，中国人民大学出版社 2009 年版；
90. 赵威:《数额犯研究》，辽宁大学出版社 2010 年版；
91. 周光权:《刑法总论》《刑法各论》，中国人民大学出版社 2011 年第 2 版；2016 年第 3 版；
92. 庄劲:《犯罪竞合：罪数分析的结构与体系》，法律出版社 2006 年版；
93. [德] 亚图·考夫曼:《类推与“事物本质”》，吴从周译，台北学林文化事业有限公司 1999 年版；
94. [德] 拉德布鲁赫:《法哲学》，王朴译，法律出版社 2013 年版；
95. [德] Hans-Jürgen Kerner:《德国刑事追诉与制裁》，许泽天、薛智仁译，台北元照出版公司 2008 年版；
96. [德] 托马斯·魏根特:《德国刑事诉讼程序》，岳礼玲、温小洁译，中国政法大学出版社 2003 年版；
97. [德] 克劳思·罗科信:《刑事诉讼法》(第 24 版)，吴丽琪译，法律出版社 2003 年版；
98. [德] 埃里克·希尔根多夫:《德国刑法学：从传统到现代》，江溯等译，北京大学出版社 2015 年版；
99. [德] 汉斯·海因里希·耶塞克、[德] 托马斯·魏根特:《德国刑法教科书》，徐久生译，中国法制出版社 2001 年版；
100. [德] 克劳斯·罗克辛:《德国刑法学总论》(第 1 卷)，王世洲译，法律出版社 2005 年版；
101. [德] 克劳斯·罗克辛:《德国刑法学总论》(第 2 卷)，王世洲等译，法律出版社 2013 年版；

102. [德] 冈特·施特拉腾韦特、[德] 洛塔尔·库伦：《刑法总论 I ——犯罪论》，杨萌译，法律出版社 2006 年版；
103. [德] 乌尔斯·金德霍伊泽尔：《刑法总论教科书》（第 6 版），蔡桂生译，北京大学出版社 2015 年版；
104. [德] 约翰内斯·韦塞尔斯：《德国刑法总论》，李昌珂译，法律出版社 2008 年版；
105. [俄] Н.Ф. 库兹涅佐娃、[俄] И.М. 佳日科娃主编：《俄罗斯刑法教程》（总论），黄道秀译，中国法制出版社 2002 年版；
106. [俄] Л.В. 伊诺加莫娃 - 海格主编：《俄罗斯联邦刑法》（总论），黄芳等译，中国人民大学出版社 2010 年版；
107. [法] 贝尔纳·布洛克：《法国刑事诉讼法》，罗结珍译，中国政法大学出版社 2009 年版；
108. [法] 卡斯东·斯特法尼等：《法国刑事诉讼法精义》，罗结珍译，中国政法大学出版社 1998 年版；
109. [法] 卡斯东·斯特法尼等：《法国刑法总论精义》，罗结珍译，中国政法大学出版社 1998 年版；
110. [韩] 金日秀、徐辅鹤：《韩国刑法总论》，郑军男译，武汉大学出版社 2008 年版；
111. [美] 络德睦（Teemu Ruskola）：《法律东方主义：中国、美国与现代法》，魏磊杰译，中国政法大学出版社 2016 年版；
112. [美] 约书亚·德雷斯勒、[美] 艾伦·C. 迈克尔斯：《美国刑事诉讼法精解》（第二卷·刑事审判），魏晓娜译，北京大学出版社 2009 年版；
113. [美] 伟恩·R. 拉费弗、[美] 杰罗德·H. 伊斯雷尔、[美] 南西·J. 金：《刑事诉讼法》（上册），卞建林、沙丽金等译，中国政法大学出版社 2003 年版；
114. [日] 川端博：《刑法总论》，余振华译，台北元照出版公司 2008 年版；
115. [日] 川端博：《刑法总论二十五讲》，余振华译，中国政法大学出版社 2003 年版；

116. [日] 大谷实:《刑事政策学》，黎宏译，法律出版社 2000 年版；
117. [日] 大谷实:《刑法总论》，黎宏译，法律出版社 2003 年版；中国人民大学出版社 2008 年版（新版第 2 版）；
118. [日] 大谷实:《刑法各论》，黎宏译，法律出版社 2003 年版；
119. [日] 大塚仁:《刑法概说（总论)》(第 3 版)，冯军译，中国人民大学出版社 2003 年版；
120. [日] 大塚仁:《犯罪论的基本问题》，冯军译，中国政法大学出版社 1993 年版；
121. [日] 日高义博:《违法性的基础理论》，张光云译，法律出版社 2015 年版；
122. [日] 山口厚:《刑法总论》(第 2 版)，付立庆译，中国人民大学出版社 2011 年版；
123. [日] 山口厚:《刑法分论》，王昭武译，中国人民大学出版社 2011 年版；
124. [日] 松原芳博:《刑法总论重要问题》，王昭武译，中国政法大学出版社 2015 年版；
125. [日] 松尾浩也:《日本刑事诉讼法》，丁相顺、张凌译，中国人民大学出版社 2005 年版；
126. [日] 田口守一:《刑事诉讼法》(第 5 版)，张凌、于秀峰译，中国政法大学出版社 2010 年版；
127. [日] 土本武司:《日本刑事诉讼法要义》，董璠舆、宋英辉译，台北五南图书出版公司 1997 年版；
128. [日] 西田典之:《日本刑法总论》，刘明祥、王昭武译，中国人民大学出版社 2007 年版；
129. [日] 西田典之:《日本刑法各论》(第 3 版)，刘明祥、王昭武译，中国人民大学出版社 2007 年版；
130. [日] 西原春夫:《犯罪实行行为论》，戴波、江溯译，北京大学出版社 2006 年版；

131. [日] 西原春夫主编:《日本刑事法的形成与特色》,李海东等译,中国法律出版社、日本成文堂 1997 年版;
132. [日] 野村稔:《刑法总论》,全理其、何力译,法律出版社 2000 年版;
133. [日] 曾根威彦:《刑法学基础》,黎宏译,法律出版社 2005 年版;
134. [意] 杜里奥・帕多瓦尼:《意大利刑法学原理》,陈忠林译,法律出版社 1998 年版;
135. [英] 边沁:《立法理论——刑法学原理》,孙力等译,中国人民公安大学出版社 1993 年版;
136. [英] 约翰・斯普莱克:《英国刑事诉讼程序》,徐美君、杨立涛译,中国人民大学出版社 2006 年版。

二、中文期刊论文类

1. 安文录、虞浔:《食品监管渎职罪疑难问题司法认定研究》,载《政治与法律》2011 年第 9 期;
2. 白建军:《刑法分则与刑法解释的基本理论》,载《中国法学》2005 年第 4 期;
3. 柏浪涛:《构成要件符合性与客观处罚条件的判断》,载《法学研究》2012 年第 6 期;
4. 蔡圣伟:《从刑总法理检视分则的立法》,载《月旦法学杂志》2008 年第 157 期;
5. 蔡圣伟:《论排他互斥的犯罪构成要件》,载《东吴法律学报》第 21 卷(2010 年)第 4 期;
6. 车浩:《强奸罪与嫖宿幼女罪的关系》,载《法学研究》2010 年第 2 期;
7. 陈洪兵:《不必严格区分法条竞合与想象竞合——大竞合论之提倡》,载《清华法学》2012 年第 1 期;
8. 陈洪兵:《刑法分则中“本法另有规定的依照规定”的另一种理解》,载《法学论坛》2010 年第 5 期;

9. 陈洪兵:《抢劫杀人的应定故意杀人罪》，载《法律适用》2007 年第 8 期；
10. 陈兴良:《定罪之研究》，载《河南省政法管理干部学院学报》2000 年第 1 期；
11. 陈兴良:《社会危害性理论——一个反思性检讨》，载《法学研究》2000 年第 1 期；
12. 陈兴良:《作为犯罪构成要件的罪量要素：立足于中国刑法的探讨》，载《环球法律评论》2002 年秋季号；
13. 陈兴良:《形式解释论的再宣示》，载《中国法学》2010 年第 4 期；
14. 陈兴良:《刑法的明确性问题：以〈刑法〉第 225 条第 4 项为例的分析》，载《中国法学》2011 年第 4 期；
15. 陈兴良:《但书规定的法理考察》，载《法学家》2014 年第 4 期；
16. 陈兴良、刘树德:《犯罪概念的形式化与实质化辨正》，载《法律科学》（西北政法学院学报）1999 年第 6 期；
17. 陈志辉:《九四 / 九五年度刑事判决评释—竞合部分》，载《台湾本土法学杂志》2007 年第 90 期；
18. 陈志辉:《想象竞合的厘清作用》，载《月旦法学教室》2005 年第 38 期；
19. 储槐植:《我国刑法中犯罪概念的定量因素》，载《法学研究》1988 年第 2 期；
20. 储槐植、汪永乐:《再论我国刑法中犯罪概念的定量因素》，载《法学研究》2000 年第 2 期；
21. 储槐植、李莎莎:《食品监管渎职罪探析》，载《法学杂志》2012 年第 1 期；
22. 董玉庭:《论单位实施非单位犯罪问题》，载《环球法律评论》2006 年第 6 期；
23. 董玉庭:《论数额犯中的虚拟共同犯罪问题》，载《人民检察》2007 年第 20 期；
24. 樊文:《罪刑法定与社会危害性的冲突》，载《法律科学》（西北政法学院学报）1998 年第 1 期；
25. 冯军:《德日刑法中的可罚性理论》，载《法学论坛》2000 年第 1 期；

26. 冯军:《刑法中的责任原则》,载《中外法学》2012 年第 1 期;
27. 冯亚东:《论法条竞合后的从重选择》,载《法学》1984 年第 4 期;
28. 冯亚东:《受贿罪与渎职罪竞合问题》,载《法学研究》2000 年第 1 期;
29. 甘添贵:《超法规的违法阻却事由之理论》,载《军法专刊》第 27 卷(1981 年)第 3 期;
30. 甘添贵:《可罚的违法性之理论》(上)(下),载《军法专刊》第 38 卷(1992 年)第 6 期、第 7 期;
31. 高铭暄、王剑波:《单位犯罪主体人格否认制度的构建》,载《江汉论坛》2008 年第 1 期;
32. 高艳东:《金融诈骗罪立法定位与价值取向探析》,载《现代法学》2003 年第 3 期;
33. 高艳东:《从盗窃到侵占:许霆案的法理与规范分析》,载《中外法学》2008 年第 3 期;
34. 高翼飞:《从扩张走向变异:非法经营罪如何摆脱"口袋罪"的宿命》,载《政治与法律》2012 年第 3 期;
35. 顾肖荣:《新〈公司法〉的人格否认制度与单位犯罪》,载《法学》2006 年第 10 期;
36. 郭世杰:《食品监管渎职罪的罪名拟定与立法体例》,载《上海政法学院学报》(法治论丛)2012 年第 3 期;
37. 郭晓红:《规范构成要件要素视野下的"数额较大"——以盗窃罪数额的认识错误为视角》,载《政治与法律》2011 年第 9 期;
38. 韩哲:《关于丢失枪支不报罪主观罪过形式的探讨》,载《法学评论》2005 年第 5 期;
39. 贺卫等:《单位走私犯罪法律适用若干问题探讨》,载《政治与法律》2009 年第 4 期;
40. 黄丁全:《社会相当性理论研究》,载陈兴良主编:《刑事法评论》(第 5 卷),中国政法大学出版社 2000 年版;
41. 黄惠婷:《打击错误》,载《台湾本土法学杂志》2002 年第 31 期;

42. 黄惠婷:《教唆既遂、教唆未遂或未遂教唆》，载《台湾法学杂志》2007年第96期；
43. 黄京平、陈毅坚:《法条竞合犯的类型及其法律适用》，载《中国刑事法杂志》2007年第4期；
44. 贾宇:《食品监管渎职罪的认定及适用》，载《河南财经政法大学学报》2012年第2期；
45. 姜涛:《恶意欠薪罪若干问题探究》，载《法学论坛》2012年第1期；
46. 蒋慧玲:《俄罗斯当代刑事立法关于犯罪概念的变革》，载《现代法学》2003年第5期；
47. 靳宗立:《罪刑法定原则与法律变更之适用原则》，载台湾刑事法学会主编:《刑法总则修正重点之理论与实务》，台北元照出版公司2005年版；
48. 柯耀程:《想象竞合与牵连关系》，载《月旦法学教室》2007年第55期；
49. 劳东燕:《犯罪故意的要素分析模式》，载《比较法研究》2009年第1期；
50. 劳东燕:《强奸罪与嫖宿幼女罪的关系新论》，载《清华法学》2011年第2期；
51. 黎宏:《论"客观处罚条件"的若干问题》，载《河南省政法管理干部学院学报》2010年第1期；
52. 李居全:《也论我国刑法中犯罪概念的定量因素》，载《法律科学》(西北政法学院学报) 2001年第1期；
53. 梁根林:《责任主义原则及其例外》，载《清华法学》2009年第2期；
54. 林山田:《论法律竞合》，载《军法专刊》第36卷(1990年)第1期；
55. 林荫茂:《单位犯罪理念与实践的冲突》，载《政治与法律》2006年第2期；
56. 刘明祥:《论具体的打击错误》，载《中外法学》2014年第2期；
57. 刘士心:《犯罪客观处罚条件刍议》，载《南开学报》(哲学社会科学版) 2004年第1期；
58. 刘为波:《可罚的违法性——兼论我国犯罪概念中的但书规定》，载陈兴良主编:《刑事法评论》(第10卷)，中国政法大学出版社2002年版；
59. 刘艳红:《调节性刑罚恕免事由：期待可能性理论的功能定位》，载《中国法学》2009 年第 4 期；
60. 刘艳红:《情节犯新论》，载《现代法学》2002 年第 5 期；
61. 刘艳红:《也论新刑法第 397 条的罪名与罪过》，载《法学评论》1999 年第 6 期；
62. 刘远:《司法刑法学的视域与范式》，载《现代法学》2010 年第 4 期；
63. 刘远:《规范 vs 法益：基于〈刑法〉第 13 条的司法逻辑分析》，载《甘肃政法学院学报》2011 年第 3 期；
64. 刘之雄:《论犯罪构成的情节要求》，载《法学评论》2003 年第 1 期；
65. 刘之雄:《数额犯若干问题新探》，载《法商研究》2005 年第 6 期；
66. 卢映洁:《客观处罚条件之“真伪”审查》，载《台湾法学杂志》2011 年第 169 期；
67. 陆诗忠:《刍议“客观的处罚条件”之借鉴》，载《郑州大学学报》（哲学社会科学版）2004 年第 5 期；
68. 吕英杰:《刑法法条竞合理论的比较研究》，载陈兴良主编:《刑事法评论》（第 23 卷），北京大学出版社 2008 年版；
69. 莫晓宇、刘建:《对“天价”葡萄案的若干思考》，载《中国刑事法杂志》2004 年第 3 期；
70. 欧爱民:《我国犯罪概念的宪法学透视》，载《法商研究》2006 年第 4 期；
71. 欧阳本祺:《对非法经营罪兜底性规定的实证分析》，载《法学》2012 年第 7 期；
72. 彭凤莲:《从〈联合国打击跨国有组织犯罪公约〉看我国单位犯罪的立法趋势》，载《法学杂志》2008 年第 5 期；
73. 曲伶利:《公司法人人格否认与单位犯罪》，载《当代法学》2002 年第 8 期；
74. 屈学武:《中国刑法上的罪量要素存废评析》，载《政治与法律》2013 年第 1 期；
75. 阮齐林:《对未溢出特别法的行为排斥“重法优先”规则》，载《检察日报》2011 年 2 月 17 日，第 3 版；
76. 苏彩霞、刘志伟:《混合的犯罪概念之提倡》，载《法学》2006 年第 3 期；

77. 孙万怀:《以危险方法危害公共安全罪何以成为口袋罪》，载《现代法学》2010 年第 5 期；
78. 王安异、毛卉:《我国刑法中复杂罪过研究》，载《法学评论》2005 年第 6 期；
79. 王充:《定罪情节若干问题研究》，载《法学评论》2000 年第 6 期；
80. 王皇玉:《教唆与客体错误》，载《台湾本土法学杂志》2007 年第 92 期；
81. 王尚新:《关于刑法情节显著轻微规定的思考》，载《法学研究》2001 年第 5 期；
82. 王世洲:《中国刑法理论中犯罪概念的双重结构和功能》，载《法学研究》1998 年第 5 期；
83. 王世洲:《中德划分罪与非罪方法的比较研究》，载《南京大学法律评论》1999 年秋季号；
84. 王莹:《情节犯之情节的犯罪论体系性定位》，载《法学研究》2012 年第 3 期；
85. 王钰:《客观处罚条件之提倡》，载赵秉志主编:《刑法论丛》（第 22 卷），法律出版社 2010 年版；
86. 王钰:《对客观处罚条件性质的历史性考察》，载《清华法学》2012 年第 1 期；
87. 王昭武:《论共谋的射程》，载《中外法学》2013 年第 1 期；
88. 王政勋:《定量因素在犯罪成立条件中的地位》，载《政法论坛》2007 年第 4 期；
89. 王政勋:《从图式理论看刑法解释立场》，载《中外法学》2009 年第 3 期；
90. 王志祥:《结果加重犯的未遂问题新论》，载《法商研究》2007 年第 3 期；
91. 王志祥:《数额犯基本问题研究》，载《中国刑事法杂志》2007 年第 2 期；
92. 王志祥、姚兵:《论刑法第 13 条但书的功能》，载赵秉志主编:《刑法论丛》（第 18 卷），法律出版社 2009 年版；
93. 魏颖华:《渎职罪客观行为基本问题及实务应用论略》，载《中州学刊》2010 年第 6 期；

94. 吴耀宗:《肇事逃逸罪：第二讲——各个要素的解析》，载《月旦法学教室》2010 年第 98 期；
95. 夏勇:《犯罪本质体征新论》，载《法学研究》2001 年第 6 期；
96. 肖本山:《食品监管渎职罪的若干疑难问题解析》，载《法律科学》（西北政法大学学报）2012 年第 3 期；
97. 肖渭明:《论刑法中危害结果的概念》，载《比较法研究》1995 年第 4 期；
98. 谢望原、何龙:《食品监管渎职罪疑难问题探析》，载《政治与法律》2012 年第 10 期；
99. 熊选国、牛克乾:《试论单位犯罪的主体结构——“新复合主体论”之提倡》，载《法学研究》2003 年第 4 期；
100. 许福生:《日本警察微罪处分制度暨我国可借镜之处》，载《刑事法杂志》第 48 卷（2004 年）第 5 期；
101. 许玉秀:《一罪与数罪的理论与实践（三）》，载《台湾本土法学杂志》2006 年第 80 期；
102. 许玉秀:《一罪与数罪的理论与实践（七）》，载《台湾本土法学杂志》2006 年第 84 期；
103. 许发民:《结果加重犯的构成结构新析》，载《法律科学》（西北政法学院学报）2006 年第 2 期；
104. 许泽天:《被教唆人的客体错误与打击错误》，载《台湾法学杂志》2011 年第 167 期；
105. 徐光华:《经济犯罪之犯罪既遂与未遂》，载《政治与法律》2009 年第 2 期；
106. 徐育安:《共同正犯与客体错误》，载《月旦法学教室》2011 年第 108 期；
107. 杨子良:《盗窃罪若干新型问题研究》，载《法学杂志》2005 年第 1 期；
108. 杨志国:《数额认识错误初论》，载《时代法学》2007 年第 4 期；
109. 袁博:《论盗窃数额认识中的预见可能性》，载《中国刑事法杂志》2012 年第 6 期；
110. 袁博:《论预见可能性对共同故意成立范围的影响》，载《政治与法律》

2011 年第 12 期；
111. 叶良芳：《论单位犯罪的形态结构》，载《中国法学》2008 年第 6 期；
112. 余振华：《肇事逃逸罪之规范评价》，载《月旦法学杂志》2011 年第 193 期；
113. 于改之：《社会相当性理论的体系地位及其在我国的适用》，载《比较法研究》2007 年第 5 期；
114. 于改之：《我国当前刑事立法中的犯罪化与非犯罪化——严重脱逸社会相当性理论之提倡》，载《法学家》2007 年第 4 期；
115. 于志刚：《法条竞合视野中数额犯入罪标准的统一化》，载《中国刑事法杂志》2010 年第 5 期；
116. 于志刚：《关于数额犯未遂问题的反思》，载赵秉志主编：《刑法论丛》（第 21 卷），法律出版社 2010 年版；
117. 于志刚：《犯罪停止形态中基本犯与加重犯的关系》，载《中国刑事法杂志》2009 年第 1 期；
118. 于志刚：《单位犯罪与自然人犯罪》，载《政法论坛》2008 年第 6 期；
119. 曾淑瑜：《共犯与错误》，载《月旦法学杂志》2008 年第 163 期；
120. 张克文：《拟制犯罪和拟制刑事责任》，载《法学研究》2009 年第 3 期；
121. 张明楷：《简评近年来的刑事司法解释》，载《清华法学》2014 年第 1 期；
122. 张明楷：《论以危险方法危害公共安全罪——扩大适用的成因与限制适用的规则》，载《国家检察官学院学报》2012 年第 4 期；
123. 张明楷：《逃税罪的处罚阻却事由》，载《法律适用》2011 年第 8 期；
124. 张明楷：《加重构成与量刑规则的区分》，载《清华法学》2011 年第 1 期；
125. 张明楷：《法条竞合中特别关系的确定与处理》，载《法学家》2011 年第 1 期；
126. 张明楷：《对"告诉才处理"的另类解释》，载樊崇义教授 70 华诞庆贺文集编辑组编：《刑事诉讼法学前沿问题与司法改革研究》，中国人民公安大学出版社 2010 年版；
127. 张明楷：《实质解释论的再提倡》，载《中国法学》2010 年第 4 期；

128. 张明楷:《嫖宿幼女罪与奸淫幼女型强奸罪的关系》，载《人民检察》2009 年第 17 期；
129. 张明楷:《法定刑升格条件的认识》，载《政法论坛》2009 年第 5 期；
130. 张明楷:《盗伐林木罪与盗窃罪的关系》，载《人民检察》2009 年第 3 期；
131. 张明楷:《论具体的方法错误》，载《中外法学》2008 年第 2 期；
132. 张明楷:《行政违反加重犯初探》，载《中国法学》2007 年第 6 期；
133. 张明楷:《绑架罪中“杀害被绑架人”研究》，载《法学评论》2006 年第 3 期；
134. 张明楷:《罪过形式的确定》，载《法学研究》2006 年第 3 期；
135. 张明楷:《严格限制结果加重犯的范围与刑罚》，载《法学研究》2005 年第 1 期；
136. 张明楷:《论盗窃故意的认识内容》，载《法学》2004 年第 11 期；
137. 张明楷:《论以危险方法杀人案件的性质》，载《中国法学》1999 年第 6 期；
138. 张明楷:《“客观的超过要素”概念之提倡》，载《法学研究》1999 年第 3 期；
139. 张小虎:《犯罪过失心理结构要素探究》，载《法学评论》2005 年第 2 期；
140. 张振山:《狭义客观处罚条件论》，载陈兴良主编:《刑事法评论》（第 29 卷），北京大学出版社 2011 年版；
141. 赵忠伟:《复杂罪过研究》，载《广西政法管理干部学院学报》2006 年第 1 期；
142. 郑善印:《日本刑事诉讼法上警察对轻微犯罪的处理》，载《律师杂志》第 234 期（1999 年 3 月号）；
143. 郑逸哲:《“择一关系”与“想象竞合”》，载《军法专刊》第 54 卷（2008 年）第 4 期；
144. 郑逸哲:《修正构成要件》，载《月旦法学教室》2006 年第 49 期；
145. 郑逸哲:《“法益刑法”概念下的“构成要件”和“构成要件适用”》，载《军法专刊》第 54 卷（2008 年）第 6 期；

146. 周光权:《渎职犯罪疑难问题研究》，载《人民检察》2011 年第 19 期；
147. 周光权:《论内在的客观处罚条件》，载《法学研究》2010 年第 6 期；
148. 周光权:《法条竞合的特别关系研究》，载《中国法学》2010 年第 3 期；
149. 周光权:《论主要罪过》，载《现代法学》2007 年第 2 期；
150. 周光权:《偷窃“天价”科研试验品行为的定性》，载《法学》2004 年第 9 期；
151. 周光权:《量刑基准研究》，载《中国法学》1999 年第 5 期；
152. 周建军:《法条竞合犯抑或想象竞合犯》，载陈兴良主编:《刑事法评论》(第 22 卷)，北京大学出版社 2008 年版；
153. 朱孝清:《盗窃科研葡萄、豆角案定性探究》，载《中国刑事法杂志》2005 年第 1 期；
154. [日] 松原芳博:《客观的处罚条件》，载王昭武译，《河南省政法管理干部学院学报》2010 年第 1 期；
155. [日] 桥爪隆:《共谋的射程与共犯的错误》，王昭武译，载《苏州大学学报》(法学版) 2014 年第 2 期。

三、中文学位论文类

1. 何子伦:《台湾地区刑事犯与行政犯分界之研究》，中国政法大学 2005 年博士论文；
2. 郭光兴:《刑法上社会相当性理论之研究》，辅仁大学法律研究所 1988 年硕士学位论文；
3. 林尚音:《可罚的违法性理论之研究》，中国文化大学法律学研究所 1993 年硕士论文；
4. 刘育琳:《可罚违法性之理论与运用》，台湾大学法律学院法律研究所 2007 年硕士论文；
5. 谢静恒:《可罚的违法性理论之研究》，中国文化大学法律学研究所 1992 年硕士论文；

6. 许恺哲:《客观处罚条件之研究》，台湾成功大学法律学研究所 2002 年硕士论文。

四、外文文献类

（一）著作类

1. [日] 高桥则夫:《刑法总论》，成文堂 2010 年版；
2. [日] 吉田敏雄:《刑法理论の基础》（第 2 版），成文堂 2010 年版；
3. [日] 井田良、[日] 丸山雅夫:《ケーススタディ刑法》（第 3 版），日本评论社 2011 年版；
4. [日] 平野龙一:《刑法总论 I》，有斐阁 1972 年版；
5. [日] 平野龙一:《刑法总论 II》，有斐阁 1975 年版；
6. [日] 前田雅英:《可罰的違法性論の研究》，东京大学出版会 1982 年版；
7. [日] 前田雅英:《刑法总论讲义》，东京大学出版会 2006 年第 4 版；2011 年第 5 版；
8. [日] 山口厚:《刑法总论》（第 2 版），有斐阁 2007 年版；
9. [日] 山口厚:《刑法各论》（第 2 版），有斐阁 2010 年版；
10. [日] 松宫孝明:《刑法总论讲义》（第 4 版），成文堂 2009 年版；
11. [日] 松原芳博:《犯罪概念と可罰性—客観的処罰条件と一身的処罰阻却事由について》，成文堂 1996 年版；
12. [日] 藤木英雄:《可罰的違法性の理論》，有信堂 1967 年版；
13. [日] 藤木英雄:《可罰的違法性》，学阳书房 1975 年版；
14. [日] 田口守一:《刑事诉讼法》（第 3 版），弘文堂 2001 年版；
15. [日] 伊东研佑:《刑法讲义总论》，日本评论社 2010 年版；
16. [日] 佐伯千仞:《刑法における違法性の理論》，有斐阁 1974 年版。

（二）论文类

1. Gerard E. Lynch, Prosecution: Prosecutorial Discretion, in *3 Encyclopedia of*

Crime &Justice, (Joshua Dressler ed., 2d ed., 2002).

2. Michael Edmund O'Neill, Understanding Federal Prosecutorial Declinations: An Empirical Analysis of Predictive Factors, *41. Am. Crim. L. Rev.* (2004).

3. Cautions, Court Proceedings and Sentencing: England and Wales, 2000, Home Office Statistical Bulletin 20/01. Nov. 2001.

4. Eli Lederman, Models for Imposing Corporate Criminal Liability: Form Adaptation and Imitation Toward Aggregation and the Search for Self-Identity, *4 Buff. Crim. L. Rev.* (2000).

5. Kathleen F. Brickey, Enron's Legacy, *8 Buff. Crim. L. Rev.* (2004).

6. Tatjana Hörnle. Distribution of Punishment: The Role of a Victim's Perspective, *3 Buff. Crim. L. Rev.* (1999).

7. [日] 安达光治:《社会的相当性の意義に関する小考》，载《立命馆法学》2009 年第 5・6 号（327・328 号）；

8. [日] 板仓宏:《当罰性（実質的可罰性）と要罰性》，载《平野竜一先生古稀祝賀論文集》(上卷)，有斐阁 1990 年版；

9. [日] 丹羽正夫:《オーストリアにおける軽微事犯論の展開》(1)(2)(3)，载《法政理论》第 28 卷（1995 年）第 2 号；第 29 卷（1996 年）第 1 号；第 29 卷（1997 年）第 4 号；

10. [日] 北野通世:《客観的处罚条件论》(一)(二)，载《山形大学纪要(社会科学)》第 24 卷（1993 年）第 1 号；第 25 卷（1994 年）第 1 号；

11. [日] 福田平:《社会的相当性》，载日本刑法学会编:《刑法讲座》(第 2 卷)，有斐阁 1963 年版；

12. [日] 丸山雅夫:《破産法 374 条 1 号に規定する行為は破産宣告確定前になされることを要するか：いわゆる客観的処罰条件の意義》，载《上智法学论集》第 22 卷（1978 年）第 1 号；

13. [日] 浅田和茂:《客観的処罰条件》，载西田典之、山口厚、佐伯仁志编:《刑法の争点》，有斐阁 2007 年版；

14. [日] 青木孝之:《“処罰相当性”概念の可能性》，载《琉大法学》2006

年第76号；

15. [日] 十河太朗:《共謀の射程について》，载川端博等编:《理論刑法学の探究（3)》，成文堂2010年版；

16. [日] 松原芳博:《客観的処罰条件論の行方》，载《刑法理論の現代的展開（宮澤浩一先生古稀祝賀論文集)》(第2卷)，成文堂2000年版；

17. [日] 松原芳博:《構成要件と客観的処罰条件》，载《現代刑事法》第6卷（2004年）第10号；

18. [日] 曾根威彦:《可罰的違法性》，载西原春夫等编:《判例刑法研究》(第2卷)，有斐阁1981年版；

19. [日] 曾根威彦:《処罰条件》，载阿部纯二等编:《刑法基本讲座》(第2卷)，法学书院1994年版；

20. [日] 中山研一:《最近の可罰的違法性論批判》，载《同志社法学》第30卷（1978年）第2・3号。

后　记

书稿已搁置了好长时间，一直犹豫是否有必要交付出版。毕竟现如今出书立传已是完全的市场行为，再稀疏平常不过；加之书稿绝大部分内容都已以专题论文形式见之于期刊，再劳民伤财 / 材，是否值当。可又想来，这毕竟是自己的第一个作品，犹如自己的第一个“孩子”，过去数年一路陪伴、一道成长，带给我一众惊喜，如今功成身退，岂有不闻不问、弃如敝屣之理？是故，重新张罗出版事宜，恰逢中国法制出版社《青蓝文库》征稿，投稿一试，承蒙抬爱，有幸入围，不胜感激。

书稿主体内容是我的博士论文，也是我主持的国家社科基金青年项目的最终成果。对“罪量因素问题”的关注肇始于硕士生阶段。研二行将结束，导师王政勋教授召集同门聚餐，局间询问硕士论文选题事宜，幸得当时刚刚翻看过一本关于“但书规定”的“小册子”[1]，使得我能以“对定量因素问题挺感兴趣”搪塞，不曾想王老师颇为满意，建议以当时引发热议的“天价葡萄案”为契机，将“定量因素的主观认识问题”作为论文选题。虽说有些“赶鸭子上架”，但却也就此开启了我与“罪量因素”的不解之缘。2006年6月完成近5万字的硕士论文，顺利毕业；2007年，硕士论文的核心部分在《中国刑事法杂志》上刊发，并为人大复印资料转载（第一次在专业学术期刊上发文和转载）。2009年博士入学伊始，导师蔡道通教授建议尽早确定博士论文选题，我又将“把罪量因素做大做强”的想法告知，得到

[1] 即张永红博士的博士论文《我国刑法第13条但书研究》（法律出版社2004年版）。因书薄价廉，便第一时间入手翻看。

蔡老师的认可，全面研究工作就此展开。其间 2011 年、2012 年连续就这一主题申请国家社科基金项目，终获立项。就这样“投机取巧”地将博士论文写作和国家社科项目研究合二为一。2013 年上半年，完成书稿的主体部分，通过博士论文答辩；之后进行了一些查漏补缺、更新完善的研究工作，2014 年年底项目申请结项，2015 年上半年良好结项。此番书稿出版，又两度较大幅度修改文稿：不仅根据《刑法修正案（九)》的修正内容、新颁布的司法解释以及相关议题的最新理论研究成果，进行了相应的调整修改和增补回应，而且还新增了近 5 万字的正文内容、修正了某些具体的观点主张。

回味这段心路历程，真可谓五味杂陈、痛并快乐。曾一遍遍翻阅资料而毫无头绪；一次次面对困惑而焦虑抓狂；一回回突然顿悟而面露喜色；每次落笔行文都咬文嚼字、反复斟酌，唯恐贻笑大方。如今回味起来，总能欣慰一笑，满是享受和珍惜。感谢那些为我指引方向、帮我排忧解难、伴我风雨前行的老师、前辈、亲人和朋友。与君相伴，是我一生的财富。

首先需要感谢德高望重的陈兴良教授。论辈分，陈老师是我的师爷(我的硕士生导师王政勋教授是陈老师指导的博士生；我的博士生导师蔡道通教授在北大交流学习期间也是拜在陈老师门下)。陈老师是我博士论文答辩委员会主席，其间便有幸得陈老师点拨；2015 年入围南师大青年人才培养项目，又有幸请得陈老师担任我的校外指导教授，荣幸之至；此番书稿出版，经由恩师蔡道通教授引荐，又得陈老师亲笔赐序，惊喜和感激之情溢于言表。

感谢我的硕士生导师王政勋教授。王老师是将我领进“门”的指引者，硕士开学伊始，我被“指配”给王老师，竟有幸成为王师“开门”弟子，何等荣光。那段岁月经历了许许多多的第一次：第一次“管老师叫老板”；第一次“上学不上课”；第一次“作课题搞研究”；第一次“写论文投书稿”；第一次“上讲台写教案”；更第一次有“一日为师终身为父”的体悟。毕业后，走上工作岗位、攻读博士学位，恩师也时常关心我的学习、工作和生活，而向恩师汇报近况亦成为我的生活习惯。

感谢我的博士生导师蔡道通教授。遥想当年，我“先斩后奏”报考恩师的博士生，蔡老师没有怪罪我的莽撞，将我收入门下，使我有机会在工作3年后以学生身份重回校园，那种重归学生生涯的感觉着实特别。感谢恩师一直以来对我的高标准、严要求（但又不乏宽容和体谅）：记得才刚刚下发复试成绩，老师就打来电话，布置读书和写作任务；记得正式入学伊始，老师就“迫不及待”地让我思考博士论文选题；记得每次见面交流，无论公务多么繁忙，老师总是耐心细致、娓娓道来，总是叮嘱多去图书馆、多看书、多动笔；记得每次当我完成写作任务上交，总能在很短时间内收到老师回复，或是肯定、或是建议、或是商榷，心中满是暖意、充满感激；也记得当我投递稿件、调动工作时，老师的鼎力举荐、交涉和帮忙。如今更是幸运与恩师共事，能经常与恩师会面、聆听教诲。

感谢南京师范大学法学院的诸位老师和同门。感谢刘远教授课堂内外的谆谆教诲，总能在与您的交流中得到专业知识和思维方法的启迪，本书关于但书的思考便是发端于您的课堂；感谢陈洪兵教授，您的观点主张和研究方法都给予我很大的启发，尤其感谢您慷慨赠阅图书，甚至毫不犹豫地将自己尚未发表的论文借阅，也享受与您（的观点）之间的激情碰撞和舌战笔伐。感谢王敏教授，从入学复试到论文开题，再到论文预答辩，您提出的意见和建议，都让我倍感压力、受益匪浅。感谢孙文恺教授、秦策教授、程德文副教授论文开题时的各种“刁难”；也要感谢姜涛、张训、张建军等诸位师兄，你们的出色成绩，让我入学伊始就倍感压力，当年因没有成果而焦头烂额、愁云密布的情状仍历历在目、记忆犹新，你们的榜样力量是无穷的。感谢贾健、宣刚、陈楠、孙丽、刘涛、石聚航等诸位师弟师妹，仍记得那些年我们一起踌躇满志、互相宽慰、并肩奋起的场景。

感谢东南大学的刘艳红教授，经由师弟胡月军博士介绍，有幸认识刘老师，尽管不是刘老师传统意义上的学生，但刘老师对待学生、对待后辈的态度让人感动。每次通过邮件向刘老师请教问题，每次将不成熟的文字发给刘老师指导指正，刘老师总是及时而详尽地回复邮件、解答疑难，甚至帮忙推荐论文发表。如此师德，让人敬佩，由衷地表示感谢！

感谢北海道大学法学研究科的陈颖博士和王银河师弟、南京林业大学外语学院张永亮老师、南京海关洪梅丽女士等诸君，感谢你们在日文文献收集和处理等方面给予的帮助和支持，没有你们的帮助，难以想象以我蹩脚的初学者的日语水平将如何应付纷繁复杂的外文资料。感谢那些相识或不相识的编辑老师、盲审专家，感谢你们在审稿过程中给予的建议和意见，它们促成了书稿的完善和精细；尤其要感谢时任《刑事法评论》责任编辑的丁胜明博士，正是您积极帮忙出具证明，使得我客观上该当一稿多发的事实得以阻却责任。感谢南京师范大学法学院、南京工业大学法学院的领导和同人，感谢你们在工作中给予的关心和照顾。

特别要感谢我的家人。我的父亲王光述先生和母亲罗琼仙女士，自我上大学离开家门，便再没有机会时刻陪伴左右，每每想起二老的孤苦和思念，都倍感心酸，如今二老又背井离乡、不辞辛苦帮我照看小孩，祝愿二老幸福、长寿、安康。感谢我的妻子胡娜女士，没有你的陪伴，难以想象那独在异乡为异客的生活将如何度过；如今我们的二人世界已升级为三口之家，祝福我们的小卡卡健康快乐成长。还要衷心祝愿我的岳父母大人健康、长寿。

从西北边陲到江南一隅，带着一份谦逊甚至自卑的心理，完成了求学之旅，总是自嘲自己的学生时代还没真正进圈（学术圈）便又出圈；如今，稀里糊涂走上学术道路的我已不知不觉走了十年，青春已逝，不清楚未来的路是平坦还是曲折，至少在青春的尾巴，我过得还算充实。谨以此书纪念这逝去的十年。

2013年4月首记于浦园

2016年8月补记于仙林

图书在版编目（CIP）数据

犯罪成立罪量因素研究 / 王彦强著. —北京：中国法制出版社，2018.6
（青蓝文库）
ISBN 978-7-5093-9181-5

Ⅰ. ①犯… Ⅱ. ①王… Ⅲ. ①犯罪构成—研究—中国 Ⅳ. ① D924. 114

中国版本图书馆 CIP 数据核字（2018）第 010485 号

策划编辑 马 颖 王雯汀 责任编辑 马 颖 王雯汀 封面设计 蒋 怡

犯罪成立罪量因素研究

FANZUI CHENGLI ZUILIANG YINSU YANJIU

著 者 / 王彦强
经 销 / 新华书店
印 刷 / 三河市紫恒印装有限公司
开 本 / 680 毫米 ×1000 毫米 16 开
印 张 / 30.5
字 数 / 437 千

版次：2018 年 6 月第 1 版 / 2018 年 6 月第 1 次印刷
书号：ISBN 978-7-5093-9181-5 定价：79.00 元

北京西单横二条 2 号
邮政编码：100031 传真：010-66031119
网址：http://www. zgfzs. com 编辑部电话：010-66060794
市场营销部电话：010-66033393 邮购部电话：010-66033288